세대를 뛰어 넘는 경계인

허심 유재기 목사 저작집
虛心 劉載奇 牧師 著作集

모든 인간은 하나님의 형상을 닮은 존엄한 존재입니다. 전 세계의 모든 사람들은 인종, 민족, 피부색, 문화, 언어에 관계없이 존귀합니다. 예영커뮤니케이션은 이러한 정신에 근거해 모든 인간이 존귀한 삶을 사는 데 필요한 지식과 문화를 예수 그리스도의 사랑으로 보급함으로써 우리가 속한 사회에 기여하고자 합니다.

세대를 뛰어 넘는 경계인

초판 1쇄 펴낸 날 · 2011년 7월 14일 | 초판 1쇄 찍은 날 · 2011년 6월 25일
지은이 · 유재기 | 엮은이 · 김병희 | 펴낸이 · 김승태
등록번호 · 제2-1349호(1992. 3. 31) | 펴낸 곳 · 예영커뮤니케이션
주소 · (136-825) 서울시 성북구 성북1동 179-56 | 홈페이지 www.jeyoung.com
출판사업부 · T. (02)766-8931 F. (02)766-8934 e-mail: edit1@jeyoung.com
출판유통사업부 · T. (02)766-7912 F. (02)766-8934 e-mail: sales@jeyoung.com

ISBN 978-89-8350-744-0 (03810)

값 20,000원

세대를 뛰어 넘는 경계인

허심 유재기 목사 저작집

虛心 劉載奇 牧師 著作集

劉載奇 著

金炳熙 編

예수촌思想과 基督教 農村運動

예영커뮤니케이션

유재기 목사

석사모를 쓴 유재기 목사

◇ 해방전

교남학교 재학 시절, 숙부 유희열 장로(앞중 우편)와 함께. 뒷줄 왼편이 유재기 목사

평양숭실전문학교 농과 청강생 시절. 뒷줄 왼편끝이 유재기 목사. 1928년.

결혼식(연화동교회), 주례 윤여헌 목사, 축사 조만식 장로, 1931. 9. 22.

결혼 1주년, 1932. 9. 22.

대구칠곡교회 목사 안수 및 위임식. 앞줄 왼쪽에서 첫번째가 장순덕 사모, 두번째가 유재기 목사 1934. 3.

경북 기독청년면려회 수양회 강사로 나선 후. 1936.

의성 기독청년면려회 관악대. 뒷줄 왼쪽끝이 유재기 목사. 1936. 10. 14.

농촌 순회강연 활동 기념. 앞줄 왼쪽끝이 유재기 목사. 1937. 5.

출옥 후. 뒤: 유목사, 동생 재삼, 앞: 선친, 숙부
1940. 4. 21.

만화정을 떠나면서. 1940. 8. 8.

금강산 여행 중. 맨앞줄 정중앙이 유재기 목사

◇ 해방 후

대구 내당동성당 앞에서

제5회 조선농민복음학교. 앞줄 정중앙이 유재기 목사. 1948. 1. 21.

거제도 장승포 제11회 조선농민복음학교

창경원에서 가족과 함께 마지막 나들이. 뒷줄 왼쪽으로부터 유재기 목사, 장순덕 사모, 장녀 금종. 앞줄 왼쪽으로부터 만종, 의신, 승신.. 1949. 4.

고 유재기 목사 추도예배. 서울 초동교회

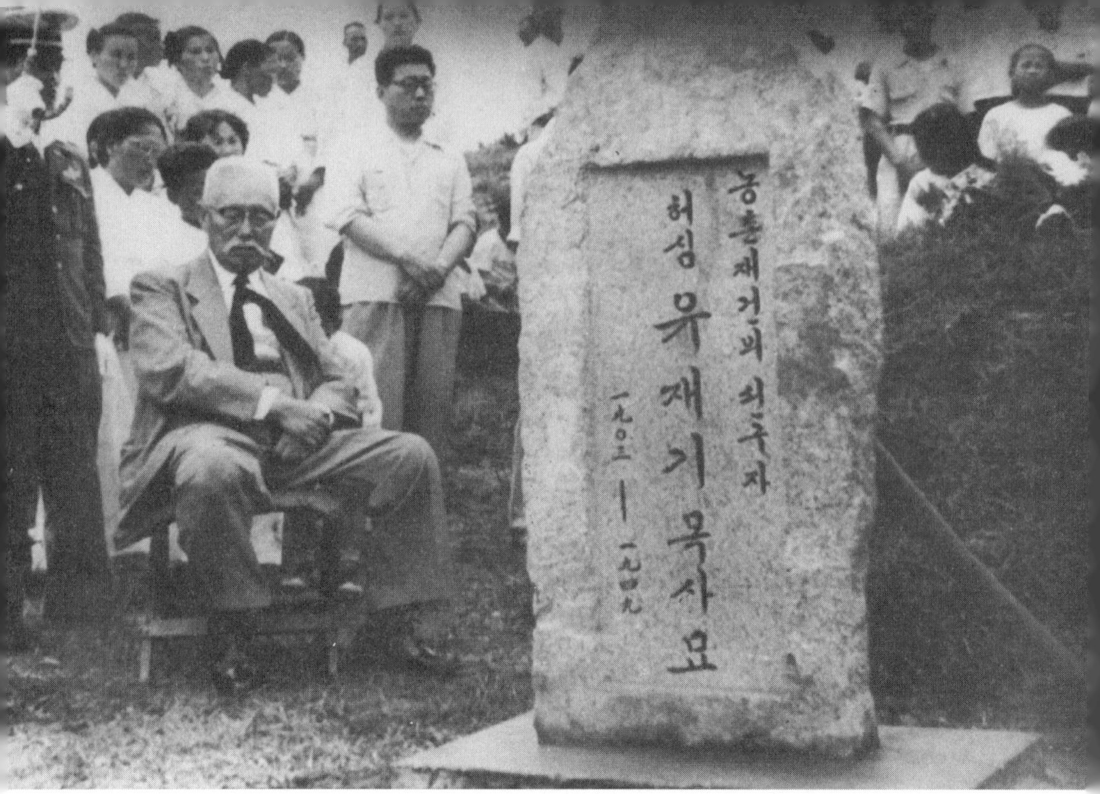

가리봉교회 뒷동산에 있는 비석이 없던 고인의 묘에 우인들의 사랑과 추모하는 마음으로 비석이 세워지다. 앉아 있는 분은 당시 부통령이었던 함태영 목사

감 사 패

목사 고·유 재 기

고·유재기 목사님은 서기1946년 부터 어두운 이 마을에 흥국 기독 농촌 소년단을 조직 청소년 선도 및 농촌 복음화를 위하여 힘쓰시고 교회 건축에도 지대한 공헌을 하셨읍니다.
본 교회는 [illegible] 맞아 고인의 유덕을 높이 기념하기 위하여 이에 감사패를 드립니다.

서기 1975년 11월 16일

한국기독교 장로회 가리봉교회

당회장 한 상 면

가리봉교회에서 준 감사패

경기도 시흥 과림장로교회 전경

경기도 시흥 과림장로교회 뒷들 고인의 묘소(미망인 생존시 큰아들 가족과 함께)

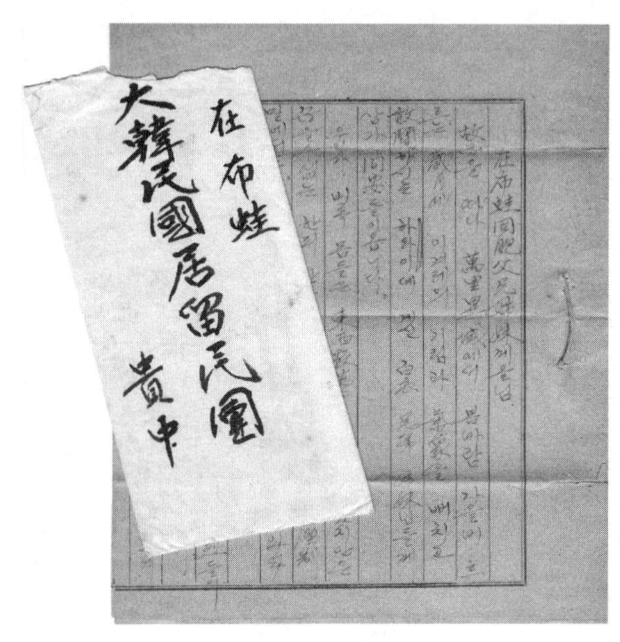
在布哇
大韓民國居留民團
貴中

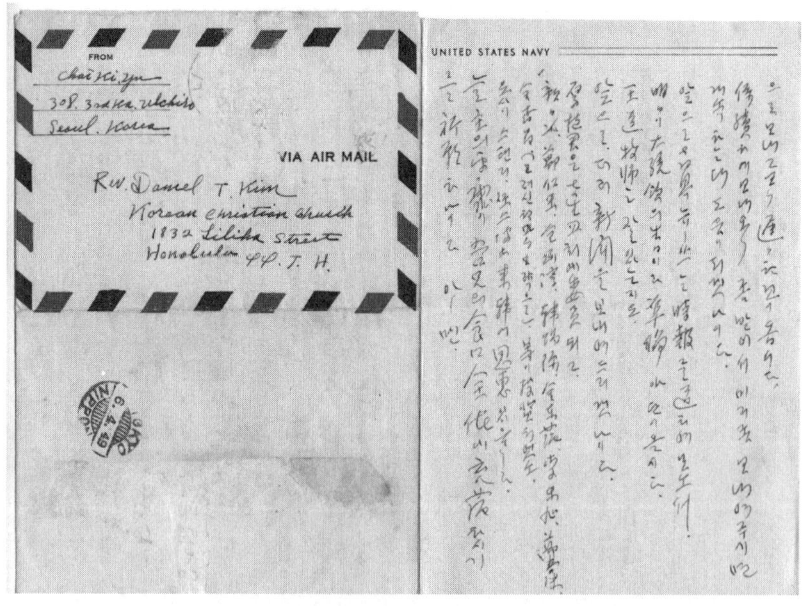
FROM
Chai Ki Yu
308. 3rd Ka. Ulchiro
Seoul, Korea

VIA AIR MAIL

Rev. Daniel T. Kim
Korean Christian Church
1832 Liliha Street
Honolulu T. H.

UNITED STATES NAVY

유재기 목사의 서신들

머리말

고(故) 허심(虛心) 유재기(劉載奇) 목사님의 서거 62주년을 바라보면서 이 방대한 자료를 집대성하여 책으로 내어 놓게 하여 주신 살아계신 하나님께 영광을 올립니다. 유족들이 결정적으로 유고집을 낼 수 있었던 것은 대구 서변제일교회 김병희 목사님의 헌신 때문이었습니다. 자식들은 덤덤하게 고인의 유적과 덕을 잊고 살아 왔는데 아무 연고도 없는 김병희 목사님이 고인을 연구하여 계명대학교에서 박사학위를 받게 되심으로써 유족들 모두가 잠에서 깨는 듯 했었습니다. 왜냐하면 33년 전 고 주태익 선생님께서 『이 목숨 다 바쳐서』라는 고인의 자서전을 쓰실 때 많은 산 증인들이 있었을 때인데도 자료가 부족하여 소설 형태로 쓰셨다고 하셨습니다. 그런데 오늘 이런 방대한 자료를 집대성하여 유고집으로 낼 수 있다고 하는 것은 편저자의 끈질긴 노력과 고인에 대한 깊은 존경과 사랑이 있었기 때문이라고 생각합니다. 그런 의미에서 수년간의 열정을 쏟아 부어온 편저자에게 치하하지 않을 수 없습니다.

본 유고집 제목을 『세대를 뛰어 넘는 경계인』이라고 한 것은 편저자께서 마지막 원고를 저에게 보내면서 다음과 같이 짧은 글을 주셨습니다.

"제 생각에 단명하셨다는 부분도 있겠지만 그보다 경계인(境界人)이라는 생각도 듭니다. 쉽지 않는 선택을 하셨고, 그 길이 나라와 민족, 그리고 복음을 위한 길이라는 생각을 합니다."

본 유고집을 통하여 고인의 문학적 재질과 기독교사회주의의 경제

이론 뿐 아니라 농촌운동의 선구자적 실천을 통하여 이룬 업적들과 일제 강점기에서도 굽히지 않고 나라 사랑과 예수 사랑의 충절을 피를 토하는 웅변적 필체로 남기신 것들을 유족들만 또는 일부 학자들만이 누리기보다는 이 시대를 살아가는 젊은이들과 차세대들에게 널리 알리는 것이 절실하다고 생각 되었습니다. 이 유고집을 통해서 독자들은 어떻게 한 인물이 62년 전 44세에 요절했으면서도 잊혀지지 않고 역사 속에서 숨을 쉬는 이유가 어디에 있는 지를 발견할 수 있을 것입니다. 그런 의미에서 그 삶을 묻어낸 유고들을 공유하는 것이 고인이 원하시는 것이며 하나님께 영광 돌리는 길이라고 결론을 내렸습니다.

이제는 이 나라와 국민이 개인주의와 물질주의에서 벗어나 선조들이 피 흘려 일궈낸 오늘의 대한민국을 문화대국으로 발전시킴으로써 세계 역사를 주도하는 놀라운 대열에 나서는 의식 있는 역군들이 많아지기를 바랍니다.

아무쪼록 이 책을 통해 허심(虛心)의 동심(童心), 시심(詩心), 열심(熱心), 신심(信心), 충심(忠心)을 체감할 수 있기를 바랍니다. 여기까지 오게 하신 하나님의 놀라우신 섭리에 찬양과 영광을 돌립니다. 혼신을 다하여 자료를 수집하고 책의 면모를 갖추기까지 헌신해 주신 편저자 김병희 목사(대구서변제일교회 담임)님과 가정과 교회에 깊은 감사드립니다. 그리고 선뜻 이 책을 출판되도록 허락해 주시고 힘겨운 가정사의 소용돌이를 겪으면서도 끝까지 진력을 다해 주신 신 김승태 장로님(예영커뮤니케이션 대표)께 깊은 감사를 드립니다. 아울러 책을 내도록 용기를 주신 경북기독교역사연구회의 이재원 장로님, 부산경남기독교역사연구회 회장 이상규 교수님(고신대), 그리고 축사를 아끼지 아니하신 방지일 목사님(영등포교회원로목사), 장성만 목사님(동서학원 설립자, 21세기 포럼 이사장)께 고개 숙여 감사를 드립니다.

마지막으로 40에 혼자되시어 고인의 숭고한 정신을 자녀들에게 이어 주시기 위하여 백수(99세)하시기까지 모든 풍상을 앞서서 먼저 몸으로 겪어 주셨던 모친(장확실)의 이름 앞에 이 책을 드립니다.

유족 대표 아들 유의신

우리나라의 보고(寶庫)가 될 것

방지일 목사

나도 고 유재기 목사님을 좀 안다고 자부했는데 이제 그 많은 유고를 보고 나선 '전에 안다고 했던 것은 피상적이었을 뿐 참으로 바로 이제야 알게 되었구나' 하는 심정을 갖게 되었습니다. 그의 많은 동료들, 또 그를 아끼시는 그 이름들을 보면서 그분들도 다 훌륭하신 분들이심을 저도 알고 있습니다. 그 한 분 한 분을 들면서 비교를 하려 함은 아니나 목사님의 책에 가득 차 있는 목사님의 동지들을 저도 많이 아는 만큼 이념상으로 서로의 동지임에 틀림없으나 실천하신 면으로 볼 때에는 유 목사님을 따를 이가 없었다고 하겠습니다.

저도 잘 몰랐었는데 유 목사님은 시인이시기도 하셨군요. 금강산의 묘사, 춘원의 묘사를 보았거니와 신앙인의 묘사라 더욱 창조주를 찬양하시는 신앙의 찬사는 시편에 해당함도 느꼈습니다. 그리고 두만강을 오고 가시면서 쓰신 시! 한인의 그 설움, 본국서 일본에게 전토를 다 빼앗기고 만주 들판에 살려고 가서 거친 들판을 개간하여 오늘날 중국이 자랑하는 쌀 창고가 된 그 옥토로 만들었음을 감격스럽게 바라봅니다. 만주는 오늘날 중국의 쌀 창고가 되었습니다. 중국은 남방밖에는 벼농사를 모르는 이들입니다. 만주의 논농사는 적으로부터 쫓겨 간 한민족이 일군 땅입니다. 그 실정을 바로 쓰실 수 없던 일제 강점기라 어떤 때는 00으로 표하기도 하고, 혹은 숨긴 말로 표현했으나 그것을 보면서 나는 유 목사님과 같이 울었습니다. 지금 자세히 보면 그 내막을 다 알 수 있습니다. 이 기록들은 오늘의 우리 젊은이들이 꼭 보아야 합니다.

이 사실을 시로 잘도 드러내셨습니다.

그리고 유 목사님은 유치장을 집으로 삼고 다니시다가 옥고도 몇 번 치르신 적이 있었습니다. 그러던 중 위장병을 앓게 되어 치료를 위하여 바닷가로, 삼방약수로 다니시면서 자신의 신앙 체험과 참회록을 적으셨는데 어거스틴의『참회록』과 같이 긴 글은 아니지만 단편에서 그분의 철저하고 깊은 믿음을 보았습니다. 거기서 주님의 속죄구령의 받은 은혜를 터득한 그 단편적인 글 하나만으로도 오늘의 많은 신앙인들에게 큰 보약이 될 것입니다.

유 목사님의 동지들의 글에 쓰여진 분들은 저도 거의 잘 아는 분들입니다. 그분들도 우리 한국역사에서 잊지 못할 인물들임에는 틀림없으나 우리 유재기 목사님같이 이상(理想)을 실천하지 못했습니다. 그러나 유 목사님은 말씀하신 대로 산 사람입니다. 그가 어디서 학업을 닦으셨기에 그리하셨는지는 모르나, 그 많은 협동조합의 조직 실천항목 등에 대한 나의 놀라움은 말로 표현할 수도 없습니다. 그 자세한 내용을 보면서 마음속으로 경탄을 했습니다. '이런 학자가 없구나.'

만일 하나님께서 유 목사님을 일찍 데려가시지 않았더라면 큰 역사를 일으켰을 것으로 내다 보였습니다. 그런 착상을 그 두뇌에 하나님께서 주셨기니와 그런 위대하신 분을 하나님께서 우리에게 보내 주셨습니다. 그의 유고는 오늘의 이런 분야 역군들에게 큰 가르침이 될 것입니다. 그리고 그의 재판 기록도 아드님이 용하게 찾으셨습니다. 유 목사님의 이 유고집은 우리나라의 보고(寶庫)가 될 것을 확신합니다.

하나님께서 우리에게 보내 주신 큰 사자를 이제야 바로 알게 됩니다. 나는 신동혁 목사 또한 잘 아는 만큼 유재기 목사님은 자기 닮은 제자를 한 분 키워 사위로 삼으셨다는 생각을 했었습니다. 그도 농촌교회를 살린다고 참으로 애를 쓰셨는데 그도 일찍 부름을 입으셨습니다. 두 분이 다 아쉬움을 남겼으나 그 후대들이 줄줄이 우뚝 서 계심을 바라보니 하나님께서 다 미리 하시고 계신다는 생각을 하면서 하나님께 감사를 드립니다. 앞으로의 무궁한 발전을 기원합니다.

방지일 목사(영등포교회 원로목사)

협동조합운동의 선각자

장성만 목사

농촌운동의 선각자이시고 훌륭한 목회자이셨던 허심 유재기 목사님의 유고집을 읽으면서 그 양의 방대함에 놀랐고, 그 장르의 다양함(시, 동시, 논단, 수필, 설교, 논문 등)에 압도되었습니다. 그리고 목사님의 해박한 지식과 글에서 풍기는 다정다감함에 감동을 느꼈습니다.

목사님의 시 "묵은 성이여! 불타라"와 "신노는 멀지 않다" 등에서 날카로운 예언자의 모습을 보이셨는가 하면, 수필 "애와 신앙"에서는 그리스도의 사랑의 중요성을 설파하시는 인자한 모습을 나타내셨습니다. "농촌소비조합의 조직법과 협동조합운동 고찰" 등의 논문은 그 시대에 이미 세계협동조합운동을 우리나라에 소개하는 선각자적인 모습을 엿볼 수 있었고, "기독교 농촌소년지도론"에서 '예수촌의 실현'과 첫째로 하나님을 사랑하자, 둘째로 땅을 사랑하자, 셋째로 노동을 사랑하자는 3애운동을 제창하신 것을 보면 덴마크의 농촌부흥운동을 깊이 연구한 흔적이 보이기도 한다.목사님의 시 "8•15는 또 왔다만"과 "조국에 십자가를 세우자" 등에서 나라 사랑의 애끓는 마음이 표현되어 있어 가슴이 뜨거워짐을 느꼈습니다.

조선농민복음학교를 개설하여 13회에 걸쳐 잠자던 농민들을 깨우는 강좌를 실시했다는 것은 '실천의 사람' 유재기 목사님의 열정과 노력이 아니고서는 할 수 없는 일입니다. 이 유고집에서 그 맥박을 감지할 수 있어 매우 유익하였습니다.

유 목사님은 가셨지만 그 애국정신과 믿음의 유산은 아드님 되시는 유의신 목사님이 계승 발전시키고 있으니 얼마나 든든한지 말로 다 표현할 수 없습니다. 소중한 유고들이 자녀분에 의하여 햇빛을 보게 된 것은 경하스러운 일이며 많은 사람들이 읽어 그 정신을 이어 받았으면 하는 마음이 간절합니다.

2010. 11. 10
장성만 목사(학교법인 동서학원 설립자)

배고프지 않는 자립 농촌을 위하여

이상규 교수

이번에 허심(虛心) 유재기 목사(劉載奇, 1905-1949)의 유고집을 출판하게 된 것을 매우 다행스럽게 생각합니다. 유재기 목사님은 한국농촌운동의 선구자로서 농촌계몽, 혹은 농촌사회 개량운동을 전개하시며 가난한 농민들의 삶을 개선하기 위해 생애를 바쳤던 분입니다. 이런 그의 봉사 때문에 그는 '한국의 그룬트비' 혹은 '농촌재건의 선구자'로 불리시기도 했습니다. 그럼에도 불구하고 그의 봉사와 헌신의 삶은 거의 잊혀진 채 60여 년의 세월이 지났습니다. 비록 때늦은 감이 없지 않지만 김병희 목사님께서 유재기 목사를 연구하여 박사학위를 취득하시고, 그의 봉사와 수고로 이번에 허심 유재기 목사님이 남기신 글을 모아 한 권의 책을 엮어 출판하게 된 것은 경하할 일이 아닐 수 없습니다.

경북 영주군 이산면(伊山面) 용상리(龍上里)의 어우실이란 산골에서 출생하신 유 목사님은 영주보통학교를 거쳐 대구로 이주하여 교남학교에서 수학하시고 일본 동경으로 건너가 일본대학 사회학과에 입학하여 2년여 간 공부하셨습니다. 귀국한 후에는 1927년 평양숭실학교를 거쳐 평양신학교에서 수학하고 1934년 제29회로 졸업했습니다. 부산지방에서 널리 알려진 박창근, 송상석, 임학찬, 지수왕, 그리고 성경신학자인 박윤선 등이 그의 동기생들입니다. 1928년 평양신학교에 입학하기 전 경북 경산군 하양교회 전도사로 일한 바 있으나 신학교 졸업과 동시에 경북노회에서 안수를 받은 그는 의성읍교회, 대구침산동교회를 거쳐 일제 말엽인 1941년부터 1945년까지 4년간은 대구지방의 유수한 교회인 제일교회 목사로 활동했습니다.

청년시절부터 농촌운동에 관심을 가졌던 그는 한국 농촌의 자활을 위해서는 협동조합이 필요하다는 점을 인식하고 1929년부터 발간되던 《기독신보》에 "세계협동조합의 고찰," "농촌 소비조합의 조직법," "교회 발전과 소비조합법," "애(愛)의 사회적 시설과 산업조합" 등의 논설을 게재하면서 농촌문제에 각별한 관심을 보여 주었습니다. 당시 한국의 농촌인구가 80%를 넘었고, 그 중에서도 소작인구가 80%를 넘었기 때문에 농촌문제를 한국사회 변화의 축으로 인식했던 것 같습니다. 그래서 유 목사님은 당시 조선예수교장로회 총회 농촌부총무였던 배민수 목사, 김성원, 박학전 간사 등과 연락하면서 여러 농촌교회에 조직되었던 청년면려회를 중심으로 '농우회(農友會)'라는 조직을 만들어 농촌계몽운동을 전개하기도 했습니다. 1935년에는 박학전, 배민수 등과 같이 장로교총회 농촌부의 소식지로 「농촌통신」을 창간하여 문서를 통한 계몽운동을 전개하였습니다.

그런데 1930년대 농촌운동은 민족운동으로 인식되어 일제의 감시와 탄압을 받게 되었는데, 그 결과로 장로교 총회 내에 있던 상비부인 농촌부마저도 폐지되는 결과를 가져왔습니다. 이런 현실에서 유재기 목사는 불온한 인물로 간주되어 검속되기도 했습니다. 주기철 목사님도 농우회와 관련이 있다 하여 1938년 8월말에 체포되셨는데 이것이 주기철의 소위 제2차 검속이었습니다. 체포된 유재기 목사는 교회 청년들을 선동하여 은밀히 조선독립을 음모하였다 하여 징역 1년형을 선고받고 복역하는 등 수난을 당하기도 했습니다.

1945년 해방 이후 유 목사님은 목회보다는 농촌운동가로 활동하며 농민복음학교를 만들고, 협동조합운동을 전개하기도 했고, 1946년 1월 15일에는 《興國時報》를 창간하여 1949년 12월까지 격주로 발행하였습니다. 이것은 유재기 목사가 꿈꾸던 소위 예수촌운동의 일환이었습니다. 이런 일련의 과정에서 유 목사님은 적지 않는 글을 남겼는데 여러 기관지에 산재해 있던 논설들을 엮어 한 권의 책으로 출판하게 된 것입니다.

유재기 목사님께서 추진하신 이상적인 농촌은 "배고프지 않는 자립 농촌"이었습니다. 그래서 그는 특히 소작인들의 삶의 개선을 중시했던 것입니다. 인간의 삶의 환경을 개선하고 가난을 극복하게 하려는 의도였던 것입니다. 이런 활동이야 말로 진실한 의미의 인권운동이었습니다. 1946년 10월 16일에는 현재 서울의 을지로인 황금정(黃金町)의 흥국호텔에서 흥국형제단(興國兄弟團)을 창립하여 함태영 목사를 총재로 유 목사님 자신은 부총재직을 맡아 더 큰 일을 구상했으나 안타깝게도 과로와 영양실조가 겹쳐 1949년 7월 14일, 44세의 나이로 하나님의 부름을 받았습니다.

그는 비록 짧은 생애를 살았으나 그가 남긴 글 속에는 주님에 대한 사랑과 교회에 대한 애정과 가난한 농촌을 개선해 보고자 했던 거룩한 열정이 메여 있습니다. 이런 점에서 이 책은 우리 모두에게 소중한 유산이 될 것입니다.

2010년 11월 10일
고신대학교 이상규
(신학과 교수, 역사신학, 부산경남 기독교역사학회 회장)

편자 서문

김병희 목사

한국 기독교 민족운동사에 이채를 띠고 있는 허심(虛心) 유재기(劉載奇) 목사의 생애는 기독교사상에 기초한 민족문제(民族問題)·농촌문제(農村問題)의 해결을 위한 열정적이고 실천적인 삶으로 점철된 것이었다. 그는 민족주의 성향의 영주공립보통학교에서 근대교육을 받았고 영주시장에서 3·1운동의 경험은 일찍이 항일의식에 눈을 뜨고 1910년대 민족주의 흐름을 이해하며 청소년기를 보냈다. 1920년대 일본유학과 조만식(曺晩植) 선생의 영향 아래 온건기독교 사회주의자로서 농촌운동에 뜻을 두어 기독교농촌연구회를 조직하였으며, 1930년대 장로교 농촌운동에 참여함으로써 일제하 기독교 농촌운동사에 한 획을 그었다. 일제말기 농우회 사건으로 투옥된 그는 해방 후 흥국형제단을 결성하여 농촌부흥사업을 주도하였으며, 타계할 때까지 기독교 농촌운동에 전념하여 농민복음학교를 통한 농촌지도자 양성과 예수촌운동에 헌신하였다. 또한 유재기 목사는 각 시기마다 농촌운동이론을 만들고, 이 이론을 바탕으로 운동을 실천한 목회자·농촌이론가·농촌운동가였다.

이 책은 격동의 한국근현대사의 현장 한 가운데에서 평생을 농민구원·농촌복음에 헌신한 유재기 목사의 신념과 고뇌를 담은 저작집으로서, 유재기 목사 유족인 유의신 목사께서 선친인 유재기 목사 타계 62주년 기념으로 편자에게 요청하여 간행 작업을 시작하게 되었다. 편자는 2008년 『유재기(劉載奇)의 예수촌 사상(思想)과 농촌운동(農村運動)』으로 박사학위를 취득하였다. 이 연구를 진행하는 과정에서 그간 잘 알려져 있지 않았던 유재기 목사의 각종 시 · 동시 · 수필 · 소설 · 논설 · 논문 · 저서 등 저작들을 수집할 수 있었다. 그리고 이를 정리하여 편자의 논문과 서로 짝이 되는 저작집으로 간행하면 유재기 목사의 업적과 유지를 기념하는 특별한 의미가 있다고 판단하여 유족들의 요청을 기쁨으로 승낙하였다.

편자가 이와 같은 유재기 저작집 간행의 필요성을 절감한 데에는 유재기 목사의 업적과 유지를 기린다는 뜻과 함께 특별히 세 가지 내면적인 동기가 작용하였다. 하나는 유재기 목사의 저술이 갖는 학술적 가치가 대단히 크다는 학문적 요구에서였다. 유재기 목사의 실천활동과 농촌운동사상은 헌신적인 한 교역자로서의 개인적 복음활동에 그치는 것이 아니라 일제하 · 해방 후 기독교 농촌운동의 지도적인 위치를 점하는 역사적 중요성을 지니고 있다. 여기에 또한 그의 활동과 사상은 종교적 범주를 넘어서서 민족문제(民族問題) · 계급문제(階級問題) · 분단문제(分斷問題)라고 하는 한국근현대사의 가장 기본적인 모순구조와 긴밀히 결합된 사회성과 역사적 현실성을 가지고 있다. 이러한 의미에서 그의 저술들은 한국근현대사의 전개에 주요한 위치를 점하는 기독교 정치경제사상의 역사적 추이와 성격을 이해하는 데 소중한 자료를 제공하고 있다. 그러나 아쉽게도 그간 학계 차원에서는 유재기 목사의 활동과 사상에 대한 체계적인 정리와 소개가 없었던 바, 편자는 그의 저술을 체계적으로 소개할 필요를 절감하였다. 이러한 학문적 동기가 이 책을 편집하게 된 주요한 이유이자 목적이다.

두 번째는 한국 농민(農民) · 농촌문제(農村問題)가 지니는 역사적 현실적 의의에서였다. 한국근현대사의 지난한 역경 속에서 가장 고달픈 삶을 영위한 이들은 농민이었고 그 현장은 농촌이었다. 농민 · 농촌문제는 일제강점과 남북분단이라는 민족사적 질곡 아래 대다수 일반 민중의 삶과 민족적 사회적 모순의 본질이 무엇인지 보여 주는 핵심 사안이었다. 한국근현대사에서 농민 · 농촌문제가 언제나 가장 심각한 사회현안이 되었다. 민족의 장래와 민중적 삶의 방향을 고민하는 이들이 열정적으로 농민 · 농촌운동에 투신하였던 배경이 여기에 있었다. 그리고 현재에도 농민 · 농촌문제는 여전히 지속되고 있는 현실의 문제이다. 편자는 농업 · 농촌의 자립과 농민의 인간적 삶이 전제되지 않는 한 어떠한 민족적 번영이나 국가적 발전도 기대하기 어렵다고 생각한다. 편자는 유재기 목사의 예수촌운동에서 농민 · 농촌문제의 해법을 찾고 이 책 전편에 흐르는 진지한 애농사상(愛農思想)이 농민 · 농촌문제의 중요성을 환기시키는 인식 전환의 계기가 되기를 기대하였다.

세 번째로 한국 기독교계가 농촌부흥사업에 관심을 갖는 실천적 의미에서였다. 현재 한국교회는 1928년에 총회 농촌부가 주도해서 일어났던 농촌운동의 전개 배경인 '농촌경제의 악화와 농촌교회의 침체'라는 동일한 문제를 안고 있다. 이러한 농촌교회에 대한 문제의식이 없다면 21세기 농촌교회는 한국교회에 짐이 될 수밖에 없다고 생각한다. 유재기 목사의 44년의 짧은 생애와 활동 그리고 저술들을 통해 그가 생전에 농민 · 농촌문제를 기독교정신에 기초한 예수촌사상으로 어떻게 풀어가는지, 실천적 삶을 통해 농민구원 · 농촌복음을 실현하는 해법을 찾는 계기가 되기를 기대하였다.

이러한 의도에서 유재기 목사의 저작을 총망라해서 일관된 체계를 갖춘 저작집 발간을 구상하여 마무리하게 되었다.

이 책은 크게 세 편으로 구성되어 있다.

첫째 편은 일제하 저작들을 모은 것으로서, 모두 일본에서 유학을 마치고 1928년 농촌연구회와 1930년대 장로회 농촌부 농촌운동 시기에 작성된 것이다. 대부분의 분량은 협동조합론에 관한 글들이다. 유재기의 협동조합운동은 기독주의 사상을 기초로 한 예수촌 건설의 기본조직이었다. 그리고 시와 수필 그리고 논설들은 그의 내면에 흐르는 신앙적인 강렬한 소명의식과 예수촌건설의 기본 단위를 농촌소년으로 집약된다는 것을 제시하고 있다.

둘째 편은 해방 후 농촌운동을 재개하면서 작성한 저작들을 모은 것이다. 크게 해방조국의 신국가건설은 기독자들에 의해 예수촌운동으로 실현 가능성을 제시하고 있다.

셋째 편은 유재기 목사와 활동한 분들의 유고 글을 신문과 잡지에서 발췌해 유재기 목사의 활동과 인간적인 면면을 진솔하게 살펴본 것들이다. 말미의 부록은 판결문과 기독교농촌연구회 규약 및 회원명부와 농촌운동가들을 첨부하였다.

간행 작업을 마무리하기까지 은혜를 주신 하나님께 먼저 감사드립니다. 우선 유재기 저작집 간행을 허락한 유가족들께 감사를 드린다. 그리고 편자를 도와 자료의 입력을 도와준 강현수 · 김태식 목사, 그리고 한 학기 동안 중세교회사 강의에 함께한 대신대학교 신학대학원 2학년 전도사님들께 감사를 드린다. 그리고 교정 작업에 참여한 김혜영 집사님께 깊은 감사의 마음을 전한다. 김혜영 집사님의 노고가 없었다면 아마 작업을 마무리하기 어려웠을 것이다. 또한 항상 미안한 가족과 서변제일교회 모든 성도님께 심심한 감사의 말씀을 드린다. 끝으로 이 책을 모양 있게 만들어 주신 예영커뮤니케이션 여러분께 진심으로 감사를 드린다.

2010년 10월 16일
서변제일교회 목양실에서
김병희

일러두기

1. 본 『저작집』은 자료집의 성격을 띠고 있다. 자료집으로서의 충실을 기하기 위하여 한자(漢字)와 맞춤법을 원문 그대로 표기하였다. 단, 일반인들이 쉽게 읽을 수 있도록 일부분은 현대어로 수정하였다.

2. 시(詩) 부분은 맞춤법과 띄어쓰기를 현대 표기법으로 바꾸었다.

3. 원문의 경음표기(ㅺ ㅼ ㅽ 등)와 띄어쓰기는 현대 표기법으로 바꾸었다.

4. 원문 판독이 불가능한 경우에는 ㅇㅇ부호를 사용하였다.

5. 일부 경상북도 사투리는 그대로 두었다.

차 례

금강산 편시(片時)

동시

아동설교

종교 수필

創作(信仰小說)

논단

논문

제2편 해방후 저작

시

논설

책

논단

부록1 추모글

부록2 농민복음학교 관련 자료

부록3 주요 관련문서

부록4 자녀들의 글

◇ 시

님을 찾아

등을 넘어 깊은 골짝 험한 골짜기
세상 괴롬 죽을 괴롬 등에 지고서
님이 가신 피 발자욱 밟은 발자욱
짐승 우는 골짜기로 나는 찾아갑니다

남쪽 나라 구름 나라 하늘의 나라로
파도치는 바닷길에 맘 걸어 닻 달고
님이 계신 파도길에 피 뿌린 길을
노한 바다 거친 바다 나는 찾아갑니다

넓은 들 누런 들 일 많은 들
괭이 메고 낫을 들고 지게 지고서
님이 뿌린 곡식 종자 피 묻은 종자
까마귀가 우는 들로 나는 찾아갑니다

《기독신보》 1931년 11월 11일

국화에 맺힌 이슬

아침이슬 가을이슬 찬이슬은요
국화꽃에 아롱아롱 맺힌 이슬은
홀로 가던 아가별님 눈물이래요

아침이슬 가을이슬 찬이슬은요
국화꽃에 아롱아롱 맺힌 이슬은
견우직녀 이별하던 눈물이래요

아침이슬 가을이슬 찬이슬은요
국화꽃에 아롱아롱 맺힌 이슬은
나비님의 자고 가신 눈물이래요

아침이슬 가을이슬 찬 이슬은요
국화꽃에 아롱아롱 맺힌 이슬은
떠나가신 강남제비 눈물이래요

1931년 10월 30일 P.T.S에게
《기독신보》 1931년 11월 18일

무엇을 가지고 가오리까

내 무엇을 가지고 그대 앞에 가오리까
레바논의 백향목을 은도끼로 찍어다가
구스여왕 타던 수레 아로새겨 만들어서
바로왕의 열두 준마 매어 타고 가오리까

내 무엇을 가지고서 그대 앞에 가오리까
샤론의 백합화와 골짜기의 수선화 꺾어
가시관을 쓰던 머리 화관으로 씌우자고
꽃 고깔을 만들어서 가지고 가오리까

오밀의 정금으로 금사슬 늘리어서
온갖 보석 곱게 깎아 줄줄이 매어달아
우리 주님 목에 걸면 상한 맘에 위로될까
나도 기름 옥합에다 맘에 씌워 가오리까

은총의 비단실에 사랑의 씨 박아차서
지성의 흰 치마에 겸손으로 수를 놓아
참회의 붉은 눈물 두 손으로 받아들고
님의 상한 그 발등에 향수같이 부어오리

1980년 재미사업가가 귀국하여 암송하던 글을 친필로 유족에게 써준 글

오! 나는 불행자

오! 주여 나는 눈 먼 자로소이다.
거룩하신 당신을 뵈옵기에는
눈이 멀었습니다.
당신이 나타내신 로고스를 탐구하기에
눈이 멀었습니다.
당신이 가신 그 길을 나설 때는
눈이 멀었습니다.
배곯는 사람, 죄에 눌리어 압박을 받는 자, 병신 주정꾼이
당신께서 허락하신 생존권을 빼앗기고 우는 무리들
가엾이 죽은 시체가 노방에 누웠지마는
나는 못 보는 체하는 소경이로소이다.
그러나 주여 나는 부정과
야비에는 눈이 밝습니다.
아리따운 요부와 에로에는
눈이 밝습니다.
황금과 허영에는 눈이 밝아서
총알같이 빠릅니다.

오! 주여 나는 절름발이로소이다.
정의와 인도를 향하는 도상에는
앉은뱅이외다.
당신이 가신 십자가의 도상에는
앉은뱅이외다.

형제가 죽어가는 곳에 살리려고 가는 길에
앉은뱅이로소이다.
약자의 생존을 위하여 도와주려는 길에는
앉은뱅이로소이다.
황금과 명예를 구하려 다닐 적에는
목마른 사슴이 시내를 찾듯이 빠릅니다
나에게 조금이라도 해가 된다면
성난 여우같이 야심에 팽창된
빠른 발길이로소이다.

오! 주여 나는 귀머거리로소이다.
침체한 타락자를 구하라고
나의 고막을 당신이 두드려도
못 듣는 체하는 귀머거리로소이다.
기로에서 불쌍한 영들이
죽음에서 구슬피 울어도
못 듣는 체하는 귀머거리로소이다.
나의 대문 앞에서 배고프다고 밥을 달라는
참혹한 동포의 애끓는 소리에도
못 듣는 체하는 귀머거리로소이다.
그러나 주여 악마가 속삭일 제는
진심으로 귀를 기울이는 자로소이다.
다른 사람의 험담과 못된 말을 들을 때는
알뜰히 듣는 자로소이다.

오! 주여 나는 벙어리로소이다.
정의를 속이고 불의를 세우는 처소에서도
바른 말 한 마디 못하는
벙어리로소이다.
약자를 위하여 변호 한 마디 못하는

벙어리로소이다.
복음의 증거를 죄인의 거리에서
외치지 못하는 벙어리로소이다.
양심을 누르고 정의를 삼키는
벙어리로소이다.

오! 주여 진리와 정의 안에
이 눈이 밝게 하소서
당신의 가신 길에 약자를 돕는 길에
두 다리가 성케 하소서
당신을 섬기는 데와 회사를 위하는 데는
성결케 하소서
불쌍한 영의 울음과 당신의 은혜의 음성을 듣기에는
이 귀를 밝게 하소서
십자가의 복음을 위하여 죄인의 거리에서
사자후를 토할 수 있게 하시고
부패한 사회를 위하여는 옳고 그름을 바로 쪼갤 수 있는
무서운 정의의 웅변을 주소서

1932년 12월 3일 평양 일우(一隅)에서
《기독신보》 1932년 12월 28일

월야(月夜)에 얼어죽은 체시(軆屍)

푸른 달빛에 어리운 잠든 역사의 고도에
묵은 옛 교당(敎堂)의 새벽종 소리 우렁차라
칼날같이 무정한 밤바람 거적때기를 갈기누나
이를 악물고 떨다떨다 못 견뎌 죽고만 자여
땡! 땡!
교당의 종소리를 얼마나 저주하였느냐?

제도와 이데올로기에 마비(魔痺)되어 생명 잃은 고전적 인(人)이여
네 염통에 구더기 굼틀거리는 부패의 인간임을 아는가?
타락의 성전 밑에 뻣뻣이 얼어죽은 넋이
네 집 대문 빗장을 얼마나 흔들다가 죽었느냐?
오! 월야에 비겨 맛없이 죽은 넋이여
얼마나 얼마나 이 바리새를 저주하였더냐?

이기(利己)와 형락(亨樂)에 꿈꾸는 빌딩에서 찬미와 독경의 소리를
황금과 에로에 항불을 피우는 야제(夜祭)의 레코드의 난곡(亂曲)
모진 바람에 간간이 떨리는 이 난잡한 소리를
오! 월야에 고요히 어려 죽은 넋이여
얼마나 얼마나 이 세상을 저주하였더냐?
유황불에 심판이 멀지 않을 이 묵은 죄도(罪都)를!

大寒을 넘기면서
《기독신보》 1933년 2월 1일

묵은 성(城)이여! 불타라

캐캐묵은 옛 성 곰팡구 피는 타락의 도시여
여명의 신계성(新鷄聲)에 붉는 동천(東天)의 불뎅이에 타버려라!

음욕(淫慾)에 끓는 핏발선 눈 개기름 번짙거리는 죄도(罪都)의 마인(魔人)
검우직직한 흑암의 지붕 밑에서 빚어내는 인육(人肉)의 비린내
유황불에 이글이글 불타버리라!

정의를 막고 의인을 정살(釘殺)한 골고다의 죄도(罪都)여
염통에 묵은 쥐가 들썩이는 부패의 사전(寺殿)에
질투와 이기(利己)에 배불러 만족치 못한 해골의 도시여
우렁찬 여명의 나팔 소리에
소돔같이 고모라같이 이글이글 타버리라!
죄악의 묵은 성이여!
폐허의 마성(魔城)이여!

《종교시보》 1933년 2월 6일

신노(神怒)는 멀지 않다

황금과 권력으로써 의식의 탑을 쌓은 시대여
예언자의 무덤에서 해골은 떠나다
세기말의 부패한 제단을 휘말아 엎을 진노의 바람이
유월절의 폭거처름 말기의 문화가 깨기 전에 닥쳐오리라.
오! 신노의 강풍이!

의인의 피를 마시고 뼈다귀를 깎는 현실의 시대여
약자를 압박하고 염통에 기름을 짜는 제도여
가버나움의 주저(呪咀)가 시대의 문설주에 씌워졌으니
머지않아 자본문화의 바벨탑이 무너질 때가
오! 오리라 신노의 폭탄이 터질 때가!

한 샘(泉)이 쓰고 단 물은 내지 못하거든
어찌하여 현실의 바리새는 찬미와 악독을 내는고?
아버지 집에서 작상(作賞)과 육탄(肉彈)으로 전투하는 제사장들이여
인자의 의노(義怒)의 채찍이 번개같이 갈 길 때가 멀지 않아
오! 오리라 신노의 채찍이!

《기독신보》 1933년 3월 8일

말기(末紀)의 탄식

산성에 솟은 등대처럼
당신(그리스도)은 세상에 뚜렷이 솟아
억만 세기를 흘러내려
인류역사에 알파와 오메가이건만

타락의 골짜기에서
바벨탑을 쌓은 인생은
종결에는 전마(戰魔)를 불러
지구 위에 해골의 무덤을 쌓았으니
오! 이를 헐고 고골(枯骨)을 살릴 주여 오소서

신 떠난 궤짝(법궤)을 메고
생사에 떨던 가여운 백성처럼
신 없는 강대에서 고함만 치니
뼈다귀들의 부대끼는 소리, 깨지는 난음(亂音)뿐임을
오! 뭇 영은 슬퍼하며 돌아서노라

그래도 정통(正統)이라고 목을 만둑처럼 곧아
경전만 손에 들고 눈을 내리 감은들
고개 돌린 신이 그대들을 생각하랴?
오! 눈물의 예언자여 겟세마네로 다시 가소서

질투와 권리(權利)로써 제단을 헐고

바벨의 피를 흘려 핥고 있는 도당(徒黨)들이여
아무래도 그대들이 모이는 전당만은 불 꺼진 등대이니
오! 암야(暗夜)에 흩어진 영들은 갈 곳 없어 우노라

완고한 바리새의 의전(儀殿)을 헐고
삼 일 만에 새로 세운 그리스도의 전에서
군영(群靈)의 올린 제사에 죽을 예언자여
이 땅에 있나요! 아직 나지도 않았나요!
2천 만이 죄 중에서 죽기 전에
보내 주소서!

《기독신보》 1933년 8월 9일

부활의 춘광(春光)

동무야
동령(東嶺)에 힘차게 나솟는 붉은 태양이
암흑의 무덤 속을 비추이나니
보라! 무덤 옆에 고목이 싹을 트고
종달이 청공(靑空)에 높이 떠 노래하건만
어찌하여 너는 골방에서 울고만 있느냐?
가로막힌 담벽을 박차고 뛰어나오라
부활의 춘광(春光)은 대지에 나솟았다.

동무야
대지의 맥박은 뛰놀고
숨 끊은 만물이 춘광을 향하여 머리를 든다
숨소리조차 식어져 가는 가여운 자야
암흑의 골방문을 춘광은 두드리나니
봄이 가득 찬 벌판에 군영(群靈)의 행진 앞으로
뛰어나오라.

《기독신보》 1933년 8월 16일

용자(勇者)야

북천(北天)에 뭉쳐오르는 시커먼 구름덩이
동남을 향하여 번갯불 흘리며 돌진한다
골방에 숨은 배도자의 양심은 공포에 떠나니
용자야 구름번개 뒤끓는 북쪽 하늘 밑으로
달려라 떨고 있는 배도자를 구하기 위해
검은 구름장에서 진노의 벼락이 떨어지기 전에

우주는 목적을 잃고 불 꺼진 성소처럼
배도자는 암흑의 역사 위에서 뒹굴고 있으니
용자야 역사의 거리 위로 달려나오라
어둠에서 사는 배도자를 향하여
마(魔)ㅇ에 목이 잘리기 전에

그리고 영원한 생명의 밝은 아스팔트의
문명의 진도(眞道) 위로 불어내어라
저들은 장망성 검은 거리에서 황금과 허영을 안고
무서운 심판을 직면하여 가나니
오! 용자야 복음의 나팔을 불어 저들을 불러내라
소돔 같이 고모라 같이 망하기 전에

천(千)길 만(萬)길 타락의 구렁텅이로
내려가는 엘리베이터처럼 직하(直下)하고 있는
배도자들은 웃고 춤추고 폭색폭욕(暴色暴欲)

질투와 살인의 씨를 연출하면서
유황불 끓는 멸망의 사굴(死窟)로 빠져가나니
용자야 애(愛)와 정의의 억센 팔뚝으로 끌어올려라
음부의 불구덩이가 폭발되기 전에

장별리에서
《기독신보》 1933년 9월 13일

은 삼십(銀三十)의 혈전(血田)

찬란한 하늘의 영광을 마다시고
땅에 보내신 인생(人生)을 못 잊어 이 땅에 오사
눈물로 사시다가 피로 끝을 막으신
당신의 몸은 천하기도 하이

매춘(賣春) 집시의 딸도 천량(千兩)이라 하건만
머리 둘 곳도 없으신 방랑(放浪)의 몸은
은 삼십(銀三十)에 팔려진 밭 한 때기 값이어니
당신의 몸은 헐하기도 하이

삼십춘광(三十春光)이 삼십 은(三十銀)에 흥성되니
도기(陶器) 굽는 사람의 밭값
지구의 역사(歷史)가 남아 있을 때까지
그 밭을 혈전(血田)이라 하노매라

크신 뜻 천고(千古)에 알았은들 땅에 누가 알리
집이 없이 떠다니는 외로운 나그네
죽어도 그 몸 묻힐 곳이 없음이나
몸 판 돈 삼십 량(三十兩)이 밭을 사 폐지(廢地) 삼을 줄이야

의지할 곳 없는 눈물의 나그네
당신 가신 길 찾고 가옵다가
이 목숨 끊는 날에

몸 팔아 사신 혈전(血田)에 영원히 묻히고저!

《기독신보》 1934년 1월 7일

우음수제(偶吟數題)

꽃구경 가자
이 거리의 새 옷 내어 입고
모란봉 꼭대기에 발길 드노니

가신 님 심어 주신
진달래 자취 감추고
이름조차 모를 꽃이
눈물 맺힌 두 눈에
어룽어룽 비치네.

강풍 일어나는 곳에
마음 더욱 소연한데
득월루(得月樓) 엉성한 천정(天井)에
드나는 벌님은
옛 주인 간곳 몰라
가슴 애타함이던가!

온 길을 후회하고 돌아서는 때
백 년이 넘었다는 소나무 위에서
까막새 한 쌍이 까욱까욱
북천(北天)을 향하고 울며 가네.

「농민생활」 6권 6호 1934년 6월

희년의 나팔

희년의 태양이 성소에 들어가는 제사장처럼
우렁찬 희년의 찬송을 외우며
요란스레 뛰는 바다 물결을 누르고
반백 년의 낡은 책장에 어지러운 이야기를 헤치며
순교자의 해골을 덮은 무덤을 넘어
희망과 역(力)과 역사를 안고서 오네
깨어라! 성도야!
희년의 나팔은 새벽을 누르며 그대들을 부르나니

반세기의 주신 역사 속에
쓰라린 숨은 피를 찾아
밝아가는 조선의 여명(黎明)은
고요한 종줄을 당기며
희년의 새벽을 알리우나니
성도야!
유월(踰越)의 출발할 성호(聖號)가 울린다
팔 걷고 신들메를 매어라
새 나라의 나팔은 그대들을 부르나니

앉은뱅이야 일어나라
벙어리야 입을 열라
문둥아 오자미를 버리라
소경아 장매(杖枚)를 던져라

가고 싶어도 못가던! 하고 싶은 말 못하던!
더럽다고 버림받던! 보고 싶어도 못보던!
부자유의 세계에서 풀어 놓을 희년이 왔나니
그리고 성도와 같이 목청을 다듬어라
팔을 걷고 신들메를 매어라
새 나라의 나팔은 그대들을 부르나니

(10월 15일 부터 열릴 경북노회 희년기념대회를 앞두고 온 교회에게 드리노라.
1934년 9월 삭일(朔日) ㅇ곡에서)
《기독신보》 1934년 10월 10일

두만강

험한 산 갈라놓고 저 건너가 만주라오
백두산 저 너머로 해가 넘자 적막한데
때나무 젓는 수부(水夫) 구슬픈 노랫가락
국경을 넘는 길손 더욱 섧게 하노라

듣기보다 가서 보니 그리 큰 강 못 되오나
국경의 강이오매 그 이름 높이 났소
긴 세월에 뜻깊은 길손들이 이 강을 넘을 적에
한숨인들 눈물인들 왜 아니 흘렸겠소

숭악한 산중 밭에 노란조 뿌리인들
무슨 곡식 되오만 배가 고파 여기 왔소
어린 자식 등에 지고 상삼봉(上三峰) 무새다리 건너설 제
박소리 울음소리 해도 차마 못 보듯이 산너머로 넘어가오

10월 5일 두만강 건너면서 P형에게 올리노라
《기독신보》 1934년 12월 5일

내 고향이 그립소

북간도 밟은 지 이제는 옛일 같소
그린 고향 등지고 앞세우고 뒤세우고 삼천리를 오던 일이
칼끝에 목을 대일 적 한두 번이 아니건만
그래도 검은머리 희도록 살아왔소

같이 온 박첨지는 죽은지도 오래오만
하발 영산(嶺山)기슭에 자식손자 묻어 둔 것
이제는 묘목(墓木)조차 눈바람에 글자도 희미하니
내 죽으면 이 무덤을 찾을 사람 뉘 있으랴?

고향이라 찾아가면 반길 사람 없소마는
추야장(秋夜長)에 자다가도 생각하면
백골이라도 내 고향에 묻혔으면 하오
그러나 처자를 여기 묻고 나만 가면 무엇하오
생각할수록 원통하오 창자를 끊는 듯이

10월 7일에 명월구(明月溝)를 떠나면서
명월구 형제들에게 드리노라.
《기독신보》 1934년 12월 12일

원단(元旦)의 제단

지난해의 죄종(罪種)에 마귀도 못 삼킬
끔찍한 독간(毒肝)을 뽑아 봇통이를 묶어라
원단에 나타날 침묵의 예언자인
붉은 태양은 예언을 토하려고 동령(東嶺)에서 밝아 온다
바리새야 사두개야 제사장아 조심히 돌을 모아
삼천제단을 높이 쌓은 후 그러고
시기 암투 파벌 당파 지방세(地方勢) 등의
썩은 염통을 뽑아 그 위에 두고
성화를 질러라 맹렬히 타버리게
원단에 드리는 타오르는 연기 쫓아
머나 먼 대공(大空)으로 사라져
묵은 해의 얄미운 과거가 기억에 쫓아 없어지도록
나를 높이려고 주님의 옆구리를 찌르던
낡은 신앙의 오류된 관념을 불사르라
침묵의 예언자인 저 붉은 태양은
삼천만의 죄악을 높게 불러 소리치리니
올해는 목 곧은 나를 죽여 주님만을 높이자고
원단의 제단 앞에서 피를 품어 맹세하라
신개명 새벽놀이 채 밝기 전에
새 나라의 억센 찬미를 목청껏 높이 불러라
삼천제단에 성화는 일어나리니

원단을 맞으면서. 《기독신보》 1935년 2월 12일

신앙의 공작(工作)

신앙이 없는 생은 죽음을 안은 넋이
잘라 놓은 가지 같이 말라지러니
오! 신앙은 생명의 예술
신의 생명과 접붙이는 위대한 공작을 가졌어라
오로지 나의 생명은
십자가에서 영원을 소유하였노라

나는 세상에서 가진 것이 없노니
세상의 최고 보배인 황금과 명예가
그러나 나의 영원을 통하여 자랑할 소유는
신으로부터 받은 믿음의 선물뿐임을

철학도 신학도 교리 등 인위(人爲)도 못하는
영원한 신비는 ……
오직 체험에서 일어나는 신앙의 공작에서만 있나니
나의 생명은 신의 은혜를 안고 만족에서 감격을 가지노라

의성교회 식구들에게 드리노라. 순려(巡旅) 중에서
《기독신보》 1935년 3월 20일

골고다의 춘상(春想)

예루살렘에 솟은 성전의 늦은 종소리는
기드론 시내 넘어도 어두움을 타고 사라지고
인자의 사형을 끝막고 돌아서는 병정의 말굽소리
흩어진 12제자의 마음은 공포에 숨어든다오

감람산 마루턱에 늙은 종려나무 가지에
증조의 가여운 핏빛의 달이 뜨오
북문 밖 성돌에 비겨 치마 끝을 입에 물고
딸들의 울음은 구곡을 끊는 듯이 방울방울이 잦아드오

님 홀로 어젯밤에 앉아 울던 겟세마네 바위도
떨어진 피눈물이 천추(千秋)에 못 마르리
골고다의 산심(山心)에다 귀를 대고 들어보라
못을 치던 울린 소리 아직도 울리려니

무거운 십자가를 연약한 몸에 지고
죽으라고 가시던 길 힘없어 쓰러지나
보고만 울던 땀이 무슨 위로 되오리까?
님의 고통 보고 못해 대신 진 시몬을 배울 것을

여기도 봄이 오면 골고다도 봄이려니
마른 잔디 누러지고 야자수 꽃이 피면
님 버리고 돌아선 유다의 마음새도

골고다의 피의 봄을 울어울어 못갚으리

《기독신보》 1935년 6월 12일

성신(聖神)이여 오소서

성령의 화살이여 곧게 오소서
이 몹쓸 죄인의 염통에 꽂히도록

성령의 무서운 폭탄은 터지소서
마귀도 못 삼킬 굳어진 마음에
이 마음이 폭발이 되어지게
이 현실이 폭발이 되어지게

성령의 뜨거운 불길은 맹렬하소서
세상의 허영을 쌓은 양심의 궁전에
지초까지 녹이고 터도 없이 태우소서

성령의 장엄한 선풍(旋風)이여 불대로 불으소서
이 현실의 상아탑이 엎어져야 할 잘못된 무리들
이 대중의 ㅇ를 빼고 ㅇㅇ을 자르는 인육의 전당들
이 영원히 망각의 구름과 같이 흩어지게
역사가의 기억에도
고고학의 재료에도
찾을 길이 없어지도록

1935년 5월 의성에서
《기독신보》 1935년 7월 3일

고(苦)의 도(道)

사람은 고생을 원치 않는다
일생을 살자면 간에 소금을 치고
백골을 톱으로 켜는 고(苦)를 누가 즐기랴만
그러나 행복은 고에서만 찾을 수 있나니
그러므로 행복을 찾으려 고에서 사노라

사람은 고를 피하여 행복을 구하련다
나는 험산에 싸대던 광부가 금광을 찾은 듯이
고에서 헤매다가 행복을 발견하였노라
고의 최고봉인 십자가에서 그리스도를 찾음이

고생이 천 척이면 행복은 만 척이러니
일척세고(一尺世苦)에 못 이겨 영원한 행복을 잃기 쉬이
오! 나의 행복은 주님이 마시던 쓴 잔에 떠 있음을

오! 고생아 올대로 오너라
내 위장이 썩어지고 허파가 좀먹을 대로 먹어라
병아 기근아 핍박아 올대로 오라
골고다의 십자가는 고의 총결산을 내었노니

고생아 올대로 오너라
불운과 역경에서 곤두박질칠지라도
나는 용기와 찬미를 부를 수 있네

신에게서 받은 선물 믿음은 고(苦)에서 찾았기 때문에
고가 크면 클수록 선물도 클지니

고는 그리스도를 볼 수 있는 생명의 렌즈
고가 크면 클수록 나타나는 그리스도의 성영(聖影)도 커지노라
나는 영원한 행복(그리스도)을 찾으려
고해에 범(帆)을 올리노라
파도야 바람아 일대로 일고 불대로 불어라
나는 도리어 순풍산아 항해의 길에
그리스도 같이 고해와 싸우련다

1935년 5월 금음 의성에서
이 시를 평양에 계시는 조 선생님에게 드리나이다.
《기독신보》 1935년 8월 14일

떨어지는 밀알

참 삶은 죽음에서 개척하나니
죽어가는 인생을 구(救)코저 하려면
죽지 않고 어찌 구출할 방도가 있겠느냐?
만약에 있다면 허영(虛榮)
맹랑한 거짓 설교자의 하품일 것이다
살고자 하는 자여! 먼저 네 몸뚱이부터 죽어라
그러하여야! 순교자같이 다른 사람도 살리리라
떨어져 썩는 밀알과 같이

농촌은 핍폐(乏弊)하고 농민은 굶주린다고
거러지는 동사(凍死)한다고
불구자는 거리에서 죽는다고
고아는 거적때기 위에서 운다고
노동자는 일이 없다고
미려한 값비싼 종이 위에 금문자(金文字)로써 보도한다고
기름칠한 강단 위에서 연미복 꼬리를 날리며
싫은 소리 자비의 말을 ㅇ하였다고
그들이 살아질 건가?
아니다 아니다
값비싼 종이 위에 금문자를 버리고
미끈한 기름 바른 말씀을 떠나라
그러하여 네 자신이 굶어 죽는 길을 밟아야
그들의 살 길은 열리어지리라

떨어지는 밀알과 같이

주님을 따라 십자가를 져야 한다고
사석이나 대중 앞에서 열(熱) 있게 말을 하더니
고생이 많고 죽음이 있는 곳에는 왜 피하는가?
오- 알았다 다른 사람의 죽음 위에서
영광을 받으려는 그 많은 노동자임을!
말세의 인류는 죽음을 직감하였나니
저들을 위하여 십자가 위에서 떨어지는 밀알이 되라
거기에서만이 신생명(新生命)의 창조가 뚫어지느니라

《기독신보》 1935년 11월 1일

주여 왜 가시나이까?

문명의 동구(洞口)는 공동묘지를 지키는 묘구목(墓口木)같이
추저운 예물(穢物)들을 실험상 위에 모아들였노라
욕심은 분화구처럼 한정이 없이 일체에 만족이 없고
교활하여 반드러운 현대인의 동자(瞳子)는 푸른 광선을 발사하며
네온사인의 음곡(淫曲)을 뽑는 카페 푸라왈과 같이
될 수 있는 대로 그 겨레를 부르고 있다.

마음에 찾다가 기울어지는 청춘의 사양(斜陽)
지나친 그 발자국은 죄의 기록이 있을 뿐을!
죄침(罪針)으로 찔러 놓은 검푸른 나의 나체를 보고 동료는 비웃는다
고독과 비애의 구름에 걸린 내 영의 상한 날개 밑으로
간간히 애(愛)의 바람은 갈빗대를 만지며 지나가나니

암묵에 짙은 나의 심궁(心宮)에 자비의 발자국 소리 들리며
까마득한 영등(靈燈)에 불을 켜고자 정상(淨想)과 고독을 타고
고요히 거니는 발자국 소리가 영이(靈耳)의 신경(神脛)을 깨우노라
그러나 그는 내 품에 안은 예물(穢物)을 보고 돌아섰나니
나는 울며 울며 맨발로 거리까지 달려 나와 그를 불렀노라
'오! 주여 왜 가시나이까?'라고

과거를 참회코…
《교회보》 1937년 4월 15일

그이가 있노라

황금이란 멀끔한 사나이는
그 기운찬 팔로서 나의 겨드랑이 끼며
ㅇㅇ달큼한 키스를 청하였을 때
나는 벌써 이 몸을 바친
그이가 있다고 ……

찬란하게도 번쩍이는 관복을 입은 노력은
ㅇㅇ한 눈초리로 곁눈을 떼며
기름 오른 캥거루 장화로 긴 칼을 쓰쳐
너의 ㅇㅇ이 같이 있는 노력의 아내가 된다고 ……

ㅇㅇ의 손으로서 악수를 청하였을 때
나는 벌써 이 몸을 바친 그이를 위해
골고다에서 제비뽑힐 사리마다를 입었다고 ……

명ㅇ는 가느다란 웃음으로
금관을 쓰고 ㅇㅇㅇ입고서
십팔억 주목하는 ㅇㅇ의 영관(榮冠)을 들고
나의 머리에 씌우기를 청하였을 때
나는 벌써 이 몸을 바친 그이를 위해
ㅇ관(가시관)을 쓰기로 약속하였다고 ……

요란히도 버려진 세대의 향락의 댄스홀에

현실문명의 첨단을 걷는 요곡(謠曲)에 맞추어
이 세기말적 난무(亂舞)에 함께 춤을 추자고 청첩을 받고서
나는 벌써 이 몸을 바친 그이와 함께 양(羊)의 잔치에서
천사들이 보는데 춤을 추기로 약속하였다고 ……

《교회보》 1937년 8월 1일

무명화(無名花)

그대는 레바논의 백향목이 되었다가
성전의 열두 기둥 되옵소서
나는 시온 땅 외로운 백합화
성소 안에 꽂힌 제단의 생화가 되려오

어머니를 울린 카네이션도 좋소마는
여름장마에 더욱 붉은 석류꽃이 되려오
예루살렘의 딸들의 눈물에 젖어
그들을 달래 보려고 ……

황야에 홀로 핀 이름 없는 외로운 꽃
나비야 오거니 안 오거니
고운 빛과 볼록한 향내 나는 유방을 가져
하늘을 향하여 외로이 웃고 있네

오직 그이만이 보심을 행복되다고!

《교회보》 1938년 6월 4일

원단(元旦)에 드리는 기도

주여 용납하소서. 나는 죄인이로소이다.

암만 생각하여도 나는 주 앞에 설 수 없는 문둥이같이 추저운 인간임을 알았소이다.

내가 주 앞에 서기 전에는 잘난 자도 나요 깨끗한 자도 나요 지혜 있는 자도 나밖에 없는 것으로만 알았소이다.

때 묻은 흰 옷은 깨끗한 눈 속에 서면 더러운 옷임을 앎과 같이 주 앞에 설 때는 때 묻은 나로밖게 보이는 것이 없소이다.

주여, 나는 지난해 동안 성내지 않기로 작정도 숱하게 혀를 깨물며 하여 왔습니다마는 아무래도 성이 날 때는 참지 못하고 성을 내어 다른 사람의 고요한 연못 같은 맑은 마음을 흐뜨려서 상하게까지 하는 자이였나이다.

주여, 나는 지난해 동안 혀를 재갈 물려 남의 말을 하지 않기로 작정하고 입술을 깨물며 맹세하였건마는 참지 못하고 남의 말을 하면서 형제의 감정을 상하게 하여 결국은 나의 원수로 많이 만들어 놓고 말았소이다.

주여, 나는 시기하지 않으려고 남의 잘 되는 일에 눈을 감기까지 하였으나 결국은 시기하여 그 사람의 어느 모퉁이든지 헐어 놓으려고 애를 써 오던 자이로소이다.

주여, 내가 무슨 교만할 건더기가 있으며 교만할 조건이 있습니까? 내가 돈이 있나요? 집이 있나요? 학벌이 있나요? 문벌이 있나요? 재주가 있나요? 무엇 하나라도 교만할 만한 형편이 없는데 교만하기 그지없었나이다. 교만할 만한 사람이 교만한 것도 죄가 된다고 하거든 교만할 조건이 없는 녀석이 교만하였으니 이보다 더 못된 죄가 어디 있을

까요!

주여, 나는 예수를 더 사랑한다고 노래도 불렀고 연설도 하였나이다. 그러나 돈 때문에 양심에 찔리면서도 돈을 얻기 위해 주를 사랑치 못할 때가 너무 많았소이다.

나는 주를 위해 죽는다고 야단을 친 적이 있거니와 그래도 한편으로는 집안과 내 몸을 위해 잘 살아보자고 교회를 속이고 시간을 사기하였나이다마는 내 손에 쥐여진 재물은 없고 오히려 신앙의 타락으로 마귀의 화살만 많이 맞아 괴로운 상처만 남았나이다.

주여, 이제 새해의 아침에 자복하나이다. 결심하나이다.

주여, 오시옵소서. 내 속에 오시옵소서. 나를 주의 속에 숨기소서. 파 묻어 주소서.

이 해는 잘 살아보려고 하나이다. 주께서 기뻐할 생활을 하려 하나이다.

비록 세상에서는 조소와 미움을 살지라도 주께서 기뻐하시면 그 일을 하겠나이다.

주여, 나는 이 아침에 각오하나이다. 제단에 오를 죽을 양같이 이 해 안으로 이 묵을 단두대 위에 맡기고 살려고 하나이다.

주여, 이 몸이 무엇이 부러울 것이 있고 무엇이 원통할 것이 있겠습니까!

이 몸이 아까울 때가 있겠습니까! 이미 죽기로 선고한 몸이오니 배가 골아도 두려움이 없고 칼이 와도 갇히고 때리고 견딜 수 없는 고형이 닥친대도 죽을 몸이오매 다 견대고 견디다가 못 견디면 이 목숨이 없어지리이다.

주여, 힘을 원합니다. 조소와 비웃음에도 참을 수 있는 힘. 갇히고 때리는 온갖 고형을 겪을 수 있는 힘을 주시옵소서.

주께서 빌라도 궁전에서 참으시던 무거운 침묵, 골고다 길에서 쓰러지면서도 십자가를 지시던 그 최저의 힘을 나에게도 주시옵소서.

내 옆에서 아내가 울고 어린 자식이 울고 늙은 부모가 울더라도 나만은 주의 길을 견디고 걷게 하여 주소서.

비상한 때는 반드시 주께서 비상한 힘을 주실 줄 믿나이다. 수천

년 간 순교자들에게 그 힘을 주시지 않았나이까! 그러므로 그들이 죽음에 이르러도 찬미와 웃음으로 담대히 칼 앞에 서지 않았나이까?

이때에는 동역자 전부가 주께 드린 정조를 팔고 세상과 짝을 짓고 아첨하며 호신지책의 변명과 해석을 꾸미고 있나이다.

주여, 나만은 그러한 자의 반열에 들지 않게 하소서. 주여 "너희는 안심하라 내가 세상을 이겼노라." 이 말을 믿나이다.

"내가 너희와 세상 끝날까지 같이 하리라." 이 말씀을 믿나이다.

주여, 바알에게 무릎을 꿇지 아니한 자 칠천이 남아 있나이까? 없나이까!

반드시 숨겨 두신 줄 믿나이다. 이 세상에는 이 세상과 맞추어 같이 융화하는 자가 편하게 잘 살 수 있을 것입니다. 그러나 주를 떠나서 잘 살기를 원치 않나이다.

주여, 지금 내가 이 글을 쓰기에 이런 말을 하는 자가 되지 말게 하여 주소서. 이 글과 이 말이 생명에서 하는 말이 되고 나의 온전한 선인이 되게 하소서.

주여, 올해는 주 앞에 머리를 숙이고 주를 만나는 시간이 사람을 만나는 시간보다 더 많게 하소서. 그러고 그 시간이 내가 세상에서 가장 즐거운 시간이 되게 하소서.

주여, 이 몸에 하늘로써 내리시는 영력을 넘치도록 받게 하소서.

이 몸이 벌써 주로 더불어 사는 예수의 소유물이 되고 주의 힘으로 된 이적의 몸이 되게 하소서.

주여, 이 기도문을 읽는 분들도 이 기도같이 올해는 신앙의 동지가 되게 하소서.

이 모든 것을 나의 주 예수 그리스도의 이름으로 비나이다. 아-멘.

《교회보》 1938년 1월 1일

인생

인생은 무엇인가?
태초에 하나님께서 육체를 흙으로 혼은
취입(吹入)으로 지었다고 성서는 말하였다

그러면 인생은 "자기의 형상대로" 하였으니
영적인가? 육체적인가?
육적 생명의 통일화한 한 인격을 말함인가?

결국 인생은 미몽(迷夢)의 공간을 향하여 난해의
수수께끼를 안고 고번(苦煩)과 회의(懷疑)의 날개를 치며
탐구의 무한의 시행을 하다가 자기피로에 시들어
죽는 것이나 아닌가?

인생의 지식이라는 것은 회의란 독소(毒素)를 마시고
곤두박질치는 최후의 노력에서 경험한
인식상태의 구체화를 말함이 아닌가

인생은 자신의 수수께끼를 자기 환경의 무한한 세계에
추리하여 풀어 보라고 하다가
마지막 탄식이 불가사의란 새로운 문구를
발명하고 말았지 않았는가?

그러나 대부분의 인생은 결국 불가항력의

난해의 수수께끼를 뒤집어쓰고 살면서 오히려
이 불안의 심연(深淵) 속에서 습관화하여
지금은 오직 마비된 지식을 가진 채로 만족하듯이
무사평온의 세월을 보내고 있지 않는가

아니 이 탄력 없는 이완(弛緩)된 감정의 꿈 그대로
영원히 계속할 수는 없었던 것이었다
평온무사한 침묵의 밑바닥에서 돌여(突如)의 낙조(落照)
황혼의 세여 드는 인생의 비애와 고적(苦寂)의
실안개가 쌓여 "인생은 어디서 와서 어디로 가노?"의
인텔비숲으로 심장(心臟)을 쥐어짜며
오직 절대자의 존재를 찾나니 인간 이상의 절대자를 !!

《교회보》 1940년 6월 1일

◇ 금강산 편시(片詩)

단발령(斷髮嶺) 넘으면서

산색(山色)도 곱거니와
물소리 더욱 맑아라
홍진에 시달린 몸 단발령 마루턱에
옛님같이 머리 선뜻 버이고 장안(長安)에 몸비겨
금강(金剛)의 선인(仙人) 되어 볼가
마음 두고 싶어라

《홍국시보》 1933년 10월 1일

표훈사(表訓寺) 가는 길에

산(山) 찾아간 탐승객 길 저물어 말 물으니
예서 잘 곳 오십 리 표훈사 만종(晩鍾)소리
물소리에 싯치여 골짜기로 흘러나고
숭엄스리 솟은 봉(峰) 황혼을 가리고 내일 보자 하더라

황천강(黃泉江) 맑은 물이 돌부리에 깨어져
구슬같이 굴러 다시 뭉쳐 구비도네
아픈 발 물에 잠고 솟은 봉 쳐다보니
진세(塵世)에 둔 마음 븨(虛)여지니 이가 선인(仙人)인가 하노라

오르면 오를수록 험준한 석산(石山)인데
보면 볼수록 더욱 기이하네
이름 모를 새소리 듣자고 귀를 돌리니
뒤 따른 사람 길 저문다 재촉터라

《종교시보》 1933년 10월 1일

만포동(萬瀑洞)

이리저리 가로걸린 크나 큰 바위
옛님의 놀던 흔적 역역히 남아 있고
사선(四仙)의 바둑판만 비에 젖고 있으니
사선(四仙)은 어디가고 속인(俗人)의 발길만 요란한고?

《종교시보》 1933년 10월 1일

비로봉(毘盧峰) 올라서니

오르면 못 오를 뫼가 없다더니
비로봉 상상봉에 내 오르기 힘들더라
다 오르자 고함치니 창해만리(滄海萬里) 편편(片片)한데
가는 연기 품는 기선(汽船) 개미 같이 가물거리니
마음타는 님의 포구 어느 날에 다다를가!

《종교시보》 1933년 10월 1일

마의태자 묘(墓) 지나면서

왕궁(王宮)을 마다시고 푹폭이 눈물 씨서
끊은 머리 깎으시사 입산(入山)의 소승(小僧) 되어
산(山)같이 높으시고 물같이 맑으신
님의 뜻 지난 자취감에 자못 서러워라

구중(九重)에 귀하신 몸이 염주를 목에 걸고
목탁을 울리실 때 우는 새도 그 뜻 몰라
내린 물도 그 뜻 몰라 제 갈 길 가고 가니
태자묘 고개턱에 안개만 감도는데
귀촉도만 홀로 우네

《종교시보》 1933년 10월 1일

유점사(楡岾寺) 가는 길에

쳐다보니 만악 천봉(千峰) 내려 보니 귀암절벽
오르면 오를수록 봉오리에 또 한 봉
내려찧는 폭포에 자빠져 썩은 나무
타고 넘고 기어드니 폭포가 그림 같애
흥겨 못해 고함치니 좌우 산(山)도 대답터라

《종교시보》 1933년 10월 1일

구룡포(九龍瀑)

천계수(天溪水) 고인 물이 한 곳서 쏟아지고
깨어진 물 안개 되어 바람에 날리우네
땀들이고 앉았으니 물소리도 웅장케 울려
주마(走馬)같이 닫는 물에 이 마음 따르더라.

《종교시보》 1933년 10월 1일

신계사(神溪寺)

감로수(甘露水) 손에 받아 갈한 목 축인 뒤에
극락(極樂)문을 나서니 신계사 목탁소리
부부(夫婦)폭포 간즈라니 손잡고 가는 곳 어디맨고
꼬리 물고 내리는 물 조화옹(造化翁)을 노래하나 그 뜻 뉘 알랴?
세존봉(世尊峰) 쳐다보다 말없이 안개로써 가리려고

《종교시보》 1933년 10월 1일

만물상(萬物相)

혼자스리 솟은 봉오리 지는 볕에 희기도 해라
눈 부비고 다시 봐도 구물구물 하늘같이
소도 같이 말도 같이 요란스리 변하오니
보는 눈 의심하여 조화옹(造化翁)의 재주를 혀치고 말더라

《종교시보》 1933년 10월 1일

해금강(海金剛)

창파(滄波)에 희게 씻은 하얀 바위
흰 구름 병풍을 멀리 두루고
벗은 채로 어깨만 내어 밀어
오는 손님 수줍어 물장구만 치는데
쌍지은 갈매기 해 저물어 돌고 있더라

외금강 온정리에서
《종교시보》 1933년 10월 1일

◇ 동시

버들강아지

시냇가에 사는
버들강아지
봉실봉실 새뽀얀
버들강아지
오요요 불러도
오지 않는
물소리만 듣고 있는
버들강아지

고기떼가 오득오득
뛰어 다니는
시냇가에 몽실몽실
버들강아지
사내 한 줌 처녀 한 줌
따 가지고서
쫄깃쫄깃
맛이 있는
버들강아지

《교회보》 1937년 4월 15일

우리 주님 오시네

우리 주님 오시네
나귀 타고 오시네
와랑 자랑 오시네
나를 보러 오시네

우리 주님 오시네
낙타 타고 오시네
사막으로 오시네
나를 보러 오시네

우리 주님 오시네
산을 넘어 오시네
골을 지나 오시네
나를 보러 오시네

우리 주님 오시네
흑암 세상 오시네
등불 들고 오시네
나를 보러 오시네

《교회보》 1938년 6월 4일

봄맞이

基農少年들에게 드리나이다

봄은 사뿐사뿐 아지랑이 타고
푸릇푸릇 잔디밭에 찾아옵니다.
아물아물 자라나는 온갖 꽃들이
고개를 개웃개웃 맞이합니다.

봄은 알낭달낭 방울 차고 시내물 위에
졸졸졸 노래하며 고물고물 찾아옵니다.
뾰족뾰족 나솟는 버들강아지
몽싱몽실 하얀 손 치켜들고 맞이합니다.

봄은 살랑살랑 따스한 바람을 타고
높은 산 넓은 들 찾아옵니다.
보리밭에 종달이는 춤을 추고요
나는 나는 버들피리 불어서 맞이합니다.

◇ 아동설교

예수밖에 없네

세상에 제일 좋은 것이 무엇일까요? 돈이 제일 좋고 옷이 제일 좋고 밥이 제일 좋고 제일 좋다고 할 것이 많지요.

여러분 까가가 먹고 싶어서 엄마 보고 조르면서 까가를 달라고 울기도 하고 고운 양복을 입고 싶어서 양복을 달라고 조르지요! 그러나 엄마가 없어지고 양복과 까가를 준다고 그만 좋다고 할 아이는 없지요? 까가는 없어도 엄마는 있어야 하고 양복은 없어 궁둥이가 보이더라도 엄마가 없이는 살 수가 없지요. 엄마가 없어 우는 아이에게 한 손에 까가를 쥐어 주고 좋은 색동저고리 고운 옷을 입혀 보시오. 까가도 아니 먹고 좋은 옷도 싫다고 울지요. 그것은 까가보다 옷보다 엄마가 더 좋다는 것이지요. 이 세상에는 엄마가 제일 좋다고 하겠지마는 예수는 엄마 이상으로 제일 좋은 것이지요.

우리 예수님은 내가 살 때도 같이 자고 놀러갈 때도 같이 놀아 주고 학교에 갈 때도 같이 가 주고 내가 속이 상해 울고 있을 때 위로하여 주고 내가 잘못하여 죄를 저질렀을 때 책망하시고 용서하십니다. 그러나 앞날에 유명한 사람이 되는 때도 예수께서 돌봐 주지 않으면 훌륭한 사람이 될 수가 없습니다.

칼빈이 유명한 것도 예수께서 돌봐 주었고, 루터가 유명한 것도 예수께서 돌봐 주었고, 워싱턴이나 링컨 같은 이도 모두 예수께서 돌봐 주셨지요. 이 양반들은 모두 예수를 제일 사랑했습니다. 저 유명한 토마스 아 켐피스 같은 양반은 예수를 어찌 사랑하는지 이렇게 말했습니다.

"나는 천당에 만약 예수가 없다면 아무리 화려하고 훌륭해도 그런 천당에는 아니 가렵니다. 차라리 세상에서 예수와 같이 고생하며 얻어 먹고 사는 것이 나을 것입니다. 지옥에라도 예수께서 거기 계시면 그 곳은 곧 나의 천당입니다."

그러므로 세상에서 제일 좋은 것이 돈이 아니라 집이 아니라 옷이 아니라 예수입니다. 돈이 없어도 살고 집이 없어 길가에서라도 살 수 있고 옷이 없어 벌거벗고 살지라도 예수 없이는 살 수 없습니다. 왜요? 예수는 나를 위하여 죽어서 나를 살린 구주이기 때문이올시다. 예수는 나의 생명이기 때문이올시다.

바울 선생 같은 이는 예수를 위해서 밥도 굶고, 매도 맞고, 옥에 갇히기도 하였지만 얼마나 예수를 사랑했던지 '나는 사는 것도 예수요, 죽는 것도 예수이다.'라고 하였습니다. 먹는 것도 예수 때문에 먹고 일하는 것도 예수 때문에 일하는 것입니다. 그러므로 돈을 버는 것도 예수 때문이요. 높은 벼슬을 하는 것도 예수 때문이요. 집을 짓는 것도 예수 때문이요. 공부하는 것도 예수 때문이올시다.

예수가 없으면 나도 없습니다. 나의 좋은 것도 다 없어집니다. 그러므로 예수가 제일 좋고 예수밖에 없습니다. 하늘에도 예수, 땅에도 예수, 예수밖에 없습니다.

대구 동산에서
《기독교보》 1937년 12월 7일

◇ 종교 수필

애(愛)와 신앙

신앙의 상대는 사랑이다. 사랑이 없는 신앙은 물 없는 물방개같이 동력을 잃고 그 존재의 필요성을 찾을 길이 없을 것이다.

신앙이란 것은 사랑을 찾는 노력이다. 신앙의 목적은 사랑을 발견함에 있다. 그리고 이를 소유함에 있을 것이다. 신앙은 사랑을 발견하기 전에는 만족이 없다. 행복이 없다.

신앙의 사랑을 찾는 방법은 생활에서만 있는 것이다. 심리작용에서 사랑을 찾을 수 없다. 철학에서 과학에서 사랑을 찾을 수는 물론 없다. 묵상에서 관념에서도 의례히 사랑을 찾을 수 없다.

그러므로 신앙은 신앙이 생활화한 그곳에서반 비로소 사랑의 실체가 표현되는 것이다. 신앙은 생활을 통하여 사랑을 찾는다. 사랑에 체험하고 사랑에 실감한다. 또한 신앙이 생활화하지 못하는 때 신앙은 그 가치를 실각(失却)한다. 신앙에 의한 행복은 사랑을 발견함에만 있는 것이다. 이것은 아프리카에서 보석장인들이 넓은 사막에 찾아다니다가 보석을 얻은 것과 같은 현상일 것이다.

신의 사랑은 십자가로써 표시되었다. 아니 그리스도의 강세부터가 사랑의 표시였다. 그리스도의 강세가 없었던들 인류역사에 사랑의 광선은 없었을 것이다.

신의 사랑은 그리스도의 생화(生化)로써 표시되었다. 그리스도의 사랑은 그리스도의 생활이었다. 이적도 사랑이었고 눈물도 사랑이었다. 피도 사랑이었다.

우리의 신앙의 실가(實價)는 그리스도에게로부터 방사(放射)된 사랑의 광선을 받아 우리의 생화(生化)로써 이웃사람(隣人)에게 반사하는 충실에 있는 것이다. 청결한 거울엔 빛의 반사가 없을 수 없음같이 그리스도의 피로 죄를 씻은 결백한 양심엔 그리스도의 사랑의 광선이 반사되지 않을 수 없다. 말기(末期)의 신자들의 양심은 때 묻어 한줄기의 반사도 볼 수 없는 암흑의 암석이 아니었던가? 그리고 무서운 경가도리ㅇ 예각(銳角)을 가지고서도 순한 사랑의 사도로 행세하는 거짓선지자가 현금 교계에도 없지 않다.

신앙은 사랑이 없으면 혼 없는 시체와 같다. 불 꺼진 등대이다.

주여 우리 심경(心鏡)을 당신의 피로써 닦아 주소서! 당신에게서 보내 주시는 사랑의 광선에 밝고도 맑은 반사가 강하게 이 사회의 이면(裡面)에 비춰지도록 신앙은 사랑을 찾는 노력이다. 신앙은 사랑의 빛을 반사하려는 반사경이다.

그리스도 사랑에 대하여 일본 내지 소녀 직공의 미담을 소개하기로 하자.

강산(岡山) 방직공장의 기숙사는 한 방에 여덟 사람씩 일조가 되어 합숙하였는데 그중 A라는 한 여자는 어느 날 다른 여자가 잠든 틈을 타서 돈을 도적질하였다. 그중에 제일 적은 B소녀가 이것을 발견하였다. A녀는 이튿날 미리 손을 써 직공감독을 찾고, 어제 밤에 우리 방에 같이 있던 B녀가 가끔 돈을 도적질한다고 일렀다. 애매한 B녀는 감독의 부름을 받고 여러 가지로 심문을 당하였다. 그러나 한마디의 대답도 없었다. 그 공장에서는 B녀를 도적인 줄로만 알게 되었다. 그러므로 A녀는 의기가 양양하였다.

그러다가 하루는 A녀가 병이 나서 눕게 되었다. 이 공장에서는 오후 3시마다 차 한 잔과 과자 세 개씩을 분급(分給)하였다. B녀는 자기 몫으로 받은 차와 과자를 먹지 않고 가지고 가곤 하였다. 이상하므로 뒤를 밟아본 즉 한 방에 있는 A녀에게 가져다주었다. 이것을 본 사람은 도적질하고 A녀에게 들켰으므로 입이나 막자는 수단으로 알았다. 그러던 중 B녀도 손에 부상을 당하여 눕게 되었다.

하루는 곁에 누운 A녀가 본가로부터 온 편지를 읽고서 몹시 울고 있는 것을 본 B녀는 동정의 마음을 금치 못하여 그저 있을 수가 없었는데 그 편지는 A녀의 부친이 5년 전부터 부립병원의 구제실에서 간호를 받는 중 돈을 또 좀 보내달라는 편지였다. A녀는 제 몸이 병이 들어 일을 못하므로 일급을 못 받아 보내 줄 돈이 없어 아버지의 외로운 신세를 생각하고 울었다. A녀가 남의 지갑을 훔친 것도 이러한 사정이 있었던 것을 B녀는 알고 동정의 눈물을 흘리면서 자기의 저축한 통장을 꺼내어 합계 170원을 전부 찾아 달라고 감독에게 부탁하였다. 감독은 도적질하여 모은 돈이 이렇게 많은 줄로 알고 놀랐다. B녀는 남몰래 A녀 부친에게 돈을 부쳐 주었다.

A녀의 병은 점점 더하여져서 위독상태에 빠졌다. B녀는 지성으로 돌보아 주면서 B녀의 손목을 힘 있게 쥐고 예수를 믿고 주 앞으로 가라고 권하였다. A녀는 이 뜨거운 신앙의 힘에 자극되어 회개의 눈물로 B녀의 손목을 힘 있게 쥐고서 죄를 자복하고 곱게 눈을 감으려 할 때 B녀는 눈물과 결심과 사랑에 타오르는 어조로써 "안심하고 가거라. 너의 부친이 살아 계실 때까지 네 대신 내가 매달 돈을 부쳐 주마."라고 하였다. 마침내 공장에서는 B녀의 아름다운 행동을 알게 되는 동시에 공장에는 눈물겨운 이야깃거리가 생겼다.

사장은 5백 원의 상금으로 모든 직공과 내빈이 모인 중에서 B녀를 표창하고 그를 아깝게 생각하여 자유의 몸으로 해방하여 주었다.

이같이 그리스도의 사랑은 밝고 맑은 양심에 머물고 결백한 신앙의 양심은 빛을 발하여 힘 있는 신앙생활을 이루는 것이다. 하나님께로 난 자는 서로 사랑하는 것이니 형제를 미워하고 하나님을 사랑한다고 하는 자는 하나님께 사기하는 자이다. 형제를 송사하고 글로 말로 깎고 생명을 죽이면서 하나님을 믿는다 하면 이보다 더 큰 사기는 없을 것이다.

신앙은 사랑에서, 사랑의 생활에서 표현된다.

《기독교보》 1936년 12월 29일

인생과 행복

인생은 행복 때문에 살고 행복을 바라고 살고 행복을 찾기 위하여 살아간다. 또한 그 만반의 활동이 인생의 생활이라고 할 것이다. 인생은 무엇이며 행복은 무엇이냐? 또한 인생은 왜 행복을 찾는가? 지난 모든 옛 사람의 말을 빌어보자.

"인생이라고 하는 것은 인류에게 행복을 주기 위한 천강(天降)한 빛의 편조(遍照)이다."라고 말한 어른은 기원전 600년의 살았던 공자(孔子)이다.

"인생은 더욱 더욱 성하여 가는 행복에 도달코저 하는 영혼의 순례이고 완성이다." 이것은 공자와 같은 옛날의 파라몬(Paramond) 교도의 말이다.

"인생은 은혜스러운 열반에 도달코저 하는 자기 부정이다." 동시대의 석가(釋迦)의 말씀이다.

"인생은 행복에 도달코저 하는 평화와 은종(恩從)의 길이다." 동시대의 노자(老子)의 말씀이다.

"인생은 사람에게 행복을 주는 이성에 복종하는 것이다." 스토아 철학파(Stoicism)의 말이다.

"인생은 신의 법칙에 의하여 사람을 행복 되게 하려고 사람의 코에 생기를 불어 넣었다." 이것은 히브리 성자 모세의 말씀이다.

"인생은 신과 인에게 대한 사랑이다. 이 사랑만이 인생에게 행복을 제공한다." 구속자 그리스도의 말씀이다. 이 사랑은 그리스도를 말한다. 우리는 이상의 많은 정의에서 헤매보기도 할 것이다. 또한 수천 년의 역사의 인생은 이 많은 정의에서 순례하여 보다가 갔을 것이다. 또한 앞에 오는 인생들도 이 많은 정의에서 고번(苦煩)의 길을 걸어 볼 것도 사실이다. 인류는 최고 이상을 행복이란 곳에 두고서 이것을 위하여 노력과 투쟁으로 요원(遼遠)한 피안을 찾고 있는 것이다. 인류의 역사는 행복을 찾는 활동의 기록일 것이고 앞으로도 그것에 불과할 것이다. 종교, 철학, 과학, 예술, 사상, 정치도 인류의 행복을 찾는 설계에 지나지 못할 것이고 거기 남은 서책들은 그 설명서에 그칠 것이다. 인생의 행복에 대하여 말한 사람들은 두 가지로 분류할 수가 있겠다. 하나는 염세적(厭世的) 행복론자이요, 다른 하나는 발전적(發展的) 행복론자일 것이다. 첫째로 염세적 행복론자인 영국의 철인이요 역사가요 시인인 토마스 칼라일(Thomas Carlyle)은 말하기를, "행복과 불행이 우리에게 무슨 일이 있느냐? 그것은 다만 주제넘은 자만심에서 나는 것이다. 사람 자기가 행복스러운 생활을 할 만한 무슨 가치가 있는 듯이 생각한다. 그것은 인생의 여러 가지 오해 중에 하나이다. 우리는 오히려 교수대(絞首臺)밖에 갈 곳이 없다고 생각함이 가하니 그리하면 우리는 총살을 당하는 것을 오히려 행복 되게 생각할 것이다."

세상에는 행복이란 문자는 인생이 소유하였으나 행복이란 이상으는 소유할 수 없는 것으로 알면서 세상에서 행복을 구하고 행복을 희망하는 것이 인류의 오해라고 하여 대단한 비판론적이었다.

다음으로 저 염세론자 쇼펜하우어(Arthur Schopenhauer)도 세상은 행복이 없다고 물 없는 사막같이 생각하였고 행복이란 것은 인생의 공상 중에 하나이라고 생각하였다. 그는 말하기를 "산록(山麓)의 무덤 속에 누운 인생에게 물어봐라. 세상에 다시 환생(還生)할 마음이 없느냐고 그리함에 싫다고 고개를 흔들리라."라고 하였다. 차라리 일분토(一墳土)를 안고 누워 있는 것이 행복스러울지언정 세상에 환생하는 것이 못하다는 것을 말하였다.

구약의 전도서의 저자도 이 세상 행복은 없다고 탄식하기를 "인생이 심력(心力)을 다하여 재물을 저축하고 황금으로 궁전을 지으나 구름을 잡은 것 같이 헛되고자 손을 두나 이것도 헛되고 세력과 행복이란 것도 바람을 잡음같이 헛되고 인생은 지식을 구하나 지식이 많으면 번뇌도 많으니 이것도 헛되도다." 저자는 찬란한 이스라엘의 황금시대의 왕이었고 부귀는 타국이 부러워하였고 화려한 궁궐에 일천의 궁녀를 두었고 지혜는 만고에 비할 인간이 없었으나 그는 이러한 염세적 애화(哀話)를 썼다. 그는 인생이 행복되다고 이름 하는 세상의 그 모든 것을 체험하여 보았으나 거기에는 행복이 없다고 하고 물질세계에 허무(虛無)를 탄식하였다. 둘째로 발전적 행복론을 든다면 영혼의 소설가요 시인 알버트 스티븐스은 말하기를 "사람은 어떠한 형편에 처했던지 유쾌하게 지내며 동시에 주위의 사람들을 기쁘게 하여 주는 데서 행복되다."라고 하였고 그의 시 한편을 소개하면;

내 행복에 대업(大業)에서
넘어지려 할 때가 있었던지
내 동족 가운데서
기쁜 얼굴로 못 대하였던지
사람들의 기쁜 빛에 내 마음이 움직이지 않았던지
아침 하늘 귤과 음식 그리고 여름비도 내 마음을 기쁘게 못하였거든
하나님이여 당신의 기쁨의 막대기로
내 잠든 영을 깨우소서

이 젊은 시에서 그의 인생관을 살필 수 있다. 인생과 사명과 책임은 사람에게 행복을 주는 생활이 못됨으로 따라 슬퍼하여 신의 조력을 요구하였다.

전자의 칼라일의 인생관은 비관적이요 비진취적임에 비하여 스티븐스의 인생관은 진보적이요 발전적이다. 칼라일이 이 말을 할 때는 위장병으로 인하여 세상에 대한 낙관을 못 가졌었음이 이유일 듯싶으나 스티븐스은 폐병으로 멀지 않아 죽음을 앞에 두고도 인생의 목적은 타인을 기쁘게 함으로부터 행복이 성립된다고 퍽이나 신앙적 말을 하였다.

《기독교보》 1937년 1월 19일

◇ 創作信仰小說

못 넘는 고개

1. 이야기를 찾아서

옛 성터에 늙은 소나무 군데군데 서서 이 성터의 흥왕하던 옛 꿈과 쇠하여진 오늘의 현실을 슬퍼하는 듯이 혹은 썩고 혹은 살아 있으며, 독수리 떼 굶주려 깃들고 까마귀 보기 싫게 거센 목청을 뽑아 옛 추억을 자아내고 기와장만 콩밭 속에 묻혀 망한 옛 터전이 이렇다고 보여 줄 뿐이었다.

풀 속에 솟은 산꼭대기에다 성을 둘러싸고 고을자리를 삼았으니 옛날에 한창 흥왕하였다고 한들 몇 집이나 살았으랴? 그러나 옛날에는 장기고을 사또님이 오르고 내리던 찬란한 시절이 있었고 성안 주민이 횃불을 높이 들고 북을 울리며 무적 기세로 뽐내던 그 옛날이 있었던 것이다.

지금도 장기성터가 현저히 남아 있고, 향교도 있고 이리 저리 자빠진 돌비석이 길가에 묻혀 있고 혹은 밭둑에 디딤돌이 되어 아직도 곳곳에 서 있다. 어느 원님의 영세불망비는 비스듬히 서 있다.

히브리 전도자의 말과 같이 '세상은 헛되고 헛된 것뿐이로다. 성할 때도 있고 쇠할 때도 있구나. 공명이 몇 해를 전하며 부귀가 몇 해를 가느냐? 육체는 풀과 같고 그 영광은 풀의 꽃과 같구나, 풀은 마르고 꽃은 떨어지니,'

아라비아의 사막을 밟는 길손들이 바벨론의 강한 옛 국적을 감개하게 느낄 수 있다면 좁고도 좁다란 산상(山上) 고을의 옛 꿈을 자아내는 회포가 있을 것이다.

지금은 장기성 안에 여기저기 초막살이 아홉 집이 있다. 한산하고 찬바람이 도는 빈민굴이라고 할 수가 있다. 찬란한 옛 꿈터에 졸고 있는 초막 한 집 속에 이른 아침 싸리문만 밀치면 동해가 끝없이 터져 있고 힘차고도 인자한 따스한 해가 돋을 때 아침 찬송 11장을 부르는 행복스러운 멜로디를 뽑는 한 집이 있으니 이 집이 못 넘는 고개를 지어낸 주인공의 집이다.

내가 나이 스물한 살 때에 대구 있던 맹 목사(지금은 본국에 가서 농촌 어느 교회를 맡아 보신다고)가 쿡을 시켜 만나자고 하였다. 동경서 나온지 보름이 못 된 뜨거운 여름날이었다. 맹 목사를 알기는 열여덟 살 때 청도구읍에서 어느 주일에 교회에서 만나 나를 이상한 애정과 고마운 감정으로 대하여 나의 장래를 축복하여 주던 그때가 있고는 처음이었다. 나는 혼자 속으로 '그이가 나를 만나던 기억을 하였을까? 또한 누구에게 내 말을 듣고서 오라는가?' 하는 의문과 생각이 없을 수 없었다. 나는 우울과 조심을 가지고 동산 우거진 양인촌에 들어서서 맹 목사 집의 문을 두드렸다. 맹 목사는 반가운 안색으로 문을 열고 나의 손목을 힘있게 잡고 말했다.

"형님 생각 많이 했지요."

"고맙소."

나는 선교사가 한번 나를 잊지 않고 생각하였다는 것이 행복스러웠다. 다시 그는 나를 껴안고 털이 숭숭한 크나큰 손으로 나의 등을 두들이며 의자에 앉히었다. 그러고 자기의 걸터 앉은 의자를 내 곁으로 바싹 당겨 다가앉으며 물었다.

"형님, 여름에 무엇 하기로 작정하였습니까?"

나는 속으로 나를 그의 서기로 채용하려고 부르지나 않았나 하여 마음이 조마조마하여 다음의 말을 속히 듣기 위하여 대답을 속히 던졌다.

"아직 아무 작정한 것이 없습니다."

맹 목사는 나의 대답이 다행하다는 기색으로

"워! 형님 여름동안 내 지방 한 곳 맡아 가지고 조사일 좀 보시지요?"

나의 상상하던 것과는 거리가 멀어졌다. 나는 대답을 속히 할 수가 없으리만치 나의 머리는 무겁고 어리둥절하였다.

"대답하기 어렵습니다. 그 일을 어떻게 감당할 수가 있을까요?"

"당신 힘으로 할 수 없으나 하나님께 얻으면 할 수가 있지요! 그리고 젊은 청년이 주를 위하여 몸 바치는 일이 심히 아름답지요!"

나는 나 자신으로서는 철없는 것이 거룩한 교회를 보는 조사를 맡겠다고 대답할 수가 없었고 한참이나 말이 없이 앉아 있다가 나는 자신을 반성하여 보았다.

선교사가 나를 벌써 다 큰사람 같이 불러서 교회 일을 보라고 한 것이 내가 벌써 이런 일을 맡을 수 있는 자격자나 된 것처럼 자부심이 떠올랐다. 나는 한참 눈을 감고 묵도를 올린 후에 말했다.

"주께서 인도하시는 대로, 나를 쓰시는 대로 여름동안 당신 밑에서 일보기로 결심합니다."

맹 목사는 만족한 얼굴로 두 팔을 벌려 나를 껴안고 애정에 타는 포옹으로 나의 볼에 입을 맞추고 나의 등어리를 두세 번 쳤다. 그리고 그는 나를 인도하여 골방으로 인도하여 나에게 먼저 기도인도를 시키고 다음으로 나를 위하여 긴 기도를 하였다. 나는 거기에서 주의 힘이 오순절 같이 이 좁은 골방 속에 가득히 차고 목사님의 팔을 통하여 나의 몸에 충만이 내리시는 것같이 느꼈다.

비로소 나는 기쁨과 행복을 안고 6월 20일에 대구를 떠나 경동선(慶東線)에 몸을 싣고 주의 일터전에 호미와 괭이를 매고 교역 처녀지를 향하였다.

영일만의 끝이 없는 넓은 들판을 헤치고 가없이 터진 동해에 하늘에 피는 구름을 멀리 바라보면서 센티멘탈하게도 이상한 문학청년의 감상으로 빠지면서 포항서 50리인 장기를 향하여 책 보따리를 걸러 메고 걸어걸어 고개를 넘고 골짜기를 지나 장기 막바지를 넘을 적엔 석양이 빗기어 장기성 그늘이 저 멀리 덮이었다. 옛 읍자리는 산꼭대기요. 지금 면소, 주재소, 학교, 금융조합이 산 밑에 있고 면소재지의 조그마한 장터가 있어 조막식한 상점들이 좌우로 있을 뿐이다.

첫 걸음으로 예배당을 찾으니 산비탈 중허리에 초가삼간으로 풀 속에 묻히어 문짝은 뜯기어 없어지고 골바닥에 삿자리 두 잎이 깔리어 있고 석유궤짝으로 네 발을 고아 강대상을 삼고 신문지 벽은 뜯기어 어룽어룽하고 지붕은 썩고 닭이 쪼아서 석가래가 뻐덩니처럼 내다밀었다. 그나마 주의 전이니 엎드려 기도하고서 문지방에 걸터앉았노라니 칠팔세 되는 아이가 끼웃거리면서 들여다본다. 이 아이에게 영수댁을 물어서 따라가니 옛 읍자리 산꼭대기에 아홉집맹이 중에도 가장 적은 초막집을 가르쳐 주었다.

삽작문(사립문의 경상도 사투리)을 당기니 안으로 걸쇠가 가로질렀다. 나는 큰기침을 울리고 가래침을 돋우어 뱉었다. 그러나 안팎으로 인적은 없었다. 나는 좀 불쾌한 감정이 들었다. 맹 목사가 각 교회로 통기를 하였다는데 어찌 이 모양일까? 하고 최후로 어색하나마 용기를 내어 불러 보았다.

"영수님 계십니까?"

또한 대답이 없었다.

이웃집에서라도 무슨 기척이 있을까 하고 돌아다보았으나 아무것도 없는데 목이 떨어지라고 짖어대는 강아지 한 마리가 악을 쓰면서 짖었다.

저 건너편 놀던 처녀아이들이 발가숭이를 업고 무슨 구경이나 난 것처럼 몰려와서 쳐다보고 있었다. 나는 이 아이들에게 물었다.

"얘들아 이 집주인이 어디 갔는지 아느냐?"

앞선 계집아이가 몸을 빼어 뒤로 물러가고 뒤선 계집아이는 떠밀고 "야! 야!"하면서 대답들은 없었다. 나는 할 수 없어서 다시 물었다.

"이 집 주인이 어디 갔는지 모르느냐? 응?"

"몰라요!"

그 중에 조금 큰 계집아이가 대답하면서 달아나니 모조리 가 버리고 하나도 없었다.

할 수 없이 무례하나마 삽작문을 잡아제치고 들어가서 처마 끝에 걸터앉았다. 땀을 씻고 고요하게 앉았노라니 졸음이 솔솔 와서 눕자니

깔개가 없고 그대로 앉아있자니 파리는 어깨 위에서 앵앵거려 귀찮기 좋을 만하였다.

방에 들어가려니 방문이 자물쇠로 꼭 잠겼고 할 수 없이 처마 끝에 걸쳐 앉아서 좀 졸다가 올라갔다. 동해에 어리운 붉은 낙조가 바람을 안고 푸른 바다를 지치는 돛단배에 더욱 빛났다.

간간이 지나는 연기를 퐁퐁 뿜고 지나가는 발동선 적은 배, 큰 배, 길이 바쁘다고 서로 어긋나며 지나간다. 이러한 자연의 고요한 품속에서 엎드려 주를 불렀다.

'오! 주여 당신은 세상에서 가난한 자를 찾으시고 복음을 주셨더이다. 이 장기성터에 기와집도 있고 큰집이 있건마는 옛 성터에 망하여지다 망할 여지가 없어 남아 붙든 아홉 점맹이에도 가장 참혹한 집을 찾으심은 당신의 뜻이더이다마는 주여! 젊은 나를 불러 이런 곳으로 보낼 제는 당신의 계획이 있음을 믿나이다. 여지없이 타락된 당신의 교회, 힘이 까라진 당신의 양떼, 먹고 살기에 짓눌려 날개를 상하여 기운을 못 쓰는 이들에게 당신의 은총을 내리소서. 이 적은 종으로 하여금 이들의 위로로 삼으소서. 믿음의 보좌를 삼으로서. 주여 내가 아직도 처녀같은 수줍은 마음을 못 면하여 당신의 복음을 저 거리에서 외치지 못하고 부끄러워하나이다. 당신의 능력이 나를 잡아 흔들어 뜨겁게 하시고 격동하여 바울과 같이 거리와 거리에서 복음을 부끄러워하지 않는다고 한 것 같이 되게 하소서. 니느웨를 피하던 요나같이 비겁자가 되게 마시고 저 무서운 죄악의 굴 속까지 찾아 들어가서 매를 맞고 뼈가 부서져도 최후까지 주를 증거하다가 스데반과 같이 죽어지게 하소서. 아멘.'

눈을 뜨고 일어서니 해는 넘어가고 어둠사리는 온 천지를 덮었다.

《교회보》 1938년 4월 1일

못 넘는 고개(2)

1. 이야기를 찾아서

그 동안에 영수님이 오셨나 하고 산에서 내려오니 아직도 적적한 집 그대로 있었다. 나는 갑갑하여 기지개를 집고서 마당 구석에서 구석으로 어정대고 있노라니 키가 큰 양반이 묵은 매고자를 뒤로 젖혀 쓰고서 연장을 지고서 삽작안으로 들어섰다. 그 뒤로는 치마에 점심 그릇을 이고서 어린 젖먹이를 업고 따라 들어서면서 말아접은 치마를 내리고서 정지로 향하고 열댓 살 먹어 보이는 머슴아이가 들어서고 그 뒤로 열 살 되어 보이는 딸아이가 들어섰다. 키다리농군이 지게를 마당구석에 내리고 바짓가랑이를 흩어내리고서 내 앞으로 와서 나의 바른손을 힘 있게 쥐고서 인사를 청한다.

"이럴 수가 있습니까? 농사꾼이란 것은 이 모양이올시다. 어저께야 맹 목사님의 편지가 오기를 조사 한 분이 온다고 하셨지마는 꼭 오실 줄 몰라서 이렇게 되었습니다."

"아니요. 좋습니다. 저물도록 일하시기에 얼마나 수고하십니까?"

나는 친절을 다하여 동정하는 어조로써 조심성 있게 말하였다.

나의 겸손하게 말하는 태도가 마음에 드는 양 허리를 굽히면서 그는 웃는 얼굴로 말했다.

"고생요! 우리야 어릴 적부터 배운 것이 농사이니 고생인 줄 모릅니다마는 조사님같은 이가 이런 궁벽산촌에 오시느라고 얼마나 수고하십니까?"

"원 천만에 말씀이올시다. 조사야 이곳으로 저곳으로 주의 인도하시는 대로 다니는 것뿐이니 고생스러울 것이 하나도 없습니다."

영수는 방문쪽으로 눈을 돌리면서 나를 안으면서 말했다.

"자~들어갑시다. 아마 이런 지방은 조선 땅에는 없을 것입니다. 얘, 방에 불을 켜라! 방 꼬라지는 어찌 되었는지?"

맏아들 성달이가 대야에 손발을 씻다가 방에 들어가더니 방을 치우고 정지에서 치마를 두 손으로 툭툭 털면서 영수부인이 앞으로 와서 인사를 한 후 다시 정지로 가서 열기를 피우며 급하게 설친다.

성달이도 인사를 하고 딸년들도 와서 납실납실 절을 하였다.

영수님이 큰 기침을 하면서 방으로 들어가더니 성달이가 방 소제를 옳게 하지 못하였는지 잔소리를 씹는다. 삽자리(돗자리)를 쓰는 소리가 나고 성달이를 시켜 등장에 불을 켜라고 큰소리로 일렀다.

성달이는 기름에 불이 붙지 않으니까 기름이 없다고 말한다.

"아버지요! 기름이 없구먼."

영수는 주머니 끈을 풀어서 '5전어치만 사오라'고 장터로 보냈다.

컴컴한 정지에서는 저녁이 저물었다고 물을 길러다가 보리쌀을 씻어 앉혀 놓고 열 살 먹은 딸 눈이를 불러서 불을 넣으라고 하고 이웃집에 동당걸음을 치더니 바가지에 하얗게 담아오는 것이 아마 쌀을 꾸어 오는 모양이었다.

날같은 꼬맹이 즉 인형같은 것이라도 교역자가 없이 지내온 그들에게는 영의 고갈이 그지없이 심하였던 것이므로 반갑고 위로가 그지없어 친정에서 부모나 온듯이 전 식구가 기쁨으로 저녁을 떨그럭 분주히 맞추고 영수부인은 어린 것을 동여 업고 몇몇 부인들에게 통기하러 급하게 가고 영수는 성달이를 시켜 보통학교 김 선생네 집에 조사님이 오셨다고 통기를 하러 미리 보내고 영수는 새카맣게 그을린 초롱에다 호롱불을 켜서 앞서 들고 나를 인도하여 성 밑에 있는 예배당으로 내려갔다.

성 꼭대기에 오목한 고개를 넘어서 내려오다가 채 성 밑도 아닌 곳에 초가삼간의 거진 쓰러져가는 집이었다.

영수님은 손종을 들고 문밖에서 열심히 흔들었다. 그러나 밤이 새도록 흔들어도 올 사람도 없건만 그래도 예배를 볼 적에는 초종, 제종을 치고 보는 것이 습관이 되었다고 할는지 손요롱일망정 문 앞에서 두 번씩은 흔들었던 것이다. 요롱을 흔들기를 마치고서 영수는 누구를 데리러 간다고 하여 나가버리자 나 혼자 초롱불을 앞에 놓고 앉았을 뿐이었다. 나는 그 동안을 이용하여 기도하였다. 얼마나 있다니까 성달이가 들어서고 다음에는 영수부인이 서너 부인들을 인솔하여 들어섰다.

다음은 보통학교 김 선생이 들어오고, 그 다음은 이발소 최 씨를 인도하여 영수와 같이 들어왔다. 남자 방에는 영수, 나, 김 선생, 최 씨, 성달 합하여 5인이 출석되었다. 이발소 최 씨는 한동안 열심히 다니는 젊은이었다. 그러다가 처녀와 관계하여 본처와 이혼하고 그 처녀를 지금까지 데리고 사는 판이다. 이 교회가 망하여진 것도 이런 인간들의 부정한 행사 때문이었다. 오랫동안 장기성 안에는 전도문이 막히었다.

보통학교 김 선생은 평안도 사람으로 평양에서 모중학교에 다닐 때 열심히 믿고, 어느 교회에서 주일학교까지 충성으로 돕던 형제이었다. 그러나 보통학교 교사가 된 후로는 그 부인만 보내고 자기는 여러 가지 핑계로써 잘 다니지 않는 분이었다.

이만치의 집회도 소위 조사님이라고 해서 그 덕으로 성황인 모양이었다. 평소에는 항상 영수의 식구끼리만 모였던 것이다. 이들에게는 전에 없던 위로와 기쁨이 충만하였다. 조사의 월급을 감당치를 못하여서 3,4년간 교역자의 그림자도 보지 못하다가 꼬맹일 망정 일품이 조사이니 그들에게는 위로와 감격이 있었다. 그들의 찬송과 기도는 눈물과 감사이었다.

나는 이날의 강도(講道)가 처녀강도이었다. 대소지를 잡고, 조리가 있고, 논리가 있을 리도 없다. 또한 법이 있는 것도 모른다. 거저 성경을 읽고 거기다가 마음대로 문제를 더하여 걸고 열과 성과 성실로서만이 열심히 토할 따름이었다. 나는 나의 힘으로서도 헤아릴 수 없는 전신에 끓는 열을 느꼈다. 이렇게 약하여선 아버지의 교회를, 주님은 죽음으로써 세운 교회에 또한 죽음이 없이는 교회를 부흥케 할 도리가 없음을 알고 누가 와서 몽둥이로 때려죽인다고 하여도 굳세게 힘차게 외칠 것같이 극도의 열로 끓어올랐다.

강도가 끝나고 다음의 기도는 울음이 터졌다. 영수는 골바닥을 치면서 울었다.

"내 죄로서 이렇게 약하고 이 교회가 이 모양이올시다. 주여 용서하소서. 소금 노릇하라고 하셨건만 소금이 못 되어 이렇게 되었나이다."

그는 몹시도 울었다. 부인들도 목을 놓고 울었다. 이 교회가 설립된 지 15-6년 넘었건만 믿는 식구가 없음을 극도로 한탄하여 자기 죄를 자백하였다.

나는 이 이야기를 찾으려 이까지 왔다.

2. 옛시절

그 이튿날 아침 가정예배를 보고 난 다음 영수의 믿은 지 30년에 핍박 교회를 위하여 애쓰던 이야기가 벌어졌다. 지금 나는 이야기를 적어 보는 것이다.

농촌에서 나서 농촌에 자라고 어려서 소를 몰고 꼴을 베고 아리랑 타령을 목청껏 뽑던 더벅머리 총각으로 ○○○○○○ 못 지고 가도 먹고 가라면 쉽게 하는 심벙궂진 인물이었다.

장가를 스물두 살에 열여섯 먹은 처녀에게 들었다. 장가를 들기 전부터 동리에서 품행이 좋지 못하여 말썽이 많았다.

옛날 사람으로서 스물두 돌까지 장가를 못 갔다면 무던히 노총각이라고 하였다. 늦게야 장가를 들고나니 첫정에 너무 반하여 집밖을 떠날 줄 모른다고 이웃사람들이 흉을 보았다. 색시는 나이 어릴망정 맨돌이가 밉지 않았다. 키는 알맞게 날씬한 몸집에다가 살갗은 흰 편은 아니로되 혈색이나 건강미를 가지고 곱게 생겼다. 감은 머리를 곱게 빗겨 그네머리, 허리는 날○○ 곡선미가 있었다. ○○드나들면 동리 머슴꾼들이 밤으로 초당에 모여 앉으면

"그 녀석 장가 잘 갔던 걸!"

한 녀석은

"본동이네 색시보다는 못하다는구먼!"

김가란 녀석은

“어름 없는 소리 하지 마라. 본동이네 색시는 살거리는 희지만 입이 합죽하고 턱이 꺼부둥하여서 틀렸어, 그러나 오 도령의 색시는 흠잡을 데가 없어.”

오 도령은 누구나 만나 장가 잘 들었다고 칭찬을 들으면 입을 다물지 못하고서 해작하여 가지고 속으로 항상 만족과 행복을 느꼈다.

하루는 소를 몰고 꼴지게를 지고서 들판으로 가서 소를 언덕에 놓고서 지게를 거꾸로 고아놓고 누워서 혼자서 행복과 만족에 취하여 몽롱한 공상의 세계로 들어갔다. 색시를 생각하느라고 푸른 하늘을 쳐다보고 휘파람을 불었다.

그러는 동안에 소는 남의 집 콩밭으로 들어가서 모조리 먹었다. 콩밭 임자가 먼 산에서 “누 소고!” 고함을 치다가 할 수 없이 달려 와서 소를 끌고 길가의 버드나무에 매어 달고 반쯤 죽도록 두들겨 주었다.

《교회보》 1938년 6월 1일

◇ 논단

해안(海岸)의 제단(祭壇)(1)

1. 불행에 기도

교우여, 나는 미문거리에 앉은 거지를 생각하오. 배만 고픈 것이 거지의 불행이 아니라 오륙을 못 쓰는 병신이었소. 그러나 그는 병 낫기를 구하지 못하고 빵을 구하였소. 베드로는 구하는 빵은 주지 않고 예수를 주었소. 이 걸인의 감정은 소극적이나마 당면 문제인 빵이 더 급하였소. 그러나 떡을 얻지 못하고 예수를 얻었소. 예수를 잃는 것이 걸인의 전부였고 욕망의 전부였소.

나는 그 걸인과는 반대였소. 나는 빵보다 내 몸에 좀먹어 들어가는 병이 문제가 되어 있소. 이 바닷가에 찾아온 것이 거지가 빵을 구할 생각으로 미문거리에 앉은 것 같소.

오늘까지 나의 기도는 병 낫기 위한 기도였소. 이 잘못된 기도를 물소리 요란한 바닷가에서 깨달았소. 나의 몸에 좀먹는 병이 병이 아니라 예수가 없는 것이 병인 줄을!

교우여 이제부터의 기도는 병이 아니요. 예수를 있기를 위한 기도입니다. 예수는 나의 전부이요. 나의 생명입니다. 예수 하나를 얻는 것이 나의 요구의 전부를 얻는 것입니다.

끝없는 바다의 저 먼 가로 그은 수평선에는 찬란한 금실비단으로 짜놓은 솔로몬의 회장처럼 석양의 피어오르는 구름은 아름답소이다.

간난아이의 손장난처럼 찰랑이는 고요한 물결에 발을 잠그고 서산으로 기울어지는 불그스레한 태양을 불붙는 촛대를 삼고 흰모래 빛나는 자갯돌을 방석으로 하고 경건하고도 깨끗한 기도를 올립니다.

이 불행의 기도에는 고요히 내리는 성령의 이슬을 눅눅히 맞는 것을 느끼고 있소.

병 없고 성한 몸으로 능력 없는 사람 되기를 원치 않습니다. 차라리 몸에 가시를 지닐지라도 바울과 같이 성신 받은 능력 있는 생활을 원합니다. 요술쟁이 시므온처럼 금력으로 성령을 매수하려는 인간이 되고 싶지 않소. 오! 불행의 기도를 통하여 주의 뜻이 발견하겠노라 그 뜻으로 살기 위하여

2. 불행의 찬미

사랑하는 교우여!

이 바다가 곡조 없는 노래를 밤낮으로 부릅니다. 그러나 나는 곡조를 가진 노래입니다마는 불행의 노래입니다. 나는 언제나 저 바다같이 곡조가 없는 노래일망정 자연 그대로의 행복 된 찬미를 불러볼지 이것이 부럽고 애달픕니다.

나는 아침이면 이 바닷가에 두 활개를 쫙 펴고 목청이 있는 대로 고함을 질러 봅니다. 이에 해가 넘으면 저 먼 곳에서 빛나는 등대불이 켜질 때까지 요란한 물소리에 따라 나는 그리스도에게 배울 찬미를 부릅니다.

처음에는 두 가지의 의문을 가졌습니다. 하나는 나를 불러 목사의 직에 두시면서 불행한 병약의 몸을 주신 것과 하나는 나를 쓰시되 밥을 못 먹는 밥통병을 왜 주었을까를. 나는 이 불행의 찬미를 부르는 동안에 그리스도의 그 뜻을 깨닫게 되었습니다.

나는 본시 근성이 교만하였고 건방진 자식이었습니다. 교만할 만한 조건과 형편이 없었지마는 교만하였고 건방진 것이었습니다. 주께서 나를 꺾으사 겸손케 하려고 병약의 몸을 주셨고, 내가 강도를 하나, 심방을 하나, 전도를 하나, 사업을 하나, 어느 하나가 내 힘이 아닌 것을

알게 하시고 절대 권위자에게 의지하게 하사 나를 사로잡은 것입니다.

또 하나는 밥통의 고장을 일으켜서 밥을 못 먹게 하신 것은 대개 사람은 먹기 위하여 노력합니다마는 사람이 먹기 위하여 사는 인간이 아님을 알게 하시는 동시에 빵을 위한 목사가 되지 않게 하시려고 먹지 못한 병을 주신 것이지요?

오! 교우여 이 불행의 노래가 오히려 영원한 행복의 찬미로 변하였나이다. 이 신비로운 공작은 오직 그리스도의 십자가의 길에서만이 발견할 수 있는 것입니다.

오! 나는 이 불행의 찬미에서, 비애의 노래에서, 승리의 찬미로 행복의 찬미를 부르기를 예약하고 이 몸이 곯아지고 바닷가의 조개같이 말라지더라도 내 영이 믿음을 통하여 배운 노래만은 부르다 없어지리라. 그리스도가 오실 때까지.

3. 자개들을 모아 놓고

여기는 교회도, 믿는 사람도 없는 것 같소. 자본문명의 유산물인 호화로운 사람들의 별장과 돈질 안 하는 사람들의 요기집들은 예상 이외로 굉장하게 해변, 송림을 장식하였소이다. 성경과 찬미를 손에 들고 병자를 찾고 약자를 찾아 기도하고 예배 보는 것이 일종의 상습적이었고 적은 업적인 것같이도 되었던 나. 사생활이 한 굴레를 벗은 듯이 가벼이 되라고 이 집이 내 몸을 돌이켜 보았나이다.

영국 왕립 원양어부선교회(The Royal National Mission to Deep Sea Fishermen)의 윌프레드 그렌펠(Wilfred Thomason Grenfell)의 이야기이다. 그가 처음 래브래도(Labrador) 연안어민 선교사로 임명을 받아 선교지에 도착했을 때, 다리가 병나서 고생하는 사람 수만 해도 구백여 명이나 되었다는 처참한 형편 중에서 지내었다고 한다. 이렇게 일하여 온 지 삼십사 년 후에 뉴 훤랜드(Newfoundland)라고 하는 곳과 래브래도 역 사이 일천오백 마일 되는 그 해안에 병원과 약방을 여러 곳에 설립하게 되었다. 그래서 이 병원과 약방으로 인하여 그 목불인견의 불쌍한 사람과 귀한 인생들에게 많은 은혜를 끼치게 되었다.

이 병원에서는 치료하러 오는 환자를 돈 없다고 도로 돌려보내는 일이 없으며 환자 형편에 따라서 힘대로 치료비를 내게 하였었다. 환자의 형편을 보면 찾아오기 어려운 먼 곳 벽촌에서도 찾아오며 연로한 부인 같은 이도 겨울에 썰매를 타고 와서 병을 고치고 그 이듬해 봄에 자기 집으로 돌아가는 예도 종종 있었다고 한다.

그리고 환자들이 여름에는 배 타고 이 병원을 찾아오게 됨으로 일 년 중에 제일 분주한 때는 여름이었다. 이때에는 남녀 수천 명이 와서 유하면서 병을 고치고 있는 동안에는 남자는 나아가서 생선을 잡아오고 여자는 그 생선을 배도 따고 소금도 치고 하면서 생활함으로 이 병원에서는 임시로 가게 집을 주며 각 항구 병원 있는 곳마다 급한 환자를 데리어 오기 위하여 적은 화륜선 한 개씩 예비하여 보냈다.

이 외에 그렌펠은 자기 개인의 화륜선도 장만하여서 멀리 타고 다니면서 적은 항구에도 들어가서 환자를 보기도 하였다.

이 그렌펠 의사는 수술에는 선수이고 선장으로 훌륭하였기 때문에 배를 타고 항구에 들어가서 입항하였다는 사이렌을 불면 동네 사람들은 전부 다 나아오다시피 나아오는데 어떤 사람은 구경하러, 어떤 사람은 병을 고치러, 어떤 사람은 의사 다시 오기 전에 병을 예방하러, 어떤 사람은 부모 · 친척 없는 불쌍한 아이들 데리고, 어떤 사람은 법률을 물어보러, 어떤 사람은 물건을 매매하러 오는데 이 동내에는 일 년 동안 다시없는 좋은 기회였었다. 이렇게 분주한 중에서도 의사는 소수술을 배 안에서 하며 각각 자기들의 볼 일을 보게 한다. 그러므로 이 동네, 저 동네 할 것 없이 토인들은 이 기회는 동네 발전상에 큰 희망이라고 생각하였으며 이 의사의 사업은 세계적으로 큰일이라고 생각하였다.

얼마 후에 이 의사에게 오십 마일 밖에 있는 어떤 작은 동네에서 어떤 환자의 병이 대단히 위중하다는 소식이 왔었다. 그래서 이 의사는 곧 수술기와 약을 준비하여 가지고 배를 타고 가서 그 항구에 대니 아무도 마중 나온 사람도 없이 적막하였었다. 그래서 배에 내려서 그 집을 찾아가 보니 그 집은 아주 적막하였었다. 방에 들어가 보니 한 여자는 처참하게도 침상 위에 누워서 죽었고 그의 남편 되는 사람은 자리에 누워서 다 죽어가는 지경이었다.

그 이튿날에 이 의사 그렌펠은 곽 두 개를 예비하고 또한 베옷도 예비하여서 두 시체를 입히고 좋은 땅을 택하여 장례하였다. 이 장례를 마치고 보니 주인 없는 이 무덤 위에서는 어린 적자 다섯이 어머니를 부르고 울고 있었는데 부모를 잃은 이 아이들은 참으로 처참하기 짝이 없었다. 천지가 넓은 들 갈 곳이 어디이며 인간이 많은들 이 어린아이들을 붙잡아 줄 이 누구이랴. 먹을 것도 없고 입을 것도 없는 이 아이들을 보호하여 줄 사람은 보이지 않았던 것이다.

하나님의 말씀과 같이 은혜를 베풀며 자비심이 많은 이 그렌펠 의사는 뉴 휜랜드에 고아원을 설립하고 이 갈 곳 없는 어린아이 다섯을 먹이고 입히고 가르쳤다. 이 고아원은 얼마 아니 되어서 협착하게 되었다. 그래서 시멘트집으로 고치고 칠십 명을 수용하게 되었다. 이 적은 고아원은 집도 부모도 없는 불행한 아이들을 소망으로 인도하는 하나님의 은혜가 같이 한 것이며 이 래브래도와 뉴 휜랜드는 하나님의 진리의 씨가 떨어지게 된 것이었다.

찬송
연보
기도

래브래도 사업에 감사하며 앞으로 계속 잘 되도록 기도하시며 또한 우리 조선서 하기(夏期) 아동성경학교 하는 시기인데 특별히 불신아동에게 하나님의 말씀이 씨가 되도록 가르칠 것이며 장래 진실한 신자 되도록 주의하실 것과 전도회원들도 힘대로 도와주시도록 기도하실 것.

폐회

《교회보》 1935년 7월 15일

해안(海岸)의 제단(祭壇)(2)

울렁거리는 바다복판으로 해가 솟기 전에 모래밭에 앉아 요란한 물 노래를 귀에 들으면서 수백 번 물결에 부서지고 닳아지고 반질반질한 어여쁜 자개돌을 주워 모두고 끝없는 바다를 향하여 머리를 숙입니다. 이 광대한 대자연에 계시고 너머 계신 나의 아버지 하나님께 제사를 올립니다.

그 전에 산 속에서도 재단을 쌓아 본 적은 있으되 바닷가에 재단을 모으기는 이번이 처음이었다. 머리를 숙이고 오래오래 있노라면 천지간에 들리는 것은 물소리밖에 없으나 풍랑 만난 갈릴리 해상의 제자들을 구하시려고 걸어오시던 주님이 저 끝없는 바다를 타시고 적은 생명 하나를 구하시려고 나의 앞에 오신 듯이 마음은 가벼워집니다.

기도를 마치고 고개를 들 때는 끓는 바다 복판으로 찬란한 태양이 솟아오릅니다. 이때는 견딜 수 없는 마음으로 찬미를 부릅니다. 주의 손목을 잡은 듯이 이 영은 날개를 이은 듯이 없던 목청이 뚫어지는 듯이 좁은 가슴에서 울려 나옵니다.

나는 이곳이 정이 듭니다. 신성하고 거룩하고 깨끗한 재단이매 이런 때가 무한이 계속되기를 원하기는 합니다마는 주의 책망이 내리실 것 같습니다. 변화산상에서 베드로가 받던 책망을 받을까봐… 오! 주여 나의 살고 싸우고 죽을 곳은 저 복잡하고 울고 뜯고 병들고 인육(人肉)의 거기입니다. 이 몸이 건강으로 회복되는 때는 당신이 지시던 무거운 십자가는 내 어깨에 혼자 맨 채로 한 번도 굴하거나 약해지거나 함이 없이 뼈가 부서지고 살이 찢어져도 끝까지 가렵니다.
오! 교우여 그간에 믿음으로 세워 주세요!

유월 그믐에 바닷가에서
《교회보》 1935년 7월 15일

해운대에서 삼방(三防)으로
사랑하는 교우들에게 보내는 편지(1)

인생과 병고(病苦)

교우여! 세상에 병이 없는 사람이 있다면 그 사람처럼 은혜 받은 사람이 없는 것 같이 생각됩니다. 석가도 병을 고(苦) 중에 큰 것으로 꼽았지만 세고(世苦) 중에 병고가 가장 슬프다고 봅니다. 아무리 철석같이 굳은 이상과 우월한 사상을 가졌더라도 병마에 잡히기만 하면 비애와 낙망을 품고 인간 중에 가장 약자로 변하고 마는 것이 실례가 증명하지 않나이까? 인간의 모든 문제는 건강으로부터 출발하여야 될 것 같습니다.

아마 덴마크 민족은 여기에서 절통(切痛)스리 명감(銘感)되었던가 봐요. 보건공작에 세계적으로 모범을 낸 뉴스빅 체조를 보니 우리 주님도 병자의 거리에서 동정과 구원을 확대시켰지요. 그러므로 주님이 움직이는 곳에는 병자 운집의 요란이 있었고 주님의 가슴에는 병자의 눈물이 젖어 있었을 것입니다.

교우여! 병 없는 사람이 없다고 그러면 인생은 병에서 병으로 순려(巡旅)를 하다가 견딜 수 없이 죽음의 골짜기로 발길을 돌리는 것이지요.

교우여! 병이 있어 병이 아니라 죄가 있어 병이라오. 병은 죄에서 생산되었기 때문에 죄 없는 인간은 하나도 없다고 하셨으니 병 없는 인간도 하나도 없겠지요. 그러므로 우리 주님은 병자를 고치실 때 언제든지 '네 죄를 사하였다' 하셨습니다. 나는 지금 병자의 이대로 여기에서 주님을 부릅니다.

교우여! 병자의 심리는 감방에 구속을 당하여 좁은 창틈으로 활발(活潑)스리 날뛰는 자유의 세계의 사람을 내다보는 것과 같이 동경(憧憬)의 가슴을 태우고 있답니다. 그러기에 공연히 감정은 예민으로 날이 서고 공중에 버림받은 바람처럼 고독과 슬픔을 품고 울고 한숨 쉬고 세상의 전부는 귀밖에 물소리 같이 의식 없이 멍하니 넘기고 지날 뿐이랍니다.

오! 교우여! 인생은 그 이름이 괴롭소이다. 병이 있기 때문에.

역경의 은총

교우여! 나는 교만하였고 건방졌지요. 나에게 교만할 조건과 아무 형편이 없었건마는 공연히 다른 사람 이상의 인간처럼 스스로 높았나이다. 스스로 높아지는 자는 낮아진다고 하신 주님의 말씀대로 본다면 과거에 내가 다른 사람들에게 얼마나 멸시를 받았으며 낮아졌겠습니까?

강도 한 마디를 하고 나서 교우 중에 누가 앞으로 찾아와서 "목사님 강도에 은혜 많이 받았습니다." 하면 나의 입재주와 파리똥만한 지식을 뽐내어 본 적도 있지요. 눈앞에 많은 대중이 앉아 있는 연단에 올라설 때라도 주님의 힘을 빌지 않고라도 나의 힘과 웅변과 지식으로서 능히 대중의 감정을 움직일 수 있다는 자부심에서 얼빠진 광대 노릇을 하여 왔지요.

교우여! 내가 밥을 못 먹고 미음도 못 먹고 배가 갈빗대 밑으로 짝드러붙고 강도하러 나서기 일 분 전까지 대중에게 유익을 줄 용기조차 없어지고 소금저린 나물 포기처럼 후줄근한 뼈다구 인간이 강단에 나서게 될 때는 그 전에 가졌던 자부심과 재주와 웅변은 어디로 가고 오직 주님의 힘이 몸에 내리기 전에는 일언의 동작이라도 생명이 없을 것을 알고 '오! 주여 내 앞에 모여 앉은 당신의 신자의 영을 위하여 이 고골(枯骨)을 이용하여 주소서.' 라고 부르짖을 수밖에는 아무 도리도 없게 되었습니다.

나는 이제야 알았지요. 건방진 나를 꺾으시사 겸손한 인간을 만드시는 성령의 공작인 것을 이미 바울 선생도 자기의 몸에 꽂힌 가시를 겸손케 하라는 주님의 뜻이라고 해석하였거든요.

교우여! 나는 금하(今夏)에 바다로 산으로 건강을 찾아서 헤매고 보니 성전관문에 앉은 걸인이 생각됩니다. 이 걸인의 요구는 당면문제인 빵을 찾았던 것입니다. 그러나 베드로는 요구하는 빵을 주지 않고 나사렛 예수를 주었습니다. 만약에 이 걸인의 요구대로 방을 한쪽만 얻었더라면 죽는 날까지 거리에서 빵을 구걸하였겠지요. 그러나 이 걸인은 달라는 빵은 못 얻고 예수를 얻었습니다. 이 걸인이 예수를 얻은 것이 걸인의 요구의 전부요. 생의 희망의 전부를 얻은 것이었습니다.

교우여! 바다와 산에서 건강을 얻으려고 애쓴 것이 어리석었소이다. 이제의 부르짖는 소리는 예수뿐이었습니다. 주님을 얻는 것이 나의 소망과 영원한 생명의 요구 전부를 얻기 때문에.

교우여! 그리고 내가 숱한 병을 다 두고 밥 못 먹는 병을 얻었을까요? 먹음으로 사는 인생이어든 없어서 못 먹는 것도 불쌍타고 하거든 내 앞에 생긴 것도 보고 못 먹으니 이보다 더 불쌍한 것 어디 있겠소. 그러나 먹는 것을 하나님 이상으로 과대평가하였기 때문에 인생은 빵으로만 사는 것이 아님을 알게 하실 뿐만이 아니라 체험까지 시키기 위한 성령의 뜻인 것을 알았습니다.

교우여! 그리고 나를 목사로서 뽑아 세우시고 위병을 주신 것이 이상하게도 의심을 가졌댔습니다. 목사로 쓰시려거든 병을 거두시든지 병으로 살게 하시려거든 목사로 뽑지를 마시든지 하실 것이지 양자합병으로서 생활을 고란케 하신 이유가 어디 있을까 하고 더욱이 생각하여도 보았지요. 그러나 나로 하여금 먹기를 위한 직업의 목사를 떠나서 병들거나 굶어 죽거나 전 생활이 그리스도만을 본위로 하는 복(僕)을 삼으시려는 뜻인 것을 알고 나는 이 위병을 통하여 그리스도의 은총을 발견하였나이다. 이 몸에 가시야 뽑든지 말든지 나로 하여금 그리스도의 요구를 충강(充强)해 드릴 본분만을 알아 그대로 살아감이 희열이요. 찬송임을 알았나이다.

오! 그리스도 은혜는 쓰라린 역경에서 더 발견할 수 있더이다.

동지의 우정

교우여! 나는 행복자인 것을 이 고경(苦境)에서 발견했나이다. 내가 살아도 인간적으로나 사회적으로나 교회적으로나 그다지 유효한 인물이 아니요. 죽어보아도 아까울 것 없는 적은 존재이지마는 그래도 그리스도께서는 이 존재를 불쌍히 여기고 아끼고 동정하는 친구를 주신 것이 눈물겹게도 감사합니다.

교우여! 나의 자신으로는 여름이 덥다고 겨울이 춥다고 바닷가를 찾거나 명산을 찾아서 수양이란 문자를 실현할 만한 아무것도 가능성을 못 가진 인간이었음을 여러분이 더 잘 아시지요. 본시 교회를 버리고 수양을 가야 될 줄은 알면서도 갈 수 있다는 가능성적 상상도 해본 적이 없었지마는 멀리 계시는 친애하는 형님들이 나의 이 무용한 적은 존재이지마는 죽어서는 아깝다고 앞날을 걱정하여 속히 떠나 달라고 격려의 편지를 여러 번 받고 마침내 떠나고 보니 운명에나 팔자에나 없는 이 수양을 주님께서 동지들의 우정을 입어서 특허한 것 같소이다.

교우여! 적은 복(僕)을 보내 놓고 얼마나 애태우시며 걱정하십니까? 여러분의 기도의 음성을 듣는 듯이 뼈마다 사무칩니다. 그러나 물질로나 영으로나 안심하소서. 영으로는 주가 계시고 물질로는 친구가 있나이다.

《기독신보》 1935년 8월 28일

해운대에서 삼방(三防)으로 사랑하는 교우들에게 보내는 편지(2)

이 친구가 물질만의 친구가 아니라 오직 주님의 십자가를 통하여 허락된 동지입니다. 나는 친애(親愛)의 동지의 우정을 백골에 새기듯이 저리었고 억만세포(億萬細胞)에 틈틈이 저리었나이다. 나는 주님께서 주신 친구들의 우정으로써 이 병마의 감방에서 해방이 되리라고 믿습니다.

나는 이 우정과 교우에게 빚진 자로서 갚을 길이 아득하나 그리스도의 골고다에서 십자가로써 갚으리라고 주님의 가슴에 기대이고 옷자락을 잡은 채 맹세, 맹세하나이다.

평양의 C선생님과 H형님의 눈물겨운 예수의 심장과 서울의 3형의 우정은 그리스도의 나라에 의미 있는 한 주사(注射)이더이다. 나는 주께 감사하나이다. 이런 친구를 가진 것을.

해안의 제단

교우여! 하늘과 바다가 한데 붙은 아득한 수평선 너머 일점의 흰 구름이 머리를 내어 밀고 그 밑으로 가물가물 지나가는 돛단배 그리고 갈매기 떼 나부끼는 흰 물결을 차고 나르는 바다를 끝없이 내다보는 마음은 아마도 좁은 산골에서 솔나무 냄새를 호흡하는 것과는 딴 판이 가슴이 찢어질 듯이 넓어짐을 느낍니다. 남으로 부산 끝 오륙도 검은 바위는 명상에 잠기어 요란한 파도에 귀 신경을 잃은 듯이 물에 잠긴 채로 졸고 있고 밤이면 으스름 달 밝게도 가이없는 바다에 잠기어 밤바다 모래밭에 턱 괴고 앉은 나그네 속마음을 빼내는 것 같더이다.

교우여! 나는 새벽마다 이 해운대 바다를 거니며 웅장한 바다가 배워 주는 주의 찬미를 배웁니다. 바다를 내다 볼 적마다 하나님의 권능을 저울질할 수 있고 주님의 은총을 발견할 수 있습니다. 수평선 너머 찬란한 태양은 성소에서 제사를 끝치고 향로를 들고 나아오는 제사장과도 같이 우주의 크나큰 성전뜰을 밟고 하늘의 층대를 오르고 있는 것 같으오며 검은 바위 흰 물결 요란한 소리 수천 천사가 코러스를 부름같이 바닷가는 거룩하고 엄숙하기 그지없습니다.

교우여! 아침마다 이 바닷가에서 두 활개를 벌치고 허파가 터질 듯이 소금 냄새나는 바다의 공기를 들어 마시며 바다와 같이 목청이 찢어지도록 까짓껏 고함을 쳐 찬송을 부릅니다. 그리고 희고 알롱알롱한 고은 조개돌을 하나씩 둘씩 주워 놓고 해안의 제단을 쌓아 두고 아침마다 이곳에서 지성스러운 제연(祭煙)을 피웁니다. 갈릴리에서 거니시던 그리스도를 여기서 만나고저 나는 부르고 있습니다.

교우여! 낮이면 하늘에서 내리시는 자외선을 쪼이기 위하여 흰 모래 밭에 여윈 몸댕이를 내어 놓고 태양광선이 피부를 자극하여 백혈구를 발동시켜 체내에서 건강공작을 개시하는 것을 인식할 때 하나님의 자비와 인애를 목욕하듯이 감사의 정서(情緖)가 떠오릅니다.

교우여! 신비를 품은 푸른 바다는 신을 노래하는 곡보(曲譜) 없는 찬송을 요란히 외이고 있습니다. 나는 이 노래를 성단(聖壇) 옆에 선남선녀의 둘러선 찬양대의 우렁찬 멜로디를 듣는 듯이 모래밭에 머리를 숙이고 그리스도의 심회(心悔)에 나는 적은 노를 저어 무한의 노래 속으로 잠기어 버리는 때가 흔히 있었습니다. 오! 바다는 찬송의 바다 신비로운 기도의 바다임을 나는 좋아합니다.

일 개월 이상을 해운대 바닷가에서 배운 것이 많고 깨달은 것이 많음으로 일생 중 많은 인상을 남겨 주는 기회이었소이다. 친구들의 권면에 순(順)하여 삼방약수(三防藥水)를 찾아서 해운대를 뒤로 두고 물러설 때에는 더욱이 섭섭하고 부드러운 품을 떠나는 듯이 애원하였습니다.

나의 영의 유방을 빨던 곳임으로.

약수를 떠 들고서

분수령을 넘는 기차도 숨이 가뿐지 숨!차! 숨!차! 듣기가 거북스러웠습니다. 산은 험하게도 기이하게 나솟고 좁은 골짜기로 돌부리에 깨어지는 수전성(水轉聲) 귀에 담은 채로 해발 15,600척의 삼방(三防)에 내리니 이에 삼방(三防)을 옛 선비가 읊어둔 "千人世界三家或 一川山間百渡餘"란 시가 남아 있습니다.

약수의 분석표를 쳐다보니 효능의 제일조목이 위산멸소증이란 것에 나의 감정은 기쁨으로 흘렀습니다. 약수를 먹자고 컵을 들고 인파 속에 끼어서니 정차장 개찰구처럼 열을 지어 기다리고 있습니다. 마치 잔칫집에 거지떼가 차례로 서서 음식을 얻는 듯합니다. 그 많은 사람의 얼굴을 흝어보니 모두가 얼굴빛이 본색을 잃고 누르고 희고 붓고 군트림을 솟구며 큼직한 사발을 하나씩 들고 말입니다. 내가 선 차례를 헤아려 보니 52번이요. 겨우 약수를 마시기까지 기다리던 시간은 1시 20분이 걸렸습니다.

교우여! 한 사발 들이켜서 일시의 소화야 될지언정 영원히 사는 생명수야 되오리까마는 이렇게들 따라가면서 약수를 먹기에 공이 이처럼 들건마는 골고다에서 솟는 예수의 가슴의 생명수는 듣는 자도 오라. 갈한 자도 오라. 원하는 자도 오라. 값없이 준다고 하셨건마는 와서 마시는 자 적으니 사람은 언제든지 어리석음에서 난무하는 하루살이 같다고 보겠습니다.

신비롭게도 바위틈에서 솟는 물이 20여 개 종의 성분을 갖고 흐르고 있으니 이것은 인조(人造) 이상으로 신의 천(泉)이라고 않을 수 없겠습니다.

나는 한 컵을 떠들고서 감격에 잠긴 채로 머리 숙이었소. 20여 종의 성분의 효능이 위장을 통하여 억만 세포에서 건강공작에 시작할 것을 그리고 이 자식의 일생이 개성적으로 빛나기가 목적이 아니라 그리스도의 나라의 건설공작에 최후 일사(一死)까지 한 모퉁이 진(陳)을 수비할 양으로 그리고 포도즙을 마실 때에 그리스도의 성체를 기념하듯이 나는 이 약수를 마실 적에 예수의 가슴에서 흘러내린 생명수를 퍼먹고 영원히 불갈(不渴)할 것을 기뻐합니다. 이 많은 대중이 이 약수를 마시고서 생명수를 찾는 자가 되게 하여 달라고 나는 빌었습니다.

기각봉 바위 위에 엎드려

삼방(三防) 좁은 골짜기는 아직도 곤한 잠에 잠기어 여관의 인잡(人雜)도 고요하고 돌모퉁이를 넘어나는 물결 소리만 요란히 높은 때입니다. 약수천에는 4,5인이 벌써 물 받는 그릇소리만 달각거리고 일깨어 나르는 산새 소리만 가랑잎 이슬을 털고 나릅니다.

뒷산이 사정없이 높이 솟은 봉을 쳐다보고 단숨에 올라서니 검은 바위는 이리저리 누워 있고 숭악한 암석 사이 짬에 뿌리를 박고 모질게 살아 있는 늙은 소나무 밑에 앉기 좋은 바위에 나는 꿇어 앉아서 먼저 믿음에서 솟은 무질서하게 막 나오는 찬송을 목청껏 부르고 고개를 숙이고 주님을 부릅니다. 그리고 이곳을 야곱이 형의 칼날을 피하여 하란으로 도망질 치다가 일모(日暮)에 한 골짜기 산길에 돌을 베고 누으니 여호와가 함께 수직(受直)하심을 보고서 베었든 돌을 모아 놓고 제단을 쌓아 그곳 이름을 벧엘(하나님의 집)이라 하였거든! 나도 이곳을 벧엘이라고 부르고 싶습니다.

《기독신보》 1935년 9월 4일

가지가지를

감사할 바를 조건적으로 손을 꼽는다면 무척 많습니다마는 세세한 개인적 형편에 기인된 감사 조건은 지루하게 쓸 필요가 없겠고 보통성을 또는 특수한 조건만을 들어서 하기(下記)하여 독자 제현(諸賢)에게 주의 은총을 증거코저 하는 바입니다.

1. 작년에는 위병으로써 의사에게 사망의 선고를 받고 비애와 실망에서 주의 무릎에서 울었소이다. 그러나 현실 교계의 적은 한 모퉁이에서도 아수한 점이 있었던지 나를 붙들어서 건강의 세계로 발길을 돌려주시는 주의 은총을 감사하오며

2. 주께서 나를 불러 맡기신 교회가 내외적으로 진보(進步)의 상태(狀態)를 볼 수 있게 됨에 대하여 지극히 만족과 감사를 드리오며

3. 청년을 중심한 영화(靈化)운동에 주력하였더니 주께서 착착 진전의 성과를 허락하셔서 약려(躍勵) 청년교회를 주전에 제물삼아 드리는 것을 기뻐하오며 눈감고 교회의 장래를 만족한 심사(心思)로 감사하오며

4. 제가 사는 지대(地帶)는 부건(阜乾)한 곳이오라 천수답이 많으므로 흉년은 전매특허 맡아 놓고 해마다 에누리 없더니 금년은 천수답에 벼가 가득가득하니 무일(無一) 답(畓) 소유한 자이나 많이 감사하오이다.

《기독교보》 1936년 11월 3일

고 염봉남(廉鳳南) 목사를 조(弔)함

서천에 기우는 해를 비로봉 꼭대기에 매어 달지 못하거든 늙은 인생 어이하리! 홀로 가는 시냇물을 담아 둘 수 없거늘 가는 세월 누가 붙들랴. 생로병사(生老病死)의 사고미(四苦味)를 오고 가는 인생 뉘 아니 상감(賞感)치 않을까만. 오호라! 인간 70이 드물다고 옛 사람의 말이 있다고소니 70을 못 채우시고 갑년의 일기로 하여 다단한 세상사를 눈감고 잊었으니 가신 선생이야 오직 행복되련만 따르던 어린 제자 젖 떨어진 적구(赤駒) 같이 청천을 쳐다보고 슬피 울 따름이다.

1875년 9월 27일은 선생이 충북 괴산읍에서 파주매헌공(坡州梅軒公)의 22세손으로 고고의 성을 밝히고 세상에 오셔서 29세 때에 평양 기능참봉으로 봉직되어 와랑자랑 영남아(英男兒)의 한 시절의 꿈도 있었다마는 시국이 일변하므로 영남 대구에 표착되니 때는 1906년 4월의 봄이었다.

하룻밤 디딘 발길이 남성정예배당(현 대구제일교회)을 향하였으니 이것이 사도 바울의 다메섹 도상이 되었던 것이다. 어도만(魚塗滿, Walter C. Erdman) 선교사에게 세례를 받고 달성 지방 3처 교회 전도사가 되었으니 주께서 택하신 의의(意義)가 여기에서 시작되었다.

1915년에 평양신학교에 입학하여 1920년에 동교를 졸업하시고 동년 6월 13일에 목사의 장립을 받으셨다. 입신 이후에 권찰, 집사, 영수, 장로, 전도사, 목사로 교직의 어느 한 계단을 아니 밟으신 것이 없으시매 후일의 목회사업에 대성을 이룰 체험이 되었다.

본시 천품이 고결하시고 인격이 청백하여 고주한 처사가 없었으며 일언사 일동정이 극히 명료하여 누구를 대하던지 맑은 인격 앞에 자연이 자기를 반성하여 조심성을 가지게 되었던 것이었다.

1922년 6월에 신정교회(현 대구서문교회)로 전입하실 때는 교회 총수가 4백여에 불과하여 농촌에서 이주한 빈민신자들이었다.

15성상에 목회자의 천재를 발휘하였으니 벽돌 2층 대건물에 2천여의 신도를 먹이시고 예배심과 집회열에는 전선(조선)에 모범이 되시었고 비산동 산기슭에 빈민굴을 찾을 때는 병자. 굶은 자가 많았으니 이들의 목자로서 눈물과 동정을 다하여 백방으로 주선 구제한 일은 구차히 설명하지 않더라도 다 아는 사실이다.

가난한 신도의 장사가 나면 몸이 불편하여 누우셨다가도 한사코 일어나서 밤을 새워가면서 유감없이 치루는 것은 전 생을 주의 봉사생활로 가난한 형제를 위하여 바친 것이다. 이같이 인정에 너무 다한하여 남녀노소는 친부와 같이 목사를 사모하였다.

목사님은 교회정치에도 탁월하여 노회와 총회를 명석히 지도하심은 너무 잘 아는 사실이다. 운명하실 때에 문병 온 교역자에게 일일이 일러 주었고 최후까지 교회를 위하여 염려하신 순교자이셨다. 특별히 젊은 자를 애ㅇ하여 후배를 기르시기에 전력을 다하였다.

운명하시기 얼마 전에 나의 손목을 힘 있게 잡으시고 다음의 유언을 하셨다.

1. 교역자를 존경하라.
2. 나는 아무래도 타인만 못한 줄 알아라.
3. 부모에게 효(孝)하여라.
4. 노회와 조선교회는 어지러워져 가니 바로 인도하여라.

앙상한 손을 들어 내 머리 위에 놓으시고 병고에 이를 물고 '나의 신앙의 아들에게' 하시면서 축복을 주었었다.

아무리 병이 무섭다 하기로니 이처럼 속하게 가실 줄을 몰랐더니 바로 11월 10일 오후 10시에 주의 영원한 부름을 받으시고 싸늘한 시체만을 병방에 남겨 두시고 가셨으니 유족의 울음소리만 적막한 방을 울릴 뿐이다.

아직도 집에는 미망인 품에 어린 것이 안기어 아버지를 찾고 먹이시던 2천 신도도 새벽종을 울리며 눈물의 기도를 올리었다. 인정으로써야 이런 참경을 뿌리치시고 가실 어른이 아니였만은 천 명의 부름을 받아 세정을 석별하시었다. 3남 6녀가 "아버지여 벌써 왜 가시었수? 우리는 어찌 할꼬?" 목을 세워 울었어도 한번 눈을 감으신 후이니 눈물도 이정(情)도 받으시지 않는 인생 말로의 무정한 죽음을 탄식할 뿐이구나.

3천여 신도의 눈물 어린 영결곡, 계성학교 악대의 구슬픈 발인곡, 늦은 가을바람에 나부끼는 수백의 조기(弔旗), 찬란한 화장(花裝)의 영구(靈柩)는 신정교회 면려청년들의 어깨 위에 평안히 놓여 엄숙히 진행되고 그 뒤로 교역자들과 수천 신도의 조객(弔客)들이 묘지로 향하였으니 이것이 몸 좇아 영원히 떠나시는 길이었다.

2천여 신도의 영의 신부(信父)를 잃은 목매인 눈물의 찬송도 가엽거니와 노회의 요석(要席)이 비었으니 전 노회의 불행이다. 그보다도 교계의 거장을 잃은 것은 조선교회의 큰 손실이었다.

나의 갈길 다가도록 예수인도 하시네. 바울 같이 뒷길을 돌아보아 만족한 생의 사(史)에 웃음을 짓고 찬란한 성좌에 가시는 영이야 주의 손에 예비 된 면류관을 머리에 쓰실 터이니 땅에 슬픔을 생각인들 하시랴만 남아 있는 무리들의 서러운 정(情)이 어떠하리.

총애를 받던 믿음의 아들이 슬픔을 쓰노라

고 염봉남(廉鳳南) 목사 약사

1. 파주매헌공 22세손으로

   1) 1875년 9월 27일 충북 괴산읍에서 출생
   2) 1883년 한문사숙입학 송철원(宋哲元) 선생 문하
   3) 1904년 기능참봉 봉직

2. 입교와 그후 형편
   1) 1906년 4월 8일에 남성정 예배당에서 결신
   2) 1911년 10월 13일 어도만 목사에 수세
   3) 1911년 달성지방 3처 교회 전도사로 피명
   4) 1935년 평양신학교 입학
   5) 1937년 8월 5일 장로피택
   6) 1939년 3월 3일에 평양서 ××사건으로 평양경찰서서 태형수 동년 12월에 대구경찰서에 피감
   7) 1920년 6월 신학교 졸업
   8) 1920년 6월 13일에 목사 장립
   9) 1921년 경상읍교회 전임
   10) 1922년 6월 21일 대구신정교회로 전임

3. 경북노회 봉사
   1) 노회장 2차
   2) 교역자 회장 3차
   3) 임사부장
   4) 교남기독청년회장
   5) 희도보통학교 이사장
   6) 계성 신명 양 학교 이사
   7) 남녀성경학교 교수

4. 총회 봉사

1) 총회총회장 봉행
2) 외국전도부 사무국장
3) 총회정치개정위원
4) 신사연구위원
5) 신학교 이사
6) 총회정치부 위원장

5. 1936년 11월 10일 오후 10시 영면

《기독교보》 1936년 12월 1일

지체의 중요성

일신에 많은 지체가 있고 그 많은 지체가 있으되 일신뿐이니라. 눈의 역할을 중요타 하여 입의 역할을 중요시 않을 수도 없다. 손의 활약에 우월을 가져 발의 존재를 부인할 수도 없다.

한 몸에 많은 지체가 각각 특이한 사명을 가지고서 창조되었나니 어느 하나가 방대한 우월을 가질 수 없다. 손이 아무리 일만 가지에 고루 필요하다고 하여도 손은 손으로서의 받은 사명에만이 필요타는 것이다. 발이 하는 사무를 손이 할 수가 없다. 눈이 아무리 전신의 광명이라고 하나 입이 하는 일을 조금이라도 조력할 수 없는 이상 그 맡은 본분의 가치로서는 마찬가지이다. 입이 제일 중요타 하여 입만 멋없이 크고 눈의 할 일을 제지한다면 입에 미치는 불구의 비애를 당장에 받을 것이다.

백만 가지의 일반 지체가 다 있고도 입 하나 없다고 하여도 전반 지체의 존재를 존속할 수가 없고 손톱 하나 빠져도 전신에 미치는 손해를 입어 불구의 비애를 받는 것이다.

금일의 교회는 지체를 부정하라고 하고 그 지체의 가치를 무시하고 있는 경향이 있으니 이것이 그리스도교의 전력에 불구를 만드는 악념에 불과한 것이다. 그리스도의 사회에서 아무리 자기의 존재가 가장 큰 것 같고 중요한 것 같아도 그리스도교의 한 적은 지체이다.

나는 한 적은 지체란 관념을 망각하고 독아유존(獨我唯存)의 우월감을 가지고서 다른 지체를 무시하고 단절하라는 우상의 위험을 가진 현실의 목회자들이 많은 것과 일부 무기로서 이용하여 선전하는 자들이 더러 있다.

아무리 큰 교회의 독목사가 되어 성령의 역사가 맹렬하여 ○○○비의 목회 성공자라고 하여도 목회 그것이 그리스도교의 전부는 아니다. 인격적이고도 권위 있는 정통적 신학가요. 성경주석에 천하에 성경학자를 비웃는 지위에 있더라도 그것이 기독교의 전반이 아니고 또한 전부가 아닌 동시에 괭이를 들고 야원(野原)에서 흙을 파는 노동자의 신앙적 역할을 무시할 수 없는 것이다.

또는 눈을 밤낮으로 감고 묵상과 기도의 의인이라고 하여 신비의 오묘를 실감하였다고 해도 노동시장에서 그리스도의 사랑으로써 복잡한 기계소리 사이로부터 노동자의 생명과 영과 인권을 살펴보라고 사회적 만반 수단을 통하여 전투하고 있는 사회사업가를 비(非)라고 무시할 수 없다. 또한 전 조선교회를 일망하여 동(東)으로 서(西)로 돌아다니며 큰 소리로 외치는 부흥가라고 하여도 산을 넘고 등을 넘는 심방과 눈물로써 잃은 양을 찾는 농촌 전도자의 존재를 무시할 수 없다.

같은 설교의 천재를 받았으면 ○을은 심방의 열성을 받았고, 같은 교수의 천재를 받으면 ○을은 글 쓰는 필재를 타고 났고, 같은 정치적 두뇌가 명석하여 총회나 노회를 리더하면 ○을은 한 사람의 생명을 낚는 개인전도에 성의와 수완을 얻었으며, 당신은 한 교회의 목회에 유명하면 그는 그리스도 사랑의 사회봉사에 천품을 받았고, 그대는 도시교회의 인텔리 계급의 지도와 설교에 능하면 저 사람은 노동자와 농민에 대한 그리스도화의 재능을 받았다.

이같이 하나님께서 그 사람의 특성과 취미에 따라서 신국건설에 소명(召命) 조건이 각각 달라 그 시키시는 방면도 또한 다른 것이다. 어찌하여 자기 하는 그 방면만이 교회를 전통적으로 위하는 것이고 타인의 하는 방면은 공연한 짓을 하는 인간으로만 알아 무시하고 그 존재의 필요성을 부정하려는고?

아무리 지극히 적은 일 같고 없어도 좋은 것 같을지라도 그 지체 하나가 없어지면 그리스도의 성체(聖體)에 불구를 입는 것이다.

하나님의 교회 중에서 몇 사람을 세웠으니 제일은 사도요, 제이는 선지자요, 제삼은 교사요, 제사는 권능이요, 제오는 병 고치는 은혜요,

제육은 구제하는 것과 제칠은 다스리는 것과 제팔은 문학이다. 초대교회의 완성은 이 팔개조목의 분담사역으로서 각기의 직무에 충성하여 신국을 확장시켰던 것이다.

지금은 자기가 이 팔개 종목 중에 어느 것이나 그것을 하면 그것만이 제일이라고 하여 다른 것은 전부 뽑아버리고 하나로써 교회를 건설하려고 하는 위험한 사상을 가진 이가 더러 있다.

한 지체의 역할이 아무리 다방면이라고 하더라도 할 수 있는 한도의 본분 이외의 것은 못하는 것이다. 그러므로 다른 지체를 아끼고 조력하자. 발가락이 다치면 손이 가서 만져 주고 입이 가서 불어 주는 친절애정으로써 지체를 아끼고 그 중요성을 높이자.

《기독교보》 1937년 4월 20일

인격을 건설코 노동을 좋아하고 신의를 성취하라

一. 믿음에서 인격을 건설하라.
믿음이 없는 아이는 인격도 없어진다. 믿음이 높을수록 인격도 높아지느니라.

二. 아이들아 하루만 일하고 싶으냐?
하루만 살고 싶거든 하루만 일하고 백년을 살고 싶거든 백년을 일하라. 노동은 생활의 양식이다.

三. 아이들아 요사이 잘난 체하고 돌아다니는 목사님이나 선생이나 어른들의 본을 받지 말라.
그들은 모두 남이 하는 것을 시기하는 싸움꾼의 마음새를 가졌으므로, 아무쪼록 앞날의 새로운 백성으로 이 추잡한 꼴들을 헐어버리고 주의 뜻이 너희들을 통해서 이루어지기를 바란다. 또다시 간절히 권고하다.

어린이에게 보내는 권고의 말씀
《기독교보》 1937년 6월 8일

종교시인의 면영(面影) 윌리엄 브라이언트

세상에 시인이 많고 천재가 많지마는 벌써 13세 때에 세상과 사회와 인물을 풍자하는 천재의 시집을 출판한 사람은 드물다. 그리고 재주가 다각적이요. 상식이 많기로 유명한 사람이다. 법률을 공부한 변호사요. 시인이다. 신문기자로서 더욱 경건하고 깨끗한 신앙생활로서 찬송가를 많이 지은 사람이다. 이제 그의 일생을 잠깐 살펴보기로 하자.

출생

윌리엄 컬런 브라이언트(William Cullen Bryant)는 1794년 11월 3일에 미국 매사추세츠(Massachusetts) 주 커밍턴(Cummington) 시에서 고고의 소리를 내었다. 아버지는 피터 브라이언트(Peter Bryant)라고 하는 분으로서 청교도의 피를 받았으며 어릴 적부터 독학으로 성공하여 의사가 되었고, 어머니는 그다지 높은 교양은 받지 못하였으나 품성은 어질고 가사에 조밀하고 근면하고 아름다운 부인이었다.

소년시대

브라이언트는 열 살을 넘으면서 감성이 다정하기로 보통에 뛰어나서 하늘과 땅 그 속에 온갖 만물을 보고 듣는 것이 시인으로서 가질 감정과 재능을 구비하게 타고 났다. 열두 살부터 벌써 시를 좋아하고 습작하기로 시작하였던 것이다. 겨우 나이 13세 때에 시대를 풍자한 1편의 시집을 만들어 아버지가 보스턴 시가지로 가지고 가서 출판하여 세상에 내놓았는데 이것이 대호평을 받아 천하에 팔리기 시작하여 다시 재판을 내게 되었던 것이다.

그가 16세가 되던 해에 윌리암스보통대학에 입학했으나 일곱 달만에 퇴학을 하였다. 그때에 그가 지은 시에 『사관(死觀)』이란 제목을 한 시 1편이 있다. 20도 못되는 젊은 소년이 벌써 죽음이란 큰 문제를 들어 천재를 놀라게 하는 걸작을 쓴 것은 이상타 않을 수 없다.

그 시의 대의를 살펴본다.

그대는 오직 이 한 사람의 무덤에 내리지 않는다
거기에는 옛 임금, 성현군자, 예언자들이 동거하고 있다
산과 들 시내가 무덤 곁에 있고
모든 무덤을 장식하고
또한 해와 하늘의 별이 그 곳에 비취인다
땅에 사는 사람은 무덤에 자는 사람의 극히 적은 부분에 불과하다
그대 한 사람만이 죽는 것이 아니다
사람은 한 사람도 없이 다 죽는다
늙은이, 젊은이, 색시와 처녀가 다 그대의 곁으로 갈 것이다
이렇게 하여 그대는 종과 같이 채찍에 맞아
땅굴에 갇히지 않으려니 확실한 손길에 붙들리어
다시 살아나 그대의 무덤으로 가려니
마치 침대에 누워서
즐거운 꿈을 보려고 자는 사람과 같이

이 시 중에 그의 신앙을 엿볼 수 있으니 '확실한 손길'이라는 것은 우리 주 예수 그리스도를 가리킴이요, '즐거운 꿈'이란 말은 앞날의 부활을 말한 것이다.

물새에게 보내는 시(詩) 한 수

브라이언트는 시인이면서도 속마음에는 정치가가 되려고 애를 썼다. 그럼으로써 그는 법률을 공부하기에 주야로 노력하여 마침내 1815년에 변호사 시험에 합격하고 매사추세츠 주에서 변호사 개업을 하였다. 그 뒤로 가슴 앓는 병이 들어 건강에 크게 고통하다가 나중에는 쉽게 회복하였다. 그때 다시 그는 잡지에 붓을 들기로 하여 역작의 굵은 시를 많이 썼다. 1821년에 결혼을 하고 얼마 못 되어 친구들의 권면으로써 구작팔편(舊作八編)을 모아서 48페이지의 작은 시집을 출간하였다. 이 시집 속의 "물새에게(To a Waterfowl)"란 시는 영국 제일류의 시인 콜리츠의 아들 할트렐 콜릿츠 이상의 영시 중 최상의 단시라고까지 평하였던 것이다.

그 가이없는 물 끝을 희여
황막무한의 하늘을 통해
그대(물새)를 끄으는 한 힘이 있으니 너 홀로 방황하여
하늘의 높은 곳 차디찬 청공을 지목하고
너는 종일 날아오르나니

칠야가 가까워도
피곤하여 땅에 내리지 말라 멀지 않아 너의 고통은 끝나고
너는 시원한 보금자리를 얻으려니
벗과 쉬며 노래할 갈대를 꺾어 둥치를 만들어
오-너는 가버렸구나
청공은 너의 그림자조차 삼키고
그러나 네가 준 교훈은
나의 심정에 깊이 박혀라
띠에서 띠, 끝에서 끝으로
무애(無涯)의 공중을 통해 너를 끄으는 자는
내 홀로 끝없는 길에도
나의 발을 바르게 인도하시노라

잡지 기자로서

1825년에 브라이언트는 뉴욕에 이전하여 붓으로써 살기로 몸을 던졌다. 그는 먼저 잡지기 자로서 악전고투를 거듭하였다. 그는「석간 우편(New-York Evening Post)」이란 잡지사에서 초빙을 받아 나중에는 신문기자로서 생활을 계속하였다.

브라이언트는 1829년의 36세에 동지(同紙)의 주필이 되어 이후 반생을 고결하고 경건한 언론으로서 시대를 인도하였다. 그 사이에 그는 부절이 시작에 힘을 써서 시집을 내어서 시인으로서 지위를 쌓고 있었다.

신앙과 정의의 시인

브라이언트는 활동과 사색의 사람이었다. 미국에 남북전쟁이 일어났을 때 노예제도에 반대를 들고 그는 붓으로, 입으로 노예의 해방을 위하여 열성을 다하였다.

당시에 발표한 시중 "노예제도의 끝", "愛謝의 國民歌" 등은 절찬의 호평을 받았다. 그러면서도 브라이언트는 침사(沈思)의 사람이었다. 그는 대자연의 깊은 곳의 명상을 읊었다. 그리고 그는 성가(聖歌)를 많이 지었다. 1820년에는 뉴욕 유니태리한 찬미가를 지었다. 그 중에 많이 부른 찬송이 "어둔 밤에 옥에 자는 베드로", "고통 없는 것을 행복이라 생각지 말라" 등이다.

그의 최후

1866년에 사랑하는 처를 잃고 그는 고독을 위로받기 위해 해외로 여행을 떠났다. 그간에 호머 시를 속히 번역하라고 노력하여 6년 후에 희랍시인 호머의 시를 영역(英譯)으로 세상에 내어 놓았다.

1878년 7월 12일 84세의 영광스러운 고영의 생애의 막을 내렸다. 브라이언트 육신은 그가 즐기던 땅 뉴욕에 매장하였다. 그는 '미국 시인의 아버지'라고 일컬어지고 있다.

《교회보》 1937년 11월 1일

크리스마스에 대해

크리스마스는 그리스도인에게만 지키는 명절이었던 것이나 오늘날은 전 세계적으로 지키는 공통의 풍속으로 변화하고 있다. 비행기로써 공중 축하가 있고 학교, 상점, 여관, 심지어 카페에 댄스홀, 술집까지 크리스마스의 장식을 하고서 야단스레 떠들고 있다.

작년 동경에서는 이채로운 일이 있었으니 아동보호협회의 고도모노이에에서는 구세군에서 경영하는 개종료(芥種寮)의 여학생 40명과 불교소속 삼병학원(杉並學院) 아동 25명, 사회유지 200여 명이 연합축하회를 열었다니 이 얼마나 크리스마스가 점차로 이교에서도 지키는 경향이라 아니하겠느냐! 작년에 동경에서는 동서남북으로 사대로 나누어 자동차로써 전시가지를 순행하면서 축하찬양을 하였다고 한다.

더욱 이상스러운 것은 종교를 박멸하는 소비에트 러시아에서도 작년 겨울부터 크리스마스를 지키는 일은 허가되어 집집마다 크리스마스트리를 전국적으로 세우며 축하등을 걸었다고 모스코바 어떤 공장에서는 축하장식품으로 600만 르블에 해당하는 상품을 제조하였다고 한다.

이렇게 성대히 세계 전 인류가 지키는 크리스마스가 왜 12월 25일로 지키게 되었으며 크리스마스에 대한 전설과 여러 가지 이야기가 있으니 이것을 여러 독자에게 알려드리자는 것입니다.

12월 25일을 왜 지키게 되었나?

12월에 성탄일로 지키는 것은 벌써 그 전부터 지켜 오던 풍습이었었는데 타일러(Edward Burnett Tylor) 교수의 저서『원시의 교화(원시 문화, Primitive Culture)』(1871)에서 말하기를 로마의 동지절은 태양신 미스라(Mithra)를 숭배하는 12월 25일로 정한 것인데 273년에 아우렐리우스(Marcus Aurelius)가 이 날을 축일로 정한 것이다. 그래서 이 날은 '승리의 탄생일'이라는 이름을 짓게 되었고 제5세기에 와서는 서로마교회에서는 이 날을 채용하여 그리스도의 탄생일로 정하여서 지켜 오는데 다음으로 동로마교회에서도 이 날을 지키게 되었다. 이 날을 지키게 된 동기는 예수는 온 세상의 의의 태양이시니 태양신을 섬기던 이 날을 지키게 되었다고 이 성탄절을 여러 가지 풍습을 보더라도 이교적인 것은 사실이다. 구라파 전국에서는 성탄절 밤이란 말은 '둥근 굵은 나무'라는 뜻인데 오늘날도 성탄절 밤에는 둥근 굵은 통나무의 불을 피우는 것이 있다. 영국인 중에도 이교도들 중에 성탄의 밤이라고 하는 그 밤을 어머니의 밤이라는 이름을 짓고 부녀자간에 일종 악풍이 만행하였음으로 나중에 교회에서 이것을 금지하였다.

좌우간 12월 25일은 우리 기독교적 축일이 아니었고 고대 로마에서 '동지일', 즉 태양신을 섬기는 날이었는데 로마가 기독교국이 되면서 (주후 336년) 의의 태양인 예수의 탄생일로 정하여 지켜온 것이 수천 년간 한 기독교의 성탄절로 지켜오고 또는 전 세계가 이 날을 지키는 것이 전 인류의 공통으로 지키는 명절이 되고 만 것이다.

크리스마스 박스 크리스마스 프레젠트

성탄절에는 서로 선물을 보내는 것이 있는데 이것은 일종의 풍속이 되었는데 크리스마스 프레젠트(present)라고 하는데 크리스마스 박스라고 한다. 이것은 자기 집에서 부리는 종과 하인들에게 선물을 주는 것이었는데 1611년 이래로 영국에서 박스(box)란 말을 사용하여 고석토기에다가 선물을 담아서 보내는 것인데 이것도 역시 고대로마 풍습인 듯하다.

종과 하인들에게 이 날이 되면 선물을 보내는 것이 성황하여 1836년에 영국정부는 외국관청에 있는 종들에게 선물을 보내는 것은 폐지하고 우편배달부 도시관청에 있는 하인에게 선물을 보내는 것은 아직도 행한다고 한다.

크리스마스 트리 성탄절

성탄절 밤에는 집집마다 푸른 소나무를 세우고 촛불과 온갖 장식을 다하여서 백설이 하얗게 앉도록 하여 금종이, 은종이로 별을 만들어 다는데 이 풍속은 고대 애굽에서 왔다고 한다. 여기에 대하여서도 전설이 많은데 어떤이 말에 의하면 마틴 루터가 별빛 반짝이는 삼림을 아내와 처자에게 보이려고 뜰에 나무를 베어서 만든 것이라고도 한다. 본시 크리스마스 트리는 전나무에 한한 것인데 전나무는 우상을 섬기는 종교에서 '우태의신'(宙神)의 표상이라 저 유명한 농촌전도자 성 보니파티우스(Bonifatius)가 농촌전도에 성공하고 게르만 민족을 회개시킨 후에 12월 25일 밤에 교회당에서 전나무를 베어 세우고 예배를 보았다. 천지우주를 지으신 여호와 하나님 앞에 강복시키는 의미로 전나무를 세운 것이 점차로 이 풍속이 유래하였다고 전한다. 이 크리스마스 트리는 아이들을 위해 세우는 것인데 나뭇가지마다 아이들의 선물을 주렁주렁 달아놓는 것이다.

산타클로스

성탄절 밤에 굴뚝 타고 복을 지고 들어오는 영감. 특히 아이들을 좋아하고 아이들이 가지고 싶어하는 선물을 짊어지고 오는 영감을 산타클로스라고 하는데 이것은 수백 년대로 내려오는 미신 같은 전설이 있다.

옛날 성 니콜라스(St. Nicholas)라고 하는 진실한 믿는 노인 한 분이 있었다. 이 노인은 항상 주머니에 좋은 것을 넣어 가지고 다니다가 불쌍한 빈민촌의 아이들에게 선물을 나눠 주었다. 아이마다 꿈에도 이 노인을 생각하고 이 노인이 오기를 기다렸다. 그는 불쌍한 아이들이 그리워하는 영감이었다. 이 노인을 연상하고 성탄절마다 그만 이상한 풍속으로 변하였다고도 하고 이 노인은 꼭 밤중에야 오는데 집집마다 문을 꼭 잠그고 자면 굴뚝을 타고 들어와서 아이들이 벗어 놓고 자는 양말 속에다가 선물을 가득가득 넣어 놓고 간다는 것이다.

또 한 가지 산타클로스의 전설은 소아시아 리키아(Lykia, 지금의 터키)에 살던 니콜라스 신부가 하루는 여행을 하다가 한 곳에 이르니 처녀 3형제가 울고 있었다.

"너희는 왜 그렇게 울고 있느냐?"

"우리는 시집을 가야 할 때인데 돈 한 푼도 없어 웁니다."

이 신부는 이 소리를 듣고 문 밖에서 돈을 방 속으로 던져 주었다고 합니다. 이 처녀 3형제는 너무 고맙고 감사해서 쫓아나와서 붙잡고 이름을 물으니 '산타클로스'라고 하더랍니다. 그래서 12월 25일 밤은 산타클로스 영감이 와서 무엇이든지 아이들이 원하는 대로 선물을 갖다 준다고 전설적으로 내려오고 있습니다.

여러분의 집에서 금년 성탄절 밤에 굴뚝을 말갛게 후벼 놓고 양말을 있는 대로 머리맡에 널어 놓고 자 보시오!

《교회보》 1937년 12월 1일

웃음 주는 장미꽃

남쪽 창문에 커텐을 반쯤 제친 사이로 연분홍색 곱게 핀 장미화 한 송이는 활짝 피어 오글오글 고개를 갸웃이 숙인 채로 우리 창문으로 내다 보입니다. 그 옆에는 침상 위에 가엽게 앓고 있는 어린아이 한 아이 있습니다.

아이는 쑤시는 넓적 다리에 붕대를 감고 하얀 피색 없는 얼굴엔 아파 못 견디는 고통스러운 수심빛이 양미간에 뜨고 있지요.

"아야 아야! 아이구 아파!" 하다가 곱게 핀 장미화 단 한 송이를 비스듬이 쳐다 보고는 상근이 얼굴을 펴고 미소를 띄며 입술을 달싹달싹 하다가 다시 눈을 사르르 감으면서 눈초리를 찌푸립니다. 이 아이는 쇼풀이라고 하는 아인데 돈이 많은 집 아들입니다. 그래서 의사를 많이 청합니다. 의사를 불러다가 고쳐 보다가 그냥 아프니까 "여보! 당신은 그만 가요. 당신에게 삼일간이나 보여도 낫지 않고 자구 아프기만 하니 멍텅구리 의사 아니요?"라고 핀잔을 주었습니다.

이리하여 많은 의사들이 왔다가 쫓겨가고 쫓겨가고 하여 이제는 부를래야 부를 의사가 없었습니다.

점점 넓적 다리는 아프기 시작하여 "아이구 아파 아이구 아파! 나는 이제는 죽는다! 나는 이렇게 아파 못견디는데 너는 뭣들 하느냐! 아야!" 온 집안을 못견디게 하였습니다.

하루는 사람을 멀리 보내어 저 유명한 엔부로스란 의사를 청하기로 하였습니다.

이 영감이 쇼풀이 누운 방에를 찾아오게 되었습니다. 이 영감은 헌 양복에 누덕 누덕 기운 가방에 수염은 텁숙하게 면도도 하지 않고 자란대로 있으며 손에는 흰종이에 싼 장미 한 송이를 들었습니다.

쇼풀은 낙심이 되었습니다. 훌륭한 의사인 줄을 알았더니 아주 꼴이 험한 촌 의사이라 자기 다리를 풀어 보일 마음도 없었습니다.

엔부로스 의사는 인정스러운 얼굴에 웃음을 띄우면서 쇼풀의 침상 가까이 다가서면서 물었습니다.

"야! 너 매우 아프지! 이 꽃 좋아하니?"

엔부로스 의사는 꽃다발을 내어 주었습니다. 쇼풀은 두 손으로 꽃다발을 받아들고 속 마음으로 감사를 느끼면서 말했습니다.

"다른 의사는 꽃을 아니 가지고 오는데 엔부로스 당신은 내가 좋아하는 꽃을 가지고 온 것을 보니 내 병도 잘 보겠습니다."

엔부로스 의사는 붕대를 풀기 전에 두 손을 합하여 가슴에 얹고 기도를 한 다음에 붕대를 풀기로 시작하였습니다. 그러나 쇼풀은 어찌나 상큼스럽게 엄살을 대는지 "아야! 아야! 아이구 죽겠다!" 하도 고함을 지르기 때문에 그대로는 수술을 할 수가 없었습니다. 몽혼약을 코에 넣고 수술을 하였습니다.

몇 시간만에 쇼풀은 깨어났습니다. 방 안에는 아무도 없고 머리맡에는 장미화 한 송이가 있어 위로해 줄 뿐이었습니다. 쇼풀은 이 꽃을 처다볼 때마다 엔부로스 의사의 다정스러운 얼굴을 생각합니다. 조금 있다가 옆방에서 속히 낫기를 기도하는 엔부로스 의사는 언제나 한결같이 웃는 얼굴로 들어왔습니다.

"좀 낫지? 쇼풀"

"자꾸 그대로 아파요! 당신도 유명한 의사라더니 다 같은 게야!"

엔부로스 의사는 침대 앞으로 가까이 의자에 앉으면서 자기의 다리를 걷어 올리더니 쇼풀보다 더 큰 상처를 보입니다. 이것을 보이며 "나는 이 큰 상처를 앓지마는 아프다고 할 수가 없었다."

'우리 주님께서 나를 위하여 골고다에서 십자가에 피를 흘리고 죽으신 고통에 비하면 아무것도 아니다. 너는 그까짓 상처를 가지고서 다른 사람을 못살게 구느냐! 쇼풀! 저 장미꽃을 보아! 늘 웃고 있지 않느

냐! 네가 앉은 침상에서 웃으면서 위로해 주지 않느냐!'

쇼풀은 자기 상처보다 더 크지마는 웃는 의사의 얼굴과 그리스도께서 십자가의 고통에 비한다고 함에 오직 고개를 숙이고 이를 꽉 물고 의사의 얼굴을 한번 쳐다보고 웃고 있는 장미꽃을 생긋이 웃으면서 쳐다보고 말했습니다.

"우리 주님은 병석에 누운 병자를 위로하시는 장미꽃이지요!"

《교회보》 1937년 9월 1일

이스터祭

3월 28일 주일 부활제는 또 온다. 1900여 번의 이스터제(Easter Festival)는 다시 오고 있다.

이스라엘 민중에게 한 몸에 인기를 ㅇ중하고 계시던 그리스도는 이스라엘 대중에게 죽여 달라고 이를 물고 덤비는 버림을 받으시고 끝내 십자가 상에서 사형이란 끔직한 패북(敗北)의 문자 그대로 죽으셨다. 그리고 그 몸은 무덤 속에서 장사되어 극히 적막한 최후를 끝맺었다. 여기에서 야경(耶京)의 한 길거리에선 요란한 로마 병정들의 적ㅇ하는 발굽 소리, 랍비들의 집집에선 개시(凱施)의 축배를 가득이 부어 승리의 통쾌한 폭소가 문틈으로 터져나올 따름이었다. 12사도는 간 곳도 알 길 없이 산산이 흩어져 공포에 잠겨들고 몹시 따르던 딸들 몇 사람이 치마 끝으로 눈물을 씻는 실망의 최후 고독과 무정의 역사적인 씬!

그러나 4월 남풍에 동산은 푸르고 꽃가지 봉오리에 살이 오르는 봄 아침에 지축(地軸)이 풀리어 싹트는 생명의 봄 동산 이마턱에 붉은 햇발이 어리기 전에 벌써 묘석(墓石)을 못 옮겨 애타던 딸들은 부활의 그리스도를 만났다. 이들은 넘어지며 자빠지며 광보(狂步)의 발길로써 12사도가 실망에 웅크린 해변을 향하였다.

"살았다! 살아! 우리 주님 살았다."

메마른 강가에 버들나무 같이 겨울바람에 실망의 풍금을 통기던 12제자는 춘광(春光)에 가지가지 물이 올라 싹이 트듯이 전신에 혈맥이 뛰는 재출발의 생명이 요동하였다. 이 인류역사에 뚜렷한 사실, 지을래야 지울 수 없는 인간 양심에 새겨진 사실, 인간 인식에서 부정하여 제거시키려도 할 수 없는 이 명각(銘刻)의 사실.

"내가 삶으로 너희도 다시 살리라."

이 소망의 선언, 은혜의 허락, 암흑의 인류세계에 한줄기의 생명광(生命光), 우주의 기쁜 복음.

기독교는 십자가에서가 아니라 부활에서이다. 십자가는 고사(枯死)의 동절(冬節)이라면 부활은 움트는 생명의 가절(佳節)인 춘(春)이다.

《교회보》 1937년 3월 15일

주정뱅이 아버지를 위해 기도하는 아이

병석이는 웁니다. 아버지 때문에.

다른 집 아버지는 돈도 참 잘 벌고 자식을 귀하게 여겨 좋은 양복, 모자, 구두 사 주어서 학교에 입학하는 4월 초하룻날, 손목 잡고 데리고 가지마는 내 아버지는 돈도 잘 못 벌고 술만 자꾸 먹고 밤마다 집에 오면 하루 종일 공장에서 일하고 오는 어머니를 두드려 때리지요! 이 때문에 병석이는 날마다 속이 상해 우는 날이 많답니다.

병석이는 아홉 살이 되는 해도 너무너무 학교에 가고 싶어서 엄마 보고 조르다가 아버지에게 몹시 매를 맞고 좁쌀 푸대 둘러메고 청결통 뒤지러 나가다가 마침 어떤 학교 정문 앞을 지나게 되었습니다.

4월 초하룻날 곱게 차린 아이들이 아빠 손목 쥐고 가는 아이, 엄마 손에 쥐어 가는 아이, 형님한테 따라 가는 아이, 걸낭 매고 모자 쓰고 시커먼 양복 입고 운동장에 오글오글 모인 것이 너무 부러워서 한 나절 문밖에 기대어서 구경을 하다가는 열두 시 사이렌 소리가 났습니다.

병석이는 깜짝 놀라서 너무 많이 놀아서 또 꾸중을 들을까봐 종로로 들어서 청결통마다 뒤지기로 하였습니다. 이 날은 병석이가 유리 조각, 쇠 조각, 마분지 조각, 고무신 떨어진 것, 철사, 당목태, 송판쪼가리, 새끼, 헝겊 따위를 한 포대 주워다가 집에 가서 마당에 쏟아 놓고 유리는 유리대로, 쇠는 쇠대로, 고무신은 고무신대로 따로 묶어다가 고물점으로 가지고 가서 팔았습니다. 유리는 3전 받고, 쇠는 2전 받고, 고무신은 1전밖에 못 받았습니다. 하루 종일 6전 벌이를 하여서 좋다고 손에다가 구리전 6전을 쥐고서 좋아서 집에 오니 해는 벌써 넘어 가고 아직도 공장에 간 엄마는 오시지 않았고 아버지도 없었습니다.

점심도 굶고 온종일 싸대었으니 병석이는 배가 많이 고팠습니다. 그래도 벌어놓은 6전으로 구운 감자도 사먹기를 아까워서 엄마 오면 양식 받는데 보태려고 조끼주머니에 깊이 넣어 두었습니다.

어머니는 전기불이 오고 아주 어두워서 돌아왔습니다. 죽을 끓여서 엄마하고 먹고 있으니 아버지가 들어오십니다. 오늘도 아버지는 많이 취해서 건드렁거리면서 옵니다. 어머니가 죽을 차려서 드리니 죽을 준다고 그만 상채로 마당바닥에 집어던지고 엄마를 때리었습니다. 어머니가 저녁을 얼른 먹고 나하고 같이 예배당으로 가려고 하였더니 밥 먹기 전에 예배당에 간다고 그 야단이 났지요. 예배도 못 보고 싸움만 밤새껏 벌어졌습니다.

그날 밤에 아버지는 술이 취해 잠이 들어 코를 골고 주무시고 어머님도 돌아누워서 주무시더니 열두 시가 넘으니까 잠이 드시었습니다. 병석이는 잘래야 잠이 오지 않아 잘 수가 없었습니다.

병석이는 살그머니 일어나서 웃간에 엎드려서 기도합니다.

“하나님 아버지여, 우리 아빠 술 먹지 말게 해 주세요. 그리하여 나도 학교에도 가고 점심도 먹게 해 주세요. 우리 아빠 예수 믿게 해 주세요.”

《교회보》 1937년 4월 15일

현대의 기적
벙어리, 참봉, 귀머거리 헬렌 켈러 여사

세상에 불행을 말한다고 한들 이보다 더 참혹한 불행은 다시 없을 것이다. 그러나 인생은 그 불행에서 헤엄쳐 최후의 힘을 다하여 싸워 머나먼 희망봉에 닿기까지 눈물과 고통과 한숨과 고민 그 밑바닥에서 솟아 오르는 승리야말로 위대하다고 아니치 못할 것이다. 눈이 까지고 귀가 먹고 벙어리가 된 인생의 불행의 최저(最低)에 떨어진 헬렌 켈러야 얼마나 울었고 얼마나 가슴을 두드리면서 세상을 저주하였으랴?

지난 4월 15일에 눈물의 이적, 사랑의 이적, 현대의 기적인 이 여사가 ○○○○ 내리어서 지금 밤낮으로 순행강연하고 있다. 수많은 민중이 이 기적의 인물을 보려고 밀려들었는데 인파(人波) 속에서 그는 자기의 싸워 온 쓰린 시련(試鍊)의 경험과 하나님의 감격한 은총이 인간력(人間力) 이상의 현대의 기적인 사실을 토하고 있다. 이제 멀지 않아서 조선에 올 것인데 부산, 경성, 평양에 며칠씩 있으면서 우리에게 그 내면의 산 사실을 던져 줄 것이다. 그러나 우리 대구에 들지 못함이 천수에 담을 유감인 동시에 어찌하여 대구에는 그를 맞이할 아무것도 없는 것인지 슬프다.

이제 그에 대한 몇 가지를 간단하나마 적어서 그를 통하여 하나님의 사랑을 깨닫자고 하는 것이다.

눈물의 출생

헬렌 켈러(Helen Adams Keller) 여사는 1880년에 앨라배마(Alabama) 주 북방의 터스컴비아(Tuscumbia)라고 하는 아름다운 동리에서 출생하였다. 아버지는 아서 H. 켈러(Arthur H. Keller)인데 남방연합군의 대위(大尉)로서 여러 방면에서 취미가 많은 사람이었고, 어머니는 케이트 애담스(Kate Adams)로 식견이 높고 얌전한 부인이었다. 켈러는 갓 나서는 튼튼하고 힘차게 잘 자랐다고 한다. 그러나 난 지 19개월이 될 때 돌연이 위염(胃炎)에 걸려 위와 뇌수가 충혈하여 열이 끓어올라 일시에는 생사에 방황하였으나 이상하게도 기적적으로 생명은 구하게 되었다. 그러나 불행하게도 이 세상을 다시 볼 수 없는 불구자로, 이 세상의 소리를 다시 들을 수 없는 귀머거리, 자기의 가슴에 서리는 쓰린 사정을 엄마한테도 표시할 수 없는 침묵의 벙어리가 되었고 손짓으로서 의사를 표시하는 이 가여운 행동 이외에는 아무것도 할 수 없는 불쌍한 사람이 되었다. 그는 공연히 성을 내어 어떤 때는 간질까지도 하였고, 귀가 막혀 제 옷을 쪽쪽 찢어 버리기도 하고, 문을 뜯고 벽을 부수며 머리를 기둥모에 끌어 박아 피를 흘린 때도 있고, 미친 행동을 하게 되었으니 그 부모의 마음이야 염통이 터질 듯이 아팠던 것이다.

오! 하나님은 이 눈물의 출생에서 비애를 품은 이 집을 돌아보시었으니 헬렌의 나이 7세 때에 앤 설리버(Anne Sullivan Macy) 여사를 가정교사로 보내게 되었으니 이것이 헬렌을 구하는 은사(恩師)가 되었던 것이다.

설리번 여사의 희생의 눈물

설리번 여사는 매사추세츠 주의 한 빈한 농가에서 태어나서 어려서 가엽게도 엄마, 아버지 없는 고아가 되어 빈민원(貧民院)에 들어가게 되었다.

설리번 여사도 일찍이 안질로써 실명(失明)되어 불운의 역경에서라도 쉬지 않고 공부하기에 힘을 썼다. 14세 때에 어떤 사람의 주선으로 보스턴 퍼킨스 맹아학원(Perkins Institute for the Blind, 盲啞學院)에 입학하여 열심히 공부를 하였다.

그가 나이 20세 되는 해 봄에 졸업의 영관을 받았다. 또한 그해에 안질을 고칠 기회를 얻어 강도(强度)의 안경을 사용하면 활자쯤은 읽을 수 있는 정도로 되었으니 그는 크게 딴 세계에서 광명을 찾은 듯이 하나님께 감사를 돌렸다. 그때에 헬렌의 집에서 가정교사의 청빙을 받게 되었던 것이다.

고심(苦心)의 교육

설리번 여사는 헬렌을 가슴에 안고 울었다. 그나마 헬렌의 성질까지도 횡폭하여 가르치기에는 극히 아득하였다.

가장 처음으로 교육의 시작은 손으로 가르쳤다. 인형을 손에 쥐여주고 손바닥에다가 '인형(Doll)'이라고 써서 그 인형을 가르치기로 한 것이 헬렌을 교육하기에 열쇠가 된 것이다. 명사나 동사를 가르치기에는 용이하다고 하겠으나 추상적(抽象的)인 사랑이든가, 은혜라든가를 가르치기에는 현용으로도 배워 줄 길이 없었다. 그렇다. 눈물로써 한숨으로써 여러 가지로써 가르치는데 헬렌은 조그마한 지식이라도 알아갈수록 생활의 기쁨과 행복을 느끼게 되었다. 여사는 이 하나의 가련한 존재를 위하여 자기의 전부를 희생시켜서라도 그를 구하고 싶어하였던 것이다.

점자(點字)를 배우고 수학, 식물, 지리, 역사를 배우고 해 아래서 백합화의 향내로서 꽃을 배우고, 살림 속에서 방초동산과 끝없는 초원에 달려가서 자연의 사랑과 미(美)와 참을 설명하여 주었다. 그러던 중에 그의 총명은 빛을 얻어 점점 깊은 곳까지 들어갈 수 있게 되고, 덕성(德性)도 발달되어 마침내 우주에 넘치는 불가사의(不可思義)한 힘에 놀라 또한 역사와 전기를 읽고 하나님을 생각하는 싹이 트기 시작하였다. 그러다가 점자(點字) 성경을 읽고 그리스도의 귀중하신 말씀에 부닥쳐

헬렌의 마음에는 내심(內心) 생명의 불꽃이 타오르게 되었다. 그리고 십자가를 느끼고 사랑에 울며 감격한 마음에 견딜 수 없이 세계의 눈 멀고 말 못하는 불행한 수백만의 불구자의 어미가 되고자 결심하였던 것이다.

헬렌의 천재적 발휘

헬렌은 발음법과 독음법을 배우기 위하여 1894년에 뉴욕시 라이트 휴머슨 청각장애학교(Wright-Humason School for the Deaf)에 입학하여 고심을 거듭하여 연습한 결과 드디어 침묵의 세계를 깨트리고 입술을 열어 말을 하게 되었으니 그는 너무 기뻐 주님께 눈물을 삼키고 감격의 기도를 올렸다. 헬렌은 다시 보통사람같이 최고학부까지 갈 뜻을 두고, 1896년에 케임브리지 여학교(Cambridge School for Young Ladies)를 다니고 1900년에는 레드클리프 전문학교(Radcliffe College)에 들어가서 우수한 성적으로 마치었고, 1904년에는 학위까지 받았다. 이때에 세계 각국신문에는 크게 헬렌을 소개하였다. 헬렌은 영어, 독일어, 불어 등에 정통하였고 라틴(羅典), 희랍(希臘) 등의 고전학(古典學)에도 박식하였고 보통학자들이 따를 수 없는 천재를 나타내었다.

예수를 위하여 사는 여사

헬렌의 박식과 천재는 주를 위해 드렸다. 그는 항상 부인운동(婦人運動)의 제일선(第一線)에서 지도하였고 불구자를 위하여 강연과 저술 등의 사업에 분주하여 안일한 날은 그에게는 없었다. 강연과 저술로써 얻은 돈 백만 불은 사회공공사업에, 특히 맹인과 벙어리를 교육시키는 데 바쳤다. 그의 은사(恩師)인 설리번 여사가 늙어 병석에 누웠을 때에 그는 친히 가서 밤을 새우면서 눈물로써 간호하여 은혜를 갚으려고 갖은 노력을 하였으나 애석하게도 헬렌을 만든 은사 설리번 여사는 1936년 작년에 죽고 말았다. 헬렌은 그리스도의 사랑을 자기의 쓰린 생활로써 경험하였고 생명으로 느꼈으니 그는 어디 가든지 그리스도인으로서 살고 있다.

헬렌 여사의 일화

헬렌이 어느 날 나이아가라 폭포 구경을 갔을 때 신문기자가 물었다.

"헬렌 선생! 폭포구경을 오셨으니 말이지 보시지도 못하면서 이 먼 곳에 오셨는지요?"

헬렌은 웃으면서 '왜 못 보아' 하는 뜻으로 대답했다.

"그것은 너무 하십니다. 나를 돌이나 목상(木像)으로 아십니다 그려!."

폭포를 발바닥으로 깨닫고 그 굉장한 것을 보는 것이다. 시원스레 날리는 물방울이 그 얼굴에 닿는 감각으로서 자연의 웅변(雄辯)을 듣는 것이다.

그리고 또 한 가지 놀라운 이야기는 하루 어떤 귀부인의 집에 초대를 받아 저녁을 먹는데 한참 먹다가 헬렌 여사는 숟가락을 상에 놓으면서 주인을 보고 말했다.

"식모 두 사람이 수고하는데 그 중에 한 여자는 수심이 있는 것 같습니다. 그려?"

주인집 부인은 헬렌 여사가 너무 지나치게 아는 체 하는 줄 알고 대답했다.

"선생님, 그것은 아닙니다. 그 두 여자는 슬픈 일이 없습니다."

"아니 그 두 사람 중에 반드시 한 사람이 슬픈 마음이 있으니 불러 물어 보세요! 무슨 일인지."

주인집 부인이 식모를 불러서 앉히고 물었다.

"무슨 슬픈 일이 있는가! 없지? 응?"

식모는 갑자기 얼굴을 변하면서 말했다.

"부인, 미안합니다. 오늘 오후에 고향으로부터 어머니가 위독하다고 전보를 받아서 걱정거리가 있습니다."

식모의 두 눈에 눈물이 어리어지는 것을 보았다. 이것은 헬렌 여사는 그 식모의 발자국 소리와 디디면서 울리는 진동으로써 식모의 마음속에 슬픈 것까지 알아맞추는 천재를 가졌다.

헬렌 켈러 여사는 현대의 기적이다. 하나님의 은총을 보여 주는 현대의 산 표본이다.

《교회보》 1937년 6월 1일

영국 종교혁명가 요한 위클리프

약사(略史)

요한 위클리프(John Wycliffe)는 1324년에 출생하여 1345년에 옥스퍼드 대학을 우수한 성적으로 졸업하고 1360년에 옥스퍼드 대학 내 벨니올 칼리지(Balliol College)의 교장으로서 갖은 수완을 다하였고 1370년에 신학박사의 학위를 얻었다.

대학의 교수 중에 더욱 중세의 학사와 다른 방법으로써 철학을 교수하였고, 큰 학자로서 많은 이름이 높을 뿐 아니라 위대한 신학자로서 그 존재가 더욱 크거니와 그는 또한 애국자로서 활적이 많았다. 그는 관정(官庭) 목사로서 무리한 로마법황(교황)의 압제에 반항하여 영국의 독립을 위하여 크게 싸웠던 것이다.

13세기로부터 영국ㅇㅇ은 로마법 상에게 복종하는 증거로써 해마다 조공을 받치었던 것이다. 그러므로 한 때는 국회에서 이것을 받치는 것이 옳으냐 아니냐 하여 결국 폐지하기로 결의하자 하였을 때에 위클리프는 붓을 들어 그 결의가 정당하다는 뜻을 열심히 논평할 뿐 아니라 자신이 당시 국회의원이 되어 적극적으로 싸웠으며 그는 법왕이 영국의 사산에 간섭할 권리를 거절하고 영국의 독립을 고조하였다.

그 뿐이 아니라 당시의 교회의 부패상을 여실히 지적하여 여지없이 공격하였고, 교회의 악풍과 더욱이 감독들의 사치스러운 생활을 공격하였고, 도미니크파나 프란시스코의 걸식승(乞食僧)의 무ㅇ론을 주창하여 뜨거운 예언자적 사명을 용감하게 외쳤던 것이다.

고전에 전하는 말에 의하면 위클리프가 몹쓸 병에 걸려 매우 위독하였을 적에 한 걸식승이 찾아와서 말했다.

“여! 위클리프, 지금 그대는 죽어가지 않는가! 그대는 우리를 비난하던 것을 뉘우쳐서 생각을 돌리는 것이 좋지 아니한가?”

위클리프는 강장한 어조로써 대답했다.

“아니다. 나는 오히려 오래 살아서 너희들의 악풍을 공격치 않을 수 없다.”

그는 끝까지 승려들의 사치한 종교생활의 부패를 지적하였고 더욱 교회의 교의에 반대하는 운동을 일으켜서 승려들과 법황에게 미움을 샀다.

법황은 노발대발하여 위클리프를 엄벌하라고 론돈(런던) 감독에게 엄중이 명령하였으나 론돈 감독은 경이 심문하지 못한 것은 애국심이 끓는 귀족과 평민에게 반란을 입을까 두려워하여 법황의 명령을 머뭇거리다가 말았다.

이때에 위클리프는 법황의 미움을 극도로 사게 되어 대학을 탈직하고서 자기가 자랐던 한가한 촌락으로 돌아가서 촌교회의 목사로서 평생을 충성하다가 거기에서 1384년에 세상을 떠나서 주의 나라로 갔다.

그가 죽은지 31년이 지나서 1414년으로 18년까지 4년간 콘스탄틴대회의가 열렸을 때에 위클리프의 저서와 주장을 이단이라고 결정하고 이단자를 그냥 둘 수 없다는 점에서 위클리프의 무덤을 파서 유골을 꺼내어 태워버리기로 결의하고 드디어 그 신체를 불에 태워서 그 재를 강물에 띄워 보내었던 것이다.

그의 인격

전기한 바와 같이 그는 대학자로서 박학다식(博學多識)하였고, 그의 학식은 다방면이었고, 그의 설교와 논문은 당시의 모든 학문에서 차래(借來)하였고, 그는 평론적 두뇌가 명철하여 교회의 교의, 제도, 습관

등에 일일이 엄밀하게 비평하였으며, 더욱이 성서를 중심으로 하여 표준을 세우고 판단을 하였다.

그는 지식적 인간이라 너무 냉정에 흐를 것 같지마는 그의 설교로나 논문을 통하여 보는 대로 퍽도 감정적이고 열정적이었다. 그의 논설 중에는 희노의 표정을 찾을 수가 너무 많고 그는 믿는 곳에는 충직하여 믿는 그대로 기탄없이 발표하였다. 그는 더욱 특이한 것은 풍자해학에 장기가 있고 더욱이 승려들에게는 기묘한 방법으로 조매(嘲罵)의 말로써 혼을 내었다. 언제든지 그의 목적은 그리스도의 진리를 옹호하며 교회의 악풍을 교정하려는데 있었고 그는 글로써 남은 여생을 보내었다.

그의 설교

그는 대학에서 설교할 때는 라틴어로써 사용하였고 학자적 태도와 사상을 가지고서 지식계급의 인식에 적당하도록 무게 있는 설교를 하였다. 그러나 교회에서 설교할 때는 영어를 사용하여 평신도적이요. 대중적인 평이한 말로써 뜨겁고도 열정 있는 설교이었다.

그의 설교의 목적은 교회의 건덕을 위하여 성서의 교훈을 중심하였다. 그러나 그 당시의 보통 유행설교는 이교의 이야기, 소설, 시가 등을 가지고서 청중을 즐겁게만 하려는 것과는 아주 딴판으로 성서를 유일한 표준이요. 유일의 원천으로 여기었고 성서를 철저히 증명하고 성서의 교훈을 설파하였다. 그의 설교의 중심사상이 이신득의(以信得義)이었다. 언제든지 그리스도의 속죄 구원의 근본사상을 고취하는데 있었다.

그의 신학

그는 14세기의 유행하는 각종 신학사상에 반대하여 실ㅇ론을 뜨겁게 주장하였고 그의 종교에 관한 새로운 설은 다음과 같다.

1. 성서만이 신앙의 표준을 삼고 법황이나 감독이 가르치는 것, 즉 성서에 적합지 않는 것은 용납할 수 없다.

2. 속죄표를 부정하여 신은 누구에게든지 직접 행하시고 신의 은혜를 자유로써 누구나 얻을 수 있는데 하나님을 경외하는 농부의 기도가 금전을 탐하는 감독이 집행하는 성찬예보다 더욱 가치 있다고 가르치고 또한 분외공덕설(分外功德說) 즉 법황이 분외공덕을 가지고서 다른 사람의 죄를 사할 권리가 있다고 하는 것은 하나님께 대하여 가장 큰 욕설이라고 하였다.

3. 또한 화체설(化體說)을 배척하였다. 화체설이라는 것은 떡과 그 모습이 사실적으로 그리스도의 살로 화한다는 로마교의 설인데 그는 이에 반대하여 성찬을 받는 자는 그리스도의 죽음을 기념하는 동시에 특별한 은혜를 받는다고 하였다.

4. 당시의 법왕의 사치의 좋지 못한 품행을 공격할 뿐 아니라 법왕정치의 무용론을 주창하여 그리스도는 세상 끝날까지 교회와 같이 계시고 교회의 머리 되심을 설파하였다.

5. 승려독신주의를 비난하였고 교회가 사치로써 그 재산을 낭비할 시는 국가가 당연히 재산을 취려(取戾)할 것이라고 하였다.

그의 성서번역

위클리프는 감독과 법왕보다도 성경을 존중히 여길 뿐 아니라 신앙의 유일한 표준으로 삼아 널리 일반 평신도에게도 성서를 보급시켜 누구나 성서를 통하여 하나님의 길을 직접 배우기를 가르쳤다. 그러므로 그는 성서를 영문으로 번역하여 일반인에게 성서를 보급시키려 하였다.

중세에는 라틴역을 내놓고 시편을 내놓고 전부 평신도는 성서를 읽을 수가 없었던 것이었다.

로마교회에서는 그리스도께서 성서를 교회에 주셨으므로 교회는 그 뜻만을 설명하여 교인에게 가르칠 것이라고 함에 위클리프는 반대하여 신도는 성서의 설명을 승려에게 일임할 수는 없다. 자기 스스로 연구하고 성신의 뜻을 배울 수 있다. 그러므로 자신이 신약성경을 번역하였고 친구의 조력으로 구약까지 번역하였다.

당시의 영국인은 비로소 처음으로 자기 나라 말로써 성경을 읽을 수 있게 되었는데 종교상, 문화상 큰 공헌의 역사라 할 것이다.

그의 전도

위클리프는 자기 자신이 설교하고 성서를 번역하고 전하는 것만으로 만족히 생각지 않고 순독한 복음을 친히 백성에게 전하기 위하여 뜨거운 전도자를 사방에 모집하여 검박한 붉은 옷을 입고 맨발로써 이인조(二人組)가 되어 촌락과 촌락으로 거리와 거리에서 사람을 모으고 그리스도의 복음을 뜨겁게 전하였다.

그 뿐만 아니라 위클리프는 문서전도로서 소책자를 출간하여 전국에 발표하여 복음을 국내에 선전하였다. 그 후의 무서운 박해로 말미암아 그 확대하는 수가 감하였으나 16세기의 종교혁명 시까지 계속하였다.

위클리프는 영국종교혁명의 선구자이었다. 그는 위대하다.

《교회보》 1937년 10월 1일

이역(異域)의 희생자 고 최권재 집사를 슬퍼함

너무도 원통하다. 아깝고 불상타. 애석하기 그지없다. 왜 세상에는 그다지도 많은 사람이 마음속에 그리고 입에 담는 사람은 날래 죽을까? 집에서나 사회에서나 소용에 당치 않는 쓸데없는 인간은 오래오래 살더구먼!

최형 그대는 왜 죽었나? 그대가 나를 보고 할 일이 얼마나 많냐고 밤이 맞도록 흥분되어 이야기하지 않았더냐? 그날 밤에 나는 그대에게 흠뻑 반하다시피 경모와 존경을 가지고서 일생을 같이 지내고 싶을 만치 정다운 동지였다. 가슴에서 피끓는 남다른 정열이 있고 남이 볼 수 없는 불평이 있고 겟세마네의 그리스도와 골고다의 그리스도를 그대로 그대 마음에 사진 찍다시피 순직의 열정이 말끝마다 섞이어 있었다.

왜 죽었느냐! 할 일이 없어져서 죽었느냐! 할려고 한들 되지 않겠기에 죽었느냐! 교회를 짓는다고 만방으로 고생하던 그대가 왜 죽었느냐? 고토에 약속한 한 일이 그대로 묵어 자빠졌건마는 그대는 말이 없이 가고 말았구나!

최형아! 그대는 신호(神戶:고베) 땅에 들어간 지 근 십여 성상에 외로운 이경의 쓸쓸한 눈물을 그 몇 번이나 흘렸으며 육갑산(六甲山) 고요한 숲속에서 얼마나 울었더냐! 새뽀얀 안개에 묻힌 새도의 바다를 바라보며 흰 돛단배 한가히 떠나는 것이 나그네의 구슬픈 인생인 것을 찰랑이는 부두에서 턱을 괴고 긴 한숨을 내어 뿜던 시절도 있었지?

신가이 맛지에 요란스레 번쩍이는 네온사인의 난사 그리고 요란한 물질, 상두(商頭)의 레코드의 잡음을 들으며 그대 가슴에 풀어지지 못하는 원한과 결심을 깨물고 아스팔트를 디디는 그대의 발자국은 찾을 길이 없이 가엾은 무상(無常)으로 돌아가고 말았구나!

그래도 이경에서 결심한 것이 싹이 돋는 봄철을 만난 듯이 먹고 살기가 좀 걱정이라도 덜게 되여 그 후부터는 전적으로 주의 나라의 건축공사에 몸을 바친 뜨거운 정열, 신앙의 큰 인격, 병든 신도들은 목사 이상으로 그대를 의지하고 든든한 기둥같이 교회의 주인으로 믿어오며 존경하였던 것을 나는 잘 안다. 그리고 그대를 바로 아는 사람이었다면 그대가 죽었다는 소리에는 원통하고 아깝기 그지없이 뼈끝이 저리도록 원통할 것이다.

택시 두 대를 처음 사 가지고서 운전수 다섯 사람을 데리고 개업을 한 이후로 성적이 좋다고 하며 “주께서 나에게 돈을 허락하면 얼마의 액수로 토지를 사서 내가 친히 감독하여 수만 평의 농장으로써 전 수입을 유목사가 하는 사업을 받들겠다.” 밤이 깊도록 북행열차의 기적소리를 처량히 들으면서 이렇게 약조하지를 않았느냐?

그런 뒤로 나는 하루도 그치지 않고 그대를 위하여 빌고 신호교회를 위하여 빌어 왔다.

세상일은 한심하기 짝이 없구나. 네가 아무리 큰 결심한 것도 죽으니 문제가 없어지누나. 그대는 이 땅에서 찾아볼 수 없는 사라진 그림자가 되고 말았다마는 나는 아직도 그대가 나에게 깨쳐 준 인상을 깊이 가진 채로 살아서 이 글을 쓴다마는 그러나 너는 잘 갔다. 이 말도 답답한 나에게 할 말이 없는 중에서 할 말의 하나이다.

사랑하는 처자를 두고 5,6의 어린 자식을 이경에 두고서 너는 가고 말았으니 남편 잃은 부인은 어린 자식을 품에 안고 푸른 물결이 찰랑이는 새도 해변에서 얼마나 울겠느냐? 딸과 아들들이 ‘아빠! 아빠’를 부르며 목이 쉬도록 부르겠지마는 대답조차도 하지 않을 이 세상 사람이 아니구나.

죽음에도 분수가 있지 참사를 하다니 CE관서연합의 하기수양회를 위하여 텐트를 옮기느라고 오토바이를 타고 오다가 떨어져서 허리가 끊어져 죽었다니 너는 최후까지 주를 위한 순직이었구나.

8월 20일경에 전보가 왔기에 내용을 몰랐던 4~5인 친구들이 해석을 하다가 못한 것으로서 편지를 하였더니 답이 없더니만 어떤 친구편으로 들으니 죽었다는 부고의 전보이던가마는!

그 당시 그 전보가 부고였다고만 알았던들 쫓아가서 죽은 신체라도 목을 안고 울고 싶은대로 실컷 울기나 하였을 것을. 친구에게 죽었다는 말을 듣고 그날 밤은 잠을 못 잤구나. 생각해도 원통하고 아까워서 그러나 원통하다고 운들 무엇 하며 아깝다고 탄식하면 무엇 하느냐! 이것도 역시 사람의 생각에서이다.

그대를 속히 불러다가 흰옷을 입혀서 천군과 천사를 복판에 세우시고 면류관을 씌워서 황금 비파 곡조 맞춰 주의 영광을 노래하는 찬양대를 삼는 것이 세상에서 교회를 섬기는 집사직분보다 더 필요하신 하나님의 뜻이었겠지!

그러나 너의 아내와 너의 자식은 운다. 신호의 외로운 성도들은 바나바를 잃은 듯 모일 때마다 운다. 너를 아끼던 친구들도 운다. 마음에 없는 허심(虛心)도 아니 울 수 없어 이 글을 울면서 쓰노라.

《교회보》 1937년 10월 1일

오종덕 목사를 보내면서

그는 말이 없는 분이다. 그 말 없는 것으로서 그는 크나큰 숨은 듯한 숭앙할 인격을 가진 분이다.

본래 어릴 적부터 가난과 싸우며 결국에는 할 수 없이 파산을 선언하고 고향인 평남 평원을 떠나서 이를 물고 남으로 남으로 표랑의 길을 걷게 되었다. 결국은 형제분이 일본 내지로 건너가서 공장에서 노동자로서 온갖 고생을 다 겪으면서 겨우 몇 해만에 한 500원을 주머니에 넣게 되었다. 그러나 고국이 그리워진 터이라 조선으로 돌아오다가 고향까지 못가고 대구에 내리어서 신정예배당(현 서문교회)을 근거하고 말전골목에서 쌀장사를 벌이게 되었다. 진실한 형제에게 주의 축복이 내리어서 수천 원을 잡게 되고 대구 내에 미곡상이 많지만 신용과 신실로써 전인기를 거두어서 돈을 끄는 듯이 모을 수 있는 시절을 만났다.

그때 돌연이 뜻이 변하여 장사는 동생(오종환 씨)에게 일임하고 그는 주의 부르심을 입어 평양신학교로 떠났다. 3년 만에 졸업을 하시고 현풍교회에 부임하신 후 풍파요란의 수란한 교회를 바로 잡고 충성 일관으로써 교회를 먹였다. 그러다가 대구 중앙교회로 이전하면서 셋집살이 월세도 지불능력이 없던 중앙교회를 혼자서 어깨에 짊어지고 쓰라림과 눈물로 칠개 성상을 지내었다. 교회를 서성정(현 서성로)으로 이사하고 신축을 계획하던 때는 교인 30명이 단 100원의 금전도 융통할 수 없는 교인들이었다. 그는 기어이 대구의 면목에 손실이 없도록 벽돌 이층을 설계하고 밤과 낮으로 주 앞에서 울기를 그 몇 번이라고 손을 꼽을 정도가 아니었다.

하루는 뜨거운 결심을 품고 예배당을 신축하기로 사명을 받고 분연히 일어나서 사계의 의연(헌금)을 구하기로 하고 북으로 남으로 가시밭 같은 괴로운 길을 떠났다. 물론 자기가 할 수 없건마는 남이 하는 것은 비평하기 좋아하는 세정(世情)이라 역시 한성의 격려는 할 말의 토막을 얻을 수는 없고 우상이니, 미신이니, 그런 법이 아니니 하면서 조소의 불동정의 화살이 괴로운 몸에 꽂히기 시작하였다.

그러나 충실일념의 내강의 인물인 오 목사는 다시 일본 내지까지 건너가서 별의별 사람을 찾으면서 업신여김과 비소를 받았다. 또한 거러지 동냥 주는 것보다도 더 청피막심한 대우도 있었으나 여전이 적은 돈이라도 고개를 깊이 숙이고 감사의 뜻을 표하고 물러섰다.

나는 어떤 이에게 들은 말이다마는 기금모집으로 대판에 갔을 때에 눈물스럽게 얻은 돈으로서는 한 푼이라도 노비로 쓰지 않으려고 감자를 삶아서 자루에다 들고 다니다가 어떤 예배당 한 구석에 외투를 벗어서 덮고 감자 자루를 베개하고 쪼그리고 잔 것을 그 교회의 집사가 발견하고 나중에는 너무나 그 충성에 놀라 눈물을 흘리며 "목사님이 웬일입니까?" 하고 손목을 잡고 존경의 눈물을 흘렸다고 한다.

그는 사실이 너무 순직하여 처음과 나중이 하나로 충직 그대로 살아가는 분이라고 하는 것이 절대로 과장이거나 그를 생각하는 점의 변호가 아닐 것이다.

중앙교회를 벽돌 2층으로, 도시교회로 손색이 없이 성공적으로 지었으나 수천 원의 채무를 혼자서 걸머지고 5~6년 동안 하루라도 눈감고 잘 수 없는 고생을 겪으면서 월급전부를 그 빚을 다 물기까지 지불하여 왔던 것이다. 그러하니 그에게 닥치는 고생이야 말로 다할 수 없었다.

그러나 그는 언제든지 자신 있는 기품을 가지고서 한 말이라도 경박한 언사는 찾을 수 없고 된다고만 하는 분이었다. 그 속에서 그의 인격과 그의 강한 의지력을 찾아 볼 수가 있다.

중앙교회는 눈물과 한숨, 울음과 애곡으로써 만든 것이었음은 밖으로도 공인하는 바이라 사실상 두고 떠나기에는 너무도 애석하고 섭섭

한 것이야 인정을 가진 사람으로서는 짐작하기에 어렵지 않을 것이다. 그러나 그가 단연코 교회를 이별하는 용단도 단지 충직한 그 인격의 발로에서이다. 자기가 더 있음으로써 교회에 유익치 않음을 반성한 그는 어디까지든지 자기를 희생시켜 교회를 위하는 정열이 있음으로 용감하게 혀를 물고 입술을 깨물어 눈물을 삼키면서라도 정들고 애정의 교회를 이별하기로 용단하는 것도 교회를 얼마나 사랑한다는 참 목회자의 심정이라 않을 수 없다.

싫어하는 눈치를 알면서 교회가 한 구석이 병이 들어 옮는 것도 알면서 미련을 가지는 자에 비해서야 얼마나 용기스럽고 참 목자의 태도이냐?

나는 이런 점에서 그를 존경하고 그의 충정을 숭배하는 바다. 그러한 충성된 종, 많은 고난을 받은 종을 떠나보내는 것이 너무 섭섭하고 애석하여 이 글을 쓰면서 그의 앞길을 비는 바다. 반드시 그의 목회 사업에 큰 축복이 있어 보통자의 이상으로 주의 싸움터에서 큰 탑을 쌓아서 조선교계에 한 자리를 차지할 것을 기대하고 이 글을 간단히 끝을 맺는다. 오 목사여 잘 가시오. 그리스도는 그대와 함께 하리니!

《교회보》 1937년 11월 1일

고난 극복의 신앙력

베드로전서 4장 12절, "사랑하는 자들아 너희가 풀무에 연단하는 것 같이 시험을 당하는 것으로 이상히 여기지 말라. 오직 너희가 그리스도의 고난에 참여하는 것으로 즐거워하라. 그리하면 그 영광을 나타내실 때에 너희가 즐거워하고 기뻐하리라"

16절, "만일 그리스도인으로 고난을 받은즉 부끄러워 말고 오직 그 이름으로 하나님께 영광을 돌리라."

1. 고난에 대한 각오(벧전 5:9)

우리 그리스도인들은 세상에서 반드시 심한 고난을 당할 것을 각오치 않으면 아니된다. 전쟁에 출전하는 병정이 고난을 각오치 않을 수가 있는가? 적지를 향하여 출발하는 그날로써 죽음을 각오하고 떠나는 것이다. 더욱 그리스도인들은 신앙상 위기를 직면할 적에 더욱 고난의 각오를 미리 하여 두는 것이다.

기독교는 고난을 피하는 종교가 아니라 고난과 싸워서 극복하려는 종교이다. 입산수도(入山修道)의 안전을 찾고 경(經)을 통하여 고(苦)를 잊고 호젓이 쾌락을 꿈꾸는 종교가 아니라 허문산상의 영광에서 하야(下野)하여 고난의 도성(都城) 속으로 기어 들어가서 고난과 싸우고 고난에서 승리하는 생활의 종교이다.

그러므로 예수께서 12제자에게 미리부터 십자가의 도를 가르치어 그들의 마실 배(杯)를 각오시켰다. 기독교가 생기기 제4세기 전에 희랍의 철학의 에피쿠로스 학파에서는 쾌락을 주장하고 있었으나 본시 에피쿠로스(Epicurus)란 철학자가 한 윤리 행동을 주장한 것인데 학명을 쾌락파라고 하나 사실에 있어서는 인간의 쾌락을 얻자면 고통을 통과하지 않고서는 불가능하다고 하였다.

오늘의 현실의 인간들은 에피쿠로스의 학명인 문자의 쾌락 두 자 그대로 흐르고 있으나 사실의 그 고난을 잊어버렸다고 볼 수밖에 없다.

옛 애굽의 문명○○ 하였을 적에 미라(木乃伊)의 연회가 있었다. 그때에 대연을 배선(配旋)하여 놓고서 반드시 사람 앞에다 미라(木乃伊)를 안아다가 들리었다고 한다.

"인(人)의 운명은 이런 것이다. 너는 지금 쾌락의 앞에 사망이 있는 것을 각오하느냐?"

이 얼마나 철없이 뛰노는 인간에게 큰 암시(暗示)를 던져 주는 방법이냐? 우리는 그리스도의 십자가 우리가 살고 있는 현실의 앞에 가로 놓여 있는 것을 각오하자.

라마시(Rome, 羅馬市)는 후면으로 오대산(五大山)이 솟고 전면에는 이대산봉(二大山峰)이 솟았는데 이것을 배경으로 하고 유명한 개선문이 섰다. 그 우편에는 삼 만인을 수용하던 옛 대경기장이 있고, 좌편으로는 쿼바디스 도미네(Quo Vadis Domine, 어디로 가나 교회당)가 있고, 그 옆에는 400리나 되는 큰 카타콤(Catacombs, 지하묘지)이 있는데 사백 만인의 시체를 묻은 땅굴이었는데 네로(Nero) 황제시의 초대교회 성도들이 박해를 받은 곳이었다. 라마(Rome, 羅馬)에서 삼백 년간 십 회나 박해가 있었으나 그러나 기독교는 궤멸되지 않았다. 수천 년간 순교자들은 미리 십자가를 지고 나섰고 박해를 각오하였던 것이다. 누구나 당하는 경험이지마는 예수를 믿고 나는 당시로 반드시 견딜 수 없는 시험이 오는 법이다.

우리도 잡히고 매 맞고 배고픔으로 일사(一死)의 각오를 가지고 살자.

2. 고난에서 성장하는 신앙(약 1:3)

고난이 있으면 있을수록 신앙력은 방강(尨强)하여진다. 강철은 풀무 속에 들어갈수록 망치로 두들겨 맞을수록 강철은 더 되고 있는 것이다.

고난은 신앙의 비료(肥料)이다. 고난이 극하면 신앙이 방대하고 고난이 강할수록 신앙력은 무섭게 도(度)가 오르고 있는 것이다.

고난을 통과치 않은 신앙은 아직도 신앙이라고 이름을 붙일 수 없는 미완성품이다.

고무줄은 당길수록 멀리 뛴다. 신앙도 건들수록 더 커지고 있는 것이다.

공(空)ㅇ은 무력하지마는 압(壓)할수록 세력이 강하다. 신앙도 막을수록 반력(反力)이 강하여 막을 길이 없었다. 수천 년간 기독교의 역사는 핍박을 승(乘)하여 발전하여 왔던 것이다.

그리스도의 신앙은 고난이 많을수록 반비례하여 성장하는 것이다. 그러므로 '큰 물결 일어나 나 쉬지 못하나 이 풍랑으로 인하여 더 빨리 갑니다.'

3. 고난 극복에는 신앙력(요일 5:4)

베드로는 주께서 '너희가 내가 잡힐 적에 나를 버리고 도망하리라' 하시는 말씀에 흥분되어 '선생님 무슨 말씀입니까? 저의 목이 잘리더라도 선생을 모른다 하오리까?' 하였지마는 빌라도 궁전에서 노비에게 비겁하여 모른다고 하지 않았는가!

이것은 극한 고난이 당면할 때에는 인간력을 가지고서는 당할 수 없는 연고이다. 그러므로 인간들은 인간 자력으로써 고난을 극복하지 못하였다.

베드로도 결국은 팬터코스테(Pentecoste, 오순절)를 지난 이후이었다. 신력(神力)을 그 몸에 차력(借力)하고부터이다. 성신(聖神)을 받은 후는 칼날, 감옥을 두려워하지 않고서 복음을 위하여 외쳤다. 이것은 인간 이상의 ㅇㅇ의 신앙력을 소유하였기 때문이다.

그러므로는 우리는 일상생활에서 비상생활을 넘을 수 있는 신앙력을 축적하지 않으면 안 된다.

어느 때, 어느 시에 나의 일신에 비상시가 당할지 모르는 것이다. 언제든지 비상한 하늘로 내리신 신력(神力)을 받는 신앙의 준비로써 전생을 나갈 것이다. 이것이 없는 인간신도(人間信徒)에게 결국의 마귀의 일사(一射)에 꺼꾸러지고 마는 것이다.

"너희가 세상을 이기는 이김은 오직 믿음이니라"(요일 5:4)

욥같은 사람은 보통 인간이 내려가 보지 못한 고통의 최저까지 내려 가 본 사람이다. 그러나 그가 최후까지 인력(忍力)을 갖는 것은 오직 그의 신앙력이 있은 때문이다.

초대교인들은 눈을 빼이고도 믿었고 귀를 깎이고 팔다리를 잘리면서도 안 믿겠다고 말 한 마디를 하지 않고 견디는 위대한 에너지는 오직 그들이 하늘에서부터 ㅇ상한 신앙력을 마음에 받은 때문이다. 우리 신도는 나날이 당하는 세상에서 참고 살아 갈 수 있는 생활력이 있어야 한다. 보통 인간의 ㅇㅇㅇㅇ로 떨어져서라도 다시 재출발할 수 있는 에너지는 자신력의 이상의 신앙력이 있지 않으면 안 된다.

신앙이라는 것은 곧 생활력이다. 그리스도를 믿어서 현ㅇ생활 이면에서 그리스도를 표현시키는 에너지 곧 생활력이 신앙이란 말이다. 고난아 올 테면 오너라. 신앙력을 소유한 자에게는 무서울 것이 없으리라. 세상에서 무력(無力) 자에게 공포가 있는 법이지 강력(强力) 자에게는 자신이 끓을 뿐이다. 세상에서 고난을 만나 영식(暎息)하는 자는 그것을 극복할 만한 자신력이 없기 때문이다.

나는 "내 주 안에서 능치 못하는 것이 없도다."

4. 고난 후에 선 영광(벧전 4:13)

고난의 봉을 넘어서면 필히 희락의 봉이 보이는 것이다. 십자가의 고개턱을 넘어선 후에 부활의 영광이 있었다. 부활은 골고다를 무시(無視)한다. 예수와 같이 고난에 참예하는 자는 예수같이 영광을 얻는다고 하였다.

묵시 7:14에 "이는 큰 환란에서 나오는 자들인데 어린 양의 피에 그 옷을 씻어 희게 하였느니라. 그러므로 그들이 하나님의 보좌 앞에 있고 또 그의 성전에서 밤낮 하나님을 섬기매 보좌에 앉으신 이가 그들 위에 장막을 치시리니"

17절에 "보좌 가운데에 계신 어린 양이 그들의 목자가 되사 생명수 샘으로 인도하시고 하나님께서 그들의 눈물에서 모든 눈물을 씻어 주실 것임이라."

지금 우리가 세상에서 받는 고난은 장차 하늘에서 받을 영광을 비교한다면 족히 비교할 수가 없다고 하였다. 땅에서 고생 받는 성도, 핍박을 참고 고난을 겪은 성도, 주의 이름을 위하여 고생을 당한 교역자 필히 하늘에서 그 영광이 클 것을 믿는다. 그러나 세상에서 당하던 고통을 다 잊고 영화로 시온성문 들어가서 다닐 때 기운차게 황금길을 걸으며 황금비파 곡조 맞추어서 기쁜 노래 부를 때 세상고생 꿈에 본듯 잊으리! 아 - 멘!

《교회보》 1938년 2월 1일

기도하다가 임종한 아프리카의 전도자 리빙스턴

노동자가 전도자로

탐험가! 야만 민중의 생명을 건지려고 생명을 걸고 모험의 길을 떠난 결세의 용사 리빙스턴(David Livingstone)을 생각하는 것이 미약한 우리들에게 유익이었을 줄 안다.

리빙스턴은 1813년 영국 스코틀랜드(Scotland)의 푸란달(Blantyre)에서 출생하여서 열 살부터 스물네 살까지 그 땅에서 제사공장의 한 노동자로서 노동하였다.

그는 그때부터 외국전도에 흥미를 품고 하나님 앞에 자기 자신을 보내 달라고 기도하였다. 그는 하루 돌연이 런던에 있는 선교협회(London Missionary Society)에 들어가서 곧 아프리카 최극 남방을 목적하고 전도의 길을 출발하였다. 그는 아프리카에 착륙하여 남방을 향하여 모험의 여행을 계속하는 중에서 느가미 호수(Lake Ngami)와 잠베지 강(River Zambezi)을 발견하였다.

그의 참담한 고생담이야 1858년에 기록한 여행기를 읽어야 알 것이다. 여행기를 쓰던 그 해부터 6년간 켈리마네(Quelimane)란 곳에서 영사로 있다가 다시 아프리카 동방에서부터 중앙으로 들어섰다. 이 여행기는『잠베지 강(江)과 흘러드는 소하천』이라는 책을 읽으면 알 수 있다. 그는 다시 제3의 탐험을 시작하였다. 이때에 나일강변에 이르렀을 때에 그의 생명은 위험하여 죽게 되었던 것이나 요행이 스탠래(Henry

Morton Stanley) 씨에게 구조를 받았다. 그의 최후의 여행은 나일강 원천을 발견한 것으로써 끝났다. 우리의 전도자 위대한 리빙스턴의 지상의 노력은 이것이 끝이다.

기도의 리빙스턴

지금 필자가 쓰고자 하는 것이 리빙스턴의 여행기를 내용으로 하여서 쓰려는 것이 아니다. 문제가 그의 기도를 중심한 것임으로써이다.

지금 중앙 아프리카에서 1874년에 쓴 리빙스턴의 최후의 일기에 나타난 그의 기도를 찾고자 한다. 그 일기 속에의 그가 만난 무서운 공포는 사건 속에서 살아나온 리빙스턴의 내적 생활을 엿보기에 가장 중요한 자료를 찾게 된다.

1872년 3월 19일에 그의 탄생일에 쓴 말 속에 그의 신앙의 전면을 엿볼 수 있으니라.

"나의 예수, 나의 왕, 나의 생명, 나의 일체시여. 나는 다시 나의 모든 것을 당신에게 드리나이다. 나를 용납하소서. 자애 깊은 아버지 하나님이여, 이 해가 넘기 전에 나의 일을 성취하게 하소서. 예수의 이름으로 비나이다. 아멘."

일체를 하나님께 맡김

그는 전도하기에는 자기를 이겼다. 자기 자신은 이에 하나님의 것으로 알았다. 그는 하나님의 소유물로서 하나님의 뜻대로 야만의 땅에 발을 디디었다. 예수께서 하나님과 같이 하심같이 리빙스턴은 역시 하나님과 같이 하나님의 소유물로서 일하였다. 그는 3주일 후에 다시 이런 글을 썼다.

"주는 그 말씀을 지키신다. 그는 그것을 의심하지 않는다. 주는 말씀하시기를 아버지께서 그의 주신 자는 다 내게로 오라. 그에게로 오는 자는 내가 물리치지 않으리라. 너희들은 무엇이든지 내 이름으로 구하면 다 이루어 주리라."

그 말씀을 주는 굳게 지키실 줄을 그는 의심하지 않는다. 리빙스턴은 모든 것을 드리고 모든 것을 얻은 자이다.

기도의 임종

리빙스턴이 얼마나 기도를 많이 한 사람인지는 그의 최후의 날의 일을 보면 알 것이다.

1873년 5월 1일의 아침이었다. 그를 따르는 자들이 주인이 자고 있는 침실에 들어갔다. 들어가서 침대를 살피니 리빙스턴은 자지는 않았다. 무릎을 꿇고 기도하였다. 그들은 자연히 고이 물러서고 말았다. 얼마 후에 보이 마지와라란 자가 암만 보아도 몸을 움직이지 않았다. 그러므로 따라온 자들에게 죽지나 아니하였는가 하고 물어보았다. 일행은 침실로 들어갔다. 여전히 리빙스턴은 침대 옆에서 무릎을 꿇은 채로 기도하고 있었다. 앞으로 가까이 가서 보니 초는 다 타버리고 리빙스턴은 두 손을 침상에 얹은 채로 머리를 그 사이로 숙이고 꼼짝하지 않고 기도하는 원상태로 죽고 말았다.

기도로 바친 생애

침상에 기대어 무릎을 꿇은 채로 죽은 것은 그의 생애의 전부가 기도로써 결론을 지은 것을 설명한 것이다. 아프리카 대륙을 위하여 구사일생의 대모험의 용사, 기도하는 자리에서 기도하다가 주 앞에 불려간 그는 무슨 기도로 아멘 하고서 승천하였을까? 아니 그것은 짐작키 힘들지 않을 것이다. 아프리카의 흑인 대중에게 주의 복음이 하루 속히 전파되게 하여 달라고 뜨거운 희생의 기도였을 것이다.

흔히 병석에서 죽을 때에 '내 영혼을 받으소서' 하고 기도하고 죽는 자는 많지만 오직 침상에서 기도의 습관으로서 평소와 같이 무릎을 꿇고 반신을 침상에 댄 채로 기도하다가 죽은 사람은 이 리빙스턴밖에 또 어디 있을 것인가? 기도의 생애라고 하는 것은 처음에서 끝까지가 기도 그것이다. 리빙스턴은 기도로 살다가 기도로 죽은 대전도자이다.

《교회보》 1938년 3월 5일

시드는 꽃

나는 며칠 전에 삼중성 백화점에를 갔다가 한 층대, 두 층대 내려오다가 붉은 꽃, 보트스래한 꽃잎, 불긋봇힌 꽃, 남빛 꽃, 여러 꽃화분을 늘어놓고 그 옆에는 조선 처녀아이 하나가 이쁘게 분을 바르고 맵시나게 앞치마를 입고서 꽃을 팝디다.

본시 나는 꽃을 좋아하는 사람인데 그 날은 고운 꽃이 아주 많아서 퍽도 사고 싶었지요. 먼저 호주머니에서 지갑부터 꺼내어 남몰래 살짝 돈부터 세어 보았지요! 행여나 흥정을 하였다가 돈이 모자라면 그런 망신이 있어야지요! 지갑에 든 돈이 전부 47전이지요!

"예! 이 꽃화분 한 개에 얼마냐?"

"이것은요! 40전이고요! 이것은 45전! 저것은 50전입니다. 저것 50전짜리를 사세요."

이 처녀는 방긋이 웃으면서 나를 보고 사 주기를 바라는 마음이 얼굴에 드러났습니다. 나는 저것이라고 가리키던 연분홍색 45전짜리를 손에 들고 이리저리 보노라니 아무래도 새빨간 50전짜리가 마음에 더 들었습니다마는 돈이 3전이나 모자람으로 할 수 없이 45전짜리 연분홍색 화분을 다시 손에 들고 말했습니다.

"예! 이것 좀 종이에 잘 싸서 다고."

"네! 염려마셔요! 들고 가시기 아주 좋게 싸드리지요!"

신문지 온장으로 꼬깔처럼 접어서 꽃이 폭 파묻히도록 잘 싸서 끈을 들도록 잘 매어서 주었습니다. 돈을 치르고서 남은 돈 2전은 금종이

주려고 구리꼬 한 곽을 집으로 사 왔지요.

집에를 들어오니 금종이가 대문에 나서면서 말했습니다.

"아버지요! 그것 뭡니까 예?"

"꽂 사온다."

"뭘 하구려. 과자 안 사오고 예, 뭐 그런 것 사오노!"

"구리꼬도 사온다 아나!"

"아이구 꽂 좋아라. 내가 화분에 심을 까요!"

"잘못하면 깨기 쉬우니 만지지 말아라. 응!"

그리고 금종이는 구리꼬 곽을 터트리고 쫄깃쫄깃 먹으면서 화분에 물을 주는 것을 보고 섰습니다. 꽃 쟁반을 받쳐서 책상 위에다가 놓고서 앉아서도 보고, 서서도 보고, 누워서도 보아도 꽃은 곱지요.

어두워서 집에 오면 책상 위에 상긋이 웃어 주는 꽃을 보고 기쁜 마음을 많이 받았습니다. 다섯 봉오리는 항상 피어서 보기 좋고 맹아리 꽃 봉오리는 여러 개가 되어 날마다 새로 피는 꽃을 볼 수 있겠기로 크게 기뻐하였습니다.

어느 날 하루는 어두워서 집에 오니 마루 끝에서 화분이 마당에 떨어져서 봉오리 꽃은 꺾어지고 잎사귀도 몇 개가 짓이겨져 문질러지고 화분은 바싹 깨어졌지요. 너무 아까워서 얼른 꽃채로 들어다가가 다른 화분에 옮겨 심었지요.

그리고 아침마다 동쪽마루에 햇빛 쪼이는 데 두고 물을 주고 힘차게 꽃봉우리를 나오도록 기다렸으나 점차 꽃은 시들어져 가고 잎사귀도 누름하여지면서 아무래도 죽을 것 같아서 속이 상해 죽을 지경이었습니다. 그

러나 꽃은 점차 시들어져 갑니다. 책상에 두고서 위로 받는 꽃, 집에서면 그것부터 먼저 들여다보고 상긋이 웃으면서 한종일 피곤한 몸과 마음을 위로해 주던 연분홍색 오년초 꽃은 가엾게도 아침에 보던 것보다 저녁때에 달라지고 날마다 볼수록 죽어져 갑니다.

나는 깨묵을 부수어다가 주었으나 다른 거름도 주었으나 나의 공도 받지 않고 시들어져 갑니다. 나는 시드는 꽃을 보고 섭섭하고 가여워서 눈물이 날 지경이었소이다.

어린 아기는 힘차게 피어나는 꽃, 엄마 앞에서 상긋이 웃고 아빠 앞에서 뱅긋이 온 집안 식구가 웃고 기쁘고 즐겁게 지내는 아이는 웃음의 꽃입니다. 엄마 앞에서 앙앙 아빠 앞에서 앙앙! 울기만 하는 아이는 시드는 꽃같이 아빠 엄마 마음을 슬프게 한답니다!

《교회보》 1938년 6월 1일

목사와 교회

베드로는 당황하였다. 우수에 싸인 베드로는 "네가 나를 사랑하느냐?"는 예수의 물음에 "내가 주님을 사랑하는지 주님께서 아시지 않나이까?" 하였으나 여전히 예수는 물었다. "네가 나를 사랑하느냐?"

이 문답의 결론은 "내 양을 먹이라" 하심이었다. 이것은 바로 승천하시기 직전에 생명을 위하여 어떤 양떼를 두고 가시는 애정의 못 잊음이며 견딜 수 없는 단장(斷腸)이었다.

그러나 베드로도 갔고, 12제자도 갔다. 바울도 갔고, 어거스틴도 갔고, 루터와 칼빈도 갔다. "내 양을 먹이라" 하신 부름을 받고 최후까지 충정(忠情)을 다한 순교자들이었다. 그들은 위대한 목사이었다. 교회 때문에 낳고, 교회 때문에 살았고, 교회 때문에 죽었다. 그들이 있었기 때문에 교회가 세상 도상(途上)에 융성하였고 이 교회 문화가 지구상에 영원한 인류의 역사를 정화하게 되었다.

목사는 교회 때문에 부름을 받았고 교회 때문에 전선에서 싸우는 것이다. 그러므로 그의 하는 일은 ㅇ적은 없을 것이다. 먹고 입고 동(動)과 ㅇ의 모두가 교회를 위하는 때문이 아니면 아니 된다.

이색열(以色列: Israel) 민족은 가나안 입국 후 12지파의 자산분배 시에 레위지파에게는 토지와 전답을 주지 아니하였고 오로지 성전를 지키고 성전을 위하여 전 생애를 임명(任命)하였고, 그의 생활 조건도 성전을 섬기는 그것으로써 먹고 입을 것이 부여되어 있었다.

그러므로 목사는 타(他)의 생애는 있을 수도 없고 허여(許與)된 것도 없다. 먹는 것도 교회 때문에 먹고, 굶는 것도 그 교회 때문에 굶는 그것이 원칙이다. 목사가 최후까지 충성을 다하여서 먹을 것이 없어서 굶어 죽었다고 하더라도 조금도 부끄러운 것은 없다. 오히려 세계종교사 상에 특별한 가사(佳事)가 ㅇ것이언정!

그러므로 목사의 부유를 자긍할 것이 못되고 목사의 빈곤이 수치일 것도 없다. 프랜시스(Francis)는 일생을 청빈과 결혼하여 그의 ㅇㅇ은 청빈이었고, 그의 노래도 청빈이었다. 그 가난을 ㅇ하여를 심기었고 주를 섬기기에 전념을 진충(盡忠)할 수 있기 때문이다.

그러므로 목사의 가난은 오히려 목회의 장애가 아니라 목사의 전부를 헌신케 하는 권사(勸士)일 것이다. 나의 조석(朝夕)의 일구필(一器弼)도 교회가 아니고는 먹을 수 없게 되어야 나의 내적, 외적 사건 전부를 드리고, 최고의 희생을 지불할 수 있는 것이다. 다시 말하면 목사는 먹고 입는 것이 교회가 아니면 얻을 길이 없어야 자기의 몸을 교회에 맡기고 교회에 부모처자를 맡기고 교회를 위한 헌생(獻生)의 생활이 될 수 있을 것이다.

만일에 타(他)의 금력(金力)이 유(有)하여 생활 조건에 교회를 의뢰치 않고도 생애할 수 있다면 교회는 의뢰함보다도 타력(他力)에 의뢰하기 쉽고 타력(他力)을 의뢰할 수 있다면 교회의 대우가 자기에게 조금이라도 불선(不善)할 때는 교회를 버리기 쉽고 태만하기 쉬울 것이다.

목사는 제일이 교회요 제이도 교회이다. 목사가 살아지는 것도 교회 때문이요. 메말라 골인(骨人)이 되는 것도 교회 때문이다. 의복은 잘 입어도 교회의 영광을 위해서요. 남루(襤褸)히 입는 것도 교회를 위하는 때문이다. 책을 읽어도 그 때문이요. 명상(瞑想)하는 것도 그 때문에, 목사는 굶어도 교회 때문에, 울어도 교회 때문에, 목사는 자기 맡은 교회를 위하여 있다. 내 교회 때문에 목사와 누구 앞에서든지 어디에서든지 '내 교회는' 할 때처럼 따뜻하고 인정답고 연모(戀慕)답고 간절(懇切)다운 심정에서 나오는 것이 아닌가 한다.

나는 이개성상(二個星霜)의 환난을 당할 때에 내가 숱하게 많이 다니던 교회가 전 조선에도 많았건마는 나를 위하여 가장 많이 우는 교회는 내 교회 하나밖에 없었다. 공판정에 300여명의 둘러앉은 성도들을 살펴보아도 내 교회 교인이 3분의 2가 이미 왔고, 내 교회 교인의 눈에는 눈물이 아니 고인 이가 없었다. 나는 다시 석양에 옥으로 들어가면서 울었다. 3천여 교회나 있지마는 나를 위해 간절히 우는 교회는 그 하나밖에는!

그러고 내 교회는 나의 자유의 날을 기다렸다. 다른 사람을 둔다는 계획은 생각에도 없이 못난 나를 기다렸다. 내 교회 없는 목사요! 그대는 불쌍하오. 내 목사 없는 교회요! 그대는 불쌍하오. 아내 잃은 홀아비 목사요! 그대는 외로울 것이외다. 남편 잃은 과부교회요! 그대는 쓸쓸할 것이외다.

그러므로 내 교회가 제일이다. 어찌 충치 않으며 어찌 그와 같이 운명을 놓지 아니하랴! 그러나 명예를 획득키 위해 내 교회를 버리고 밤과 낮을 돌아다니며 무슨 회장, 무슨 위원장 하여 가지고 명척(名刺)에 광고를 떠벌이는 자도 없잖아 있고, 자기를 선전하여 세속의 출세를 목적하고 남북을 종횡하는 자도 없지는 아니하다. 또한 대중을 기만하여 자기 성공의 방편으로 교회를 이용하는 매교자(賣教者)도 없지 않을 것이다.

일본의 대 목회자라고 일본 기독교가 자랑하는 식촌(植村) 목사가 명예스러운 제대(帝大)의 강연도 자기 교회의 소신자의 병문까닭에 거절하였다고 한다. 제대(帝大)의 명예스러운 강연보다도 자기의 최대 사명은 자기가 맡은 '내 교회의 양을 먹임에 있다'는 것을 인식하였기 때문이 아닌가?

목사는 교회 때문에 내가 보는 내 교회 때문에 산다. 늙는다. 죽는다.

"목사여! 네가 나를 사랑하느냐!"

"내 교회를 먹이라."

오! 주여, 내가(목사가) 주를 사랑하는 줄을(얼마나 사랑하는지) 주께서 아시나이다!

《교회보》 1940년 7월 1일

예수의 인(印) 치신 흔적(痕迹)을 지고

"이후로부터 누구든지 나를 괴롭게 말라. 내가 내 몸에 예수의 인 치신 흔적을 지고 가노라"(갈 6:17)

아시시(Assisi)의 성자 프랜시스(St. Francis)는 십자가의 그리스도를 너무 사모(思慕)하여 그의 수족(手足)에 십자가의 성흔을 받았다고!

평양의 마포(Samuel A. Moffett) 선교사는 초대선교의 길거리에서 노방전도하다가 맹열한의 주먹에 턱이 부서져 백ㅇ이 되도록 성흔(聖痕)를 가졌다고 하니 주 앞에 자랑할 성흔(聖痕)이 아니겠느냐?

20억의 세계 인류의 과다한 속에서 나같은 극소(極小)한 자를 불러 세우시고 크리스천의 명호(名號)를 주시고 타인과의 ㅇ이한 구별을 지으사 성도라고 하였으니 이것이 기독자의 특권자ㅇ이요이다.

세인(世人)이 모르게 비밀히 나의 마음속에 하늘의 표인(票印)을 쳐 주었도다. 나도 모르게 가만히 내 마음에 인(印)을 치셨도다. 우리는 인(印)을 받은 144,000 대중 속에 이마에 정인(印)을 빛내며 활ㅇ한 나를 찾아 낼 수 있는 것은 기뻐하지 않으랴?

이적을 행한 것을 기뻐하지 말고 하늘에 너의 이름이 생명책에 기록된 것을 기뻐하라 하신 말씀같이 우리는 고생을 당한다. 서러움을 당한다. 온갖 세고(世苦)를 겪지마는 그러나 예수의 인을 치신 흔적을 지고 사는 자이다. 천고만난(千苦萬亂)의 쓰라린 장면(場面)에서도 나의 마음에 예수의 인 치신 흔적을 받았기에 참고 가노라… 이 험악한 세로

(世路)를 걸어서 가노라.

내 주와 맺은 언약
변할리 있으랴
그 나라 가기까지
날 같이 하시리
나의 신랑인 예수는 나에게 남몰래
비밀의 언약의 인을 나의 마음속에 두었으니
이것을 간직하리라.
배가 고파도 헐벗어도
병이 들어도 핍박을 받아도
죽음을 당하기까지
이 비밀의 인을 간직하리라.

조선의 명부의 춘향(春香)이는 이도령이가 10년 작정코 글공부 떠나면서 애(愛)의 정표로 면경(面鏡) 한 개 받아 품에 품고 성공하여 나를 찾아 남원땅을 다시 밟아오기만 고대하다가 남원 부사 변 씨는 춘향이를 감언(甘言)으로 꾀었으나 결국 말을 듣지 않으니까 최후로 결박하여 입에 못 담을 악행을 당하였으나 암석같이 굳은 정절(貞節)를 지키며 죽음을 각오하고 깨끗한 몸 그대로 이도령을 기다릴 따름이었다.

이때 이도령이 어사가 되어 변사또를 잡아내고 다시 그 자리에서 춘향을 대하여 네 죄가 무엇이냐 할 때에 ㅇㅇ의 막힘없이 자기의 정절을 드러냈을 때에 이도령은 내가 주었던 거울을 가졌느냐! 물을 때에 가슴에 품었던 면경(面鏡)을 내놓았다. 이것은 이도령이가 주었던 거울을 죽음까지 가슴에 지니고 그 ㅇ열을 불개(不改)하였으니 이도령의 유일의 애인이 아니던가!

우리는 예수의 인 치신 흔적을 너무 쉽게 팔기도 하고 가볍게 잃기도 한다. 술 한 잔에 팔지 않았는가? 돈 일 전에도 팔지 않았는가? 그러나 우리가 고난에 예수님 앞에 가서 우리에게 예수의 인 치신 흔적을 찾으실 때에 가슴을 헤치고 쉬이 즐겁게 내어 보이겠는가? 우리는 세상 생활 도상에서 각기 각자의 다른 ㅇ다른 생활전선에서 아침부터 밤까지 ㅇ도히 ㅇ우고 있더라도 우리가 우리 몸에 예수의 인 쳐진 흔적을 남기고 가기를 괭이 메고라도 호미를 들고라도 팽이 들고라도 ㅇㅇ잡고라도 ㅇㅇ의한 놀을 잡고라도 예수의 인 치신 흔적만을 지고 갑시다. 우리의 행복이 있다면 이것이요. 우리의 ㅇ이한 자ㅇ이 있다면 이것 밖에는 없을 터이니 그러므로 누구든지 이제부터는 나를 괴롭게 말라. 내가 내 몸에 예수의 인 치신 흔적을 지고 가노라.

《교회보》 1940년 9월 1일

◇ 논문

農村消費組合의 組織法

머리말

내가 농촌사업에 마음을 두고 즉접으로 농촌사업에 착수하기는 만 삼 개년 전이다. 대개 사업이 농촌을 대상하는 것인 만큼 남북으로 농촌을 만히 가 보게 된다. 소비조합이라는 말은 만히 듯고 또한 조직할 필요까지 알기는 하나 '엇더케 조직하며 엇더한 방법으로 진행할는지' 하는 질문을 만히 밧엇다. 나는 내가 알고 경험한 대로 소비조합 조직법에 대하여 적은 기록이나마 내여서 전 조선 농촌사업에 알들한 동무들에게 만일의 참고가 될가 하여 이 천박한 기사를 드리고저 한다. 대개 소비조합에 대한 론단(論端)이 만켓지만은 지금 내가 붓을 들고져 하는 것은 소비조합의 의의(意義)와 실지실행(失地實行)에 대한 것과 또한 경험한 것을 말하려 한다.

一. 소비조합의 의의(意義)

소비조합을 다른 말노 말하면 협동조합(協同組合) 또는 공동조합(共同組合)이라고 할 수 잇겟다. 그러나 근래에 와서는 소비조합이라고 하는 사람보다 협동조합이라고 하는 편이 만아젓다. 일본「해방」이라는 잡지에 '이것을 엇더케 번역할가?'라는 질문이 낫슬 때에 대개가 협동조합이니 공동조합이니 하엿스나 반수 이상은 오날까지 소비조합이라고 불너오든 것을 지금 와서 갑작히 변할 필요가 업스니 그대로 소비조합이라고 하자고 하엿다. 여기에서 소비조합이라는 명칭이 엇더케 생기엿든지 글자 뜻대로 한 것이 아니오 목적을 나타냄에 지나지 안는다. 곳 소비쟈들의 리익을 도모하는 집합은 소비조합이 되겟다. 이 소비조합은 지금부터 七十五년전 곳 一八四四년에 영국 '만티에스타(Manchester)'에 갓가운 롯치랠(Rochdale)에 유명한 사회개조가인 발트오윙(Robert Owen) 씨가 자기가 경영하는 공장에서 푸란낼(Flannel) 직공 二十八명으로 더부러 소비조합을 조직한 것이 세계 각국 소비조합의 시조가 되엿슬 뿐 아니라 소비조합조직의 새 기원을 내게 되엿다. 푸란낼(Flannel) 직공 二十八명이 조직한 그 목뎍이 소비조합의 의의를 다 선명하고 잇다. 소비조합은 자본에 대한 모리를 폐 식히자는 목뎍을 가지고 이러난 것이다. 이 목뎍을 일으키기 위하야 소비쟈들이 합하야 조합을 만드러 그들의 수용품을 생산쟈로부터 즉접 구입하야 간샹의 즁간 모리를 철폐식히고 소비쟈가 만족지 못한 생산제도를 개조하며 발전을 따라 조합자테가 즉접 생산하야 서로 분배하여 쓰는 소비쟈의 리익(이익)을 즁심하야 생긴 것이 소비조합이라 하겟다.

二. 소비조합을 조직케 된 원인

현시대는 우리가 잘 아는 바와 갓치 자본쥬의 경제제도의 샤회이다. 자본쥬의의 근본은 돈버리 곳 영리뎍 본위이다. 그런고로 엇더한 샹품이던지 시쟝에 나올 때 소비쟈의 리익을 위하야 나오는 것이 아니다. 곳 생산자가 엇더한 샹품 하나를 생산할 때에 소비쟈의 리해를 도라보지 안코 오직 생산쟈 자기 리익만을 생각하게 되며 더욱 샹품의 생산 목뎍이 그 공쟝쥬인의 리익 때문이다. 그런고로 소배쟈에게는 불만이 생길뿐 아니라 생산제도의 원리의 잘못된 것을 힘써 개조하고 적하는 것이다. 생산쟈는 자기가 생산한 샹품에 한푼이라도 더 리익을 붓칠랴고 하고 소비쟈는 자기가 소용하는 샹품에 한푼이라도 덜 주랴고 한즉 이 두

사이에는 서로 싸흠을 면할 수 업다. 이 싸흠에 승리를 엇기 위하야 소비쟈들은 집합하게 된다.

생산쟈들은 돈버리의 두 가지 길를 강구한다. 하나는 샹품을 생산할 때에 생산비용을 적게 드리려는 것과 또 하나는 일군의 삭전을 헐하게 쓰랴는 것이다. 가령 엇더한 노동쟈가 매일 일 원식 밧고 일하여서 五六인 식구를 먹여 살닌다. 가죡이 만키 때문에 일원 이하를 밧고는 도져히 살 수 업다. 그런대 두 내외만 되는 노동쟈가 농촌에서 도시에 와서 '나는 八十전이면 살 수 잇스니 써주시오' 한다. 갓흔 능률노 일을 식힐진대 한푼이라도 덜 주는 노동쟈를 쓰게 된다. 그날부터 일 원짜리 노동자를 불너서 '너와 갓흔 사람이 八十전에 일하겟다 하니 너도 그만콤 밧고 일하든지 실커던 그만 두어라' 한다. 결국은 노동쟈의 임금은 八十전 평균이 되엿다. 그 후에 홀아비 노동쟈가 와서 '나는 五十전이면 일하겟스니 써주시오' 한다. 공쟝 쥬인은 八十전 짜리를 내여보내고 五十전 짜리를 쓰게 된다.

이와 갓치 노동쟈는 살던지 죽던지 그저라도 일하여 주면 생산쟈는 조화할 것이다. 그럼으로 노동쟈가 자본가를 대항하기 위하야 노동조합을 조직하는 것처럼 소비쟈도 영리주의 횡포한 생산가를 대항하기 위하야 소비쟈의 운동이 생기고 단결테가 조직되게까지 된다. 다시 말하면 우리가 날마다 쓰는 일용픔이 웨 비싸게 되나 다음과 갓치 다섯 가지 즁상샹태에서 것처 오기 때문이다.

地生産→ 生産地消○仲介→ 生産地都賣→ 地方都家→ 地方都賣→ 地方小賣

곳 소비조합은 생산디에서 소비쟈의 손에까지 즉접 수용의 길을 맨든 것이다.

《기독신보》 1929년 7월 3일

三. 소비조합을 조직할 쟈의 알아 둘 몃 가지

1. 소비조합을 조직하고적 하는 쟈나 소비조합에 가입하고적 하는 쟈나 대개 소비조합을 만드면 물품을 헐하게 살 수 잇스닛간 또는 리익되는 것이 만흐닛간 조직을 한다든가 가입한다면 실패하기 쉽다. 리유는 조합에 갓가히 잇는 샹업가가 조합을 대항하기 위하야 될 수 잇는 대로 헐한 물건을 사서 조합에서 파는 것보다도 헐하게 팔 수도 잇게 된 경우가 잇다. 이러한 경우에는 비조합원뿐만 아니라 조합원까지라도 헐한 물품을 사기 위하야 상점으로 몰니는 까닭이다.

2. 소비조합원이 무의식하게 집합하면 소비조합교육을 밧지 못하엿기 때문에 소비조합에 대한 리해인 욕망에 응용하고져 하는 수가 만타. 조합으로서는 유익할 형편이 잇드래도 자기에게 유익이 적으면 항상 반대한다. 조직에만 성공하기 위하야 조합원 집영에만 열즁하는 까닭에 조합에 들면 리익배당이 만코 물품을 헐하게 살 수가 잇다. 이러케만 조합원 머리속에 인상이 되게 하는 고로 진행하기가 어렵게 된다. 소비조합을 조직하기 전에 민즁에게 먼저 소비조합교육을 너허 주어야 하겟고 또한 민즁이 저절노 소비조합의 의의와 목뎍을 인식하게 한 후에 가입서를 주어 가입케 할 것이다.

3. 소비조합은 약쟈를 돕는다는 별명이닛간 합리한 현대 경제제도에셔 소비조합으로 하야곰 개조의 길을 밟고 새 샤회를 이루어 사랑이 일본의 하쳔(賀川豊彦, Kagawa Toyohiko) 씨의 주장에 "기독의 사랑을 소비조합으로 하여곰 실현식히자"고까지 하엿다. 농촌 쇠패에서 경제뎍 단결만 건설하자는 것만이 목뎍이 아니다. 실노 사람의 마음에 사랑을 심으는 가장 뎍당한 실체운동인 것을 알어야 한다.

《기독신보》 1929년 7월 10일

4. 우리가 특별 주의할 것은 조합이 발달 못된 시대의 계(契)처럼

수인의 조합원의 리익만을 욕심하고 상픔판매의 불공평과 조합원에게는 헐하게 팔고 비조합원에게는 빗싸게 파는 것이라던가 조합에 적립금이 만하지면 다른 새 조합원은 쓰지 안코 임의된 조합원만 배불이자는 형편이 만흔 것을 더러 본적이 잇섯다. 이러한 조합은 자본쥬의뎍 영리본위에 도라간 것인고로 소비조합의 정의에 그릇된 것이다.

四. 실디 경영(經營)에 관한 요령

1. 츌쟈(出資)에 대하야

츌쟈의 금액은 얼마를 뎡하던지 각처의 형편을 따라 다를지니 항상 동리 백셩 즁에 다 대수를 가진 빈민을 즁심 삼아서 일구일시(一口一匙)의 적은 자본으로 츌자케 하여 대즁의 경제를 집셩할 것이다. 츌자구수를 일구로 뎡하고 리익배당이 균일케 할 것이다. 만일 구수를 무한수로 뎡하면 물론 돈 만흔 사람이 십의 구 이샹을 들게 된다. 빈민은 일구밧게 못들면 나종 츌자에 대한 리익배당은 결국 구수만흔 개인에게로 만히 도라간다. 그리고 보니 조합이 개인의 영리에 응용되고 만다. 한 사람이 츌자를 만히 한 것만이 조합에 대한 권리도 만케 된다.

권리가 만케 됨을 따라 조합운뎐 전테가 개인 리익의 리용으로 돌아가게 된다. 그럼으로 츌자는 일구에 십 원으로 뎡하면 누구던지 일구 이상은 허락지 말아야 한다. 그런데 一구에 십원도 돈 잇는 사람은 문뎨가 업시 속히 츌자할 수 잇지만은 빈민에게는 도져히 어려운 것이다.

여기에는 방법이 여러 가지가 있다. 一구 금액을 십 회불(十回拂)이나 이십 회불(二十回拂)로 뎡하엿다. 십 원을 이십 회불로 하면 매월 五十전식이다. 그것도 어려운 극빈쟈에게는 일구일시(一口一匙)주의를 실행케 한다. 쌀주머니를 만드러 주어 밥 짓는 곳에 걸어두고 밥 질 때마다 한 술식 떠넌는다. 매일 세 술식이면 一개월에 九十술 즉 三승 가량이다. 떠너는 곡식은 자기 먹는 대로 한다. 이것을 매달 두 번식 조합에 가져올 것이니 만일 한 달에 한 번식 가져온다면 넘우 가난한 집은 그것을 쏘다 먹을 념녀도 잇다. 그럼으로 매일 두 번식을 가져 오게 하고 그것을 시가로 환산하여 적금케 할 것이다. 십 원이 다 되도록 실행케 한다.

이렇케 하면 걸인(乞人)까지라도 조합원이 될 수 잇다. 조합원만 되면 조합원 권리는 통산마다 이 방법에 대하야는 혹은 십 원을 一시에 낸 사람은 불평을 말할지나 리익배당 방법은 꼭 갓치 할지니 이것은 조합 목뎍을 속히 달하기 위하야 힘 잇는 사람은 미리 내도록 각셩을 주고 서로 돕는 정신을 가지게 해셔 잘 리해를 엇을 것이다. 만일 고집하고 미리 내지 안어도 관계업다. 이 츌자에 크게 주의할 것 잇스니 대개 자본이 만히 잇서야 조합이 잘 될 줄만 알고 부쟈의 만흔 츌자나 다른 보조를 바라는 형편이 만타 이것은 크게 위험셩을 가진 잘못 생각이다. 소비조합은 절대로 자금 구셩의 금륭 목뎍이 아니다. 자금은 한 푼도 업드라도 소비조합 목뎍을 달셩할 수가 잇다. 다른 금륭을 구하다가 조합자테를 망하게 할 념녀가 만타. 자금을 다른 형편으로 세우랴고 애쓰는 것은 경험샹으로 보든지 위태한 일이다. 자금이 업서도 소비조합 목뎍을 도달할 수 잇다. 여기 대해셔는 다른 구매에 대한 말이 잇겟기로 약하고 그만 둔다.

《기독신보》 1929년 7월 17일

2. 매매에 대하야

소비조합 경영에는 물품매매를 잘하고 잘못함에 큰 관게가 잇다. 대개 조합을 설립하엿다가 오래 가지 못하고 실패하는 것은 물품을 잘못 사드리고 잘못 파는 대 잇다. 또한 소비조합 경영자나 조합원까지라도 항상 상뎜갓치 만물잡화를 버려 노아야만 될 줄노 안다. 시작하는 초기에 잇서셔는 자본이 젹은 고로 필요치 안은 물품을 공연이 만히 차려 놋코 보면 약간 자본이 다 거기에 잠겨 잇서 각금 륭통을 못 하닛가 자연 손해가 만타. 처음 시작하는 조합은 항상 조합원에게나 비조합원에게라도 일용상품에 가장 요긴하고 업서셔는 안 될 물건만 멧가지식 갓다 노흘 것이다. 물품을 판매할 때는 언제든지 현금주의를 실행하여야 된다.

사정에 못 이기던가 형편에 의지하야 외상판매를 하면 조합은 오래지 안어서 실패하고 만다. 조합물품을 외상주의를 하자고 하는 주창은 소비조합을 박멸하자는 위험한 주창인 것을 알어야 한다.

동리사람에게 절실히 필요한 물품으로 시작하는데 항상 수용에 부족하도록 물건을 사올 것이다. 물건이 업서 못 파는 것보다 물건이 남어서 재나는 것이 큰 손해이다. 상품의 갑슨 때때로 변하는 고로 한 물건을 만히 사다두엇다가 사가는 사람이 업고 재가 나는 것은 이 다음에 파는 대로 팔지라도 밋질 것은 사실이다.

현금주의로 하면 자본이 비록 적드래도 족히 경영할 수 잇다. 가령 엇던 조합에 一원 가지고 사업을 시작한다고 하자. 一원만 가지면 셩양 한 가지만은 동리에 넉넉히 공급할 수가 잇다. 셩양 나가면 돈 드러오고 돈 나가면 셩양 드러온다. 이와 갓치 물건과 돈이 서로 교환하닛가 얼마던지 적은 자본으로 만흔 상품을 운용할 수 잇다.

소비조합은 자본이 업서도 경영할 수 잇다는 것은 소비조합의 특셩이다. 소비자 개인개인이 물품을 사셔 쓰지 안코 임의 사서 쓸 물건을 함께 모두어 사면 헐가로 살 수 잇다. 가령 조합원 백 명이 개인개인이 셕유 한 병식 쓸 것을 한테 모도우면 백 병이다. 이 백 명이 한 병갑 十八전식 모아 十八원을 가지고 셕유 도매상에게 가셔 두 상자를 사고도 멧 원이 남는다. 두 상자를 백 명에게 분배하면 한 병갑이 十四전에 지나지 못하니 四전은 발서 리하고 양철통 四개, 상자 二개가 남는다. 그것은 조합 리익에 붓치면 조합자금은 여기에셔 비로소 붓기로 시작한다. 소비자들이 일용상품을 시장에서 사다 쓰고야 만은 것을 임의 살 돈을 모두아서 함께 사면 이것이 소비조합자금이라 할 수 잇다.

우리 조선에서는 장날이 되면 한 동리에 백호가 살면 흔이 매호에 한 사람식은 그다지 큰 볼일이 업서도 셩양 한 갑 반찬 한 개를 사기 위하야 장에 간다. 이러케 가는 것이 백 명이나 된다. 이 백 명의 하로 손해를 보면 백 명이 하로에 색기 열 발식 꼬다면 一千 발은 손해가 되고 또는 장에 가셔 점심을 먹어야 할 터이니 매일 五 전식만 쓴다고 할지라도 五 원은 소비된다. 소비조합을 설립하면 온 동리 장볼 일을 한 사람이 맛하셔 집집마다 요구하는 물건을 사온다. 그리하면 조흔 것을 헐하게 살 수 잇다. 이럼으로 소비조합은 한 푼도 업시 경영할 수 잇단 말이다. 여기에서 공동구매조합으로 오해하기 쉬우나 소비조합은 공동구매조합과는 다른 것만은 알어두어야 하겟다. 이것에 대한 말은 차후의 기회로 미루고 고만둔다.

《기독신보》 1929년 7월 24일

3. 판매장소와 사람에 대하야

처음에 소규모로 시작하는 조합이 단번에 훌륭한 장소에 간판을 붓치고 상졈을 차리여 매월 집세를 내는 것은 실패보기 쉽다. 아즉 리익이 적고 자금이 얼마 되지 못한데 조합경영에 비용을 만히 내면 아니된다. 될 수 잇는 대로 조합비용을 적게 들게 하고 간리하게 경영하여야 한다. 처음에는 동리 개인의 집이나 동리 공청이나 집세를 주지 안코 지낼 수 잇는 것을 엇어야 한다. 장소는 될 수 잇는 대로 동리복판 곳 편리한 곳을 택하여 물건 사러 오는 사람에게 편리를 주어야 한다.

물건을 맛하 판매하는 사람에게 월급을 지불하면 소규모로 시작하는데 도적히 못 될 것이다. 그 즁 좀 한가한 사람에게 맛기되 일반이 그의 정직함과 성실함과 신용과 신망이 이슴을 아는 사람이라야 한다.

만흔 사람을 위하야 헌신하겟다는 정신을 가지고 어려운 중에서 참고 낙심하지 안코 끝까지 나아갈 자라야 한다. 만흔 사람을 위하야 월급도 밧지 안는데 물건 좀 팔기 위하야 종일 바라고 잇슬 수는 엇스니 시간을 정하여 동리 사람에게 광고하여 맛흔 사람의 편리에 따라 오전이 오전으로 오후면 다섯 시나 여섯 시부터 열한 시까지 정하여 두면 사러 오는 사람은 시간을 기다려 오게 된다. 절포는 언제던지 발전하는 대로 할 것이다. 누구던지 처음에는 물건이 맷 가지 못 됨을 붓그러워하는 형편을 만히 볼 수 잇다. 처음에 붓그럽지 안케 대규모로 시작하엿다가 실패하면 오히려 처음에 붓그럽게 시작하여 나종에 자랑이 되는 이만 갓지 못할 것이 아닌가? 우리는 언제던지 적은 대서 큰 대로 점점 확대하도록 오랜 시일을 두고 진행할 것이다.

4. 재정관리에 대하야

우리 조선에는 교육이 보급되지 못하고 인심이 문화적으로 발달이 되지 못하엿기 때문에 공동생활이나 사회사업의 경영은 실노 어렵다. 소비조합에 대한 발전과 운명은 재정관리에 달엿다고 하여도 과언이 아니다. 재정이 적은 데는 문제가 별노 업지만은 백으로 천위만 올나가면 부기의 상식이 업고서는 문부처리가 불분명함으로 조합내용이 확실치 못아야 조합원에게 의심을 밧게 된다.

또는 금전이 만하지면 처리법이 분명치 못하닛가 소위 지도자라는 자가 양의 가족을 쓰고 잇다가 기만(欺瞞), 횡영(橫領), 남비(濫費) 등으로 그 조합을 망하게 할 뿐 아니라 전 사회적으로 진행의 공황을 주어서 사업에 장애가 만케 된다. 또는 민중은 속지 안키 위하야 참된 것에도 반대할 뿐 아니라 사업의 길을 막고 만다. 이 문제에 대하여는 특히 주의하여야 될 조건이다.

경험상으로 보아서 만흔 재정을 개인의 수중에 두게 하는 것은 도로혀 시험에 빠지게 하는데 지나지 안는다. 엇잿던지 금전의 다소를 물논하고 개인에게 맛기지 말고 항상 三인 이상이 공동관리케 할 것이다. 위선 자금이 적을 때 三인이 맛는다면 문부 맛는 자, 금고 맛는 자, 금고의 열쇠 맛는 자로 할 것이다. 이것은 개인으로 협잡 못할 뿐 아니라 항상 三인의 가결이 잇슨 후에 금전출납이 된다. 또한 三四인의 검사원을 두어 一주일마다 혹흔 二주일마다 문부를 검사한 후에 검사원의 도장을 밧아야 신용케 할 것이다. 될 수 잇는 대로 조합의 진행을 보며 하야 조합원으로 하야곰 힘을 엇고 조합에 대한 애호심이 떠나지 안케 할 것이다.

《기독신보》 1929년 7월 31일

대개 조합발전은 관리자의 정신에 잇다. 자긔를 온전히 희생할지라도 조합원 대중이 잘 살게 되는 것이 유일한 목뎍 죽기까지 충성하여 대중의 행복을 위하야 도모할 것이다. 첫재로 희생뎍 정신이 잇고 재정에 눈이 밝고 일반이 신용하는 자로 이 직분을 맥기고 문부를 밝히하여 조합원의 의심이 업도록 명확하게 하여 둘 것이다.

五. 조합진행의 주의에 대한 두어 가지

1. 성실한 지도자

소비조합을 완셩하랴면 셩실하고 정직한 지도자를 요구한다. 우리 사회에셔 흔히 보는 것은 아모 단톄, 아모 사회, 아모 조합, 아모 계가 아츰에 낫다가 져녁에 업서지는 룡두사미가 되는 원인은 다수가 불셩실한 지도쟈가 농민대중을 속이여 조합을 멸망식힌 것이다. 우리가 밋음즉한 지도자를 요구한다.

2. 조합발전

소비조합을 발젼식히랴면 조합원을 잘 훈련하는데 잇다. 암매한 농민들이 일시뎍 권면을 드를 때에 조합에 가입하면 무슨 부쟈나 될 줄 알앗다가 얼마 지내본즉 별수가 업스닛가 조합에 대한 관염이 타락하게 된다. 그럼으로 종종 훈련긔관을 만드러 매주에나 매일에 한번 이상 훈련할 것이다.

약한 쟈의 무긔는 단결에 잇는 줄 알게 하여 지도자와 조합원이 단합하도록 할 것이다. 조합이 저절오 자미 잇게 진행되면 조합원의 경제생활도 달나짐에 딸아서 소비조합은 자원하야 가입신청을 할 것이다. 이러케 되면 각 부락뎍으로 소비조합세계가 이루워질 것이다.

3. 소비조합은 소비만 하자는 것이 아니다

소비조합은 생산을 전제하는 것이다. 소비하기에 적당한 생산품을 내서 소비자의 불만을 업시하자는 것이다. 내가 엇던 소비조합을 방문한 즉 졍말노 소비만 하자는 소비조합을 보앗다. 보통 상뎜보다 상품의 가격이 헐하닛가 젼보다 몃 배나 소비한다. 소비를 젹당하게 못하면 량비가 되는 법이다. 이 조합에는 각종 술들을 갓다 놋코 파는 것을 보앗다. 보통 술집에서 먹기보다 헐하니까 조합술~하고 만히 먹게 된다. 담배도 이렇케 한다.

이것은 소비조합이라고 하기보다 랑비조합이라고 하면 적당하겟다고 보앗다. 물건이 헐할사록 꼭 소비할 것 업고 절약하여 소비하고 조합원의 생산을 증진케 하여 경제생활을 향상식히는데 잇다. 소비조합지도자는 주의할지니 쓸대업는 화장품, 사치품, 소용되지 안는 물건을 사다 두어서 공연히 외국물건을 랑비하는 것은 소비조합원리를 잇는 것이니 소비 목뎍한 소비조합은 업는 것이 차라리 우리에게 행복될가 한다.

마즈막으로 미안함을 드리는 것은 부족한 말을 너그러이 용서하고 동지들의 사업에 만일에 참고만 된다면 깃버하는 바이다.

《기독신보》 1929년 8월 7일

世界協同組合運動 考察

面皮未熟한 余로서 世界協同組合을 論云함은 當突하기 짝이 없는 줄노 自感하면서도 不足한 筆論이나마 滿天下에 드리고저 한다. 우리 朝鮮의 農村問題는 全民族的으로 轉換期에 至하면서 着着 事業的 表現도 업지 안으며 一大 思想的으로 青年界의 論述의 全혀가 自我農村運動을 力布하고 잇다.

또한 南北을 通해서 犧牲하랴는 青年도 적지 안케 膽立한다. 이것이야말노 고맙지 안으랴. 誠을 다하여 祝福하는 것은 日을 鬪하야 急速히 完成을 비는 同時에 世界 先進國의 運動을 거울삼아 朝鮮을 爲하야 奮鬪하는 諸氏에게 萬一의 考察이 될가 하여 陳述하여 보는 바이다.

一. 伊太利

伊太利(Italy)에 잇서 消費組合運動의 現實情勢는 世界 各國에 빗초여 匹敵 못 할 만치 慘酷한 地境에 잇다. 只今으로 六年前에 伊太利의 消費組合運動은 歐洲一帶의 同種的 運動 中에 하나이 顯著하엿다. 伊太利의 獨裁政治는 消費組合運動을 向하야 무엇을 주고 잇는가? 이것은 獨裁政治時代의 情勢와 現實情勢에 比較對照한 事實에서 決定的 判斷이 有할 것이다.

前獨裁政治時代의 該運動이 如何하게 開化的이엿다는 것은

一九一五年에 概算 五千의 組合數를 가젓던 것이 一九二一年에는 二萬에 突破되엿고 組合員 數는 三百萬人으로 暴膽되엿슴은 事實에 依하야서 明瞭할 것이다. 그러나 獨裁政治의 出現에 딸아서 組織의 自由를 抑壓하고 反對者를 撲滅하고 伊太利 國民으로 하여곰 現政治支配에 盲從하라는 手段에 不平을 가진 數百名의 '파이스트(fascist)'로 말매암아 恐怖戰이 始作되엿다. 勞動者階級의 結成과 組合 及 織工協同組合運動을 抑壓되엿기 때문에 暴行, 慘殺, 防火, 蹂躪, 强奪 等을 爲慾的으로 敢行하엿기 때문에 勞動者 側의 殊勝할 諸運動은 徹底的으로 破壞되고 말엇다. 그러기 때문에 伊太利에 잇서서는 最大의 協同的 要割가 되엿슬 뿐만 아니라 그 중에 重要한 多數의 消費組合을 包含하고 잇는 伊太利 "伊太利消費組合國民同盟"에 加盟하고 잇는 組合이 二千三百이나 滅少를 當하엿고 또는 一九二五年 十一月에는 드듸여 當初의 暴虐專橫한 命令으로 解散의 悲運에 浸沒되고 말엇다.

二. 獨逸

獨逸(Germany)은 世界大戰 以後에 國庫經濟 沒落이 急轉함에 딸아 全民族의 窮乏은 姑捨하고 國勢復舊의 希望이 全혀 空이엿스나 全國 村落에 安定된 協同組合의 力量으로 民族的 復舊에 至한 것은 놀내지 안을 수 업스며 經濟復興의 새로운 發聲은 全國의 旣成된 協同組合의 大見이라 안을 수 업슬 것이다.

一九二五年에 잇서서 獨逸協同組合運動이 地位는 獨逸中央消費組合聯合會에서 發表한 該聯合의 概略的 統計에 依하면 明觀할 수가 잇다. 이것은 黑田氏의 發表한 것을 빌어서 一九二五年에 全特分資本이 九,九六0,一五0圓 乃至 一六,一五0,五五三圓에 增加하엿고, 五割 二分이나 增加한 모양이다. 準備金은 六,七八三,一六九圓 乃至 八,三七七,三六三圓(二割四分)이 增加하엿고, 建ㅇ物 牛産物 及 其他 資金의 合計는 七,五0八,四四六圓 乃至 八,九七五,九0四圓(二割) 增加하고 貯金總額이 二七,八四四,二八二圓 乃至 四二,五三三,九九三圓(五割

三分)이나 增加하였고 一九二五年 牛産物의 總額은 一九二四年의 五四,三七一,六二五圓에 比하면 一0二,一00,七六七圓이 增加되엿다. 이 增加는 價値上으로 본다면 七割三分이나 增加한 것이다.

獨逸中央消費組合聯合統計表

組合種別	組合數	○○組合	全組合員數	販賣總額	純剰餘金
分配組合	1.110	1.051	3.382.011	295.770.414	3.663.938
勞動者生産 組合 及 其 他組合	19	16	7.358	3.229.83	80.365
協同卸 組合	1	1	894	109.512.340	1.181.108
協同印原組合	1	1	858	3.699.048	93.456
協同綿布製造組合	1	1	2	1.106.178	70.000
1925年 總計	1.132	1.070	3.391.148	413.326.816	5.194.839
1924年 總計	1.185	1.078	5.514.548	268.651.248	2.903.095

그리고 雇人의 總數는 一九二四年度 總計가 四萬三千百六人이엿다. 一九二五年度에는 四萬三千五百十六人에 增加되엿는대 比中 分配消費組合의 雇人統計가 三萬二千八百十九人이고 生産協同組合에는 一萬七百七十四人을 傭하엿다.

《기독신보》1929년 11월 27일

中央聯合所屬의 小賣組合

大戰爭 以後에 協同組合運動은 매우 長久한 期間에서 盛衰의 狀態를 斷續하엿다. 이 原因은 三大條件이 잇다고 하겟다. 第一은 戰爭 及 平和條約에서 及하는 諸影響, 第二는 一九二三年에 項占에 達한 激變的 通貨流出의 恐慌, 第三은 兩者의 結果인 通貨安定의 恐慌이다. 이뿐만 아니라 此外에도 모든 影響으로 그리된 것이다. 左記에 낫타나는 小賣組合의 年末賣上高 에 一九一九年부터 一九二三年까지의 全賣上高는 大沒落의 減小함을 보아서 우에 말한 第二, 第三 原因의 條件下에서 될 것을 明知할 수가 잇다. 그러나 一九二五年의 賣上數字는 一九二四年의

賣上數字보다가 六割二分이 增加됨을 볼 수가 잇다.

이럼으로 組合運動이 그 通貨安定의 恐慌 以後에 나타난 成功을 指示하는 것이다. 그러나 우에 기록한 統計의 一九二五年度에 이르러서는 組合員이 무척 增加하엿다는 것에 一條하는 것도 無益한 것은 아니라고 生覺한다. 一九二五年度 組合員敎는 前年보다가 무척 減少한 事實에는 一九二五年度에 니르러 組合員名簿를 修正한 原因과 組合物品을 買達치 못한 組合員을 除名한 事實 等의 原因이라고 하겟다.

이럼으로 數年間의 統計表를 表示하여 둔다.

年	分○組合數	○出 組合數	全組合員數	諸組合의 全員總額	
1914	1,109	1,004	1,717,519	492,980,519	236,630,549
1919	1,132	1,088	2,308,407	502,044,817	240,885,612
1920	1,291	1,199	2,714,109	322,600,266	154,848,123
1921	1,331	1,302	2,834,043	377,181,083	181,046,921
1922	1,350	1,300	2,461,794	300,046,003	144,022,091
1923	1,279	761	3,447,286	244,220,470	117,227,503
1924	1,103	1,020	3,565,183	380,613,818	182,723,537
1925	1,110	1,051	3,382,011	616,188,352	215,770,414

註※ 七六一은 四百名 以上의 組合員을 가진 分配 協同組合數임

더욱이 一九二五年度의 모든 組合의 純剩餘金 總額이 三百六十六萬九千九百三十八圓이나 되엿다는 것을 參考로 復付言하여 둔다.

財政

諸組合의 資産總額 一億一千二百八十三萬百七十一圓

內譯別 在品 三千百七十七萬五千七百五十三圓

機械器具等 四百二十萬六千二百六十三圓

土地財産 四千二百二十七萬一千二百五十五圓

證劵公債抵當證書 五十九萬九千四百三圓

投入資本 四百五萬九十八圓

擔保貯金 十二萬二千七百七十六圓

手許現金 一一五六九一七圓

一切○數의 銀行差額 六二二,四八二圓
取引勘定 一,七五八,0八七圓
損失 一六八,六三六圓
持分資本 九,五九八,六一三圓
準備金 七,三九五,二0一圓
其他資金 六,六七九,二五六圓
抵當證書 九,二九七,六六一圓
家○持分 及 介債 七二二0六0圓
貯蓄預金 三三,四九六,0九0圓
擔保公債 三三四,四五五圓
事務○數科現金利息 等 一,0八四,三八0圓
支拂配當金 七,0五0,六八一圓
取引勘定 一九,四三七,六二八圓
銀行負債 四,八八九,一0七圓
純剩餘金 三,六六九,九三八圓 等.

生産業

諸組合의 生産業은 방燒業과 屠牛業과 合하야 全賣上高는 七七,一0二,八0四圓에 達하고 이것을 先年度의 賣上高 四三,二三二,八0六圓에 比하면 七割八分이나 增加한 샘이다.

雇人

諸組合의 雇人의 總數는 三七,三一八人인대 先年度 三一,0四五人에 比하면 二割 假量이 增加한 것이고, 이 中 三一,0四五人은 分配業과 生産業에 從事하는 사람이 六,二七三人이나 된다.

《기독신보》 1929년 12월 4일

卸賣協同組合

獨逸의 卸賣協同組合은 戰爭 以後의 數年間 痛切한 經驗과 一九二三年 通貨安定한 以來에 이 組合이 尺度로 發展하엿다는 事實에는 得意病顔에 자랑 안을 수 업다. 이 卸賣協同組合에 一九二四年 年賣上 總額도 一三六.二%를 前年보다 高越하엿고 一九二五年 賣上高는 一九二四年보다 三五.四% 超過하엿다. 卸賣組合에 販賣高가 激增하엿合은 組合運動의 一大成功이라 生覺 안을 수 업다. 또한 獨逸 國內의 商業會社와 工業會社의 사이에 例外的 階級을 作成하게 되는지도 모른다.

一九二五年의 世界親ㅇ는 經濟生活 改良에 對하여 顯著한 進展으로 發展하엿지만은 아즉 期待까지는 넘우 過하겟다. 그를 一九二五年의 全體를 通해서 본다면 獨逸 貿易과 工業은 不景氣한 狀態에 빠진 것만큼 여기에 反影되는 것은 失業勞動者의 數가 增加한 事實이다.

十二年 獨逸卸賣組合統計

年	組合數	賣上 總額		生産總額	
1914	813	157,524,040	74,611,539	10,413,615	5,039,935
1915	849	152,858,634	78,372,1 5	19,283,804	9,256,225
1916	814	133,896,014	64,270,087	28,317,908	10,592,524
1917	925	107,737,281	51,713,895	23,095,427	11,08 ,805
1918	969	75,668,902	9 ,033,073	13,195,665	6,333,919
1919	999	75,800,296	36, 83,142	6,116,158	2,955,253
1920	1,003	91,549,934	43,947,968	11,720,857	5,620,011
1921	1,026	102,498,599	49,199,325	10,129,072	4,872,185
1922	1,020	49,118,624	47,576,940	9,635,572	4,625,075
1923	1,049	71,321,749	34,234,4 0	11,336,216	5,411,384
1924	821	168,466,278	90,863,813	26,298,325	92,623,198
1925	844	228,169,4 1	109,521,346	35,339,389	96,063,507

註※加入組合數가 激減한 것은 急迫한 事情에 依하야 多數組合이 脫退한 까닭

只今 失業勞動者 數를 一瞥한다면 一九二五年의 前半期에는 五,一二五,000人, 同年末에는 一,四九七,000人을 增加하엿고 또한 一九二六年 二月 十日까지 失業勞動者 數는 二,000,000人 以上 增加

하엿다. 그러나 一方就業勞動者 數는 갓흔 時日까지에 約 二,五00,000人이 增加함은 안이다. 一九二五年 前半期에 賃金은 一時에 復舊가 될 希望이 잇던이만 얼마 못되여 落散되고 말앗다.

一九二四年에는 剩餘金 八七一,八四三圓이고 一九二三에는 한푼 업섯다. 단 一九二五年 一,一八一,0八0圓으로 올으기 始作하엿다.

雇人

協同組合 雇人總數는 一九二四年에 一二,五九八名이고 一九二三年末에는 二,八九六名이엇습 一九二五年末에는 四,三二七人으로 만허젓다.

生產業

諸卸賣組合의 生產事業은 多種多數하다.

大概 아래와 갓다. 工場建物이 二九個인대 이 中에 各種別노 보면 各食糧品, 生活必要品, 綿布, 綿織物 等을 生產한다.

食料品만 生產工場이 全部 十六所인대 內分하면 다음과 갓다.

빼우스트 工場 一個(빼우스트란 것은 魚物을 구어서 만든 食物)

腸詰 及 ○豚肉製造所 二個, 魚肉○詰所 一個, 珂○製造所 一個, 砂糖製造所 一個, 餠粉工場 一個, 菓子製造所 一個, ○卷煙製造所 一個, 煙草製造所 一個, ○卷煙製造所 一個, 生活必要品 工場은 八個를 기젓고 年賣上高는 七,0六八,七八四圓이나 된다.

비누工場 二個 化學雜品製造所 一個, 燐寸製造所 二個, 刷子솔工場 一個, 家具工場 一個, 材木工場 一個, 織物工場 三個, 仕入製造所 二個 合 五個가 잇서 年賣上高는 一五八,二一九圓 以上으로 每年 增加하고 있다.

《기독신보》 1929년 12월 11일

三. 露西亞

世界에서 가장 消費組合의 原祖的으로 屈指한다면 英國을 말하나 數字的으로 보아서 소비엣트聯邦(Union of Soviet Socialist Republics)에 比할 곳이 업겟다. 一九二四年 以來의 露西亞(Russia) 消費組合의 發達이 破竹의 勢로 進展하엿다는 것은 數字로 表證하여 두는 것도 無益한 것은 안니겟다.

一九一四年에 組合數는 一萬八十, 一九二五年에는 一萬九百, 一九一六年에는 一萬五千二百三, 一九一七年에는 二萬으로 激增하엿다. 어느 雜誌에 본대로는 一九一七年 三月에는 組合總數가 五萬, 組合員數가 一千三百萬에 達하엿다고 하였다. 露國과 갓치 오랜 期間에 專制政治下에서도 消費組合運動이 世界가 警眼으로 볼만이 珍奇한 現象을 니루었다는 것이다. 戰爭以前에는 消費組合員數가 겨우 百萬으로 손곱엇든 것이 戰後에 무서운 發達을 본 것이다. 現下 英國에서는 消費組合員이 全 國民의 三割 五分 四割에 맛치지만은 露西亞에서는 七割까지 타는 판이다.

露國에 잇서서 戰時에 如何히 消費組合이 尺度로 發達된 事實에는 明白한 理由가 잇다. 누구든지 잘 아는 바와 갓치 戰時 露國에 食料品에 價格은 大暴騰되엿든 것이다. 한때 배드로 그라도(Saint Petersburg)의 食料品 定價는 左記 數字와 갓다.

빵 一封度 十三留 有乃至 二十四留까지 하엿고, 馬鈴署(감자) 一封度 四留 乃至 六留, 빠-터(butter) 一封度에 五十留 乃至 八十留, 馬肉(말고기) 一封度에 十二留에서 二十留까지 하고, 林檎 一個에 三留 乃至 七留까지엿다. 이갓흔 事實은 食料品 缺乏에 原因이라 하겟지마는 多數의 賣商들이 經濟界에 變動을 利하여 가지고 暴利를 暗行하엿기 때문이다.

消費者들은 大部分이 小賣商 까닭에 그 運命은 左右하엿기 때문에 彼等을 對抗하려니 消費組合制度를 積極 支持한 것이다.

소비엣트聯邦 內에 消費組合의 情勢는 表示하는 統計(黑田氏의 發表한『소비엣트聯邦 年鑑의 統計』를 보아서 明確히 알 수 잇다.)

年月日과 組合別	聯合組合	地方組合數	總組合員總數
1925年 7月 102 現在組合	257	25.355	1.182.524
1925年 7月 10 農業組合	465	45.600	4.980.000
1928년 7月 10 農家生産	263	11.500	450.000

販賣總數는 如左하다.

諸消費組合 五三0,000,000圓, 諸農業協同組合 五七九, 六00,000圓, 諸農家生産組合 七八三,六八0,000圓, 總計 五, 二九三,三八0,000圓, 資本金은 如左하다.

諸消費組合 三,0九0,000圓, 諸農業協同組合 二,0六0,000圓, 諸農家生産組合 五一,五00,000圓, 總計 五六,六五0,000圓

協同組合

露西亞의 協同組合運動은 二個의 集團 卽 一은 都市消費組合, 二는 農村消費組合이다. 發達과 地位는 如左하다.

	全消費組	全消費組合數	
	總數	都市消費組合數	農村消費組合數
1923. 10. 10	19,233	1,897	12,103
現在組合數			
店舖數	25,491	3,216	21,420
組合員	1,265,414	2, 99,244	2,207,032
1928. 7. 10			
現在組合數	25,355	1,513	22,175
店舖數	48,683	12,065	34,123
組合員數	9,182,534	3,735,459	4,8 8,580

소비엣트聯邦 內에 協同組合의 總數는 二五,三五五이고, 이것이 二五七의 聯合에 組織되여 잇다. 이 中에 二二五는 農村 惑은 地方聯合이고, 二二는 소비엣트聯邦 內의 諸民族 混合의 聯合이다.

後者 中 Vukakskilka이라고 名字의 聯合이 잇는대 이것은 우구라니나(Ukraina) 共和國의 諸消費組合의 中央組織體이다. 또한 同一한 亞伯体 亞 SiBkragsoyus이라 하는 聯合體가 잇지만은 이 中에 聯

合을 統率하는 機關인대 소비엣트聯邦 全體를 通해서 中心이 되어 잇다.

財政

一九二四年 十月부터 一九五九年 九月末까지 滿一個年間의 全消費組合의 總販賣額은 如左하다.

都市諸消費組合 一0九,一五0,000圓, 農村諸消費組合 八六四,五八二,000圓, 運輸諸組合 一七二,0一0,000圓, 諸聯合 一,一一二,000圓, 全體中央消費組合聯合(Centrasoyus) 三四二,五七八,000圓, 爲贊手形 四七,0一五,九六六圓, 債務 四八,九0三,五五一圓, 他團體持分金 五,一三一,一0一圓, 動産 及 不動産 一五,一四三,三五0圓 參考로 Centrosoyus의 資本金 增加表를 左記함.

	1923年	1924年	1925年
持分資本	1,206,654留	2,390,455留	4,104,497留
個別資本	21,693,360	249, 0,288	28,520,648
保險資本	137,171	152,197	404,017
保險準備資本	3,296,001	6,300,000	1,344,377
總計	22,371,383	28,079,740	34,377,539

雇傭人

一九二五年 十月 一日에 全露中央消費組合聯合會의 傭人은 月給傭人, 賃金傭人을 合한 것이 八千二百七名인대 先年 一九二四年度 十月 一日에는 九,四六二이다. 一九二五年度의 傭人은 一九二四年度에 比하면 一二五五人이나 減少된 셈이다.

生産業

그 中 가장 ㅇ한 發展은 Centrosoyus의 工業上 企業은 最近 事業年度 內에 四七,七七六,四0九圓의 賣上高를 가지고 잇다. 그 工業上 企業은 二十餘種이 잇는대 大槪는 이러하다.

製造 ○物 一個, 糖菓製造所 一個, 牛肉○詰製造所 一個, 果實○詰製造所 一個, 消費組合 體系 各支局의 所有資本은 一九二五年 四月 一日 現在에는 如左하다.

都市諸組合 四0,五五四,一九0圓, 農村諸組合 五七,九四一,六二0圓, 運輸諸組合 一二,一三一,三四0圓, 地方諸組合 二,六0三,八四0圓, 大地方諸組合 二,一一二,五三0圓, 中央勞動者組合 二,六0三,八四0圓, 三,六五九,0七五圓.

《기독신보》 1929년 12월 18일

全體中央消費組合聯合(Centrosoyus)의 進步와 情勢는 最近에 聯合會에서 發表한 數字에 依하면 잘 알 수가 잇겟다. 이 統計도 亦是 黑田氏의 發表를 비는 것이다.

	1923年 1月-12月	1924年 1月-9月	1925年 1月-9月
Centrosoyus에 加入한 諸	122留	347留	272留
組合數 上同의 賣上高	288,876,975留	173,167,230留	229,089,949留
上同의 生產物價	13,900,474留	19,847,441留	46,384,862留

* 一留는 日本貨 約 一圓에 比當함.

一九二五年 十月 一日 파란스서트에 該聯合會의 資產이 一七七,四三四,一一三圓이라고 하는대 內分하면 如左하다.

現金 六,0九三,三七0圓, 證券 九三0,五五二圓, 拂戻額 一,0二三,九九三圓, 商用資本 三0,八七0,九一三圓, 原料 一二,四四三,三七三圓, 生產物其他 二,九二八,一三七圓, 製粉所 六個, 煙草製造所 一個, 澱分及糖○製造所 二個, 植物油製造所 三個, 石油工場 一個, ○皮製造所 一個, 針金釘鋲 ○○工場 一個.

保險事業에는 國家가 獨占하는 바이지마는 協同組合組織體에만 依하야서는 例外的으로 取扱하고 國家保險組織의 管理하는 條件下에서 保險遂行은 許容되엿다.

Sentrosoys協同運動으로서 火災保險 及 運輸保險 等을 實行하는대 年收는 如左하다.

火災保險은 三,二0七,0九二圓, 運輸保險 一七0,八八八圓, 銀行業은 全露協同銀行(YeskooBank)는 一般協同組合運動에 가장 重要한 機關일뿐 안이라 範圍는 우구라이나共和國을 除하고 소비에트 全域에 미츠고 잇다.

該銀行은 一九二三年 二月 一日에 비로소 開業하엿지만은 差額의 全體는 二,五0三,五00圓이엿다. 또한 同年 十月 一日에 벌서 六,三七三,六四0圓의 資本을 가젓고, 一九二四年에는 株式資本 及 準備資本이 一三,二三二,四一0圓이 되엿다. 最近에는 一九二五年 十二月 一日에 낫타난 것에는 一九六,0九一,三五0圓으로 表하엿고 資本은 一七,四四三,五0圓을 ㅇ上되엿다.

4. 丁抹

丁抹(Denmark)의 分配協同組合의 聯合都賣協會는 一九二五年末에는 一,八0四個의 組合을 包含하고 그 組合員總數는 三三七,五00人이엿다.

그런대 都賣協會에서 賣上高는 一九二四年에 賣上高와는 越過햇지마는 分量上으로 본다면 一九二五의 賣上高의 數字와 前年(一九二四年)과 比較하면 四十七萬一千七百三十四圓이 減하엿다. 如是하게만 본다면 不思ㅇ하게 生覺될넌지 몰으나 內容的 事情은 該會計年度의 後年期에 잇서서 貨幣價値暴騰에 續起한 爲替平準에 對한 價格暴落에 原因인 까닭이다.

一九二五年의 賣上高와 前年度의 賣上高가 如何한 對比를 發見할가는 一九一四年부터 一九二五年까지의 統計的 槪要에 依하면 用易하게 알 수 잇다.

丁抹都賣協同組合會 一覽表

年	加入組合數	組合員	賣上總額	
1914	1,407	219,492	69,588,124	7,732,092
1915	1,488	232,128	71,458,307	7,9 9,812
1916	1,574	239,772	84,510,395	9,390,044
1917	1,537	255,544	81,581,786	9,664,042
1918	1,604	250,224	74,043,050	8,337,0 6
1919	1,729	323,323	131,126,885	14,969,654
1920	1,792	335,104	203,355,621	22,595,068
1921	1,799	336,413	174,630,284	19,600,918
1922	1,805	337,535	123,410,344	12,712,260
1923	1,806	337,700	146,959,840	16,328,760
1924	1,804	337,500	169,585,367	18,842,862
1925	1,804	337,500	161,340,127	78,371,126

財政으로는 一九二五年度의 純剩餘額은 先年에 一一,六五六,四八六 구로나(Kroner, 一구로나는 朝鮮 五十四錢 假量)과 比較할 時에 三,六九九,四七二 구로나에 達하엿다. 一九二五年 配當金이 二年前에 六分에 比較하면 三分에 지내지 못하엿스나 이 事實은 價格暴落의 原因뿐만 안이라 丁抹協同銀行의 破産에 及한 四三四,六一0 구로나의 損失을 除去한 事實에 돌일 수박게 업겟다.

이러한 事情에도 三分의 配當金을 支拂한 事實은 該丁抹都賣協會의 信用이 얼마나 만타는 것을 알 수 잇겟다. 生産은 該都賣協會의 附屬한 만흔 工場과 製造所의 生産高는 一九二五年에 잇서 先年 四六,一八八,一七五 구로나에 比較하여 價値로 말하면 四七,0三九,一二六 구로나에 達하엿다. 卽 一九二四年에는 前年에 比較해서 一割 四分의 增加를 낫타내엿다. 一九二五年에는 一九二四年보다 겨우 一分二厘의 增加밧게는 못되엿다. 一九二五年의 增加率이 一九二四에 比해서는 ㅇ小에 關한 것 갓지마는 이것은 一九二五年에 價格下落 때문이엿다. 只今 여기서 一九一四年부터 一九二五年까지의 年生産高를 表示하랴면 다음과 갓다.

該都賣協會의 生産事業은 이러하다.

고펜하겐(Copenhagen) 매리야스 製造所, 綿布製造所, 自轉車工場, 製靴工場, 올후스(Aorhus)의 香料水工場,(Kolbing) 卸괭의 珈ㅇ燔炎所, 조코래트製造所, 金米糖製造所, 습일크(esbiargk)煙草 及 卷葉製造所, 파이푸(Vidy)의 製造所, 비누工場, 芥子工場, 工藝化學品製造所, 人工乳酪製造所의 鞣皮場 等이 되어서 不絕에 生産을 産하고 잇다. 또한 該賣協會는 播種試驗場의 共同 所有者가 되어 잇다. 더욱이 丁抹에 잇서서 協同組合運動에 銀行業 創設은 一九二五年 十一月에 Copenhagen에서 設立된 現丁抹協同國民銀行이 곳 이것이다.

5. 瑞典

瑞典(Sweden)에 消費組合의 進步는 瑞典 '消費組合聯合會'의 統計表에 依하면 밝히 알 수가 잇다. 卽 統計表를 빌닌다면 一九二五年에는 小賣組合의 賣上高가 短期間이나마 價格平準의 만흔 暴落을 不ㅇ하고 一九二0年의 販賣總額이 優勝하엿다는 事實에서 消費組合運動이 一九二一年부터 一九二二年까지가 挫折에서 完全히 蘇生한 事實을 알겟다.

一九二四年頃에 눈압헤 낫타난 經濟上의 不舊狀態가 一九二五年에 이르도록 引續한 것과 貨幣發展上의 決定的 要因이 一九二四年 四月 一日에 瑞典의 銀貨는 爲替平準 以上되는 고로 通貨가 再次安定한 일이다.

다시 一九二五年의 賣上高는 一九二四年의 賣上高 比較하면 約 一割增加한 事實을 附言하여 두련다. 賣上高의 增加率은 會員의 增加率보다도 컷기 때문에 그 結果는 一九二五年의 食物價格平準은 前年보다 幾分低下된 것이다.

參考로 一九一四年부터 一九二五年까지의 瑞典消費組合聯合會의 統計表를 表示하여 둔다.

年	加入組合數	組合員	賣上總額	
1914	608	115,500	40,850,800	22,059,433
1915	617	122,000	54,608,600	29,488,644
1916	792	169,000	81,661,800	44,093,372
1917	820	195,600	10,835,100	57,150,954
1918	843	206,400	14, 01,600	78,516,064
1919	914	231,200	216,118,700	117,204,898
1920	942	241,900	255,443, 00	137,939,436
1921	922	253,426	227,746,400	122,605,489
1922	898	259,338	200,449,022	108,269,472
1923	486	274,269	208,528,868	112,665,489
1924	476	292,469	234,052,103	127,388,139
1925	900	315,925	259,699,993	140,237,996

小賣組合의 純剩餘總額은 一九二五年度의 賣上은 約 五九四0,000圓에 達하엿고 그러나 全資本金은 約 二一,六00,000圓이라 한다. 瑞典消費組合聯合의 안에 잇는 卸賣組合의 活動은 戰後의 中間景氣가 연하야 이러난 大暴落한 때부터 比較的 復舊한 事實에는 ㅇ感치 안을 수 업다. 大槪 瑞典의 生産은 말모(Malmo)의 化學工藝品製造所, 놀거핑(Norkoping)의 人造 빠다製造所, 스토크혹무(Stocknoim)와 까요택불크(Goteporg) 외 二 穀物工場 또는 올이뿌로(Orebro)의 製靴工場, Fanyehra의 屠豚湯까지 手中에 너엇기 때문에 相當한 生産勢을 가젓다 하겟다.

끝말

마즈막으로 未安한 말를 하련다. 白義耳, 英國, 日本, 中國의 것은 아즉 確實한 統計를 手取치 못하엿기 때문에 次後로 미루우고 그만 둔다.

《기독신보》 1930년 12월 25일

敎會發展과 經濟生活(五)

1. 敎會發展의 經濟的 考察

敎會維持에는 經濟를 떠날 수는 업다. 現代敎會에서만이 經濟條件이 起生되는 것이 안이고 初代敎會부터 現今敎會에 至하기까지 史的으로 考察한다면 經濟問題를 看做할 수 잇다.

初代 에루살넴敎會와 其時 信從의 經濟生活의 意識을 看考한다면 現代敎人으로서는 其 愚想에는 嘲笑를 加치 안을 수 업스라고 生覺한다. 이는 예수 再臨을 其 當時에는 不遠하여 臨할 줄 알고 世上에 對한 觀念에 全然 等 閑視하야 政治的 改良에나 社會制度 革新 經濟生活의 一般條件 等은 全部 ㅇ視하고 所有한 대로 두다려 먹고 農作 또는 一般 産業에 對한 것은 意ㅇ하엿슴으로 直面에 敎會는 墮落이 勿論이고 其時 社會까지 墮落하엿다는 것은 우리가 史上에서 차자보고 아는 바이다. 다시 반대로 빌닙보敎會를 본다면 明日에 예수님의 再臨이 現할지라도 今日까지의 할 일은 힘써 하야 福音傳播에 多大한 功獻이 잇섯다는 것은 바울의 書信 中에서 볼 수가 잇다. 바울이 獄中에 有할 때 빌닙보敎人等이 特히 婦人들이 피함으로 모두운 金錢을 天國事業의 戰鬪資金을 裕裕히 보내여 바울 使徒의 鬪爭的 經濟生活를 保隣하엿기 때문에 바울이 말하기를 "나의 참된 侶爾의게 求하노니 彼 婦女를 도우라. 大概 彼等은 我와 同勉하야 福音을 傳하엿고"(빌닙보 四:三)가 잇다. 이것을 보아서 하날에 財物을 만히 싸키 爲하야 地上의 經濟生活을 合理的으로 構成식

혀야 되리라고 生覺한다.

十六世紀時 兄第團의 經濟的 農業社로서 基督教團의 最高 理想으로 하야금 今日까지 全歐羅巴에 多端한 影ㅇ가 잇는 兄弟團은 一七二七年 四月 十二日에 몰래파이야(Moravian) 教會가 産出하엿다. 團員 中 ㅇ大한 青年 等은 西印度(West India), 南亞米利加(South America), 四亞佛利加(West Africa) 等地에 派送함을 被하야 世界宣教事業의 先創을 開하엿다. 그러나 本是 經濟的 根據가 업는 團體임으로 鬪士들의 生活費를 支彿키 不能하여젓다. 그리고 教徒個人의 經濟生活이 貧窮으로 沒入되고 따라서 教會窮乏은 勿論이고 偉大한 事業을 敗止치치 안을 수 업게 되엿든 것이다. 이때에 퇸젠놀푸(Count Nicolaus Ludwig von Zinzwndorf)란人物이 몰래파이야 教會를 信用組合 形態로 變化하야 經濟運動의 全部를 基督奉仕의 一部로서 支持한 것은 今日까지 傳來한 史上으로 보아 偉大라 할 수 업다. 여긔에서 信徒의 個人經濟와 教會의 集團經濟가 經濟가 向上함에 딸아 基督을 위한 天國事業의 義俠的 實現으로서 셋틀맨트(settlement, 隣保事業)는 八十五個所에나 創開하엿고 貧民勞動者 不具者 等을 爲한 事業과 內로는 信徒들의 信仰, 忠實生活의 純潔, 聖書研究, 祈禱의 熱心 等은 現在에 比할 바가 안이엿다. 우리 朝鮮갓흔 情勢를 가진 教會로서는 當面 教會의 難觀과 將來 教會의 地盤을 爲하야 무슨 運動이 發作하여야 될 것은 새삼스리 말할 것이 못 된다.

《기독신보》 1932년 2월 4일

2. 過去教會의 誤覺

教會는 全然 世上에 對한 一般關係를 拒絕하고 福音主에만이 教會의 全務가 안이다.

教會도 하날에 소식을 世上에 傳하고 世上에 잇는 人間을 教化식혀 圓滿한 生活를 하도록 하야 또한 이 人間을 하날로 送達하는 것이 目的이라고 한다. 그러면 人間問題 全體를 教會에서 解決함을 밧어야 될 것이다. 아즉까지도 惑者는 教會內에서 經濟問題 云云은 不合當視하고 또는 異論視하야 排斥하기까지 하느니도 種種 잇다.

人生은 身體構造가 한 가지라도 업스면 不具者를 免치 못하고 人生生活에 잇서도 一端으로만 長步하면 이는 生存할 수 업는 事實이다. 萬者에 一足만 가진 人이 行步코저 하면 杖枝나 在外의 力을 依賴하여야 한다. 此者를 不具者라고 한다. 또한 左足만 生時대로 잇고 右足만이 長達한다면 이 자는 절눔바리라고 한다.

如何튼 今日 敎會는 不具者視 안을 수 업다. 敎會自體로서 世上에 對한 全務를 實行치 못하고 잇으니 또는 不具者이기 때문에 自力으로서 前進치 못하는 것을 우리가 目睹하지 안는가?

朝鮮敎會가 四十年 동안에도 千餘 敎會와 三十萬의 數字는 取得케 됨은 世界敎會史上으로 보아서도 加速度로 發達치 안엇다고 안을 수 업다.

只今 와서 遺憾됨은 四十年 前부터 三十萬의 大衆經濟의 集團이 進出하엿다면 只今은 적어도 基督敎界에 經濟努力이 有하엿슬 줄 안다. 여긔에서 急○直下로 沒落하는 農村經濟를 救하엿을넌지도 都市勞動大衆의 失業群이 적엇을넌지도 모른다. 都市엔 勞動者가 主日를 稷守함으로 工場의 煙突의 ○煙과 모타의 소리가 끗치고 農村에는 主日날 農場에서 ○助와 ○를 든 자가 업시 그들의 安逸은 敎會에 集成하야 讚美를 불넛슬넌지도 모른다.

一九二0年부터 一九三0年까에 統計를 본다면 數字的으로 敎會數가 減하여짐은 무슨 原因인가? 卽接 傳道間接 傳道 等 傳道團體 數年보다는 훨신 增加함에도 不拘하고 줄어감은 朝鮮人 經濟가 直下로 沒落함에 一敎會를 維持 못함에서 안인가? 이 維持 못한다는 것이 信仰快陷에서가 안이고 그들이 敎會를 支持하고 該 洞里에서 살어갈 수가 업서서 ○去함에 有치 안는가? 此에 否定할 이가 有할넌지도 모르나 筆者는 卽接 當面한 事情을 目睹한 대서이다. 아즉 北鮮로는 經濟沒落의 大影響은 적다. 南鮮에서는 敎會이든지 들어가며 日本이나 西間島 간 사람이 十八 以上이 平均이다. 昨年에 엇떤 敎會에 가 보니 靑年婦人만 五十餘名이 集合하고 男敎友는 單至 十餘名밧게는 못 모히엿다. 原因을 무르니 洗禮敎人 靑年 二十餘名이나 日本에 갓다고 한다. 三年을 連續凶作

임에 안이 갈 수 업서 갓다고 하얏다. 이 敎會는 二年재나 敎役者를 못 본다구 한다. 渡日한 靑年이 다시 還故하야 農村敎會의 功勞잇는 靑年이 되기는 可望이 업는 것 갓다.

都市風에 魔醉되여 ㅇ와 ㅇ助 메이기는 姑捨하고 信仰까지도 차자 볼 모통이가 보이지 안는다. 日本으로 西間島로 散去하는 그들에게 故土를 떠나지 안코 이 땅에서 하나님을 敬畏하고 生活할 經濟的 集成이 잇섯드라면 只今에 至하야 집모통이에 요긴한 돌이 되지 안엇슬가?

《기독신보》 1931년 2월 11일

3. 過去敎會의 誤覺

여기에서 敎會의 使命이 얼마나 크다는 것이 覺悟된다. 다시 더 드러가서 朝鮮民族 死活의 路가 우리 基督敎會의 役割에 잇다고 하겟다. 안이 三千里에 散在한 三千餘 敎會가 各各 個體의 現像維持만을 滿足할 수는 到底히 업는 以上 一千九百七十萬이 敎會에 對한 要求를 깨닷는다면 現像에서 참을 수가 업고 敎會自體가 社會에 對한 重大한 使命을 自醒한다면 以后부터 낫타나는 役割의 발거름은 무엇으로 할는지!

現代의 難題와 如히 생인냐? 宗敎이냐 敎會가 經濟運動에만 集中하랴? 靈的으로만 集中하랴? 何者가 不具者를 즐기랴?

敎會는 人生生活을 神格化하는 陶練場이라면 靈으로만 不能하고 빵으로만도 不能일 것이다. 敎會는 이 두 가지가 純潔하게 完成되여야만 敎會의 使命을 다할 수 잇으리라고 生覺한다. 故로 敎會는 朝鮮의 一般社會制度, 都市農村을 莫論하고 産業, 敎育 等을 基督化 식혀야겟고 都市敎會는 都市問題, 農村敎會는 農村問題로서 一千九百七十萬 全部를 敎會가 保障하여야될 것이다.

4. 敎會의 經濟와 敎人經濟

昨年初에 本報에서 發表한 '敎會의 基金' 問題에 對하야 多論하엿

다마는 엇던 이는 貴定의 力說 또는 否定이엿다. 貴定側이나 否定側이나 各家의 衝突되는 理由야 잇섯지마는 이 理由가 解決이 안이다. 可家의 意向에 否定한다면 可家 以上의 成案내여 노아서 萬民의 承認을 얻어 教會 最善의 役割을 表現하여야 될 것이다. 今日도 如是 明日도 如是이면 現實 此 形態로서 現像維持만으로 大滿足으로 아는 이것이 예수님의 精神 그대로를 餘地업시 表現하는 機關으로 看做할 수가 업다. 上述한 바와 如히 教會發展에는 教會經濟를 無視할 수 업는 以上 하물며 朝鮮教會로서야 經濟問題에 考慮치 안을 수 업다.

只今 教會의 維持는 大槪가 信徒의 獻金으로써이다. 獻金하는 方策은 定式 捐補, 主日捐補 等이다. 十一條 實行은 問題의 問題이고, 特別收入으로 感謝日捐補, ㅇ日捐補, 別捐補 等이고, 定式捐補는 大槪가 教役者 生活費 充當, 主日捐補는 教會의 雜費, 感謝日捐補는 外地傳道費로 上納 ㅇ日捐補는 救濟金 上會負擔金 等의 不足은 別損補로 充當한다. 他國에 比較하면 朝鮮教會의 捐補는 忠誠스리 안이 한다고 안을 수 업다. 여기에서 現實 教會의 最高 發力의 力割이 教役者의 生活費 充當에 急急한 外에 教會가 教會로서 社會를 對相하야 事業할 餘意를 내지 못한다. 이것은 教會 自體의 教會經濟가 構成되지 못한 까닭이다.

常設傳道, 貧民, 孤兒, 孤老, 不具者, 文盲, 이러한 問題는 教會가 責任을 負치 안코 어대다가 미루워 바릴 것인가? 不信社會에서 他宗教關에서 안니다. 只今도 責任感이야 늣기지마는 經濟가 許諾지 안는 것이다. 主의 事業 卽 教會의 使命을 ㅇ地업시 速成키 위하야 教會經濟를 期치 안을 수 업다. 그러면 教會經濟는 어대서 될 것인가? 이다. 結局 教會經濟構成은 根本인 教人 個人經濟에 關한 것이다.

내여 노을 것이 업는대 뎌가 捐補만 하라고 高喊을 친들 中無一錢인대 무엇으로 내여 노을 수가 잇는가? 몬저 教人의 經濟生活부터 向上식힐 道理를 講究치 안을 수 업다. 先進한 外國의 教會史를 探究할 必要가 잇겟다. 丁抹은 農村樂園이란 일홈을 듣고 또는 世界가 ㅇㅇ하고 잇다. 物論 文明이 發達하여야 百姓의 生活이 富裕하면 宗教信仰은 腐敗한다고 生覺하는 者도 업지 안타. 그는 其 時代의 宗教와 最善의 活動과 心理的 感化를 못준 까닭이지 原因을 彼方에 돌닐 것이 안이고 宗

敎自體의 缺陷에 돌닐 것이다. 丁抹은 初期 運動부터 成就期까지 ㅇㅇ者들은 全혀가 敎會人物이엿고 基督思想에 濃ㅇ된 勇氣 잇는 靑年들이 自國에 神의 王國이 成就된줄 深信하고 民族에 最力하엿든 것이다. 基督敎國 建設에 功勞者는 크린드위ㅌ(Nikolai Frederik Severin Grundtvig) 牧師로부터 一生을 獨身으로 하나님과 國土를 爲하야 끗끗내 十字架의 精神으로 싸운 크리찬콜-(Christen Kold)氏이엿다. 基督敎國의 農村樂園을 建設키 爲하야 싸운 者들은 敎會를 맛흔 敎役者이엿다. 始作한지 六十餘年에 朝鮮의 五分一밧게 못 되는 敗地荒土에다가 基督敎國의 樂園을 成하엿거든 우리 朝鮮 갓흔 乳와 ㅇ가 滿流하는 이 땅에서 왜 못할 것인가?

四千敎會를 비롯하야 三十萬 信徒의 總力量을 集中하고 敎會使命의 最善을 表現키 爲하야 힘써 二十年만 싸운다면 이 朝鮮도 주님이 許諾한 新天地가 올 줄로 確實히 信仰한다.(속)

《기독신보》 1931년 2월 18일

예수촌 건셜의 삼대 리론(三大理論)

본회에셔 부탁을 닙은 대로 내가 쓰게 되여 본회에 테면에 손(損)이나 업슬가 하야 두려움이 업지 안타. 첫재로 나의 우상(愚想)과 부족함 덤을 용서하기를 바란다.

이 리론이 이제 처음이 안이고 실디로써는 벌셔부터 잇셧지만 지상(紙上)으로셔는 처음 세상에 나오는 세음이다.

농촌연구회에셔 죰더 젼션 각 농촌에 이 리론을 젼하기 위하야 또는 각 곳 제씨에 요구에 의하야 우리 기독교회 농촌운동에 기관인 「농민생활」에다가 지면을 비러 우리 농민 대즁에게 내여 놋는 것이다.

몬져 농촌연구회부터 소개하고 져한다.

一. 농촌연구회

회의 이름이 벌셔 회의 셩질을 셜명하고 잇스니 더 말할 필요가 업다만은 이 농촌연구회가 생긴지는 벌셔 삼년이나 되엿다. 그 동안 놀랄만한 사업은 드러내지 못하엿스나 회원 자신으로 연구한 것도 잇고 농촌운동에 직졉 혹은 간졉으로 도아 준 곳도 수십 처나 된다.

작년 본 잡지 十一月號에 본회가 소개되엿스며 미미하나마 약간에 된 사업도 발표되엿고 회원들의 주소도 발표되엿든 것이다.

본회을 길게 셜명할 필요가 업시 그 삼대 목젹으로셔 잘 알 수가 잇겟다.

1. 조선 농촌에 대한 일반문제을 연구하기로 함.
2. 기독주의적 농촌사업을 실현함.
3. 회원을 양셩하야 실제 사업에 투신케 함.

본회는 농촌상황을 세밀히 연구하야 현실의 이익과 장내생활의 안정할 방침을 내여 노코져 한다. 육톄젹 생활의 경제죠건이 졈차로 몰락하야 비참한 현상을 목도할 수 업고 졍신젹 생활은 부패하야 생명을 사멸에 바리고 일뎜의 히망도 업시 하로의 생도 본조치 못하야 남북으로 헤여지지 안는가? 영과 육이 아울너 사망에 드러간 농민들을 구하고져 하야 다음의 이론을 내여 놋는 것이다.

二. 예수촌

현실 죠선 농촌은 현시대에 디옥(지옥)이라고 아니 할 수 업다. 영젹으로 디옥이요 육젹으로 디옥이다. 문맹(文盲), 기아(飢俄), 질병(疾病), 투기(妬猜), 음주, 도박, 사기, 미신, 불평 등에 죄악이 가득하엿다.우리는 죄업시 예수의 주의대로 살아 육젹으로는 배곱픔이 업고 셔로 사랑하며 셔로 도아주며, 자유롭게 신을 셤겨 주일에는 산과 들에 나무군과 농부를 구경할 수 업게 되고, 마구에는 우마죠차 한가히 안식의 복을 바드며, 평화한 촌락에는 안식일의 죵소리를 따라 성도들이 셩젼에 모이는 광경을 동경만할 뿐 안니라 실현을 확신하고 五尺의 져근 몸이나마 신을 위하야 一千八百萬의 농민을 위하야 히생(희생)이 되겟다는 신렴을 가지고 나가야 하겟다.

현대 인루사회에는 만흔 담을 쌋코 고생스럽게 살지만은 예수의 주의는 이것을 곤치고 져하야 눅四ㅇ一八--一九졀에 빈민에게 복음을 젼하며 사로잡힌 자를 노하 주며 소경을 보게 하며 죽은 자를 살니려고 오셧다.

그런고로 우리 신자들은 한 손에는 주의 말슴(福音)을 들고 한손에는 쟝기(農具)를 들고 농민을 구원코져 딤후 二○三-四절의 말슴대로 스사로 나아가 그리스도의 졍병이 되여 예수촌 건셜을 위하야 순교자(殉教者)가 되여지자고 나가는 자마다 좌기에 세 가지 니론을 가지고 十年식만 뇌력하나면 반다시 예수촌은 건셜되리라고 밋는다.

이것이 공상에셔만 나오는 리론이 안이요 밋음이 시작하여 가지고 힘쓰는 곳이 젼선에 三十여 곳이다.

三. 기독교 농우(農友)회

가. 죠직

물론 어느 회든지 죠직하기는 쉽다. 다른 곳에셔 진행하는 것을 보고 부러워하야 완젼한 인물의 지도자도 업시 꾸준히 진행할 자신도 못가지고 죠직에만 욕심을 냄은 후일에 사업상 방해가 젹지 안타. 누구든지 자기가 생활하고 잇는 향촌을 위하야 늙어 죽기까지 꾸준히 희생할 결심과 주님의 택하여 맛기신 사명인 줄 늣기고 굿은 신앙가라야 될 것이다.

또 젼반 회원이 합심하야 노력하고 처음 입회한 자에게는 자주 목젹과 방법을 가르처 주어야 한다.

나. 회원

다음에 기록한 규약 데四죠에 의하야 입회하되 몬져 표준은 기독교 신자로 하고 만일 밋지 안는 이라도 장차 신자될 가능셩이 보이고 또는 덕성과 신망이 잇는 자로 리사회의 통과로 할 것이다. 그 리유는 불신자는 주의상 충돌이 생겨셔 회셩질에 버셔나는 행동과 변갱을 요구하는 고로 처음부터 실패에 돌아가지 안토록 주의하여야 될 것이다. 녀자도 입회할 수 잇으나 경제젹 독닙권이 잇는 자로만 한다. 또 부인은 농촌부인회가 잇다.

다. 출자(出資)

출자는 데六쟝 二四죠에 의하야 행하는대 규약에 구수(口數)의 금액을 말하지 안음은 각 회에 형편에 의하야 회의 마음대로 할 것이다.

출자불입(拂込)에는 두 가지가 잇스니 一은 일시에 불입하는 방법이요, 二는 회수(回數) 불입하는 방법이다.

젼자는 물론 일시에 내는 것이요 후자는 구수의 금액을 十회나 二十회에 분하야 내는 법이다. 그런대 한 마데 하여 둘 것은 돈만 잇는 사람만 하여서는 자미스럽지 안타. 개인의 형편을 셔라 一시에 불입할 가릉이 잇는 자는 일시에 하고 그럿치 못할 자는 불입회수를 졍하야 일구일시주의(一口一匙主義)를 실현하야 될 수 잇는 대로 빈약한 자를 붓드러 차별 업시 가튼 보죠를 취할 것이다. 그리고 구수는 한 사람에게 한 구식 한하야 둠은 후에 리익을 배당할 때 평균히 하자는 것이다.

만일 돈 잇는 사람이라고 수백 구를 들면 년말 리익배당할 때에 한 구를 가진 사람은 백 구를 가진 사람의 백분지일이 될까 우리 함이다.

라. 경영(經營)

우리 말한 바와 가티 무슨 회든지 실디 경영에 가셔는 두통이 되는 것이다. 경영비결은 별한 것이 업고 오직 충실한 지도자와 회원의 단결력의 두 가지뿐입니다.

ㄱ. 지도자

지도자라 함은 회를 통솔(統率)하는 임원들을 말함이니 어느 조합이나 무슨 회나 단테가 다 지도자문제로 진흥되지 못하고 해산되고 마는 것이다.

그런대 지도자는 기관차를 두고 배워야 하겟다. 달아나는 기관차는 한 개가 안이고 수십 개가 달려 잇다. 그러나 끌고 가는 기관차는 하나뿐이니 압해 가는 기관차가 빠르면 열차도 빠르고 기관차가 머즈면 열차도 멋나니 만반의 사회집단(社會集團)의 운젼도 지도자 열셩애 달엿다. 그런고로 철저한 기독교 신자로써 젼동민에게 신입을 밧는 자, 자신은 동니를 위하야 십자가를 진 예수의 사역자인 줄을 깨닷고 다른 사람의 리익을 위하야 절대 히생이 되겟다는 신앙젹 용단심(信仰的 勇斷心)이 잇고 원망이나 그밧게 무슨 소리를 듯든지 청결한 량심으로 견대고 참고 동민보다 압헤 나셔셔 죽으나 사나 만흔 열차를 끌고 가는 충실한 기관차가 되여야 한다.

四. 죠합부경영(組合部經營)

자금융통(資金融通)을 목젹하고 져축이나 대금(貸金)을 할 수 잇다. 소비졀약을 하기 위하야 물품을 사드리며 판매를 실행하고 중간에셔 이익 먹는 일을 막을 수가 잇다.

져축에는 져금이나 져곡(貯穀)이나 다 할 수 잇고 회원들끼리 연대보증으로 져리(低利)의 금젼을 융통할 수 잇다. 그러나 이것은 회의 가능셩을 따라 쉬운 것부터 실행함이 죠타. 갑작기 실행력이 업는데다가 과한 짐을 지면 실패에 도라 가기 쉽다. 경영할 때에 어려운 문제와 실행의 방침은 이후로 미루고 또 농촌부인회와 기독소년회의 경영과 지도법은 이후에 져근 책자로 내든지 혹은 다시 내든지 하겟다.

이 회를 죠직하려는 분들은 慶北 永川郡 新寧邑內敎會로나 惑은 平壤府 景昌里 一三番地 農村硏究會事務所內 朴鶴田 氏에게로 問議하시오.

기독농우회, 기독교농촌부인회, 기독교농촌소년회의 규약은 지면관계상 실니지 못하겟사오니 원하시는 분은 우에 쓴 주소로 청구하시오. 또한 본지 작년 十一月號에 다소 실니엿습니다. 집필하신 분과 여러 독자의 양해를 구합니다. (편집부)

「농민생활」 3권 9호, 1931년 9월 1일

世界協同組合運動의 概況

1. 英國協同組合

1) 英國協同組合의 發達史

英國은 世界協同組合의 本源이요 史上에 中心地이다. 그런 것만콤 發達하는 過程에 잇서서도 多端한 點이 만타. 또한 英國協同組合運動은 政治에나 宗敎에 잇서서 中立性의 原則을 創立 當時로부터 今日까지 遵守하고 잇다. 協同組合史上에 發生地인 것만콤 英國協同組合史를 알 必要가 만켓다. 發達에 잇서 細密히 '開拓者組合'에서 임의 말하엿슴으로 槪論的으로 적어보랴는 것이다.

最初 英國協同組合이 發生되든 十八世紀는 英國經濟史上으로 보아서 가장 悲慘한 時代이엿다. 所謂 産業革命(Industrial Revolution)이라는 것은 十八世紀終末로부터 十九世紀를 넘어서면서 數十年間이엿다. 一七六四年에 木綿紡績機械가 新發明됨으로부터 始作하야 五年後에 다시 理髮師가 水力을 利用할 수 잇는 大規模의 紡績機를 發明하고, 鐵工者的 大機械가 연속적으로 發明되고, 甚至於 農耕에 대한 機械까지 發明되여 農業勞動者들의 큰 타격을 밧게 되자 都市로만 밀려와서 失業群에 加할 따름이엿다.

工場主들은 大利益을 爲하여서는 큰 機械를 드려노아서 柔軟한 少年과 婦女들를 使用하게 되자 男子長年들은 全然 失業을 當하고 路上에

放浪하게 되엿다. 一八三0年의 約半數의 維工場 직공들은 十八歲 以下의 少年工이라고 한다. 其半數는 婦人이고, 成年男工은 全體의 四分의 一 以下에 지나지 못한다고 하엿다. 不可抗力의 弱한 少年工이다. 婦人들도 長年男工의 半分의 賃金을 밧어서 父母와 男便과 子女을 먹여 살인다고 한다. 十二時가 되면 男便이 아이를 업고서 工場門前에 雲集한다는 이야기가 남어 잇다.

또한 當時 木綿工場 하나는 山間에다가 水力을 利用하기 위하야 設置하여 놋코서 職工을 못 구하여 救貧院, 孤兒院을 차저서 五歲로부터 六歲 以上되는 十四歲, 十五歲되는 男女兒孩들은 數百名을 買入하여 갓다 한다. 一日에 勞動時間은 每日 十五時間, 十六時間이나 되엿다고 한다. 또한 晝夜로 交替制 되엿슬 때도 十二時間마다 交替되엿다. 點心時間을 節約하기 위하야 作業하면서 먹게 하엿다고 한다. 男女를 한태다 混合식힌 것만콤 風紀는 어지러워지고 傳染病이 蔓延하여 죽은 死體를 每日 하나식은 끌어내엿다고 한다. 엇던 兒孩는 넘우 酷勞되여 견대다 견대다 못하여 逃亡하다가 다시 붓들이여 兩足에 銷를 단 채 일을 하엿다고 한다. 엇든 兒孩는 불상히도 自殺까지 하엿다고 한다.

一八0二年 로버-트 필(Robert Peel) 卿의 勞力으로서 世界 最古의 工場法[1]을 提案함으로부터 조곰이라도 나섯다고 한다. 如此한 環境을 가지고서 發生된 協同組合은 英國을 향하야 걸어온 業跡으로 世界를 향하야 넘어섯스니 歷史的 價値가 더욱 빛날 것이다. 本是 英國에 잇서서 協同組合運動은 一七六一年에 스코트란드(Scotland)의 팡워그(Fenwick) 工場에서 職工들이 組織한 職工組合(Fenwick Co-operative Society)이 가장 最初이엇다.

그 담으로는 一七六九年에 와서 前記組合의 基金中 얼마를 가지고서 食料品을 購入分配하게 되엇음이 消費組合的 意味에서 最初 動機라고 할 수가 잇겟다. 其後에 얼마를 지나서 코-웡 食料品供給組合과 힐-

1. "木綿工場의 少年職工의 健康 及 道德에 關한 法律"이엇다. 其 內容은 九歲以下의 幼年을 使用치 말 것과 職工의 勞動時間은 一日十二時間 以內로 할 것, 夜業을 禁止하고 男女의 寢室을 分別하여 따로 取扱하며 宗敎的 奉仕에 出席하며 적어도 一年一會 以上을 新衣를 가라 입히고 工場의 壁은 水塗의 濡가업게 하고 바람의 通行이 조케 하라는 規 等이엿다.

안대이 밑의 製粉組合(The Hull Anti-Mill Society)과 빵 製造組合 등이 끈을 니어서 組織되엇다. 그러나 理論上으로 目的이나 法規가 明確하지 못한 未成品的 組合이엿다.

一定한 目的을 세우고 高遠한 理想을 세워가지고 出世한 協同組合은 一八二七年 以後이었다. 이는 로배트 오-윈(Robert Owen) 又 윌리암 킹(William R. King) 博士의 理想을 構體化하고저 한 最初 施設이라고 하겟다. 오-윈(Owen)은 모든 産業은 利潤만을 目的으로 하야 온갓 經驗을 하고 無制限으로 競爭이 消火되는 現代 經濟組織에서 오즉 勞動者의 살 길은 協同의 組織으로서 開拓 안으면 안 된다는 것을 高謝하엿다. 여긔에서 오-윈(Owen)은 많은 共鳴者를 얻엇다. 그러고 윌리암 킹(William R. King) 博士는 一八二七年에 폴나이톤(Brighton)이라는 곳에서 消費組合(Brighton Trading Association)을 組織하엿다. 킹(King) 博士의 理想하는 消費組合은 其 利益이 나는 것을 配當하지 안코 積立하야 基金을 만든 後 이것이 大成하게 되며는 農村에다가 土地를 買入하야 組合員끼리 耕作하야 必要한 生産物를 내여 組合員의 衣食住의 慾望을 解決하는 同時에 理想社會 實現을 理想한 것이다. 다시 킹(King) 博士는 一八二八年부터 一八三0年까지 「協同組合主義者(The Co-operator)」란 雜誌를 發刊하야 全國的으로 協同組合의 宣傳과 組織을 促하는 同時에 뜻같은 者를 만히 얻엇다고 한다.

그런대 오-윈(Owen)과 킹(King) 氏는 協同組合의 創父요 - 偉大한 功勞者이다. 그러면서도 두 사람 사이에 다른 점이 實際上에서 낫타난다. 오-윈(Owen)은 協同組合 組織할 때 資金問題은 富豪家를 이용하야 發展을 圖하랴고 하엿다. 그러나 킹(King) 氏는 貧寒과 勞動者自身들로서 小資이나마 出資하여서 努力과 協同을 가지고서 發展을 圖하엿다. 우리가 여기에서 배워 둘 것이다. 오-윈(Owen)의 失敗는 이것이다. 勞動者의 自信力을 協同하야 社會改良을 理想치 안코 큰 富者의 寄附金으로서 資者社會의 有益한 村落을 建設함이엿는 것이다.

一八二七年에 킹(King) 博士가 組織한 폴나이톤(Brighton) 組合이 成功됨으로 인하야 數年間에 四, 五百 組合이 設立되엿다.

그 후로 되밋처 一八三三年에는 勞動取引所가 發起되엇다. 同年에

設立된 구래이술잉 勞動取引所 갓흔 것은 組合들이 모다 生産方面에 힘써기 때문에 生産過剩을 내인 故로 此를 市場에 내여 놋키 爲함이엿다 한다. 當時에 만흔 組合들은 넘우 取引 觀念에 기우려저서 生産過剩에 빠젓다. 此等組合은 스코틀란드와 北部 잉글란드의 小數 組合을 際하고는 全部가 法律的 保護가 업고 惑 其中에 좀 ㅇㅇ하다는 組合들은 營利目的으로 化하여 바렷다. 所謂 協同組合의 理想의 準하다는 組合은 全然 生産하기에만 沒首하여 結局은 生産過剩으로 數年을 持續 못하고 自滅하고 말엇다.

其後로 十年을 넘어서 一八四四年에 니르러 비로소 롯치텔 公正開拓者組合(Rochdale society of equitable pioneers)이 新起하자 새 起源을 짓고 英國協同組合運動史에 一大 波紋을 지엇든 것이다. 롯치텔(Rochdale) 開拓者組合에 대해 細細히 旣述하엿기 여기에서는 再言을 避한다.

《조선일보》 1933년 2월 5일

롯치텔(Rochdale) 組合이 漸漸 發達함에 딸아 各地方으로 만히 蜂起하엿다. 數年을 지낸 후에 宗教信者와 左傾徒와에 猛烈한 論爭이 니러낫다. 前에는 이런 鬪爭을 禁하엿스나 以後로서는 如何 意見이 잇드라도 마음대로 吐露할 수 잇음과 組合員은 政治上, 宗教上 問題에 잇서서도 中立을 守키로 決定되엿다. 다음 問題는 剩餘金에 對한 配當問題이엿다. 協同組合은 剩餘金 配當은 資本에 依하지 안코 組合員의 購買高에 依하기로 原則을 세윗다. 이것은 開拓者 二十八名(前記 도-트랜裡町, Toad Lane shop의 二十八名 參謝) 中에 하나인 찰스 호와-스(Charles Howarth) 君이 案出한 것이라고 한다.

一八四七年에 랑카시아(Lancashire)와 욕구시아(Yorkshire) 工業地方과 구라스코(Glasgow)-附近에는 三年前 롯치텔 開拓者組合이 成就함을 模倣하야 만히 組織되엇다. 四年을 지낸 후 즉 一八五一年은 組合數가 百三十에 達하엿다. 此時로부터 消費組合運動은 勞動組合運動과 아울러 步調를 가티하야 非常한 發展이 잇서서 交通機關의 改善과 함께 廣大한 大陸市場을 開拓한 等은 英國의 經濟發展上 重要한 原因

이 되엿다. 此로 말미암아 商品生産을 僞하야 勞動力의 需要는 增加하고 勞動力끼리 相爭은 減少되엿다. 여기에서 協同組合은 勞動者인 組合員을 大多數로 가진 까닭에 購買力의 增加함을 따라 組合發展은 長足으로서 進就하엿다.

그리고 貧民과 勞動者의게 有利하게 된 條件은 一八四0年에 穀物法의 廢止와 食料品의 價格이 引下함과 又는 一八四七年에 十時間制의 勞動法이 制定된 까닭 등이엿다. 그러고 一八五二年에는 協同組合法이 制定되고 組合에 대한 保護條件이 有利하게 되엿다. 이 모든 形便에 依한 協同組合運動은 ○順波에 助○되여 더욱 一層 進展을 보이엿든 것이다. 勞動者의 生活狀態도 非常히 改善되엿다.

그러나 우리가 一讀할 때 初期에 苦難이 잇섯다는 것을 이저서는 안 된다. 小賣商과 卸賣間의 反對는 防衛協會[2]로서 大端한 妨害를 주엇고 組合員의게 敎養의 不足과 經營法에 對한 經驗과 知識이 不足함과 法律上 保護의 缺乏과 從員의 不正行爲 等으로 波亂 만흔 亂曲이야 오히려 記錄을 다하지 못하엿다. 協同은 忍耐力을 산출한다. 忍耐力은 協同을 ○을 가시고 支技한다. ○에는○○이 잇는 法이다. 偉大한 勝利다! 一八六二年에는 組合數가 四百五十 組合員數는 九萬餘에 達하야 ○分 及 借入資本이 四十五萬 본드(Pound), 年賣上高가 二百五十萬 본드(Pound), 剩餘金은 六萬六千 본드(Pound)이엿다. 如左한 協同의 活動은 ○○와 勞力이 업서질사록 大同協力을 要하엿다.

2 蘇格○에 잇는 商人들이 消費組合의 勢力이 커짐으로써 消費組合을 妨害하기 爲하야 「商人防衛協會」를 設立하엿다. 主로 구라스크(Glasgow) 市의 商人과 西部町村의 商人들이 組織한 것이나 漸次로 擴大되여 各 地方 都市에다가 支部를 設立하고 消費組合을 害하기 위한 卑劣한 宣傳을 熱重히 하엿다. 一八八九年 二月 五日에 구라스코(Glasgow)의 워-달-룽-스에서 防衛協會 代表와 消費組合側 代表가 相會하야 큰 論爭이 잇섯다. 그러나 商人 等은 設伏을 當하고 말엇다. 一八九五으로 一八九七年까지에 다시 第二期의 反消費組合運動이 니러 낫다. 그러나 消費組合은 태연스리 其 步謝를 活潑이 發展을 向하야 걸엇다.

2) 聯合機關의 發達과 現○

적은 시내는 江에 合流를 要하고 江水와 江水는 大洋을 要하는 것처름 聯合의 發達에 딸아서 大○結을 要求되엿든 것이다. 江과 江이 合한 大洋의 水合力은 單純의 缺○을 띠우고 大怒大○하는 날이면 大陸도 떨고 잇슴을 안다. 協同과 愛의 에두미지는 이러한 偉大한 努力을 가지고 잇다.

英國의 協同組合은 只今에 이르러서 如此한 努力을 要求하엿다. 롯치델의 開拓者組合을 生覺하야 만은 同類組合들의게 此를 提案하야 一八五0年 初頭에 各組合 代表者를 召集하고 同年末에 이르러 롯치델의 聯合製粉所를 設立하게 됨이 聯合運動의 嚆矢가 되엿다. 그후 中部地方 아람 노산○난드地方 구다스코-附近에 聯合會議가 開○되여 各問題를 議論하엿고 其 結果로 製粉所, 빵製造所 等이 만히 新設되엿다. 또한 宣傳과 敎育의 目的으로 랑카시아(Lancashire)와 욕구시아(Yorkshire) 協議會가 設立되엿다. 이 協議會는 基督敎社會主義者들의 活動이엿다. 그리고 小賣組合의 發達은 핸리 뺄으만 氏의 熱誠 잇는 宣傳의 結果로 聯合機關의 必要를 더 만이 늣기게 되엿다.

一八六二年 크리쓰마쓰 날 다음에 열린 協議會에서 卸賣聯合會를 決議하엿고 翌年 一八六三年에 北部 잉글란드 卸賣聯合會가 設立되엿다. 이 聯合會는 最初에는 大量의 物을 購入하여 細○組合에게 分配하엿으나 加入된 組合들이 資本이 만어짐에 딸어서 分配事業에 만여 滿足지 안어 必然的으로 生産力面으로 進出하게 되엿다. 一八七三年에 잉글란드 卸賣聯合會가 구람쿠흘의 삐스게트(biscuit)工場을 購入함으로 丙聯合會에서도 各地에 工場을 買入 惑은 新設하야 麥粉, 人造 삐트, 삶-菓子, 靴, 煙草石○, 衣服, 家具 等을 産出하고 甚至於 印刷物까지 取扱하엿다. 여긔에서 問題가 니러나게 된 것은 卸賣組合에서 自己生産에 沒進함으로 工場에 使用하는 勞動者의 搾取에 대한 問題가 이러낫다. 여긔에서 基督敎社會主義者들은 따로 갈니여 自○工場을 設立하고 生産組合을 組織하엿다. 여긔에 影響을 밧은 롯치델 開拓者組合도 一八四五年과 五五年에 紡織工場을 設立하여 生産組合的 實現을 하엿다. 協同組

合은 漸次로 生産部를 設立하야 生産하기에 主力하게 되엿다.

一九二七年에 잉글란드와 스코틀란드 兩卸組合聯合會의 生産은 約四千萬 뽄드(Pound)이엿다. 協同組合의 發達을 보면 組合員數는 一八八一年 五十四萬七千人, 一八九一年 百0四萬四千人, 一九0一年 百七九萬三千人, 一九一一年 四百五十四萬八千人이다. 如此히 特殊하게 發達한 것은 ㅇㅇ大戰爭 이후에 物價ㅇ賣가 ㅇ要한 原因이라 하겟다. 그러나 戰後ㅇㅇ이 업슬 수 엄섯다. ㅇㅇ으로 ㅇ하야 不ㅇㅇ의 ㅇ은 失業者을 無數히 ㅇ出식혓고 勞質이 低落되자 組合의 賣上高는 ㅇ少되여 協同組合의 特殊하든 發展도 不級에 잇것다. 그러나 協合組合은 꾸준한 協同이라는 에너지를 가지고 잇슴으로 如此한 條件을 無觀하고 그대로 向進하엿다.

只今 大戰 以前 一九一三年부터 一九二七年까지의 發達를 보자.

가. 小賣組合發展

年度別	組合數	組合員數	借入資本	賣上高	純剩餘金	使用人數	俸給及勞質
1913	1,387	2,878,846	42,601,731	83,590,374	12,851,303	103,542	5,903,903
1920	1,379	4,504,855	86,553,168	254,158,144	25,458,000	138,959	19,978,118
1927	1,287	5,579,038	190,703,835	199,924,938	23,424,774	107,943	20,416,448

나. 스코틀란드 卸賣組合發展

年度別	加入組合	借入資本	賣上高	純利益	使用人數	俸給及勞質
1913	238	3,696,415	8,964,033	340,730	8,684	405,813
1920	272	5,795,895	25,549,314	731,514	10,223	1,542,932
1927	257	7,813,715	17,718,055	547,386	9,935	1,309,408

다. 잉글란드 卸賣組合發展

年度別	加入組合	借入資本	賣上高	純利益	使用人數	俸給及勞質
1913	1,168	6,320,763	31,311,906	703,583	20,994	1,383,254
1920	1,222	18,230,596	10 ,439,628	503,962	36,392	5,54,867
1927	1,141	50,491,274	87,110,870	1,565,862	37,142	5,3 1,214

《조선일보》 1933년 2월 7일

英國의 協同組合은 大戰以後부터는 政治運動으로 進出하엿다. 이는 協同組合의 利益을 위하야서는 政治的으로 其 勢力을 펴지 안으면 안된 事情에 處한 까닭이다.

一九一七年에는 消費組合黨은 創設하엿다. 此에 對하야 잉글란드 卸賣組合에서는 反對하엿다. 그러나 政黨은 構成하엿고 其 目的을 達키에 왼갓 手段을 내여 보게 되엿다. 權威 잇는 政黨은 되지 못하엿다. 그러나 協同組合 自體의 利益만을 代表할 만하엿다. 그 후로 自黨의 利益을 위하여 勞動黨과 提携하게 되엿다. 다시 어느 一部는 政治運動에 反對하고 갈여 나간 것도 잇섯다.

一九二八年에는 얻든 組合은 直接 勞動黨으로 加入한 것도 잇섯다. 此를 다 除하고라도 組合員數 二百五十萬名과 加盟組合數 四百五十에 가진 組合政黨은 一九二九年의 總選擧에 ○九名의 大議士를 議會에 派送키 되엿다.

一九二七年에는 잉글란드 卸賣組合과 스코들란드 卸賣組合은 共同卸賣組合을 構成하고 大協同으로 세이몬남인도아-삼 等地에 茶園도 共同經營하엿다. 얼마 못되여 다시 共同保險組合을 組織하엿다. 이 保險組合의 事業成積은 良好하야 一九二七年中 保險料收金은 約三百六十萬磅이요 同年末에는 資産이 約七千七百三十萬磅이요 基金은 約七百二十萬磅이라고 한다. 더욱 놀낼 만한 것은 잉글란드 卸賣組合聯合에서는 一八七六年부터 銀行部를 開設하엿다.

一九二七年의 調査에 의하면 取引이 七億九百萬磅 同末年에 當座○定數 二萬三千磅 現金○定數 約二萬二千磅이라고 한다. 宣傳과 敎育에는 協同組合中央會가 잇서서 온갓 方法으로 割役하고 잇고 一八八三年부터 婦人消費組合이 되여 社會的,家庭的으로 改良을 主義로 하여 又는 婦人의 地位의 向上을 爲하야 만흔 活動을 하고 잇다.

今日은 一千三百組合을 加盟한 本部가 잇고 六萬一千의 組合員을 가지고 잇다. 婦人消費組合運動은 下記에 따로 들겟기에 此에서는 긴 말을 피하련다.

資本(出資金 預金 積立金)

	保險基金을 合計	賣上高	純利益
一八六八年 十二月 七日	一七,九五磅	九六,九七磅	四八磅
一八七0年 十一月 十九日	一二,五四二	一0五,二四九	二,四一八
一八七五年 十一月 十三日	五六,七五0	四0三,一六九	八,二三二
一八八0年 十月 三十日	一一0,一七九	八四五,二二一	二一,六九八
一八八五年 十一月 三十日	二八八,九四五	一,四三八,二二0	三九,六○一
一八九0年 十二月 二十七日	五七○,三二二	二,四七五,六0一	七六,五○五
一八九五年 十二月 二十八日	一,一三四,二六九	三,四四九,四六一	一三二,三七四

一八九五年은 가장 심히 뽀이코트(boycott)를 밧엇스나 놀랠만한 數字를 注意하라. 商人에게 뽀이코-트(boycott)를 當하든 스코틀란드 卸賣組合의 發展은 右上表와 갓다.

一月 局線荷動 一月中 鐵道局 線內 貨物發送總量은 四十三萬 四千二百十五磅으로 前年 同月에 比하야 約二萬二千磅의 減少를 示하얏다. 右는 二十六日부터 舊正月 休期에 入하야 約五日間은 거의 荷働이 半○하얏기 때문인데 三十一日과 如한 날은 도로혀 半日 以上의 荷働을 보앗다.

《조선일보》 1933년 2월 8일

二. 獨逸 協同組合運動

첫재로 獨逸에 잇서서 協同組合運動이 發生된 動期는 一八四0年頃으로부터 資本主義的 生産이 漸盛되여 都市로는 手工業者들이 破産에 나름에 딸아서 近代的 工場勞動者가 ○○하고 農村에는 十九世紀 初葉에 土地兼倂의 勢는 漸次로 助長되여 農業品의 收入競爭과 農民의 都市集中은 洪水갓치 밀이여 都市失業群을 크게 만드럿다. 이것들의 現狀이 必然之勢로써 協同組合의 發生을 促하엿든 것이다. 맨 처음 英國 基督敎社會主義者의 影響을 밧고서 歸國한 후-버(Viktor Aime Huber) 敎授가 協同組合을 宣傳하엿다.

그 다음으로는 슐-쓰에(Franz Hermann Schulze) 氏가 될릿

치(Delitzsch) 市에 잇는 手工業者를 위하야 一八四九年頃 原料購買組合을 設立하엿고 다시 翌年 一八五0年에 金融의 便을 돕기 위하야 信用組合을 組織하고서 貯蓄과 貨○를 行하엿다. 此 信用組合이라는 것은 都市에 잇는 中小商工業者를 網羅하야 가지고서 彼等의 物質的 生活을 改善하기 爲하야 各種階級의 人을 組合員으로 하고 展開된 것이 슐-쓰에(Schulze)式 信用組合의 嚆矢가 되엿든 것이다. 漸次로 各地에 宣布되여 一八五九年에는 貸金組合中央會란 名稱을 가진 것이 組織되엿고 只今은 協同組合中央會라고 改稱되여 잇다.

獨逸 協同組合의 發展은 슐-쓰에(Schulze)氏의 ○○와 勞力으로서 힘을 입엇다. 一八六七年에는 뿌로샤-(Prussia)協同組合法이 制定되엿다. 四年을 지낸 後 一八七一年에는 獨逸帝國協同組合으로 ○○되엿다. 農村으로는 一八四六年과 七年, 八年에는 凶作으로서 貧窮에 빠진 農民을 救出하기 위하야 라이파이센(Raiffeisen) 氏가 救貧組合과 購買組合을 設立하엿고 一八五四年에 핫대스돌쁘(Heddesdorf)란 곳에다가 一○○組合을 組織하여 가지고 乃○에는 此 組合을 農村信用組合으로 改稱하엿다. 此 組合은 ○人○를 基礎로 하야 主張하는 바는 農民의 精神生活의 向上을 圖하며 經濟的 利益을 ○키 위하야 設立하엿다. 只今와서는 此를 라이파이센式 信用組合이라는 것이다. 如此한 組合은 農村을 中心하야 各 地方마다 만이 組織되엿다. 이것도 勿論 聯合을 必要로 하엿다.

一八七七年에 가서 노-우이드 聯合會를 組織하엿다. 라이파이센式 信用組合은 購買와 販賣 等의 事業을 始作하게 되엿다. 漸次로 信用組合的 形態를 떠나서 購買와 販賣事業 消費組合的 性質 等의 兼營的으로 傾하엿다. 信用組合은 肥料, 農具, 種苗, 農業用品이 全然 營利商人의게로 獨占되여서 農民의 不利가 大多함으로 一八六九年부터 農業用品을 供給하기로 되엿다. 다시 一八八三年에 이르러서는 라이파이센商會라고 하야 農業用品을 購買하는 一種의 中央機關이 되엿고, 販賣方法으로는 一八七一年에 東뿌로이센의 乳製品販賣組合을 始作함으로써 各地에 同組合을 模倣하야 無數히 퍼지게 되엿다.

라이파센派의 組合은 確然하게 一派를 成立하고 農村協同組合

을 擴大식히엿다. 宣傳과 組織에 가장 힘 만히 쓴 功勞者는 호-쓰(William Hass)이다. 彼는 一八七一年에 푸러이트-밸(Friedberg)이란 곳에다가 農村消費組合을 組織하고 其 翌年에 七三年은 햇센(Hessen) 地方에다가 農村消費組合 十五의 聯合體를 結成하엿고 更히 一八八三年에는 二百四十八組合과 數個의 聯合으로서 닭-슈닷트(Darmstadt)란 곳에다가 農村協同組合同盟을 組織하엿다. 只今 이 同盟을 獨逸協同組合 全國中央會라고 한다. 이 中央會는 加入組合에 比較的 自由를 認하엿다. 이 中央會는 中央集權的인 라이파이센派의 中央會외에 對立的 形態를 作하고 잇다.

드디여 一九0五年에 와서 兩者가 互相合併하엿다가 다시 一九一三年에 分裂되여 只今까지 對立 狀態되여 나려오고 잇다. 호-쓰(Hass)派의 組合은 販賣組合과 購買組合的 兼營事業으로 設置하여 相當한 發達를 보이고 잇다. 獨逸의 協同組合運動은 슐-쓰에(Shulze), 라이파이샌(Raiffeisen), 호-쓰(Hass) 三人의 ㅇ足之勢로서 對立的으로 發達하고 잇다. 이제 三立組合의 發達勢를 본다.

첫재 슐쓰에(Shulze)派는 白林(Berlin)에 잇는 獨逸 協同組合中央會외 一九0一年에 設立한 獨逸 工業協同組合聯合會가 一九二0年에 와서 合併하엿다. 一九二六年에 調査한 대로 此聯合會의 內容을 보면 信用組合이 一千三百八十一이요, 購買組合이 一千九百이요, 建築組合이 二百이라. 總合한 것이 三千四百八十一組合이다.

둘재 라이파이센(Raiffeisen)派는 白林(Berlin)에 라이파이센協同組合中央會가 잇다. 一九二七年 一月에 發表한 總計에 依하면 信用組合이 六千四十二 兼營組合이 二千六百二十四이라. 此를 總合하면 八千六百六十六組合이라.

셋재 호-쓰(Hass)派의 것을 보면 白林(Berlin)에 잇는 農村協同組合全國中央會가 잇다. 이도 一九二七年의 現在대로 中央組合七十五, 信用組合 一萬三千十五, 購買 及 販賣組合이 四千七十三, ㅇ農製品組合이 二千九百九十六, 其他가 五千七百八十二이다. 總數가 二萬五千九百四十五이다. 가장 큰 團體를 가지고 잇다.

《조선일보》 1933년 2월 9일

獨逸은 信用組合으로서 開拓者인 同時에 協同의 發展도 信用組合을 通하야 되엿다. 信用組合의 組合員만 하드라도 二百萬名에 達한다. 此等의 組合의 金融機關은 도래스틴 銀行(Dresdner Bank)과 뿌로사(Prussia)-協同組合中央金庫 等이 利用되여 잇다. 生産組合은 겨우 一八六0年에 랏사-루란 사람이 勞動者를 위하야 組織하엿으나 成功치 못하고 말엇다. 上記는 全然 信用組合의 史的 記錄이 되고 말엇다. 이제 消費組合에 대한 歷史的 一考를 드러보라 한다.

獨逸의 消費組合은 一八五二年에 슐-쓰에(Shulze)가 될릿취(Delitzsch) 市에서 設立한 것이 最初이엿다. 其後 漸次로 아이덴배-리(Eidenbery)와 과이푸리-관골에서 組織되엿다. 一八六五年에 와서는 約百五十七 組合이 되엿으나 其中에 가장 크다고 하는 것은 三十四에 不過하엿다. 大組合體이라도 組合長은 겨우 七十名에 不過하고 賣上高도 百萬마-크(Mark)가 넘지 못하엿다.

其後 十年을 넘어서 겨우 組合數는 六百十八 比較的 크다고 하는 組合은 百七十九 組合員은 十萬에 각가웟다. 賣上高는 二千萬마-크(Mark)이엿다. 그러나 一八八0年에 와서는 消費組合은 不振狀態에 沒入되엿다. 大○其 理由는 이러하다. 될릿취(Delitzsch) 氏는 넘우 치웃처서 信用組合만을 골몰이 ○○함과 商人의 反對運動이 넘우 ○○함으로 又는 物價는 漸次로 下落되고 組合員의 組合에 對한 理解가 弱하여짐 等이엿다. 當時 社會主義○○法 때문에 勞動者들은 全然 政治方面에만 主力하엿든 것도 한 原因이다.

그러나 一八九0年에 와서는 此法이 廢止되엿슴으로 漸次 消費組合은 다시 更生의 발길을 向進하게 되엿다. 그래서 一九00年에 와서는 組合數가 六百三十八 組合員數는 六十三萬이나 넘엇다. 슐-쓰에(Shulze) 派의 中央의 所○에 잇다가 漸次로 中小商工業者의 支配下에 잇기를 不願하야 一八九四年에 함뿌르크(Hamburg)에다가 卸賣組合을 獨立으로 設立하엿다. 一八九九年에는 卸賣組合主○로 英國消費組合見學團을 募集하여 全英의 各地에 消費組合을 見學하고서 歸國한 後에 더욱 中央會를 反抗하게 되엿다. 이는 中央會는 슐-쓰에(Shulze) 派 信用組合的인 까닭이다. 다시 말하자면 中央會는 本是 中小商工業者

를 主로 하엿기 때문에 消費組合運動, 즉 消費者의 利益에 ㅇㅇㅇㅇ이 잇기 때문이다. 此에도 不拘하고 中央會는 此를 包容하고저 한 까닭이다.

中央集權的인 슐-쓰에 派 中央會는 一九0二年에 구로잇트나트하(Kreuznarh)의 大會에서 反抗하는 九十八個 消費組合을 除名하엿다. 除名을 當한 消費組合들은 도로혀 幸으로 넉여 도래스린에다가 獨逸消費組合 中央會를 設立하엿다. 當時에 加盟한 組合會는 消費組合 三百餘, 一九0四年에는 消費組合 六百八十五로 蕃盛하엿다. 其時의 슐-쓰에의 中央會에 所屬한 組合은 겨우 二百七十二 밧게 못되엿다. 此 對立的 行動이 長久하게 ㅇㅇ하얏다. 一九二0年에야 와서 丙者ㅇ解되어 一九二一年에는 슐-쓰에 中央會 屬下에 잇든 組合도 대부분이 消費組合中央會에 加入하엿다. 그러고 歐洲大戰爭 當時는 마흔 大發展을 보이든 消費組合도 戰後의 通貨ㅇㅇ期에는 非常한 苦境에 ㅇㅇ되여 解散된 組合도 만엇다.

一九二四年부터 다시 復興되여 一九二七年의 現在로 消費組合中央會에 加盟된 組合이 一千百九 組合員이 二百九十萬名, 賣上高가 七億五千萬마-크이엿다. 此外에 가장 큰 것은 가트럭크(Catholic) 教徒의 組合이다. 赤是 同年의 現在로 組合員의 總數가 七千萬名, 一年賣上高를 一億三千萬 마-크(Mark)를 내는 組合이 三百餘라고 한다. 個體組合으로 보아서 굉장히 큰 組合이 만타고 한다. 現今 獨逸協同組合運動은 消費組合中央聯盟이 中心이 되여 잇고 此 中央聯盟은 十個體의 監査聯盟으로 分해 잇다. 一九二八年--一九二九年에 會計年度에 表示된 各監査聯盟의 情勢는 如左하다.

名 稱	加盟組合數	組合員數
파파리아 消費組合聯盟	八三	二0二,九五六
中央獨逸 消費組合聯盟	二二四	二五九,六九三
西北獨逸 消費組合聯盟	一三0	四三五,九九一
東獨逸 消費組合聯盟	九八	三二0,五八0
라인지방 웨스트파-라아 消費組合聯盟	三八	三四三,三五六
삭소니-消費組合	一0六	三七0,一0七
실래시아 消費組合聯盟	六二	一九七,四五九
南西獨逸 消費組合聯盟	一0六	三二三,八九0
수린 消費組合聯盟	一四三	二一二,00五
웰탬배투히 消費組合聯盟	六0	二0四,五0一
合 計	一0五0	二,八七0,五四二

《조선일보》 1933년 2월 10일

三. 露西亞 協同組合運動

(이전 부분 누락)

一九二一年에 이르러서는 戰時 共産主義는 終幕을 닷엇다. 그러나 뽈쉬믹기(Bolshevik) 農業政策은 失敗에 돌아갓다. ○物○取에 대한 農民의 反對와 徵發官吏의 弊害가 적지 안엇다. 또한 農과는 아모리 힘드려 耕作하여도 餘分은 政府가 沒收하여 감으로 自己의 生活維持 以上의 土地를 耕作치 안어 땅은 荒廢하게 되엿다.

또한 戰亂에 쓰달인 一九二0年 秋부터는 ○○ 때문에 耕作은 더욱 減少되여 一九二0年은 戰前의 六四%, 一九二一年에는 五四%로 줄어젓다. 此에 미치는 影響은 都市人은 食糧不足 때문에 混亂에 잇엇다. 失政에 맛난 뽈시빅기(Bolsheviks) 政府는 一九二一年부터 所謂 新經濟政策을 ○用하게 되엿다. 國家에 대한 納物은 現物稅로 되고 農家는 自由로 生産物을 市場에 賣却케 되엿다. 物 自由取引[3]은 一九二一年 五月 二十四日에 發에 應하야 許可되엿다.

私有資本이 어느 程度까지 自由活動하게 되엿스나 協同組合의 運

3 一九二一年 五月 二十四日에 發布한 것에 八月 九日에 人民委員會議의 訓令에 依하야 補充된 布告는 如左하니 自由取引의 原則이다.

動도 多少發展의 希望을 보게 되엿다. 一九一九年 三月 二十日에 勞動者와 農民協同組合에 關한 布告는 廢止되고 協同組合에 關한 新布告로 말미암아 消費組合은 多少ㅇㅇ加 하여 進步를 옴기게 되엇다.

(가) 한 地方에는 一組合 以上을 發立함을 許하고 (나) 强制的 統一組合內에 同一地域에 住하는 者나 同一職業에 從事하는 者의 團體인 加入과 脫退를 自由의 組合聯合을 擇하엿다. 舊布告에는 物品의 仕入은 食糧官廳의 支配下에 잇섯고, 消費組合은 오즉 配給機關에 不過하엿는 것을 新布告에 依하야 協同組合의 獨立으로 物品仕入과 販賣와 組合金에 對한 徵收할 수 잇는 權利를 許하엿다.

(1) 現物程度는 全部納付한 後에 ㅇㅇ農生産의 交換, 購入販賣를 許可함. 交換, 購入 及 販賣의 權利는 家內工業의 生産한 商品이나 惑은 物品이 適用함.

(2) 交換, 購入 及 販賣는 私人及農과 協同組合과 家內工業製品의 協同賣店의 協同組合的 團體에 許可하고 且市場파-사賣店 小屬과 獨立商店에 此를 行할 수 잇슴.

(3) 소비에트 政府의 經濟機關에 依한 生産物은 交換의 目的으로써 로서아共和國 商品交換 基本中에 ㅇ入되고 第四條 規定에 依하야 分配供給함.

(4) 로서아共和國의 商品交換 基本은 食ㅇ人과 委員部의 監督下에 잇고 主로 協同組合的 組織을 通하고 特別한 境遇에는 委員會的 基礎上에 勸行하는 私人을 通해서 商業的 交換을 行함. 또 엇더한 境遇일지라도 全國協同組合中央聯盟과 食ㅇ人과 委員部와 協力하고 相談한 後에 實行함.

이제 다시 一九二二年-二三年度에 國家, 協同組合私商人의 商業上 各勢力 關係를 比較해 봄이 必要하겟다.

事業○○	店○數絕對數	卒	賣上高絕對數	卒	使用人數絕對○	卒
國歌	一一,九一五	二.六	五七六,0八九	二二.六	七四,三二八	一四.六
協同組合	二七,六七八	六.一	二○四,○九八	一一.六	七一,七○九	一四.二
私的商人	○二0,三六六	九一.三	一,六六七,五六五	六五.八	三○八,三○二	七一.二

여기에서 私商人의 ○○한 手段으로써 協同組合의 發展을 ○到함으로 中央執行委員會에서 政府로서도 協同組合에 關心을 가지게 되엿다. 私商人의 活動과 經濟的 手段을 ○○식히기 위하야 協同組合을 ○○식혀 自由競爭을 放任하게 되엿든 것이다. 故로 一九二十四年 五月 二十日의 布告[4]로 말매암아 從來에 强制 加入制度는 廢止되고 今日의 自由 加入制를 實○식히는 동시에 貧民의 加入을 便利케 하엿다.

(가) 國民은 協同組合을 組織할 수 잇고, (나) 加入 及 脫退는 自由로 함. (다) 三十名 以上이면 組合을 組織할 수 잇게 되고 其 販賣는 組合員 뿐만 안이라 一般에게까지 販賣할 수가 잇게 되고 貧民의 加入을 容易키 爲하야 加入金 五十가맥그(約五十二錢), 特分出資金은 一八五十(留)(約五十二圓)을 最大限度하고 加入金만 支拂되엿스면 出資金은 總會에서 定한 規定에 依하야 分納함을 得하고 出資持分을 ○○는 禁하고 出資多少에 莫論하고 一人一票의 原則을 세웟다.

《조선일보》 1933년 2월 14일

---

4 一九二四年의 布告는 如左함.

가. 農産物, 手工業製品 及 工業製品을 販賣할 수 잇슴.

나. 委托方法에 依하야 國營工業이나 協同粗品을 合○販賣할 수 잇슴.

다. 牧場, ○事試○場, 其他 類似의 企業을 經營할 수 잇슴.

라. 原科品에 買入 及 加工할 수 잇슴.

마. 協同組合員 及 該地方農民과 勞動者의 消費에 應할 수 잇는 農産物과 手工業品 及 工業製品을 ○造할 수 잇슴.

바. 自組合員의 生○品販賣 及 組合員의 産業에 必要한 ○○ 道具, 材料의 供給을 위한 販賣의 仲介 及 委托取引을 行함.

사. 自組合員의 生産品의 保官과 生産○具의 一時的 利用에 ○供할 수 잇는 倉庫을 開設할 수 잇슴

아. 定한 規定에 依하야 金融科를 設하야 金融業○를 取扱할 事

자. 協同組合의 思想 及 使命을 特히 農民에게 普及과 敎育事業을 行할 事

頭固한 農民을 敎養하기에 政府는 努力하엿다. 特히 協同紀念組合을 通하야 其 實現을 니루려 하엿다. 그런 關係上 農村協同組合의 發展을 爲함과 其 完成을 위하야 最大의 注意를 注力하엿다. 特히 貧農의 加入과 貧農이 經營하는 農村協同組合에 ㅇㅇ基金을 創設하엿다. 農村으로서는 消費組合이 第一 便利한 機關이 됨으로 組合員의게나 非組合員의게까지 販賣를 許하기 되엿다. 販賣는 ㅇㅇ主義를 實現하엿다. 私商人보다 八 及 十퍼-센트가 헐하게 되엿다.

一九二六年-七年度에 農民消費의 三四.四퍼센트를 協同組合을 通하야 되엿고 工業品에 잇서서도 四四.四퍼센트가 組合에서 供給하엿다. 農村協同組合은 硏究會 通信講習 宣傳用의 消費組合案內所, 書ㅇㅇ列ㅇ, 女子相談所, 國際協同組合 紀念日, 十月革命 紀念日의 參加講演, 演劇, 映畵 等으로 敎育과 生活向上에 偉大한 活動을 加하고 잇다. 一九二四年에 組合員數는 二百五十二萬九千名이엿고, 一九二七年에는 九百二十六萬名에 增加하고 잇섯다. 農村協同組合은 都市消費組合과 提ㅇ하야 尺度로 發達을 圖하고 잇고 貿易으로는 英國 倫ㅇ에다가 銀行을 두고 國內에는 모스코바(Moscow)와 나로토니 等地에다가 銀行을 設立하엿다. 保險事業은 國營으로도 하지마는 火災, 運送保險은 組合自身으로서 經營한다. 協同組合을 위한 國立銀行 以外에도 一九二三年에 設立한 全露西亞協同組合銀行이잇다. 一九二七年에 全露協同組合 總計는 二萬八千百十六이요, 店鋪數는 七萬一千百四十三이고, 組合員數는 一千五百七萬五千名이다.

全露人口의 一0.二퍼센트에 該當한다. 이제 國內取引中 經營과 協同組合과 和商의 人發達 比較를 보면 別表와 갓다. 協同組合運動에 加入한 成年人口의 百分率이다.

	一九二八年	一九二ㅇ年 豫定數
農村地帶	一八.七	三八.四
都市並工業地帶	四六.四	八八.二
平　　均	二四.五	四九.四

人口全體로서는 未成年 家族을 包含한 數는 一九二九年 四月에 都

市人口 六八.一%, 農村人口는 五四.二%이라 消費組合員이 될 수 잇는 年齡資格은 滿十八歲엿다.

年　次	國　營	協同組合	和商人
一九二三-四	三一.0%	八.四%	四0.八%
一九二四-五	五五.五%	二七.六%	二七.0%
一九二五-六	三五.0%	三四.0%	二四.0%

다시 消費組合과 期 營業所數는 備考. 다음에 '豫定數'라는 것은 國民經濟促進 五個年 計劃에서 세운 豫定數임.

組　合　別	一九二七年十月一日	一九二八年十月一日	一九二九年四月一日
勞動者及都市消費組合	一,四五三	一,四七0	一,四0七
同上營業所	二一,0六四	二九,0九六	三三,0九五
(內運○勞動者)	(二,三一0)	(二,九八三)	(三,一00豫定)
農村消費組合	二七,一七三	二六,二三九	二○,一三0
同營業所	五一,五四一	五八,七六七	六六,六七三

組合別 及 組合員數는 如左하다. 組合員數單位는 千人임.

			豫定數	
組合別	一九二七年	一九二八年	一九二九年	一九三二年
都市組合과 中央勞動 消費組合	五,四七五	七,七三七	九,七二0	一三,八00
運○勞動消費組合	八二七	一,一五0	一,二三四	二,六00
農村消費組合	九,七六0	一三,七三0	一七,八二五	三0,八00

以上이다. 十八歲 未成年者라도 組合員이 될 수는 잇스나 諸機關에 대한 選擧權이 업다.

《조선일보》 1933년 2월 15일

四. 白耳義 協同組合史

白耳義(Belgium)의 協同組合運動의 最初 同期는 一八五0年에 빵을 供給하는 目的한 消費組合의 組織이엿다. 이 組合은 그리스도 教人들이 大部分이엿다. 友愛的 理想으로 實現코저 하엿으나, 長壽의 命을 못가지고 二年이 못가서 解體되고 말엇다. 其後 一八六0年에 가서 協同組合運動이 第二期的으로 宣傳되엿다. 協同組合에 대한 理論이 ㅇㅇ하여 猛烈한 論爭이 이러낫다. 그 다음으로 강-氏의 主張으로 「互相扶助組合」이 設立되엿다. 此 組合의 主權된 會議가 잇섯는대 消費組合과 生産組合의 關係如何를 討議하엿다.

初期 白耳義 協同組合運動은 實際보다도 理論上으로만 發達되엿든 것이다. 當時에 普佛戰爭과 各處에서 蜂起되는 同盟罷業으로 勞動者나 百姓의 心理에는 協同組合갓흔 宣傳에는 念頭에도 無關하엿다. 그러나 十九世紀 後에 니르러서 大資本의 集中과 大經濟工業의 急激한 發達로서 苛酷한 勞動條件이 起因되여 失業洪水는 貧民階級의 生活裡面에 沈越하엿다. 他國에서도 갓튼 情勢이지마는 언재던지 協同組合의 組織할 必要를 늣기는 것은 失業과 기근이 當面할 때이엿다.

一八八一年에서 一八八五年까지에 비로소 協同組合은 各地로서 닷투어 設立되엿다. 自耳義 協同組合運動은 社會主義的 目的을 實現코저 하는 一手段의 應用되어 社會主義的 組合이엿다. 一八八五年에 成立된 自耳義 勞動黨에 加盟하엿다. 그러나 카토릭(Catholic) 教徒의 協同組合과 基督教博愛主義的 協同組合과 自由主義的 協同組合들이 업는 것은 안이엿다. 一八七三年에 강-의워릿트組合이 自耳義에 잇서서의 初設이엿다. 前記에도 말하엿거니와 此 組合의 最初 事業이 빵 製造供給組合이엿다. 또한 發達에 따라서 各種 日用品을 供給하기까지 되엿다. 漸次로 純全히 經濟的 利益에만 活動치 안코 教育的, 道德的, 社會的, 政治的까지에 其 利益을 爲하야 活動하게 되엿다. 이것이 今後의 白耳義 組合의 傳統的 精神이 되고 말엇다. 그 다음도 特色은 藥種과 醫療의 設備를 置하야 組合員의 便利를 ㅇ한 것이다.

그뿐만 안이다. 아름다운 것은 着勞制度의 事業과 病原과 傷害, ㅇ

○, 姙娠 等에까지 組合員에게 手當하는 供給制度를 設置함이엿다. 이와 갓튼 것은 各國을 通하야 보기 드문 事業이엿다. 또한 集會所, 會館等의 建物이 만히 잇다. 剩餘金은 分配하지 안하고 大部分은 公事業 設備에 만히 썻다. 萬若에 配當하는 境遇일지라도 其 方法은 販賣高에 의한 購買券을 發行한다. 其後에 獨逸의 大戰 當時의 侵害로 말매암아 弱한 組合들은 解散의 運에 떠러지고 殘命한 組合들은 反抗策을 講求함으로 合同을 부르지젓다. 最近에 白耳義 協同組合의 發達의 大概를 보면 如左하다.

	一九一二年	一九二四年	一九二七年
協同組合數	二0五	五四	五五
組合 員數	一七0,七四八	二七0,一八九	二九八,一一九
賣 上 高	四七,五一三,五八七	四一六,八二0,三五0	六七二,一四三,九二一
純 利 益	五,一二四,三一0	一二,五五一,八九五	三,六三七,九五九
使用 人數	二,四三七	五,二三0	五,三○二
全 資 本	一,九九五,八六六	九,七○0,八0二	一三,0四八,0八九
全 生 産	一九,一三五,四六八	一一七,六九八,四七三	一七一,二二七,七九二

聯合機關은 안밸-스(Anvers)의 白耳義 協同組合聯合會와 브리윻셀(Brussels)의 白耳義 協同組合中央會가 잇다. 前者는 生産을 主力하야 十六種 以上의 生産品을 내고 잇고, 後者는 敎育宣傳에 注力하고 잇다. 이 外에도 官公○의 中立組合과 카토릭 敎徒와 自由主義者들의 組合이 相當이 進步하야 社會主義的 組合을 對抗하고 잇고 合同組合의 三分一이나 된다.

五. 伊太利 協同組合運動史

伊太利(Italy)의 協同組合運動史는 悲痛한 血跡을 남기고 잇다. 一九二二年에 파시시토(fascist) 集權 前의 伊太利 協同組合은 世界無比의 發展을 가지고 不利한 階級的 陣營으로 根據가 잡인 巨塔의 成功이엿다마는 政治가 一變하자 파시스토(fascist)가 一度政權을 奪取하야

獨裁○○에 오르자 ○○○○이 一朝에 降하야 長久한 歲月을 두고서 되땀으로 結晶된 全國協同組合聯盟의 塔은 破○되고 말엇다. 此에서 組合員의 大群은 反抗的 殺風을 니루어 暴○, 防火 等으로서 政府의 注目과 壓力은 더하여져서 反 파시스트의 協同組合運動는 全然 잣취를 보이기 어렵엇다.

伊太利의 信用組合은 一八六六年에 루이기 루쓰아티(Luigi Luzzatti) 氏가 庶民銀行을 設立함으로부터 始作되엿다. 一八八九年에는 政府로부터 組合保護法律이 成案되여 其 發達은 漸進化하엿다. 一九一九年에 로마에서 全國生産勞動者協同組合聯合會가 設立되고 一九二二年에 第一回의 大會가 열이엿다. 其 時에 生産組合들은 硝子製造에 注力하엿다. 이는 同盟罷業으로 失業된 者들을 爲하야 硝子工場을 購入하고 硝子生産組合을 設立한 것이다. 亦是 資本家들의 大經營에 밀니여 悲運에 降한 ○○이엿슬 적에 밀라노協同組合銀行의 後援을 밧어 가지고 良好한 成績으로 發展하엿다. 大戰 當時는 急擊한 發達을 加하야 硝子○製造에는 거의 獨占狀態에 잇서서 一時 自慢도 가지게 되엿다. 一九一九年에는 밀라그에서 硝子協同組合聯盟을 組織하엿다.

《조선일보》 1933년 2월 16일

近世的 消費組合은 一八五三年에 도리노(Torino)에서 勞動組合을 組織함으로부터 最初 開拓이라고 하겟다. 當年에 物價暴騰으로 말매암아 勞動者의 生活이 ○○하게 되엿을 적에 同組合에다가 購買部를 設○하고 日用物을 實費로서 供給함을 目的한 것이다. 이 도리노(Torino)의 組合은 端○ 출-트히市 消費組合을 模倣하여 實費主義의 販賣를 하엿든 것이다.

一八七0年에야 비로소 鐵道從員들이 ○○西鐵道消費組合을 模型하야 設立한 것이 롯치텔式消費組合의 發生이라고 할 수 잇다. 伊太利에 잇서 가장 初期 組合은 勞動者의 實費主義에 感念한 것을 排除하고 進就함이 難하엿다. 故로 貨賣制를 採用하엿다. 또한 宗教와 政策的으로 結合된 까닭에 가장 大組合들이 니러낫다. 밀라노(Milano)에 協同組合 갓튼 大組合은 伊太利에 第一 큰 組合이엿다. 一九一九年에 組合

員이 一萬五千名이엿다. 此 組合員들은 大槪 다른 만은 사람이엿기 때문에 食料品은 全然 原價主義로 賣却하고 ○侈品은 高價로 팔아서 剩餘金은 出資高에 依하야 配當한다고 하다. 이제 파시스트 ○權을 確立하기 前年 卽 一九二一年 三月 十一日 現在로 諸協同組合을 보자.

消費組合	六,四八一
生産協同組合	七,六四三
信用組合	一,五三四
保險組合	一三三
○協同組合	一,四八0
一九一九年 七月 一日 法令에 의한 組合	二,三三九
合計	一九,五一0

一八八五年에 밀라노 市의 알기애대協同組合의 第十四會 大會에서 伊太利 協同組合運動者會議가 開催되엿다. 二0一組合의 參加를 得하엿스나 實際로 代議員을 派送한 組合은 一0三에 지나지 못하엿다. 이 議會에 英國 協同運動에 功勞者인 빈쉬닷트 날-라호록구가 參列하엿다고 한다. 一八八七年에 第二回 會議에서 伊太利 消費組合聯盟이라 하다가 一八九三年에 와서는 全國協同組合聯盟이라고 改稱하엿다. 그러나 一九二0年 二月 八日 大會에서 社會黨과 白聯盟과 드듸여 分裂되고 말엇다. 一時에 社會主義的 勢力의 天地가 된 듯 하엿다. 一九二二年에 八千의 組合을 가젓고 파시스트 政權이 樹立되기까지는 國內에 가장 큰 聯盟이엿다.

一九二二年의 勢力

加入組合	八,000
組合員數	二,000,000
資本	六00,000,000리라
總賣上高	一五,000,000,000리라(一리라는 三八,七一錢)

加入組合八千의 內譯

消費組合	三六,000
勞動並生産組合	二,七00
農業組合	七00
○	一,000

一九二二年에 白聯盟은 따로 分立하야 伊太利 消費組合同盟이라는 支部를 로마에 두고 相當히 活動하엿다. 이것은 카소릭크(Catholic) 消費組合聯盟이엿다. 또 戰地에서 歸還한 兵士들이 全國軍人扶助組合에서 資金을 빌여서 勞動 及 生産組合, 消費組合을 組織하야 所謂「在鄕軍人消費組合」을 設立하엿다. 一九二二年 十月 三十日은 파시스트 政權이 確立되자 協同組合에는 壓迫이 加하여젓다. 全國協同組合의 三分의 一은 ○○되엿다. 一九二二年에 八千의 組合을 가젓든 全國聯盟은 一九二四年에 四千六百 組合이 되엿고, 一九二五年에는 一千밧게 남지 않엇다. 有力한 指導者들은 海外로 放送 或은 ○○ 等의 亂을 當하엿다. 一九二五年 十一月 五日은 全國聯盟에 解散命令이 서리갓치 나리엿다. 이날은 맛츰 土曜日이라 全國聯盟의 會長 안톤이 오빌-가니니 氏가 聯盟事務所로 解散命令을 가지고 온 騎馬兵과 警官을 맛나서 事務所로 가서 事務所의 ○을 沒收 當하고 그날부터 만흔 세월을 두고서 쌓아오든 聯盟의 塔은 破散되엿다. 파시스트는 다시 自營消費組合을 ○張식히고 스사로 聯合會를 組織하엿다. 强制的 加入과 强制的 組織을 命하여 只今 現勢力은 如左하다.

加入組合數

全國消費合組合協會	一,八0八
全國勞動者生産組合聯合會	一,一三一
全國農業協同組合聯合會	三0七
全國農村信用組合聯合會	三五0
全國住宅組合聯合會	一七八

《조선일보》 1933년 2월 17일

六. 米國 協同組合運動史

米國의 協同組合運動은 世界 各國에 比하야 가장 近世에 되엿다. 또한 其 發達에 잇서서도 놀낼 만한 事實的 證物이었다. 이는 여러 가지의 亞米利加(America)의 特殊性에 의한 것이다.

첫재로는 各國人이 集中하는 것만큼 移民에 依하여 建設되는 新興國인 까닭이다. 다시 말하면 各種族的 人口 動態가 甚한 까닭이다.

둘재로서는 勿論 移民의 動態가 複雜한 것은 貧窮의 原因이겠지마는 이는 보다 財的 成功의 希望性을 가진 者들이다. 또한 누구나 어느 사람을 莫論하고 黃金國인 亞米利加(America)에 가면 돈번다는 觀念부터 가지게 되고 事實上으로 他國에 比하야서는 經營的으로 個人的 成功의 機會를 만히 잇다고 할 수가 잇다. 다시 말하면 現在에는 남의 집에 쿡-이 되여서라도 大富豪와 大政治家를 꿈꾸는 個人的 慾望을 가질 수 잇는 까닭이다.

셋재로는 米國은, 그 과이 言語, 習慣, 感情이 다른 各國과 이 混雜한 까닭이다. 勿論 移民이 만히 되는 것은 勞動者 階級이다. 이들은 出生國을 다 각기 달이하야 協同的 運動에는 無限히 힘들게 되엿다. 都市에 잇는 勞動者나 鑛業勞動者나 다 가튼 形便으로 生活安定을 위하야 왓다갓다 하는 故로 더욱 힘들게 되고 또한 農業勞動者도 亦是 樂園이나 農村에서 저 農場에서 農場으로 돌아다니게 된다. 殆이 이들은 ○力이 만타. 이러므로 協同組合으로서는 設立 當初에 開拓的 奉仕를 必要로 하겟다. 此에 열심 잇는 支持者를 求할 수 업는 것이 첫재 條件이다.

이제 米國 協同組合運動의 最初 始發을 들친다면 一八四四年에 쪼-지 골-박크란 裁縫業하는 사람이 뽀스톤(Boston)에서 組合的 購買크럽을 組織함으로서 되엿다. 한해를 지나서 一八四五年에는 此 크럽을 中心으로 하야 勞動者保護組合이라 하는 것이 發生되엿다. 其 組合員數는 五千餘名에 達하고 運用資本은 七萬몰이고 賣上高는 五十萬몰에 갓가워서 놀나운 發展을 보히엇다. 그러나 不幸이도 內○이 起因되여 꾸준한 維持들 못하고서 ○히 解散되고 말엇다. 此 組合이 업서지자 뒤딸아 組織된 米國 保護組合이라는 것이 發起되여 알들한 進步를 거듭하여

一八五七年에 三十萬몰의 年賣上高를 내고 十州 以上을 取引하야 共同線上에서 購入販賣를 活ㅇ하다가 不運之期會를 맛나기 되엿다. 이것은 누구나 다 잘 아는 바와 가타 一八六一年에 南北戰爭이 가려온 呈物이다. 此 組合員中에서도 大多數가 出戰치 안흘 수도 업섯든 것이다. 此로 因하야 不振의 運으로 解散되고 말엇다.

그러나 一興一敗의 宿命的 期는 업슬 수 업섯다. 南北戰爭이 끗나자 다시 第二産業革命으로 土臺를 닥근 米國의 資本主義는 急激한 發展을 하고 잇섯다. 此의 反하는 貧民의 生活은 또한 急激히 沒落에 바젓다. 亦是 不利環境에 處한 百姓은 協同組合運動을 高調하야 自身의 生活를 向上코저 하엿다. 여기에서 米國 協同運動의 發展史上으로 보아 第二期로 着做할 수가 잇다고 하겟다. 農民의 利益을 爲하야 닐려난 全國農民의 秘密結社로 된 「農業의 守護者」가[5] 協同組合的 團體로서 全國農村의 有力한 地方마다 消費組合的 店鋪를 施設하고 金融機의 銀行, 保險會社, 揚機, 倉庫 等을 建設하엿다. 이것도 最初 經營方針의 拙劣과 資本不振 等으로서 잣취조차 감치우고 말엇다. 그 다음으로는 勞動騎士團[6]란 것이 組織되여 協同組合的 性質을 가젓고, 事業도 全然同謀이엿다. 이것은 本是 勞動組合의 性質을 띄고 發起는 하엿고 其ㅇ領에 協同組合 目的을 包含하여 長久하게 活動을 하엿다. 또한 直接으로 協同組合의 事業을 힘써서 百三十組合을 니르겻다. 一八八六年에 와서는 協同購買組合과 協同生産組合이 發展하여 其 勢力이 飛上하엿으나 騎士團의 破散으로 말미암아 딸하서 協同組合도 破散되고 말앗다.

《조선일보》 1933년 2월 18일

一八四四年부터 一九0七年까지의 一回年의 歷史는 生死觀이엿다.

5 구란차ㅡ스 「農業守護者」라고 일홈한 農民의 秘密組合은 一八六七ㅡ七五年間에 活動하야 一時 組合員을 百五十萬人이나 갓고 各種事業의 獨占, 特히 運ㅇ機關 또한 鐵道에 獨占에 의한 農産物의 運賃의 ㅇㅇ에 反對하고 此의 廢止法을 要求햇다.

6 勞動騎士團은 一八六九年에 裁縫業者가 組織한 一種勞動組合이엿다. 同盟罷業 뽀이쿠트 等의 外政治的 行動의 協同組合 教育宣傳에 依하야 勞動者의 地位를 向上코저 努力하엿고 一八七九年에 宣言과 ㅇ領을 發表하야 公公然하게 組合으로 되여 一八八六年에 가장 全盛 時代에는 一時 組合員이 七十三萬人을 包ㅇ하엿다가 此에 反抗的으로 組織된 亞米利加 勞動聯合 때문에 組合員은 被殺當하고 스사로 ㅇ滅되고 말엇다.

나자마자 업서지기에 밧분 哀史를 남기고 말엇다. 米國에 잇서서 協同組合運動은 一九一0年에 와서 겨우 氣勢를 펴게 되엿든 것이다. 一九0七年에 비로소 유대人 하이만 콘-란 사람이 뉴-욕市 유대人의 市街를 돌아단이며 協同組合에 對한 理想을 宣傳하다가 일흡만이라도 "協同聯合"이라 적은 組合을 조직하엿다. 大會를 開催하엿슬 적에 아모도 온 사람이 업고 自己 혼자이엿다. 콘-은 不撓不屈하야 熱心으로 宣傳하여서 乃終에는 "協同組合콘-"이라는 別名을 들엇다. 이 協同組合은 一九一一年에 三百弗의 資金을 가지고 ○子店을 開設하엿다. 모든 사람의 好氣心을 끄러서 少額이나마 資本金을 蓄積하게 되엿다. 이것을 가지고서 亞米利加(America)에 最初 消費組合의 生産工場을 設立하엿다. 겨우 組合員 三百名을 갓고 生産工場을 設置함은 넘우 過分한 事業이라 안을 수 업섯다.

一九一0年에 組織된 農工協同組合이 되여 各處에다가 食堂 共同宿泊所 屠豚店 等을 두엇다. 또한 同年에 된 유대人의 "清淨製빵소"가 되여 相當히 發達되여 롯치델의 原則에 準하여 經營하엿다고 한다. 此에 模하야 各處에 消費組合運動이 氣勢잇게 發達되엿다. 此等 組合을 全國的, 統制的 機關이 업슴을 遺○으로 알아 一九一五年에 紐育市에 集合한 個人的 小會議에서 決議하고 翌年부터 育紐市에 다가 本部를 두고 協同組合의 宣傳과 目的을 活動키로 하엿다. 一九二九年 現在로 아메리가 消費組合은 約 一千八百組合中 消費組合聯盟에 加盟한 組合이 겨우 一六二組合밧게 못되고 組合員은 七萬八千名이며 年賣上은 千五百萬弗에 넘지 못하엿다. 이 加盟된 組合들로 비롯하야 加盟되지 못한 組合까지 招待하야 一九二八年 十一月 이리노이스(Illinois) 州 월-강에서 開催된 第六回 全國消費組合 會議는 土曜日에 三十의 小車, 荷馬車, 도락쿠(truck) 百二十三臺의 花自動車를 연하야 去頭에는 飛行機로 宣傳 비라를 뿌리면서 아메리카式 示威行列을 하엿다.

一九二九年 末에 四地方 協同消費組合을 組織하엿는데 其中에 가장 큰 것은 이푸라스카(Nebraska) 州 오마하(Omaha)에 잇는 農民同盟取引所이고 第一 오래된 都賣組合은 우스콘싱(Wisconsin)州 슈-매리올-에 協同中央取引所이다. 特히 米國은 農村協同組合運動이 發達이

만이 되엿다. 農村組合의 代表할 만한 것은 米國協同都賣組合, 米國 롯치델同盟, 全米協同組合協會 等이엇고, 農村協同組合은 歐洲 大戰이 끗난 이후에 發展히 獨特하엿다. 一九二五年에 二百七十萬의 農民과 一萬二千販賣組合을 가지고 年 二十五億놀의 賣上高를 가젓다.

七. 丁抹 協同組合運動史

丁抹(Denmark)은 農村啓蒙으로서 先驅이다. 丁抹의 農業은 組織的, 科學的으로 經營되고 그 發展과 成就는 殆히 協同組合運動에 依하야 니루운 나라이다. 그럼으로 丁抹의 農村은 商店이나 商人이 하나도 업는 村落이 흔하다고 한다. 丁抹 協同組合의 最初 史源을 본다면 信用組合으로서 紹介되엿다. 一八四六年에 獨逸에 留學 갓든 백구소에, 슐네지아 두 사람이 獨逸 信用組合運動에 늣김을 밧아 가지고서 歸國한 後에 大地主를 ㅇㅇ하야 信用組合을 組織하엿다. 그러나 國王의 認許을 밧지 못하여 苦難에 違入하엿더니 一八四九年에 立憲君主制가 宣布됨에 따라 農民의 地位가 向上되여 組合運轉에 自由가 만케 되고 또한 一八五二年에는 信用組合에 關한 法律이 制定되여 組合運動은 大路上에 ㅇ頭하게 되엿다. 그러나 悲慘하게도 一八五七年에 波及되는 金融恐慌에 되말이여 破滅에 빠지고 말엇다.

此際에 政府로서 信用組合의 保護法을 改正하야 宣布하게 되자 協同組合運動은 更生의 길를 밟게 되엿다. 더욱 信用組合의 發達은 一九二三年에 十二以上으로 보이엿다. 世界에 第一 有名한 丁抹의 農業生産組合은 國際 市場에 外國農産物과 競爭을 開始하야 穀物栽培로부터 牧育業으로 轉換勞力하야 牛乳, 빠-트(butter) 製造, 鷄卵, 養豚 等을 實現하엿다. 前부터 英國 等地로 輸出이 업지 안엇지만는 交通上 不便으로 苦慌을 밧엇다. 漸次도 直通 航海의 開通이 되고 自國內의 鐵道 施設이 發達됨에 딸아 英國 外에도 外國 輸出이 非常히 ㅇ增되엿다. 一八八二年부터 一八九0까지 卽 八年間 酪製組合이 一千二十組合이나 新設되엿다. 此에 反하야 個人經營으로 된 酪製所는 漸漸 ㅇ逐을 當하

엿다. 一九一四年에 와서는 酪製組合은 一千百六十八이엿으나 個人 酪製經營은 겨우 三百五十에 不過하엿고 一九二六年에는 前者가 一千五百에 達하엿는데 後者는 漸漸 減少되여 一百八十三에 不過하엿다.

《조선일보》 1933년 2월 19일

一九二六年의 뻐-트(butter) 生産高는 一億二千三百萬기로(Kg)이고 國內 生産의 九割를 點領하엿다. 또한 丁抹에 잇서서 屠豚業者組合이 有名하다. 이는 最初 一八八七年에 組織되여 資本家 屠豚業者들의 甚한 競爭을 밧음에도 不拘하고 漸漸 發達되여 一九一四年에 니르더 其數가 四十六 全國屠豚業者의 八割二分이나 包含되엿다고 한다. 只今 와서는 全國屠豚業組合聯合會가 되엿다. 此 組合에서 一年間 屠豚 數量이 三百萬頭나 된다고 한다.

一八五七年에 金融恐慌으로 信用組合은 全然 沒落에 處하여 沈滯하엿슬 때에 消費組合運動은 다시 니러 나게 되엿다. 一八六六年에 롯치델公正開拓組合을 배워저 유들란드(Jutland) 半島 더스댓트(Thisted)라고 하는 町에다가 勞動者協會를 基督敎의 牧師 쫀-네(Hans Christian Sonne) 氏가 設立함이 丁抹 近代的 消費組合의 創設이엿다. 쫀-네 牧師는 丁抹消費組合의 創立者이엿다. 또한 丁抹 協同組合의 偉大한 活動과 아울너 世界에 國名을 자랑케 됨으로 彼의 힘이 만헛다고 한다.

丁抹의 開拓은 協同組合으로써 나룸이 크다 하고 하면 쫀-네 牧師는 丁抹 協同組合을 開拓한 功勞者라고 하겟다. 엇젯던 쫀-네 牧師는 丁抹 開拓에 크다란 功勞를 가진 사람이다. 쫀-네 牧師가 消費組合運動에 熱重하게 된 動期는 어느 主日에 敎會에서 禮拜를 보는대 그리스도는 讚美歌로서 노래할 적에 敎人中 一勞動者가 니러나면서 "그리스도의 道行을 배우면서 그리스도의 道行대로 行치 못하느냐? 그리스도는 배곱흔 人民에게 說敎와 讚美만 부르지 안엇다. 배곱흔 사람에게 먼저 떡부터 먹여 놋코서 說敎하엿다"라는 究○에 늣긴 때부터라고 한다. 彼는 愛의 使徒인 同時에 消費組合의 牧師이엇다. 一生을 捧獻하야 消費組合運動으로 지냇다고 한다. 二十年이 넘은 후에 卽 一八八五年에 겨우 二百여

消費組合이엿다.

다시 五年 後에는 一八九0年에는 五百組合이엿다. 一九一五年에 와서는 全國 消費組合은 一千五百二十七이엿다. 其中에 農村消費組合은 一千百八十七이라고 한다.

農村肥料購買組合은 一九0一年에 二十一組合이엿다. 此等 組合이 率先하야 聯合會를 組織하엿다. 一九二六年에 니르러서는 全國의 賣上高가 二十萬頭이라고 한다. 其外에도 農村에서 使用하는 石灰, 種子供給組合이 잇고, 이 모든 組合들이 總合하야 一九一四年에 金融機關(協同組合銀行)을 設立하엿다. 그러나 此 機關은 戰爭 以後에 밎이는 經濟恐慌으로 말매암아 閉鎖되고 말엇다. 그 다음으로도 듸니어서 丁抹出資庶民銀行을 設立하고 諸般 方面의 利益을 爲하야 伸長하는 中央機關이 되엿다. 丁抹 協同組合의 統制的 聯盟은 如左하다.

丁抹協同酪農組合聯合, 協同牛酪輸出協會, 丁抹協同豚屠殺所, 丁抹農民協同鷄卵輸出協會, 丁抹農民協同種子配合組合, 丁抹協同매-콘工場, 丁抹農과 協同家畜輸出協會, 三協同飼料購買組合, 丁抹協同세멘토工場, 丁抹協同石灰供給協會, 丁抹協同並人民銀行, 丁抹協同肥料供給協會, 丁抹協同農業保險組合聯合, 協同組合○○所協會

이는 모다 丁抹協同聯合會에 所屬하여 잇다.

一九二九年에 現在인 協同組合의 槪觀은 如左하다.

組合合	組合員數	賣上總○ 單位 百萬구로나
消費組合	三三一,五00	四一一,0
農業生産販賣組合	四二二,五六四	一,四九五,六
農業購買組合	一三一,七六0	一八三,九
其他協同組合	五六八,九三七	八,五

(一구로나는 五三,七六四錢)

《조선일보》 1933년 2월 21일

八. 佛蘭西 協同組合運動

佛蘭西(France) 協同組合運動은 他國에 比하야서는 發展이 더 되엿다고 하겟다. 이제 最初 發生을 探究하여 본다면 一八三五年에 二人의 織物工이 리온(Lyon)에서 設立한 '眞正商業'이 消費組合의 最初이라고 할 수 잇다고 한다. 그 後로서는 一八五五年에 組織된 것들이다.

一八四八年에는 生産組合이 發生하고부터는 則 一八六三年부터 一八六六年까지 信用組合이 盛하엿다. 此 信用組合의 最高의 目的은 生産組合이 된 때까지의 必要한 組合運動으로만 알엇다. 當時에 가장 中心勢力을 가진 組合은 리온에서 된 海狸組合(Socieksdes Caskors)이엿다. 一八六七年부터 一八八三年 사이에는 全然 信用組合的 運動만 熱中하게 發達되엿고 其中에서도 百餘의 消費組合도 組織이 되엿다. 이제 前 海狸組合의 最初 形便을 살핀다면 이러하다.

처음에는 貧民 勞動者들이 맨처음 石灰共同購入을 行하다가 漸次로 食料品까지 共同購入할 意見이 進出하여서 實行한 結果 非常한 良好的 成績을 보고서는 組合員의 一致 可決로서 消費組合을 設立하게 되엿다. 漸漸 進步로서 리온의 모든 市民의게 注目거리가 되자. 一般 人氣는 集中되여 勞動者는 好氣心을 가지고서 續續 加入을 하엿섯다. 겨우 六個月이 넘어서는 市內 各區에다가 支部를 設置하고 製빵所, 삐스겟트工場, 酒造所, 貯○所를 두고서 市價 以下로 販賣하엿섯다. 그러고 純剩餘金을 公共施設에 使用하엿고, 漸次 社會的 事業方面으로 걸어 나아갓다. 一八六四年에 니르러서는 巴里(Paris) 附近에 만은 組合이 發生되엇고, 其中에 가장 代表的 組合은 巴里(Paris) 第十八區組合이엿다. 二年이 지낸 ○에 ○○○○○○○이나 되엿섯다. 當時의 組合運動은 레온세이(Léon Say), 젤-시몬(Julos Simon), 완타스(Walyas) 等의 ○○이 ○○한 漸漸 學者들의 熱心에 依하야 支待되엿섯다.

佛蘭西 協同組合運動에는 두 가지 ○派가 有하야 互相鬪爭이 大壇하엿섯다. ○님-스(Nimes)派와 산크로-트(Saint Claude) 派이여섯다. 님-스(Nimes)派라는 것은 一八八五年에 되보아무와 파-뿐내란 두 勞動者와 사루・ 지-트 等으로 님-스(Nimes) 町에서 組織된 消費

組合이다. 이 組合은 롯치델公正開拓者組合主義에 準하야 實現하고 同年에 巴里에서 協同組合 會議을 開催하여 協同組合中央會를 設立하고 新聞發刊 年一次式 大會를 開催할 것 等을 決議하여섯다. 산•구로트(Saint Claude)派라는 것은 유라州 산•구로트(Saint Claude)에서 最初 友愛ㅇ로서 發達하여 社會主義的 消費組合이 始作되엿다. 此 ㅇ學派의 消費組合들은 相互間에 理論論爭으로서 結局 一八九五年에 分裂되고 말엇다.

언제던지 우리가 아는 바와 맛찬가지로 分裂은 退步와 ㅇㅇ을 招來하는 것이엿섯다. 亦是 協同組合運動家들 사이에서 此 分裂를 ㅇㅇ하야 再次 合同을 늣겻다.

더욱 만흔 熱心과 構成를 가진 사루• 지-트 氏의 非常한 努力으로서 一九0四年에 비로소 合同의 必要를 더 만히 늣기고서 合同할 決議를 보히엿섯다. 正式으로 合同되는 一九一一年 大會에 와서 님-스派의 草起한 宣言에 互相同意되여 同年 十二月에 完全히 合同되여 全國消費組合聯盟이라고 하엿다. 合同 以後의 消費組合의 發展은 分裂 當時의 反目을 一新케 하엿다. 一九二九年에 四十七組合을 가지고 其 賣上高는 十五億이엿섯다. 世界大戰 當時에 된 消費組合에 對한 이야기가 잇다. 이는 東部 國境에 갓가운 市町에는 全部 ㅇ軍砲擊을 當하여 其中에 만흔 消費組合도 破滅에 니르럿든 것이다. 그러나 全 市街는 兵火에 全燒되엿스나 오즉 協同組合의 建物마는 남어 잇섯다고 한다. 이것은 獨逸 砲兵 軍隊中 한 中隊 全部가 消費組合員이 되엿든 까닭에 其 理由가 되엿다고 한다. 戰時에 하룻날 獨兵은 佛蘭西 市街를 砲擊하면서 드러 올 때에 鐘路에 어는 建物 玄關에 六書가 보임에 한 兵丁이 밥을 먹고 처다보다가 고게를 꺼덕이고 그대로 지나갓다 한다.

에-스누의 사-도, 차-두리-관 곳에도 또한 獨軍의 侵略을 當한 市町 中에 하나엿다. 獨逸의 猛ㅇ에 佛軍는 退脚함으로 市民 等도 全部 市外로 避身하엿을 적에 오즉 消費組合의 支配人 한 사람만이 組合을 死守하고 잇섯다. 町中 家家戶戶는 全部 掠奪을 當하엿섯다. 獨軍은 消費組合 압을 지나려 할 적에 亦然 消費組合도 掠奪할 作定이여섯다. 그때에 組合 看板을 佛語로 쓴 그 우에다가 獨語로『消費組合』이라 썻다. 獨

兵은 처다보다 드러가서 好意로서 商品을 골나서 돈을 주고 사면서 가전은 밧지 안코 오즉 親切한 握手를 하고서 退하고 말엇다고 한다. 現今까지라도 國際親誼이니 무엇이니 하야도 砲火가 날고 殺氣가 가득한대서 오즉 消費組合만는 世界民族을 通하야 平和的 뜨거운 握手로서 實現하엿다.

『世界平和는 協同組合으로』는 實際的이면서도 可然이 잇는 웨침이다. 佛蘭西 協同組合은 大戰이 쓰치고 간 되자취에서 物價騰貴와 不正商人을 相○로 하야 一般 消費者는 合同을 늣기고서 組合에 加入이 非常하여젓다. 더욱 國家는 組合을 同情하여 保護的 法律로서 其 發展을 促進하여 各 軍團內에서도 消費組合은 組織되엿다. 一九二八年에 全國消費組合 總數는 三千五百十三, 組合員은(家族並) 二百二十八萬五千名, 總賣上高는 三十五億法(Franc)이엿섯다. 또한 協同卸賣組合은 一九0七年 建設되엿다. 一九二八年의 加盟組合數는 一千四百五十四, 總賣上高는 六億五千四百四萬二千九百九十法(Franc)이요 生産高는 三千二十一萬四千七百四十一法(Franc)이엿섯다(一法 三八.七0九錢).

九. 첵코슬로바키아 協同組合運動

첵코슬로바키아(Czechoslovakia) 協同組合은 世界 各國의 運動에 比해서는 特殊한 點이 만히 잇다. 協同組合運動은 大槪가 中立性을 固守하고 잇슴에도 不拘하고 슬로바키아協同組合은 全然 社會主義的 立場에서 階級鬪爭을 ○骨내여 놋코서 進就하고 잇다. 또한 첵코슬로바키아國은 小國인 것만큼 自由獨立國이 된 지 其 歷史가 짤다. 이런 것만큼 協同組合의 始作도 짤다고 하겟다. 첵코슬로바키아는 一九一八年에 겨우 오스토리아(Austria)와 흥가리(Hungary)로부터 獨立한 新興國이다. 그러나 協同組合運動는 戰前부터 發展하고 잇섯스나 오스토리아 協同組合中央聯盟의 所屬下에 잇섯다 하다가 一九0八年에 와서는 民族的 ○○○○○○○○○○ 立하고 첵코슬로바키아人 自身의 協同組合中央聯盟을 組織하엿섯다.

一九一八年에 첵코슬로바키아는 드디어 獨立의 ㅇㅇ을 맛자 國家로부터 첵코슬로바키아 協同組合中央聯盟을 承認하고 其 加盟한 協同組合들을 公的 協同組合運動으로 公ㅇ하야 多大한 保護가 나리엿다. 여기에서 一九0九年에 設立된 協同消費組合 갓흔 것은 無數히 發達하여섯다. 그뿐만 아니라 國內에 잇는 獨逸人 經濟組合聯盟과 獨逸人 消費組合卸賣組合이 一九一九年에 設立되여 非常한 發展을 가지고서 對立的 ㅇ聯盟을 가지엿다. 이 等은 모다 풀라-구(Prague)에 本部를 두고 잇다. 此ㅇ聯盟에 加盟한 組合들은 첵코슬로바키아 社會民主黨과 獨逸人 社會民主黨을 支待하고 잇스며, 勞動組合과 緊密한 關係를 가지고 政黨과 勞動組合과 消費組合을 所謂 社會運動의 宣言한 三團一體로서 活動하고 잇다. 또한 消費組合의 經營은 롯치델 組合의 此 大原則을 遵守하엿스나 出資金에 對한 利子의 配當도 업시하야 純剩餘金만에 所定規則에 依하야 分配한다. 一九二三年에 첵코슬로바키아 消費組合中央聯盟에 加盟된 組合은 四二七組合이요 此中 報告를 提出한 組合은 三二三組合이엿섯다. 報告를 收集한 組合만의 賣上高는 八億一千八百六十五萬四千六百九十二구랑(Koruna)이요 純剩金은 二百三十一萬七千八百二十二구랑(Koruna)이라 이제 如左히 上記 純剩餘金에 대한 處分을 보면 上表와 갓다.

右記中 救濟金이라는 것은 ㅇ儀에 對한 補助로 支拂하는 것이나 반다시 組合員의 組合에 對한 應用高에 依하야 支給되기 때문에 組合員 各自에 딸아서 다르다고 한다.

種 別	純剩餘金의 配定金額(一구랑-은 四0,六五一)	百分率
積立金	一八六,五七0구랑	八.0五
救濟基金	八六八,九0九	三七.四八
同情基金	九三,0三七	四.0二
組合員의게分配	八六六,一三四	三七.三六
雜	三0三,一八二	一三.0九
計	二,三一七,八二一0,二000	

兩聯盟 中 첵코슬로바키아 協同組合中央聯盟은 加盟組合을 一千八十四이나 가젓다. 一九二八年 現在대로 此를 組合別分로 하면,

消費組合	二七三
生產組合	二0二
勞動者의 家	二三四
住民組合	二一八
信用組合	三一
農業組合	一二二

첵코슬로바키아 協同組合中央聯盟과 獨逸人 經濟組合과는 처음부터 相互의 親密한 關係를 가지지 안엇다가 一九二七年에 이르러 스토쿠홈-(Stockholm)에서 國際協同組合大會가 열엿슬 적에 聯盟은 비로소 ○○할 決議를 가지고서 合同委員會가 設立하게 되엿섯다. 一九二八年 五月 五日에 비로소 兩聯盟 代表가 出席하야 共同活動의 原則을 決定하고 合同委員會에서는 六名의 代表로서 商業, 財○, 保險, 法律의 四條로 委員을 分하야 活動을 開始하엿다. 兩聯盟의 卸賣組合聯合會를 構成하야 一九二八年 以來 共同購入을 實行하엿다. 이제 下記如히 兩聯盟의 勢力을 본다면 以外에도 가소릭그(Catholic) 敎徒의 消費組合運動도 非常한 數字를 가지고 잇다.

	첵코 聯盟		獨逸人聯盟	
年 度	組合員	組合數	組合員數	組合數
一九一九年			一八二,二三六	二八五
一九二0年			二六四,三八六	二八八
一九二一年			三0三,0五四	二八五
一九二二年	四九八,九七九		三0一,二五三	二七一
一九二三年	四六一,五五三		二八六,00四	二三九
一九二四年	四二二,四二四		二六九,五九一	二0六
一九二五年	四0七,二一二		二五六,八六九	二00
一九二六年	四六五,五四八	一,二三七	二四八,六四0	一八一
一九二七年	四四八,三六八	一,一三九	二三八,0五八	一七三
一九二八年	四二九,六五0	一,0八四	二三三,七二二	

年　度	組合數	報告한 組合數	組合員數	賣上高(시랑구)
一九一三年	九一	九一	一五二,二七八	六七,一六七,一五五
一九二三年	一0三	一00	四八一,九四九	一0三,四六三,九四0
一九二四年	一二八	一一八	四七五,五二0	一三一,四七七,八五八
一九二五年	一三0	一一八	三二一,0一四	一三八,一九七,五九八
一九二六年	一二九	一一六	三一七,九三六	一二九,四四七,一七一
一九二七年	一二五	一0九	二五三,五六七	一三八,五六七,一三一
一九二八年	一二一	一0八	二五五,六一四	一四八,八○七,七一五
一九二九年	一一七		二六0,000	一六0,000,000

(一시랑구는 二八,二三錢)

一十. 墺太利 協同組合運動

墺太利亞(Austria)는 世界大戰 以後에 洪牙利(Hungary)와 첵코슬로바키아가 獨立을 하고 도란실비아(Transylvania)는 羅馬尼亞(Romania)에로, 가리타야(Galitsiya)는 波蘭土(Poland)에로, 포스니아 헬패고빈아(Bosnia Herzegovina)는 유고슬아비야(Yugoslavia)에로, 南티울-이스토리아(Istria) 半島 푸-매는 伊太利(Italy)에로 各各 割讓되여 버리고 舊墺太利亞(Austria)의 西部만을 領土로 한 적은 共和國이다. 이 나라 百姓의 大部分은 獨逸人系이다. 이러한 關係上 奧太利(Austria)에 잇서서는 大戰前의 協同組合運動에 對한 考察이 ㅇㅇ함으로 大戰 以後의 墺太利人으로서 活動된 協同組合運動을 一考코저 한다.

오늘날 墺太利 協同組合活動을 代表할 만한 것은 獨系人, 墺太利人, 消費組合聯盟이다. 此 聯盟이 大體에 잇서서 그 기우러진 것은 白耳義(Belgium)와 가타 社會主義的 色彩가 濃厚하다는 것이다. 그러나 白耳義처럼은 意識的이 안이다! 消費組合의 職員은 大槪가 當時에 團會나 ㅇ會 市會에 잇서서도 社會民主黨의 餘部가 되어 잇다. 墺太利의 社會主義黨과 基督教社會黨과 政權을 私爭하고 잇스나 特히 윈-(Wien) 市 市會에 만은 敵를 가지고 잇다. 이러한 것만큼 協同組合運動에도 二大潮流가 잇서서 運動의 活動 方面도 달이 한다.

그리고 社會民主黨派에서는 協同組合運動에 依하야 社會主義 實現을 意味하엿고 또한 特色을 보이는 點은 敎會의 廣大한 土地와 森林市街地의 大○○○와 運輸機關○業과 産業에도 其 財産은 人民의 所有할 것인 同時에 協同組合에 依하야 換置할 것이라고 主張한다. 그러고 全然 協同組合의 經營法은 롯치델의 原則을 使用하고 잇다. 또한 基督敎社會黨派의 協同組合의 運動은 그리스도의 愛를 根本 基礎로 하야 消費組合을 支持하는 同時에 此로 말미암아 基督敎的 社會主義를 實現코저 한다. 그러나 兩者가 다 非常한 活動을 보이고 잇다. 이래 墺太利 協同組合運動은 一九二三年부터는 작구 激減하고 잇다. 이는 世界的으로 共通되는 經濟的 恐慌의 原因도 업지 못하지마는 大槪는 組合員의 不熱心한 誠意에 關한 것이 많다. 지금 如左의 數字만는 忠實한 組合員으로 된 協同組合의 發表이다.

一九一三年부터 最近 一九二九年까지 事況을 보면 一九二八年부터 다시 再增의 傾向을 볼 수가 잇다. 聯合活動은 墺太利 消費組協同卸賣組合이 잇다. 其 事業은 年年히 發展하고 잇다. 特히 生産事業으로서는 衣服, 裁造工場 等을 設置하고 其 生産品으로서 個體 地方組合에 物品配給하여 百貨店的 又는 消費○○○하고 잇다. 協同組合으로서의 特色은 勞動組合을 根○하야 ○○한 事業을 協力하고 ○○亞와 ○商株式會社, 勞動銀行株式會社 等을 支持하고 잇다. 또한 墺太利에는 國家와 協同組合과 共同으로서 ○○事業을 行하고 잇다. 예를 들면 組合農業並○物工場 經營인대 其 出○에 잇서서 協同組合으로서 出資株 七%, 國家三%를 가젓다고 한다. 一九二九年度의 此 生産高는 五萬八千足中에 消費組合을 通하야 賣出된 것이 八0%이라고 한다.

一一. 印度 協同組合運動

印度(India)에 잇서 協同組合運動이 ○○하다 그럼에도 不拘하고 一考할 點은 印度 政勢가 우리 處地에 恰似한 點이 만흔 뿐이다. 農業國에 對한 地情이 가튼 것이 만키 때문이다. 印度의 全人口에 七十퍼센트

以上이 農民을 가진 것만큼 農業的 利益을 爲하야 非常히 注力하고 잇다. 또한 印度의 農業은 主張 牧畜이 甚하다. 世界 經濟의 不進에 딸아 印度의 農村은 窮乏으로 下傾하여젓다. 이는 在外로서 ○○的으로 侵入하는 大資本의 ○○的 農業의 發展과 高利資金業의 慣行으로 말매암아 印度의 農民도 土地를 팔고 一種의 奴隷勞動의 群의 增加率를 올니고 잇다. 此에서 農民을 救出키 爲하야 政府로부터 信用組合을 天降的으로 保進식혓다. 그러고 確實한 發達을 보이기는 一九0四年의 信用組合法을 制定하고부터 非常한 組織과 事業의 發展이 이러낫다.

또한 이 信用組合은 當時의 農民의 負債 三十億두-삐이(Rupee)엿고, 最近에 發表된 數는 六十億두-삐(Rupee)라고 하는 巨額이 農民生活 裡에서 農民을 삼키고 잇는 顯報한 ○○을 破滅식키기 爲하야 蜂起하엿다. 此○○○○은 ○○의 과이파○○○○○○하여 最初 一制二分구○의 利率로서 ○○하엿을 적에 印度 農民은 此○험한 利子가 아니엿섯지마는 ○出○現과 加히 ○○하엿다고 한다. 比에서 信用組合은 印度의 農民을 抱○키 爲하야 번듯한 理想과 目的으로서 ○○와 ○○에서 우슬 수 잇는 希望의 地帶에 옴겨 노을 수 잇다고 밋는다.

그러나 印度에는 消費組合運動은 무던히 더디다. 이는 理由가 勿論 여러 가지가 잇겟다. 첫째는 消費組合運動이 印度 百姓의 情的 內心에 適切한 敎育이 업는 까닭이다. 此故로 印度 人間이 消費組合에 對한 理解가 업기 때문에 其 組織과 必要를 늣기시 않는 까닭이다. 그러고 自由精神이 업고 오즉 在外에 무엇을 밋는 것 等 依○性이 잇기 때문이다. 一九二八年의 統計에 依하면 信用組合은 六萬五千百一組合이요 그러고 信用組合을 내여 노코서 協同組合 總數는 一千百三十三이라고 한다. 其中에 가장 적게 가진 것은 消費組合이라고 한다.

그러고 印度에서 協同組合에 世界에 特異 組合은 協同排마라리아病組合이다. 이것은 一九一四年 갈갓다(Calcutta)에서 멀니 떠러저 잇는 한 村落에서 組織된 것이다. 이는 마라리아 其他 傳染病의 豫防을 爲하야 協力하고 或은 豫防用의 醫藥用具를 共同購入을 目的하야서 된 組合이다. 맨칼 地方과 가튼 沼擇地에는 一分半마다 한 사람식 마라리아病으로 死亡한다고 한다. 如此한 病的 豫防을 爲하야 組織된 種種의 協

同組合은 五百餘 組合이 잇고 또한 聯合機關까지 잇서 相當한 活力한다고 한다. 其中에 代表될 만한 聯合은 中央協同排 마라리아病組合聯合會가 갈갓다(Calcutta)에 本部로서 잇다고 한다.

一二. 瑞典 協同組合運動

端典(Sweden)의 協同組合에 대한 史的 考察은 不分明함으로 此에서 最初에 된 史的 事實을 말할 수가 업고 오즉 現勢만은 ○單히 들고저 한다. 現勢를 가장 손쉽게 알랴면 瑞典消費組合聯合會의 銃計를 보아야 할 것이다. 卽 一九二五年까지의 것이다. 一九二0年에 이르러서 物價平準의 만흔 暴洛을 不顧하고 其 販賣總額이 優勝하엿다는 事實에 端典消費組合運動이 一九二一年-二二年 사이에 挫折에서 完全히 蘇生한 事實을 볼 수가 잇다. 一九二四年에 비로소 經濟上 優舊 狀態가 一九二五年에 이르도록 引續됨과 貨幣 發展上의 決定的 要因이 一九二四年 四月一日에 銀貨는 爲○平準 以上된 고로 通貨가 再次 安定된 原因 等이다. 一九二五年에 銃計는 組合員은 만히 增加하엿슴에도 不具하고 其 賣上高가 減少됨은 當年의 食物價格이 前年보다 低下된 까닭이다. 이제 左記와 如히 銃計를 보아서 端典의 消費組合組織은 볼 수가 잇다.

年 度	加入組合數	組 合 員	賣 上 高
一九一四	六0八	一一五,五00	四0,八五0,八00
一九一五	六八七	一二二,000	五四,六0八,六00
一九一六	七九二	一六九,000	八一,六六一,八00
一九一七	八二0	一九五,六00	一0五,八三五,一00
一九一八	八四三	二00,四00	一四五,四0一,六00
一九一九	九一四	二三一,二00	二一六,一一八,七00
一九二0	九四二	二四一,九00	二五五,四四三,四00
一九二一	九二二	二五三,四三六	二二七,七四六,四00
一九二二	八九八	二五九,三八八	二00,四四九,0二三
一九二三	八八六	二七四,二六九	二0八,五二八,八0八
一九二四	八七六	二九二,四六九	二三四,0五二,一0三
一九二五	九00	三一五,九二五	二五九,六九八,九九三

端典消費組合聯合會에 所屬한 卸賣組合의 活動은 戰後의 中間景氣가 연하여 이러난 大暴落을 不拘하고 比較的 復舊事實에는 ㅇㅇ치 안을 수 업다.

그러고 끗으로 端典協同組合의 生産은 말-모(Malmo)의 化學工ㅇ品製造所와 놀-코핑(Norrkoping)의 人造 뻐-트 製造所, 까트뽉(Goteborg)의 ㅇ物工場, 오리뿌로(Orebro)의 ㅇㅇ工場, 스로크흠(Stockholm)와 광게뿌로의 屠豚場들을 設立하여 相當한 生産對한 勢力을 가지고 잇다.

一三. 日本協同組合運動

日本에 잇서서 協同組合의 最初는 아마 明治 十一年에 東京에서 共濟組合의 組織일 것이다. 市內兩國과 柳橋方面에 잇는 知識者들을 結屬하야 官吏들과 아울너 五百餘名이 出資一口에 五圓식으로 하야 組織되엿다. 처음에는 組合員의 生活를 中心으로 하야 큰 倉庫와 큰 商鋪를 設置하고 日用物品을 購入하엿다. 非常한 人氣로서 長足進步를 하엿다. 三年 後에 會計員의 不ㅇ으로 組合員의게 過多貨附 等의 原因으로 失敗에 돌아갓다. 그 다음으로서는 普佛戰爭 當時 卽 明治 三, 四年頃에 佛蘭西(France)에 派遺를 밧은 品川ㅇ次郎 氏가 獨逸에 傳하야 外交官으로서 伯林(Berlin)에 駐하게 되엿다. 그 때에 伯林에서 留學하고 잇는 平田東助와 가티 當時에 獨逸 盛行하는 슐-쓰에 될릿취(Shulze-Delitzsch)式 信用組合과 一般情勢를 ㅇ察하얏다. 그때부터 平田東助氏는 信用組合에 熱心을 갓고 硏究하여 가지고 明治 九年에 歸國하엿다. 氏는 다시 明治 十五年에 獨逸로 갓다가 돌아와서는 品川ㅇ次郎氏와 協同하야 信用組合의 宣傳을 힘썻다.

明治 二十四年에 品川ㅇ次郎氏가 內務大臣이 되자 平田東助氏는 法制局長이 되여 信用組合法을 作成하여서 議會에 提出하얏스나 否定되고 말엇다. 其後 明治 三十年에는 産業組合을 提案하엿다가 ㅇㅇ가 느저서 當時에는 못하고 三十二年에 가서 겨우 通過되엇다. 이때에는 消

費組合에 關한 條目도 包含되엿든 것이다. 이 産業組合이라는 것은 其○領과 目的이 協同組合과 同一하엿다. 그러나 協同組合처럼은 自主的이 못되여 잇다. 日本에 産業組合은 漸次로 擴張되엿다. 明治 三十八年에는 大日本産業組合中央會가 設立되고 四十二年에 가서는 産業組合法의 改正에 依하야 組織으로 革新한 後 法的 産業組合中央會가 設立되엿다. 그러고 消費組合運動으로 보아서 確實한 立場을 가지고 낫타난 것은 大正 九年 六月에 大阪에서 賀川豊彦氏의 ○○로 購買組合共益社의 創設이엿다. 이는 最初 發起人을 賀川豊彦, 今井○辛, 西尾末○, 八木○一, 金子忠吉氏 等으로 하여 友愛會의 系統인 勞動者들과 基督敎 信者들을 中心하야 組織하엿다.

그 다음으로는 ○勞動組合共働社가 未來新社會의 實現은 오즉 勞動者協同에 依하야 니루려 하며 人的愛를 理想으로 하여 大正 九年 十月 二日에 組織하엿다. 이 共働社는 生産組合을 設立하고 日曜日마다 勞動講座를 開催하엿다. 롯치델 公正開拓者에 對한 物語와 活動寫眞과 機關紙「新智識」等을 發行하야 多方面으로 活動하엿다. 日本에 잇서서도 世界大戰 當時에 物價暴勝으로서 消費組合의 發展은 急激하여젓다. 大正 十二年 當時에 組織된 大經營消費組合이 十二個 以上이고, 組合員이 七千人, 出資總額이 十萬八千圓에 達하고 賣上高가 五萬圓에 達하엿다.

其後로 消費組合運動은 勞動者運動과 提携하야 非常히 努力하며 만흔 發展을 하엿다. 이제 明治 三十九年부터 昭和 二年까지의 消費組合의 發展 槪觀을 본다면 如左하다.

年　度	組合數	組合員數	購入資金	剩餘金
明治三十九年	二	二,二八四	九,四四一	四,○七八
同 四十四年	一九	九,六二九	二○,九五八	二二,九0六
大正 五年	二七	一四,0八六	一六○,二三五	四三,七四四
同　十年	八五	五九,一四二	一,0九七,0九四	一九,一二五
同 十一年	一0一	六八,四六二	一,三二七,八0八	一,六0七,一八三
同 十二年	一一一	一0二,六七五	一,六0七,一八三	一六三,三一八
同 十三年	一二0	一二六,五0二	一,七二0,九四五	二八四,九四八
同 十四年	一二九	一一九,九四六	一,七0八,六六八	二七六,一六八
昭和 二年	一四七	一二五,一八六	一,九一七,七二四	三七七,0八五

産業組合으로서는 聯合機關이 産業中央會가 잇고 其 事業은 이러하다. 主張 教育事業을 하고 産業組合學校의 經營, 種種의 講習會實際家의 協議會와 大會 等 又는 出版物도 多數히 發行하고 잇다. 이제 産業組合의 加入한 事業別 組合의 概觀은 이러하다.

年　度	信用組合	販賣組合	購買組合	利用組合
大正 元年	七,七三六	四,一0九	六,0八六	一,二八0
同 四年	九,七三八	五,一一0	七,四五七	一,六七三
同 九年	一一,九0一	七,0三二	九,八二一	二,四四八
同十四年	一二,八八0	八,二二六	一,0九二四	四,三五八
昭和 三年	一二,三四九	八,一四八	一0,三四八	五,0六九
同 四年	一二,一八一	八,一六七	一0,一八二	五,一五七

消費組合으로서는 關東消費組合聯盟이 잇다. 此 關東消費組合聯盟은 昭和 四年 十月 六日에 現實派的 階級鬪爭派와의 思想的 對立으로서 分裂되고 말엇다. 다시 翌年 七月 六日에 脫退한 六組合은 東京共働社 支部인 蒙德寺消費組合 東京共働社成城支部外에도 ㅇㅇ勞動消費組合, 田富消費組合, 會律共働社를 加入식혀 消費組合聯合會를 創立하엿고 關東消費組合聯盟은 萑原共働社가 解散되고 다시 北部消費組合, 共働消費組合, 東京城北消費組合, 魚市場消費組合의 四勞動者 消費組合과 一般市民 消費組合과 和田ㅇ消費組合 等을 加盟식혓다. 이제 두 聯合機關인 聯盟과 聯合會의 現在 勢力을 보면 如左하다.

	加盟組合數	支部數	組合員數	中資金
聯盟	二0		五,000	一五,000
聯合會	九	五	三,五00	七,五00

(昭和五年十一月 現在)

此外에도 關西消費組合協會와 農村消費組合協會가 大阪에 잇다. 大阪消費組合協會에서는 夏ㅇ消費組合學校 經營과 講座 等을 活動하고 賀川 農産을 組合長으로 하고 「消費會 時代」란 機關紙를 發刊햇다. 農村消費組合協會는 杉山元治郎氏를 會長으로 하야 全國農民組合과 提携하

여 만은 活動을 모이고 잇다.

또한 全國購買組合聯合會가 잇서 聯盟 百個所를 가지고 購買組合에 加入하여 八百組合이나 가젓다고 한다. 이제 마즈막으로 東京市內에만 잇는 消費組合을 一觀하고 끗치려 한다. 市內 各大學校를 中心하고 學生消費組合이 相當히 發達하고 잇다. 그리고 各學校別로 部門을 두엇는대 該學校 學生 相對로 하야 消費組合의 活動을 한다. 早稻田大學, 拓殖大學, 東京帝大, 立教大學 等으로 四部를 두고서 各各 校內 店鋪를 가지고 잇다. 昭和 四年 六月에 發表된 數字를 보면 組合員 數가 三千八百名, 月賣上高가 四萬六千圓, 純剩餘金이 二千三百圓이라고 한다. 昭和三年度의 職業別, 組合別을 보면 如左하다.

組　合　別	組合數	組合員數	拂入資金	純利金
一般市民組合	五六	三九,五三六	八七四,九○九	九五五
俸給者爲主組合	五0	三五,四四七	五九七,七七六	六七,六九0
勞動者爲主組合	一二	六,五二三	九六,一三0	一七,五一八
社會及官ㅇ과校內組合	一六	三二,七0三	二七一,一九七	二八0,八六六
特殊營者組合	五	七,三七一	五0,一三六	八,九九一
其他組合	八	三,五七九	二七,四八六	一,0六五
合　　計	一四七	一二五,一八八	一,九一七,七二四	三七七,八0五

十四. 朝鮮의 協同組合運動

우리가 임이 아는 바와 가티 朝鮮의 協同組合運動에 對하여는 記錄할 餘地조차도 업지만은 筆者가 알 수 잇는 範圍에서 讀者의게 알녀 좀 더 促進하는 意味에 지나지 안는다. 우리 朝鮮에 協同組合이 紹介되기는 不過 十年이 넘지 못하는 짧은 歷史를 가진 것만콤 其 發達의 過程도 甚이 힘이 업다. 이것은 우에도 말한 바 잇거니와 活潑스리 運動을 펴처 노코서 促達 못한 特殊性을 가짐과 또는 此에 對한 意識分子가 적음이 큰 原因들이라고 하겟다. 그리고 朝鮮人의 經濟的 所見이 極히 貧弱하엿고 其中에 가장 保守的인 農民은 더욱 그리하엿다. 自給狀態에서도 何等의 對策을 究極하라는 認識조차 업섯다. 또한 大衆的으로 經濟

的 集團이라고는 所謂 '契'라는 것에서 차저 볼 수 엄섯다. 所謂 '契'라는 것이 他國에서 보는 協同組合 性質를 가젓다고 보겟다. 朝鮮에 協同組合의 運動을 둘친다면 最初 史料로 此를 끄냄이 뜻엄는 노름은 아니라고 生覺한다.

一. 契의 起源과 其 性質

契의 起源은 뭇척 오래다. 其 年代는 똑똑지 못하나 大概는 高麗末葉에 百姓이 戶布에 對하야 무거운 責任을 다하기 爲해서 한 地方的으로 人民들이 '戶布契'를 組織하여 國家에 對한 納稅에 應함으로부터 起源되엿든 것이다. 此가 一○에 軍布契的인 納稅○○로서 普及되여 地方的으로 興起하엿다. 其後에 李朝時代에 이르러서는 小經營商工業者들이 官廳에 밧칠 納稅에 對한 苦難이 甚함으로써 此를 ○키 爲하야 各種 契가 發起되엿다. 이것은 現代에 보는 '길트(guild)'에 비슷하다. 卽 同業組合的으로 發達되엿든 것이다. 李朝末葉에 와서는 此等 組合的인 '契'를 地方的 一部落活動의 機關으로서 利用되어 此가 發達함에 딸아 部落行政的 機關의 性質을 가진 所謂 '洞里契'란 것이 發生되엿다. 當時에 地方에 對한 政治的 機關이 不○하고 行政에 對하야 더욱 幼稚하엿기 때문에 洞里契, 或은 大洞契, 又는 里中契, 部落契 等은 地方自治的 作用으로 相當히 行政的 權威도 가지게 되엿다. 漸次로 契는 發達하여 만은 數字를 가지게 되엿다.

大概 性質을 보면 人民의 生活 向上과 土木, 衛生, 産業의 助長 金融의 融通과 勤儉貯蓄과 敎育의 普及과 ○○等에 偉大한 功勞를 發하엿다고 하겟다. 契는 뭇척 만은 種類로 되어 잇다. 大槪만 들어도 百七十七種이라고 한다. 此를 大別하야 六種으로 分別하면

(가) 公共事業을 目的한 契	六十三種
(나) 互相扶助를 目的한 契	百七種
(다) 産業을 目的한 契	五十八種
(라) 金融을 目的한 契	三十二種

(마) 社交를 目的한 契　　十三種
(바) 其他　　四種
合計　　一百七十七種

다시 좀더 細密하게 分類하면 如左하다.

一. 地方的 自治的 行政에 對한
　大洞契, 洞契, 洞中契, 里舺契, 部落契 等.
二. 土木에 關한 것
　道路契, 橋梁契, 保安契, 均賦契, 船舶契, 船倉契, 井戶契, ○契, 溜池契, ○○契 等.
三. 民風改善에 對한 것
　洞中應役契, 成新契, 禁酒契, ○酒○煙契, 振興契, 美風契, 興風契 等.
四. 納稅에 對한 것
　戶稅契, 戶布契, 納稅契, 市賻貯蓄契
五. 金融融通에 關한 것
　等筒契, 蒙利契, 殖利契, 殖産契
六. 貯蓄에 對한 것
　貯蓄契, 金利契, 塵合契
七. 農業에 對한 것
　農契, ○業契, 農社契, 勸農契, 農牛契
八. 教育에 關한 것
　幼年學資契, 書堂契, 書○契, 教育契, ○學契, 學校契, 册契, 硯池契, 學文契, 夜學契 等.
九. 救濟에 關한 것
　救濟契, 社契, 救人契
一0. 父母와 老人을 섬기는 것
　勸孝契, 養老契, 報春契, 保佐契
一一. 喪中扶助에 關한 것

賻助契, 連班契, 四崇契, 喪布契, 章服契, 喪助契, 弔○契 等.

一二. 婚姻에 關한 것

冠婚契, 婚契, 冠契, 婚具契

一三. 社交를 爲한 것

相信契, 保信契, 和親契, 金○契, 回甲契, 合心契

一四. 宗教的인 것

儒林契, 文廟契, 百源契, 洞祭契, 洞山祭契

此 以上에도 多種으로 논을 수 잇는 其他 種類의 契가 만타. 이제 大正 十五年度 現在로 全鮮內의 契의 總數는 一萬九千六十七契, 加入者數는 八十一萬四千一百三十八人이고, 總資金은 三百四十九萬百二十五圓이다.

이제 다시 如左히 道別로 分하면

道 別	契 數	契員數
京 畿	四,四九九	二一八,二0三
忠 北	五七一	二0,0九六
忠 南	一,0七四	四九,一六六
全 北	一,一四三	二八,八0五
全 南	二,0八八	六七,二六五
慶 北	一,0八五	六四,五八一
慶 南	九00	五0,三一一
黃 海	七五四	二五,三三0
平 南	九八五	五五,0一五
平 北	一,二五四	八四,九三一
咸 南	一,一五四	六一,五八七
咸 北	四一三	一四,六一六
合 計	一九,0六七	八一四,一三八

以上은 總督府 契의 調査一覽에 依함.

以上을 보아서 契에 對한 性質을 알 수 잇는 同時에 協同組合과 가튼 目的으로 發展하여 온 것은 事實이다. 또한 村落經濟에 對한 利益과 社會的으로 有利하엿다는 것도 생각기에 어렵지 안타. 그러나 不正契等의 ○○한 ○下에 成長의 氣分을 내지 못하고 또한 地方的 行政까지라도 如何의 保護가 업기 때문에 힘엄는 狀態에 잇다. 우리는 只今 此를 應用하야 協同組合運動으로 轉換식혀 좀더 有意한 進步를 바라고자 한다. 이제 朝鮮內에 잇는 協同組合의 勢力을 보이고 그만두려 한다.

二, 協同組合運動의 現勢

朝鮮 맨 처음으로 協同組合이 紹介되기는 消費組合이엿다. 또한 一般 民衆의 印象에도 協同組合이라면 무슨 연 것처럼 生覺하는 니도 잇다. 消費組合의 組織이 더 만흠도 此에 一理가 잇는 것도 안인 것은 안이다. 只今부터 十餘年前에 慶北 咸昌에서 東京에 가서 잇든 錢氏가 協同組合運動에 有意하야 歸鄕한 後 農村에서 十餘人의 知友로서 적은 資金으로 消費組合을 組織함이 아마 朝鮮에서는 最初 協同組合의 起源이라 할는지 모르겟다. 이 組合은 反動의 모든 難關을 햇치고서 咸昌市場까지 組合店鋪가 擡頭하여 中商과 싸웟다. 好成績으로 發展함으로 隣近各村에서 본밧어 組織이 니러낫다. 그러나 特久치 못하고서 經驗의 不足과 人物의 缺陷 等으로 다 水泡에 돌아가고 말엇다.

其後에 關西地方에서 조곰 이러나서 組織體가 보히다가 또한 모다 失敗하엿다. 그 後에 平南 德川에서 ㅇㅇ의 中心으로 發起되어 購買組合이 世上에 낫타난 것이다. 只今 와서 此가 平安協同組合이 되엿다. 그러나 이만한 歷史가 巨大한 組合으로서 全然 協同組合運動에 對한 反動的 方法으로 進行하고 잇슴에는 一便으로 ㅇㅇ이 엄지 안은 同時에 急히 改造를 바라는 것이다. 今年 봄에 東亞日報에 發表한 統計에 依하여 보드라도 昭和 五, 六年度의 組織이 가장 만코, 最近 兩年에 設立한 것이 만타. 筆者가 아는 대로도 報告 組合이 벌서 解散된 것도 잇고, 有名無實의 看板만 달여 잇는 組合이 더러 잇다.

또한 아즉까지도 此를 統制하는 機關이 엄고, 또한 難關에 沒한 組合을 傾하야 諸問的 機關이 될 만한 形態도 엄스니 好氣心的으로 設하엿다가 理論과 實際에 잇서서도 指導人物도 엄거니와 잇다고 하여도 此에 對한 識見이 엄스니 特久치 못할 것은 觀火한 事實이다. 今年春에 東亞紙의 創立 十二週年 紀念事業으로 協同組合을 調査하엿다고 하야 겨우

九十七에 不過한 數字를 내엿섯다. 누구던지 朝鮮內에 組織된 數字가 此에 끗치리라고는 밋지 안할 터이다.

近日에 三新聞을 通하여 보더라도 地方에서 組織되는 보도를 每日 平均으로 보게쯤 된다. 只今 朝鮮政勢가 協同組合 發興期에 니름에도 不拘하고 此에 對한 運動家 農村의 豫言者가 아즉도 적음으로 다른 나라에 겨누을 數字와 勢力을 내지 못하는 것이다.

또한 組織되여서 世上에 發表까지 된 組合들도 全部가 最近에 新設이니 얼만한 ○命을 가지고 運動 線上에서 待久戰을 할는지가 疑問이다.

이제 各道別로 分布한 組合을 보면 京畿 四, 忠北 三, 忠南이 三, 全北 二, 全南 三, 慶北 十0, 慶南 一三, 江原 二, 黃海가 九, 平南 一五, 平北 一九, 咸南 一一, 咸北 一이다.

全鮮 統計가 九十七組合 中에도 消費組合이 七十三이요, 生産組合 五, 利用組合 二, 信用組合 二, 다음은 兼營組合이 十四이다. 그러고 組合資金을 본다면 萬圓 以內 組合이 不過十一組合, 五千圓 以內 組合 十九, 二千圓 以內 組合 二十九, 一千圓 以內 組合이 一四, 五百圓 以內 組合 二一, 萬圓 以上을 가진 組合은 겨우 一0에 지나지 못한다. 此의 總合計는 四十二萬八百十圓이다. 아즉도 契의 總資金 三百四十九萬百二十五圓에 比하면 其差가 만타. 組合員 總數는 四萬五百四十七名이다. 契의 半切에 不過하다.

그리고 끗트로 朝鮮의 協同組合은 其 理想부터 根本으로 돌아가야 한다고 한다. 現在 組合들의 反面은 半資口數와 配當方法에 依하야서 똑똑히 알 수가 잇다. 一人一口組合은 겨우 二一組合에 不過하고 五十口 以上 卽 無限所有로 한 組合이 六十組合이다. 그러고 利用高에 配當하는 組合은 겨우 十三組合에 不過하고 出資高에 依한 組合이 六十六이니 總數 九十七組合 中에 六十組合이 안이 六十六組合이 資本을 標準하여 設立되엿스니 三十一組合을 除한 外에는 協同組合 精神에 反하고 잇지 안는가? 믄첨 宣傳과 組織도 必要하겟지마는 돌아가서 託成組合의 改造에 努力하고 統○와 統一를 要하고 잇다.

끗흐로 讀者諸氏에게 容恕를 비는 것은 朝鮮에 對한 協同組合에 널리 안 것도 엄시 말한다. ㅇ것을 그러고 ㅇ解하여야 될 것ㅇ 우에도 말하엿지마는 알아볼 길이 엄고 材料가 엄스니 엇절 도리도 엄는 바다. (完)

協同組合의 이야기

(協同組合데-를 넘기면서)

협동조합이 우리 조선에 알려진 지도 이제는 벌서 十五여 년의 고개를 넘기고 잇다. 농민이나 도시의 상공업자나 부인이나 아이들까지도 이저는 협동조합이 무엇인지를 알게 쫌 보급이 되어 왓다.

조선에는 협동조합이 나기는 상당이 나나 크지를 못하고서 단명으로 죽어 바리는 것이 유감이다. 이것은 여러 가지로 이야기가 만히 잇다. 그러나 여기에서 그 이야기를 쓸 지면이 업다.

日本에는 맨 처음으로 협동조합이 알여지기에는 명치 三四년경에 불란서(佛蘭西)에서 파견(派遣)을 밧은 품천미차랑(品川彌次郎) 씨가 독일에 갓을 적에 백림(伯林)에 유학하고 잇는 평전동조(平田東助) 씨를 맛나 가지고서 독일에서 한참 성황하는 쏠쓰에 · 델릿취(Hermann Shulze-Delitzsch)式 신용조합(信用組合)을 보고서 만흔 늣김을 가젓다. 거기에 연구를 거듭하여 가지고 귀국한 후에 이 신용조합을 젼션하엿다. 그러나 얼른 쉽게 통과를 하지 못하다가 명치 三十二년에 산현(山縣) 내각이 조직되면서 산업조합법안(産業組合法案)이 통과되엿든 것이다. 그러므로 일본에는 산업조합으로서 알리워젓고 상당이 셩공의 기세를 보이고 잇다.

구라파에서나 동양에서나 협동조합은 크게 기세를 날리고 잇을 뿐 안이라 내적으로 상당이 성공을 하면서 잇다. 대체로 협동조합이 세상에 알려지기는 아직도 백 년이 못된 어린 나을 가지고서 어느 나라의 어느 산촌을 가 보드라도 거이 업는 곳이 업슬만치 조직이 되고 지금도 작구 강성하고 잇다. 一九三0년 八월달의 보고를 본다면 세계협동연맹(世界協同聯盟)에 가맹된 나라이 四十여 나라요 조합원 수를 전부 도합하면 二億二千萬人이라고 한다.

조선에서 협동조합을 조직한 곳도 이저는 그만하면 수도 만코 쾌큰 조합도 잇거니와 매년 七月 첫재 토요일(土曜日)이 국제협동조합데-를 직혀는 줄 알고 그 날을 뜻잇게 직히려는 조합은 아직도 보지 못하엿다. 지금부터 十二년 전에 즉 一九二二년에 국제협동조합위원회에서 七월 첫재 토요일을 선전일로 정하기로 결정이 되여 가지고 一九二三년에까지 실시해오다가 一九二四年의 국제협동조합대회에서 정식으로 가결이 되여 지금까지 이 날을 성대이 직히는 것이다.

금년은 꼭 七월 七일이 세계 각국에서 성대이 직히는 협동조합기렴일이다. 다른 나라에서는 이 날에 연설회, 축하하는 연회, 시위행렬, 연극, 활동사진, 운동회, 음악회 등을 개최하여 가지고 가장 즐겁게 평화스럽게 노는 것만이 안이라 특히 조합선전에 큰 기회를 만드는 것이엇다. 가령 영국 갓흔 나라예서 조합데-를 직히는 것을 보면 굉장하다. 一九三0년 기렴일에는 론돈(London) 교외에서 수십조합의 시위행열이 잇섯는대 도락크(truck)에다가 협동조합에서 파는 물품을 산뎀이 갓치 실고서 기를 꼿고 군악대를 압혜 선두로 하여 가지고 비라를 뿌리며 협동조합의 노래를 부르며 시민들에게 선전을 하엿고 또 한편으로는 조합원이 론돈 시가지에 만하여도 도저히 한곳에 모을 수가 업서서 七개소로 논아서 따로 따로 집회를 하엿는대 악톤(Acton) 공원에만 강연회에 참석한 조합원이 三萬여 명이라고 하엿다.

그이듬해 一九二九년의 기렴일에는 무도단을 조직하여 가지고 전국적으로 순회하엿다고 한다.

따라서 아에서는 一九二九년데-를 직힌 것을 보면 특히 연설회, 원족과 여행, 운동가의 행렬, 협동조합에 관한 활동사진과 연극도 하엿고 음악회도 개최하엿다. 로서아(Russia) 북쪽인 곡카사쓰(Caucasus) 지방에 잇는 「구림쓰카야 촌락에는 조합도서실에서 전 조합원을 모아 놋코서 연회를 열고 일 년간 조합을 위하야 아들이 봉사한 모범조합원에게 표창식을 거행하엿다고 한다. 특히 부인조합원을 위하여서는 문맹퇴치학교(文盲退治學校), 탁아소(託兒所)를 설립하엿고 또는 만흔 가족을 거느리고서 만흔 고생을 하는 부인조합원을 구제하기 위하야 五百원 지출하엿다. 또는 부인과 어린아이들을 위하야 식당(食堂)과 유치원 갓흔 것도 만히 설립하엿다. 어떤 조합에서는 七월 초하룻날부터 八월 초하룻날까지 만 一개월간을 협동조합 선전월(宣傳月)로 정하여 가지고 맹렬이 조합원을 모집하기에 로력하고 잇다. 「레-닌그라드(Leningrad)」갓흔 곳에서는 어린 아이들을 위해서 운동장을 갑만히 들여서 설비하엿고 탁아소를 설립하여서 특히 그날에는 아이들에게 조흔 음식을 먹여 준다고 한다.

미국에서 이날을 직히는 것은 더 굉장한데 아메리카에는 황금나라인 것만치 협동조합데-를 직히는 데도 다른 나라에서 볼 수 업는 짓을 하고 잇다. 음악회와 무도회 등은 미국 사람으로서는 빠저서는 안 되는 것이지마는 자동차 나라요 비행기 나라이라 시위행열이나 선전에도 수천 개의 자동차와 공중에는 비라를 실고서 은가루를 뿌리는 수백 대의 비행기가 떠서 이날을 아메리카식으로 직힌다고 한다.

전 세계가 이날에 이처럼 덤비고 떠들어대는 데도 우리들은 고요하고 그뿐만이 안이라 소위 간혹 조직한 곳이 잇드래도 온갖 병에는 빠지 안코 질리워서 영양부족증의 샛노란 얼골에 압흐로 나아가기에는 고사하고 곳 죽어가니 널곽짜기(解散淸算)에 머리를 긁고 잇스니 한심한 일이라고 안을 수가 업다. 무슨 일이던지 고생하지 안코서 단번에 일확천금하는 횡수는 업는 법이다. 조선에서는 협동조합을 조직하는 사람들이 협동조합을 아지 못하는 무식군들이 조직하기 때문에 조곰 수고롭고 욕이 도라오면 집어치는 것이 상레이다. 그러고 대중들의 머리에는 협동조합만하면 한 푼이라도 눈합헤 이익이 곳 떠지고 일 년에라도 배당금이 막도라을 줄만 알고 가입하고 조직되엿기 때문에 협동조합에 사이를 내지 못하는 경우에는 협동조합을 해산해 버리자는 것이 각곳에서 해산이 되는 현상이다.

몬첨 조직할 적에 이익이 잇스나 업스나 협동조합은 안이 조직하고는 안이 되며 지지치 안으면 안 될 것을 교육식혀야 한다. 다른 나라에서도 몇 번이나 실패보고 심지어 조합원의 출자한 자금전부가 다라나고 책상과 문부책만 당그랏케 남어서도 다시 갱발하야 눈물과 로력을 합하야 가지고 꼿꼿내 압날의 성공이란 놉흔 고개턱에서 쉴 날이 잇슬 것을 밋고 싸운 것이엇다.

정말 나라에도 이십 년간이나 전국에 잇는 가난한 농민들이 가진 고생을 다하여 만들어 노은 코-팬하-캔(Copenhagen)에 잇는 전국협동조합서민은행(全國協同組合庶民銀行)이 통화변동(通貨變動)으로 깨여지게 되여 二十년 동안 싸은 눈물의 결정체는 하로 아침의 된 서리에 녹아지게 되엿든 것이다. 그러나 다시 죽을 고역을 다하여 가지고 수업는 거액의 손해를 입으면서도 적극적으로 지지를 하엿든 터에 지금은 놀라운 배를 내여 밀고 옛일을 말하면서 인미의 자만을 뽐내고 잇다고 한다.

조선인의 특정은 대구적(待久的)이 못되고 신경적(神經的)이어서 냄비에 끌른 물과 갓치 한 때에는 팔팔하다가 고대 살아지고마는 불상한 성질을 가젓다. 협동조합은 이 성질을 가지고 못해 간다.

정말(Danmark) 나라를 살린 것은 두 가지로 볼 수 잇다. 하나는 크른틔위트(Grundtvig) 氏의 국민고등학교(國民高等學校)의 사상적(思想的) 공작(工作)과 쏜내(Hans Christian Sonne) 목사(牧師)의 실질적(實質的) 협동조합운동의 경제적 세력으로 락원의 정말을 꾸며낸 것이다. 정말의 협동조합은 거이 농촌의 조합이다. 一九三0년의 통계를 보면 다른 조합은 내여 놋코서 소비조합(消費組合)만이 一九七百八十 조합에 회원은 三十二萬이나 되엇다. 그 중에 도시조합은 겨우 八0 조합박게 못되고 회원은 七萬에 불과하다.

그 나라의 면적은 불과 평안남도만한 적고 좁고 한 나라의 소비조합만이 一九七百八十여 조합이니 이 나라의 성공한 비결이 엇지 협동조합운동에 업다고 하겟느냐? 이 나라의 협동조합운동에 공로자요 일생에 이를 위하야 죽은 기독교의 쏜내 목사의 희생이엇든 것이다.

우리 조선에도 그리스도의 사랑의 심성을 가지고서 농민의 압날을 위하야 꾸준히 최후까지 참아 승리를 엇을 한 동리에 한 사람식의 조선의 「쏜내」가 나타나기를 바란다.

이 적막하고 고요한 이 강산에 협동조합데-를 기렴하고 알리기 위하야 七月號에나 다른 기관에 글을 좀 쓰고 십헛지마는 기회를 엇지 못하고 이제 느지나마 이 뜻잇는 금년의 七月 七日을 알리기나 하랴고 이 글을 그저 아모 순서도 업시 쓴 것이다.

「농민생활」 6권 8호, 1934년 8월

産業組合 이야기(1)

産業組合의 由來

産業組合이라는 것은 日本에서 特定的으로 組織한 別名인데 協同組合이나 같은 性質을 가진 것이다. 産業組合의 歷史的으로 觀考는 明治 三四年境의 普佛戰爭 當時에 佛蘭西에 派遣을 받은 品川彌症 氏가 平和의 回復을 爲하야 獨逸로 가서 外交官이 되엿다. 그래서 伯林에 駐在하게 되엿는데 其 當時 伯林에서 留學하고 잇던 平田東助 氏를 만나 가지고서 當時에 한창 盛旺이 流行하던 슐쓰에필릿취(Hermann Shulze-Delitzsch)氏 信用組合에 注目하야 互相硏究하기를 始作하엿다.

兩氏가 明治 九年에 歸國하여 가지고 獨逸에서 느끼고 硏究하던 信用組合을 用力宣傳하엿다. 그러나 時期尙早로 快한 成績을 보지 못하엿다. 平田 氏는 明治 十五年에 다시 獨逸로 건너가서 信用組合에 對한 硏究를 用力하야 歸國하자 品川 氏를 訪問하야 信用組合의 設立에 對하야 激勵하엿다.

때마츰 品川彌次郎 氏가 明治 二十四年에 內務大臣이 되고 平田東助 氏는 法制局長官이 되므로 信用組合法을 立案하여 가지고 議會에 提出하엿으나 不幸이 否決이 되고 말엇다. 그러나 地方的으로는 군데군데 組合設立이 激增이 되여 三百餘 團體가 나타낫다. 明治 三十年 二月에 農務省渡部 農事課長 及 織田參事官의 起案으로 말매아마 産業組合 法

案이 政府로부터 議會에 提出되여 가지고 特別委員會에서 七八次나 審議를 거듭하엿것마는 本義會에는 成立되지 못하엿다. 그래서 農商務省에서는 第一次 産業組合法案을 不成立 以後에 省內에서는 産業組合起草審査委員을 設置하고 岡野敬次郎, 織田一, 加納友之助, 月田藤三郎 諸氏가 命令을 받아 努力한 結果 듸듸어 明治 三十三年 二月 第十四議會에 此 立案을 提出하야 겨우 二月 二十二日에 貴族院本會議에서 滿場一致可決이 된 것이 日本의 産業組合의 天隆的으로 發展될 劃時期엿든 것이다.

産業組合은 其 名稱에 잇어서는 一種의 生産的 組合과의 같은 性質을 意味한 것 같이 뵈이나 其 事實의 自家經營에 잇어서는 協同組合과 같이 되어 잇다.

1. 組合員의 經濟上 必要한 資金을 融通하고 兼하야 貯蓄함.
2. 組合員의 經濟上 必要한 物品을 加工 又는 生産함.
3. 組合員의 經濟上 必要한 物品을 購入하야 加工 又는 加工치 않고 賣却함.
4. 組合員의 經濟上 生活上 必要한 設立을 利用케 함.

上記한 四大部門의 組合을 包含하야 가지고서 組合員의 一般利益을 代表하야 自營을 한다. 이 産業組合은 産業組合法에 依한 것이므로 政府保助를 받음과 法律的 擁護를 받는다. 百姓의 自治的 經濟組織과는 다른 것이 잇다.

『利潤을 없이 한 愛의 社會的 施設』

協同組合은 根本的으로 現實 經濟能力으로 말매아마 일어나는 諸多의 弊害는 利潤을 前提로 하는 制度로부터 發生되는 것이므로 自營의 能率에 따러서 愛의 社會를 꾸미려는 努力 全部가 協同組合의 目的이다.

우리 그리스도人 等은 그리스도의 愛를 現實 社會的 生活에서 其實現을 表現코저 한다면 愛를 實現시킬 수 잇는 社會的 施設을 要한다.

利潤이 붙어다니는 곳에는 存生競爭의 爭鬪와 嫉妬와 社會的 온갖 罪惡이 發生한다는 것은 누구나 說明을 要하지 않는 것이다. 오늘날 諸多의 社會生活의 不安定을 가져오는 것은 利潤制란 現實 經濟機構로부터이다. 이러한 故로 利潤制란 其 方法과 手段을 根本的으로 除去시키고 自己 스사로가 社會的 生活의 善한 經營으로 말매아마 愛의 生活을 實現시킬 수 잇는 것이 協同組合運動이다.

여기에서 筆者는 부르짖이고 싶어하는 것은 하늘나라가 우리의 心理的 乃至 觀念에서나 槪念에 끄치여서는 아모런 意味와 價値를 찾을 수 없다고 본다. 오즉 우리의 信仰을 强한 社會的 現實 生活로서 生活化할 수 잇는 데서 아버지의 나라가 臨할 것이며 우리의 信仰을 生活化하는 곳에서 天國運動의 出發이라 할 것이다. 故로 基督敎의 眞理로서 社會的 生活의 唯一愛的 施設을 必要한다면 協同組合인 運動과 其 實現에 잇을 것이다.

敎會의 事業인 卽 敎會의 信者的 社會生活을 信仰問題에 잇어서 重要로 認한다면 現實 利潤(利潤에는 벌서 愛를 떠난 經濟生活이다)을 追扱하는 社會的 온갖 方法을 生活方途의 道德的 乃至 宗敎 良心이 此를 當然視한다면 이는 誤謬된 信仰 觀念의 作用이라고 않을 수 없을 것이다. 오로지 이러한 見地에서 協同組合을 말하는 사람으로서는 우리 信者的 社會生活의 經濟手段이 그리스도의 愛의 生活에 矛盾하는 것이면 此를 버리고 끝까지 社會的의 生活에서 그리스도의 愛를 實現하랴는 데 잇다. 그러므로 協同組合의 理論과 其 方法을 唯一한 愛的 施設로 알어서 敎會運動 中 一部 社會的 信仰化를 말하여 두는 것이다.

그러므로 信用組合이라고 하는 것은 敎人의 經濟的 融通으로 말매아마 過去의 被害와 誤錯된 生活에서 正當하고 愛的인 生活로서 經濟生活에 貫通할 수 잇는 手段만을 取하야 敎人의 經濟的 利益을 따라가면서 伸長하려는 것이다.

《기독신보》 1935년 1월 1일

愛의 社會的 施設과 産業組合(2)

消費組合이라는 것은 우리의 生活上 萬般的으로 必要한 日常生活의 日用品을 信者的 生活에 붓그럼 없이 利潤를 除去시킨 愛的 方法으로 自營하야 敎人의 社會生活에서 그리스도의 愛를 體驗케 하고 消費品에 對한 被害를 없이 하여 市場經濟를 愛的化로 改造하는 것이다. 이제 下記에 朝鮮 現實의 急務인 二大組合을 別로히 紹介하고저 한다.

『高利線을 끊는 信用組合』

信用組合은 獨逸에서 創出된 組合인대 其中 二大信用組品으로 別立되여 잇다. 하나는 都市를 中心한 商工業者의 組合이다. 이는 一八五0年에 슐쓰에 필릿취(Hermann Shulze-Delitzsch) 氏가 필릿취(Delitzsch) 市에다가 小經營인 商工業者를 救出하기 위한 最初는 親睦組合으로 組織하야 組合員의 貯蓄과 貸付를 目的한 것이 只今 都市信用組合이 되어 잇다.

또 하나는 農村을 中心한 라이파이샌(Wilhelm Raiffeisen)式 信用組合인대 이것은 一八五四年에 햇떠스돌푸(Hedesdorf)란 村과 안호샌이란 村落에서 라이파이센氏가 組織한 것이다.

此 組合의 組織하던 첫 動機는 샛틀맨틀 事業的으로 始作한 것이 漸漸 農民의 經濟를 救濟하기 爲한 方面까지 手를 伸長하게 되여 貯蓄도

하며 貸付도 하고 購買 又는 販賣까지 兼營的으로 進行하엿기 때문에 라이파이센式의 信用組合은 特種的이여서 다른 대서 찾어 볼 수없는 것이다.

信用組合의 最大 目的은 土地回收의 唯一한 方法이다. 組合員의 貯蓄과 出資로서 組合規則의 限定한 區域內에서 田畓을 買入하여서 이 土地는 組合員에게 小作으로 貸與하는대 最初는 勿論 土地는 적고 土地를 小作할 組合原은 많음으로 別한 方策을 세워야 한다. 其 方策은 組合員의 經濟的 能力을 調査하야 一等, 二等, 三等으로 等級을 맥이고 組合員 中 가장 참혹한 組合員을 一等으로 한다면 이 一等에 處한 組合員들로 하여곰 今年에 貸與할 土地에 對하야 油○를 한다. 其中에 어느 組合員이던지 其 等數에서 當選이 되면 土地를 利用할 權利를 組合에서 준다.

그러나 他地主가 받는 小作料보다도 高騰하다. 이것은 可令 一斗落에 一石의 小作料를 맥여야 公平하다고 한 것을 一石五斗로 매여 준다. 이 半石이라는 것은 組合員이 小作地를 自己所有로 買入하는 金額인 同時에 貯蓄이라고도 볼 수 잇다. 또한 一斗落에 對한 坪數가 二百五十坪이라 하면 每年 五坪式이나 十坪式이나 사드러가는 것인데 五坪式 每年 사드러가면 五十年만에야 끝이 나고 十坪式이면 二十五年만에 끝이 난다. 勿論 組合員의 形勢에 따라서 小作地에서 나는 所出 全部를 바쳐서 數年內로 自己 所有로 만들 수도 잇는 것이다. 組合에서는 每年에 드러오는 小作料와 貸金還付金과 合하야 가지고서 近方 土地를 작구 買入하야 如此 方法으로 組合員에게 잃어버린 土地를 다시 찾는 큰 運動이 이것이다. 우리 朝鮮에서 最히 急한 運動이 이것이라고 본다.

只今 朝鮮 農村 現象으로서 많은 組合 中에 가장 長足으로 急成할 수 잇는 것은 이 信用組合이라고 본다. 期 理由는 高利貸金은 必히 어떤 곳이 良好하냐 하면 貧民窟이나 無産農民이 살고 잇는 部落이 잘 되는 것이다. 假令 典當鋪에 高利를 利用하는 사람이 富者들이냐 하면 勿論 아니다. 貧民이 답답하여 봇통이를 안고 찾어가는 것이다. 의례히 自己의 金力이 잇는 사람에게는 他의 金力을 利用할 必要가 없지만은 自己의 經濟力으로서 肥料 一叺이라도 購買할 수 없는 農民은 貸金機關을 利

用 않을 수 없는 것이다. 朝鮮에서 金融組合이 短期에 火氣的으로 發達한 理由가 여기에 잇는 것이다. 그러므로 農村에다가 必히 이 信用組合을 組織하여 發展시킴이 急務라고 보는 同時에 다른 組合보다도 容易하게 成功을 보리라고 한다. 今日까지의 잃어버린 鄕土의 土地를 同收하는 方法은 이 길밖에는 없는 것을 다시 力說하야 이 組合組織이 蜂起하기를 바란다.

「中間利割를 改造하는 消費組合」

此 消費組合이라는 것은 本是 英國에서 發生한 것인 것만큼 世界的으로 偉觀을 보히는 것도 英國 消費組合이다.

一八四四年 十二月 二十四日밤 크리쓰마쓰 前夜에 鑛山勞動者 켈소란 者와 찰스 호료구란 두 사람의 사이에 一大論爭이 이러낫다. 이것은 찰스 · 호료구의 主張인 消費組合의 理論으로서 十八世紀의 産業革命으로 因한 勞動者 貧窮을 救出할 수 잇느냐? 없느냐의 問題로서 싸우는 차에 호와스(Charles Howarth)란 사람이 나타나서 호료구의 消費組合論에 贊成을 加하야 反對者이던 겔소를 說服시켜 가지고서 비로소 同志者 二十八名을 招集하야 世上에 보지 못하고 듣지 못하던 消費組合을 創生시켰던 것이 今日에 와서 開拓者 롯치탤組合이라고 하는 것이다.

《기독신보》 1935년 1월 16일

愛의 社會的 施設과 産業組合(3)

最初 二百八十圓은 組合員 二十八名의 出資 總額이엿다. 하로 밤비 營業을 開始하여야 될 터이다. 아모리 궁리하여도 正當한 店舖를 얻을 수는 到底히 없엇다. 마지막에는 할 수 없이 로치탤의 도-트렌(蝦○小路)에다가 開業하기로 決定하엿으나 그다지 摘當한 골목이 되지 못하엿다. 此町에 어떤 老人의 三階의 路搒家室이 잇기는 하나 三階는 非國教徒의 學校로 使用하고 二階의 書間學校로 使하여 잇고 맨밑층은 土間으로 되어 잇고 倉庫로 使用하는 것을 호와스(Charles Howarth)가 交涉하야 三個月 先質을 주고서 빌엿다. 最初 店舖에 陳列한 商品이란 것은 麥粉, 뻐-터, 沙○, 오-트 밀 等이엿다. 이때에 不良 少年群이 來集하야 ○笑 或은 投石까지 하면서 조롱하엿다. 物品이 적은 것을 놓고서 到底히 一人의 專務가 終日 守店할 꺼리가 못되엿다. 그래서 할 수 없이 最初에는 週에 二日만 開店하는 때 月曜日(年後 七時-九時) 土曜日(年後 六時-十時)만하다가 翌年 三月 三日부터는 每週 火曜日만 빼고서 午後로만 開店하다가 終日開店하기에는 一八四六年 일해가 지나서이다. 그들은 많은 苦亂에서 忍耐로써 糧食을 삼아서 失敗한 亂○를 逢着할 때도 한번 두번이 않이엿고 一八五一年에 ○粉工場의 主任되는 者가 酒○가 추하야 四百四十○이나 缺損을 보게 되엿다. 따라서 組合員의 不信任과 꾀잇는 組合員은 미리 退組手續을 하야 거이 組合運命이 없어지게까지 되엿다.

不良主任者를 가라치고 쩸스 스미스(James Smithies)란 者가

犧牲的으로 任繼하야 다시 恢復을 시켰다. 開拓者의 成功點은 組合員의 道德的 發達에 잇고, 第二는 組合員에게 組合員에 對한 敎育的 指導에 잇고, 第三은 販賣方法의 現金主義에 잇섯든 것이다.

눈물과 우슴으로 쌓워오든 此 롯치댈組合은 九十年의 一世紀의 歷史도 못되것마는 世界的으로 四十餘國에 宣布되어 잇고 國際消費組合聯盟에 加盟된 組合員數만이 五千五百萬인대 家族을 合算하면 二億二千萬에 달한다.

「一敎會 一組合主義」

○에서도 말하엿거니와 敎會의 理想을 敎人의 生活로서 有機的으로 表現하는 方法을 基督敎人의 協同組合을 말하는 것이다. 다시 말한다면 經濟生活에서 信仰을 實踐할 수 잇는 有機的 社會의 施設을 만드는 것이 敎會에 敎人을 中心한 經濟團體인 協同組合을 指摘하는 것이다. 基督敎의 協同組合의 綱領은 “우리는 그리스도의 愛를 經濟的 生活에서 實踐코저 하는 同時에 組合員의 經濟的 利益을 伸長함”이란 敎人의 精神生活이 物質的인 經濟生活에서 結果를 부치려 하는 것이다. 勿論 敎會의 組合은 敎會의 最高의 理想을 實踐化할 수 잇어야 되는 것은 復言할 必要가 없지마는 萬若에 敎會의 健德上 或은 信仰上 被害가 有할 時는 該 敎會의 最高 機關이 組織을 變改하거나 解散을 命할 수가 잇는 것이다. 農村敎會의 維持方法에는 諸多의 方法이 必히 有하겠지마는 現今 米國 農村敎會의 救濟方法 中 「主의 田」이란 것이 잇다. 이것은 敎會에서 田畓 얼마를 購買 或은 小作이라도 얻어서 이 田을 主의 田이라고 別名하야 敎人의 共同耕作으로서 秋收한 것은 全部 敎役者의 生活費를 負擔한다.

또한 一敎會一組合主義이라고 하는 것은 敎人의 生活安定을 圖謀하는 同時에 組合으로서는總利益의 十一條를 敎會에 獻納하는 것이 規約上으로 되어 잇다. 年二千圓 利益이면 敎會에 二百圓을 獻納할 수 잇는 것이다. 이것은 農村敎會의 經濟奉仕로서 도울 수 있는 것 中에 唯一

한 方策이며 教人으로서는 生活經濟의 向上을 愛的 方法으로서 善한 手段을 通하야 하는 것이다.

只今 筆者가 昨年에 視務하던 漆谷教會에서 組織한 協同組合에서 四百餘圓을 드려서 精米機 五馬力짜리를 購入하엿다. 첫재로 教人의 米, 麥의 精穀만 해도 每年 四百餘石(自作農은 一戶도 없는 貧民의 教會이라도)이다. 此 四百石에 對한 精米料金만 하드리도 二百八十圓이란 巨額이 他人의 手中으로 드러갓든 것이다. 그래서 非教人의 利用을 第二로 하고서 教人의 것만 利用하드래도 二個年만 지내면 機械價는 넉넉이 뺄 수 잇다는 것이다. 우리 教人이 每年 精穀만으로도 二百八十餘圓만을 他人에게 支拂하던 것을 教人이 다시 찾을 수 잇는 方針이 곳 이것이다.

教人으로 하여곰 적은 利益이나 큰 利益이나를 勿論하고 教人의 것은 教人이 다시 其 利益을 回收할 수 잇도록 하는 方法인 同時에 農村教會의 維持方針에 하나이라고 하겟다. 이 一教會 一組合主義를 實現하여 教人의 利益을 代表하는 同時에 教會의 理想을 經濟生活에서 有機的으로 表現하는 것이다. 그러고 組合利益의 十一條를 獻納하는 것을 組合의 義務로 하엿기 때문에 教會經營의 奉仕團體이라고 할 수 잇다.

이 組合發展의 努力에 依하야 信者의 生活이 愛的으로 實踐化하는 同時에 하늘나라가 땅우에 臨하게 하는 實現的 努力이요! 한 적은 出發이라고 하겟다.

《기독신보》 1935년 1월 30일

基督敎 農村少年指導論

序次
머리말
예수村의 實現
第一章 基農少年의 綱領
第二章 三精神
一, 하나님을 사랑하자
二, 따를 사랑하자
三, 勞動을 사랑하자
第三章 準律과 標語
第四章 定款
第五章 敎會에 對한 奉任
第六章 指導者의 心得
第七章 ㅇ備에 對하야
第八章 訓練에 對하야
第九章 信號
第一0章 文簿
附錄
一. 會歌
二. 保健體操歌
三. 會旗 及 맑크

예수村의 實現

푸른 山 맑은 시내 그름에 따뜻한 家庭들이 모혀진 平和스러운 農村 여기에서 神秘의 自然의 音律이 交響하고 있나니 이 속에서 어엽분 少年들의 心中엔 그리스도의 影子가 비초인 새 사람들의 出發이 있나니라.

그러나 現實의 不合理의 經濟機具가 이런 平和의 村落을 ㅇㅇ적으로 突入하야 餘地없이 負債와 破産과 都市離走와 飢餓로 戰地와 같이 쓸쓸하게 만들고 말었다. 教會도 信仰도 美風도 道德도 문허진 옛 城壁처럼 값이 없이 한못겡이에 졸고 있을 뿐이었다.

우리는 이런 洞里를 更生시켜야 한다. 이런 農村을 復活의 更生을 위하야 偉大한 農村의 豫言者를 어서 속히 나타나기를 기다리고 있는 바이다.

이 村이 다시 살아난다면 어른이나 아이나 男子나 女子나 地主나 머슴이나 하나님의게로 도라가야 한다. 그리하야 飢餓의 ㅇ를 저 멀이 驅逐하여 버리고 온 村落이 배곺으지 않고서 自由와 平和에서 主日의 鐘聲이 고요한 村落을 울일 적에 都會에 모이는 예수의 人이 가득하야 祭祀의 讚頌이 洞區 밖으로 울이워 나올 적에 野園에 勞動하는 人이나 牛馬를 볼 수 없는 現象이 實現키를 爲하는 바다.

"아버지여 당신의 나라이 이 村落으로 하여금 臨하게 하소서"

第一은 하나님의 나라가 땅에 臨하게 勞力함이요. 第二는 우리의게 日用할 糧食을 주림이 없이 解決하여 보자는 勞力이다. 이 二大 問題는 主께서 우리의게 가라켜 주신 祈禱의 綱領이다.

이 理想인 예수의 村을 오직 根本改造인 少年 教養으로서 成功하자는 것이다.

예수村에는 새 人間인 예수人이 있어야 하기 때문에 이 새 人間養成에 運動을 옴기는 것이 一般的으로 根本的이요 實際임을 믿는다.

"하날나라에 드러갈여면 여린 아이로 도라가라."

第一章 基農少年

基督을 標榜하야 少年을 指導하고 個性的 人格을 尊重히 녁여 農村的 訓練을 目的함.

過去의 우리 社會는 아이를 輕蔑히 역이었고 踐待하였다. 兒童을 虐待하고 踐待하는 것은 野蠻民族에서 찾을 수 있는 것이다. 어느 나라를 勿論하고 兒童을 保護하고 尊重히 역여 發育과 教育에 重視하는 것은 文明한 나라에 찾어 볼 수 있는 것이다.

하로는 어떤 女人이 어린아이를 다리고 예수 앞에서 祝福을 받으랴고 請하였다. 弟子들은 冷情하게도 女人의 旨를 拒絕하였다. 主님은 이것을 아르시고 弟子들을 단단히 責하시고 親히 아이를 안으시고 祝福하여 주시며 天國民의 資格을 어린아이로서 教訓하시었다. 하날나라에 드러하려면 "어린아이로 도라 가라"한 것이 高尙한 哲學이다.

우리는 어린아이들을 앞에 놓고서 所謂 教育할 때 過去의 어진 聖賢들을 例擧하여 그렇게 되어라고 가르키었다. 이것은 人間으로서의 最高의 賢人이요. 標本 人物로 알었기 때문이다. 그러나 人間 以上으로 至聖 至尊하신 그리스도는 人間 歷史에 앞으로나 뒤로나 이에 더 없는 道德的 最高 標準이시기 때문에 우리는 天眞한 農村의 少年을 그리스도로 삼아 教養하려는 것이다. 어린아이의 教養 生活全部가 그리스도化 하기까지 指導하려고 勞力하는 것이 곧 이 綱領의 첫 條目이다.

그리고 純直한 少年의 心靈에서 울어나는 個性的 發表를 尊重視하여 雄大한 心性를 가리움 없이 열어 주자는 것이다. 우리 過去 朝鮮의 封建的 風習에는 어른 앞에서 아이의 말이 망영되다 하여 壓迫을 하여 버리었다. 그러나 天眞한 말속에서는 장차 열여질 雄ㅇ가 숨어 있음을 沒覺하였기 때문에 無視하고 짓밟았던 것이다.

우리는 어린아이의 한 個性을 所有한 人格을 重히 역여 가슴 가운대 엉킨 雄ㅇ를 發展시키려고 指導하는 것을 教育의 最大 使命이요. 指導의 原理이요. 法則으로 아는 바이다.

그러나 都市 兒童의게는 都市的 教養을 要하고, 農村 兒童의게는 農村的 教養을 必要로 하는 同時에 앓이 할 수 업는 不可不의 條件이다.

都市 人間은 農村 人間을 輕蔑하게 待遇하여 왔고 農村 人間은 都市를 憧憬하고 살어 왔음도 事實이었다. 하물며 心理的 形象의 變態가 複雜한 少年에게서야 華麗한 都市文化에 憧憬하여 祖先의 기친 農業的 生活을 厭避하야 都市로 달어나는 것은 必然의 傾向이 아니랴. 農村을 싫여하고 勞動을 싫여하는 이 못된 根本 觀念부터 없이 해버리고 農村樂園의 自由로운 生活과 勞動神聖의 價値있는 生活를 高調시켜 農村은 慈愛의 어머니의 乳房인 것과 하나님께서 天職的으로 人間의게 주신 業은 오직이 農業인 것을 알게 하여야 한다.

꽃이 피고 새우는 그리운 내 洞里를 어머니의 젖가슴처럼 平和롭고 사랑스럽게 살 수 있는 하나님의 나라이 임하여지도록 새 洞里의 새 사람을 길어야 한다. 묵고 罪의 물들고 염통에는 사랑이 말나빠진 罪의 그륵택기가 무섭게 나솟은 우리 어른들로서는 새로운 農村樂園을 建設할 수 없음은 누구나 다 잘 인식하는 바다. 새 조선의 건설은 새 사람이 있어야 한다. 하나님의 어린아이들를 광이를 메여 호미를 쥐여 넓은 들을 갈고 매고 씨를 뿌려 거두게 하는 것이 배곮으지 않아 하고 싸홈이 없는 새 조선을 맨드는 것이 이 운동의 크다란 목적이다.

《종교시보》 1936년 1월 4일

第二章 三精神

(一) 하나님을 사랑하자(전도서 十二○一)

하나님을 떠나는 民族은 亡하였다. 이스라엘의 歷史가 그러하엿고 바밸논이 그러하엿다. 오늘날 世界 各國의 情勢를 살피자. 하나님을 멀이한 百姓의 運命이 길어질건가! 옛적에 우리의 歷史를 보드라도 新羅 때에는 하나님을 섬긴 자취가 平壤에서나 慶州에서나 찾어 볼 수 잇다. 그때에는 朝鮮民族이 四千萬 以上이라고 하엿고 大同江 上에는 龍頭를 튼 높은 鐵橋가 七個나 놓엿고 慶州에는 二十七萬戶나 뱃곡 차서 木炭으로 밥을 해 먹고 살엇다는 찬란한 歷史를 찾아 볼 수 잇다.

하나님을 敬畏하고 살든 때는 文化가 隆盛하였고 經濟가 豊富하였것마는 하나님을 떠난 오늘엔 이 民族의 살 길이 이렇게 어렵어지지를 아니했는가? 어대를 가던지 踐待를 받고 밥 한 술에 生命과 良心을 팔아 먹는 墮落한 人間이 되지 아니하였는가? 우리는 다시 하나님께로 돌아가야 한다. 農村이 乏弊하고 經濟가 恐慌하니까 問題가 아니라 하나님께로 돌아가지 아니하는 것이 가장 큰 問題이다. 罪의 바다에 떠서 사는 所謂 成年의 마음은 阿片쟁이의 넙적다리처럼 魔鬼의 注射를 너무 몹시 맞었기 때문에 새 나라의 새 백성의 心靈을 가지기에는 너머나 힘드는 노릇이다.

그러나 少年의 良心은 하나님을 敬畏하느니 罪의 注射를 받기 前에 하나님을 사랑하고 그리스도의 十字架의 生活을 하게 하자.

그리하여야 이 새 사람들은 서로 싸호고 죽이는 個人主義에 빠지지 않고 그리스도의 사랑의 염통 그대로 生活하게 될 것이다.

(二) 땅을 사랑하자

"아이들아 우리들의 살 곳은 京城도 아니고 大邱도 아니고 平壤도 아니다. 오죽 내가 늙어 죽을 때까지 살 곳은 어머니 배속에서 나오던 그 洞里이다."

이것은 다시 말하면 鄕土愛이다. 普通學校만 졸업하여도 의레히 굉이와 호미를 들기를 부끄러워하고 都市로 떠나가기를 일종의 행새거리로 아는 것이다. 아버지와 같이 광이를 메고 땅을 파서 사는 자유롭은 生活은 싫여하고 都市에 가서 남의 집 종놈짓을 하기에는 달게 녁이는 잘못된 생각을 근본적으로 곤처 주어야 한다. 살기 싫은 少年에게 떠나간다고 辱만 하여서는 곤처지지를 아니한다. 살고 싶도록 만드러 주고 農村을 사랑할 수 있도록 만드러 주어야 한다. 꽃 피고 새 우는 정든 내 鄕村을 떠나기를 싫여하고 죽어도 이 洞里에서 살고 싶도록 하게 하여야 한다.

자라나는 우리 동리의 少年들의 마음속에 鄕土愛의 精神을 어려서부터 넣어 주자. 그리고 少年의 心理에 適應될 施設을 주어서 마음대로 天性을 發輝하고 억센 새사람의 養成을 하여야 한다.

"아이들아 내가 난 이 洞里는 하나님이 우리의게 樂園으로 주섰단다. 굶어죽어도 이 洞里에서 얼어 죽어도 이 洞里에서 늙어 죽을 줄만 알자."

(三) 勞動을 사랑하자(살후 三○十)

하나님은 우리 사람의게 크나큰 鐵則을 주섰으니 '너희 이마에 땀을 흘려야 먹으리라'고 하셨다. 그러나 世上 사람들은 勞動은 싫여해도 못척 싫여합니다. 그러하기 때문에 세상에 罪惡이 發生되였습니다. 저마다 알뜰이 일을 하여서 먹고 산다면 아무 문제가 없을 터인데 일은 하기 싫은대 좋은 衣服, 좋은 飮食은 먹고 싶으니가 속이고 협잡하고 약한 사람들의 것을 빼아서 먹는 법을 내고 도적질하고 온갓 약은 꽤만 써서 큰 수고하지 않고 먹고 살어갈 궁리만 밤낮하고 있으니 점점 인류의 罪惡만 커저 가는 것이다.

본시 罪가 어대서 生産되는냐고 하면 놀고 먹는 사람들의 巢窟에서 發生되는 것이다. 勞動에 분주한 사람들은 하로 일에 精神을 롷으고 일에만 생각하나 일을 하지 않고서 기나긴 하로 해를 지내 보내자니 온갖 궁리, 온갖 생각을 하다가 社會的으로 용랍하지 못할 더러운 죄를 犯하게 되는 것이다.

나는 우리 아버지가 富者이니 나는 알들이 일할 必要가 없다고 生覺하는 사람이 많다. 그러나 마당에 泰山같이 쌓은 露積은 네가 먹을 쌀이 못 됨을 알어야 한다. 네 아버지나 그 쌀을 맨들기에 피땀을 흘린 사람의 먹을 쌀이지 그에 손 한 번도 대여 보지 못한 너는 먹을 資格을 가지지 못하였다.

내가 먹을 쌀은 내가 힘을 消費시킨 그 쌀에 먹을 資格을 가지게 되는 것이다. 덮어 놓고서 勞動없이 먹고 살어가는 人間은 도적놈이요 寄生人間일 것이다.

바울 사도도 "일하기 싫거든 먹지도 말게 하라고"(살후 二○十)하셨다.

그리기에 그전에는 所謂 '勞動神聖'이라고 엇춤배튼 文句를 使用하였다마는 只今 少年會의 準律에는 '勞動은 生活의 糧食'이라고 하였다.

"아이들아 하로만을 살고 싶은 것은 하로를 일하고 百年을 살고 싶은 것은 百年을 일하여라."

勞動없이 살려는 人間은 生과 定義를 모르는 不辭한 人間에 지나지 안는다.

그러기에 우에 말한 三精神 되는 한 손에는 하나님의 사랑의 福音을 들고, 또 한 손에는 광이와 호미를 들고서 얼어 죽어도 이 땅에 굶어 죽어도 이 땅에 福音과 놓지 말고 논뚜럼에서 밭뚜럼에서 죽자 … 그리하여야 하나님의 祝福이 가련한 農村에 쏟아질 것이다.

이 三精神을 새 사람들의 마음에 넣어 주자는 것이다. 그리하면 이들은 예수村의 새사람들이 아니 될내야 할 수 없이 되여질 것이다.

이제 지도할 方法과 內容은 아래에 설명하여 두노라.

《기독교보》 1936년 1월 21일

第三章 準律과 標語

一. 少年은 正直할지니 言語, 動作에 信實하라(엡 五○四十四, 배전 三○十)

正直이라는 것은 人格의 生命이니 어대까지던지 公明正直하게 살어야 한다.

적은 利益에 良心을 無價值하게 팔어 먹는다던지 卑劣한 行動으로 他人의게 屈伏하는 것은 벌서 正直을 떠난 下等人間의 動作일 것이다. 다시 말하면 굶어 죽고 어러 죽어도 正直으로 살다가 正直으로 죽는 것이 偉大하다고 하겠다.

또한 말에도 所用에 當치 않은 쓸데없는 말을 수더구가 많게 버려놋는 것은 價值와 權ㅇ를 잃어버리게 되고 他人의게 不實한 인간으로 取扱을 받기가 쉽다. 故로 어대까지던지 重量이있고 價格 있는 말를 하야 自我의 人格이 能히 他人의 意思를 感伏케 할 것이다. 우리는 무슨 일이나 個人的으로나 社會的으로나 하여야 할 것과 하겠다고 한번 發言이나 約束이 있었다면 萬難을 突破하고 꾸준이 나아가서 信實을 보일 것이다.

二. 少年은 忠誠할지니 神과 社會에 對하야 忠實하라(됨후 四○七)

忠誠은 거짓에서는 나올 수가 없나니 오즉 眞에서만이 出發되는 것이다. 一時的이요 氣分的인 忠誠은 特久치는 못하는 것이다. 어느 모통이라도 自己의게 利器있는 거기에서만 忠誠을 보히려고 하나 他人의 耳目이 없는 곳에는 풀어지는 것이 當例이다. 참 忠誠은 他人의 耳目을 개이치 않고서 自己의 本分과 使命을 다하는 것이다. 人의 第一되는 本分은 무엇이뇨. 하나님을 사랑하고 그를 榮華롭게 하는 것이라고 하였다.

社會라는 것은 人間을 前提로 한 말이다. 社會에 對하야는 自己의 義務와 本分을 다하야 人을 섬기기에 忠誠을 다하자는 것이다. 神의 앞에서나 社會의 그 속에서 勝利와 남의게 고임을 받는 者는 忠誠을 一貫하야 生活하는 者일 것이다.

三. 少年은 도움이 될지니 每日 一件 以上의 善行이 有하라(롬 十二○十七)

우리는 百年을 잘 살기 爲하야 하로를 못살지 말고 하로를 잘 살어서 百을 잘 살도록 하자. 우리는 明日을 所有하지 아니 하였다. 우리가 所有한 날을 今日이란 오날뿐이다. 今日을 잘살어야 한다. 今日이라는 이 하로를 하나님에게 對하야 본분을 다하고 人의게 對하야 義務를 다하자. 될 수 있는 대로 오날에 善行을 할 것을 明日로 미루지 말고 今日의 오른 일을 하고서 넘어가자. 一件 以上이라고 한 것은 한 가지만 善대로 行하고 百가지를 惡行하라는 것은 아니다. 每日 一件 以上을 아모래도 善行을 하여야 하는 대로 一日 百事를 善行으로 一貫하자는 것이다. 이것이 人類의 偉大한 道德的 生活의 出發이니라.

四. 少年은 親切할지니 貧弱한 者의게 더욱 親切하라(마 二十○

二十八)

人間은 大概 自己보다 勝한 者의게 親切하지마는 自己보다 낮은 者의게 親切하는 것이 드문 일이다.

예수께서는 내가 世上에 온 것은 섬김을 받으려고 온 것이 아니다. 남을 섬기려고 왔노라 하셨다.

世上 사람은 대개 돈푼이나 있는 사람, 자식깨나 있는 사람, 權力깨나 있는 사람의게 친절하고 아첨한다. 우리는 헐벗고 가난하고 무식하고 힘이 없는 사람들의게 더욱 친절하여야 새 사람의 맛땅한 행동일 것이다.

五. 少年은 友愛할지니 世界 少年을 兄弟로 녁이라(롬 十二○十八, 고전 十二○十三)

우리는 同모를 사랑하여야 한다. 동모를 욕하거나 評論하거나 名譽를 傷害하는 行動은 道德率이 낮은 百姓의 버릇이니 동모를 애끼고 重尊하여야 한다.

또한 같은 同胞의 兄弟뿐만이 아니라 色이 다르고 풍습이 다른 他國나라 사람의 어린 동모를 보고 놀이거나 욕하거나 돌질을 하는 것은 野蠻의 나라의 사람이 하는 行動이니 일절 이것을 말어야 하고 비록 말은 다르고 얼굴 모양은 다르나 한 하나님의 아달이요. 딸이니 같은 人類의 兄弟이다. 서로 도아주고 친절하게 待接하여야 한다. 그리고 그리스도의 나라에는 人種區別이 없고 다같은 하날나라의 兄弟이다.

六. 少年을 알들할지니 勞動을 生活의 糧食으로 알라(살후 三○十)

사람은 먹기는 좋아하면서도 勞動하기는 싫어한다. 요사히는 일하지 않고 먹고 사러 갈 궁리만 작구 한다. 아모리 궁리하여도 受苦하지 않고 먹는 法은 他人의 受苦하여 쌓은 物件을 盜賊질 하거나 속이거나 하는 道理밖에는 없을 것이다. 하나님 앞에 가장 큰 罪人이 殺人者도 아니요 도적놈도 아니다. 단지 놀고 먹는 그 사람일 것이다. 殺人도, 도적도, 이름 모를 온갖 罪目이 놀고 먹는 사람의 社會에서부터 發生되기 때문이다.

우에서도 말하였거니와 勞動은 神聖뿐만이 아니고 生活의 糧食이다. 故로 아이들아 하로만 살고 싶거든 하로만 일하고 百年을 살고 싶거던 百年을 일하라. 이것이 크다란 우리의 標語이다.

七. 少年은 順從할지니 父母와 上長의게 服從하라(마 十五○四, 요 十五○十三)

요사히는 漸漸 朝鮮의 美風이요. 世界 道德의 자랑인 孝行之道가 낡아저 간다.

이것은 슬퍼할 일이다. "아이들아 주안에서 父母를 恭敬하라." 이것이 옳으니라 하지 않었느냐(엡 六○一) 모세 當時에는 "父母를 毁謗하는 者는 곧 죽이라"고 하였다.

父母의게는 죽기까지 順從하여 父母의 얼굴에 우슴이 피게 하여야 한다. 또한 父母같이 나이 많은 年長者를 ○하여는 父母같이 尊敬으로 對接하고 어른의 말을 重히 들어서 順從함이 좋은 일이다.

《기독교보》 1936년 1월 28일

내가 出生한 내 故鄕을 사랑하여야 한다. 또 樂園으로 알어야 한다. 經濟的으로 말나지고 온갖 施設이 없는 쓸쓸한 洞里라고 아주 落望을 하여 가지고 떠날 것이 아니다. 그렇다고 떠나는 날이면 都市에서나 他國에 가서 數萬金을 버러 가지고 돌아온들 임의 他人의 洞里가 되고 말었는대 살내야 살어 볼 수가 없게 된다. 그 동리에 그대로 살면서 힘을 다하야 勤儉과 貯蓄으로 協同과 勞力으로 새로운 洞里를 만들기에 工作을 하여야 한다.

第四章 定款

第一條 本會는 基督農村少年會라 稱함.

第二條 本會는 本會의 綱領, 精神 及 準率를 貫徹키로 目的함.

第三條 本會는 敎會에 置함.

第四條 本會 會員은 本會의 定款을 遵守하는 少年으로 年齡 滿十歲 以上 滿十七歲 以內로 하되 志願에 依하야 二十歲까지도 許함.

第五條 本會는 左記 任員을 置함.

一. 顧問 二人

二. 會長 一人

三. 總務 一人

四. 書記 一人

五. 會計 一人

六. 指導者 若干人

第六條 本會의 任員의 薦擧 及 資格은 如左함.

一. 本會의 任員은 總會에서 薦擧하야 該敎會 最高機關의 承認을 得하고 或은 總會가 不可能할 時는 該敎會의 最高機關이 任命할 수도 有함.

二. 會長, 總務, 書記, 會計 指導者는 敎會內 靑年有志者로 하고 隊長마는 該隊의 隊員 中에서 投票로 薦擧함.

三. 指導者의 資格은 洗禮敎人으로서 一般信望이 有記者로 함.

但 非洗禮敎人이라도 德望이 있어 該敎會의 最高機關의 承認이 有할 時는 資格으로 認함.

第七條 本會 任員의 職務는 如左함.

一. 會長은 本會 一切事務를 統轄함.

二. 總務는 會長이 不參할 時에 代理하며 會長을 協贊하야 一般事務를 總理함.

三. 書記는 本會의 一切 文簿를 掌理함.

四. 會計는 本會의 一切 財政을 掌理함.

五. 指導者는 會長의 命에 依하야 會員을 指導함.

六. 隊長은 該隊의 事務를 管理함.

七. 顧問은 本會를 指導하며 評議할 權이 有함.

第八條 本會의 任期는 滿一個年으로 함.

第九條 本會의 集會는 如左함.

一. 定期總會 年二次式

二. 臨時總會

三. 通常會 每週 一次

四. 各隊會

五. 任員會 任員會 會員은 第五條 職員과 各隊長까지로 함.

第一○條 本會의 經費는 入會金 拾錢과 月捐 或은 義捐金으로 함.

第十一條 本會의 規約을 改正코저 하는 時는 出席會員의 三分二 以上의 可決로 함. 但 顧問과 指導者의 追認을 要 함.

附則

第一條 本會 任員 及 會費은 本會의 맑크(mark)로 付用함을 要함.

第二條 本會 會員으로서 農作에 五種 以上의 技術이 有하고 勤儉 特히 模範된 만한 行爲가 有한 者의게 表彰을 함.

第三條 以上 未○한 規則은 通常 規則에 依하거니와 指導元理에 應하야 修時 施行함.

第五章 敎會에 對한 奉仕

一. 指導者는 敎會의 指示대로 敎會에 德을 새우기 위하야 모든 事業에 注意를 要함.

二. 本會도 예수의 事業에 一分前이니 敎會에 속한 團體임으로 敎會의 榮光이 되어야 함.

農鄕曲

山높고 물 맑은 우리 고향은
꽃피고 새우는 농촌이라오
이른 봄 소 몰고 들판에 가서
논 갈고 밭 갈라 벅국새 우니
얼넬넬 상사디 씨를 뿌리데

山 높고 물 맑은 우리 고향은
꽃 피고 새 우는 농촌이라오
바구미 나물칼 촌에 들고서
봄 언덕 푸른 풀피리 맨드러
종달새 노래를 마처 분다오

山 높고 물 맑은 우리 고향은
꽃 피고 새 우는 농촌이라오
달 아레 모여서 맞잡아 일하고
해 넘어 저물면 뜸북새 울 제
앞집과 뒷집에 모깃불 피우네

山 높고 물 맑은 우리 고향은
꽃 피고 새 우는 농촌이라오
끝없는 벌판에 곡식 익으면
오동엽 우수수 기럭이 울 제
얼넬넬 상사듸 걷어들어네

山 높고 물 맑은 우리 고향은
꽃 피고 새 우는 농촌이라오
알뜰이 살뜰이 지은 곡식을
물방아 쿵덩실 쌀을 찌으나

욱여라 방아야 못먹을 쌀을

山 높고 물 맑은 우리고향은
꽃 피고 새 우는 농촌이라오
일 년에 열두 달 하로만 같이
죽어라 살어라 일만 했건만
이 동리 못 살고 떠나만 가데

山 높고 물 맑은 우리 고향은
꽃 피고 새 우는 농촌이라오
여보소 동포여 떠나지 말고
네 마음 내 마음 한 줄에 매면
에여라 듸여라 못할 것 없데

標語

恒常 "勇敢"하라

"내가 너를 命함이 아니냐? 너는 强하고 膽大하다. 두려워 말고 떨지 마라. 네가 가는 곳마다 네 하나님 여호와가 너와 함께 하리라."(여호수아 一○九)

《기독교보》 1936년 2월 11일

基督敎의 兒童觀

一. 머리말
二. 聖經上으로 본 兒童觀
  1. 神靈的 意味로서
  2. 兒童에 對한 敎育
  3. 兒童으로서 직힐 義務
三. 敎會史로서 본 兒童觀
  1. 殉敎에 살아진 兒童의 血
  2. 基督敎의 兒童 虐待防止 運動
四. 結論

一. 머리말

어느 國家, 어느 民族을 莫論하고 兒童을 賤對하거나 혹은 虐待하는 그 國家와 民族은 野蠻을 未免하는 것이다.

世界의 文明이 그 發達性의 如何에 從하야 兒童學과 그 敎育法의 方法論이 또한 百出하는 것이다. 따아서 主義와 思想을 傳하거나 或은 그 國家精神을 統一케 함에도 兒童을 떠나서는 可能할 수 없는 일일 것이다.

그럼으로 宗敎도 成年을 相對하야 布敎하는 方法은 極히 苦亂을 經

驗을 하였고 其 成果가 多現치 못하였다. 兒童을 相對로 하야 神과 生活을 教育하고 愛와 奉仕를 訓鍊하야 正義의 人間을 建設하며 그리스도의 贖罪救靈의 眞理를 附植식힘으로서 宗教發展의 實驗을 보앗기 때문에 어느 宗教를 勿論하고 兒童問題를 研究하야 其 宗教의 人間을 造成하기 爲하야 많은 施設과 機關을 配置하는 것이다.

今日 우리 教會에서 教人의 人口가 三이 있다고 본다. 첫재는 說教傳道, 第二는 傳道人을 세워서 하는 個人傳道, 第三은 主日學校로서 드러오는 兒童의 聖經教育.

右三者 中에 가장 많은 數字를 앎이거이 三分의 二를 点한 것이 兒童을 가라치는 幼年主校事業으로 生起이는 것이다.

그럼으로써도 不拘하고 極히 적게(費用으로나 觀念으로나 教會當局者까지도) 用力하고 있는 것이 事實인 同時에 또한 現實教會의 失敗의 하나이라고 본다.

二. 聖書上으로 본 兒童觀

1. 神靈的 意味로서

어린아이와 젖먹는 자의 입으로서 힘 잇게 하나님을 讚頌한다고(詩 八○二)하였으니 過然○와 僞가 없는 ○白한 입설에서 나는 讚頌이 참으로 本能的이고도 信賴의 心情에서일 것이다.

또한 詩篇 著者는 "靑年과 處女와 老人과 兒孩들아 다 맛당이 여호와를 讚揚하라. 그 일홈이 至極히 尊貴하고 榮光의 天地보다 廣大하시도다"(시 百四十八○十二, 十三)

주님께서 世上에 오서 騎馬를 타고 入城하든 그 쓰면 場面 다시 말하면 苦亂週日을 直面하고 最後의 一死를 覺悟하고 入城하는 場面에 天眞한 耶京의 어린이들이 호산나를 呼唱하여 주는 이 激勵의 歡迎 저윽이 어린이의 입설에서 흘너나는 讚揚이야말로 悲壯하게 入城하는 그리스도의 心情을 起動케 하였을 것이다. 누터(Martin Luther) 先生이 宗

教革命의 큰 抱負를 안고 宗教裁判所에 呼出를 當하여 윌스(Worms)城에 入城할 때에도 이 城의 幼年들이 길거리에서 누터(Luther)의 萬歲를 불녀 주며 歡迎의 氣運이 윌스(Worms) 市의 空中외 떳든 것이다. 여기에서 누터(Luther)는 크게 心靈의 激動의 勇氣를 培養하였으니 넉넉이 九十五個條를 내걸고 獅子吼를 吐할 수 있섯든 것이다(마 二十一○十五-十六). 또한 어린아이는 하나님의 繕物이라고(창 三十三○五, 詩 一二七○三) 人間 嗜好의 任意대로 못하고 오즉이 주께서로 주시는 繕物임으로 感謝와 尊重을 가지고 받을 것이다.

神靈的 意味로서 큰 意義가 있으니 天國에서 入할 者는 어린아이로 도라 가라고(마 十八○三)

우리는 모름직이 長年의 驕慢하고도 罪性心理에서 떠나 天眞하고 無欠한 어린아이로 돌아가야 할 것을 말하였으니 聖經에는 어린아이로서 靈的 教訓에 큰 意味를 抱擁할 것이다.

2. 兒童에 對한 教育

우리는 아이를 예수의께로 引導할 것이다(막 十○十三-十六). 우리는 世上에서 衣服이나 잘입은 얼골 고은 아이를 안어주고 싶지마는 그리스도께서는 不幸한 어린아이를 안으시고 그 靈과 身에 祝福을 주시며 保護의 永遠한 抱擁이 있는 것이다. 둘재는 하나님의 집으로 다리고 올 것이다(삼전 一○二十四). 여기에는 父母가 子息을 放任하야 主日에 教會에 않이와도 그다지 責할 마음도 없는 父母를 많이 본다. 삼으엘의 父母처럼 우리의 子女를 教會에서 養育할 것이다. 主日이 當하면 父母가 子女의 손목을 붓들고 하나님의 집으로 와서 祈禱와 禮拜을 배워 주고 信仰과 奉仕를 배워 줄 것이다.

三은 하나님의 道를 가라칠 것(신 三十一○十二-十三, 잠 二十二○六). 우리는 아이들이 學校에서 배우는 教科書를 工夫하지 않은다고 꾸짓지 마라고 하였으나 하나님의 道를 가리켜서 每日 읽고 배워 주기를 用力하지 못하였다.

그럼으로 내 子女는 信仰이 없다. ○○ 主內에서 養育하라(엡 六○

四, 잠 二十二○十五, 二十九○十七). 主의 教育은 主內에서 가라칠 것이다.

3. 兒童으로서 직할 義務

一. 하나님을 服從케 할 것(申 二十○一). 우리의 信仰의 最善은 神의게 服從하는 것이다. 神의게 服從하는 것이 人間 生의 最高의 幸福에 至학는 行動이다.

二. 하나님을 두려워할 것(잠 二十四○二十一). 罪人이 法을 恐怖하는 心情으로서 하나님을 두려워할 것이 않이고 父를 두려워하는 心情으로서 사랑의 情에서 한켠으로 두려움을 갖어서 罪에 對한 認識을 確實하게 하여 罪를 미워하는 하나님인 것을 信仰하게 할 것이다.

三. 하나님을 記憶할 것(젼 十二○一). 記憶이란 말은 意識이란 말과의 同識할 수 있는 말이다.

無神論者의 子息을 만들지 말고 어려서붙어 神을 認識식히고 其 生活로서 神을 表示케 할 것이다.

四. 父母의 教訓을 從할 것(잠 一○八十九). 父母가 가라키는 것은 大槪는 善하다. 惡함 父母라도 子息을 教訓할 때는 善한 말로서 教訓한다. 그럼으로 父母의 教訓을 직히고 그대로 遵行할 것이다.

五. 父母를 恭敬할 것(出 一○十二, 히 十二九). 이것은 人間의게 對한 誡命 중에 第一誡命이다. 基督教를 가라처서 父母를 排反하는 家教이라고 한다. 그것을 基督教의 眞理를 모름이요. 其 誡命을 모름이다.

舊約法에는 父母를 회방하는 者를 卽殺하였다. 이보다 더 무서운 極端의 罰은 없슬 것이다. 그러나 近日에 좋은 道德이 거이 없어저 가는 것은 歎息할 일이다.

六. 父母를 두려워할 것. 레 十九○三

七. 父母의게 服從할 것. 잠 六○二十, 엡 六○一

八. 父母의 恩惠를 갑플 것. 됨젼 五○四

九. 老人을 恭敬할 것. 레 十九○三十二, 벳젼 五○五

十. 惡한 父母들 本밧지 말라. 겔 二十○十八

三. 敎會史로 본 兒童觀

1. 殉敎에 살아진 兒童의 血

主後 六十四年 七月 十八日에 네로(Nero) 皇帝의 迫害時에도 많은 兒童이 죽었다. 主後 百六十年으로 百八十年 사히에 아우넬리오(Aurellius) 朝의 迫害時에도 폴이갑(Policarp)과 유즈디노(Justinus)란 有名한 敎父가 죽을 때에 뽈난티노탄 어린 婢子가 죽고 톨려노란 少年도 같이 죽었고, 主後 二○三年에 處女 아그네스(Sancta Agnes, 十三歲)의 殉敎는 넘우도 有名하다.

基督敎會史上에 가장 慘酷한 것은 小兒 十字軍(Children's Crusade)의 義慣盟이다. 이것은 十字軍戰爭의 第四,五回 사이에 된 일이다. 十字軍의 戰役은 八回를 두고라도 敗北를 當할 때에 一二二年에 佛國 스태파노(Stephen of Cloyes))란 양치기 少年이 神命을 받고 預言을 한다고 하면서 "請潔無欠한 少年으로서만이 勝利할 것이다"라고 하여 佛國(France) 全土에 三萬의 兒童을 募集하였고, 獨逸에서는 니골라(Nicholas)란 靑年이 五萬의 少年을 募集하여 數千里에 예루살넴을 恢復코져 떠나서 中途에서 奴隷로 팔리고 病死하고 ○死하고 말엇다.

中央아프리카 유간다敎會에서 迫害時에 宣敎師는 放○을 當하고 其中 兒童 二人을 火焰中에 殺人될 때에 自己가 배운 讚頌歌를 부르면서 ○死되였다.

日本의 二十七人 聖者 殉敎속에서도 長崎에서 十字架를 진 二名의 兒孩를 찾을 수가 있다.

2. 基督敎의 兒童虐對 防止運動

十八世紀의 産業革命 當時에 經濟獨点의 手段과 方法의 發達에 딸아서 長年을 解○식히고 賃金이 헐한 兒孩를 使用케 되였으니 六歲로붙어 十五歲 兒童을 工場에 受用하야 一日 十四時間과 또한 夜業까지 식키였다.

이때에 싹스배려(Shaftesbury) 卿은 (一八0一-一八八五) 七歲時에 크리스찬이 되고 彼가 十五時에 鐘路에서 한 勞動者가 兒童의 屍体를 담은 棺을 매고서 ○○한 流行歌를 부르면서 屍体를 여러 번 길바닥에 미여치는 것을 보고 "하나님이여 나의 全生涯를 貧民과 彼 等을 爲하야 살게 하소서" 하였다. 그는 强한 決心을 神앞에서 約束하고 兒童保護法案을 提出하였으니 一八二八年에 下議院에 接受된 것이다.

그리고 다음으로 有名한 앗수래(Lord Ashley) 卿은 一八四五年에 비로소 議會에 工場法案(Factory Acts)을 通過시키었다.

以下略

《교회보》 1937년 6월 1일

와그나의 基督敎勞動黨論

와그나(Adolf Heinrich Gotthilt Wagner)는 一八三五年 獨逸에 出生하여 一九二三年에 沒하였다. 그는 歷史學派經濟學과 講壇社會主義의 代表的 人物일뿐만 아니라 學界에 많은 貢獻을 쌓았다. 그는 名著『財政學(Finanzwissenschaft)』以外에 四十餘種의 著述과 百五十餘篇의 大小論文을 우리에게 남기어 주었다.

그의 思想을 가장 具体的으로 表現시킨 것은 基督敎社會的 勞動黨의 綱領과 勞動者同盟의 綱領이다.

一八八一年에 基督敎社會的 勞動黨은 비롯오 創立되었다. 氏는 同年에 加入한 後 얼마 안 되어 總裁가 되어 그 黨을 爲하여 犧牲的으로 꾸준히 일하였다.

當時에 獨逸에는 社會政策學會 以外에 宗敎的 社會傾向이 積極的으로 國家社會政策에 作用的 役割을 波及시키었다. 더욱이 그들은 一定한 宗敎上의 勢力으로붙어 社會改革의 必要를 推論하고저 하였든 것이다. 氏의 論唱은 宗敎는 來世에 天堂問題 뿐만이 아니라 現世에 있어서도 一般問題에 對한 規準을 成立할 것이라고 하였다. 여기에서 勞動者를 爲한 法律을 一定한 必要는 直接 一定한 宗敎的 規定의 歸結이라고 觀破하였다.

基督敎社會的 勞動黨의 一般原則은 左記의 四項目과 같다.

1. 基督敎社會的 勞動黨은 基督敎의 信仰과 祖國에 對한 眞愛의

素地에 立脚함.

2. 基督敎社會的 勞動黨은 現在의 社會民主主義라도 非實際的·非基督敎的·非愛國的이라 하여 排斥함.

3. 基督敎社會的 勞動黨은 勞動者의 平和組織을 達成하기 爲하여 努力하고 이에 依하여 國家生活에 있어 相互協同하고 必要한 實際的 改革의 길을 열고자 함.

4. 基督敎社會的 勞動黨은 資本家와 無産者 사이에 階級破壞. 땋아서 經濟的 完全의 實現을 追究함을 目的함.

上示한 四條의 一般的 原則에 要求하는 細目을 말하자면 다음과 같다.

第一은 勞動者 自身이 國家의 援助에 對한 것과 勞動者의 組織에 關한 것인대 이것을 內分한다면 職業組合은 强制的으로 하여 全國을 通하여 實行할 組織体를 둘 것과 徒第制度를 規定할 것과 强制的 仲裁裁判의 設置와 寡婦, 孤兒 及 疾病者와 老年保護强制基本金의 設立을 主張하고 雇主에 對한 勞動者의 利益과 權利를 代表할 權限 있는 職業組合의 賦與를 要求하고 勞動者가 履行 못할 契約上의 義務約束에 對한 職業組合의 責任을 明瞭케 할 것과 職業組合의 基金制度에 關한 國家的 規定을 要望하였다.

第二는 勞動者 保護에 關한 것인데 그 中에 日曜日 勞動禁止·小兒와 旣婚婦人의 工場勞動 撤廢·職業組合에 依한 差異있는 正常勞動이니 이 目的을 달하기 爲하여 充分한 國民勞動의 保護와 高利禁止法律의 復活에 關한 모든 要求를 主張하였다.

第三은 國家組營에 關한 事項인데 勞動者의 有益과 같이 現在國家及 地方財政을 經營될 것을 主張하였으니 곳 强制的 職業組合과 法律上으로 認正되는 勞動組合의 施行이다.

第四는 課稅니 이 綱領의 主張은 現在와 將來의 直接課稅에 對한 調節的 均衡인 累進的 所得稅·大財産 及 親族關係의 遠疎에 對한 累進的 相續稅·取引所稅·高率의 奢侈稅 等이었다. 우에 말한 第一은 國家의 援助에 對한 要求요. 第二는 宗敎者에 對한 것으로 國民 全体의 肉体

的, 精神的 幸福의 向上과 倫理宗教的 態度를 目的한 모든 努力에 對한 好意的 活動을 云함이오. 第三은 有産階級에 對한 要求인대 無産者의 正當한 要求에 對한 應諾과 賃金引上에 容易한 法과 勞動 時間의 短縮을 要求하였다. 第四는 自助에 對한 要求인대 同業組合과 職業組合을 好意로 支持를 說하고 또한 個人的 名譽와 職業的 名譽의 維持를 說하고 다시 基督教 精神에 있어서 家庭生活의 娛樂 及 訓育은 決코 粗野하게 해서는 안 된다는 것을 主說하였다. (了)

◇ 시

자유

인간의 최대의 행복은 자유란다
자유 없는 하늘과 땅에 행복이 어데 있던가?
그리던 자유는 온다고 해방의 문은 열렸다만
동지야 우리의 차림은 아직도 멀었구나

승리의 태극기는 푸른 천공(天空)에 높이 날리고
어린 아들들은 장사의 진으로 거리에서 자유를 부른다.
동포여 어째서 가르고 찢어서 자유의 반역이 되려는가
지난 설움 생각해 삼천만 끌어안고 자유를 맞이하자

우리의 나라는 자유의 나라 우리의 나라는 행복의 나라
삼천만 겨레야 거리거리 하나 되어
조국의 오천 년 사(史) 삼각산(三角山) 바위 갈아 흐르는 한강같이
이 자유 이 행복을 무궁하도록 누리자고

《홍국시보》 1946년 3월 1일

주(主)를 그린 내 마음

하늘에 가는 길은 마음속에 있다고
지상에 사는 동안 내 속에다 이뤄야
오는 날 그 천국은 내 앞에 있으리

님이 와 이 맘속에 뿌린 종자 싹틔워
옥토라 수백 배나 열어지리 그 종자
곳간에 걷어들여 귀하시다 하오리

이 마음 연못같애 밤이면은 새벽달
하늘의 수많은 별 똑똑하게 어림같이
님 얼굴 역력하게 어리리라 님 얼굴

봄 언덕 종달새가 푸른 창공 날음같이
님의 품 그린 내 영 노래 불러 ㅇㅇ있으리
갈릴리 바닷가에 님 발자국 따라서

골고다 해골 언덕 무화과는 푸르고
옛 바위 검은 이끼 붉은 피에 사는가
그 사랑 못잊어서 십자가를 목에 거네

《흥국시보》 1946년 5월 1일

님 주신 가마 타고

해 돋는 동쪽나라 궁벽한 술남이 촌(村)
수선화 곱게 피어 산비둘기 우는 봄에
맑은 시내 산골물에 내 머리 감아빗고
그대 눈에 잘보이려 이 마음 꾸미노라

손수 꾸민 꽃가마 그대 몸소 만든 가마
날 태우려 보내시니 이 천한 날 태우려
이 가마에 앉을 때에 나의 행복 유달파라
이 촌(村)에 처녀야 많건만 날만을 태우시네

레바논의 백향목 그 의지(意志)로 기둥하고
그 영광을 둘렀으니 바산의 정금이라
순교의 어린 딸들이 눈물로써 피로써
지성(至誠)으로 수를 놓아 비단방석 깔았구나

솔로몬의 육십용사 님에 사자(使者) 둘러싸서
내라고 가는 가마길에 앞뒤로 호위하니
기도의 검은 연기 믿음에 등불 들고 가노라면
어느덧 님인듯 횃불 날 맞아 오시매라

《흥국시보》 1946년 7월 15일

8 · 15는 또 왔다만

겨레야 이날을 기뻐야 하느냐! 울어야 하느냐!
기뻐서 지키자니 천만 가지가 기뻐야 할 일 어데 있노
왜놈은 갔다만 두 갈래로 찢긴 고통 갈수록 더하니
울고 또 울어서 곡성(哭聲)을 만세로 대신할까

8 · 15 작년 그날 하늘도 땅도 새로워진 듯
삼천만은 기쁘다 못해 울기까지 하는 날
미소양군(美蘇兩軍)의 진주(進駐)는 해방의 사자(使者)라고
삼천만은 미칠 듯이 환영하여 맞았다만

삼팔선 갈라놓은 일 오천년에도 없는 역사
삼십육 년 왜정(倭政)에도 내 땅에 가고 옴은 자유 있었다
부모처자 모신 고향을 오고가지 못하오니
이 땅에 이런 참경(慘景) 또 어데 있다 할까?

미소공위 열린 대한문(大漢門) 안 목 놓고 바라봤다.
국제공약 어째서 왜 독립 못 주는가?
두 나라가 다같이 독립시켜 주는데 있다더니
일 년이 넘었다만 독립 못 줄 이유 어데 있나?

삼척동자 어린애도 독립은 원한다오.
해외풍상(海外風霜) 겪는 것도 국내에 싸운 것도
오직 독립 하나만을, 오직 독립 하나만을

무수한 애국자는 싸우다가 죽었구나

8 · 15는 또 왔으니 일 년이 되었구나
한 해 동안 총과 칼에 죽어지면서 거리엔 행진으로
이같이 학생 청년 늙은이 울음과 만세로써
세계에 호송(呼訟)했다 메시지를 보내면서

세계의 공약은 녹슬었나 천리가 흐려졌나
정의에 한을 품은 채로 고함쳐도 응답없네
피를 흘려 죽은 의사(義士) 청사(靑史)에 운다만
주의(主義)는 어데 있고 사상(思想)은 무엇하노 독립 없는 민족이니

우리에게 총도 검도 없다만 그래도 싸우려고 일어났다
그것은 도리어 독립에 방해다 우리를 믿으라고 양(羊)같이 참아왔다
그러나 배가 고파 다 죽어도 독립도 정부(政府)도 아득한 꿈결이니
겨레야! 이대로 살아야 하느냐 싸우다 죽어야 하느냐

《홍국시보》 1946년 9월 1일

조국에 십자가를 세우자

정의에 빛나는 기독의 십자가를 진 젊은이의 행진은
해방된 조국의 거리에로 물결같이 밀린다
온갖 박해에 시달린 강철같은 의지로
조국에 바칠 억센 약속을 맹세코 끌고 달고 간다

조국은 악마의 요란이 밟아 놓은 뒤 자취
겨레는 산탄의 독주에 취한 채로 꿈틀거리고
도시와 농촌의 암흑한 그 속엔 온갖 죄를 빚어내
십자가를 진 청년들아 그대들은 골고다로 가야 한다

해방한 이날에 거리에는 악마의 그림자만 어지럽고
반갑다 돌아온 굶어 쓰러진 채 차라리 애굽의 그때가 났다고
모리배들의 배낭은 불룩불룩 열차가 비좁구나
십자가를 세우려면 그대들은 골고다로 가야 하네

무수한 실업군중은 홍수같이 밀리는 거리
굶주린 사자같이 음식점 앞에서 침을 삼키는 청춘
공장 연돌(煙突)은 빼끔한 대포구멍같이 녹이 스는구나
기독의 청춘들아 조국에 십자가는 세워야 하나니

그리스도에게 조국 도상에 십자가를 또다시 지우려나
쓸데없는 출세병에 걸리어 가슴을 앓는 못난이를 배우지 말고
조국은 악마의 터전이 되려는 이 위기에

십자가를 진 그대들은 아무래도 골고다로 가야 하네

조국의 참된 자유와 평화는 싸워야 온다
그대들이 싸우다가는 그 위에 십자가는 서려니
백두산 꼭대기에 삼각산 높은 봉에
승리의 십자가를 세우라 참된 자유의 십자가를

백만 기독자가 같은 박해를 받던 제 남산에
보아라 우상의 천당엔 백십자가는 높이 섰구나
기독의 청춘들아 그대들이 진 십자가로
조국강토(祖國疆土) 위에 높이 세우라 승리의 십자가를

《홍국시보》 1946년 10월 1일

감사

잘살아 보라고 갖은 수고했으나
사나이의 반 넘어 평생 여윈 몸만 남았어라
아서라 잘 먹고 잘 입고 다투어 사는니
토실(土室)의 나물죽을 감사타 먹으리라

큰 대문 잠그고도 평안 잠 못자거늘
울도 담도 없는 집에 쌓은 것 없고 보니
어둔 밤을 낮인양 꿈에 짙어 단잠 자니
아내야 웃어라 그날의 족함을 감사타 않으리

앞뜰 뒤뜰에 한 평에 땅도 못 가졌건만
푸른 하늘 해와 달 빛나는 별 많은
내 것이라 하는 자 없으니 이것이나 내 해랄가
하나님이 아버지니 감사타 어이 않으리

《흥국시보》 1946년 11월 1일

크리스마스 송가

들으라. 창공도 환희에 진향(震響)한다
만왕의 왕이신 임금의 영광
땅에는 평화, 넘치는 은혜
하나님과 죄의 자식과의 화해
만군의 국민아, 환희에 일어나자
대공(大空)의 개선에 화답하라
만상은 소리질러 부른다
주 그리스도가 오셨다고!

가장 높은 하늘에서도 찬송가를
영원히 우리의 주이신 그리스도
경배하라, 처녀로 잉태되어
나신 구주 오늘 오셨다고
보라, 육신 옷을 입고 오신 신자를
사람으로 우리 속에 기꺼이 오셨다
우리의 임마누엘 지금에야 오셨다.

경배하라 하늘의 평화의 임금
찬송하라 정의의 태양
날개쳐 고치심 가져오셨다.
우리의 모든 것에 빛과 생명을 주시며
영광의 보좌도 버리시고 오셨다
우리가 파멸의 함정에 빠지지 않기 위해

세상의 아들과 딸들을 하늘에 올리어
부활의 생명을 주시려고.

《흥국시보》 1946년 12월 1일

님의 무덤 찾아가서

님의 신체 간수하랴 새벽무덤 찾았더니
돌문만 자빠진 채 적막한 공산(空山)이라
품에 안은 이 향수를 어디다가 바르리

부앙천지 목을 놓고 울어본들 무엇하랴
죽은 님 다시 살아 날 우는양 아실게나
치마 끝에 눈물 씻고 그만 우랴 하노라

꽃밭속에 나타나사 우는 나를 부르노라
미칠듯 달려들어 안아보려 하였더니
갈릴리 바닷가에 우는 제자 가보라네

십자가 어찌했소 가야바는 어대 갔소
우리 님 다시 살아 열두 번 보이셨네
내 맘속 또한 살아 나와 같이 살으시니

《흥국시보》 1947년 4월 1일

만경벌

샛보얀 지평선에 아즈랑이 피는
아득한 오십리 펄!
에여라 에여라
김제야 만경이 여기라네

알뜰이 살뜰이 개척한 이 땅
수천 수만 석 희디흰 쌀을
못 먹고 실어만 주던 옛날의 분함을
구름 이는 하늘가를 바라보며
피 끓는 염통에 손을 얹고 눈을 감노라

젊은 농부를 아득한 회색의 꿈을 헤치며
희망의 새 나라를 향하여 행진하노니
조국의 굳센 약속을 가슴에 품고
에여라 에여라
기름진 검은 흙덩이를 파노라

기나긴 밭도랑에 남실남실 흐르는
소를 끄으는 농부의 철각은 흙탕물을 차며
지나온 아득한 벌판에 당한 설움 풀려고
땀방울을 씻으며
에여라 에여라
김제야 만경벌을 다시 파노라

6월 4일 만경에서 《홍국시보》 1947년 7월 1일

부친영전

강변고아(江邊孤兒)의 애곡(哀哭)

아버지 떠나시니 세상은 무상(無常)해라
수많은 사람 중에 뉘를 불러 아비랄가
다시 불러 볼 바 없어 이를 서러워하노라

왠 종일 다니다가 해 저물어 집에 들면
아버지 불러보든 행복하던 이 맘에
청천(靑天)에 백일(白日)이 떨어진 듯 암담해라

삼천(三遷)의 교양(教養)으로 고생하던 그 생애
자식의 성공 위해 제단 앞에 빌던 아비
철없는 가슴 속에 못잊어 하노라

아버지 당신만이 유일의 동지(同志)였소
내 사상(思想) 내 주의(主義)를 높이어 주신 이도
내 사업 성공하라 빌어 빌어 주신 이도

육십삼 풍파 일생 굽이굽이 쓰렸건만
자식을 위함이라 고생인줄 몰랐구려
아버지 가옵시니 이제야 깨닫노라

불효죄 알았건만 이미 때는 늦었구나
가시고 없사오니 어디다가 효라랴
푸른 물결 바라보며 땅을 치고 울 뿐을
어린 손자 거느리고 낚시질 가시더니

언덕에 발을 굴러 우는 손자 두시고
수중에 잠긴 채로 가시고 말었구려

강 언덕 주저앉아 물속을 바라보며
아버지 아버지요 가슴 치며 울었으나
석양에 지는 해에 물소리만 들리노라

푸른 물에 뛰여들어 기나긴 강 헤매이며
강물아 내려노라 내 아버지 시체라도
목이 쉬어 불렀으나 적막한 석양이 짙을 뿐을

아버지 당신은 적신(赤身)으로 오셨다가
적신(赤身)으로 가시었소 강물에 몸을 씻고
요단강을 건너시며 장래성(將來城)에 가시었소

아버지 육신일랑 어데 두고 가시었소
모세같이 육신까지 하늘로 가시었소
물속에 감추고서 자식 몰래 가시었소

하늘에 가신 아비 영광나라 가셨으니
땅에야 무슨 한이 또 다시 있으랴만
시신도 못 찾은 한 또한 큰 한이 아니리요

우리 주님 오실 때엔 또 다시 살으시어
백의 성도 십이 반열 차례대로 들어설 때
자신의 맺힌 한을 풀어풀어 주시련만

1947년 8월 19일 고별식을 마치고서
《홍국시보》 1947년 9월 15일

여주 세종릉 찾아서

품은 뜻 풀 길 없어 울고 다닌 나그네
해 저문 저녁놀에 동산을 바라보며
떠나온 옛날의 고향길 더듬노라

오늘도 여주땅 한강 기슭 따라서
배 젓는 사공노래 청성 굳게 내듣고
나룻배 올라앉아 월강(越江)ㅇㅇ 어디인고

강원도 산ㅇ다산(多山) 오백리 ㅇ강긴
구비도 많을 시고 일천구비 돌아오니
마암대 감근공에 여주가 여기인가

절벽 위에 영월루(迎月樓)에 걸린 달
심늑ㅇ 북놀이에 풀은 물에 잠긴 채로
어느 님 못잊고서 지기가 싫다는고

우리 글 이룩하고 기운 조국 바로잡던
우리 님 옛 무덤 여기다 모셨으니
밤새워 우는 부엉새 높은 덕을 아옵는다

뜻 있는 나그네 님 무덤 앞에 앉아
기우는 국운을 밤새워 울어보나
우거진 천 년송만 이 한을 아옵는가

망(亡)한 길 일어가는 씨종들만 놀아나고
청운(靑雲)을 품은 지사(志士) 담랑(潭浪)길에 씩단말가
님 전에 맹서한 칼 녹쓸은 한(恨) 언제 풀리

《홍국시보》 1948년 2월 15일

부산항

부산여 화통선 하루에도 그 몇 번고
말을 고하옵는데 눈물도 많을시고
보내는 서런 눈을 맞이하는 반가운 눈을

영도에 새벽달은 등대쟁이 졸고
님 올까 기다리는 애태우는 간창엔
바닷물에 지치는 등불처럼 스민다

만리타국 떠나자니 눈물에 어리였고
배 떠난 빈 부두 한숨 쉬고 돌아선
수천수만 상봉 이별 울고 웃던 이 항구에

젊은 님 사로잡혀 ㅇ찬자고 ㅇㅇ든 날
말구이 울던 부두 ㅇ남은 이 부두에
죽어온 님을 안고 땅을 치던 이 항구다

싫은 정 정든 듯이 사는 것이 원수였네
36년 서런 살이 부산항에 묻지 마라
연락선 울고 날매 안은 설움 어찌하리

놈들에 학대받아 울고 떠난 우리 님이
용두산 사꾸라는 썩어지고 무궁화 필 때
내 품에 다시 와서 맺친 원수 갚으리

오륙도 바위섬에 철렁이는 물결도
우리 님 드신 날에 거문고 타고 부른다오
삼천리에 새북 울어 상사가를 부르라고

한산도에 칼을 잡고 맹세하던 해들군
화랑도 ○○○○ 복병산(伏兵山)에 모였다가
잡놈을 오거들남 조각조각 부숴 주리

《흥국시보》 1948년 3월 15일

십자가를 지고 떠난 삼천리

행진강산 수천 리를 괭이매고 떠난 길
임께 바친 이 몸이라 고생을 탓하랴
산모퉁이 밭두렁에 죽어 한을 않으오리

십자가를 지고 떠난 삼천리의 길이오매
발길 닿는 동리마다 님의 제단 쌓아 놓고
피눈물을 제주(祭酒)라고 지성으로 드리오리

《흥국시보》 1949년 2월 15일

내가 사는 길

잘나고 남을 해(害)해 잘 사느니 보다는
못나고 남을 위해 못살다가 죽고 싶어라
이것이 내 평생 사는 내 길인가 하노라

《홍국시보》 1949년 6월 5일

차라리 구름을 믿어보세

꽃도 달도 사랑으로 맹세는 못하올 때
인정(人情)을 믿거들랑 구름을 믿어보세
그래도 구름 속엔 빗방울을 품었으리

《홍국시보》 1949년 6월 5일

깨어진 꿈조각

깨어진 꿈조각을 만져본들 무엇 하노
내 굳이 손에 들어 갈고 매는 이 흙속에
못지 않은 새 꿈을 뒤져볼까 하노라

《홍국시보》 1949년 6월 5일

기구한 생(生)

무명초 어이하여 길에 나서 밟히는고
내 또한 태여나서 기구하게 살아갈가
아모다 천래생(天來生)의 무슨 뜻이 있다 하리

《홍국시보》 1949년 6월 5일

◇ 논설

삼일 기념의 국경절

세계만국에 어느 나라 어느 민족 치고 민족의 자결을 위하여 싸움을 남기지 아니한 역사를 소유한 민족이 어디 있을까만 유달리도 우리 대한족(大韓族) 같이 반만 년의 기나긴 오랜 역사에 파란이 그 몇 번이었으며 곡절이 몇 천 번이 있었던가? 더욱 우리 대에 이르러 경무 년에는 쓰리고 아픈 역사의 치욕을 받게 되었다. 일본의 갖은 학대에 십 년간 시달린 우리 겨레는 참다가 참다가 더 참을 수가 없어서 1919년 3월 1일에 삼천리 구역(區域)의 방방곡곡에서는 드디어 애국심의 폭발이 되었던 것이다.

삼척동자 엄트는 어린 아기로부터 백발 늙은이까지 모두 가두로 인파는 밀려 지축(地軸)을 울린 ㅇ립의 함성은 눈물과 함께 천지에 사무쳤던 것이다. 삼천만 동포의 천심(天心)에서 북받쳐 움트는 이 성스러운 민족운동을 무엇으로 막을 것이냐 왜놈의 포학한 야수의 강압인 총으로 칼로도 못 막았구나.

평남 강서 어느 촌 예배당에서는 독립만세를 부르면서 교회문을 나서는 때에 벌써 일본 야병(野兵)은 둘러싸고 총으로 모조리 쏘았으나 젊은 부녀들은 가슴에 아기를 안은 채로 만세를 부르면서 하나씩 둘씩 쓰러졌다고 한다. 영원(永原)에는 독립 예배를 드리고 거리로 나서려는 교회를 포위하고 그냥 불을 질러 한 사람 남기지 않고서 죽이었다고 한다. 그중에 예배당에 불이 불어 타들어오는데 밖으로 뛰어 나오는 사람은 총으로 모조리 쏘아서 죽이었다고 하고 불 속에 타서 죽으면서라도 찬송가를 부르며 조국의 독립을 위하여 만세를 부른 한 사람도 남지 못하고 전소(全燒)되어 죽었다고 한다.

전국 각지의 감옥은 독립운동자 수용에 만 원이 되었고 애국지사들은 고국을 등지고 천세(千歲)에 한을 품은 채로 눈물로써 떠나 해외로 나가서 춘풍추우(春風秋雨) 28년간에 잃은 조국을 찾기 위하여 1907년 헤이그 만국회의에서 싸우던 이준 선생은 실패를 알자 배를 갈라 피를 회의에 뿌려 회중의 간담을 써늘하게 하였고 만주와 시베리아 상해와 ○○로 전전하면서 싸우다가 해방 후 비로소 돌아오신 이승만 박사, 김구 수석 이하 전 요인들의 오신 길은 그야말로 피의 역사이며 눈물의 기록이었다.

내(內)로는 기미운동에 바친 거룩한 희생이 있어 기독교에서 16명, 천도교에서 15명, 불교에서 일명, 유교에서 일명, 합 33인으로 탑동공원에서 "조선은 독립국임과 조선인의 자주민임을 선언한다. 최후의 일인까지 싸우련다."란 선언을 하신 후에 33인은 경무국에 밀약(密約)하여 자진 잡혀 가시고 뒤이어 일어나는 봉화가 급전(急傳)로 퍼지매 포학한 왜놈에게 희생된 총수는 얼마던가? 총동원된 수는 2,023,980명이요. 만세를 부른 장소의 수는 1,542곳이요. 총칼에 쓰러진 자는 7,590명이요, 중상자는 수는 14,610여 명이요, 포박을 당한 자 수는 52,770여 명이요. 불을 놓아 주택이 5천 호, 교회당 15처, 학교가 10여 처나 전소(全燒)되었다. 해방된 금일에 27년만에 맞이하는 이 유닮는 즐거움, 보신각 인경 소리는 삼천리 강산에 자유와 평화의 ○ 소리, 눈물 없이 못 듣는 감격의 식전(式典)!!

《홍국시보》 1946년 3월 1일

부활

무덤이 없는 종교! 세계만국의 종교에는 모두 교주의 사당(祠堂)이 있고 모두 교주의 묘가 있어서 때를 따라 제사가 있다마는 오직 기독교만이 사당도 없고 묘가 없다.

어떤 선교사가 인도에 가서 선교하였을 때에 회교도 한 사람이 질문하기를 "우리 회교에는 메카에 가면 마호멧트의 교주의 묘가 있어서 귀중히 섬겨 오건만 당신네 기독교에는 예루살렘에 가 보아도 예수의 무덤 하나를 보존 못하였으니 된 말이요." 하였을 때에 선교사는 "예, 옳은 말씀이외다. 그러나 원시(元始) 우리 기독교에는 시체가 없는 종교이기 때문에 묘가 필요하지 않습니다." 하였다고 한다.

인생의 비애는 무덤이외다. 인생에게 무덤이 있기 때문에 슬픔이 있고 암흑이 있고 실망이 있고 눈물이 있기 때문이외다. 나사로가 죽은 후에 마리아 · 마르다가 운 것도 그것이요. 그리스도가 죽은 후에 막달라 마리아가 운 것도 무덤 때문이었습니다.

그러나 "내가 삶으로 너희도 살리라." 하시는 부활이 있다. 죽음은 울음이었다면 부활은 웃음이외다. 죽음은 슬픔과 절망이었다면은 부활은 희락과 승리이었다. 십자가는 인류 최후의 실패이요. 또한 우주 공리(公理)의 일대 의문이었다면은 부활은 인류 최고의 승리이요. 또한 우주 공리(公理)에 대한 해답이었다.

그러면 죽음은 무엇이냐? 사망은 인생 최대의 결론이었다고 본다. 그러나 사망은 인생의 최후가 아니요 영생으로 향입(向入)하는 과정의

짤막한 암흑의 터널인 것이다. 오로지 그리스도의 다시 사심으로 말미암는 것만이 사망의 터널에서 승리하여 돌출하여 새로운 영원한 생의 세계에로 계속하는 것이다.

여기에서 인생의 모든 비애(悲哀)는 제거한다. 실망의 암흑은 거치고 현실 생(生)의 선미화(善美化)가 끼는 생의 활동은 시작하는 것이다.

여기에서 신앙은 위대한 가치를 발생한다. 비로소 신앙자에게만이 현재의 생의 가치를 인정하고 지정의(智情義)의 현실을 미화(美化)하는 대가인 노력을 지불할 수 있는 용기를 가지는 것이다.

그러므로 현재 생의 생활력은 신앙인 것이다. 낙천적이요 용진(勇進)적인 생의 선미화(善美化)를 위하여 불합리한 현실에서 막대한 희생을 지불하고 또한 이를 위하여 혈제(血祭)의 각오도 소유하는 것이다.

십자가는 모든 인류의 실패의 비애를 초래하였다만 부활은 모든 인류의 생의 용기와 많은 역경에서 꿰뚫어 나아갈 수 있는 힘을 준다.

만일 우리 인류에게 부활이 없었다면 인생은 비애에서 그대로 끝을 막고 말았을 것이다. 그러나 "내가 삶으로 너희도 다시 살리라." 하신 인생 최대의 승리의 복음을 들었다.

《홍국시보》 1946년 5월 1일

성신의 태풍은 불어라

우주 부정하다. 지구 구석구석에서 빚어내는 인간 시설의 모든 것은 우주를 더럽히고 신을 모독한다. 세기의 바벨탑을 쌓는 현실 인간들은 유물의 광단(光端)에서 악마의 맥주에 취하여 무서운 살인적 독원(毒園)을 토해 놓고 있다. 그러면서도 이 우주에 신이 어디 있느냐고 신을 반역한다.

지구는 인간들이 토해 놓은 온갖 더러운 잔재를 보존한 채로 공회전을 쉬지 않고 계속하고 있다. 그러나 지구의 운명은 멀지 않다고 자연이 점점 식어가고 있는 비애를 품고서 얄미운 인간의 악취를 그만두라고 예언을 부르짖건만 극동의 반도 삼천리는 왜놈들이 놀아 놓은 터전에 상하고 어질러 놓은 부정은 말로도 다할 수가 없거니와 8월 15일이 온 후로 그래도 이것이 다 씻어져 없어지려나 하였더니만 도리어 무지한 이 백성은 더욱 못쓰게 만들고 말었구나. 후유공사(後由工事)에 아주 힘이 들도록 하고 말었구나.

신의 태풍이 불기 전에는 오! 삼천리 강산에 더러워진 환경을 모퉁이 모퉁이 어지러 놓은 터전에 태풍은 불어라. 힘껏 불어라. 자본주의의 전당에서 일국의 모리배(謀利輩)의 소굴에 불어라. 이 강의 석주(石柱)가 지구 밖으로 멀리멀리 날아가 버리도록 태풍아 불어라. 폭풍아 불어라.

민족은 배가 고파 죽는다. 어린 자식을 붙어 안고 거리와 거리에서 귀환동포들은 집이 없고 고향이 없어 반가운 해방의 강산 조국이라 찾아왔지만 굶어서 죽는다.

오! 태풍아 여지없이 불어라. 자본가, 이기자(利己者), 모리배의 동리에로 전당(殿堂)에로 소굴로 억세게 불어라. 부함도 바램도 없어지게 청결하고 미성(美聖)한 강산이 되어지게 불어라.

오! 태풍아 불어라. 애국을 빙자하고 당문(党門)에 출입하는 정치브로커의 매국의 취인점(取引店)에 신의 광풍은 부러라. 그 곳의 석초(石礎)의 뿌리조차 뽑아버려 이 강산의 땅위에 참된 애국지사의 나라가 되어지도록.

오! 태풍아 불어라. 양풍(洋風)을 본받아 춤추고 노래하는 죄연(罪煙)을 피우는 네온사인의 마귀의 머리에 깨끗한 청춘남녀를 유혹하여 난륜(亂倫)의 시장에서 인육을 파는 댄스홀 광란한 도시의 좁은 골목에 불어라. 집만댕이는 공중으로 마시던 술잔은 공간으로 춤추는 난륜(亂倫)의 마희(魔戱)들은 이 강산 이 조국에서 멀리 멀리로 남태평양 깊은 바다에다가 불어 던져라. 조국○말의 ○○를 다시 찾고 국유(國有)의 백의인의 거룩한 미풍은 다시 살려 장망(長望)를 알고 위로 하나님을 아래로 사람을 아는 이 겨레가 되어지게 하소서.

오! 불어라. 태풍아. 농촌의 주막집, 사랑방, 초당방에로 일 아니하고 투전과 술로써 동리를 썩히고 곰팡이 피게 하는 노름판 술집에 불어라. 늙은 부모, 어린 처자의 가슴을 울리는 저 몹쓸 투전판, 술집방에 놀고 뒷산, 앞산, 잔솔, 큰솔 모두 모여 다니고 놀기만 하는 무리에게 신의 태풍은 불어라. 녹야청산 금수제일강산 되어지도록.

오! 신의 분노의 태풍아 불어라. 조국도 민족도 없이 노예근성을 발휘하려는 반역분자의 음모소굴에 불어라. 유물(唯物)을 신이라고 사상(砂上)건축으로 건국의 ○○을 내포한 마○왕국에 불어라. 부함도 바램도 없이 지구에서 멀리멀리 날려 버리어라. 그리하여야 지구 위에 인간들은 마음 놓고 사는 평화의 때가 있으리라. 이 조국 광복과정에 무서운 태풍은 불어라.

북에서 남으로, 남에서 북으로 불결의 찌꺼기는 조금도 없이 냄새도 없이 불어 가리라. 순결하고도 숭고한 신의 뜻이 고요히 이루어지는 서기화풍(瑞氣和風)이 오고 가는 강산이 되어지도록.

신의 뜨거운 태풍아 불어라. 백두산이 흔들리도록 삼각산이 꺾어질 듯이 불어라! 새로운 성결의 낙토(樂土)가 되어지도록!

《흥국시보》 1946년 5월 1일

레바논 산턱에서 말아 올리는 지중해의 태풍아 불어라! 성(聖) 예루살렘 시가지 석조가 빌딩 속에 허위와 위선의 종교 전당의 석초(石礎)와 돌 위에 돌 하나 첩놓이지 못하도록 불어 엎은 태풍아. 우리 조선의 교계에 불어라. 옛 신앙의 관념론적이요. 외식적인 인습적인 그릇된 신앙의 유굴(幽窟)에도 태풍아 불어라. 위선자도 교권을 잡고 구원의 문을 잠그고 겨레의 구원으로 방해(妨害)하는 묵은 지도자에게로 장로에게로 태풍아 불어라. 차라리 아라비아의 사막과 같이 아무것도 없는 무의 경지가 될지언정 사해같이 삶의 일명도 없을지언정 죄악의 곪는 염통을 안고 거룩한 세계를 더럽히는 것은 참을 수 없다.

오! 태풍아 불어라. 삼천교계에 교회당은 차라리 날려 버리고 위선배(僞善輩)들의 소굴이 될진대 지초(地礎)까지 뽑아가도록 부함도 바램도 없어지도록 태풍아 불어라.

오! 성신의 무서운 태풍아 불어라. 애굽(埃及)의 스핑크스 코를 꺾던 사막의 태풍아 불어라. 나일강 상의 주비터(Jupiter)의 요탕(搖蕩)한 전당(殿堂)을 말아 엎던 태풍아 불어라. 바알신당의 석주(石柱)를, 대들보를 천공(天空)에 날리던 태풍아 불어라. 하나님을 져버리고 아니 하나님을 모독하던 일만여의 신사(神祠)우상의 전각(殿閣)들을 깨끗이 이 강산에서 이 나라에서 불어 가거라. 부함도 바램도 없이 불어가라.

그리고 삼천만 겨레의 마음속에 왜놈의 우상적 잔해가 있거든 불어라. 사천만 선민(選民)의 마음속에 과거의 오류(誤謬)의 양심의 반점(班點), 상한 심령의 상흔(傷痕)의 마음속에 불어라. 팔레스틴의 엘리사에게 불어치는 회오리 바람아 불어라. 사십만의 심령 속에 불어라. 통회(痛悔)의 곡성(哭聲)이 삼천리가 진동하도록 불어라.

제단에 불은 꺼졌고 향단에는 먼지가 고여진 타락의 제단에 태풍은 불어라. 임의 은혜는 떠났고 촉대(燭臺)는 옮긴 지 오래건만 그래도 법의(法衣)를 입고 꺼진 향로를 갖추어 지성소 문을 들어가는 현실의 제사장들에게 성신의 태풍아 불어라. 이스라엘의 광야의 회막을 말아 엎던 분노의 태풍아 불어라. 이 허식(虛式)의 제단에 불어라. 제단의 배설(配設)의 모든 가증한 제물을 불어버려라. 불의의 제기(祭器)를 공중으로, 부정한 제물은 지구 밖으로 가식(假式)하는 법의(法衣)의 제사장들은 해골처(骸骨處)의 힌놈의 골짜기로 불어 던져라.

성신의 태풍아 불어라. 신(新)시대의 새로운 예언자로서 발기(發起)하는 신생(新生)의 복음의 선언이 있으리라. 오! 태풍아 불고 이 강산에 이 민족에게 이 성민(聖民)에게 약속이 이루어지도록 파멸의 태풍아 불어라. 그리고 신생(新生)의 은총의 태풍아 불어라. 건설(建設)의 태풍아 불어라. 그리하면 삼천제단의 등불은 켜지리라. 꺼진 향로의 제단은 피어나리니 히말라야 산상(山上)의 암석은 날리고 비륜직악(毘倫直岳)의 뫼뿌리가 뽑히도록 태풍아 불어라. 아직도 세계는 꿈틀거리고 있다. 개구리를 먹고 삼키지 못해 꿈틀거리는 구렁이처럼 세계는 평화를 부르짖으나 제3차 대전화를 품은 복장은 편치 못해 곤두박질치며 극히 대통(大痛)속에 빠지고 있다.

오! 성신의 태풍아 불어라. 인도의 벌판으로 영국은 더 꺾은 채로 지낼 수 없어 토하려 하고 인도의 백성은 해방의 함성은 높다.

오! 태풍아 불어라 빌립보ㅇ는 토해진 자유의 기록을 환희 속에서 7월 7일에 짓는다고 구주(歐洲) 모든 소약국(小弱國)의 운명, 동도일각(東部一角)의 대한(大韓)의 심장은 아직도 뜨거운 40도의 위태(危汰)에 있다.

오! 태풍아 불어라. 성신의 태풍아 불어라. 40년간 자유를 위해 쌓아 오던 눈물의 수첩이었고 혈(血)의 기록을 가진 민족에게 오! 신의 태풍아 불어다오. 반역자, 매국노, 비합동분자, 정치브로커, 모리배(謀利輩)들은 남태평양 저 바다 속으로 날려 보내고 자유와 평화와 행복한 자주권이 쥐여지도록 독립이란 눈물겨운 역사를 짓도록 태풍아 불어라. 성자는 울고 우국지사의 간담은 썩는다.

오! 신의 태풍아 불어라. 그리고 승리의 송찬(頌讚)은 삼천리에 코로스는 웅장하게 나리라. 이것이 이 나라의 건설의 서곡이요. 이 겨레의 행복의 무곡(舞曲)이 되리라.

《흥국시보》 1946년 7월 15일

8 · 15 기념

8 · 15는 우리 민족사 상에 일대 특기할 기념일인 것은 틀림없다. 그것은 36년간 왜정(倭政)의 핍박에서 벗어난 날이기 때문이다. 그러나 우리 민족의 완전한 해방의 기념일로서 지키기에는 너무나 서먹한 감회(感懷)가 있다.

그것은 왜(倭)의 감방에서는 나왔으나 또다시 삼천리를 이등분하여 두 나라의 색다른 감방에로 이감(移監)된 것밖에 없기 때문이다. 아니 언론이나 결사(結社)의 자유가 일본 압정하 보다 낫지 아니한가? 하나 그것은 감방정택이 좀 달라서 일본시대보다는 물론 법이 있다는 것밖에는 아무런 선석(鮮釋)을 하고 싶지 않다.

우리는 결사도 집회도 출판도 자유가 없다. 외국인 군정(軍政)에다가 허가원(許可願)을 제출하여 허가가 없이는 아무런 자유도 없지 않은가? 그러므로 해방의 기념일도 지킬 용기와 기쁨을 가지지 못하였다. 따라서 이날의 기념은 침통한 감회(感懷)와 반성과 투쟁의 재결심을 갖고서 지키지 않으면 안 될 일이다. 대금(大金)을 들여 아치도, 찬란한 행렬도 우리들은 하고 싶지 않다. 일편(一便)으로 원수인 왜(倭)가 망하여 쫓겨 간 것은 미칠 듯이 기쁘나 자주의 독립은 오리무중(五里霧中)에 있고 민족적으로 당면하고 있는 것은 경제적으로 파멸하여 가는 현상이며 38선은 갈수록 철벽이 되어지고 있으니 가슴을 치고 부앙천지(府仰天地)에 고성(哭聲)이 터질 듯한 울분한 이날의 감정을 어떻게 표현할 것인가!

더욱 우리 백만 기독자는 이날에 모르드개의 모반과 같이 아하수에로 왕의 금식함으로 유대민족의 단결을 꾀한 것 같이 차라리 이날에 금식 제기하여 반성과 속죄의 기도로 재를 무릅쓰고 마포(麻布)를 입는 성사(聖事)가 필요하지 않을까?

아니 어떤 이의 주장과 같이 이 날은 '전 국민이 콩밥을 해 먹도록 하자.' 그것은 선방 해방을 위하여 싸운 투사들은 삼생(三生)을 혹은 무구하게 왜놈에게 콩밥을 먹었으니 집집마다 콩밥을 지어 먹고 독립운동의 새로운 결심을 할 뿐만 아니라 자자손손이 이 풍속을 지켜서 조상의 고심(苦心) 투쟁의 사(史)를 기념하는 것이 좋다고 함과 같이 사실인즉 이스라엘 민족이 애굽의 해방일을 기념키 위하여 유월제를 지키는 풍속과 같이 쓴 나물을 먹는 것과 같이 우리 민족은 36년 받은 고초를 생각하여 콩밥도 좋거니와 작년 8월 17일에 삼만 기독자를 제단에 엎드려 사죄와 참회의 울음의 기도가 있어야 할 것이다.

겨레야, 너무 기쁘다고 방종치 말기를, 외국인은 전승(戰勝)한 평화의 승리의 기념일이다마는 우리에게는 기쁘다기보다 비통한 현실에서 눈물의 기념이 있을 뿐이다. 그러므로 외인(外人)의 날뛰는 감정에 휩쓸린 까닭 없는 작ㅇ의 희ㅇ라면 오히려 수치가 될 것이다.

집회도 행렬도 독립 전치(戰取)의 신출발(新出發)의 서곡으로 결사돌진의 총동원의 표결(表決)이 되기를 바란다.

더욱 조국을 위해 십자가를 지라. 백만 기독자의 십자군의 총진군을 성지(聖地) 조국의 독립을 위해 백 만의 십자가를 삼천리에 높이 세우라. 그 흘린 터전에서 비로소 조국갱생(祖國更生)의 새싹은 트리라. 그 피의 거름으로.

《흥국시보》 1946년 8월 1일

8 · 15에서 8 · 15

을유년 8월 9일 새벽 5시 밤새도록 무더워서 잠을 못 이루고(더욱 설사로써 쇠약해진 터에)겨우 새벽에야 눈을 부치고 잠을 들던 나머지에 형사 2인이 문을 두드려 깨웠다.

"좀 미안치마는 본서(本署)까지 가십시다."

불괘 예감은 그 뜻을 다 알고 흘흘이 단속하여 가지고 떠났다. 전과는 다른 아내의 태연한 모습에 나 역시 용기가 솟았다. 일정(日政)에서 13회의 검속 중에서 이번 같이 용기 나고 가벼운 적은 없었다. 그리고 살아 나올 것 같은 감회(感懷)도 조금도 없었다.

금번에는 총살을 당할 줄 알았다. 감방 속에 있는 투사들 전부의 느낌도 동일한 것이었다. 들어가던 밤부터 밤마다 3,4차의 공습경보의 흉보(凶報)가 났었는데 13일 오후부터 고요하였다.

감방 동수(同囚)들의 선역(鮮繹)이 세 가지. 1. 미소가 퇴거(退去)을 하였는지. 2. 일본이 백기를 들었는지. 3. 미군의 작전기획을 본토 상륙으로 달리하는지?

그렇다면 금번 검속자들은 총살이요. 생거(生去) 희망은 없다. 그렇다면 외(外)의 동지와 연락을 취하여 파감(破監) 계획을 하자. 아니 외(外)의 동지들의 폭동이 필유(必有)할 것이니 그 시는 우리의 구출을 위하여 작전은 있을 것이다 등의 화제(話題).

아니 8월 15일, 그러나 이날은 몰랐다. 그저 간수들의 기세가 죽어진 것만은 사실 16일 새벽에서야 친지(親知)의 간수를 통하여 알았다.

"무조건 항복 조선독립."

이 말을 내 입으로 전하자, 인(人)과의 손잡은 채로 두 눈에 눈물은 흘렸다. 가슴은 뜨거워졌다.

그리고 잡범(雜犯)들의 출감하는 요란한 소리, 이층 삼층에서 서류 등을 내려치는 폭음, 까소링(gasoline)을 부어서 태우는 서류의 연기, 순사들의 풀죽은 목소리, 그러다가 타인은 전부 오전 중으로 출감되고 나만 오후 5시에 잡아가는 형사의 말이

"영광의 고생이요."

거리는 인파에 홍수같이 치밀리었다.

그날 밤 모교회당에서 건준위원회가 회집, 인산인해 좌우익의 이론 백출(百出), 결국은 불성과 좌계는 건준의 간파(看破)를 걸고 건국본부가 나자 무수한 인파는 그리로 밀린다. 비라는 붙고 뿌리고 모퉁이 모퉁이 벌 떼처럼 인파는 뭉쳐섰다.

치안대들은 호마틀라고 껏들된다. 일본 칼을 차고 장화를 빼어 신고 어중이, 떠중이, 부랑자, 전과자, 권투선수, 씨름꾼 모조리 치안대 완장을 두르고 무섭게 덤빈다.

전 인간의 파동(波動)은 공산계의 천지가 되어진 듯하다.

그러나 세월은 흐른다. 따로 치안유지회가 탄생한다. 양 파의 투쟁가(街)는 점차로 높아 삐라와 포스터 말할 수 없이 많이 담벼락에 빈틈없이 기형아의 인민공화국 탄생.

그리다가 미군은 진주환영의 송문(松門) 아치 깃발은 찬란하였다. 없는 돈에 힘을 다 썼다. 껏들대던 치안대들은 해산, 이 거리 저 거리로 범행자○ 놀이 같다. 거기에는 음식점 사태(沙汰) 놀고먹는 무리 댄스홀 카바레, 빠의 간판은 찰란하다. 촌(村) 똑똑들이 도시로 서울로 서울로 밀린다. 정당은 난립(亂立) 당쟁은 심화.

12월 28일 모스코바의 선언 또 다시 삼천리에 흑운(黑雲)은 덮인다. 삼천만은 거리와 거리에로 탁치(託治) 반대 행렬은 끓는다.

그러나 신탁지지 소련만세 반동의 행렬도 또한 끓는다. 크게 크게 부서라 검속 또 다시 바라는 눈같이.

미소공위 1차, 2차, 3차, 4차, 5차의 성명에 모두 삼천만의 가슴

은 뛴다. 아니 결렬(決裂) 무기(無期)로 국민대회 사상회의(四相會議)에 메시지 부르짖는다.

삼일기념운동 비통한 결심 비상국민회, 민주의원, 민전(民戰), 인민공화국 좌와 우와의 대립은 크다.

좌우합작, 명칭조차도 괴이하다. 좌우간 덕수궁은 도깨비 장난터인 듯 아놀드(Archibold V. Arnold)와 스티코프(Terentii F. Shtykov)의 회담도 결렬한 끝. 김(金), 여(呂)의 회담도 수수께끼의 화제 위조지폐의 공판은 괴기 역습군중은 아무 생각도 없어졌다. 배가 고파서 미가(米價)는 5백원, 쌀밥을 먹는 집 몇 집○○

애국의 피를 갖는 자들은 죽음으로써 민족의 요구를 보이자고 떠든다. 아무래도 이대로는 더 지날 수 없다고.

이것이 8 · 15를 지난 8 · 15까지의 스케치이다. 아무것도 없다. 이상(異常)이 없다. 오직 분하고 배가 고플 따름이다. 8 · 15의 행렬은 싱겁다. 축가식은 멋없다. 간간히 코끝이 찡하는 눈물이 고일뿐이다. 자. 진로(進路)는 하나뿐 투쟁 투쟁 혈(血)! 혈(血)!

《홍국시보》 1946년 8월 1일

기독자의 약기(躍起)

을미년 독립운동에는 단연코 기독자가 총궐기하여서 선두에 나서서 해외로 해내(海內)에서 지휘하였다. 교회당은 포화로써 전소되고 교인은 포박, 살해, 투옥으로써 막대한 희생을 지불하여 조국을 위하여 바쳤다. 연(然)이 어찌하여 해방 후 금일에 있어서 애국적인 기독자들이 왜 이렇게도 잠잠하고 냉정하고 비애국적이냐고? 그래도 기독자로 통하여 기대가 컸고 또한 일어나기를 바랬다고! 사회인들이 하는 말이다.

지금까지 잠잠한 이유는 그래도 기독교는 양심적이요. 반성이 있었기 때문이었다. 일제 시대에 걸어 나온 기독교의 태도와 양심에 부끄러움을 아는 까닭에 광복성업에 근신(謹愼)이 있기 때문이다. 그러나 기독교만이 범한 과오가 아니오. 삼천만이 공동된 오무(誤繆)이었다. 그렇다고 조국의 방향이 위태함에도 또다시 민족의 운명이 제2의 치욕을 밟을 위기가 직면됨에도 불원하고 근신(謹愼)을 할 수는 없다.

기독교는 세계적 종교이면서 도도한 한 민족, 한 국가적 종교이요. 개인의 개성적 종교이다. 기독교사를 통하여서 보더라도 유대에서 발생된 종교임에 유대민족의 애국적 종교이었다. 희랍으로 가서는 희랍인의 종교이요. 라틴민족에게 가서는 대로마의 입법국가를 만들었다. 영국으로 가서는 앵글로색슨족의 애국종교로의 대영국가를 만들었다. 게르만민족으로 가서는 게르만족의 기사도를 일으킨 종교이었다. 아메리카로 가서는 아메리카 합중국의 현실의 미국을 만들어 놓지 아니하였는가? 기독자는 성지를 우상종교에게 빼앗긴 후에 이것을 찾으려다 십자군을 일으켜서 전혈의 유강(流江)을 만든 기록을 갖지 아니하였는가?

그렇다면 하나님이 5천년 역사를 꾸며 주신 이 조국을 이국민(異國民)의 짓밟힌 터전이 되고 악마의 나라가 되어짐에도 불원하고 수수방관할 것인가?

우리의 조국은 우리의 조상은 하나님을 받들어 섬겨 왔고 삼천리강산은 하나님이 택하여 주신 이 겨레의 성지이거늘 어찌 우리 기독자가 일어나지 않은 채로 지낼 수가 있고 참을 수가 있을 손가?

백만의 기독자는 일어나자. 거룩한 십자군으로서 일어나자. 조국을 영원히 구하기 위하여 악마의 놀이터가 되지 못하게 거룩한 하나님의 제단의 성지가 되도록 일어나자. 바울이도 조국겨레의 구원을 위하여 저는 기독에게 끊어져서 지옥에 떨어지더라도 달게 받겠다는 사상이 우리에겐들 왜 없을까. 그리스도 예수께서 감람산턱에서 조국멸망을 내다보고 통곡하시던 애국정열이 기독자에게 있다한들 한양성(漢陽城) 옛터전 북악산턱에서 조국의 위기를 내다보고 울어보지 않으련가. 그리스도 예수께서 겟네마네 동산에서 세계창생(世界創生)을 위하여 우신 눈물이 우리 기독자에게 있다 하면 조국동포의 멸망을 생각하고 밤새워 울지 않으련가.

보아라. 동포는 날로 죄악으로 타락되어 가고 전에 모르는 춤과 타락의 노래는 늘어가고 카바레, 빠, 댄스홀, 남녀 난무의 패륜의 씨는 버려지고 신(神)을 반역하는 패역한 무리의 도상(徒賞)의 세력은 날로 늘어가는데 기독자의 의분(義憤)은 무엇에 썩고 있고 기독자의 정의에 날선 검은 어느 때에 사용하려는고!

지금 기독자는 무엇을 생각하고 무엇을 꿈꾸는가, 아니 우리가 가지는 애국심은 신앙은 이단으로 아는가, 아니 우리의 기도의 제목이 무엇이며 무엇을 비느라고 제단에 무릎을 꿇었는가 보시라. 그리스도가 우리에게 가르쳐 주신 기도 속에 "하늘의 이룬 뜻이 땅에서도 이루어지이다" 하는 기도는 무슨 의미로 드리며 무슨 뜻으로 외울 것인가. 세계만국 기독자가 각 자기의 나라가 하늘의 뜻이 자기 강토(疆土)에 이루어지기를 빈다면은 세계는 아니 지구는 그대로 이루어질 것이 아닌가. 내가 태어난 조국강산이 하늘의 뜻이(그리스도의 정신이) 못 이루어진다면 세계는 여전히 죄악의 땅덩이대로 있을 것이 아닌가.

백만 기독자는 일어나자. 기도의 봉화를 들고 제단의 화염이 일어나도록 기도전(祈禱戰)으로 궐기하자. 기도의 불 꺼진 우리가 아닌가. 그러므로 교회도 사회도 국가도 암흑(暗黑)하지 않는다. 그리고 복음으로써 사회에 원리를 삼고, 성서로써 정치의 헌법을 삼도록 민생지도의 근본방법도 방책도 일책(一册)의 속에서 나와야 한다.

자본주의화된 사회제도의 비복음주의적인 이데올로기에서 벗어나서 가난한 자에게 복음을 전하러 오신 그리스도의 복음주의에서 가난한 자를 중심하여 참된 구원의 국가사회로 개조(改造)하기 위하여 기독자는 총궐기하자.

조국강토에 십자가를 세우기 위하여 십자가를 지고 떨어지는 밀알이 되기를 맹세코 일어나자. 개인주의의 몽롱한 자본주의의 꿈에서 깨어 일어나자.

이 강산에 일하려고
대답을 누구라 할까?
일하러 가세 일하러가
삼천리 강산 위해

《흥국시보》 1946년 9월 1일

인견외모(人見外模)나 신견중심(神見中心)

黃濁滔滔便隱形
安流帖帖始分明
可憐如許奔衝裏
千古盤陀不轉傾

황류가 몰아칠 때는 숨어 있다가
맑은 물이 졸졸대면 나타난다네.
어여쁘다 저같이 부대끼는 속에서
천 년을 반타석은 꿈쩍도 않는다네.

이 시는 도산서원 천연대(天淵臺)에서 내려다 보면 낙동강 상류 구비 도는 강 속에 박힌 솟은 암석인데 황탁(黃濁)이 도도(滔滔)하게 흐를 때는 그 형상이 보이지 않다가도 물결이 고지낙하고 거울 같은 안유수(安流水)가 되면 그 형태가 분명히 드러나는데 그러나 황탁수 몰아쳐서 그 형태는 감추였다고 하더라도 그 반(盤)타석만은 천고(千古)로 부전경(不轉傾)하나니라 하는 내용인데 이것은 이퇴계 선생의 뜻을 발표하신 명시(明詩)인 것이다. 간신모배(臣謀輩)들이 일어나서 정계를 혼란지시(混亂之時)를 만들 때는 모든 것을 거절하고 낙향하여 계시었으나 그러나 평온지시(平溫之時)에 비로소 그 높은 뜻과 존재가 뚜렷이 나타났던 것이다.

큰 고기 숨은 곳에 작은 고기떼가 설치는 것과 같이 금일의 정계는 극히 황탁(黃濁) 도도의 혼란지시에 이르렀다고 한다. 사자가 자는 산중에 토끼 장난 심하다는 셈으로 우리 조선의 참된 영웅은 숨었는가? 나설 때 못 된다고 탁수(濁水)에 묵겠는가. 이스라엘 역사상에 사울 왕 말년의 왕위계승에 문제되었을 때에 왕자 요나단 같은 경향(京鄕) 영웅을 다 두고서 베들레헴 산촌 이새의 아들 다윗을 불러 쓰니 양을 치던 목동이었던 것이다.

금일에 우리 독립 도상의 건국의 영웅이, 앞날의 조선을 세계도상으로 끌어올릴 대조선 건설의 영웅이 필히 하나님께서 작정하신 자가 숨어 있을 것이다.

"그 용모와 신장을 보지 마라. 내 임이 그를 버렸노라. 나의 보는 것은 사람과 같지 아니하니 사람은 외모를 보거니와 나 여호와는 중심을 보느니라."

조석변개(朝夕變改)하는 모략과 술책가로써 일시의 인기를 인수(引受)하여 잠시의 영웅이 되어 민가(民家)을 이용하여 자기성공과 출세에 재료를 삼지마는 참된 신이 택하신 영웅은 숨어서 우연한 기회에 사(死)를 던져 겨레와 국가를 구하고저 정신(身)하는 것이다. 그럼으로 시대와 사상의 변천이 황탁의 시대라고 하더라도 그 받은 입지(立志)는 천고(千古)에 부전경(不轉傾)하는 것이리라.

공산주의가 득세하면 공산주의자가 되어 온갖 추태(醜態)를 비서에 다가도 우익(右翼)이 승세(勝勢)하면 살짝 돌아서서 가장 애국주의자인 척하는 자가 있다. 모두 이들은 황탁(黃濁) 도도에는 요란이 밀려가는 돌멩이가 되나 안유수(安流水)가 되면 수중에 가라앉아 자취를 모르게 되는 것이다. 오! 주여 참된 지도자를 참된 애국자를 기다리나이다.

《홍국시보》 1946년 9월 1일

조국에 십자가를 세우자

도마스 아게미스(Thomas A. Kempis)는 "지금 예수의 천국을 사모하는 자는 많으나 그러나 그 십자가를 지는 자는 적다. 예수에게 위안(慰安)을 구하는 자는 많으나 그의 고난을 원하는 자는 적다. 예수의 식탁에 함께 들어앉기를 바라는 자는 많으나 그러나 그와 단식을 같이 한 자는 적다. 모든 사람은 그리스도와 같이 즐기기를 원하나 그러나 그를 위하여 조금이라도 인종(忍從)하기를 즐기는 이는 적다. 예수를 따라 빵을 떼기를 바라고 모이는 자는 많지마는 그러나 그의 고난의 배(盃)를 마시려고 오는 자는 적고나. 그의 기적을 높이는 자는 많으나 그의 십자가의 치욕을 받으려고 좇는 자는 적구나. 대개 많은 대다수의 사람은 아무 환난도 닥치지 않을 동안만이 예수를 사랑한다. 많은 사람들은 그로부터 위안을 받을 때만은 그를 찬미하여 높인다. 그러나 예수가 만일 그 자태를 감추고 잠시간이라도 버려 둔다면 그들은 저주하거나 혹은 낙담하거나 한다." 하였다.

기독자의 운명은 십자가로써 그 결론을 막음한다. 그러나 그들은 십자가를 비방하여 행복한 생을 구하려고 애를 쓰고 있지 않는가? 그러므로 그들은 도리어 더욱 큰 십자가를 지게 되는 위대한 운명에로 함입(陷入)하게 되는 것이다.

보아라. 조국은 광복하려는 새로운 희망의 강산으로 진전(進展)하려고 하나 그 진전(進展)을 촉진하는 노력은 누가 할 것인가?

아무래도 조국은 제2차 위기의 기로에 섰다. 이것을 구할 자는 기독자밖에는 없을 것이니 조국에 십자가를 세우기 전에는 구할 방도가 없기 때문이다.

조국을 사랑하여 애국자라 하나 조국을 위하여 죽는 자는 적다. 동포를 사랑하여 민족주의자라 하나 동포를 위하여 죽는 자는 적구나.

금일의 정치가들은 젊은 청년 자제의 죽음 위에서 용상에 앉기를 꿈꾸지 않는가? 자기의 생명과 혈(血)을 애끼고 타인의 희생으로써 자기 성공의 비료(肥料)로 삼고자 하는 자들은 많으되 내가 죽어 거름되어 조국의 제물이 되고자 하는 자 없으니 정당은 모권(謀權)의 시장이요, 합작은 분작(分作)의 난장(亂場)이 되어지지 아니치 못할 것이다.

모름지기 백만 기독자는 조국의 영원한 구원을 위하여 일사(一死)를 바치지 않으련가? 그것은 조국의 참된 구원은 조국에 십자가를 세움에 있다. 그러므로 이 일을 기독자 이외에는 할 수 없는 일이기 때문이다.

빌립보 3장 12절 "그리스도께서 나를 취하신 지(旨)를 내가 취하려고 다름질치노라." 3천만 중에 왜 그대부터 불러 백만 중에 하나로 택했을까? 그 뜻을 취하려고 노력해 보았는가? 그것은 오로지 "너희는 모든 것을 버리고 나를 따라 저 십자가를 지고 나를 좇으라" 하신 따름이다. 그리스도는 해방을 주시었고 독립을 주시려는 역사적 약속이심은 분명하다. 그것에는 백만 기독자의 선택적인 분부로써 사명을 통하여 하시려는 것이다. 그리스도는 이미 십자가를 지시고 삼천리 강산 조국 도상에 가시면서 우리를 십자가를 지고 따르라고 하시지 않는가?

상례적 정치가들은 조국의 구원이 정치적, 경제적, 문화적 방책과 영웅적 수단 실행에 있는 줄 알고 있다. 그것은 일시의 캄불제(劑)는 될지언정 반석 위에 불멸의 구원인 근본적은 못되는 것이다.

오! 기독자여 반대로 모리적(謀利的) 개인주의에 끌리어 기독의 계에 따라 조국에 반대자가 되지 말고 그리스도를 따라 조국을 위하여 십자가를 지고 나서지 않으련가?

우리가 십자가를 지고 죽은 그 터 위에야 비로소 조국 구원의 그리스도의 십자가는 높이 서리라. 그때는 이 민족의 참사는 세계가 되려니.

《흥국시보》 1946년 10월 1일

펜태코스태 운동

우리 기독교 역사상에 교회의 대(大) 리바이블(revival)이 일어난 것은 1919~1921년 사이었다. 이 부흥운동은 세계적으로 알려진 운동이었다.

대동(大東)전쟁 중의 기독교의 암흑시대는 해가 진 야반(夜半)의 암흑이었다마는 1945년 8월 15일 이후의 금일(今日)의 교회는 백주(白晝)하의 암흑시대라고 할 수 있을 것이다.

인간은 유무(乳舞)하고 시대는 혼란(混亂)하다. 우리 삼천제단(祭壇)은 불 꺼진 지 오랜 듯한 느낌. 그러면 둘만 모여도 조선교계가 일대 리바이블이 일어나야 한다고 걱정을 하니 부흥에는 방법이 없는 법이다. 인조적(人造的)으로 방법을 간구하여 펜태코스태(pentecoste) 운동이 일어난 역사가 없다. 만일 방법이 있다면 이것일 것밖에는 없다.

펜태코스태 전에 기도가 있다

사도행전 2장에 초대교회 펜태코스태에도 120명이 한 자리에 집합하여 기도하였던 것이다. 지금부터 200여 년 전 1727년 초기 교파심은 극열하며 교파와 교파 사이에 질두상대하여 이론과 논쟁으로써 모든 결론을 짓고 말었던 것이다. 그 중의 대부분은 모라비안교회(Moravian Church)의 형제들이었고 타교파 신자들도 독일 늠푸드

(Herrnhut) 동리에 모여들었다. 루터파, 개혁파, 세례파 등인데 예정설, 성결론, 침례설 등으로써 서로 교파분열의 교전(交戰)의 위기를 내포하고 있었다. 그 중에 진센돌프(Graf Nicholas Zinzendorf)를 중심한 뜨거운 신자들은 열심히 기도하였다.

부흥의 제일 조건도 기도요. 제이도 기도이다. 방법이 있다면은 기도밖에 없고, 수단을 쓴다며는 기도밖에 없다. 기도하는 방은 '교회의 동력실'인 까닭이다. 리바이블(revival)에 대한 토의가 무슨 쓸 데가 있고 방법과 정책이 무슨 소용인가 말이다.

현대 교계의 실패의 최대의 원인은 펜태코스태의 효력을 인간에게서 구하려고 하는 것이다. 신사(信師)은 사람에게서 아닌 것은 칼빈, 발트 등의 신학자로서 이에 설파(說破)하였거니와 언제나 교회의 진흥(進興)에는 인간적인 것에서는 실패하였고, 부패(腐敗)를 생(生)한 이상에 아무것도 거둔 것이 없었다.

메튜 헨리(Matthew Henry) 씨의 갈라대아 1장 2-10절에 주해의 말과 같이 "하나님이 백성에게 대(大)은혜를 주시려고 하실 때는 먼저 기독의 주집(注集)시키는 것이다."

이제 독일의 젊은 백작(伯爵)을 중심한 진센돌푸의 영감의 사실을 살펴보면 밤과 낮에 기도하였다. 진센돌푸 백작이 할네(Halle) 대학을 졸업할 때에 자기가 숭배하는 유명한 교수 푸란케(August Hermann Francke) 씨의 게다가 7개의 기도단체의 명부를 제공하였다고 하니 소년시대부터 얼마나 기도를 많이 한 사람인 것을 알 수 있다.

비로소 12인의 장로를 둘러싸고 밤도 낮도 없이 한 곳에 모여서 성경연구, 기도 이것만으로서 결속을 하고, 핼름푸도(Herrnhut) 동리에서 조그마한 예배당에서 합심하여 기도에 몸을 바쳐 밤을 세울 때에 때는 1727년 8월 13일이었다. 이날 밤중에 이 집단의 형제자매 속에서 비로소 초대교회 예루살렘 다락방의 성신(聖神)의 강림을 동일한 양식으로써 체험하였는 것이다. 당시의 백작은 13세로 26세 사이의 소년을 중심하였다.

당시의 광경을 본 사가(史家)는 '7월 16일 백작은 눈물을 흘리면서 마음을 기울여 기도도 하였다. 이 기도는 이상한 결과를 일으켰다. 그래서 생명의 능력을 주는 성신(聖神)의 역사가 시작하는 동기가 되었다.'고 하였고, '7월 22일 형제들은 몇 사람이 일치되어 때때로 후드맬그 산상(山上)에 모여 찬미와 기도로써 약속하였다.'고 또한 '8월 5일 워넌의 울에서 백작은 12인 혹은 14인의 형제들과 같이 하룻밤을 세웠다. 이 날 밤중에 들어가서 비로소 큰 감동이 일어났다'고 그 다음으로 '8월 10일 정오 로대 목사가 헬늠푸도(Herrnhut) 동리에서 집회하였을 때에 놀랄 만한 주의 불가ㅇ의 능력이 충만되었는데 교만하였던 그들은 꿇어 엎드려 통회와 눈물의 기도와 찬미로써 야반(夜半)의 황홀한 광경은 형용할 수 없었다.'고 특히, 8월 26일로서 8월 29일 동안 '소년들의 집회에서 된 성령의 역사는 그날 밤 10시부터 그 이튿날 아침 1시까지 성신의 역사는 아이들 마음속에서 불붙어 타기 시작되었다.'고 이때의 아이들에게 내리신 역사를 형용할 수가 있었다고 당시 참석자들의 기록이 있다. 이때의 헬늠푸도(Herrnhut) 동리에서 된 일은 당시 형제들에게 비로소 지상에서 하늘의 기쁨을 맛보았고, 모든 형제자매들은 자기를 잊어버리고 오직 구주 그리스도와 같이 위에 있는 세계에서 한없이, 축복 속에 생을 소유하였던 것이다.

당시 감독 배린 핫세의 기록을 보면 "교회의 역사상에 아직 있어 보지 못한 1727년에 일어난 백 년간이다. 계속한 이 놀라운 기도회가 또 있었던가? 그것은 온전히 비할 데 없는 일이였다. 그것은 시간마다 기도 하는 중에 형제자매들이 서로 교제하여 가면서 교회를 위한 노동과 필요한 일을 위하여 하나님께 기도하였다. 이런 기도는 항상 행동으로 옮겨졌고 그리스도의 구원을 만방에 전하는 뜨거운 요구에 동(動)하여 근대에 있어서 외국전도의 발단을 지었다. 이 적은 한 동리의 집단에서 25년간에 백 명 이상의 외국선교사를 파견하였으니 여러분은 어느 곳에서 이처럼 된 일은 본 적이 있었는가?" 하였다.

당시의 모든 교파의 고집하는 신학설의 논쟁과 파벌 확대의 교권적 정책이 무슨 쓸 데가 있었고, 이천 교회사에 무엇을 남겨 주었던가!

헬늠푸도(Herrnhut) 동리의 이론 백출의 선전(宣戰)적인 그 장면에서 합치(合致)할 수 없는 교파적 난점(難點)에서 무엇을 해결을 지었는가! 오로지 기도의 골방에서 받은 은혜에 속한 인(人)들에게만은 인간적인 천종(千種)의 난점은 다 없어지고 오직 그리스도 중심의 찬란하신 영광만이 충만하였던 것이다.

금일 왜 싸우는가? 누가 옳은 자인가, 하나님 앞에 나서 보라. 네 어찌 깨끗하여 기도의 골방 속에서 자기를 찾아보라. 남은 망하여야 하고 내만이 살아야 할 특수한 조건이 어디 있나? 기도 없는 제단에 펜태코스태는 없다. 기도의 골방은 교회의 동력실이기 때문에.

《흥국시보》 1946년 10월 1일

"내가 문을 닫고 내 방에 들어갈 때에 주 예수 그리스도와 대면하는듯한 느낌이었다. 주께서는 나에게 다른 말씀이 없었다마는 나는 그 발밑에 꿇어 엎드리지 않을 수가 없을 만치 나를 보시는 것 같았다. 나는 아이와 같이 소리 높여 울었다. 나의 둔한 혀로써는 표현할 수 없는 고백을 하였다. 그러다가 내가 다시 일어나서 화득 옆에 앉았을 때에 비로소 성령의 현저한 뺍브대스마를 받았다. 나의 마음속에서 부어 주시는 놀라운 애(愛)에는 도저히 나의 입으로 표현할 수가 없었다."

이 말은 찰네스.지.뷔이나의 자서전에 있는 말이다.

이제 다시 몬트고매리의 시의 수절을 읽어보자. 당시의 성령강림을 받은 형제들을 두고 지은 시이다.

그들은 평화와 사랑 속에서 하나님과 같이 걸었다.
그리나 믿음의 논쟁(論爭)이 격심할 때는
서로 배반하여 일치는 없었다. 형제는 형제다운 계약을 어기었다.
그러나 그들은 주에게 믿음을 두는 때는
주는 그들을 먼지같이 보심으로
불쌍히 여기시사 그 결점을 고치셨다.

주는 스스로 기도의 골방 속에서
그들이 하나 되어 모임을 보시고
주님 자신의 임재를 그들 속에 나타내시면
그들은 기뻐서 울고 떨었다

한 잔의 잔을 마시고 한 덩이의 떡을 떼고
같은 세례를 받고 한 방언으로 말을 하여
서로 용서하고 또한 서로 용서를 받았다.

그래서 불붙는 혀를 가지고 나아가서
한 개의 축복하신 과제(課題)를 기뻐하고
예수의 이름과 그 사랑과
하나님의 자식들은 다 하나가 되었다
그 사랑만은 지금도 오히려 우리들의 과제로서 서로 말하고
우리가 사랑을 받음같이 사랑하며
사랑의 계명은 우리들 속에서 성취하여짐을

기도 후엔 회개가 있다

성신강림이 오기 전에 먼저 기도가 있는 것은 위에서 말하였거니와 또한 그 다음에 있는 것은 회개가 있는 것이다. 성신을 받았다고 하고 회개가 없는 것은 그것은 남을 속이는 거짓에 불과하다.

또한 앞에 돌레이(Reuben Archer Torrey)는 말하기를 "성신의 빱브대스마는 그의 신생(新生)을 주시는 것이므로 확실이 구별되는 성신의 역사인 것이다. 신생에서 의하여서 생명의 분여(分與)가 되고 그 다음으로 큰 능력이 부여되는 것이다."

수산나 구에낼이란 12세 소녀가 큰 역사를 받은 기록이 있는데 피녀(彼女)는 사랑하는 어머니가 세상을 떠날 때에 "너는 기도할 때 주께서 응답이 있기까지 구하여라."는 말씀을 받은 어미 없는 고아이었다. 기도하는 소녀였다. 그는 역시 회개의 눈물을 흘리면서 울어 기도하였다.

"어느 날 새벽 1시, 소녀는 울면서 기도하는 중에 돌연이 말할 수 없는 기쁨에 못 이겨서 뛰고 하였다. 그 옆방에 자던 아버지가 이것을 알고서 불렀다. 소녀는 주께서 자기에게 나타내신 그 기쁜 사실을 아버지에게 고할 뿐 아니라 마음에 넘치는 기쁨을 자기 동무들에게 전하였더

니 듣는 자마다 감동되어 예수의 능력에 끌리었다."

그럼으로 모라비안 교회의 감독은 이 소녀를 가리켜서 '칭의의 소설교자(小說敎者)'라고 하였다. 모라비안의 200년간의 성신의 경험은 구세군 뿌스(William Booth) 부인의 증언의 말과 같이 모라비안의 '팬태코스태'는 사도시대에 있음과 같이 희열의 승리의 표현이었다.

바울의 데살로니가 1장 5절의 말과 같이 "이는 우리 복음이 말로만 너희에게 있는 것이 아니라. 오직 능력과 성령과 큰 확신으로 된 것으로"란 이 증언을 하게 되였던 것이다. 이것은 더욱 유명한 형제 죤과 찰스 웨슬레 두 사람이 회심하던 동기가 더욱 그러하였다. 성 바울, 성 어거스틴, 루터, 존 번연의 역사적 회심과 그 지적의 심(深)을 주는 그 영향의 광대에 있어서 병행하였다. 영혼을 구원하시는 하나님의 동인(働人)은 누구나 깊이 고려하게 된 것이다. 언제나 회개의 신생(新生)을 주시었고 변화를 일으키는 큰 세력을 주시었던 것이다.

1735년 겨울에 죤과 찰스 웨슬레(John & Charles Wesley)가 선교사로서 아메리카로 가는 도중이었다. 그 배의 안에는 아메리카로 이주하는 모라비안파의 사람들 같이 탔던 것이다. 돌연히 광풍이 대작하여 배는 장차 침몰의 위기에 직면하고 있었다.

파선 당시 일기에 보면 "나는 7시에 독일인들이 있는 곳에 갔다. 나는 몇 날 전부터 그들의 동작(動作)이 어떻게 근엄한 것을 관찰하였다. 그들의 겸손한 것은 그들이 동선(同船)한 사람들에게 대한 봉사의 노동에서 드러났다. 그것은 어떠한 영국인으로서는 할 수 없는 일이었다. 그들은 그 일에 대하여 하등의 보수를 구하거나 또한 받는 일은 없었다. 매일매일 유화로서 사람을 접하기 때문에 누구에게 악감(惡感)을 주는 일은 없었다. 그들은 오히려 두들겨 맞거나 발길에 채이어 엎어졌다고 하더라도 아무 반항도 없이 일어나서 변색(變色)도 없이 봉사를 계속할 따름이었다. 곧 그 ○○가 성신(聖神)받은 자의 인격(人格) 시금석이 되었던 것이다. 어느 날 그들이 갑판 위에서 예배를 보는 중 시편을 외우는 중에 배는 갑자기 바다 중에 침몰되는 위험에 이르렀다. 그러는 중에 영국인은 고함을 치면서 덤벼들고 일어났으나 독일인은 한 사람도 놀람이 없이 종용이 여전히 예배를 보고 있었다."라고 하였다.

웨슬레가 조지아에 도착되어 비로소 영적 상담을 모라비안파 감독 에.찌.스판켕밸크(August Gottlieb Spangenberg)에게 구하였던 것이다. 그는 다시 2년 후에 귀국하여 쓴 일기에 '나는 인디언을 회개시키기 위하여 아메리카에 건너갔다. 오- 나는 누군가! 나를 구원하여 줄 것인가? 나는 하일(夏日)의 아름다운 종교는 가졌다마는?' 하였다. 웨슬레가 최후의 영력(靈力)을 얻게 된 것은 삐타밸러(Peter Böhler) 감독의 지도 때문이었다. 1738년 3월 5일 비로소 웨슬레는 "설교하는 것을 그만 두라. 스스로 신앙을 가지지 못하고서 어떻게 타인에게 설교하느냐?"의 책망의 참뜻을 깨달았다.

《홍국시보》 1946년 11월 1일

크리스마스와 근로대중

높고 높은 하나님으로서 지상 인간으로 오시던 그날, 때는 밤이었다. 세계열강의 대국(大國)에 태어남도 그만 두시고 압박과 예속의 나라 유대에 태어남도 세계 약소민족에 대한 특별한 뜻이 계심이었다.

그 좁고 약한 유대국 속에서도 정치, 종교, 재벌, 숫한 귀족과 상등 계급을 다 두시고 빈한한 하급인 노동자, 목수 요셉의 집을 택하심도 세계 인류문제에 대한 크신 뜻이 있음이 사실이다. 아무리 제3계급이라 하더라도 말구유 속에서 탄생하였다는 사실은 걸인군(乞人群)들이 헛간 속에서 해산하였다는 인간 비극 중에 하나인 비참한 이야깃거리가 되었던 것이다.

구유 속에서 나신 아기, 천공에 나타난 성(星)의 이상, 천문학자의 주의를 깨뜨린 경이(驚異), 천문학 박사 3사람이 낙타를 타고 사막을 걸어 베들레헴을 찾아가는 이야기.

밤새도록 양군(羊群)을 지키느라고 밤을 새우는 목자들, 하늘의 천사들의 놀라운 찬송 소리에 놀래어 눈을 부비고 일어나서 여막(旅幕)집 구유를 찾던 거룩한 근로자의 걸음, 이것은 오직 세계만민의 구주께서 무상계급의 친구로 위선(爲先) 가난한 자에게 복음을 전하러 오심을 나타내신 것이다. 이 구주를 만나고 경배하고 처음 맞는 초대면(初對面)의 행복, 이 특권은 오로지 근로자 노동계급 친구에게만 허락되었던 것이다.

12월 25일, 이날은 세계 무상계급의 승리의 날이요, 근로 대중의 행복의 날이다.

이 아기가 오신 것은 눈 먼 자를 보게 하고 앉은뱅이를 걷게 하고, 문둥이를 깨끗하게 하며, 눌린 자를 놓아 주며, 가난한 자에게 복음을 전하러 오신 구주 아기시다.

인간 세계에서 최대의 불행자, 갇힌 자, 배고픈 자, 헐벗은 자, 병든 자, 압박을 받는 자, 불구자에게 복음을 들고 오신 구주 그리스도 예수이시었다.

우리 인생, 비애의 인생, 피압박(被壓迫)의 인생, 착취를 당하여 떨고 있는 근로대중, 그러나 구주는 오셨다. 우리를 구하려 오셨다. 그러나, 그러나!

금일의 기독교회는 자본계급의 기관이 되어진 것 같고 특수계급의 위안처가 되지나 않았는가. 금일의 크리스마스는 귀족계급의 향락의 명절이 되고 말았고 자본가와 세력자들 사이에 선물과 과락(寡樂)의 기회가 되고 말았지나 않았는가! 아니 근로자들은 크리스마스에 울고, 빈민은 오막살이 안에서 떨고, 불구자는 성외(城外)로 쫓겨나서 굶주리고 있지나 않는가. 돌아온 전재민군(戰災民群), 실업군이 굶은 사자같이 거리와 거리에로 밀려가지 않는가.

정치는 혼란하고 사회의 질서는 난마(亂麻)와 같으니 민생의 문제는 극도로 악화하여 테러, 폭동, 방화, 파괴, 총소리, 칼놀이, 백주(白晝)에 시체가 가로놓여 피 흘리고 있는 것을 본다. 이러한 조국의 구슬픈 과정 속에서 백만 기독자가 지키는 크리스마스의 의의는 어디 있는가?

모든 교회여, 모든 신도여, 우리는 크리스마스의 의의 있는 축가을 드리자. 돈 벌고 옷 입고 방 따뜻한 데서 좋은 음식 나누어 먹고 찬송이나 부른다고 축가가 되는 겐가?

그리스도 자신의 심정으로 돌아가자!

그날 밤에 밤새워 떨던 목자들에게 제일 먼저 불러 보이시는 그 온정, 그 사랑, 그 의미를 파악하고 근로 대중의 크리스마스가 되어지도록 축가하자.

축가의 근로 대중아, 참된 계급해방으로 애(愛)의 사회주의자 그리스도 하나님 자신이 오신 이 날. 그만이 우리들의 구주이시오. 그만이 근로자들의 지휘자이시다.

이 날에 오너라. 노동자의 교회, 근로 대중 흙 냄새나는 노동복 그대로 아기 예수 그리스도께 경배하라. 찬송하라. 그만이 우리들에게 영원하신 임마누엘이 되신 연고이다.

《흥국시보》 1946년 12월 1일

생활의 포인트

지구 위에 인간의 수많은 발자욱은 요란하다. 옛부터 현금(現今)에 이르기까지 오늘도 서울 종로 네 거리엔 수많은 인간들이 바쁘게 오고 간다. 모두 제각기 소관이 있고, 일이 있고 복잡할 것이다. 그러나 그 수많은 인간들의 가슴에 품은 생각들은 천종만별(千種萬別)로 색색이 다를 것이다.

"여보, 대관절 당신은 무엇에 그리 바쁘시오?"

"돈을 벌기에 바쁘지요."

"돈을 왜 버시는가요?"

"먹고 살기 위해 그리 하지요."

"그러면 왜 살아 무엇 때문에 삶니까?"

이렇게 묻는다면 많은 사람 속에 생활의 포인트를 결정하고 사는 사람이 몇이나 될 것인가? 우리는 이런 통계를 알고 싶다.

그런데 생(生)의 목표가 있고 생활의 포인트를 두고 사는 사람이 있다면 이 사람은 참말로 생의 가치를 알고 살고 또한 가치 있는 생을 할 것이다. 그런 사람은 무엇 때문에 살고 무엇을 하느라고 사는 사람일 것이다. 그러나 이 포인트가 없이 사는 사람은 동물적인 생의 본능에 의하여 살아가는 의미 없고 무가치한 생을 이을 수밖에 없을 것이다.

그러므로 먹고 마시고 즐기자, 명일(明日) 죽을 인생들이니 하는 방종한 생활로써 지내고 말게 되니까 사회의 질서도 안녕도 없어지고 패역 무모한 타락된 지옥의 생활이 벌어지는 것이다.

그러므로 여기에서 종교의 임무가 크다. 이 타락되고 죄악의 암흑한 인수(人數)의 사회를 구하는 퇴선(退線)된 인생을 구출하는 데 있다. 포인트 없이 사는 인생으로 하여금 생의 목표들을 정하게 하고 비로소 사회생활의 위대한 가치를 가지도록 하는 것이다.

그렇다면 종교인의 생활의 포인트는 어디 있는가.

상업을 하거나 농사를 짓거나 ㅇ정의 각이(各異)한 생활양식과 방법은 다르다고 하더라도 바라보는 곳은 같고 위하는 점은 같아야 할 것이어늘 현실의 종교인들이여. 돈이 그대들의 생활의 포인트인가. 그렇지 않으면 지위(地位)이던가 공명(功名)이던가? 기독자의 생활 포인트가 그리스도이라면 그리스도를 바라보고 살아야 하고 그리스도 때문에 살아야 하지 않는가.

그렇다면 돈을 버는 것도 그리스도요. 만 가지 양식과 방법은 모두 그리스도에게 중심되어 있다고 할진대 인간과 인간과의 관계로서 문제는 그다지 중요시되지 않을 것이 아닌가. 그럼에도 불구하고 오늘 그대들의 생의 포인트는 그대 자신에게 있고 그리스도를 팔아서라도 인륜(人倫)과 천륜(天倫)을 범하고라도 자신 욕망을 충족시키기 위하여 하는 신앙도 결국은 장사판의 수단이 아니었던가?

오! 바울과 같이 "나는 살든지 죽든지 내 몸에서 그리스도로 하여금 존귀하게 되게 하려 하나니 이는 내가 사는 것도 그리스도니 죽는 것도 유익함이라"(빌 1:20-21) 생활의 포인트가 있는가? 없는가?

《홍국시보》 1947년 1월 15일

고난의 십자가

어떤 철학자는 '나는 고생을 원치 않는다. 그러나 내 앞에 닥친 고생은 사양치 않겠노라' 하였다. 그리스도가 십자가를 지시기 전에 겟세마네 동산에서 '아버지여, 할 수만 있거든 이 잔을 피하게 하소서. 그러나 아버지의 뜻대로 하소서' 하신 고난에 대한 태도를 결정하신 것이다. 사람치고 고생 없이 일생을 사는 수도 없거니와 닥친 고생을 피하는 법도 없는 것이다. 대개 사람들의 실패의 원인은 자기의 몫의 태인 고생을 피하려다가 도로 더 큰 고생을 만나서 곤두박질치다가 거기에서 망하고 마는 것이다.

그러면 우리의 인생에게 각 사람 앞에 닥친 고생을 어떻게 이겨내느냐? 이 문제이다. 고생을 이기는 방법은 고생을 피하지 말고 고생을 져야 한다. 십자가를 이기는 방법은 십자가를 져야 한다.

이에 그리스도가 지고 가신 십자가를 지고서 고난의 고개턱을 넘어서는 승리를 보자. 민족의 가시길에 운명을 결정하는 고난주간에 부활의 봄이 닥쳐오는 희망의 십자가의 도상에서 고난과 싸우자!

십자가는 고난의 최고봉! 또한 십자가는 고난의 최후의 결산이다. 십자가는 패배(敗北)의 표징이다. 그러나 또한 승리의 전제 표호(表號)이다.

《홍국시보》 1947년 3월 15일

우수(憂愁)의 로(路)

진센돌프(Nikolas Ludwig Zinzendorf)는 젊은 시절에 박물관에 걸린 그리스도의 가시관을 쓰고 십자가에서 ㅇ쓰러지는 그림을 보고서 꿇어 앉아 울었다고 한다. 우리가 고난주간을 당하여 고요히 빌라도의 궁정에서부터 골고다 산턱까지 당하신 그림 같은 사실의 장면을 상상한다면 역시 눈물의 감격으로 맞이하지 않을 수가 없다. 그리스도가 가신 길은 우리 기독자가 가는 길이다.

근심 없는 사람이 어디 있고 걱정 없는 자가 세상에 몇이나 되는가? 그러나 다른 근심 중에도 쓸데없는 걱정 근심이 있고, 쓸데있는 걱정 근심이 있다.

고린도후서에 "하나님의 뜻대로 하는 근심은 회개하여 구원에 이르러 후회할 것이 없거니와 세상 근심은 죽는데 이르느니라." 그러면 구원(救援)에 필요한 근심도 있고 죽는데 이르는 근심도 있으니, 같은 근심으로 살고 죽는 두 가지 결과를 빚게 하는 무서운 차이가 있다.

어떤 격언과 같이 "한 숨에도 두 가지가 있으니, 영웅의 한 숨은 나라를 흥하게 하고 소인의 한 숨은 자기를 패망케 하느니라."

그러면 그리스도가 걸어가신 이 길은 근심의 길이었다. 죄가 많은 악한 놈은 재판석에 높이 앉고 또한 예수는 포박을 당하여 심판을 받는 길이요. 결국 유대인의 거짓증거는 승리하여 꺼질 등불도 끄지 않고 상한 갈대도 꺾지 않는 지순(至純) 예수는 사형의 언도를 받아 골고다로 끌려가는 공로도 정의도 없는 근심의 길이었다. 여기에서 무거운 십자가를 지시고 엎어지고 자빠지며 가시는 주님의 마음속의 근심을 자욱자욱이 흘린 피로써 증거하니라.

그리스도는 인류전체의 행복을 개척하기 위하여 자기의 한 몸은 근심에 썩고, 염통이 터지는 비애를 참고서도 자욱자욱이 사형장으로 들어가는 구주의 발걸음, 말없는 지축을 바라보면서 침묵의 마음속의 참는 힘의 잠재력은 위대하리라.

오! 우리 오늘의 기독자들도 이 근심의 길에서 울어 보고, 슬퍼져 보고, 그를 만져 보는 그 맛을 알아야 하나니. 아니 의미 있는 근심, 위대한 하나님의 뜻대로 하는 근심을 품은 사람만이 골고다 산턱 너머로 솟아오르는 희망의 태양을 볼 것이다. 주를 위하여 하는 근심, 조국강산을 위하여 하는 근심, 교회를 위하여 하는 근심, 이런 근심은 반드시 위대한 자국을 남겨 놓을 것이다. 정의를 위하여 하는 근심, 진리 때문에 받는 근심이 우리를 높이 올려 큰 성공의 망향 위로 인도할 것이다.

그리스도가 예루살렘 북문 밖에 잡혀 가시는 그 길을 뭇 사람들이 똘로로사 – '우수의 길'이라고 부른다고 함이더라.

"하나님의 뜻대로 하는 근심은 구원을 얻어 후회할 것이 없거니와 세상 근심은 죽는데 이르느니라."

너희가 세상에 있을 때에 환란을 받으나, 이상한 일 당한 줄 알고 이상히 여기지 말라고 하였다. 기독자의 박해는 이미 각오한 주의 선언대로이다.

"너희를 미워하기 전 나를 먼저 미워하였느니라."

박해는 참 신자와 거짓 신자를 구별하는 폭풍이다. 알곡과 쭉정이를 구별하는 풍구대와 같이 보통 신자들은 황금시대엔 홍수같이 밀려오지만은 일진풍파가 몰아치면 다 세상과 아첨하여 물러나는 것이다.

우리 기독자의 싸움이 있다면 박해이다. 아니 우리 기독자가 너무 과중한 박해의 짐을 지고 쓰러질 때에 반드시 골고다로 올라가시는 주의 인내력을 주신다.

무거운 짐을 나 홀로 지고
견디다 못해 쓰러질 때

불쌍히 여겨 구해 주실 이
주 예수시니 오직 예수

성공에는 동지도 많고, 친구도 많지만은 실패에는 동지도 없고, 친구도 없다. 무슨 일이던지 잘 될 때에는 나도 나도 하면서 찾아오는 이도 많지마는, 실패자에게는 찾는 이도 없고, 친구도 없다. 예수에게도 12제자가 있었고, 70문도가 있었고, 5천명 대중이 있었다. 그래서 밥 먹을 겨를조차도 없었다. 그러나 예수가 포박을 당한 후 빌라도 궁정에는 오직 원수 속에 예수 의로운 자 뿐이었다.

더욱이 골고다로 가는 돌로로사의 길에는 누구 하나 따르는 자가 없었다. 예수는 고독하셨다. 외로웠다. 더욱이 사형 틀 위에 높이 달릴 때는 백일도 구름 속으로 가리웠고, 하나님도 얼굴을 돌려 버리었던 것이다.

"하나님 당신조차 나를 버리시나이까?" 하셨다.

보아라. 사업하여 보라. 일이 잘 될 때에는 모두 모두 달려들어 자기의 공로를 세우려고, 높은 자리의 영광을 찾으려고 하지만은, 실패하여 고난 속에 마지막 때에 어느 친구가 물 불 속을 같이 하며, 어느 동지가 고픈 배를 같이 하는가! 고독, 고독 자신이 나의 동지이며 나의 친구이었다. 이 고독이 나를 인도하여 주의 가슴속에 안겨 주지 않는가?

고독은 예수께서 나에게 보내어 주신 반려자로 간호부일 것이다. 예수님의 고독은 하나님도 버렸고 일월도 버렸다. 천지 인간 모두가 예수를 버렸다. 우리는 이 길을 걷는 자이다. 죽을 죄를 짓고서 죽는 것으로 가는 것은 마땅타 하지마는 인간 역사에 오직 하나밖에 없는 참 사람이신 그리스도가 죄인으로 규정을 받고 사형장으로 끌려가는 이 전도(顚倒)된 세상 일을 무어라고 판정할까?

"우리 산 자가 항상 잡혀 죽을 지경에 이르는 것은 예수의 생명이 또한 우리 죽을 몸에 나타내고자 함이라."(고후 4:11)

그리스도를 따르는 자는 그리스도가 가신 사형장으로 따라 옮기는 발길이 최후의 결단이 되는 것이다. 그러나 이 십자가를 지고 죽음의 마당에로 나아가는 이 근심의 길은 벌써 승리하고 가는 길이다. "내가 이미 세상을 이기었노라"라고 하셨다. 승리한 유대인들은 예수를 죽이러 나아가는 기세가 놀랍다고 보겠지마는 그들은 벌써 실패하고 가는 길이었다. 그러므로 십자가의 도가 미련한 자에게는 어리석음이 되고 믿는 자에게는 하나님의 권능이 된 연고이다.

《홍국시보》 1947년 3월 15일

예루살렘의 부활절

금년의 부활절은 4월 6일 주일(한식). 대개 이때의 예루살렘의 근교에는 보리밭이 누래져서 벌써 베기 시작한다고 한다.

예루살렘 석벽 언덕에 화광석 돌집들은 늦은 봄빛에 어리였거니와 동편 겟세마네의 언덕의 무화과나무의 숲은 푸르러 새소리도 요란한 때이다.

성탄절은 베들레헴이 야단이고 부활절은 예루살렘이 야단이라고 한다. 이때에는 유대인의 유월절, 회교에선 내삐무사제, 기독교의 부활절 등이 연거푸 수일 동안 계속하기 때문에 예루살렘은 인산인해로 번창한다고 한다.

부활절의 전후에는 세계 각국으로부터 무수한 기독교들이 모여들어 성도(聖都)에 운집의 시위를 보인다고 한다. 회교도들은 성도(聖都) 예루살렘을 빼앗길까봐 여기에 대비하느라고 여리고에서부터 7km 되는 곳에 예언자 모세를 섬기는 사원을 짓고 요단강 동편엔 모압땅의 골짜기에다가 장사한 모세(신 34:51)의 무덤을 짓고 내삐-무사(예언자 모세란 뜻)의 제를 시작하였다고 한다.

고난주간의 목요일부터 날푸스의 회교도들을 선두로 하고 그 타촌(他村)으로부터 행진을 계속하여 헤브론의 회교도가 최후로 뒤를 따라 일요일에 입경(入京)한다고, 나볼스와 헤브론의 회교도들은 특히 열광적이어서 굉장하게 떠들어 댄다고 한다. 예루살렘에 있는 회교 사원 본원(本院)에서 의식을 마치고선 30여ㅇ의 먼길을 걸어서 내삐무사를 향하여 나서고 거기에서 목요일까지 별의별 가지 의식을 지내고, 금요일에야 비로소 흩어진다고 한다. 올라가는 때나 돌아가는 때나 모두 제전(祭典) 의식의 소동인데 입경(入京)할 때는 칼춤을 추며, 열광적으로 노래를 부르고, 깃발을 흔들며 춤을 추면서 행진을 하는데 조그마한 사건이라도 발생되면 곧 충돌이 된다고 한다.

또한 이때의 유대인은 유월절은 부활절에 가까웁다. 그러나 그리심 산상의 것을 지키는 사마리아인의 유월절은 대개 1개월이나 늦다고 한다. 기독교에서 지키는 고난주간, 부활절은 로마공회, 희랍정회, 알메니아인, 골트인, 아미시니아인, 수리아인 등의 기독교 각 교회에서 행사를 거행한다. 그 중에는 빰산데 행렬, 목요일 오후에 지키는 세족식(예수 제자에게 행하신 것을 본받은 것(요 13장), 금요일 오후의 미아, 돌로로사의 순례, 토요일 정오의 성화제, 부활절 예배 등이다.

알메니아인(Armenian) 교회의 세족식은 인상적인 것이다. 음악으로써 당내(堂內)를 흔들고 향연(香煙)으로써 안개같이 덮게 한다.

그리스도께서 사형선고를 받고 빌라도의 궁정에서부터 무거운 십자가를 지고 원수들에게 포위되어 골고다로 가시던 그 길을(돌로로사, 우수(憂愁)의 로(路))라고 하는데 이것은 14세기(世紀)부터 기원된 듯하다고 한다.

예루살렘 북문에서 골고다까지 고불고불한 그 길에 주님께서 자옥자옥이 밟으신 자국을 반석 위에 인쳐 있다고 하는데 더욱이 길은 14개소 성소로 표해 있다고 한다. 그 중에 10개소는 성서에 있는 것이지마는 다음 4개는 전설에 끼친 것이라고 한다. 금요일 오후에는 예루살렘에 있는 공교회의 신부, 수도사들과 신도 전원이 이 『우수(憂愁)의 길』를 밟아오르며 14개의 성소마다 무릎을 꿇고 예배를 한다. 이제 14개의 성소를 적으면

1. 빌라도 궁정
2. 십자가를 지신 곳
3. 십자가를 지고 쓰러지시던 곳
4. 성모마리아를 만나시던 곳

5. 구레네 시몬이 십자가를 지시던 곳
6. 성 에로니가가 주의 얼굴을 씻겨 주던 곳
7. 주가 두 번째 쓰러지던 곳
8. 부녀들이 우는 것을 보시고 '나를 위하여 울지 말고 너희 자녀를 위하여 울어라' 하시던 곳
9. 세 번째 쓰러진 곳
10. 주께서 옷을 벗기시던 곳
11. 십자가에 못 박히시던 곳
12. 십자가를 세우던 곳
13. 몸에 기름을 바르던 곳
14. 주의 무덤이다.

이 중 10으로부터 14까지는 전부 성경묘교회(聖境墓敎會) 내에 있다.

또한 성화제는 성경묘교회에서 히랍정교회와 알매니아교회가 개최하는 의식인데 향연으로서 전 시가지를 덮을 만치 굉장한 의식을 거행한다고 한다. 부활절 새벽에는 각 교회마다 물론 예배가 있지마는 신교도들도 묘원(墓園)에 가서 예배를 본다고 한다. 이곳에 교회당도 없고 오직 무덤 같은 동혈(洞穴)이 있을 뿐인데 사방의 야길화(野吉花)의 찬란한 봄 하늘에 시온산턱 이마엔 부활의 태양이 솟아오르고 무수한 백의(白衣) 성도들의 찬송가로써 꼬리를 이어 내리는 행진은 다시 오실 우리 주님을 바라고 옮겨지는 발걸음들이었다.

십자가의 슬퍼하던 예루살렘아! 3일만의 부활로써 노래하는 예루살렘아! 거룩하다.

다시 오심을 노래하는 예루살렘아!

《흥국시보》 1947년 4월 1일

삼독을 버리자

과거 조선에서 수다한 신교파 중에서 그 어느 파보다 가장 보람 있게 강한 기세로 성장한 것이 장로파라는 것은 누구나 안다. 장로교파가 이처럼 요원의 불길처럼 흥왕하는 데에는 먼저는 하나님의 은혜요, 둘째는 장로파의 기구(機構)와 제도가 조선백성에게는 가장 적의(適宜)한 것이었다 할 것이요, 셋째는 총회원 여러분을 비롯한 선배 모두의 열광적인 헌신에 있었다고 볼 것이다.

이제 획기적인 비상국면에 처하여 앞으로의 장로파의 건실한 발전을 열망하는 우리는 두어 마디로 우감(遇感)을 펴는 바다.

전통이란 아름다우나 그렇다고 해서 모든 전통이 아름다운 것이 아니요. 또 비록 과거에 있어서 아름다웠다 하더라도 시대는 흐르는 것이라 현재에 이르러 버려야 할 것도 있는 것이다.

대체로 객관적인 자리에서 장로파를 말하는 이들 입에서 우리는 장로파에 삼독(三獨)이 있다는 말을 듣는 수가 있으니 독단(獨斷), 독선(獨善), 독재(獨裁), 이 세 가지를 두고 하는 말이다. 종잡(從雜)한 이설이 분분한 가운데서 신념한다. 주관으로 견지 용감하였으니 때로 이런 말을 들었고 파의 우세를 이용하여 자가(自家)에 물을 뽑아가려는 군소교파가 없지 않았고 또 이를 용납하지 않았으매 그런 말을 들었고 교회 내에서도 예수의 선포한 도리에 합하지 않은 번다(煩多)한 행사 운동을 꾀하는 여러 일이 있고 또 이를 불허하였으매 그런 말을 들었으리라고 오인(吾人)은 믿는 바이다.

그러나 또다시 냉정이 들어 보면 장로파가 걸은 노선 위에 여기 이르는바 삼독을 범한 흔적이 전혀 없었다고 말하기는 더욱 어려운 일이라 할 것이 지금 남조선에 있어 장로파가 그 내부적인 단합을 가져오기를 못함에 결국 그 뿌리가 이 삼독을 범함에 있다 할 것이다.

보편타당성을 떠난 자기주장에 대한 고집, 천상천하유아독존의 바리새이즘, 정의감이 머리 들 수 없어 총회의 비준인가 없이는 선악 사간(事間)에 꼼짝할 수 없고 많은 사람이 상의(上意)에 부화(附和)하기에 전전긍긍해야 하는 팟쇼, 이들은 어느 때 어느 곳을 막론하고 인류사회에 허용될 것들이 못된다. 하물며 지금 새로운 탐구, 새로운 건설, 새로운 자유를 찾아 이 나라, 전 민족이 날개 치는 이때에 있어서랴.

이제 오인(吾人)은 고즈넉이 부르짖는다. 조선 예수교장로교는 모름지기 제정(帝政) 말기를 뽑은 과거의 찬란한 역사를 보다 아름답게 꾸미기 위하여 엄정한 자기비판과 더불어 장(壯)히 조선기독교를 실질적으로 리드하고 이 민족의 성격을 순화 정화시킬 역량을 가진 새 조선의 새로운 장로교로 화려한 출발을 하기 위하여서는 잃어진 과거의 생명을 도로 찾음과 동시에 때묻어 더러워진 낡은 옷을 벗어 버리자고.

《홍국시보》 1947년 4월 15일

조국의 십자병

우리 조선의 청년들은 학병으로 징병으로 충원병으로 일제 압박하의 강제출병의 쓰라린 경험을 하지 않았는가! 이역(異域) 전지(戰地)에서 해방이 되자 총대를 꺾어 버리고서 새로운 환희와 결심으로 해방된 조국을 향하여 돌아오는 기쁨은 무엇으로 비했을고! 그러나 조국은 또다시 새로운 두 지배의 새로운 양식의 지배를 받고 있으니 그대들의 억장은 어떠한가! 두 동강이로 갈라선 조국의 운명을 앞에 놓고 우국의 청년들이여 어떻게 생각하고 있으며 무엇을 생각하고 있는가!

돌아온 귀향동포는 집이 없고, 밥이 없고, 땅이 없고, 일이 없이 살라니 이국의 남의 땅을 그리워하는 풍경이 아닌가! 해방 후에 풍년이 들었지마는 배가 고파 못살아 굶는 동포가 얼마나 많은가! 젊은 청년들은 직업이 없어 거리와 거리에로 밀리어 굶는 사자같이 음식점 앞에서 침을 삼키는 조선의 청춘들, 공장은 파궤이요 학교는 스트라기(strike)로 3년이나 되어도 ABCD의 한 줄도 끝내지 못한 현상, 그렇게 깨끗하였던 서울장안이 요즘 똥통으로 쓰레기통으로 변하고 있으니 이 어쩌잔 말인가! 그나마 정당은 제각기 만들어 분열과 분열로써 혼란을 이루고 경제는 날로 파멸하여 자국의 생산은 하나도 없고 오직 외국물품으로 시장을 채우고 있어 민생은 일대 도탄 중에 빠졌으니…. 아니 날로 느는 것은 절도와 강도요, 테러요, 폭동이요, 주로 요리점과 카바레, 댄스홀, 카페, 밀매음, 양풍의 농색, 도박장, 이색의 혼혈아 등의 다각적이요, 혼선이채의 현실의 씬(seen)이야 말로 세기말적이라고 아니치 못할 것이다.

이제 보라. 정당정책과 사상의 꾸밈으로 능히 구할 수가 있는 것처럼 대중을 부르고 있다. 아니 구함을 받을 길만 있다면 가도 좋고 들어도 좋다. 그러나 모두 자당(自黨)의 이기만족을 극강시키기 위한 기만에 지나지 못하였다.

그러면 누가 구할 것이며 무엇이 우리를 구하여 줄 것인가? 아니 우리에게 총과 검을 쥐어 준다면 무력으로써 세계열강을 무찌르고 독립의 기쁨과 국태(國泰)의 민안(民安)을 해결할 수가 있을까! 이에 그리스도의 말씀대로 '칼을 쓰는 자는 칼로 망하리라.' 그대로 무력을 의지하는 민족은 망하였으니 그래도 무력을 의지할 터인가! 그러면 경제 부흥으로 살 수가 있다고 보는가! 경제가 아무리 부흥하였다고 하더라도 부패한 민족에겐 도리어 멸망의 화근이 될 것이다.

망하여 가는 민족의 운명을 구하여 국가를 바로잡아 참된 행복의 나라를 세울 자가 누구이겠는가! 테러단이겠는가! 주정뱅인가! 모리배들인가! 댄스홀에서 밤을 새워 춤추는 댄서들인가! 그러면 조국을 구할 자는 누구인가! 오로지 조국역사의 전통의 피를 받고 혼을 가진 정의의 그리스도의 십자병에게 있을 뿐이다.

그러나 금일 기독자들은 조선 제일의 단체이요 대다수의 군중을 소유한 단체로서 백만의 손을 꼽아 어느 단체가 우리를 필적할 것인가! 하나 오늘의 기독자의 염장을 해부해 보자. 산송장의 집단이 아니던가!

'살았다는 이름은 있으나 실상은 죽은 자니라.'

경건의 모양은 있으나 경건한 능을 잃은 해골의 집단이라고 불러질 염려가 있을 것이다.

아무리 수가 많다 하더라도 수백만의 죽은 인간의 집단이 무슨 능력이 발생될 것인가. 기독의 청년들아! 교회 없는 기독자는 없다. 교회가 죽었다는 것은 교인이 죽었기 때문이다.

보아라. 교회사(敎會史) 상에 어느 시대를 막론하고 대리 바이블이 일어난 것은 늙은이들로서 되었다는 기록은 못 보았다. 보자 예루살렘 다락방의 120명도 젊은이들이었다.

영국의 옥스퍼드 대학의 부흥운동도 젊은 학도들로 시작하여 세계를 풍미하였다. 독일의 헬늠푸도(Herrnhut) 동리의 진센돌프(Zinzendorf) 백작를 중심한 부흥도 이십 전후의 젊은이들의 합심기도회에서 일어났던 것이다. 여기에서 세계 선교운동이 시발된 것이다. 보자 오늘의 교회에서 전도할 경제적 예산이 없어서 전도를 못하지마는 성신이 뜨거운 역사 속에서는 돈 한 푼의 예산이 없었지마는 헬늠푸도(Herrnhut) 한 동리의 선교사 수가 2백 명이 있었다. 오늘의 교회운동은 성신의 운동이 아니요 금전의 운동이기 때문이다. 금일의 전도 사업은 실패이었다. 억만 원의 예산을 세운 선교 사업단체는 돈으로써 금력으로써 전도하려는 자본의 회사이기 때문에 사명의 전도를 찾는 것이 아니라 노동력으로 전도에 나가 팔아서 화폐와 교환하는 취인소(取引所)에 끝이기 때문에 그러므로 그 노동력으로써 수확된 인간은 신도가 아니라 개인주의의 모리배를 얻은 것이 아닌가!

기독교의 운동은 먼저 신앙의 참된 불을 받지 않고서는 기독교운동은 없는 것이다. 금일의 조국은 오로지 대통령을 찾지 않고 조국을 위하여 죽을 십자병을 찾는다.

십자병은 사사로서 자기를 맺지 않나니 군병은 자기를 부정하지 말아야 한다. 조국을 구할 정병은 자기를 이미 포기하고 자기에게 속한 모든 일체를 초개같이 버리고서 오척(五尺)은 붉은 몸을 주께 바치고 나서야 한다. 이미 군병으로 나선 자는 출전한 비장한 그 길에서 자기가 아깝고 자기에게 속한 모든 조건을 받지 못해 미련이 있다면은 비겁한 병정이요 일선에 나갈 용감(勇敢)이 없을 것이외다.

《홍국시보》 1947년 5월 15일

그러므로 그리스도는 "누구든지 나를 따라오려거든 자기를 버리고 제 십자가를 지고 나를 따르라." 또한 부모나 처자나 소유를 다 바리지 않은 자는 내게 합당치 않다고 하였다.

이것은 더 큰 일을 성취함에 적은 것을 희생하라는 뜻이요. 둘째로는 자아표준의 개인주의적 만족을 위한 인생관, 즉 부모도 나 때문에 처자도 나 때문에, 소유도 나 때문에 존재를 인정하든 자기중심의 인생관을 전폭적으로 포기하지 아니하면 그리스도의 십자가 사상에 맞지 못하기 때문이다.

보라! 금일 백만 기독자의 수량이 무슨 필요가 있는 자랑인가를 갈멜산 상의 2만3천 명 겁나 물러간 군대같이 수많은 것이 무슨 필요가 있겠는가! 오로지 조국 도상에 나서야 할 삼백 명밖에 못되는 결사대를 요구할 뿐이었다.

그리스도는 제자를 부를 적에 "쟁기를 잡고 뒤를 돌아보지 말라." 하셨으니 이미 병기를 메고서 나서는 병정에게는 고향산천도, 부모의 애정도, 처자의 인정도, 논밭의 소유욕도, 버리고 나서는 것이다.

갈릴리 바닷가의 베드로도 어구의 일체를 썩든지 말든지 버리고서 십자병으로 지원하고 나섰던 것이다.

바울 선생도 지위도, 명예도, 황금도, 다 버리고서 '내가 전에 좋다고 하는 것은 똥으로 여기고 이를 버렸노라' 하였고?

내가 목도한 이야기 중에 중일사변 당시 북행하는 일본병정 1인이 김천역두에서 차가 머물렀을 때에 출송(出送)하러 나온 어린 학생에게 돈 75원을 쥐어 주며 "아가, 나는 죽으러 가는 병정이니 돈이 소용이 없다. 이 돈으로 학비에 보태어 훌륭한 사람이 되어라."고 하는 것을 보고서 눈물겨웠던 것이다.

조선을 구할 십자병도 사사로서 자기를 매지 않는 것은 군사로 뽑은 자를 기쁘게 함에 있기 때문이다.

십자병은 자기의 힘으로 싸우지 않는다. 다윗이 돌팔매 한 개만 가지고서 블레셋 군대의 적진을 향하였으나 무슨 힘이였던가! "오직 너희는 칼과 병기를 의지하지만은 나는 만군의 여호와 하나님을 의지하여 나왔노라." 하였다.

우리 무엇으로서 세상을 승리할 것인가? 우리 의지는 약하다. 우리의 결심은 1시간도 지속치 못하는 수가 많다. 술 한 잔, 담배 한 대에도 나의 결심대로 못하는 약자이다.

우리는 안으로 오는 화살, 밖으로 오는 화살을 무찌를 힘은 없다. 그러나 예수 그리스도는 산 능력이시다. 내가 그리스도에게 아니, 그 큰 권능에 사로잡힐 때에 비로소 위대한 역량과 전투력을 소유하는 것이다.

삼손의 손에 쥐인 말뼈다구도 모세의 손에 잡힌 막대기도 크게 큰 일을 하였거든 주께서 나를 이 강산 이 조국에 필요하게 쓰실 때에는 위대한 경이스러운 역사를 표현할 것이다.

세상을 이기는 이김은 곧 우리의 신앙이다. 신앙 청년의 위대한 힘은 신앙인 까닭이다. 십자병의 무기가 있다면은 신앙이다. 이 신앙이야말로 십자병의 폭탄이요 원자탄인 것이다.

아니 현대 기독청년들 그대들은 현대 과학으로서 무기를 삼으려고 하지나 않는가? 그대들은 누구의 말과 같이 약자의 무기는 이론이다 하여 사회과학의 이론으로서 투쟁하여야 승리하려고 하지나 않았는가! 만고로 이론 극복으로서 상대방을 전도한 사실이 있었던가? 이론 투쟁의 결과는 도리어 호상(互相)의 분열의 악화를 조성할 다름이다.

십자병의 무기는 신앙이요. 십자병의 힘은 인간력 이상의 신력(神力)으로서 싸우는 것이다. 그러므로 "여호와 나와 함께 하시니 내가 누구를 무서워하며 내가 누구를 두려워하리요."

내 힘만 의지할 터면 패할 수밖에 없으나. 힘 있는 장수 나와서 날 대신하여 싸우네. 십자병은 일사(一死)를 각오(覺悟)하라.

병정의 가는 길은 전사를 각오하고 가는 것이다. 출정하는 군병이 살러 간다고는 하는 자 없을 것이다. 이에 그리스도가 앞서 가신 골고다의 길은 죽음으로 가신 길이므로 기독자들이 아니 십자병들이 가야 할 일사(一死)의 길이다.

바울이 가이사랴에 이르러 빌립 집에 유할 때에 유대로부터 나려온 아킵보(아가보, Agabus)란 예언자가 바울에게 예루살렘에 상경하지 말라 위험하다 만류하였으나 바울은 "너희가 어찌하여 울어 나의 맘을 상하게 하느냐! 나는 예수의 이름을 위하여 결박을 받을 뿐 아니라 예루살렘에선 죽어도 마땅하다." 하고서 상경하였다.

예루살렘 성지를 마호멧교도에게서 도로 찾기 위하여 2백년을 걸쳐 십자군을 일으켜 제7회의 진군을 하였으나 실패를 하였다. 당시 제4, 제5의 십자군 사이에 일어난 소년 십자군을 보자 성지 예루살렘은 죄 없는 소년들만이 회복할 수 있다고 부모와 고국을 등지고 천리원정을 떠나는 장도(壯途)를 생각하여 보자.

금일의 조국을 악마의 손에서 구하기 위하여 십자병은 일어나야 한다. 신을 부정하는 유물적 정치이념에서 구하여야 하고, 또한 자본주의의 새로운 성취단계로 들어가고 있는 대중을 구하기 위하여 십자병은 일어나야 한다.

보자! 살아서 대통령할 사람은 수천이요. 수만이다. 그러나 죽어서 조국을 구원하려는 애국자는 어디 있는가! 오늘의 조국은 대통령을 찾지 않고 죽을 수 있는 희생의 인(人)을 부르고 있다.

기독청년들 그대들만은 그리스도의 십자가를 지고 조국 도상에 쓰러져 죽어보라! 극단의 개인주의적 모리(謨利)의 추종하는 광견(狂犬)이 되지 말고 일사(一死)를 각오하고 나서는 십자병이 되어 보지 않으려는가!

금일의 조선교회는 신앙으로 싸우는 십자병을 요구한다. 오늘의 조국은 대통령이 너무 많아 고번(苦煩)하고 있다. 그러므로 국운을 건질 십자병을 부르고 있다. 백만의 기독자 중에 삼백 명의 결사대의 십자병아 있는가! 있거든 나가라. 조국은 십자병을 부른다.

《홍국시보》 1947년 6월 1일

이도(吏道)와 신도(信道)

관리라고 해서 먹지 않고는 못 산다는 말 누가 모르랴. 설령 그렇대서 그래도 명색이 건국도상에 있는 이 때, 이 백성의 이도(吏道)가 이처럼 더러워지지 않으면 안 된다고 할 까닭은 어디 있으랴.

먹고 살기가 어렵다는 것은 비단 관리들에게 한한 것은 아니요. 이 사회 각층이 다들 한결같이 맛보는 아픔인데, 이건 거의 날이면 날마다 관리들의 부정수뢰사건 운(云) 하는 보도가 신문을 꾸려 놓으니 분을 누를 내야 누를 기운이 없다. 말하자면 정모 씨 사건, 임모 씨 사건, 천모 씨 사건 등이다. 오늘 아침엔 부국장급의 모 사건에 관련한 뇌물분배표가 자랑처럼 커다랗게 발표되었음에 실로 탄루를 금할 수 없다.

북조선과 달리 남조선엔 수다한 기독교인들이 군정(軍政) 요직에서 말단에까지 많은 자리를 차지하고 있다. 목사가 아전이 되기로, 장로가 정승이 되기로 오인(吾人)은 이를 규탄하려 하는 바 아니다. 모름지기 오인(吾人)이 묻고자 하는 바는 그 어지러운 이계(吏界)에서 얼마나들 이 기독신자 관리 여러분이 소금과 빛의 직분을 감당함으로 그 소임을 다하고 있느냐 말이다.

남이 뇌물을 받는다 하여 저도 받고 남이 협잡을 한다 하여 저도 한 목 드는 신자 관리가 단 한 사람이라도 있다면 그 책임을 우리 기독교도 전체가 느끼고 더불어 참회치 않을 수 없을 일일진저.

《홍국시보》 1947년 5월 15일

미소 공위(共委)에 기(寄)함

삼천만 우리 겨레를 한 사람 한 사람 떼어놓고 물어 보기로니 어느 누가 자주독립을 바라지 않는 자 있으리요마는 좌익이면 덮어 놓고 매국노요. 우익이면 누구나 친일파 민족 반역자란 끔직한 이름을 붙여 주고 서로를 건국을 해(害)치는 놈들이라 욕설을 퍼부어야 하는 것을 이 백성의 깊은 슬픔이 아닐 수 없다.

그러나 우리가 분명히 볼 수 있는 것은 북조선에 있어 그 농민들에게서 총칼로 침략하여 빼앗는 현물세가 콱콱 기차에 실려 가고 노동자들이 뼈가 휘도록 일하고도 이부자리 뒤주짝 그릇 나부랭이를 모조리 내다 팔아야 입에 풀칠을 할 수 있는 게 병신(病身) 아니면 빤히 보이련만 그래도 그게 빛나는 민주과업을 방조하는 위대한 군대의 영웅적인 사업이라고 부르짖는 게 조선의 좌익이요. 남조선에 있어서까지 그 무지한 욕설과 기막힌 의지에 한을 참다 말고 한번 주먹을 (그물과 같이 피스톨이 아니다) 내어 밀면 벌써 크게 크게 하고 천애무의(天涯無依)한 고아의 대접을 받는 게 조선의 우익임은 변명하지 아니할 수 없으리라.

저마다 애국자라도 진정한 애국자야 하늘이 알 것이요. 제 길마다 바르대야 눈앞에 나타나는 현실을 인민들이야 모르랴. 오랫동안 대망(待望)하듯 미소공위가 이번에 열렸으니 어떠한 역사를 이 백성에게 남겨 줄는지 두고 볼 일이다. 조선인민의 진실한 요구가 무엇인지 몰라 해를 격(隔)해 무구 이 난항(難航)일까?

엎드려 바라노니 어서 국론(國論)이 조화(調和)되고 강토(疆土)가

통일되어 이 야비(野卑)한 동족상잔(同族相殘)이 끝나야지 하는 한 가지 밖에 무엇 있으리요만은 그러나 입 가지고 말 못하고 귀 가지고도 들을 수 없고 신앙과 결사(結社)를 반동(反動)이라 단죄(斷罪)하는 그 암흑(暗黑)한 국가가 마련될 바엔 차라리 삼천만을 불가마속에 집어넣어 죽임이 나으리라. 그런 의미로 이번 재개될 공위(共委)는 우리 민족사 상에 아주 커다란 영향을 남길 위대한 사업이다.

듣는 바 개회 순여(旬餘)에 양국대표들의 화기(和氣)로운 협조상(協調相)의 진실이 이 민족을 위하는 성의의 발로(發露)라 믿어 우리의 여러 근심이 한 기우(杞憂)로써 사라지고 불원(不遠)한 앞날에 삼천만 생령(生靈)들이 부르짖어 찾는 평화와 자유의 아름다운 나라가 세워질 것을 의심(疑心)치 않는 것이다.

《홍국시보》 1947년 6월 1일

예수촌 무지리를 찾아서

몹시도 비를 기다리던 나머지 새벽부터 반가운 빗소리는 들렸다. 아니 비는 실컷 아직도 더 와야 하지마는 약속한 오늘 무지리를 찾기로 한 오늘에 여행의 괴롬을 생각할 때는 비는 그쳤으면 싶었다. 아침 7시 라디오에 오전에는 비가 오나 오후부터는 개이겠다고 하였다.

서울서 12시 20분 차 대전행을 타고서 안양에 내리니 역시 비는 내린다. 처음 약속은 안양역까지 누구 한 분이 나와 주기로 하였으므로 모조리 흩어 살펴보았으나 아는 사람은 한 사람도 없었다. 양산을 받쳐 들고 비오는 들길 15리를 걷기 시작하였다.

초행길이라 갈랫길이 많아서 물어 물어서 갔다. 푸른들 신록에 우거진 산턱을 바라보면서 적막한 들길을 곡조 없는 노래를 제멋대로 부르며 가는 정취도 또한 유달랐다. 푸른 산턱에 우거진 숲속에 뻐꾹새 우는 소리 짙어가는 봄에 나그네의 마음은 둘 때 없이 처량하였다.

동풍에 살살 뿌리는 보슬비는 적막한 산골짜기에 끔직이도 반가운 비였고 단비여서 우산을 들었으나 바람에 앞면은 전부 물방울이 들었다. 범고개를 물어서 넘어가노라니 마중 왔던 이종호(李正鎬) 장로가 정거장에서는 어긋나서 못 만나고서 뒤따라 왔다. 나의 가방을 받아 들고 앞서서 안내를 하였다.

이 모퉁이 저 모퉁이를 비를 맞으면서 돌아가노라니 "들여다보이는 저 동리가 페동 무지리 올시다." 이 장로는 말하였다. 뒤로는 봉긋한 산이 솟고 앞으로 옆으로 그다지 큰 뜰은 못되나 지질 좋은 넓은 뜰이 길게 펼쳐 있다. 향하여 오른편으로 흘어 내린 언덕에 예배당이 섰고 그 옆으로 학교 강당이 섰다. 이 동리에 교회가 선지는 45년이 된다고 경기도 지방 감리교로써는 촌교회로 모교회라 할 만치 역사는 오래다.

우선 안내를 따라 숙소를 정한 후 양복을 벗어서 말렸다. 밤에는 청년 중심으로 20여 명의 좌담회가 있어서 큰 성과를 거두고 거진 11시에야 해산을 하였다.

피곤도 하거니와 감기가 들어서 괴로웠다. 그러나 새벽 5시 반 소년단 새벽나팔소리는 났다. 깜작 깨어 일어나서 교회로 올라가니 어린 소년 남녀가 벌써부터 허옇게 엎드려 기도하였다.

예배를 보고 다음으로 운동장으로 나와서 각 소대로 분열하여 각각 소대장이 '차려!' '바로' '번호' 하니 '하나', '둘' 하는 소리는 구슬같이 똑똑하였다.

그리고 소년단가를 부르는데 눈물겹게도 가슴이 써늘하게 감격하였다.

다음으로 "농촌소년체조가"를 합창하면서 율동체조를 하는데 놀랄 만치 훈련이 되었다.

억세라 굳세라 농촌소년
우리는 흙을 팔 농부란다
삼천리 넓은 뜰 갈고 맬!
삼천만을 먹여 줄 농부란다
태산(泰山)도 갈아엎을 농부란다
하나 둘 하나 둘 억세라

남녀 80여 명의 어린 소년들이 억세게 자라나는 것을 볼 때에 마음 한 구석이 모름지기 의지스러웠다.

체조를 마친 다음엔 나에게 경례를 하는데 군대식으로인 명시, 장지, 약지, 세 개만 펴서 경례를 붙이는 것은 삼(三) 정신을 서로 기억하는 암호이었다.

그러고 다음으로 지도자에게 경례를 하고 다음으로 각 대장이 나와서 각 대대로 하고 다음으로 해산하여 헤어져 간다.

협동조합은 합 23세대로서 조직하여 이정호 장로가 조합장으로서 아니 전 동리의 최고지도자로서 심혈을 다하는데 제1회 조선농민복음학교 졸업생 네 동지가 마음을 합하여 뜻 맞게 잘하여 가는 것을 보고 기뻤다.

그리고 미국서 온 감자종자는 조합 생산부에서 공동으로 심어서 명년에 종자로서 배급할 계획이요. 비료, 기타를 공동으로 구입 배급하고 있다. 종자도 배급하고 있다. 또한 부인회는 제3반으로 조직하여 각 부락 단위로 반을 두고 반장을 두고 공동경작은 각 반별로써 한다. 한 달에 한 번씩 월례회가 있고 계란, 곡식, 저축운동이 있고 또한 각 부락마다 문맹을 없이 하기 위하여 야학을 시작하고 열심으로 배운다. 그리고 내가 떠나오던 아침에 동리 거리에는 부인들이 호미, 괭이, 지게, 소구리에다 각각 제 거름을 달아 가지고 공동경작지로 나아가는데 열심들이었다.

밭에는 벌써 와서 괭이로 파고 호미로 매고는 거름을 주는 이, 씨를 뿌리는 이, 분주하게들 열심으로 일을 하는 것을 나는 보고 이제야 남녀의 동등의 활동의 무대에로 올라서고 또한 근로농촌여성의 억셈을 보았다.

조선은 된다. 앞날은 희망뿐이다. 여성의 전투는 본격적으로 시작되었으니 조선의 건설은 평화낙토의 에덴을 꾸밀 수 있을 것이라고 믿을 수 있었다.

무지리 본동리는 23호 중에 22호는 전부 믿고 한 집만은 아이들만이 다닌다. 소년단 관계로서 그러니 이 무지리 만은 예수촌이 되었다. 3부락을 합하면 85호인데 몇 해 아니 가서 '예수의 촌'이 되리라고 믿는다. 좌우간 소년단 단원은 85명이니 매 호당 한 아이의 비례이다. 이 아이들이 호주가 되는 그때에는 '예수촌'은 틀림없을 것이다. 모두 아침 일찌기 나팔소리에 회집되어 공동경작지에 갔다가 참깨를 심고 돌아오는데 모다 괭이, 호미, 소구리 등 연장을 손에 들고 열을 지어 행렬하는데 소년단 단가를 부르면서 동리로 돌아온다. 아직 그때는 식전이다. 어른들도 들판에 간혹 있을 때이다.

위대한 제2세의 농군의 행진, 삼천리를 갈고 새로 만들 억센 농촌의 십자병이니 이것은 새 조선의 새로운 희망이다.

오! 무지리여 너의 품에 안은 젊은이, 어린이 모두 힘차고 참된 농군을 길러라. 죄가 없고 배가 고프지 아니한 행복한 애들의 '예수의 촌'이 되어지기까지.

오! 어린이들의 새벽나팔에 동녘에 솟는 태양은 우리 조선의 새로운 예언을 안고 삼천리를 축복한다.

오! 성지리의 동지들 열두 번 거꾸러지더라도 다시 일어나는 하나님의 힘을 소유하여 십자가를 지고 떨어지는 밀알이 되어 주소서.

《홍국시보》 1947년 6월 1일

환멸(幻滅)에서 신생(新生)에로

19세기로 20세기 초엽에 걸쳐 모든 인류는 과학문명을 극구 예찬하여 앞으로의 인류사회는 도덕, 문화, 과학에 걸쳐 무한한 발전을 보일 것과 이로 인하여 인류는 얼마든지 더 선해질 것과 아름다워질 것을 의심 없이 믿어왔다. 하나 제1차 대전으로 첫째 환멸을 느낀 인류는 금차(今次) 제2차 대전으로 커다란 환멸을 다시 한 번 느끼게 되었으니 과학의 발달 그걸로 인류의 진보와 행복을 초래하지 못한다는 엄연한 사실에 봉착하게 되었고 아니 물질문화 그 것만은 도리어 인류사회에 더 큰 악과 불행을 가져온다는 말을 어느 누가 또한 부인할 수 없게 되었다.

원자탄 500개로 전 세계인류를 전멸시킬 수 있다는 근일 미국신문의 보도는 우리에게 무엇을 보여 주는가. 인류자체가 자멸시킬 무기를 금일의 인류는 소지하고 있는 것이다. 악인의 강력이 이런 무기를 가지고 그 정권을 잡을 때 이 땅위에 문화와 생명은 보전되어 나갈 수 있을까? 인류가 자멸을 하느냐, 아니면 살 길이 있느냐? 중대한 관두(關頭)에 서 있는 금일에 처(處)하여 오인(吾人)은 여기에 한 가지 살 길, 생명의 길을 제시하노니 그는 곧 만유의 주재 하나님을 아는 길이다. 커다란 환멸을 느낀 전 인류는 이제 하나님 앞으로 돌아오라. 하나님을 아는 그 사회, 그 민족, 그 국가는 영원한 발전 영원한 새 생명의 길에 함께 나아가게 될지니 이 길 외에 자멸도상에 있는 인류를 구할 길을 타(他)에 없음을 이에 말하노라. 하나님 떠난 그 가족, 그 사회, 그 민족 위에 암흑과 멸망이 있다는 것을 현재 우리 목전에도 나타나고 있지 않는가.

조선의 독립은 먼저 하나님 아는 독립이여야 한다. 성경을 기초로 정치를 할 수 있는 그 정권이 서야 한다. 예수의 정신을 아는 사람들만이 이 땅에 진정한 민주주의을 실천할 것이다. 민족흥망의 관두에 선 오늘 우리는 과거의 역사와 엄연한 현실에 침착 냉정한 판단을 내려 조국의 찬란한 역사를 길이 보전하여야 할 것이다. 우리는 역사를 거스려 이 민족 위에 인류사회에 이제 다시 환멸과 어두움을 초래하여서는 안 된다.

《홍국시보》 1947년 6월 15일

요한 번연

聖文藝의 天才兒『天路歷程』의 著者

요한 번연(John Bunyan)은 영국 베드포드(Bedfordshire)에서 1마일 남직한 가까운 엘스토우(Elstow)에서 고고의 소리를 내었으나, 1628년 봄에 그는 겨우 일갑(一甲)을 못 채우고, 1688년에 런던에서 세상을 떠났다. 어릴 적부터 아버지의 소업을 받아 철물을 만드는 대장장이로서 노동의 몸으로 지내었으나 어릴 적은 거짓말과 성질이 포학하여 극도의 타락자라고 자서전 속에 고백하였다.

그는 1645년에 얼마 동안 병정으로 있다가 고향에 돌아와서 1년 후에 꽃다운 결혼을 하였는데 그해 나이 한창 20당년의 좋은 시절이었다. 그러나 그에게는 인간적으로 풀 수 있는 모든 고민이 마음속에서 솟아오르는 때였다. 더욱이 종교적으로 신앙의 의혹과 우울증에 걸려서 밝은 달 피는 꽃이 그의 눈에 괴로움을 주는 것뿐이었다.

그의 아내는 청교도의 교파 사람으로서 결혼 당시에 맹약물인 책 두 권이 있었는데 하나는 루이스 베일리(Lewis Bayly) 저『경건의 실천(The Practice of Piety)』과 아더 덴트(Arthur Dent)의『천국을 향한 평신도의 길(The Plain Man's Path-Way to Heaven)』이란 책을 시집올 때 아버지께 받은 것이라고 하며 가져온 것이었다.

이것으로 말미암아 댄스, 도박, 악한 노름에 끌려 든 것은 차차로 정리가 되어졌으나 아직도 그의 심령 속에 감추인 죄의 뿌리는 뽑히지 못하여 도로 고민은 본격적으로 더 일어났다.

그때에 자기가 하는 직업은 번창하여 세월이 좋았다. 그는 신앙적으로 깊게 돌아가려는 마음의 노력이 심하여질수록 회개의 폭발은 터질 듯이 일어나게 되었다. 하루는 마음속에 하나님의 은총의 불길이 붙을 때에 비로소 회개의 폭탄은 터지었다.

그때에 마침 베드포드에 있는 독실하게 믿는 부인과 예수 같은 위대한 목사 존 기포드(John Gifford)와 침례파의 목사 등이 요한 번연을 신앙변화의 구렁으로 인도하는 역할에 공로자들이었다.

마침내 1653년에 아우스란 곳에서 세례를 받고 기독자로서 얼굴을 세상에 내어 놓게 되였다. 얼마 못 되어 다시 전도자가 되어 오직 그의 가슴에는 책 한 권인 단 성경뿐이었다. 번연은 실로 유례없는 무학(無學)의 전도자이었다. 그러나 그의 신앙의 경험은 다른 사람이 내려가 보지 못한 심경(深境)까지 내려가 본 경험자이었다. 그의 신학은 칼빈주의이었다.

1655년에 깃폴트교회에서 집사의 직을 받고 처음으로 설교하였을 때에 청중을 놀라게 할 만치 인망을 끌었다.

1660년에는 종교획일영(宗敎劃一令)이 다시 내려 국정교회(영국 성공회)에만 출석을 강요하였다. 이때에 침례파와 퀴컬파(Quaker), 독립장로파 등과 같이 이 법령이 적용되었을 때에 베드포드 침례교파에서는 엄연히 반대하였고 번연은 그 교직을 비밀 속에서 지켜오다가 체포를 당하여 감옥에서 12년간 금고를 당하게 되었다.

이때에 2년 전에 사랑하는 아내는 세상을 떠나고 말았고, 어린 것 4남매가 모두 어려서 어미를 잃고 아비는 감옥에 갇힌 몸이 되었으니 번연의 가슴은 숯불로 지지는 듯이 소금치는 듯이 견딜 수 없는 밑바닥에 떨어졌던 것이다. 그중에 딸년 중에 메리라고 하는 아이는 눈이 멀어서 방안에서 헤매이며 울고 있는 터이었다.

이때에 옥중에 갇힌 몸이면서도 지방관리의 특대로서 비교적 자유가 있었다. 번연의 본처가 죽은 후 일 년만에 새로운 후처를 얻었으니 매우 믿음과 용기가 풍부하여 고민에 빠진 번연을 위로하기에 넉넉하였다.

이 후처가 지사(知事)의 친절한 소개를 얻어서 166ㅇ년 4월에 찰스 2세의 즉위시에 특사의 청을 올렸던 것이다. 잘 되지 않았다. 그러나 번연과 같은 유명하고 아까운 사람들을 옥중에서 썩히는 것은 아까운 일이라고 하여서 어디 가든지 자유를 주기로 허락되었다. 그러는 중에 번연은 다시 설교를 하다가 다시 엄한 중벌을 받고 옥에 다시 들어가게 되었던 것이다.

옥중에서 참혹한 고생이 심한 때에 밖에서 오는 소식은 처자가 굶는다고 안과 밖으로 견딜수 없는 고통의 화살이 꽂히었다.

이때에 옥중에서 성경과 주석, 폭스의 저『순교자의 서』를 읽고 여가를 얻는 대로 독서와 저서에 힘을 썼다. 저 유명한『천로역정(天路歷程, The Pilgrim's Progress)』을 이때에 원고를 시작하였던 것이다. 가족생활은 구두진을 만들어서 겨우 지속을 하고 때에 옥형의 마지막에는 자유된 것이나 다름없이 70년에는 산림 속에서 모든 사람을 설교로써 가르쳤다고 한다.

71년에는 장로가 되고 그해 12월 베드포드 침례교회의 목사가 되었을 때에 찰스 2세는 72년에 대사령을 내리어서 그해 5월 8일에 번연은 특사를 얻고서 자유의 몸이 되었다.

그럼으로 그는『기독교의 적에 대하여』란 책을 써서 왕을 높이는 찬사를 쓰고 국민의 충신을 고하였다. 그의 만년에는 목사로서의 직임을 다하고 명예스러운 생애를 하였고 비교적 가정의 재미도 있었다고 한다.

그는 어떤 부자간의 불목함으로 그것을 중재하러 갔다가 오는 길에 소낙비를 두드려 맞고 감기로써 최후를 마쳤고 한다. 그의 저서 중『천로역경』은 세계에 성서 다음 가는 번역이라고 한다.『밭도만의 전』,『거룩한 싸움(The Holy War)』,『설교집』,『論爭文 成書學句』,『죄인 괴수에 넘치는 은혜(Grace Abounding to the Chief of Sinners)』라는 책은 자기의 참회라고 할 만하다.

위대한 무학의 전도자 그러나 무류(無類)의 성문학자이었다.

《교회보》 1938년 4월 1일, 《홍국시보》 1947년 6월 15일

희비(喜悲)의 이중주(二重奏)

6월의 하늘은 흐렸다 개였다 한다. 초하(初夏)의 녹음(綠陰)은 검푸르게 짙고 수도 서울의 백의(白衣) 겨레는 맥 빠진 다리에 걸음도 느리거니와 덕수궁, 백악관 위에 날리는 삼국기(三國旗)는 오고가는 삼천만의 가슴을 휘둘러 흐렸다 개였다 하게 한다. 우리의 운명은 어떻게 결정이 되어지는지?

한편 미국 보스톤에서 열린 세계 마라톤 대회에서 51개국의 강적을 무찌르고 또다시 세계를 제패(制覇)하고 지난 23일에 삼천만의 우레 같은 환호 속에 귀국하는 날, 서울 장안의 기쁨과 감격은 유달랐거니와 해방 없는 해방조선의 첫 기쁨이라 할 것이다.

"탁치(託治)는 죽어도 싫다. 독립을 달라."

만세와 연거푸 경찰대, 미군엠프 나중에는 대포를 실은 탱크가 수십 대 출동하여 시가(市街)는 끔직이 두선거려졌다. 36년간 왜놈에게 받은 설움도 천추에 못 잊거든 또다시 네 나라의 압박하에 탁치란 말이 왠 말이냐! 군중은 흑흑 느껴 우는 자도 있다.

불타는 애국심에 못 견디어 참된 자유와 조국의 독립을 위하여 눈물을 씻으며 탱크와 삼엄한 경계를 뚫고 용진(勇進)하는 청춘들을 눈물 없이는 못 보겠다. 싫다는 탁치(託治)를 기어이 싸우려는 의도도 모르려니와 약소민족의 설움은 제 힘으로 독립을 못하고 전승국의 덕분에 있게 된 데 있다. 아무리 고함치고 아무리 떠들어도 제심사와 제수판(除數板)에 맞지 않는 일을 하지는 않을테니 혼자 섧다 우는 울음을 누가 아는 체나 하리!!

겨레들아 오늘은 울지만은 세계를 제패(制覇)한 이 승리의 기혼(氣魂)으로 조국의 탁치(託治)의 설움도 멀지 않아 씻어지리라.

공위(共委) 앞에 목메어 울던 청춘들아. 한테 뭉쳐 싸우자. 반드시 세계를 제패하고 울던 곡성이 변하여서 만세 만세 만만세 부르리라.

《흥국시보》 1947년 7월 1일

다음에 망할 자

거산 송진우(宋鎭禹)가 흉탄에 쓰러진 기억도 아직 새로운 이 때 또 여운영(呂運亨) 선생이 한 괴한의 저격을 받아 무참히 별세하고 말았다. 보건대 재작년 8월 15일 우리 민족 해방은 그야말로 우리 민족 운명 전환 상에 천재일우(千載一遇)의 호기였음에도 불구하고 우리는 뼈아픈 동족상잔(同族相殘)의 일대비극을 연출치 않으면 안 되었나니 이 비극의 화장실(化粧室)이 나측(那側)에 있다고 속단할 시기가 아님은 오인(吾人)이 숙지하는 바이다.

그러나 눌러 볼래야 누를 길 없는 이 비분지정(悲憤之情)을 어디다 담아 두랴. 이 강토(疆土)의 허리를 끊어 놓은 삼팔선은 오히려 외세의 위연(爲然)이라 무가내하(無可奈何)라 하더라도 우리 한 배 한 피의 형제 동포끼리 서로 물고 뜯는 이런 참극을 빚어 놓은 자가 누구인 것쯤 모르면서 또한 알 수 있는 이름이리라.

측문(側聞)하면 이북(以北) 각지 전선주(電線柱)란 모든 전선주에 담벽이란 모든 담벽에 적어도 행인의 시야에 걸리는 곳이면 "살인 강도단 두목 김구(金九) · 이승만(李承晩)을!"하는 구호를 아니 붙인 곳이 없다. 하지만 김구 · 이승만은 무엇을 하다 못해 해외 수십 년의 풍상을 겪으면서 살인 강도술을 배워왔단 말인가. 또 다시 놀라운 일은 그 어인 김구 · 이승만의 졸도(卒徒)가 이리도 많아 어제의 송진우를 죽이고 오늘의 여운형을 죽일 뿐 아니라 영남(嶺南)의 수다한 생령(生靈)을 무찌르고 혹은 중학생이 선생을 쳐 죽이고 처처의 정리(政吏) 경관들을 때려 죽이고 찔러 죽이고 오히려 기불진(氣不盡)하여 장 아무개를 죽여라, 김 아무개를 죽여라 하여 부들부들 떨게 만드니 어찌 괄목치 않고 이를 볼 수 있으랴.

또 한 가지 가소로운 일은 이번 여운형 선생만 해도 한참 당년(當年) 인공(人共) 주석(主席)으로 임정(臨政)과 축각(逐角)의 날에 어찌 이를 그냥 두고 이제 기변절환(氣變節換)하여 독립을 위한 길이면 이박사와 손을 잡음도 불사한다는 오늘 또한 북조선에 있어 누구누구와 더불어 여운형을 때려 부수라는 욕설이 김구 · 이승만을 능가하는 오늘 이 거사(擧事)를 한단 말인가? 말이 이에 미침에 오인(吾人)은 더할 말이 없노라!

제 아무리 천하가 뒤끓어도 죄는 지은 곳으로 갈 것이요 및 기타 민중은 우리 동산을 어지럽게 하는 여우 무리를 잡는 날이 오리라.

이제 우리는 용감히 지적한다. 일본과 독일 그 다음에 망할 자는 이 진짜 살인강도, 방화, 파업, 맹휴(盟休) 전문업자들이라고 - .

《홍국시보》 1947년 7월 15일

#『도산 안창호』를 읽고

내가 도산(島山) 선생을 최후로 만났던 때가 1937년 여름, 대전(大田) 감옥에서 나오신 후 서울 중앙호텔에서다.

위대한 혁명가 도산 안창호(安昌浩) 선생을 잊을 수 없어 늘 기억에 새롭거니와 조국 해방에 선생의 웅자(雄姿)를 뵈올 수 없으나 또한 서운함도 금키 어려웠다.

선생은 혁명가요. 정치가요. 사상가요. 우국 청년들의 영도자(領導者)이었다. 40평생을 독립운동을 위하여 중국으로 만주로 서(西) 백이라로 러시아로 구라파로 미국으로 망명의 생활 혹은 세계무대에 호소키 위하여 굶으며 온갖 설움을 받으며 울어가며 웃어가며 싸우던 그의 일생이야말로 눈물의 기록이요. 피의 전기일 것이다. 강철같이 강한 의지 인간 도산, 화창한 춘풍(春風) 같이 동지를 통인(統引)하는 화(和)의 인간 도산, 고결하고 강의(强毅)한 인내의 인간 도산, 정과 의의 조합(調合)하여 울음과 울음의 인정의 인간 도산, 조직적이요 이론적이든 철인 인간 도산, 조국혼에 불타는 애국의 정열의 인간, 노래하고 시를 쓰는 정의 도산, 강토(疆土)를 이별하여 압록강 무쇠다리를 건너서면서 뜨거운 눈물이 두 볼을 적실 때에 '한양아 잘있거라. 나는 간다. 나는 간다. 니들 두고 나는 간다.' 노래를 지어 울면서 부르던 노래 '동해물과 백두산이 마르고 닳도록' 이 노래를 지어 오늘도 유일의 애국가로 우리가 부를 때마다 그의 애국의 정열을 느껴 볼 수 있다.

이 거성(巨星) 도산의 일대기를 문장의 거장이요. 고(故) 도산 선생의 누구보다 측근자요. 수제자인 모씨(某氏)의 붓끝으로 이 책이 되었는 만큼 처음부터 읽기 시작하여 다 읽진 않고서는 덮을 수 없는 지경 토막 토막이 읽어 내리는 중에 주먹을 쥐어짜면 분기를 충천할 때도 있고 눈물을 머금고 코속이 써늘하게 감격할 때도 있었다.

이 해에 들어 쾌저(快著)『도산 안창호』가 출간을 봄은 실(實)로 이 겨레의 경사라 않을 수 없다. 나는 이제 나보다 후에 오는 모든 젊은이들에게 이 책을 부디 한 번 읽어 보기를 간곡히 권하는 바이다. 이 도산의 투지를 받아 무수한 애국청년 동지가 일어나기를 바래서이다.

서울시 을지로 3가 22
도산 안창호선생 기념사업회 발행
《흥국시보》 1947년 8월 1일

금후 조선선교에 대한 조언(造言)

서언

조선근대사를 말한다면 기독교를 빼 놓고서는 말할 길이 없을 것이다. 더욱 그 일본 압제 밑에서도 민족정신을 살려오고 한글을 널리 보급하여 금일까지 생명을 이어 온 것은 기독교의 장한 보급 중에 하나일 것이다. 이토외국풍정(異土外國風情)에 새파란 청춘으로 와서 백발이 되기까지 혹은 이 강산에서 죽어 뼈까지 묻히기까지 싸워 온 외국선교사 여러분께는 전 민족적으로 무한한 치하를 돌리지 않을 수 없을 것이다.

그런데 해방 이후에 조선을 독립국가로 인정하고 새로운 외교와 면목으로서 오신 선교사들을 더욱 반갑게 맞지 않을 수 없다. 더욱이 이번 미국 선교사 본부에서 장로교 5인, 감리교 3인의 선교시찰단을 파견한 동기는 조선의 선교의 신발족(新發足)과 새로운 방침으로 대하여야 한다는 의○인 것은 의심할 여지없이 추찰(推察)되는 바이다.

그러함에 있어서 우리 백만 기독자뿐만이 아니라 삼천만 민족 전체가 또한 새로운 요망과 기대를 가지지 않을 수 없다. 그것은 독립 조선의 새로운 출발에 있어서 금후 기독교의 사명은 더욱 중대하기 때문이다. 그래서 아래와 같이 몇 가지 종목을 들어 부족한 졸견(拙見) 이나마 참고에 공(供)코저 하는 바이다.

1. 선교사 인물선출에 대하여

선교사는 그 어느 부문에서보다도 신앙과 지덕을 갖춘 인격자만이 당할 수 있는 분야이다. 그래서 과거에도 물론 위대한 인격자, 고월(高越)한 지식인들이 조선에 오셔서 우리 민족의 사표가 되었고 우리 교계의 지도자이었던 것은 사실이었다. 더욱 금후에도 조선교회의 부침은 선교사 제위의 인격적 질과 활동여하에 영향되는 바 클 터이니 인선문제에 특별한 고려가 있기를 바라마지 않는다.

그것은 현금(現今)의 조선교회의 사정은 문화적인 모든 부문에 있어서 사회인보다 수준이 반세기나 떨어져 있다 해도 과언이 아니다. 그 이유는 교회의 지도층이 너무 저급(低級)하기 때문이다. 저들의 대부분은 성경 이외에 어떠한 책이든지 이롭기보다 해로운 것으로 알고 교회출석과 연보나 열심히 하면 신실한 교인으로 안다. 자기교파, 자기교회 아닌 또는 자기들이 이해할 수 없는 모든 교리는 덮어 놓고 이론(理論)이라 규정한다.

조선교회의 지도자층이 이렇다는 데는 과거 조선선교사들의 선교방법에 상당한 원인이 있었다는 것을 지적치 않을 수 없다. 고로 선교사 자신들이 미국인 중에서도 모든 점으로 보여서 수준이 높은 인물로서 파견되기를 바란다.

아량이 넓고 교리적으로나 사상적으로나 ㅇ인생관으로나 사회관으로나 세계관으로써 시야가 넓은 인물을 요구한다. 특히 청년조선을 지도할 수 있는 유능의 인물을 요구한다.

가장 금물의 인물은 편파적이요 교파관념이 너무 강하여 조선인으로 하여금 파생을 산출시키고 분제(分製)를 조성할 위제성(危除性)이 있는 인물들이다. 현금(現今)에도 벌써 선교사 중에는 편파적인 고집으로써 분열을 조장하여 새로운 교파 성립을 고집하는 분이 있다고 하니 이런 이는 차라리 선교사로 조선에 나오지 않았음이 조선으로 보아서는 다행하였으리라고 생각하는 바이다.

어쨌든 새로운 시대의 창조적인 신인(新人)으로서 조선인으로 하여금 교회를 통하여 하나가 되게 하는 조화성이 있고 타협성이 있고 새로운 조선교회의 창조를 위하여 조선인의 신앙의 신(新)발견의 협조자로서 위대한 산파의 고역을 다할 인물을 요구한다.

2. 조선인의 기독교 지도인물을 양성하라.

과거에도 무수한 인재들을 선교사의 조력으로써 양성함을 받은 공은 실로 크다. 그러나 더욱 안으로는 선교사의 하인인 쿡(cook)들을 길러 유학시켜 주던 양식을 떠나 또한 목사양성에만 한하지 말고 정치, 경제, 산업, 공업, 의학, 화학물리, 농학, 신학, 각 방면, 각 부문에 걸쳐 수재들을 길러 외국유학을 다량으로 시켜 기독자로서 조선사회 모든 부문에 침입하여 단연코 이 민족의 지도자가 되게 하는 때에 비로소 비상하는 기독교국이 이루어지는 동시에 선교의 최대 목적이 완성되리라고 믿는다.

3. 기독교 최고학부를 설치하라.

이 말은 과거에 조선교육의 공로는 선교사업의 공력(功力)이 위대한 것은 부인할 도리가 없다. 그러나 모두 단과(單科)적이요 전문에 불과하였다. 이제는 기독교인 대학을 창건하여 종합대학을 세워서 기독교 정신으로 최고 지식자를 산출시키고 박사학위를 수여할 수 있는 대학을 세워야 한다.

4. 크리스천 하우스를 건설하라.

이것은 기독관이다. 기독신도들의 총본산이 될 대건물을 요한다. ㅇ층 이상으로 하여 대강당(일만 명 이상 회집할 대홀) 각 교파의 각 기관사무실을 다 두게 하고 출판사, 신문사(기독교일간신문), 도서관, 영화실, 사교실(다실, 식당, 호텔 등) 총본부를 만들자는 말이다.

5. 대병원을 설립하라.

성누가병원 같이 대병원을 설립하여 세계 각국 의사를 다 두고 각과를 다 설치하고 세계의학 최고 수준에 오를 만한 큰 병원을 만들어 외국에서라도 입원하러 오도록 하여 조선의학을 고급화시켜야 하는 것이다.

6. 역할

금후 조선에 오는 선교사들은 무슨 사업체의 직접 책임자적 지위에 앉음은 삼가야 할 것이다. 이는 종교적 침략이란 역선교를 받기 쉬운 일이요 따라서 선교의 지장이 있을 것이다.

7. 선교비

선교비는 각기 교파 최고 기관에 입금시켜 조선교회와 공동으로 운영함이 좋을 것이다. 과거처럼 선교사들을 많이 갖고 있고, 조선교회는 걸인적 입장에서 바라만 보게 함은 어진 시책이라 할 수 없다.

8. 선교연합사업에 관하여서는 가령 종합대학, 성(聖)종합병원, 성서공회, 예수교서회, YMCA, YWCA 같은 기관은 교파를 초월하여 합동으로 경영할 수 있는 사업인 동시에 또 기(其)결과에 있어도 너무 자기 교파(教派)의 중심적 관념을 갖지 않음이 좋을 것이다. 그 뿐 아니라 하기(下記)에 표시한 대로 학생전도, 노동전도 등으로 한 교파적 전도로 하기는 곤란할 것이다.

9. 학생전도운동에 대하여 따로 생각하고자 하는 것은 특별이 긴급을 요하며 또한 중대한 일이기 때문이다. 그러나 아직도 여기에 대하여 교회 지도기관이나 선교사단체에서도 그다지 중대시하지 않는 것 같은 느낌이 보인다. 오직 학생전도에 유일한 존재로서 성과를 올리고 있는

이는 숭덕학사 박영출(朴英出) 교사인데 학생료(寮)를 통하여 종교적 지도에 당(當)하고 있다.

이런 일뿐 아니라 이제 제의(提議)자의 안전은 그 범위가 넓다는 것이다. 학생전도에는 학생 자신들을 동원하도록 한다. 학생청년회를 교별(教別)로 조직하고 교별(教別)적인 청년회를 통하여 일주일 차식은 상례(常例) 집회를 하게 하는데 있어 연구목사회, 간증 참회, 좌담, 토의, 독서회 등의 소집회를 하여 기성 회원은 필히 자기와 가까운 동모(同侔)를 인도하여 집회에 참석케 한다. 그 집회에 결신을 하면 곧 카드에 기록한다. 이 카드는 본적(本籍), 기숙(寄宿), 주소, 결신연월일, 생년월일, 학교, 학년별, 대학에는 과별 기록한 것을 연합회로 보내면 연합회에서 각 학교별의 학생명부가 되어 있다. '이 새로 믿는 학생을 어떤 교파의 어떤 교회로 인도하느냐?'의 문제인데 이것은 최초로 인도하는 학생의 교회로나, 또는 기숙(寄宿)한 주소에서 가장 가까운 교회로나 또는 본인이 의사에 따라서 그 교파의 교회에든지, 인도하여 주고 주일날 출석하는 교회를 카드에 기입하여 둔다. 속히 학생청년연합회를 두고서 여기에는 총무일인 또는 중등부, 대학부를 두되 각 부마다 남녀부를 두고서 각 남녀부에다가 학생전도에 유능한 인재들을 배치하여 각기 교별적 학생들을 순회지도하고 또는 연합적으로 특별집회, 계몽대, 연합전도대, 부흥회, 강연회 등을 개최하여 학생을 사상적으로 신앙적으로 계도치 않는다면 위험한 경우에 처해 있고 또 기독교의 장래(將來) 문제에 큰 관계가 있다.

이 같은 것은 시급을 요하는 사업인 만치 선교사단(宣教師團)과 교회진(教會陣)과 합작하여 이 사업을 실현하기를 바라는 바이다.

10. 노방전도운동은 특수한 계급적이기 때문에 과거식으로 자본가들이 부상(不祥)이 보이는 견지에서 구제책 전도에는 노동자들은 귀를 기울이지 않을 것이다. 전도자 자신이 노동복을 입고 노동자가 되어서 노동자의 이익과 삶의 행복을 위하는 전도 이외에는 아무 효과가 없을 것이다. 또는 노동회관을 짓고 위층에는 강당, 하층에는 직업소개소, 실비식당, 소비조합 옆으로는 공동숙박소, 병원 등이 설비되어 노동자

문제를 해결하면서 복음을 주도록 하여야 한다. 지면(紙面) 관계로 더 쓰지 못하고서.

《홍국시보》 1947년 8월 1일

금후 전도방법 초안

1. **지역별**

1. 도시전도

1) 사회사업병전도
① 구빈(救貧)사업-고아원, 양로원, 불구자수용소, 맹아원
② 방빈(防貧)사업-소비조합, 공동숙박소, 실비식당
③ 후생사업-병원, 직업소개소, 여관, 인생문제상담

2) 교화사업적 전도
학교, 도서관, 박물관, 극장, 라디오방송, 감옥전도, 불량소년감화원, 출옥자지도기관

3) 전도사업
개인전도, 노방전도(신도 개인 의무관념을 주로), 부흥회, 강연회, 비라(전도지)

2. 농촌전도

1) 조직전도

① 협동조합(기독교정신으로 경제운동)

② 부인회(동리의 단위는 가정, 가정의 단위는 주부, 주부를 예수의 주부로 만드는 것이 가정개조의 근본)

③ 소년회(새나라에 새백성, 예수의 백성을 양성하는 것이 사회개조의 근본)

2) 문화사업적 전도

국문보급, 문서, 미술, 활동사진(트럭에 실코 이동식으로) 종교연극 창작 보급, 성(聖) 음악연구지도, 환등기

3) 사회사업 - 구제, 위생, 탁아소등으로

4) 교회설립-개인전도, 방문, 비라(전도지), 부흥회

2. 계급별

1. 노동전도

① 노동자의 경제운동-협동조합, 직업소개소

② 실천(實踐) 혹은 무료병원, 공동숙소, 실비식당

③ 노동회관- 전도목적으로 집회장소를 제공

④ 노동야학원-공장전도를 지역별로 개설

2. 학생전도

학생기독청년연합회장 = 수석총무

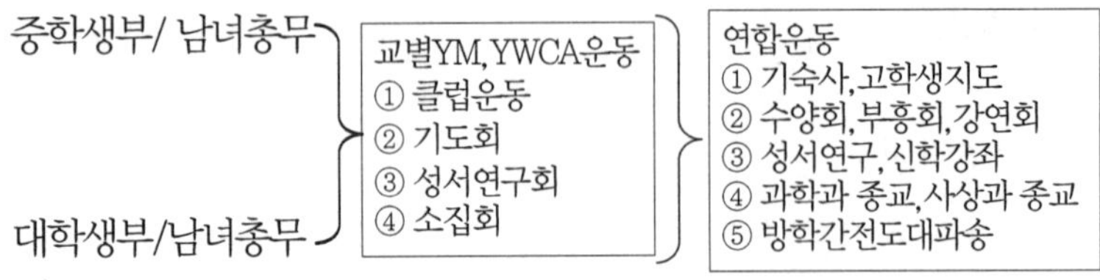

3. 방법

1. 문서전도

① 전도용지: 포스타, 비라, 팜플렛, 주일학교카드

② 서적출판: 과학과 종교, 사회주의와 기독교, 정치와 종교, 국가와 종교, 전기, 소설, 수필, 신문, 잡지, 기타 일반출판물

2. 예술전도

① 연극; 그림연극, 인형극, 만담, 동화, 유희각본, 성극지도

② 영화; 성화, 종교교육영화,

③ 미술; 도안, 포스타제작, 그림책, 카드, 종교교육완구, 라디오방송

4. 전도학교

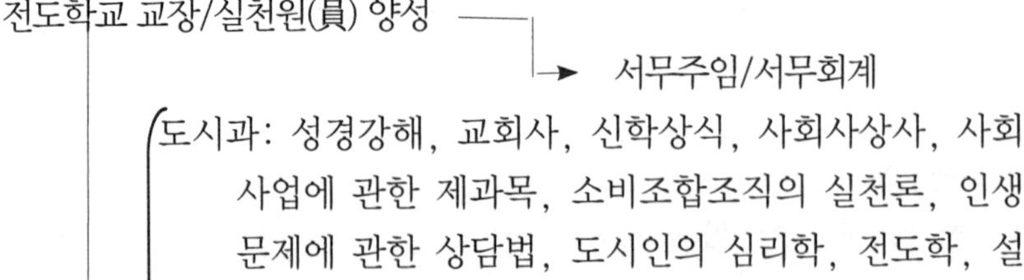

교무
주임

교학

농촌과: 성서강의, 교회사, 신학상식, 사회사업연구, 농촌경제학, 설교학, 원예학, 협동조합론, 농촌소년지도론, 농민심리학, 사회사상사, 국어강의, 축산학, 토지개량문제, 비료학

노동과 : 성서강의, 교회사, 신학상식, 사회사업노동문제, 노동심리학, 노동운동사, 성경상으로본 노동운동, 기독교와 사회운동, 설교학, 협동조합론

학생과 : 성서강의, 교회사, 신학상식, 청년심리학, 학생운동사, 기독교와 사회주의 사상, 과학과 종교, 교별 학생지도법, 남녀학생교제문제, 설교학, 전도학

문학예술과 : 문학-소설,시,수필,논문,평론,감상법, 미술, 연극, 영화, 완구, 라디오연구

《홍국시보》 1947. 8. 15

아벨의 청원(淸怨)

형제여!

이 사실을 응시(凝視)하라. 우리 땅 삼천리 안에 이런 지역이 있음은 가히 놀랄 일이 아니고 무엇일까? 강토(疆土) 북녘에 무수한 양민(良民)들이 단순히 기독교도란 이유로써, 기독교도이기에 정직히 그 생활을 살련다는 이유로써, 친일파니 반동분자니 하여 욕설을 마음껏 하다 이제 자기들의 비인도적 행동과 짝하지 않는다 하여 체포, 투옥, 학살 등 무참한 박해를 가하고 있지 않는가. 저 순(純)하기가 양무리 같은 기독교인들이 그 무슨 죄가 있기로 명색이 해방 조선에서 이렇듯 괄시를 받아야 하며, 속죄와 구원을 설(說)하는 예배당이 무슨 까닭으로 헐려져야 하며, 의와 자비를 외치는 목사들이 수백으로 투옥을 당해야 하느뇨. 오라면 오고, 가라면 가는 저들이요. 때리면 맞고 빼앗으면 뺏기는 게 저들이 아니뇨.

저들은 단 한 번이라도 북조선 집권자들이 굳이 믿는 '힘'으로써 그들을 항거(抗拒)해 본 일이라고는 없지 않은가. 저들은 애지테이숀(agitation, 소요, 시위)도 프로파간다(propaganda, 선전)도 모른다. 하물며 페로-에 있어서랴.

기독교도는 특권자본계급의 노복(奴僕) 노릇을 한다고 구실하는 자들도 있으나 똑똑히 주목하여 보라. 우리들의 모든 성실한 지도자는 예수가 무산자의 구주이던 것처럼 약자와 무산자(無産者)와 이웃되기를 기꺼워했다고 믿노라. 그래서 이 사회의 노자(勞資) 계급을 비롯한 여러 모순을 제(除)하기에 심신(心身)을 다한 줄로 믿노라.

신(神)을 모른다는 소련은 싫어할지 모르나 사회주의는 누구보다 관심할 것이요. 살륙과 방화는 싫어할지 모르나 혁명이란 말엔 가장 침을 삼킬 기독교도였만 북조선위정가제공(北朝鮮爲政家諸公)은 누구관대 애매히 저들을 핍박한단 말인고. 백(百)까지 논죄(論罪)를 다하여 보라. 또는 사실을 부정할 자는 부정해 보라. 또 변명해 볼 테면 변명해 보라.

매 맞는 저들을 대신하여 저들의 피를 받아먹는 땅이 입을 벌리고 너희 행악(行惡)을 하늘을 향해 호소하리라.

《흥국시보》 1947년 8월 1일

다시 8 · 15를 맞으며

벌써 수다한 사람들이 되풀이한 말이지만 재작년 8 · 15 당시의 우리의 미칠 듯 했던 기쁨과 오늘의 우리 현실과는 너무나 거리가 멀다. 누가 38도선을 예상이나 했었으며, 누가 또 다시 남북을 통해 수천 명이라는 소위 정치범이 감옥에서 신음하게 될 줄 짐작이나 했겠으며, 누가 해내, 해외에서 수십 년 간 조국 광복을 위해 신명을 내 놓고 싸운 우국의 지사들을 향해 듣기에도 끔직히 반동분자니 친일파니 하여 발악을 마음대로 할 무리가 생길 줄 꿈엔들 생각이나 했댔으랴.

8 · 15 전 우리들의 생각엔 단지 원수는 그 포악한 왜적(倭賊) 하나인 줄 알았고 이놈들만 조선에서 물러나면 이 겨레 삼천만은 해방과 자유에서 마음껏 춤추게 되리라고 믿어 왔던 것이다.

'해방만 된다면…'

하고 모든 억울함을 참아 왔고 모든 쓰라리고 안타까움을 견디어 온 것이었다.

그래서 8 · 15를 맞으며 우리는 이제야말로 조선 사람끼리 조선 하늘을 우러르고 조선 노래를 부르며 조선 꿈을 꾸며 살아갈 날이 왔구나 하고 작약(雀躍)했던 것이다.

동포여 대답하라! 우리가 이렇게 생각했던 것이 분명코 경거(輕擧)하였더냐? 진실로 무사려(無思慮)한 망상이었더냐? 이런 기회에 우리는 '옳구나. 이 판에 한몫 보자'는 셈으로 모함 협잡을 하고 파괴와 살상을 마음껏 하는 것이 진정코 우리들의 정로(正路)이었더냐? 우리는 언제부터 이런 걸 예상했어야 옳았고, 또 오늘이 이 현실을 당연한 것으로 인정해야 한단 말이냐?

이제 우리는 백만 사람이 아무런 말을 한데도 가슴에 치밀어 오르는 비분(悲憤)을 누를 수 없노라. 우리는 과거 왜적에게 가졌던 분노의 몇 갑절로 이들 진짜 민족 반역자들을 대하지 않을 수 없음을 밝힌다.

또한 공의와 정도(正道)를 무시하고 홀로 자기들의 흉계와 요책만으로 역사가 움직이는 줄 믿는 이 제2의 왜적들의 말로는 가히 예측할 수 없는 일이라 믿으며, 또한 이 올바른 역사의 발전을 위해 우리는 과감한 투쟁을 사양치 않을 것을 다시금 강조하는 것이다.

《흥국시보》 1947년 8월 15일

조선을 정시(正視)하소

조선은 엄연하게도 세계 공약(公約)의 자주독립이란 명구(明句)가 있음에도 불고(不顧)하고 1945년 8월 15일의 제2차 대전의 종결의 날도 벌써 묵은 3년 전 옛 세사(歲史)이었다. 한데 공위(共委)의 사명은 전적으로 조선을 공약(公約)에 의하여 독립정부를 수립하는 데만 있어야 할 것인데 각기 자국의 아전인수(我田引水)의 이익만을 생각하여 상인분렬(相引分裂)하여 결국은 단일민족을 양분하여 놓는 비애를 이루었다. 그 틈에 삼천만이 당하는 민생(民生)의 도탄(塗炭)은 36년 일정(日政)에서도 없던 최대 궁극(窮極)에 봉착하지 않았는가!

소련이 진주한 이래 신탁(信託)이 아니라 원조(援助)라고 큰 소리 하면서 북조선에 조선 민족을 위하여 갖다가 준 것이 무엇이며 조선을 위하여 시설한 것이 몇 가지나 있는가! 냉정하게 세계 공안(公眼) 앞에 비추어 보자. 이제 남조선까지 정치적, 경제적으로 혼란을 이루었고 민생을 극도 궁경(窮境)에 빠뜨려 민중 기아(飢餓)를 이용하여 볼셰비즘 혁명의 성공을 획(獲)하려는 의도(意圖)는 금일까지의 폭동사건의 진상으로 보아서 북조선의 지령이었다는 것을 부인하기에는 너무나 뚜렷한 사실이 아닌가.

보라! 중국에서까지 20여 년을 두고 민족 내란의 전화(戰火)로써 시달리고 있는 비운은 무엇에서 기인했는가. 금일 우리 조선에서도 소련 세력이 재주(在駐)하는 날까지는 또한 그 비극을 내포하고 있지 않을 수 없는 숙명을 가지고 있다고 본다.

과연 조선민족은 슬라브(Slav) 족속의 후예가 될 수가 있으며, 유물적 정치 이념의 노동자 독재주의를 환영할 수 있을까? 극렬분자의 데모나 모략에 놀아나서 까닭 모르는 민중의 따라 추는 춤에는 용노(容怒)할 당(黨)도 있거니와 소위 인텔리층의 반역 행동에는 참을 수 없는 분노를 가지는 바이다.

지난 29일 마샬(George Marshall) 장관의 서한 내용을 읽고 미국의 조선문제에 대한 새로운 각성(覺醒)을 가짐을 이제야 느낀다. 만일 미국이 극동 조선 정책에서 실패한다고 하면 제2차 대전의 미국의 희생은 무가치(無價値)하게 되고 말 것이다.

지난 26일 입경(入京)한 웨드마이어(Albert C. Wedmeyer) 장군을 우리 민족 전체는 역사적인 국빈으로 맞이한다. 그것은 우리의 서러운 정황(情況)을 하소연할 사자(使者)로 알기 때문이다. 바라기는 특히 북조선의 상태를 엄밀히 조사하고 남북을 통하여 조선민족의 전반적 소원이 어디에 있는가를 냉정히 알려 주기를, 그리고 정치, 문화, 경제, 산업, 교육, 종교 등을 세세히 알아 조선을 바로 알고 바로 이해하여 영원한 조선의 독립국가의 은인(恩人)이 되어 주기를!

그리고 미국 조야(朝野)의 시선(視線)이 바야흐로 극동으로 밀리는 이때 더욱 공위(共委) 재분열의 흑막(黑幕)이 내리려는 이때에 미국의 영웅적, 역사적 대과업을 이룰 때가 왔다고 본다.

모름지기 우리 백만 기독신자는 두 손을 합하여 머리를 숙인다. 최대의 성과를 위하여 …….

《홍국시보》 1947년 9월 15일

참 목자, 거짓 목자

참 목자는 양을 위하여 목숨을 바치나니 굶고 헐벗고 갇히고 온갖 박해를 당할지라도 그 양을 버리지 못하는 사랑을 가졌기 때문에 결국은 그 양을 위하여 희생이 되고 마는 것이다.

지금도 약한 교회, 적은 교인, 빈민 대중의 벗이 되어 나물죽으로도 배를 채우지 못하고서 끝내 그 양을 가슴에 안고 울고 싸우는 참 목자도 많거니와 반면에는 대우가 적다고, 사택이 더럽다고, 교회가 약하다고, 전기가 없고 문화가 없는 시골이라고 달아나는 목자도 손꼽아 헤일 수 없을 만치 많은 현상으로 거짓 목자도 상당히 수가 많다는 것을 엿볼 수 있다. 또한 가난한 교인을 버리고 대교회 자본가들이 집중한 황금 교회에 부임한 후 돈 많은 장로들에게 아첨하여 자본주의자들의 취미와 향락을 위하여 춤을 추는 배우가 되어져서 자본가들의 노예가 되어 그들의 번견이 되어 버리기도 쉬운 상태에 있다. 또한 지위와 출세와 시세에 따라 타도(他道)를 걷는 목자도 많으니 진가(眞假)의 목자를 식별(識別)할 수 있는 심판의 시대라고 볼 수 있다.

참된 목자는 인위적으로 만들어진 품꾼이 아니요, 자작(自作)의 처세의 방법으로 이력서(履歷書)를 만들기 위한 벼슬도 아니다. 오로지 위로부터 부르심을 입고 어디까지든지 소명에 복종하는 그 생애가 있을 뿐이기 때문에 타지(他地) 선택도 자의적이 아니라 신의의 지정(指定)적이다.

참된 목자는 보내신 바의 사명(복음)을 받은 그것 때문에 살고 그것 때문에 죽는 것이다. 먹어도 복음이요, 굶어도 복음이다. 복음을 가슴에 안고 오척단신을 폭탄의 껍질로 알고 최후에 터져 버리고 마는 것이 오직 참 목자의 생의 종결이다.

“삯군은 이리가 오면 양을 버리고 달아나나 참 목자는 양을 위하여 목숨을 버리나니라.”(요10: 11-15)

《흥국시보》 1947년 10월 15일

조선민족아 이임(利稔)를 하나님께 드려보라

금년도 우리 삼천리는 풍년이다. 해방 이후에 해마다 풍년 들어 오곡과 백과가 늘어졌다마는 여전히 식량부족의 난을 면치 못함은 무슨 이유인가? 물론 정치적 결함에도 있겠지마는 이 민족의 죄악에 기원한 것이다. 이남의 연사(年事)는 풍년이 틀림이 없다. 골짝골짝이 오복오복하게 곡식은 익었다. 그러나 이 앞날의 식량문제가 여전히 될 것인가? 하나님은 이 백성을 돌아보시었고 축복을 하시었다만 죄로 말미암아 이 백성의 도탄(塗炭)은 날로 커 가고 있지 않는가?

"너희가 내 규례와 계명을 준행하면 내가 너희에게 철따라 비를 주리니 땅은 그 산물을 내고 밭의 나무는 열매를 맺으리라. 너희의 타작은 포도 딸 때까지 미치며 너희의 포도 따는 것은 파종할 때까지 미치리니 너희가 음식을 배불리 먹고 너희의 땅에 안전하게 거주하리라. 내가 그 땅에 평화를 줄 것인즉 너희가 누울 때 너희를 두렵게 할 자가 없을 것이며 내가 사나운 짐승을 그 땅에서 제할 것이요 칼이 너희의 땅에 두루 행하지 아니할 것이며 너희의 원수들을 쫓으리니 그들이 너희 앞에서 칼에 엎드러질 것이다. 또 너희 다섯이 백을 쫓고 너희 백이 만을 쫓으리니 너희 대적들이 너희 앞에서 칼에 엎드러질 것이며 내가 너희를 돌보아 너희를 번성하게 하고 너희를 창대하게 할 것이며 내가 너희와 함께 한 내 언약을 이행하리라. 너희는 오래 두었던 묵은 곡식을 먹다가 새 곡식으로 말미암아 묵은 곳식을 치우게 될 것이며 내가 내 성막을 너희 중에 세우리니 내 마음이 너희를 싫어하지 아니할 것이며 나는 너희 중에 행하여 너희의 하나님이 되고 너희는 내 백성이 될 것이니라. 나는 너희를 애굽 땅에서 인도해 내어 그들에게 종된 것을 면하게 한 너희의 하나님 여호와이니라. 내가 너희의 멍에의 빗장을 부수고 너희를 바로 서서 걷게 하였느니라." (레 26:3-13)

어느 해 평양에서 맥키네이 박사가 왔을 때에 본인이 질문하기를 "조선인의 경제 피폐의 원인이 무엇이요?" 하였더니 그는 서슴치 않고 "조선민족이 처음 익은 열매를 하나님께 드려보았느냐?" 하였다. 우리 삼천만 민족이 잘 사는 시대가 오는 것은 오직 한 길밖에 없다. 우리 민족 전체가 처음 익은 열매를 하나님께 바치는 그날에야 이 민족이 민생 문제가 해결될 것이다.

"너희의 온전한 십일조를 창고에 들여 나의 집에 양식이 있게 하고 그것으로 나를 시험하여 내가 하늘 문을 열고 너희에게 복을 쌓을 곳이 없도록 붓지 아니하나 보라. 너희 땅이 아름다워지므로 모든 이방인들이 너희를 복되다 하리라." (말 3:10 · 12)

《흥국시보》 1947년 11월 15일

이남교계 이상 없다

문 닫힌 교회

이북은 긴장하고 이북은 뜨겁다고 한다. 아마 그것은 객관적 정세에 자극되어 일어나는 반동적 충동이 원인이라고 하겠지. 그러나 이북 성도들은 놀랄만치 신앙의 전투력이 강하다고 한다. 잡혀가도 얻어맞아도 목사를 잡아 트럭에 실고 가는 그 길바닥에 남녀노소의 성도들 수백 명의 떼가 드러누워서 찬송가를 부르면서 ㅇ별하게 항쟁한다고 한다.

아니 낮이나 새벽이나 예배당은 가득 찼다고 한다.

그런데 왜 이남은 식었는가? 맥이 빠졌는가?

미군이 전투하여 빼앗겼던 예배당은 다시 찾아 돌려주고 그뿐 아니라 큼직한 적산을 거진 다 교회가 차지하다 시피하고(불신자가 보는 입장에서) 군정당국에 3분의 2 이상이 크리스천이고 도지사, 군수 등이 목사가 즐비하여 객관적 정세는 좋아진 이 판국에서 어쩌자고 교회는 맥을 못 쓰고 미온적인가?

그것은 저마다에 이유가 있겠지만 첫째로 교역자 자신들에게 새로운 능동성이 작흥(作興)되지 못한 연고이다. 새 시대에 새로운 신력(新力)을 소유한 영력의 발동을 일으킬 수 있는 "리바이블"을 경험하지 못한 연고이다. 그리고 교역자들의 대부분은 관리로, 정치인으로 사업으로 외출한 자가 많기 때문이다.

또 한 가지는 일제시대에 당한 상처를 아직도 아물지 못한 곳이 있기 때문에 용기 백퍼센트로 발력(發力)할 자신을 못 가진 것이 또한 커다란 원인이 되어 있을 것이다. 아무래도 내남없이 부흥회를 보다 무슨 집회를 모아도 인위적 고함을 지니는 느낌이 있다. 교회의 운동은 성령의 운동이니 이남교회의 부흥은 펜테코스테에 있을 뿐이다.

숫자상으로 이대(異帶) 없다

해방 이후에 서울, 대구, 부산, 전주 등의 도시교회는 숫자적으로 확실히 증가한 것도 사실이다. 그러나 전국적으로 보아서는 증가된 숫자가 아니다. 결국은 해방 이후에 기독교에 대한 조건이 유리하여짐에도 불구하고 기독교는 하등의 이상이 없다. 도시에 있어서 개별적으로 보아서는 집회수가 증가하였다고 해도 기독교회의 전체적인 의미에서는 도저히 숫자상 정하(庭下)하였을지도 모른다. 이남의 숫자 증가는 이북에서 내려온 피난성도가 돌아오고 북지(北支), 만주, 남양(南洋), 일본 등지에서 귀환한 신자가 모여든 숫자에 지나지 않을 것이다.

전국적으로 보아서 숫자상으로 정하하였으리라고 한 관점은 이남에서 신결신자는 별로이었다고 하여도 과언이 아니기 때문이다. 그러나 이북, 혹 외지에서 귀환신자 중에서는 다 예배당을 찾아온 것은 아니고 생활로나 직업상으로 심리상으로 교회를 찾지 못하고 낙심상태의 교인이 많다고 본다. 그렇다고 가정한다며는 기독교의 전반적 숫자상으로 보아서 하등의 진전된 교세라고 호언할 수 없는 슬픔을 가졌으니 딱한 노릇이 아니겠는가! 그러한 경위 속에서도 오히려 기정(旣定)신자의 생활은 이완되어가고 있다. 이제 바야흐로 기독교의 대각오의 붕기치 않으면 닥쳐오는 대환란에 망하여지리라.

분열(分裂)의 위태(危汰)

갈라지고 있다. 세월이 갈수록 더욱 분열의 ㅇㅇ가 커지고 있다.

정통, 이단(소위 정통파에서 부르는 소리)으로!

그리고 일부 선교사도 이 분열에 가담하고 있다. 그리고 재건파, 재래파로 분열하고 있다. 그러나 이리하여 둘이 다 멸망의 구렁텅이로 빠져가고 있다. 재건파의 죄악도 불치(不治)에 동족을 내포하고 있고, 재래파의 죄악도 회개 못한 점을 내장하고 있다. 의인은 없나니 곧 하나도 없다. 다 부족한 죄인임에 골고다의 그리스도를 쳐다보고 살아야 할 인간들이거든 분제(分製)할 이유가 어느 성경, 어느 구절에 기록이 되었던가! 분열은 서로 망한다 하니라. 주님이 말씀했거든!

기독교도 실패하려는가!

조선민족 역사상으로 보아서는 불교도 실패하였다. 유교도 실패하였다. 다음으로 기독교도 실패하려는가! 조선 민족성를 개조시키고 참된 신국(神國)의 성스러운 민족으로 갱생시켜 구원하지 못한다면 또한 조선에선 기독교도 실패의 종교가 되고 말 것이다.

불교로써 저질러 놓은 민족의 오점, 유교로써 그르쳐 놓고 민족의 악풍을 오직 이 기독교가 정정시키고 개조시켜 새로운 성스러운 민족의 신창조를 만들어 놓치 못한다면 결국 종결은 기독교도 실패한 종교의 역사를 짓고 말 것이다.

그렇다면 조선민족의 최대의 결점이요. 오점인 개인주의, 파벌, 분열, 합하지 못하는 이 못된 부조화성을 고쳐 놓아야 할 기독교가 왜 또한 분열, 파쟁으로 민족 오점의 결핍을 도로 조장시키는 과오를 범하려는가!

기독자들이여! 옛 역사에서 그르친 뒤 자취를 더듬어 보고 우리 대에선 골고다의 그리스도의 피로써 이 민족의 한 사람, 한 사람의 개성을 근본적으로 개조하여 민족 전체의 신창조의 새로운 성국민을 만들어야만 한다.

그럼에도 불구하고 또 왜! 오류의 노선을 걷고 있는가! 기독교도 실패종교로 만들려는가! 그리스도를 두 번 십자가에 못 박으려는가?

교회의 문화적 빈곤

교회는 또다시 암흑시대를 창조하고 있다. 문화를 무시하고 문화를 멀리하고 있다. 심지어 모교회에서는 공공연하게 교인에게 독서금지령을 내렸나니 아서라. 진시왕의 죄악을 또 저지르려는가? 교황의 죄악을 흉내내려는가? 물론 양서(良書)를 골라보라는 권면이 있을지언정 또는 지도는 할지언정 교인은 성경 외에 다른 서책을 볼 필요가 없다고 금지한다는 것은 기독교가(현대문화를 창조한 종교가) 문화를 막고 암흑시대를 창조하려는 우상적인 위험한 일이라고 하겠다.

기독청년들이여! 그대들이 국수 한 그릇에는 백 원 주고 사 먹을 수 있어도 잡지책 한 권은 10원 주고 사 볼 수 없는 문화의 정도이니 그대들의 앞날에 무엇이 기다리는지 아는가!

아니라 딱한 일은 모 신학교 교수의 교수내용이 이단인지 정통인지를 판단 못하여 조선 교직자들이 미 선교사에게 가서 이것이 이단입니까? 아닙니까? 물었다니! 조선교계여 슬프다. 백 년 역사에 묵은 교회가 아직 교리 판단할 수 있는 학자가 아니 그 식별할 능력이 없어서 아직도 외국인에게 감정을 받아야 되니 어찌 가탄치 아니하리요.

읽으라 신도여. 배우라 신도여. 앞날엔 지자(知者)가 치국(治國)하나니 악마들이 지배하는 그 시대에 기독자(基督者)들이여, 그대들은 죄악의 지배를 받을 것인가. 아니라면 청년아 읽으라. 배우라. 앞날은 지자(知者)가 지배하느니라.

암흑시대를 측조(側造)하려는 무지의 지도자에게 맹종치 말고 지식의 탐구는 무한의 자유이다. 루터가 성서연구의 자유를 박탈당하였을 때 그는 반항투쟁하여 감추인 성서를 세계에 해방시키고 말지 않았는가!

앞날의 조국은 기독교문화가 지배하여야 할 것이다. 암흑의 무지의 저항(底抗)으로 내려가고 있다.

그러나 사회인은 진보한다. 모든 것에 수준이 높아가고 있다. 그러면 앞날의 지도권은 누구나 가질 것인가! 지금이라도 늦지 않다. 일어나자! 배움으로! 읽고 배우자.

성서만 읽으면 된다는 무지의 말에 속지 말라. 하나님의 말씀은 전력이라면 인간지식은 전구와 같을 것이다. 100촉짜리 전구는 100촉 광선을 발현하지마는 5촉짜리는 5촉밖에 광선을 발현치 못하니 지식의 정도에 반비례하여 성서의 은총을 발현할 수 있는 것이다. 보아라 수천촉의 밝은 전기가 낮같이 밝은 도시의 거리에서는 5촉짜리 희미한 전구의 광선은 존재가 없어진다.

《홍국시보》 1947년 11월 15일

이 나라 역사 위에 빛날 금자탑을 쌓고 가자

자다가도 꿈 들면 '탁치 반대 독립 만세' 소리치는 꿈꼬대고, 생각하다가 38선만 떠올리면 땅을 치고 울 지경의 원통하기 끝이 없는 쓰라림이 삼천만 민족의 원한이다. 해방이 되었다고 새 같이 뛰고 나비 같이 춤추던 기쁨은 한 때 이 민족의 말끔한 꿈이었던가? 아니 사실 그대로 현실의 꿈이던가!

이북의 동포들은 소련군대를 해방의 사자라고 만세 불러 환영하여 맞이하였고, 이남은 미국군대를 해방의 사자라고 울음 섞인 만세로써 맞았었다. 그러나 만 3년이 지나가게 되어도 갈수록 민생의 살아갈 일만 아득하여 민족의 사기는 풀어지고 미소 양국의 각축으로 단일민족을 어지럽게만 하였고 군정의 연장에 따라 인플레만 높아가고 정함이 없는 냉전으로써 민족 혼란의 불안의 도랑으로 오늘 비참한 현실을 빚어 놓았다.

미소공위가 결렬되자 유엔총회에서 마살인이 통지됨으로써 비로소 담담하였던 조선 문제가 다시 등장하게 되었다.

여기에서 다시 조선위원국이 조직되어 지난 정월 8일 오후 4시에 김포비행장에 6개국 대표와 위원급 비서 26명이 범 미항공회사 남하십자성호로 도착하였으니 시리아 대표 제키자비 박사와 위원 무이어 씨와 불란서 오디바 마셀 씨, 인도 알.파. 에스.메는 대사와 호주의 에스 에취 잭슨(S. H. Jackson) 씨 등이었다. 이분들은 1947년 11월 14일에 결정한 총회의 결의대로, 첫째로 조선인과 상의할 것, 둘째로 조선을 독립국가로 완성할 것 등의 책임을 지고 왔는데 그 의무는 첫째로 1948년 3월 31일 이내로 총선거를 실시하여 비밀투표로 조선인 대표를 선출할 것, 둘째로 총선거로써 선출된 대표로 조선국회를 창설할 것, 셋째로 국민정부는 국연위원단과 상의하여 치안군을 조직하고 군대와 준군대적인 모든 단체를 해소한 것이요 남북조선의 군정지배와 행정부의 정부기능을 전환할 것과 만일 가능하면 90일 이내에 조선으로부터 진주군을 완전 철퇴하기 위하여 양군당국이 협정할 것 등이 결정되었다.

암담한 국가운명에서 유일의 광선은 오직 위원단을 통해 발전코저 하는 것이 조선민족의 희망이다. 역사에 위대한 입국이어서 삼천만민이 두 손을 높이 들고 환영하였다. 남녀노소가 오후 3시에 출동하여 밤 10시 반까지 장사의 행렬을 지어 오들오들 떨면서 환영하였다. ㅇㅇ강력한 국제단결한 힘을 보이어 38선을 깨뜨리고 이남이북의 삼천만 민족 전체 의견을 발표할 수 있는 총선거로써 민족대표자를 선출할 수 있도록 되어야 하며 여기에서 민족자결이 성립되어 정부를 조직하고 국군을 편성한 후 남북을 막론하고 일전의 군대행위의 무장을 해제시키고 비로소 양군이 철퇴되기를 바란다.

우리 삼천만 민족이 크게 원한다. 38선이 무너지기를 바란다. 만일 이번에 이북이 소련의 입국을 거절하여 국연위원단을 보이코트 한다면 거기에 대한 강렬한 대책이 있기를 바란다. 만일에 38선을 해결을 못 짓고 보이코트를 당하고 만다면 우리의 눈물겨운 환영도 수포요. 지구 위에 암담한 인류의 역사는 다시 시작될 것이다.

바라건대 이번 8개국 대표국들은 모두 우리의 처지에 동정을 할 수 있는 동일한 감정을 가진 친구들이요. 세계공위와 대의를 위하여 싸울 수 있는 정의의 사자라고 믿고 추앙하는 바이다.

우리 4,282년 역사에 영원히 남길 금자탑을 쌓고 갈 수 있기를 바란다.

또한 우리 민족 만대에 잊지 못할 인연의 전사들이 되어 주기를 바라고 더욱 백만 기독자들은 제단에 고개 숙여 비는 바이다.

《흥국시보》 1948년 2월 15일

십자가에서 승리의 부활

십자가는 인생 최후의 암흑이었다. 최저의 절망이었다. 그리고 인생 최고의 고난의 종점이었다. 아기 그리스도는 세상에 오실 때 구유에서 이미 십자가를 지시고 오셨다. 그러므로 그리스도가 걸으신 걸음마다 십자가를 지시고 가시는 길이었다. 십자가로 살고 십자가로 죽으셨다.

예수에게 있어서 세상의 모든 사람보다 독특한 삶이라는 것이 그것이었다. 그것은 그리스도 자신이란 고난 운명 때문이거나 그의 자신이 범한 어떤 과오 때문도 아니었다. 오직 인생의 구원을 위한 사랑의 대가로서 받으신 아픔이었다. 자진하여 가로 맡은 고통이었다. 그러므로 모든 인류역사를 뒤져 찾아 얻지 못한 위대하신 기록이었고 위대한 사실이었다.

또한 십자가는 정죄함을 받은 최고의 집행이었고 가장 치욕이요 수치였다. 이것은 인류의 받을 치욕을 받으셨고 우리 인류가 마지막 받을 사형의 집행을 자신이 대신 받으신 것이다. 이미 성경에도 의인을 위하여 죽는 자가 간혹 있었으나 죄인을 위하여 죽은 자는 없었다. 이것이 또한 인류 역사에 찾아보지 못한 위대하신 기록이었다.

십자가는 최대 고통의 종결이오. 눈물의 최후이었다. 인류역사에 오늘까지 사람으로서 이보다 더 큰 고통을 당한 자가 있으며, 누가 이보다 더 쓰린 눈물을 흘렸던고! 그리스도의 살으심은 시각 시각이 모두 고통의 영상이었고, 자욱자욱 밟으신 것이 눈물이었다. 그리스도는 자기 자신의 문제 때문에 당하신 고통이 없었고, 자기 문제의 서러움 때문에 울어 본 울음이 없었다. 우리는 모두 자기가 저질러 놓은 자기에게서 일어나는 문제 때문에 고통을 당하고 있고 자기 스스로 저질러 놓은 설움 때문에 눈물을 가지게 되지만 그리스도는 우리를 건져내시기 위하여 맡으신 고통과 눈물이었으니 어찌 위대하다 않으리요. 누가 진실로 남 때문에 고통을 당하였고 누가 남의 일에 울어보았던고!

이제 고난과 부활의 주간을 당하여 우리 민족의 살아온 과거를 회상하매 우리는 받아야 할 고난도 아직도 멀었고 울어야 할 울음도 아직 멀었다.

그러면 우리 앞에는 암흑한 골고다의 현실밖에는 아무것도 없을까? 우리는 남에게 조롱과 학대를 언제까지 받아야 하고 우리는 이 현실에서 언제까지나 울어야 하는가? 예루살렘 딸들은 울었다. 북문 밖 섬돌 밑에서 치마 끝을 입에 물고 그들은 울었다. 그들의 눈에는 십자가 밖에는 아무것도 없다. 그리스도가 십자가를 지고 골고다로 올라가는 실망의 현실밖에는 본 것이 없었고 믿음도 없었다. 그러므로 그들은 낙망과 암흑과 죽음의 현실뿐이었다. 그리고 그리스도는 십자가를 지고 암흑한 무저항을 내려가고 있지마는 벌써 부활의 승리를 내다보시고 가시었다. 그러므로 "내가 다시 삶으로 너희도 살리라." 하셨다. 죽으시러 가시는 승리의 길이었다. 그리스도는 눈물에서 웃음을 가지셨고 죽음에서 다시 사시는 삶의 승리를 벌써 소유하고 가시었다. 그러므로 빌라도의 판결로 골고다의 죽음의 현실도 둘러선 원수들의 조롱도 시간문제에 놓여진 한 무대 위에 벌어진 연극과 같았다.

3일만의 부활, 역사적 일인 부활, 한 사실화한 부활, 부활이란 사실이 그리스도의 과거 전부를 설명하였고 골고다의 괴로운 질문을 해답하였던 것이다.

기독교는 십자가에서 망하였다가 부활에서 성립 발전한 것이다. 그러므로 십자가는 비애의 교리였지마는 부활은 삶의 교리였다.

오늘 우리 민족은 골고다의 현실에서 우는 장면에 있다. 절망의 현실에 있다. 모두 모여 앉으면 망한다는 소리뿐이요, 안 된다는 공론뿐이다.

글도, 춤도, 노래도, 연설도 모두가 비관적이고 낙망적이다. 동포여, 조선민족의 참된 삶의 길, 승리의 길, 세계 민족에 설움 받은 치욕과 설움을 원수 갚을 날은 오직 이 ○○○○○ 그리스도에 사는 날이다.

실망하였던 엠마오의 두 제자도 다시 사신 그리스도에게서 인생의 희망을 얻고 예루살렘으로 몰려들었다. 무덤 앞에서 울던 딸들도 다시 예수를 만났고 전부 웃음과 희망으로 갈릴리로 달음질쳐 새로운 생활이 시작되었다.

오! 조선민족아! 암흑한 골고다의 조국에서 다시 사신 그리스도의 부활 능력으로 삼각산 높은 봉오리 위에 희망의 태양이 붉그스레 동터 오른다.

부활의 그리스도를 승리의 그리스도를 찬미하라. 삼각산 봉오리는 이에 목청을 다듬었다. 장차 큰 소리가 터질 날에.

《흥국시보》 1948년 4월 15일

똑똑한 매국노보다는 우둔한 양심가가 낫지 않을까

나라를 위하여 죽어야 하는 일에는 한 사람도 볼 수가 없고, 희생을 요구할 적에는 모두 개인 향락에 돌아서서 국가 흥망에는 염두에도 생각지 않던 자들이 이제야 모두 한몫 볼양으로 제각기 애국자요 사상가인 척하여 혹은 권력으로, 혹은 금력으로 온갖 짓으로써 선량한 민중을 매수하여 신성한 표를 사서 일장등거에 감투의 쟁탈전에 난투하고 있으니 이 무슨 한심한 일들이냐?

그러나 민심은 천심이라 아무리 우매하다고 하더라도 민심 속에는 하나님의 목소리인 양심을 가지었기 때문에 대부분은 귀한 한 표를 헛되이 버리지 않을 것을 믿는다. 바라건대 우리가 어떠한 인물을 우리를 대표로서 내세울 것인가?

첫째, 자기를 버리고 국가를 중심하는 양심의 사람이래야 한 것.

둘째, 정치역량을 가지고 인격과 지식이 겸비한 능통성이 있는 사람이여야 하고,

셋째, 민중전체의 대표적 행사를 능히 감당할 투지력을 갖춘 사람이여야 한다.

그러면 출마한 사람들이 제각기 자기 자신을 반성하여 조금이라도 나보다 나은 사람이라고 하는 상대가 있거든 깨끗이 양보하여 나은 인물을 내어 놓도록 하여야 할 것이나 유감스럽게도 호상투쟁하여 암투 혹은

공공연하게 상대방의 인물을 매몰하려는 갖은 모략을 써 야비한 방법으로 사용하고 있으니 개탄한 일들이라고 아니치 못할 것이다.

바라건대 아직도 이번 선거가 완전히 우리의 자유로운 입장에서 선거함이 아니요. 외국인의 감독 밑에서 하는 것만큼 또한 이번 이 선거가 오천 년 유구한 역사상에 처음 되는 민주주의 새로운 역사를 꾸미는 거룩한 행사이므로 온전히 우리 민족의 역량과 금도를 보여 주는 위대한 시험장에 달한 것이다. 세계만국에 문화민족이요. 대국민의 금도를 훌륭히 보이어야 할 것이다.

그리고 우리 대중은 자기 권리와 의무인 거룩한 한 표를 값싸게 팔아 먹을 건가? 불순한 모략에 싸이어 헛된 한 표를 버린다면 유감스러운 일이다.

역시 바라건대 우리의 양심에 호소하여 사정과 모략에 매이지 말고 금력과 권력에 아첨하는 한 표를 불순동기로써 팔아버리지 말고 이 한 표가 나의 권리와 의무가 온전히 살아서 나의 주장과 요구가 이 한 표로서 소리쳐 승리케 하는 거룩스러운 한 표가 되도록 하여야 한다.

더욱 우리 기독자들이여, 조심하자. 온갖 짓을 다하고 교회를 곤란케 하던 자들이 표를 사기 위하여 교인이라고 선전하여 신성스러운 교회를 이용하려고 하는 자들도 많이 나타나고 있으니 오직 우리는 믿음의 사람을 내세우자. 위에서 삼대 조건에 해당한 믿음의 사람을 내세우자. 한 사람이라도 하나님의 높은 뜻을 받아 조국을 그리스도의 십자가로써 구원하랴는 믿음의 정치가를 내세우자. 똑똑한 정치 브로커 모리배들이 나와서 나라를 망쳐 먹는 것보다는 차라리 우순한 양심의 사람으로서 고결하고 깨끗한 죽음으로써 받들 수 있는 애국자를 내세우자.

《흥국시보》 1948년 5월 1일

국회에 대한 기망(期望)

우리 아들은 그 유년 때에 장성함이 나무 같음이여 우리 딸은 궁 모퉁이에 아름답게 다듬은 돌과 같으리로다. 우리의 곳간에 백곡이 가득함이여. 우리의 양은 들에서 천천과 만만으로 번성하리로다. 우리 소는 짐이 무겁고 대적이 침노하나 나아가 항복함이 없음이여. 우리 거리에는 슬픔이 부르짖음도 없음이로다.

"이러한 나라의 백성은 행복됨이여. 여호와가 저희 하나님인 백성은 행복하리로다." (시 144:15).

一. 국회 선언과 축사

5월 10일의 총선거는 민주주의의 승리였다. 5월 31일의 국회 개회는 조국 5천 년사에 처음 되는 유구히 빛나는 기록이었다. 이 선언문에 첫째로 하나님께 맹세하는 말씀이 있다. 국회 벽두의 선언에 하나님께 맹서를 드린 것도 유사 이래의 처음 보는 이채의 기록이었다.

하나님이 동방에 낙토(樂土)를 베푸시고 백의민족을 살게 하신 개국 유사(有史)에 또한 민주주의의 민족국가에 새로운 역사를 꾸미는 국회의 선언에 하나님을 떠났던 민족이 옛 조상의 유사(有史)의 발원인 하나님을 다시 찾는 성스러운 역사는 이 민족의 축복 받는 시발이라 할 것이다. 기독자 이승만 박사가 하나님께로 선서를 드린 것은 이윤영 목사의 기도로써 국회가 개회되었다는 것만으로도 이 민족의 앞날을 짐작할 수 있는 경하(慶賀)의 행사라고 할 것이다. 더욱이 하지 중장의 축사에 있어서도 하나님께 나라의 장래를 복을 비는 축사를 하였으니 이것이 우리나라의 앞날과 현재의 성격을 볼 수 있는 현상이다.

二. 국회식원 제공(諸公)에게 기망(期望)

선거 전에 있어서 돈으로 혹은 테러, 협박 등으로 득표하였다는 부정선거의 여론이 상당히 많았다. 그러나 그 중에 1전 한 푼을 쓰지 않고서도 모략(謀略)과 자본전에서 승리한 의원이 있다고 하니 아무리 돈을 뿌리고 테러와 권력을 사용하여 협박하였다고 하더라도 본래 우리 민중은 깨끗한 양심을 가진 백성들이라고 하는 것을 증명하는 것이다.

이백 명 제공(諸公)들에게 성의 있는 한 표를 던진 것은 이 민중의 소원이 어디 있다는 것도 이미 잘 알 것이다. 2~3천만을 쓰고 돈으로 의원이 된 자들을 반드시 의원의 일석을 이용하여 이권을 거두고 매직의 모리(謀利)하는 매국노가 되지나 않을까 하여 극히 주목하고 걱정하고 있는 바이다.

그렇다고 하면 제공(諸公)은 이 민중 때문에 헐벗고 이 민중 때문에 굶고 애쓰는 형극(荊棘)의 노력이 있어야 할 것이다.

만일 제공(諸公) 중에 어떤 일개 자본가의 경제적 응원(應援)으로 선거비용을 지불하고 그 대상으로써 자본가 이권을 옹호하기 위하여 싸운다고 하면 제공(諸公)은 대중을 희생시켜 가지고 일개 소수의 자본가를 살찌게 하는 추견(追犬)이 되고 말 것이다.

우리 민족은 십분지 팔할 이상이 무산(無産)민족으로 된 특수 약소국가인 것이다. 이러한 민족에서 국회의원이 되었다면 제공(諸公)들은 누구의 표로써 당선되었는가! 무산대중이 제공(諸公)에게 중대한 일표를 던졌던 것이 아닌가! 그렇다면 제공(諸公)은 어느 계급의 공예(公隷)가 되어야 하며 누구의 대변자가 되어야 할 것인가? 법률, 정부의 성격, 정부 조직의 인물 배정, 토지문제, 경제정책, 교육문제 등을 누구의 이익과 생존을 위하여 싸우고 민주주의의 실현을 위하여 싸우려는가?

바라건대 삼천만 민중의 참된 데모크라시의 전형적 실현으로서 세계 무비(無比)의 낙토국가가 이루어지도록 싸워야 한다. 국회 개회 당초의 선언과 같이 하나님 앞과 삼천만 민족 앞에 맹서(盟誓)한 그 맹서대로 밟아 가야 한다.

또한 만일 제공(諸公)들이 일정당 장권(掌權) 때문에 대의를 실(失)하고 당쟁으로 망하는 연극(演劇)을 한다며는 천재일우(千載一遇)의 조국의 운명을 다시 망하는 이조 말사(末史) 의 당파 투쟁으로 망국사를 재판할 것이니 소사(小私)를 멸하고 대의를 살리는 아량 있는 제공(諸公)들로서 찬란한 민주국가의 남북통일의 완성을 이루어 자손만대의 희사(喜史)에 명기(銘記)하도록 하라. 이것이 제공(諸公)을 뽑아 세운 민중의 소원이다.

三. 기독자 의원이며, 제군들은 이백 명의 양심이 되라

이백 명 의원 중에서 40여 명이 기독자가 당선되었다는 것은 경하(慶賀)할 사실인 동시에 또한 사명도 크다고 본다. 그것은 많은 민중들이 돈을 많이 쓴 자들을 물리치고 돈이 없는 제공(諸公)들을 지지하여 성의 있는 일표를 던진 이유는 오직 하나에 있다고 본다. 제공(諸公)들만은 기독의 양심으로 참된 애국적 양심가라고 인정되었기 때문이다. 그럼에도 불구하고 제군 중에서 민중의 기대에 어그러지는 한(限)이 있다고 하면 제군 일개인의 인간적 몰락에 그치고 마는 것이 아니라 기독교 전체가 당하는 몰락이라는 것을 망각하지 말기를 바란다. 그러므로 제군들은 예복을 못 입고 구멍 난 양복을 입고 하등 하숙(下宿)의 극히 빈한(貧寒)한 생활을 하고 또는 다른 의원은 다 택시를 타고 등청(登廳), 퇴청(退廳)하는데 제군은 그 먼지를 뒤집어쓰고 떨어진 구두를 끌고 걸어 다니는 천대가 있다고 하더라도 집에는 처가 굶주리는 한이 있다고 하더라도 최후까지 깨끗하고 양심의 인간들로서 민중의 이익과 행복을 위하여 싸워야 한다. 그것은 제군들이 대의원이 된 것이 영광스러운 호산나의 일석이 아니라 조국을 위하여 십자가를 지고 골고다로 가는 전로(前路)의 순교자들로 부름을 받았고 민중의 정성스러운 투표는 "못 박게 하소서 못 박게 하소서."라고 한 그대들의 죽음을 요청한 노래로 알아야 한다.

그러므로 그대들은 불의가 승리하는 장면에는 묵종(黙從)하는 비겁자가 되지 말라. 권력과 세력에 사부(詞附)하지 말라. 차라리 배를 갈라 피를 뿌리는 죽음으로써 항쟁할지언정.

사십 명의 기독자 의원, 제군 제군들은 높다란 의사당 속에 십자가를 세우라. 그대들의 정의에 싸우는 붉은 피로써 태극기 밑에서 쓰러져 보아라. 그러면 우리 국가의 의사당에는 하나님의 제단이 쌓아지리다.

《흥국시보》 1948년 7월 1일

대한의 삼팔선은 세계 삼팔선

제2차 대전은 또한 새로운 수수께끼를 제시(提示)하였다. 그러므로 이것을 풀지 못해서 오늘의 세계는 골머리를 앓고 있다. UN총회의 탄생의 원인이 이 수수께끼를 풀어 보려고 하는데 있다. 그러나 온갖 방법으로 머리를 싸매고서 세계 대정론가(大政論家)들이 두통을 앓고 있다.

그 중에 이 수수께끼의 중대한 제목들은 구라파에서도 일어나고 동방(東方)에도 일어났다. 독일은 어디로 가며, 중국은 어디로 가며, 팔레스타인은 어찌 되며, 그러면 세계는 무엇으로 판결을 내릴 것인가? 그리고 새로운 역사를 짓는 오늘의 세계의 답안(答案)은 어떻게 나와질 것인가?

우리 대한을 현실 세계 운명을 결정하는 수수께끼의 답안판(答案版)이 되어 있다. 오늘의 세계의 고통은 우리 대한에 제시(提示)된 수수께끼는 어떻게 풀어 나오는 그 답안 여하(如何)에 진통이 되든지 대통(大通)으로 파뇌(破腦)하여 죽든지 양단(兩端)의 판정이 날 것이라고 본다. 그러므로 UN총회에서도 우리 대한(大韓) 문제를 중요시하고 애쓰는 이유도 비로소 그들이 타산지석(他山之石)이 아니고 자기들의 운명 결정의 열쇠(鍵)가 여기에 있다는 것을 자각한 데서이다.

그동안 우리 대한은 독립! 신탁(信託)! 미소회담! 남북협상! 5 · 10 선거 대한민국 탄생! UN총회 승인! UN 가입! 남북통일 등으로 수수께끼의 실마리를 하나씩 하나씩 얽어 들어가는 중에 덕수궁은 우리 대한사

(大韓史)에 눈물과 웃음으로 삼천만민을 흔드는 미궁(迷宮)이었다. 또한 제2차로 입국한 신한위(新韓委)가 덕수궁 속에서 이 새로운 해답을 풀기 위해 왔으니 우리 삼천만의 수한(愁恨)의 삼팔선이 풀리느냐 터지느냐에 또한 학수고대(鶴首苦待)로 덕수궁을 쳐다보게 되었다.

그러면 어떻게 우리 대한의 운명이 터져서 새로운 영휘(榮輝)의 역사를 짓느냐이다. 우리 삼천만에게 제시된 수수께끼는 비단 우리 민족에만 지워진 중하(重荷)의 수수께끼는 아니다. 전세계가 공통으로 부여된 세계의 수수께끼이다. 그렇다고 해서 우리는 남의 덕에 내 팔자가 펴지기만 기다릴 것인가? 우리는 이 수수께끼를 풀기에 가장 좋은 재료(材料)와 방법에 도움 되는 최선의 일을 하여야 할 것이다. 안으로는 뭉치고 그리고 실력, 실력을 길러 튼튼한 자신(自信)을 가지도록 하자. 그러나 한위(韓委)의 노력에 최대의 공동 투쟁을 하여야 한다. 민족의 완성된 실력으로써.

그러면 세계의 고통은 코뮤니즘으로써 해결할 수 있느냐. 데모크라시즘으로써 해결을 하느냐의 이대판결(二大判決)을 기다리고 있다. 그리고 금일의 세계의 역사는 여하(如何)히 미국의 백악관을 중심으로 하는 세계사를 짓느냐. 크레믈린 궁전을 중심한 세계사를 짓느냐이다.

이 양대(兩大) 결판의 열쇠는 우리 조국 대한에서 있을 것이다. 지금 중국은 최대의 고통 속에 들어가고 있고, 또한 이 두 개의 결단 중 어느 하나에로 기울어지고 있다. 그러나 이번 우리 대한의 결단이 세계의 고통을 해결하는 시험실이 될 것이다.

우리 삼천만민은 덕수궁으로 기념(祈念)을 돌리자. 한위(韓委)의 억센 투쟁을 위하여 우리는 빌고 최대의 노력의 재(材)로서 노력하자.

이제 세기의 미궁(迷宮)에서 나오는 수수께끼의 해답이 우리의 고통 아니 세계의 고통이 진정(鎭靜)이 되리니 오. 하나님이시여 덕수궁에.

《홍국시보》 1949년 2월 15일

부활에 움트는 조국

걱정을 하려면 손꼽아 헤일 수도 없으며 주저앉아 울자면 부앙 천지에 땅을 치고 울어도 끝이 없겠다. 걱정과 근심은 하면 할수록 골육도 쇠해가고 현실도 망해갈 뿐이다.

십자가는 우리의 희망을 빼앗아 갔고 눈물과 실망을 주었다. 우리는 암울한 석양에 빗긴 골고다의 패북의 십자가를 본다면 울음뿐이겠다. 그리고 결과는 이기고 선은 최후에 승리하는 것이라는 말을 거짓말같이 모든 악이 승리하고 온 우주를 지배하고 마는 것만 같다.

오늘의 조국의 모든 정세가 되어지는 것이 모두 암흑한 사형장의 골고다의 저녁 풍경과도 같이 원수들의 치욕 소리만 드높아 가고 결국 우국지사나 참된 양심가는 그대로 사형을 당하고 마는 것 같은 이 현실에서 38선도 울음이요, 민족 분열도 울음이요, 민생의 도탄도 울음이요, 실업군이 밀리는 것도 울음이요, 조국산천이 헐벗어져 가는 것도 울음이요, 식량 사정도 울음이요, 탐관오리도 울음이요, 종교의 부패도 울음이요, 민족 도덕이 붕괴하여 가는 것도 울음이다.

그러나 이제 자라나는 조국을 위해 글을 배워 문화발달의 조국, 산에 나무를 심는 조국, 우리 국군이 씩씩하게 훈련되어지는 조국, 출판물이 홍수같이 터져 나오는 조국, 관기를 숙청하고 힘의 조국으로 살려 하는 현실, 산과 들의 교회의 기도의 종소리를 회개하려고 애쓰는 성도, 전도문이 열려져서 신자가 불어나는 조국.

그러나 민족 전체가 십자가로 죽고 새로 무덤에서 신생(新生)하는 부활을 먼저 하자. 대통령으로부터 모든 관리들도 새로운 양심의 민족으로 새로 나자. 모든 정치가를 모든 교육가를 모든 예술가를 모든 경제가를 실업가를 다시 나자. 그리스도의 피로 다시 나자. 이 사실만이 우리 조국이 다시 사는 영광의 역사를 꾸미게 될 것이다. 이제 조국은 38선 걷어지고 부활에 움터간다. 이 희망의 아즈랑이 38선에 불탄다.

《홍국시보》 1949년 5월 15일

앞날에 억센 대한(大韓) 꾸며 놓을 태산도 갈아엎을 농부란다

장하다 굳세다 농촌 소년
우리는 흙을 팔 농부란다
삼천리 넓은 들 갈고 또 맬
천만 사람 먹여 줄 농부란다
앞날에 억센 대한(大韓) 꾸며 놓을
태산도 갈아엎을 농부란다
장하다 굳세다 농촌 소년
하나 둘 하나 둘 억세다 …….

이것은 농촌 소년단 체조가이다. 새벽마다 먼 동이 트기 전에 소년단 새벽 나팔 소리가 좁은 산골을 울릴 적에 용감하게도 벌떡벌떡 일어나서 동네 앞 넓은 광장으로 모여든다. 그리하여 '억센 나라엔 억센 백성'이란 정신 밑에서 체조가를 높이 부르며 체조를 한다.

지금 바야흐로 기독교흥국형제단을 남들이 아는지 모르는지 업수이 여김을 받아가면서 예수촌운동에 매진하고 있다. 굶어 가며 싸우고 있다.

그러므로 전국적으로 백여 동네가 일어나고 있다. 정부가 하기 전에 협동조합운동을 하고 있고 어느 단체가 하기 전에 방방곡곡에 글을 가르쳤고 새생활 운동을 주부(主婦)를 중심하여 시작하고 있고 어느 누구하기 전에 벌써 생산 개혁을 시작하여 축산 등 특별 작물에 많은 수확을 거두고 있다.

지금은 못자리판이 푸르러 짙어져서 모내기도 시작할 때가 되었고, 삼천리는 출렁출렁 논두렁이 넘실거릴 만치 풍년의 징조 밑에서 하나님의 축복의 기쁨을 가슴에 담뿍 안고 '이랴-끽끽' 흙탕물 차며 써래질하는 농부의 철각(鐵脚)은 빛이 나고 긴 숨을 내쉬는 억센 황소의 앞가슴엔 흙탕물이 주르르 흐른다. 이것이 6월의 농촌의 힘찬 풍경이다.

그러므로 조국의 한 홉의 땅도 헛되이 놀리지 말고 옥토(沃土)의 기름진 땅을 만들자는 표어를 걸고 이 땅을 갈고 이 땅을 매기에 농부의 이마에는 피땀이 빛나고 있다.

하나님의 넓은 손길을 이 땅 위에 높이 들어 이 해도 풍년을 축복하소서. 그리고 싸우고 있는 우리 대한(大韓)의 농군을 억세게 지켜 주소서.

삿갓에 되롱 입고 세우(細雨) 중에 호미 메고
산전(山田)을 흣매다가 녹음에 누었으니
목동(牧童)이 우양(牛羊)을 몰아다가 잠든 나를 깨우다

세종시 맹사성(孟思誠)

동창이 밝았느냐 노고지리 우지진다
소치는 아이놈은 상기 아니 이럿느냐
재 넘어 사래긴 밭을 언제 갈랴 하느니

숙종조 남구만(南九萬)

《홍국시보》 1949년 6월 15일

協同組合組織論

目次

1. 口數所持 問題

2. 定金問題

3. 拂入方法

ㄱ. 一口一匙主義

ㄴ. 口定回拂主義

ㄷ. 一時完納主義

四. 營業經營과 其問題

1. 店舖問題

2. 陳列法

3. 在庫品의 處分

4. 店舖觀念에 對한 注意

5. 仕入方法

6. 分配價格에 對한 理論

ㄱ. 原價主義

ㄴ. 市價主義

ㄷ. 折衷主義

7. 販賣政策

ㄱ. 現金主義

ㄴ. 外上主義

ㄷ. 配達主義

五. 剩餘金

1. 出資高냐? 購買高냐?

2. 分配金의 算出法

六. 一人 一票

七. 責任制度

1. 無限責任制度

2. 有限責任制度

3. 保證責任制度

序

三十六年間 奴隷의 生活로서 모든 自由를 剝奪당하고 言論도, 結社도, 信仰도 다 빼앗겼던 三千萬 白衣聖族에게 비로소 昨年 八月 十五日은 永遠히 잊지 못할 解放의 날이었다. 그러나 歡喜의 춤을 추던 우리에게 또다시 信託管理의 黑雲이 三千里에 덮여오니 이 또한 自主獨立의 障碍가 가로 놓였다. 우리 겨레는 더욱 더욱 經濟的으로 實力을 기르는 團結을 鞏固히 하여야 한다. 여기에서 協同組合運動은 더욱 크게 意義 있는 일일 것이다.

우리나라의 協同組合運動은 日本 虐政의 가진 壓迫과 苦亂과 싸우면서도 이러나고 있었으나 날이 가면 갈수록 彈壓이 심하여서 할 수 없이 一九三五年에는 全國에 一組合도 남김이 없이 廢散되고 말었다. 著者가 組織한 것만 하여도 全國 各地에 八十餘 組合을 組織하였지만 한개 組合도 남음이 없이 解散을 當하고 말었다. 實로 一九三五年으로부터 一九四五年 八月 十五日까지는 朝鮮協同組合史上에 暗黑時代라 할 것이다. 著者는 一九三六年 六月 八日에 農村硏究會 事件으로 檢束을 當하여 三年이란 歲月을 鐵窓 안에서 보냈고, 協同組合에 關한 文獻一切과 原稿 全部를 빼앗겼고, 그 놈들에게 七次의 가택수색을 당하고 보니 아모것도 남김이 없었다.

그러나 願하고 바라든 解放은 왔다. 비로소 自由는 우리에게 되었다. 여기에서 協同組合運動의 烽火는 들리웠다. 그러나 協同組合에 對한 理論과 其組織方法을 몰라서 뭇는 이가 많음으로 이제 二十餘 年間 經驗하고 얻은 短編的 知識으로서 于先 이 적은 册子을 至急히 내놓는다. 여러 가지로 보아서 너무 簡疎할 것이다. 이것이라도 協同組合運動線上에 犧牲하는 同志들에게 一考가 된다면 著者의 成功으로 아는 바이다.

좀더 專門的 知識을 慾求하는 讀者는 이제 뒤이어서 出版하고 있는『協同組合論』을 보시도록 널리 傳하여 주기를 바라고 同志 諸賢의 健鬪를 빈다.

一九四六年 五月 二一
漢城市 黃金町 三丁目
寒舍에서
著者

第一章 協同組合의 原理

一. 協同組의 字意

協同組合은 〈Cooperative-union〉 코아푸레티븨라고 한다. 이 말의 뜻을 바로 번역하면 '協力의 聯合'이란 뜻이다. 어떤 이는 '協働組合', '共働組合', '協同組合'이라고 부르자고 하는 이도 있다

二. 協同組合의 目的

協同組合은 其 名稱이 自意를 表明하고 있다. 協同組合은 서로 돕고 서로 붓드는 精神을 떠나 남을 害하는 일에만 沒頭하야 利潤取得에만 정신을 파는 觀念을 改善하야 새로운 사랑의 社會를 實現하는 것이다. 이 目的을 달성하기 爲하야 온갓 사업을 경영하는 것이다.

첫째로 中間 搾取인 利潤制度의 撤廢이다. 오늘날 商工業의 적고 크고 間에 온갓 活動과 시설의 全部가 利潤을 취득하기에 목적한 것이다. 그러하기 때문에 社會的으로 온갓 문제를 提起식히고 道德的으로 부패한 현상을 보이게 되는 것이다. 오직 協同組合은 이것을 改善하기 爲하야 모든 시설을 두어 自營함으로써 中間利潤制인 搾取機關을 背擊하야 改造하는 것이다.

둘째로는 愛의 運動이다. 現實經濟機構들은 모다 다른 사람을 손해 식혀 갖이고서 自己의 利益을 求하는 것이지마는 愛의 道德을 根本으로 하여 가지고 서로 돕는 시설과 共榮으로 生存할 수 있는 수단만을 취하는 것이다.

셋째로는 自力의 更生이다. 消費者 大衆의 利益을 爲하야 他階級의 힘을 비는 것이 않이고 즉 資本家의 자선의 힘을 빌려서 살어가는 依他의 精神도 않이요. 오직 自力으로서 協同을 이루어 自己 階級의 利益을 伸長하야 이 苦境의 現實에서 更生하자는 것이다.

넷째로는 新社會 實現이다. 只今같이 不合理하고 싸움의 社會, 搾

取의 社會, 남을 죽여 갖이고 나만 잘 살겠다는 個人主義的 社會에서 協同과 사랑과 공영으로서 不平과 階級이 없는 새 社會를 協同組合으로서 實現하자는 것이다. 그럼으로 協同組合은 社會改良運動이다. 協同組合이 어느 洞里이나 어느 市場을 莫論하고 設立이 되였으며 그것은 곳 新社會의 한 적은 出發이다.

三. 協同組合의 由來

只今부터 百年 前인 一八四四년 十二月 二十一日에 英國 만타에스타(Manchester)에서 北方에 있는 룻치텔(Rochdale) 工業都市의 도트렌町 어느 오두막에서 失業勞働者 二十八名이 一人 一磅式의 出資로서 하야 新創造, 生活의 改造가 出發하였다. 그 二十八名은 그 翌年에 勞賃 引下로 말미암아 스트락기(strike)를 提起하여 抗爭하다가 結局은 失敗를 當하고 失業洪水에 밀려서 苦境港에 허매이든 勞動者 中 二十八名이었다.

그들은 크리쓰마쓰(Christmas)를 갓가히 두고서 二十八名은 開店의 議論을 거듭하여서 一週間에 日曜日에는 午後 七時로부터 十時까지 土曜日은 午後 六時부터 十時까지 夜間에만 開店하였다.

이리하여 天幸萬苦를 거듭하고 희생을 다하여서 世界協同組合史上에 始祖組合의 榮擧를 얻게 되였다. 今日에 이르러서 단 百年인 歲月의 歷史를 가지였지마는 世界 어느 나라에던지 協同組合이 않이 組織된 곳은 없다. 世界協同組合聯盟까지 되여 있다.

參考 拙著 協同組合論「協同組合發達史」

第二章 協同組合의 分類

協同組合의 分類는 各自의 理論이 一致하지 못하다. 本是 協同組合은 비상하게 많은 방면에서 그 응용의 범위도 극히 넓은 것이다. 대개 協同組合에는 네 가지 형태의 조합으로 分類하는 것이 보통이다. 이제 그 사업의 要目에 따라서 分類할 수가 있다.

一. 信用組合: 組合員의 商業上 必要한 資金을 融通하고 점하야 貯蓄을 目的함

二. 販賣組合(生産組合): 組合員의 生産品을 加工 又는 加工치 않고 賣却함.

三. 購買組合(消費組合): 組合員의 經濟上 必要한 物品을 購入하야 加工 又는 加工치 않고 賣却함.

四. 利用組合: 組合員의 生活上, 經濟上 必要한 設備를 利用케 함.

다시 아래와 같이 個個히 個別的으로 分類하야 個體組合의 性質을 理解함이 必要할 것이다.

一. 信用組合

信用組合은 독일에서 발원이 되였는데 信用組合의 역사를 들친다면 獨逸의 協同組合史를 들쳐야만 한다. 그리고 信用組合에는 두 가지 方式이 있는데, 하나는 '슐쓰애 되릿취(Shulze-Delitzsch)'式이요. 또 하나는 '라이파이센(Raiffeisen)'式이다. 이제 하나씩 其 特長을 본다.

1. 슐쓰에 될럿취式 信用組合

一八四八年, 一八四九年에 독일 될릿취(Delitzsch)市의 市長으로 있든 슐쓰에 될럿취((Hermann Shulze-Delitzsch)) 氏가 창립한 것이다. 氏는 一八四九年에 貧民과 病人을 救濟하기 爲하야 親睦組合을 설립하였고, 다시 同年에 洋靴職工을 모집하야 原料를 共同購入하려고 洋靴製造業者組合을 창립하였다.

그러나 原料購入에 資金이 곤란함으로 一八五十年에 금융융통을 목적하고 信用組合을 조직한 것이다. 이것은 會員에게 저축을 장려하고 資金 곤란을 당하는 組合員에게 헐한 변리로 貸出한 것으로서 信用組合

의 조상으로 볼 수 있다.

될릿취式의 信用組合의 特色은 都市小中商工業者를 爲한 것이다. 그럼으로 이 組合을 都市信用組合이라고도 한다.

이것은 都市에 있는 小資本의 業者가 高利貸金業者에게 搾取를 당하는 것을 방지하고 自己들의 돈으로 自己들의 利用으로서 융통케 하였다.

2. 라이파이센式 信用組合

一八六二年에 안호-센이란 한 작은 農村에서 農民의 窮相을 구제하기 爲하야 일어난 것인데 좀 더 올라가서 一八五四年에 햇새스돌프(Hedesdorf)에서 救濟會를 조직하야 굶어서 참혹한 지경에 있는 農民들을 빵과 生活필수품을 분배한 이가 라이파이센 氏이었음으로 氏의 일흠(이름)을 따서 라이파이센式 信用組合이라고 한다.

이것은 都市信用組合인 될릿취式 信用組合에 대하여 공명한 바가 있어서 一八六二年에 自己自身이 農村으로 드러가서 農村組合을 조직하였든 것이다.

라이파이센式 信用組合의 특색은 農村을 救濟하기 爲한 것이요. 農民의 농구 농비에 대한 자금을 융통식히고 資本가들의 가난한 農民을 착취함을 막기 爲해서 생겨난 것이다. 이제 두 조합의 대조를 여좌히 봄이 필요할 것이다.

兩 組合의 對較表

組合別	創立年	創立地名	組合員	爲主事業	最初 動期	貸付方式
될릿취式 信用組合	1850	될릿취市	都市商工業者	貯蓄貸付	都市의 貧民과 病者를 求하기 위하야	1. 組合員에게 限 2. 短期와 長期
라이파이센式 信用組合	1854	안호센村	農民	貯蓄, 貸付, 購買, 販賣	農民을 救濟하기 위하야	1. 信用貸付 2.土地有價物抵當

信用組合의 가장 큰 任務는 組合員으로 하여금 高利貸金의 魔手에서 求하기 爲하야 互相貸付하고 또한 貯蓄을 奬勵함으로써 그 目的을 삼었다.

二. 販賣組合

販賣組合은 生産組合과 같은 것이다. 組合員의 生産物을 共同으로 販賣하는 組合이다. 都市에 있는 小經營의 手工業者나 農村의 細民들이 自己 生産物을 共同으로 販賣함으로써 生産價値을 完全히 取得코저 하는 것이다.

組合員이 生産物에 對하야 加工하여서든지 加工치 않든지 組合의 마음대로 취급하여 組合員에게나 非組合員에게 販賣한다.

三. 購買組合(消費組合)

購買組合은 消費組合이다. 生活上 必需品을 共同으로 購入하야 加工하든지 加工치 않든지 組合員에게 販賣하는 것이다. 여기에는 都市中小商工業者나 農民이 其 原料를 헐하게 購入하기 爲하야 조직된 것도 있고 또한 消費者들이 自己 生活上 必要한 日用商品을 中間形態와 搾取的 手段에 것치지 않고 직접 購入하야 消費者에게 논하 주자는 것이다. 消費組合의 큰 役割은 다음의 表圖와 같다.

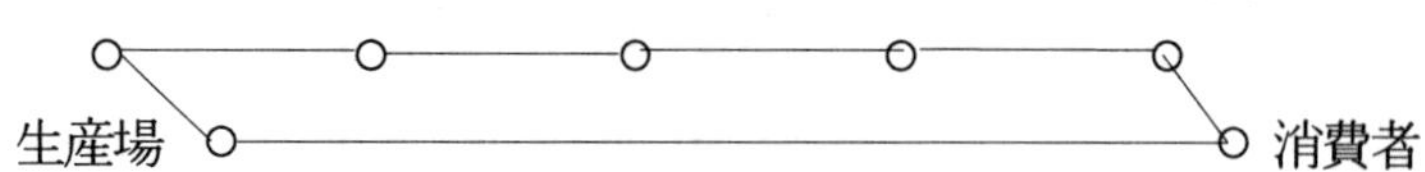

우에와 같이 五個 形態인 中間기관을 것치지 않고서 직접 生産地에서 消費者에게 오게 하는 것이다. (拙著, 『協同組合論 消費組合의 發達史』 參考)

四. 利用組合

消費組合은 무엇이든지 組合員의 經濟上 또는 生活上 必要한 모든 施設과 設備를 두어서 組合員에게 利用케 하는 것인데 其中에 重要한 部分을 든다면 住宅, 公會堂, 圖書館, 病院, 宿泊所, 沐浴湯, 消毒社, 冠婚具, 託兒所, 產婆所, 農具, 倉庫, 娛樂場, 公園, 運動場, 精米所, 製粉所, 理髮所 等이다.

組合에 特定될 規約에 依하야 組合員에게 利用케 하는 것이다.

(拙著, 『協同組合』 第三章 協同組合의 分類 參考)

第三章 協同組合의 組織

一. 準備會와 設立員의 活動

최초에 組合을 組織코저 하면 勿論 앞에 나설 發起者를 요하는 것인데 최초 發起人은 각 계급을 莫論하고 통터러 好感을 줄 수 있는 任員이래야 한다.

먼저 準備會를 만들고 委員數人을 選擇한다. 여기 피선된 委員이 全般的 活動을 하는 것이다. 委員會에서 첫째로 加入書와 規約 草案을 作成한다. 加入願書가 되는 대로 委員들은 洞里를 戶戶마다 방문하여 組合의 취지를 말하고 加入식히는 것이다.

于先 누구의 집이든지 設立 事務所를 임시로 정하고 비라, 간판, 강연, 좌담 등으로서 宣傳을 한다.

都市보다 농촌은 비교적 단순하다. 全洞民을 한 곧(곳)에다가 합석식히고 協同組合에 대한 이야기를 하고서 즉석에서 加入을 받고 모든 일을 進行할 수도 있다.

委員會에서 히망(희망)하는 수에 달하면 創立總會를 여는 것이다.

委員會에서 準備案件은,

1. 順序作成
2. 規約草案
3. 任員選擧方法
4. 出資口數와 一口定金
5. 事業進行의 要目

二. 組合의 使用人物

물론 忠誠과 信實한 者로서 協同組合精神에 철저한 者로 하여야 한다. 모든 組合員에게 욕을 듣던 칭찬을 듣던 달게 듣을 각오를 가지고 組合 成功만을 爲하야 萬難을 제거하고 매진하는 者라야 한다. 혹은 경험한데 의지하면 最高出資者를 幹部로 定한다든가 하는 것은 위험한 일이다. 남에게 오해를 사지 않을 信望者로 하되 남을 爲하는 희생적 정신이 있는 者를 要求하는 것이다.

協同組合을 成功케 하고 失敗하는 것 全部가 人物問題에 있을 뿐이다.

三. 出資

協同組合에는 出資問題가 가장 크고 緊要하다. 其中에 複雜한 것은 口數에 對하여이고, 또는 一口定金 問題이다. 또 하나는 定한 出資金 受納法에 있다.

1. 口數所持 問題

無限口數이냐 有限口數이냐 인데 無限口數라는 것은 組合員의 所持口數를 制限을 없이 하야 一人이 얼마를 갖이든지 各自의 經濟實力에 依支하야 所有할 수 있도록 하자는 것이요. 有限口數는 一口면 一口式, 또한 一口로부터 十口, 五十口면 五十口로 有法的으로 制限을 하야 以上 所持를 不許하는 것이다.

여기에서 無限口數로 하면 組合의 資金問題에는 有利할시라도 資

本的 實力에 依支하여 一人에게로 利益配當을 독점적으로 갖어가게 되니 協同組合의 根本 理想에 버서나게 되는 것이다. 그리고 보면 結局은 株式會社나 다름없는 利潤取得機關이 되고 말게 된다. 故로 協同組合에서는 一人의 所持口數를 制限하여 利益分配를 고르게 갖이도록 하는 것이다. 또한 口數의 所持를 制限하고 보면 組合의 資金 곤란이 오는 것이 念慮가 된다. 여기의 對應方策은 一人의 所持를 고르러히 갖이게 하고 될 수 있는 대로 많은 사람이 加入토록 하는 것이다.

2. 定金問題

一口의 定金을 多額으로 하자느냐 少額으로 하자느냐 이다. 一口의 定金을 十圓이나 或은 百圓 以內로 하고 大多數의 사람이 加入할 수 있도록 하는 것이 좋은 方法이다. 萬一에 一口 定金을 五十圓으로 한다고 하드라도 極貧者는 一時에 내기가 어려운 것이다. 또 한 가지 難題는 今日같이 인플레(inflation) 景氣가 팽창된 이때에 少額으로 하면 組合運營資金 곤란이 오게 된다. 亦是 여기에는 一口 定金을 少額으로 하야 많은 大衆이 加入할 수 있도록 하고 많은 組合員을 갖임으로 組合의 利用이 커지게 되는 것이다.

3. 拂入方法

出資金 方法에는 세 가지 方法이 있다.

ㄱ. 첫재로 一口一匙主義가 있다.

一口一匙主義라는 것은 一日 三期에 끼마다 밥을 짓기 전에 한 술식 떠넣었다가 月末에 組合에 納付하는 것이다.

今日같이 인플레 時代에는 우숩게 역일지도 모르나 돈이 귀하게 되고, 또한 우리 朝鮮같이 貧民이 많은 農村에서는 가장 적당한 方法일 것이다. 一日 三匙式이면 一個月이면 九十匙인대 이것이 되여 보면 一升에 찬다. 이런 式으로 하여 組合員의 加入所定한 出資金額에 達할 때까지 계속한다. 이 方式은 가장 極貧者 乞人까지라도 組合員이 되게 할 수 있는 方法이다.

제　호 　　　　　　　　　　씨 명 표어『적은 데서 충성하자』 OO協同組合

이 주머니에는 그 조합에 딸아서 좋아하는 格言, 金言, 標語 等을 써서 조합원의 성이를 격려식히는 것이다.

ㄴ. 口定回拂主義

이것은 所定한 出資額을 一時에 定納키는 어렵고 一口一匙主義를 하자니 너무 갑갑하고 하니 一口 定金을 五十圓으로 하였다면 이것을 十圓式으로 五回에 分하여 拂入한다는 것이다.

ㄷ. 一時完納主義

이 主義는 組合에 加入하는 當時로 持分口金을 一時에 拂入한다는 것이다. 이 主義는 事務를 축소케 하고 拂入에 關한 諸多의 폐해를 없이 하고 신속케 하여 組合을 發展케 할 수가 있다. 물론 組合運營上에는 좋지마는 우에서 말한 가난한 동포를 加入시키는데는 어려움이 있다. 이것은 中產階級에서 흔히 하는 方式이다.

四. 營業經營과 其問題

1. 店舖問題

協同組合에서 各部門組合의 兼營問題에 依하야 或은 事務 及 營業所 等이 따라서 各異하게 문제가 되는 것이다. 信用組合 같으면 事務所

를 적당한 곳에 두고 金庫, 書床, 事務床文簿, 備品 等을 設備한다. 利用組合도 같은 것이다. 購買組合이나 販賣組合 같은 것은 必히 店舖를 要하는 것이다. 組合員에게만 分配하는 것이라면 더욱 店舖가 重要한 자리에 있을 必要는 없으나 消費組合 같은 것은 店舖를 開放하여 누구에게나 販賣하기 때문에 店舖가 重要한 中心 地帶에 있는 組合員이 利用하기에 편리한 곳이 있으면 좋다.

2. 陳列法

이것은 商業家의 專門的 經驗이 필요하다. 陳列에 關하여서는 왜 必要하냐 하면 지나가는 통행인의 視線을 끄을 수 있게 하고 같은 物件이라도 陳列에 딸아서 價値가 더 있게 보이는 까닭이요. 또는 훌륭한 良品이라도 陳列이 잘못되여 정돈이 없이 되여 있으면 物品의 眞價가 없어 보이는 수가 있다. 特히 綢緞布木雜貨部, 穀物部, 燃料部 等으로 分하여 陳列되는 것이다.

3. 在庫品의 處分

어느 店舖를 勿論하고 在庫品이 없을 수 없는데 이 在庫品이라는 것은 仕入된 商品이 一定 時期內의 豫想대로 賣却치 못한 物件을 말하는 것이다. 될 수 있는 대로 이 在庫品이 많이 나지 않도록 함이 良策이다. 너무 오래 묵은 物品이 있어서 仕入當時 價格 以下로 損害가 있을 경우는 오래 둘사록 物件이 낡어지고 또는 流行式에 依하여 變動되는 것이 甚함으로 期節的으로 割引大賣出의 期日를 定하야 大發賣를 하거나 組合員에게 通知하되 비라에다가 在庫品에 對한 割引 特定의 定價를 맥여서 廣告함이 좋다. 될 수 있는 대로 패물이 나지 않도록 注意하여야 한다.

4. 店舖觀念에 對한 注意

都市에서는 店舖가 큰 問題가 되나 農村에서는 그다지 重要치는 않다. 農村消費組合의 店舖經營上 失敗는 大槪 店舖 擴張慾에 있는 것이다. 店舖라는 것은 어떠한 물건이던지 없는 것이 없이 一般 손님이 찾는 대로다. 應하려 하여 多種을 仕入하여 陳列床에 꽉 차게 하나 組合員이나 一般 洞民의 生活上, 經濟上 그다지 必要치 않는 物品을 山積하여 놓고 속히 賣出하지 못하여서 結局은 色이 변하고 끄슬고 때가 묻어서 패물을 만들거나 또는 定價變動이 있어서 못 팔게 되면 곳 損害를 입는 것임으로 가장 理想的은 그 洞民이나 組合員의 生活上으로나 經濟上으로나 없어서 않될 必要로 하는 物件만을 恒常 仕入하여 需要에 不足한 程道로 仕入하여 期節的으로 賣盡하도록 하여야 한다. 農村組合에서는 더욱 注意할 點이다.

5. 仕入方法

仕入問題는 크게 重要한 것이다. 앞으로 組合 運營上 重大한 것이라 注意를 要하는 것이다. 商品 品質의 優良, 그리고 仕入價格이 가장 헐하게 仕入하여야 一般消費者에게 安價로 提供할 수 있는 것이다. 仕入은 親面이나 情誼關係를 떠나서 消費大衆의 總利益을 生覺하고 될 수 있는 대로 一分이라도 헐한 곳에다가 去來를 하고 될 수 있는 대로 生産場으로부터 生産者 價格으로 仕入하도록 努力하여야 한다. 小量의 物品을 仕入하면 高價로 仕入이 되니까 故로 他組合과 提携하여 共同仕入을 하는 것이 좋고 앞으로는 必히 協同組合聯合會가 되여서 自營으로 都賣部를 두고 生産地에서 仕入케 될 것이고 그 뿐만이 않이라 生産工場을 自營하여 직접으로 生産하여 組合을 通하여 配給케 될 것이다.

6. 分配價格에 對한 理論

協同組合에서 購買한 物品을 組合員에게나 或은 非組合員에게 分配하는 價格에 對한 理論인데 여기에서도 諸說이 各異하다. 世界各國協同組合에서 돌아다니는 三大主義의 理論이 있다.

開拓者 롯치텔組合에서 市價主義를 實施하여 왓음으로 市價主義를 롯치텔(Rochdale)式 販賣라고 하고, 다음은 原價主義인데 이것은 로서아(Russia) 모스코바(Moscow)에서 國家配給機關으로 消費組合을 應用하야 原價로 配給하였기 때문에 모스코-바式 販賣라고 한다. 셋재는 折衷主義인데 이는 其他 諸國에서 實行하고 있기 때문에 此를 列邦式

販賣라고 한다. 이제 다시 자세한 것을 들어 말하면,

ㄱ. 原價主義

原價主義라는 것은 生産者에게서 직접 購入하는 購買價格되로 組合員에게 分配하는 것이다. 이 主義의 理想이 좋으나 組合自體를 維持할 수가 없게 된다. 어떠한 物品이든지 仕入費와 곧 運賃, 諸般 雜費가 남으로 이 雜費를 代用充當하면서 할 수 없을 뿐만이 아니라 人件費 等의 諸多한 雜費가 없을 수는 없다. 또한 이 主義는 商業家에게 너무 과한 反動을 받기 쉽다.

이 主義의 利益點
(1) 消費者에게 安價提供할 수 있고
(2) 組合加入에 쉬울 듯함

이 主義의 有害되는 點
(1) 中間商들에게 甚한 反動을 받음
(2) 組合維持의 困難

ㄴ. 市價主義

市價主義라는 것은 購買價格의 幾許를 莫論하고 販賣定價는 現市價로 한다는 것이다. 즉 普通市長에서 販賣하는 小賣價格대로 販賣한다는 것이다. 이 主義는 롯치델 公正 開拓組合에서 實行하여서 成功하였기 때문에 모든 組合에서도 此를 模倣한다.

이 主義의 利益點.
(1) 商人의 反動이 없음이요.
(2) 組合發展이 쉬움이요.
(3) 組合員의 配當이 많음.

이 主義의 損害點.
(1) 普通店과 같음으로 組合員의 誠意가 不足하기 쉬움

ㄷ. 折衷主義

折衷主義라는 것은 原價主義보다는 加利하고 市價主義보다는 安로 其 中間을 折衷하여 價格을 定하고 販賣하는 것이다.

이 主義의 利益點.

(1) 組合員에게나 非組合員에게 引氣를 갖임.

(2) 初設組合에서 施行함이 좋음.

(3) 低物價運動時에 臨時的으로 使用함이 可함.

이 主義의 損害

(1) 中間 商人에게 過激한 反動은 없을지라도 多少 反對가 有함.

(2) 不景氣 時期에는 組合維持 困難.

7. 販賣政策

組合經營中 가장 難題가 여기에 있다. 이것은 組合에 對한 組合員 又는 店舖와 一般消費者에 對한 關係이다.

'組合이 購買한 商品을 組合員에게나 非組合員에게 販賣方法을 加何히 하는 것이 가장 有利한 것이냐?'의 問題이다. 普通市場에서도 三大問題가 있다.

1은 現金主義요. 2는 外上主義이요. 3은 配達主義이다. 이제 三分하여 個別的으로 생각함이 必要하다.

ㄱ. 現金主義

現金主義 實現은 롯치델組合에서 이미 成功하야 歷史的으로 記錄을 내여놓았다. 또한 實際經驗上 組合의 發展은 現金主義의 販賣이다. 現金主義 以外의 販賣政策은 商業競爭의 投機手段에 지나지 못한다.

現金主義의 特色은 運營資金이 적드라도 할 수 있는 것이요. 物品이 나가면 돈이 곧 收入이 되니 또한 돈으로 곧 物件을 사 드릴 수가 있다. 그리고 失敗가 적고 簿利多賣할 수가 있다.

ㄴ. 外上主義

이것은 팔기는 쉽고 또한 많은 사람을 끄을 수는 있지마는 百圓엇치 物件을 팔었다고 하면 不定期的으로 드러오는 入金은 四割(四十圓)은 떼우는 것이다. 또는 이 主義는 實行의 危險性이 많을 뿐만이 않이라 莫大한 資金이 必要가 됨으로 初設組合으로서는 到底히 實行할 수도 없다. 이 主義는 될 수 있는 대로 하지 않어야 한다.

ㄷ. 配達主義

이 主義는 가장 商業競爭이 甚한 時期에 많이 하는 方法인데 定期的으로나 또한 不定期的으로라도 組合員의 要求에 依하여 配達하여 주는 것이다. 이 主義는 便利한 것 같으나 어려운 점도 또한 있다. 또 이 主義는 人件費가 많이 들게 됨으로 自然히 物價가 빗싸게 치이게 된다.

5. 剩餘金

第一로서 問題되는 바가 利益分配에 對한 問題이다.

여기에 對하여서는 理論이 複雜하다. 其 中에 두 가지로써 크게 論하게 되는 것은 '出資高에 依하여서 하느냐? 組合員의 購買高에 依하느냐?'이다.

1) 出資高냐? 購買高냐?

첫재로 出資에 對하여 利益을 配當하자는 사람이 많다. 이것은 組合에 出資를 많이 한 사람의 不平이다. 勿論 組合에 出資가 적으면은 組合의 유지에 곤란한 것은 말할 것도 없다. 그러나 出資多額으로서만이 組合이 반드시 잘 된다고는 볼 수 없다. 오늘까지 經驗한 바에 依하면 組合員으로서 組合을 많이 利用하는 대서 組合이 잘 運營되는 것이다. 出資만 많이 하여 놓고서 一年도 組合에 對하여서 一次도 利用이 없이 있다가 他組合員의 利用함으로서 생긴 利益을 出資에 依하여서 配當하자는 것은 不公平한 것이다.

株式會社나 一般○金主義에 屬한 團體는 人格을 本位로 하지 않이하고 돈을 사람 代身으로 標準하야 處理하고 또한 利益分配에도 돈의 多

寡에 依하기 때문에 株主는 會社의 場所도 모르고 무엇을 하던지 모르지마는 株金에 對하여 配當만 받게 되는 것이다.

그러나 協同組合은 어대까지던지 組合員의 人格을 標準하여 行하고 組合의 利益도 組合員 各自의 活動과 誠意에 反比하는 것이다. 組合의 物品을 많이 利用한 組合員은 組合의 利益을 많이 남겨 놓은 사람인 고로 其 利益의 處分時에 必히 많이 利益을 내게 한 組合員에게로 돌려주는 것이 가장 公平한 方法일 것이다. 故로 購買高에 依하야 利益을 分配하는 것이 가장 合當하고 天才的 貴한 방식이라고 하지 않을 수 없다. 롯치델의 方式이 곧 이것이다.

大槪 同組合에서 實行하고 있는 方式은 如左하다.

貸付金의 利子總額
貯蓄金의 利子總額
利用料
保管料
販賣步合高(組合의 立場에서)
購買物件賣却高(組合員의 立場에서)

이것이 곧 現下社會의 不正利潤制를 撤廢하는 첫재 거름이요. 直接改良의 偉大한 手段이다.

1. 分配金의 算出法

組合에서 剩餘金을 分配하기 爲하여서는 먼저 購買高를 正確하게 함이 必要하다. 이를 正確히 하기 爲하여서는 여러 方法이 있다.

1) 組合員 各自의 特別勘定을 두는 것.
2) 通帳制로 하는 것.
3) 收取札을 만들어주고 利用 時마다 記入하는 것이다.

總購買高를 알면 그 다음은 配當金만 計算하면 된다. 쉽게 아는 方法은 組合에서 總賣上高를 알어 利益과 比較한 후 組合員의 購買高에 따라서 퍼-센트로 分하면 된다. 卽 萬圓의 賣上高에 一千五百圓의 純利益

을 얻었다면 百圓의 賣上高를 낸 者는 十五퍼-센트를 갖이게 되니 곳 利益은 十五圓을 配當金으로 받을 수 있는 것이다.

白耳義 같은 나라에서는 配當金을 주지 않고 그 대신에 商品切手를 준다. 組合員으로 하여금 組合을 利用 않이 할 수 없도록 하는 方針이다.

六. 一人 一票

大概 現世人의 槪念은 人格的 權을 平等으로 아는 同時에 資本에 對하여도 平等으로 안다. 즉 資本 百圓과 二百圓의 平等은 前者보다 後者는 倍를 더하여야 平等으로 안다. 그럼으로 人格을 單位로 하지 않고 資本을 單位로 하는 것이다. 株式會社는 株主들의 人格을 本位로 하지 않고 오즉 株金을 本位로 하야 會社에 對한 決議權이 起因한다. 그러나 協同組合은 個人의 人格을 本位로 하야 組合을 支持한다. 故로 資本의 寡多를 不拘하고 一人 一票에 限하야 組合에 對한 權利를 平等히 한다. 協同組合은 理想的, 人格的 自治團體인 同時에 愛의 民主主義가 實現된 社會이다.

七. 責任制度

責任制度는 組合과 組合員 사이에 永久的으로 相議하여 共同히 其運動을 關係함으로서 成立되는 것인데 '組合에 對한 組合員의 責任을 無限으로 함이냐? 有限으로 함이냐?'가 問題에 큰 範疇가 되어 있다. 責任制度는 無限責任, 有限責任, 保證責任으로 구분할 수 있다.

1. 無限責任制度

組合이 其 財産의 債務를 完濟치 못한 境過에 未完濟 債務뿐만 않이라 全 債務에 對하여 組合員 全體가 組合債務者에게 對한 直接 連帶無限의 責任을 負擔하는 制度이다. 故로 直接 責任의 相對者는 組合이 않이고 債權者가 된다. 이 制度의 責任을 如何히 負擔할 것인가는 組合員 互相間에 決定되는 互拂契約에 있는 것이다. 이 制度는 獨逸 라이파이

센式 信用組合에서 實行해 왔다.

2. 有限責任制度

組合員은 各目 獨立的 立場에서 組合에 對하여 出資額에 限하야 其 責任을 負擔하는 制度이다. 다시 말하면 組合員 各自가 組合에 對한 責任은 組合에 出資한 金額에 따라서 責任의 負擔이 決定됨으로 債權者 對 組合員의 直接關係는 없게 된다. 事實上으로도 組合員과 組合員 사이에 何等의 連帶的 責任을 갖이지 않는다.

3. 保證責任制度

이것은 上記 二者를 折衷한 것이라고 할 수 있다. 즉 組合財産을 組合의 債權者에게 完濟하지 못한 경우에 이 未完濟에 對하여 組合員은 組合債權者에게 直接 出資額 以外에 一定한 金額을 限定하고 各自가 獨單的으로 責任을 負擔하는 制度이다.

第四章 組合結成 以後의 宣傳活動

組合을 結成한 이후에 꾸준하게 失手없이 發展하려면 必히 智惠 있는 活動을 끊어서는 않이 된다. 以下에 몇 가지 條目을 記述하는 것이 經營者에게는 一考가 되리라고 믿는다.

一. 講演會 開催

其 地方의 特殊한 事情을 잘 考察하야 그리고 적당한 時期를 利用하야 年 二次 以上은 大講演會를 開催함이 좋다. 一般組合에 對한 思想을 줄 수가 있고, 組合에 對한 熱心을 興起할 수 있는 연고이다.

二. 講習會의 開催

첫재로 組合員의 講習이다. 協同組合을 徹底히 認識시키기 爲하야

協同組合 講座를 開催하는데 協同組合 理論, 協同組合의 實際問題, 協同組合의 經濟, 協同組合의 實踐簿記 等을 講習식혀서 組合運動의 實踐할 人物을 養成한다.

둘재로는 組合大衆을 必要로 한 講習이 자주 있어야 한다. 農事講習, 婦人問題講習 該 地方에서 必要로 하는 問題를 갖이고 講習 或은 講演會를 자주 열어야 한다.

三. 家庭訪問

"一人의 組合員은 一人의 加入者를 얻자"란 슬로간(slogan)을 갖이고서 非組合員의 집을 訪問하고 組合員이 되도록 하는 것이고, 旣成組合員의 家庭에도 자주 訪問하여 組合과 連絡하는 것과 또는 組合에 對한 여러 가지 不平이나 要求 等을 듣고 參考로 하는 것이다.

四. 포스타 作成과 비라 配付

協同組合 宣傳 上에 가장 적당한 그림을 갖이고서 포스타(poster)를 作成하야 적당한 場所에 걸어서 보게 하는 것이다.

간간히 비라를 만들어 組合을 宣傳하고 或은 商品의 新着과 營業의 新經營 等을 廣告하는 것이다.

五. 娛樂場의 設置

農村은 都市와 달라서 現代的 文化施設이 全然 없기 때문에 生活의 乾燥가 너무 甚하고 人間 情緖的 趣味가 너무 없게 된다. 될 수 있는 대로 라디오, 蓄音機, 新開雜誌, 運動場, 洞里組合公園 같은 것도 必히 有할 것이다.

六. 特賣데-의 制度

年中에 節期的으로 特選品을 擇하거나 又는 全般商店을 어느 期日內로 特賣日을 두어서 組合員에게 몇 割引을 한다든가 又는 組合員을 區

別할 必要가 없이 全般的으로써 하던지 할 것이다.

第五章 協同組合의 諸事業

우리가 흔히 알기를 協同組合은 營業에만 專業하는 줄 알지마는 여러 가지 社會事業을 經營한다.

一. 住宅問題

이 住宅問題는 農村은 그다지 問題視되지 않으나 都市에서는 重大한 問題로 되여 있다. 하물며 疎開로 헐리고 집 없는 사람 滿洲, 日本으로부터 드러온 戰災同胞가 無數히 歸還되여 있는데 이 住宅問題는 當面에 重大性을 갖일 뿐만 않이라 緊急한 問題 中의 하나이다. 또는 實力에 따라서 都市는 아빠-트(apartment)를 여러 곳에 經營하여 無住宅 組合員에게 利用케 하여야 한다.

二. 耕作地

共同耕作도 할 수 있고, 又는 小作人인 組合員들에게 耕作地를 줄 수 있게 하는 것이다. 組合에서 買收한 土地가 있다면 此로서 일이 없는 組合員들에게 일하게 하는 것이다.

三. 醫療問題

都市는 醫療機關이 많으니까 別問題라 치드라도 農村에서는 가장 重大한 問題이다.

(1)無料 及 實費施藥所

極貧한 組合員이나 或은 非組合員에게 無料나 或은 實費로서 施藥

하는 것이다.

(2) 實費病院

組合에서 직접으로 의사를 청하야 두던지 혹은 旣成 病院에다가 組合指定病院으로 하야 藥은 組合에서 提供하고 受苦만 빌닐 수가 잇고 組合員證을 發行하여 無料이나 或은 實費로 診療와 施藥을 依託할 수가 잇다.

(3) 産婆院

組合員이나 或은 非組合員에게 無料 或은 實費로서 産婆의 苦를 하게 하고 또는 指定으로 할 수도 잇다.

四. 教育問題

組合員의 子女이나 或은 非組合員의 子女일지라도 夜學, 私立學校等을 經營하는 것이다. 더욱 無産子女에게 文字를 가라칠 義務가 잇다.

五. 托兒所

都市는 工場地帶에 더욱 必要하고 農村은 農繁期에 더욱 그러하다. 아희는 탁아소에 맛겨 두고, 內外가 終日 일터에 가서 일하다가 夕陽에 집에 올 때 찻어가는 것이다.

六. 圖書舘

組合에서 一室을 치워서 合當한 書籍을 準備하여 農閒期이나 또 特殊한 境遇에 參考케 할 것이다.

第六章 文簿樣式

1. 가입서

가입서

1. 出資구수(出資口數)　　　　　　구(口)

우귀(右貴) 組合의

三. 組合員 名簿

組 合 員 名 簿

			氏名			住所			등券番號 NO.	
			職業			加入 年月日				
年 月 日		摘要	出 資 口 數			出資역	拂 入 出 資 額			未拂入出資額
			所有	讓渡	現在		拂入	讓渡	現在	
1945 12	15	出資金				10000				10000
〃 12	15	第 回拂入金					1000			9000

四. 組合員利用高明細表

組合員利用高名細表

氏名						住所						號番番號 No.					
一月			二月			三月			四月			五月			六月		
日	數量	金額	日	數量	金額	日	數量	金額	日	數量	金額	日	數量	金額	日	數量	金額
1	米1斗	7600															
2	사탕																
	1 斤																
計		8250															

協同組合의 規約

綱領

一. 우리는 大衆의 經濟的 利益을 擁護 伸長함.
一. 우리는 大衆의 經濟的 團結을 鞏固히 하야 自主的 訓練을 期함.
一. 우리는 協同과 愛와 相互扶助로서 此를 支持함.

第1章 總則

第一條 本 組合은 ㅇㅇ協同組合이라 稱함.
第二條 本 組合은 本綱領에 準하야 左의 事業을 經營함으로 目的을 達코저 함.
一. 組合員의 經濟上 必要한 資金을 融通하고 兼하야 貯蓄을 目的함.
二. 組合員의 經濟에 必要한 物品을 加工 又는 生産함.
三. 組合員의 經濟上 必要한 物品을 購入하야 加工 又는 加工치 않고 販賣함.
四. 組合員의 經濟上 生活上 必要한 設備를 利用케 함.
五. 組合員의 訓練에 必要한 事業을 經營함.
第三條 本 組合의 區域은 ㅇ道 ㅇ郡 ㅇ面 ㅇ里로 함.
第四條 本 組合의 事務所는 …………에 置함.
第五條 組合員은 本 區域內에 居住하는 者로 함.
第六條 本 組合員은 同一한 目的이 있는 他組合에 加入함을 不得함.
第七條 本 組合의 公告는 本 組合 揭示板에 揭示하고 又는 ○○新聞에 記載함.
第八條 本 組合의 財産에 對한 組合員 所持額은 左의 標準에 依하야 此를 算定함.
但 事業 基金은 此를 除外함.

一. 出資金에 對하아는 拂込濟出資 累計額에 依하야 算定함.

二. 準備金 及 特別積立金에 對하아서는 組合員의 組合 利用高에 依하야 每年度末에 此를 算定 加算함.

三. 其他 財産에 對하아서는 拂込濟出資 累計額에 應하야 算定함.

四. 本 組合의 財産이 出額보다 減少될 時는 出資額에 依하야 所持額을 算定함.

第二章 出資金 及 積立金

第九條 出資 一口의 金額 0圓으로함. 一人의 出資口數는 00口 以上을 越過함을 不得함.

第十條 出資 第一回 拂込金은 一口에 對하야 0圓으로 하고, 殘餘額은 其 二分之一式을 每年 事業年度 初 十日 以內로 拂込함.

第十一條 出資拂込이 怠慢할 境遇에는 期日後 一日에 대하야 其 拂込한 金額의 二百分之 一에 該當한 過怠金을 徵收함.

第十二條 本 組合은 出資高가 그 總額에 達할 때까지는 每年 事業年度末에 剩餘金 四分之一 以上을 準備金으로 積立함.

第十三條 加入金, 過怠金, 組合員 所持金 未拂額은 此를 準備金으로 編立함.

第十四條 本 組合은 剩餘金 六分之 一 以內에 特別積立金을 積立함.

第十五條 本 組合은 事業年度 末에 剩餘金 五分之一 以上을 事業基金으로 積立함.

第十六條 準備金은 損失補塡에 充當하며 特別積立金은 臨時費用에 支拂하고 事業基金은 敎養訓練의 費用을 充當함.

但 損失補塡에 있어 準備金이 不足할 時는 特別積立金으로 補充하고 오히려 不足할 時는 事業基金으로써 그 不足을 補充함.

第十七條 準備金 及 特別積立金 及 事業基金은 總會의 決議에 依하여 保管함.

第三章 機關

第一節 決議 執行 監査

第十八條 本組合은 總會, 理事會, ㅇ會 及 監査會를 置함.

第十九條 總會는 定期, 臨時로 分하고 定期總會는 每年 三, 九 兩月에 開催하고, 臨時總會는 理事會 及 鑑査會가 必要로 認할 時, 又는 組合員 半數 以上의 連署請求가 有할 時에 此를 要함.

第二十條 總會召集은 最小限 五日 前에 左記事項을 通知, 又는 發送함을 要함.

一. 總會 種類

二. 時日 及 場所

三. 決議件

四. 召集者의 職名 及 氏名

第二十一條 總會의 成數는 組合員 半數 以上에 出席으로 하고 萬若 半數 未滿됨으로 流會되여 此를 再召集할 境遇에는 出席組合員으로서 開會함을 得하며 決議는 此의 過半數로 함.

但 理事, 監事의 辭任 又는 選任, 規約變更, 組合員 除名 及 合併의 決議는 組合員 半數 以上의 出席과 三分之二 以上의 同意를 要하며 但 組織變更과 合併으로 因하야 召集된 境遇에는 出席 組合員 四分之三 以上의 同意를 要함.

第二十二條 總會의 議長은 召集通知書 名者가 此에 當하되 總會에서 必要하다고 認할 時는 出席者 互選에 依하야 議長을 選定함을 得함.

第二十三條 組合員은 他人에게 票決權을 委任을 不得함.

第二十四條 總會에서는 決議錄을 作成하야 開會時日, 場所, 會議의 顚末 及 出席者數를 記載하고 議長 及 議長이 指名한 出席者 二人 以上의 記名捺印을 此에 要함.

第二十五條 總會理事에 關한 細則은 總會에서 此를 定함.

第二十六條 理事會는 理事로서 組織하고 總會의 決議를 執行함.

第二十七條 ㅇ會는 理事長, 專務理事 及 ㅇ로서 組織하고 理事會가 許하는 限 度內에서 理事會의 職能을 代行함.

第二十八條 監事會는 監事로서 組織하고 組合의 業務執行 狀況을 監査함.

第二十九條 本 組合에는 顧問 若干人을 置함을 得함. 但 組合員으로서도 得함.

第二節 任員 及 任員의 選擧 權利 任期 其他

第三十條 本 組合은 理事 約干人 及 監査 約干人을 置하고, 理事互選으로 理事長 一人, 專務理事 一人 ○ 約干人을 選定함.

第三十一條 理事長은 本 組合의 事務를 統理하며 本 組合을 代表함.

第三十二條 專務理事는 理事長을 補佐하야 日常事務를 總括하며 理事長이 有故할 時는 此를 代理함.

第三十三條 ○는 日常事務를 處理함.

第三十四條 理事의 任期는 滿 三個年으로 하고, 監事의 任期는 滿 二個年으로 함. 但 再選함을 得함.

第三十五條 理事長, 專務理事 又는 ○의 任期는 理事의 任期에 依하며 補缺選擧에 依하야 選任된 理事 又는 監事는 前任者의 任期를 繼承함. 理事 及 監事는 任期滿了 後라도 그 後任者가 引繼할 時까지 그 職務를 代行함.

第三十六條 辭任 其他 事情에 依하야 理事 又는 監事의 缺員이 生할 時 定期總會의 時期까지 保留할 수 없는 境遇에는 臨時總會를 召集하야 補缺選擧를 行함. 總會가 理事 或은 監事를 解職한 境遇에는 同時에 그 補缺選擧를 行함을 要함.

第三十七條 理事 及 監事는 名譽職으로 하되 但 理事長, 專務理事, ○는 有給으로함. 理事 及 監事에게는 總會의 決議에 依하야 報酬手當 又는 賞與를 支給함을 要함.

第四章 部門

第三十八條 本 組合은 左와 如히 部門을 置함.

一. 庶務部 二. 信用部 三. 生産部 四. 購買部 五. 販賣部 六. 利用部 七.事業部

一. 庶務部는 調査, 宣傳, 組織, 外交, 財政事務를 管理함.

二. 信用部는 組合員에게 出資를 融通하며 貯蓄을 取扱함.

三. 生産部는 組合員의 生活上 必要한 物品을 生産 又는 加工함.

四. 購買部는 組合員의 經濟上 必要한 諸般 日用商品을 購入하야 此를 賣却함.

五. 販賣部는 組合員의 生産品을 受托販賣함.

六. 利用部는 組合員의 經濟上 生活上 必要한 機關을 施設하야 組合員에게 此를 利用케 함.

七. 事業部는 出版, 教育, 共濟矯風 等에 關한 事業을 經營함.

第三十九條 各部에는 部員을 두고 組合員 中에서 理事會가 此를 囑任함.

第五章 業務進行

第一節 通則

第四十條 本 組合의 事業年度는 每四月로부터 翌年 三月까지로 함.

第四十一條 本 組合에 餘裕金이 有할 時에는 理事會의 承認을 經한 方法으로서 此를 保管함.

第四十二條 業務執行에 關한 細則은 理事會가 此를 定함.

第二節 信用

第四十三條 信用部는 左記規定에 依하야 貸付와 預金을 取扱함.

一. 貸付는 理事會의 決議를 經함을 要함.

二. 貸付 及 預金利子는 總會의 決議에 依함.

第三節 生産

第四十四條 本 組合의 生産種目은 如左함.

一. 農産物에 對한 共同耕作.

二. 家庭用品 製造 又는 加工.

三. 米麥精白

四. 總會에서 決議를 經한 것 等.

第四十五條 生産從業者와 組合과의 關係는 請負 又는 貸金制로 하되 理事會가 必要하다고 認하는 境遇에는 賦役으로 함을 要함.

第四節 購買

第四十六條 本 組合에서 賣却할 物品種類는 如左함.

一. 米穀 其他 食料品

二. 衣服材料

三. 文房具

四. 定庭用品

五. 其他는 總會의 決議를 經한 것.

第四十七條 組合은 常備品으로서 組合員의 需要에 應치 못할 時 理事長이 必要하다고 認하는 境遇에는 組合員의 申込에 依하야 此를 購入 分配함을 得함.

第四十八條 組合員은 組合에서 取扱하는 物品을 組合 外에서 購入함을 不得함.

第五節 販賣

第四十九條 販賣部는 組合員의 生産物과 組合生産物을 如左히 販賣함을 得함.

一. 組合員의 一般生産物을 共同販賣함.

二. 取扱에 關한 費用은 組合員의 物品價格에 따라 手當을 받아서 充當함.

第六節 利用

第五十條 本 組合의 設備에 對한 種類는 如左함.

一. 洗濯所
二. 理髮所
三. 醫院
四. 托兒所
五. 共同宿泊所
六. 住宅
七. 運輸機關
八. 休浴湯
九. 燈明機關
十. 農具

一般 其他는 總會의 決議를 經한 것.

第五十一條 本 組合의 設備를 利用코저 할 時는 組合에서 所定한 樣式에 依하야 申込書를 提出함을 要함.

第五十二條 設備를 利用함에 잇어서 理事長이 必要하다고 認할 時에는 組合員 中에서 保證人을 立케 하거나 又는 擔保를 提携케 함.

第五十三條 組合員은 設備利用에 對하야 利用料를 支拂함을 要함.

第五十四條 利用料는 總會에서 決議한 範圍內에서 理事長이 此를 決定함.

第五十五條 組合은 設備利用의 實○를 調査하고 損傷 又는 其他 利用 條件에 違反됨이 有할 時는 利用中이라도 其 返還을 要求함을 得하며 破損된 程度에 依하야 理事會에서 定한 賠償金을 支拂함을 要함.

第五十六條 本 組合은 左記와 如히 事業을 行함을 得함.

一. 出版과 敎育을 爲하야 月刊雜誌와 必要한 書籍을 出版하야 組合員에게 又는 非組合員에게 宣傳 及 敎養함.
二. 講座 或은 講演 夜學을 經營하고 文盲을 退治코저 함.
三. 迷信 一般 矯風에 關한 것을 改善 又는 勵行함.

第五十七條 本 組合의 事業은 總會에서의 決議에 依하야 理事會에서 必要로 認할 時에 施行함을 得함.

第六章 剩餘金 處分 並損失 補塡

第五十八條 組合에 剩餘金이 有할 時는 左의 順序에 衣하야 處分함.

一. 準備金(十二條에 依함)

二. 事業基金은 (十五條에 依함)

三. 配當金

四. 特別積立金은 (十四條에 依함)

五. 特別配當金

六. 役員賞與金

七. 繰越金 等으로함

第五十九條 剩餘金 配當은 剩餘金 總額 五分之 一 以內를 其 剩餘金이 生한 事業年度에 組合員 購買高에 依하야 配當함.

第六十條 特別配當金은 剩餘金 十二分之一 以內로 하되 拂込出資額에 依하야 配當함.

第六十一條 役員 賞與金은 剩餘 十分之一 以內를 全役員에게 支給함. 但 有給 役員은 其 半額으로함.

第六十二條 第五九, 第六〇, 第六一條 等 定된 金額의 圓未滿의 金은 支拂치 않고 繰越金에 編入함.

第六十三條 本 組合의 不足金의 處分은 第十六條에 依함.

第七章 加入 及 脫退

第六十四條 本 組合에 加入코저 할 時는 申込書를 理事會에 提出함을 要함. 理事會에서 加入을 認할 時에는 申込者에게 通○하야 出資 一回 拂込에 拂込한 後에 組合員 名簿에 記載함을 要함.

第六十五條 組合員이 所持額을 讓渡코저 할 時는 理事會의 承認을 得함을 要함. 讓受人은 讓渡人의 權利의 義務를 繼承함.

第六十六條 組合員이 組合에서 脫退코저 할 時는 적어도 事業年度末 六 開月前에 其 旨를 理事會에 豫告함을 要함.

第六十七條 死亡에 依하야 脫退하는 組合員 相續人이 遲滯없이 加入手續을 할 時는 被相續人은 相續者와 同一한 權利와 義務를 負함.

第六十八條 組合員은 左記의 事由에 該當할 時는 總會의 決議에 依하야 除名함을 得함.

一. 出資拂 又는 購買代金의 支拂을 怠慢할 時

二. 組合의 事務를 妨害할 時

三. 犯罪 或은 組合의 體面을 損傷하는 境遇

第六十九條 組合員이 脫退할 境遇에는 其 所持額의 拂込 出資濟額만 拂戾함.

第七十條 拂戾期日은 如何한 境遇라도 事業年度末에 反戾함.

『協同組合組織論』, 1946년 1월 30일, 基督教興國兄弟團出版部

◇ 논단

예수村 建設

"우리는 祖國을 基督의 精神으로 無窮하도록 ㅇ隆하게 함."

이것이 우리의 슬로건이라면 基督者의 愛國運動이 어디 있으며 싸워야 할 鬪爭 目標가 어디 있는가를 잘 알 것이다. 언제든지 어느 때든지 우리 基督者의 愛國은 祖國이 예수 그리스도의 이름으로 참된 救援이 있는 때문이다. 우리가 惡魔의 나라가 建國되고, 地獄의 나라, 死滅의 國家가 建設되는 때는 基督者의 愛國이 있을 수가 없다는 것은 前號에 이미 말한 바이다.

우리 朝鮮民族으로 태어난 基督者에겐 重大한 召命의 責任은 祖國을 救하는데 있고, 祖國의 겨레를 救贖하여 참된 生의 世界를 만듬에 있는 것이다. 壓迫도 ㅇ治도 없는 平和와 自由의 나라, 幸福한 民族, 겨레의 나라를 建國함에 이바지할 使命이 있는 것이다.

그러면 '祖國을 如何한 方面으로 救援할 것이냐?'에 대하여서는 祖國을 基督化하는데 있다. '祖國을 基督化함에는 如何한 方面으로 하느냐?'의 問題는 이제 하나씩 적어 보기로 하는데 其 中 '農村을 如何한 方法으로 基督化시키느냐?'의 問題이다. 여기에는 四大 方法이 있다.

一. 協同組合運動

敎會가 福音을 가르치는 學校이라고 하면, 協同組合은 社會에서

福音을 實踐化하는 社會的 施設이라 하겠다. 우리가 배우는데 큰 目的이 있는 것이 아니라. 그 배운 바를 實踐하는대 偉大한 價値가 있는 것이다.

우리가 敎會와 禮拜○상에서 說敎와 祈禱에 感激하여 "아-멘 아-멘" 하지마는 今日 우리 살고 있는 社會的 生活方法과 樣式은 아멘으로 化해지지 못할 뿐만 아니라 가장 反對되는 距○로 分○된 生活行動을 하고 있는 것이다. 이것이 資本主義 社會制度 속에서 ○○된 ○인 것이다.

우리가 살고 있는 生活制度는 他人의 血을 ○하여 가지고서 나의 生을 ○○하게 하는 것이다. ○돈다고 하면 어떤 사람이 솔 값 한 단에 十五円에 주고 샀다고 하면, 서울 市價에 二十五円은 하는대 한 집에서 솔 값 한단에 十五円에 막 눅거리로 샀다고 全 食口가 喜色 滿滿인대 다른 한집에서 솔 값 한단에 十円이나 속아 팔았다고 非色이 滿延되어 있다. 보서요, 이 社會에서는 내가 利益이 남았다고 하는 反面에는 損害을 입었다고 야단하는 것이다. 그러므로 남을 損害주지 않고는 나에게 利益이 나는 法則은 없다. 協同組合은 이런 矛盾에서 資本主義社會의 經濟制度를 改革하고 오즉 그리스도의 精神을 社會的 經濟生活에서 實踐할 수 있는 方法이다.

그러면 그리스도의 愛를 生活이 없이는 實踐할 道理가 없다. 또한 生活은 經濟를 떠난 生活은 있을 수 없다. 故로 그리스도의 愛를 經濟生活에서 實行하지 못한다면 늙어 죽어 極 속에 들어가기까지 사랑은 못行해 보고 죽고 마는 것이다. 그러므로 協同組合은 그리스도의 사랑을 經濟生活에서 社會에 實踐할 수 있는 絶好한 有機的 社會的 組織이다. 여기에서 한 ○○를 單位로 하여 가지고 이 愛의 協同組合을 組織한다면 全洞民의 經濟的 自立力을 伸長하는 同時에 愛的 生活의 最高 理想을 實現하는 것이다. 그러면 한 村落에 예수의 愛가 아니 예수의 福音이 經濟的 組織를 通하야 實現되는 것이다.

二. 婦人運動

國家와 社會의 單位는 家庭이다. 家庭이 華福하고 平和하고 ○○하면 社會國家는 勿論 그대로 되어지는 것이다. 그러나 家庭의 單位는 그 主婦인 것이다. 其 主婦가 文明하면 家庭도 文明하고, 그 主婦가 平和하면 그 家庭도 平和하고, 그 主婦가 그리스도의 딸이라면 其 家庭도 그리스도의 幸福한 "홈"이 되어지는 것이다.

丁抹의 開拓者 "그린드위트(Grundtvig, N.F.S.)"氏가 三大 부르짖음에서

一. 하나님을 사랑하자

二. 땅을 사랑하자

三. 家庭을 사랑하자 한 것 中에 家庭을 넣은 것도 그만큼 國家에 家庭이 重要性이 있다는 것을 알았기 때문이다. 그러므로 全洞里의 一家 一主婦는 必히 總加入을 시켜 한 家庭의 祭司長이 되게 하여 偉大한 母性이 되도록 婦人間○를 ○○시켜 ○○○○○ ○○을 버리고, 自立的 精神 밑에서 家庭平和와 華福을 爲하여 最善의 努力者가 되게 하고, 經濟的으로 文化的으로 向上식혀 獨立國家의 偉大한 女性的 使命을 發輝하도록 하는 것이다.

三. 農村少年運動

이것은 新國民養成이다. 새 나라는 새 백성이라 한다.

四十 以上의 人間은 갈르고 찢고 分裂하는 惡血을 염통에 담은 체로 온갖 추저운 罪惡을 內包한 체로 거룩한 새 나라의 건설에 이바지하려는 대는 될 이가 없다. 도리어 分爭과 온갖 醜한 모○가 있어 民族悲哀를 빚어내고 있지 아니한가.

여기에서 不染 不感한 天眞의 子孫들에게 깨끗하게 그리스도의 十字架의 精神으로 祖國魂을 살려가지고 祖國江山을 爲하여 떠러저 죽는 밀알이 되어지도록 指導하는 것이다. 그 指導綱領에는 세 가지가 있다.

1. 하나님을 사랑하자
2. 땅을 사랑하자
3. 勞動을 사랑하자

이 三大精神을 土台로 삼고 있다. 한 손에는 호미 들고, 한 손에는 괭이를 들고 어러 죽어도 밭이랑에서, 굶어 죽어도 논두렁에서 죽자. 이 땅, 이 강산을 버리고 비켜 주는 날이면 다시는 참을 내야 참을 수 없다.

아이들아, 우리 늙어 죽도록 살어야 할 洞里는 서울도, 대구도, 평양도, 미국도, 영국도 아니다. 오즉 어미 뱃속에서 나아오던 그 동리가 내가 늙어 죽도록 살어야 할 洞里이다. 그리고 勞動精神을 넣어 주어야 하는대 우리 朝鮮民族의 血統 속에는 놀고 먹기를 좋아하고 兩班은 놀고 먹는 ㅇㅇ精神이 남아 있다 이것을 淸ㅇ하기에는 "일하기 싫거던 먹지도 말라" 하시는 聖書 말씀에 基因하여 "아이들아 하로를 살고 싶으냐 하루만 살고 싶거던 하루만 일하라.""아이들아 百年을 살고 싶으냐? 百年을 살고 싶거던 百年을 일하여라. 勞動은 生活의 糧食이니라." 이 精神대로 기른다. 깨끗한 朝鮮魂을 살리고 崇高한 十字架 精神으로 十字架를 지고서 祖國江山을 위하여 勇敢히 죽을 수 있는 義勇의 新國民 養成運動을 하는 것이다.

새벽마다 早起의 喇叭을 불어가지고 洞里 어구 넓은 廣場에 集會하여 라디오 體操를 한다.

억세라 굳세라 農村 少年
우리는 흙을 갈 農夫란다
三千里 넓은 들 갈고 맬
三千萬을 먹여 줄 農夫란다

(다음은 農村少年團歌)

一. 地球 東쪽 錦繡江山 三千里 朝鮮
옛적부터 땅을 파서 살던 이 법을

千代萬代 누릴 이는 農村少年團
萬歲 반석 굳은 터에 높이 세우세
뼛속까지 저린 적신 이 땅에 쏟아
泰山도 녹으리니 골고다의 피
흘러라 이 맘에 넘쳐라 이 땅에
만세만세 불러라 농촌소년단

二. 밤낮으로 쉬지 않는 東海의 물결
이 땅아 굳어라고 소리치누나
광이 메고 달여라 이 땅의 아들
十字架의 붉은 빛은 우리의 히망
쓰러지는 오막사리 가마귀 우는
낡어지는 동리라고 낙심 마라라
동족 하늘 햇빛살로 기운 주시는
하나님이 우리 뒤에 힘을 쓰신다.

四. 技術運動

예수村이란 말은 罪도 없고 배도 고프지 아니한 理想村을 말하는 것이다. 배고픈 洞里에서 讚美를 부른다고 하면 그것은 地獄에서 부르는 것이다.

예수의 村落에는 罪도 없고 階級도 없고 배도 고프지 아니한 예수의 村을 가르킨 것이다. 거기에는 農村技術을 神學的으로 發達시켜 一坪의 多收穫의 技術을 研究하여 農村産物의 豊富함으로써 能히 世界市場에 輸出할 수 있도록 아름다운 生産을 하자는 것이다. 이것은 天ㅇ의 樂土江山에다가 氣候風土의 自然的으로 惠決을 유달리 받은 이 民族으로서 農村技術을 發達시켜 하나님의 祭壇에 五穀百果가 청청이 고여질 뿐이 아니라 ㅇㅇㅇㅇ樂國이 되게 하자는 것이다.

우리가 主祈禱에 "하늘에 이룬 뜻이 땅에서도 이루어지이다." 하는 땅은 祖國江山에 이루어지이다란 意味일 것이다.

同志여 일어나라!

同志여 모여라!

예수村 建設에 몸을 바칠 者, 物質을 바칠 者 나서거라! 祖國 光復의 岐路 途上에 있는 우리들은 어떻게 祖國을 求할 것인가!

단연히 웨치노라!

예수村을 方方谷谷에 이루워지도록 同志여 오너라!

이 뜻이 이 땅에 이루워지도록 十字架를 지고 떨어질 밀알이 되고자 하는 同志여 있는가? 없는가? 있거던 오너라! 있거던 나서라!

《홍국시보》 1946년 5월 1일

基督敎社會主義의 考察

社會主義는 自由와 平等을 主張하는 것이라고 본다면은 基督敎社會主義(Christian Socialism)란 말은 그리스도의 根本精神으로서 現實 人類社會에 참된 自由를 주고 참된 平等의 社會組織을 目的하는 運動을 가리키는 것이다. 今日 社會主義란 말이 再兴하고 있는데 우리 基督者로서 社會主義的 思想을 갖은 者를 가리켜서 基督敎社會主義者라고 한다.

이제 通俗的이고도 常識的인 것에서 基督敎社會主義에 對하여 적어보기로 한다.

一. 基督敎社會主義의 史的 考祭

一八四八年 歐洲 全土에 구름같이 기어오르는 革命의 風浪은 激甚한 때이었다. 當時 社會 現象으로서는 産業革命으로 말매암아 都市 勞動者의 生業狀態, 農民 窮乏은 말할 수 없는 恐慌에 빠져들어 가게 되었다.

여기에서 自然的으로 烽起하는 思想的 傾向은 不幸한 大衆階級을 爲하는 것으로 沒入치 않을 수 없다. 所謂 一八四八年의 英國은 勞動階級의 暗黑時代인 것만큼 思想的 衝動도 컸던 것이다. 同年 四月 十日 倫敦 케닝톤 콤몬(Kennington Common)에서 巨大한 民衆大會가 開催

되었을 때에 情勢는 極히 險惡하였다.

이때에 國敎會의 牧師이며 詩人이요. 小說家인 찰스 킹슬레(Charles Kingsley: 一八一九년~一八七五年)는 革命家요. 젊은 法律家 新進 辯護士 룻드로(John Malcolm Ludlow)와 같이 에프 띠 모리스(Frederick Denison Maurice: 一八0五年~一八七二年) 牧師의 집에 會集하여 이 動搖하는 社會形勢를 보고서 더욱 社會問題에 對한 興味와 關心은 크게 가지게 되어 胸를 펼쳐 놓고서 相互의 意見을 討議하게 되었다.

그때에 룻드로(J.M. Ludlow) 씨는 "社會主義는 基督敎化하지 않으면 아니된다. 그렇지 않으면 社會主義는 基督敎를 根本으로 動搖시킬 것이다."란 意見을 發表하였다. 이 大會集에는 삐라를 作成하여 撒布하기로 決定하고 킹슬레 牧師가 草案을 하여 가지고서 市內에 撒布하였다.

이 삐라의 內容은 現下의 勞動者의 事情에는 同情한다. 그러나 暴力을 避하는 것은 必要한 일이다. 宗敎와 道德은 人間을 自由하게 함에 價値가 있다고 하였고 最終에 現職 목사들의 署名이 되어 있었다.

11의 民衆 指導者인 오콘날(Daniel O'Connell)의 努力에 依하여 暴動은 일어나지 않았다. 其後 三人은 十七週間 동안 함께 硏究한 結果《人民을 爲한 政治(polities for the people)》란 週間雜誌를 一八四八年 五月 六日에 創刊號를 發行하여 第十七號까지 續刊하였다. 一八四九年에 다시 三人은 룻도로(J.M. Ludlow)의 집에 會集하여서 비로소 "基督敎社會主義"란 名稱을 使用하기로 決定하였다. 其 席上에서 모리쓰(F.D. Maurice)는 "이것은 우리의 目的을 決定하고 또한 우리로 하여금 非社會的 基督敎徒이나 非基督敎的 社會主義者를 相對하여 싸우기에 足한 唯一한 名扮이다."라고 하였다. 또는 그는 말하기를 "基督을 믿지 않는 社會主義者는 참 社會主義者가 아니요. 社會主義者를 모르는 基督者는 참된 信者가 아니다."라고까지 紀錄하였다.

그들은 一八四九年에는 消費組合을 設置하였고 一八五0年에는 勞動者協會 促進會를 組織하여 勞動者 團結에 盡力하였다. 이 單體는 基督敎 産業의 實際的 適用의 原則을 세웠다. 一八四九年 十一月 二日에

는 《基督教社會主義者(Christian Socialist)》란 雜紙를 發刊하였다. 이 雜紙를 通하여 勞動者, 基督教 智識層 青年들에게 感化를 준 것은 重大한 結果를 일으켰거니와 社會的으로 일으킨 쇽크도 적지 아니하였다.

그러나 社會主義派 保守派에게서 받은 非難도 많았든 것이었다. 그러나 모리스(F.D. Maurice)는 勞動者 教育에 全心全力하여서 一八五四年에는 론던(London) 大學에다가 勞動者대학(Working Men's College)을 設立하였던 것이다.

그리고 特記할 만한 事實은 一八八0年 햇드람(Stewart Headlam) 教師는 聖 마태낄트(Guild of St. Matthew)를 設立하여 『教會改革(The Church Reformer)』이란 册子를 發刊하였다. 一八八九年에 달함(Durham)의 監督과 홀란드(Henry Scott Holland)를 通하여 基督教社會同盟(Christian Social Union)이 英國 國教會 內에 設立되었다. 여기에서 한 걸음 더 나아가서 勞動教會의 運動이 일어났던 것이다. 이 運動은 一八九一年에 트레벨(John Trever)로 말미암아 판타에스타에서 改心하였다. 一八四四年 十二月 二十四日에 創設된 世界 消費組合의 始祖組合이 發生된 것도 모리스(F.D. Maurice)의 思想的 發展에서 構体化한 것이라고 하겠다.

獨逸에서 일어난 基督教社會主義 運動은 英國에서 보는 것과는 좀 特異하였다. 一八四七年에 코리트뺑이란 한 熱心 많은 天主教 信者인 勞動者는 勞動者 大衆을 카토릭 勞動者協會란 傘下로 結合하였는대 漸漸 發展되어 一八七一年에는 七万 以上의 勞動大衆의 會員을 集中시켰다.

여기에서 매이쓰의 大監督 켓트리는 랏사레의 訴願에 依하에 일어나서 基督教社會主義 등의 運動을 爲하여 많은 同志者를 얻었다. 이것은 나중에 코리트뺑의 團体를 引渡하여 獨逸議會에 있어서의 有力한 團體가 되었다. 宮廷說教者 스토갈은 "基督教社會主義는 確實히 國家와 教會를 擁護하였다."라고 하였다.

二. 基督教 勞動組合 運動

一八五四年 런던에다가 勞動者大學을 設立함으로부터 基督者의 勞動者運動은 劃期的으로 發展하였다. 그러하면서 한편으로 勞動者의 經濟的 救濟策으로 消費組合 運動 發展이 共立의 勢로서 進展하고 있었다.

"勞動運動은 종교운동이다."라고까지 主張하여 勞動者敎會 設立에까지 이르렀던 것이다. 하물며 勞動運動의 宗敎는 一階級의 것이 아니고 商業的 奴隷制度에 反對하는 사람들을 結合하는 것이여야 하고 宗敎的 ○○○가 아니여야 하고 自由宗敎이며 神의 經濟的 道德的 法則를 尊重하는 것이었다. 基督敎 勞動組合을 가장 많이 가지고 있는 나라는 獨逸이었다. 一九二八年 九月 開催된 第四回 基督敎勞動組合 인터내슌날(International)의 報告에 依하면 組合員數가 七十一萬四千名 直接 인터내슌날의 加盟한 組合員數가 六十萬七千名이었다.

基督敎 인터내순날에 加盟한 勞動組合은 世界에 있어서 約 二百萬이었었다. 이 밖에도 加盟되지 아니한 것도 많이 있어서 相當한 勢力을 有하였던 것이다. 決議의 要旨는 세 가지이엇다.

1. 財産所有權이 特定階級의 特權이 아니고 勞動者 階級에다가 割當할 것

2. 資金의 票準은 勞動者의 文化程度에 依하야 必要로 하는 額에 達하게 할 것

3. 勞動條件은 그 나라의 經濟生活 特○的 要○에만 한하지 말고 精神的 要素가 될 수 있도록 統制할 것 등이엇다.

그 中에는 一九二0年 六月에 創立된 基督敎勞動組合 인터내순날은 社會主義的 理論을 不定하고 階級打破 依하여서 勞動者 地位를 改善하자는 것이었다. 歐洲 十二個國의 基督敎組合에 全國的으로 加盟되어 있다. 一九二二年 六月에 第二回 大會 當時 有力한 加盟團体 成員은 獨逸 百十四萬余, 白耳義 二十萬여 他 十五萬 未滿이었다. 日本에 있어서도 賀川 牧師

의 友愛會로 말매암아 相當한 勢力으로서 發展을 하였는대 總同盟까지 結成되어 關西와 中央地區에서 重要한 活動을 展開하였던 것이다. 그러나 漸次로 산지가링즘에서 뽈세비기이즘(Bolshevikism)으로 躍進함에 따라서 여기에서 關係를 끊고 日本農民組合을 設立하였다. 一九一八年에 大版勞動學校를 創建하였고 神戶, 大版 等地에다가 消費組合을 組織하였고 衫山元治郞 牧師는 大版을 本으로 하여 農民組合運動을 相當한 勢力으로서 進展시켰던 것이다. 그리고 大版, 東京 等地에다가 센틀맨트를 開設하였고 더욱 一九二二年에는 非戰全國同盟을 組織하였다.

三. 基督敎社會主義의 主張

基督敎社會主義者는 언제까지든지 社會改良家란 名稱을 받어왔다. 맑스스토(Marxist)에게는 더욱 그러한 別名과 批評을 받는다. 그것은 社會를 暴力的 手段에는 끝까지 反對하고, 어디까지든지 그리스도의 愛的 方法에 依하여 改良主義를 取하는 것이기 때문이다. 또한 福音主義的 聖書에 立脚하여 不合理한 現實社會主義 制度를 基督의 根本精神으로서 改良시키고 참된 하나님의 나라가 地上에 이루워지도록 싸우고자 하는 것이다. 이 하나님의 나라라는 것은 詩人들이 夢想하는 空想的 世界가 아니요. 天啓를 通하여 地上에 이루워지는 眞의 存在性을 믿고 싸우는 것이다.

여기에는 現實의 邪惡의 制度 一切과 싸우며 非聖書的이요. 非福音的인 것에서 一切을 征服하자는 것이다. "聖書는 貧民의 書이다." "壓改에 對한 神의 聲이다."라고 부른 神의 正義는 抑壓을 當하고 있는 階級에 오시며 辱을 받는 人類에게 神의 榮光이 臨함을 말한다.

勿論 만체에스타(Manchester) 學派의 經濟學이나 個人主義的 社會哲學에도 反對하는 것은 當然하였거니와 資本主義에 對한 反對는 예수의 根本思想인 것이었다. 거기다가 ㅇㅇ한다는 宣告는 勿論이다.

《홍국시보》 1946년 5월 1일

第二十四回 國際協同組合 데이를 맞으면서

今日은 國際協同組合 데-이(day)올시다. 第二十三回째 마지하면서 우리 三千萬 同胞에게 널이 저 날을 알리는 바이올시다. 國際協同組合 데-(day) 是 決定하기는 一九二二年에 國際協同組合聯盟 中央委員會에서 決定하여 갖이고, 그 다음해 一九二三年에 實施된 것이올시다. 卽 每年 七月 第一次 週日 土曜日로서 지키게 된 것인데 今年은 七月 六日 곧 '今日이 紀念日인지 아시는 이가 몇 分이나 계시는가?'도 疑問이올시다.

그러나 英國같은 나라에서는 數萬의 組合은 各 地方따라 聯合的으로 大記念 行事가 있고, 示威行列, 演劇, 音樂, 運動會, 活動寫眞 等이 있고 더욱 萬國婦人 길드(guild)에서는 婦人運動에 對한 活動이 熾烈합니다. 소비엣트 러시아에서는 七月 全달을 協同組合 紀念으로 지키는데 많은 活動이 있는 中에 食堂, 託兒所 少年들의게 깁부도록 여러 가지 行事를 하게 되었습니다. 米國(USA)같은 나라에서는 一行機 數百偏隊를 作하야 空中에서 放送과 演劇 레뷔 等으로 크게 지킵니다마는 우리 나라에서는 協同組合이 무엇인지를 모르는 이조차 계십니다.

우리나라에 協同組合이 最初에 들어오기는 一九二七年부터인데 겨우 二十四年의 젊은 歷史입니다마는 그나마 倭政虐對下에 一九三五年까지 一組合도 남김이 없이 모조리 解散을 當하고 말었다가 꿈밖에 昨年 八月 十五日이 있자 坊坊曲曲에서 雨後竹筍처럼 協同組合은 猛烈이 일어나고 있음니다. 그러나 當局의 不理解 物資配給을 對相하여 주진 않음으로 一大受要亂에 逢着하고 있읍니다마는 必히 우리 民族經濟의 再興은 이 協同組合運動 方法外에 없다고 보기 때문에 앞으로 우리는 萬亂과 싸워서 經濟的 獨立權을 獲得할 것이외다. 잠관(잠깐) 이 期會에 協同組合의 由來를 말슴드리겠습니다.

一. 協同組合의 史來

協同組合은 只今부터 百壹年 前 一八四四年 十二月 二十四日 크리쓰마스 前 날밤 "만다애스라(Manchester)"의 웃치렐(Rochdale)町紡組織工 二十八名이 貸金引下으로 스트라기(strike)를 이르켰다가 結局 失敗를 當하고 살 길이 없어서 自力으로 살 길을 開拓하기 爲하야 基督教社會主義者 로버트 오윈(Robert Owen) 씨의 理想을 받어 消費組合을 組織한 것이외다. 이것이 世界協同組合 運動史上에 最初 始祖의 組合이요. 이를 가라처서 開拓者組合이라고 일너주는 것이외다.

그러나 開拓者 웃치렐(Rochdale) 組合은 一人一○式의 出資로서 成功하기까지의 눈물 어리운 歷史는 말할 수 없는 이약기가 많음니다. 最初에는 一週日에 二日받게 開店을 못한 그대도 하루 終日 開店할 形便이 못되여서 月曜일은 午後 七,九時, 土曜日은 午後 六,十時 이릿케 하다가 얼마 지난 후에 一週日에 三日간으로 하다가 終日 開店하기는 三年이란 歲月을 지나서 一八四六年부터이였음니다. 亦是 開拓者 롯치렐(Rochdale)이 받은 苦痛은 商業者들의 反對運動과 資金不足과 組合員의 組合에 對한 ○○○ ○○로서 數十名 破産의 運命에 粘着되였든 것이외다. 그들은 이를 물고서 쌓운 結果 功든 塔은 문허지지 않어서 一九三0年에 世界協同組合聯盟에 加入한 나라 數는 四十個國이요. 加入組合數는 十九萬三千組合이요. 組合員 食口를 合算을 다하면 二億二千四百萬名이나 됨니다. 其後 十六年間을 지난 今日의 統計를 보면 世界人口四分의 一을 超過하고 있읍니다.

二. 協同組合의 機能

1. 現實社會의 不合理한 經濟組織의 制度을 默認하는 한 社會改造 迷宮이올시다. 現實은 로다 利益取得의 鬪爭이요. 生産도 商業도 消費도 全部가 互相搾取하는 手段과 方便으로 되어 있읍니다. 그럼으로 協同組合은 이 不合理한 社會制度를 改造하고 萬民平等으로 살 수 있는 新社會實現을 爲하야 싸우는 社會改良運動에 하나이올시다.

2. 協同組合은 互相扶助의 自給自活의 團體임니다. 資本家나 爲政者의 도움으로서 組織된 團體가 않이요. 中小産業者 無○農民 勞動者들 自身이 自身들의 生을 開拓하기 爲하야 쌓우는 經濟的 自治團體이올시다. 여기에서 朝鮮의 金融組合은 이런 意味에서 非協同組合主義的이라고 究明하는 理由에 하나올시다.

3. 協同組合은 民主主義的이올시다. 出資의 夥多를 보지 않고 知識과 地位도 보지 않고 오로지 一個性의 人格을 單位로 하야 어대까지던지 一人 一票의 平等이요. 權利와 義務가 똑같고 언제나 組合員의 總意에 依하야 組合自體를 運轉하는 것이올시다. 組合員 一人의 發言과 投票의 決議權이 重要視되여 있고 그럼으로 資金을 相對하지 않고 人을 卽 Personality 相對하는 것이올시다. 協同組合은 데모크라시 原則에서 組織된 것뿐이 않이라 데모크라시 原則에 依한 社會生活의 實現 團體이라 하겠습니다.

4. 協同組合은 自由主義의 團體임니다. 出資의 全力을 中心치 않고 한 사람 한 사람의 人格을 中心하였기 때문에 個性의 人格的 自由를 拘束하는 法이 없고 定款이 없읍니다. 加入도 自由이요 脫退도 自由이올시다. 會社나 銀行은 그렀치 못합니다. 株를 사지 않으면 加入치 못하고 또는 株의 金額의 價値는 오르고 나리고 하기 때문에 加入의 手續이 어렵고 또는 株를 파는 사람의게 사 가지고서야 社에 加入할 길이 있을 수가 있지마는 協同組合은 何時何等을 莫論하고 少額의 出資을 내고 加入할 수가 있는 것이올시다.

5. 隣人愛를 實現하는 愛的 團體임니다. 現實 社會制度는 他人의 損害를 입이지 않고서는 自己의 利益이 오는 法이 없읍니다. 生産者나

消費者나 販賣者나 모다 利益取得 때문에 互相鬪爭을 합니다. 一例를 들면 한 사람이 米一斗에 二百圓에 샀다고 하면 헐하게 샀다고 온 집 食口가 기뻐하는 反面에 四百圓이 넘는 米價에 二百圓을 損하고 팔었으니 또한 悲劇이 相對方에 있는 것입니다. 그럼으로 나의 利益이 났다는 그 속에는 他人의 損害가 있는 것을 잊어서는 않이됩니다. 그러나 協同組合은 自己가 利益을 낸 것은 組合에 貯蓄하여 두었다가 年末에 配當時에 도로 찾어오는 것이외다. 그럼으로 現實利益 取得鬪爭化된 社會 속에서 ○○의 社會를 實現하는 것은 利益分配의 搾取的 獨点的 經濟組織에서 改造하여 經濟分配를 平均平等으로 하는 理想的이요 愛的 社會를 實現하는 團體이올시다.

三. 我國의 協同組合運動의 重要性

四十年間 倭政의 搾取로 말매암아 餘地없시 赤手空拳이 되었을 뿐이 않이라 所謂 大東亞戰爭 때문에 우리 手中에는 ○○一個도 남지 못하였고 釘 一個도 남김이 없이 모조리 빼앗겼습니다. 여기에다가 解放 以後에는 三千里 江山 野에는 苗木 一 포기(폭이)도 세우지 못하고 모조리 비여내였고, 汽車, 公會堂, 敎會堂, 學校, 公園 등의 모조리 破損 유리창까지 죄 뜨어갔고, 工場에는 機械를 다 뽑아다가 팔아먹고 있으니 解放된 지 一年이 다 되도록 工場 하나 機械가 돌아가는 일이 없고 都市, 農村을 莫論하고 失業者은 洪水같이 밀이고 더욱 加霜으로 海外歸依同胞 때는 갈 곳조차 없는 이 悲慘한 風景 現實에서 謀利輩들의 暴利로서 大衆經濟는 一大 危機의 破滅의 陷井으로 빠트리고 있음니다.

그러나 여기에 對하여서는 對策은 없고 보시요 京城市內에 빌딩마다 무슨 公司 무슨 會社 貿易商事의 看板가 아닥다닥 붓허 있는대 다 무엇을 하고 있고 다 무엇을 꿈꾸며 기다리고 있으리라고 生覺함니까. 現實같에서는 우리의 손으로 生産品 一個를 내일(만들어 낼) 수 없고 보니 오즉 外來産品이 드러오기를 기다리고 있지 않는가. 結局인즉 外國物品을 받어가지고 우리의 주머니 속에 分錢을 모조리 긁어다가 外國人의 주머니에 넣어주는 運搬박게는 할 일이 어대 잇게음니가?

그럼으로 이제 우리의 最大 할 일은 獨立爭取運動 線上에서 經濟的 獨立을 가지기 爲하야 쌓워야 합니다. 政府가 되었다고 하드라도 經濟的 獨立 없는 政府는 허수아비에 不過할 것이올시다. 現段階에 있어서 우리의 손으로 맨든 物品이 비록 外來品에 比하야 技術的으로나 ○○○ 實用上에나 經濟的으로나 따라갈 수가 없다고 하드라도 이것을 排擊하고 우리의 物産을 愛護使用하게 하는 精神을 이르키고 三千萬 겨레는 모다 生産者로서 消費者가 되어 우리의 物産을 우리가 쓰고 自給自足만이 꿈일 것이 않니라 世界市場에 내여 놓아서 世界萬國의 商品을 능가할 수 있게 하고 않히 世界萬國人이 우리 朝鮮物産이 없이는 살 수 없다고 하는 至境까지 이르러야 합니다. 보시오 七十年 짧은 歷史에 成功한 丁抹과 같이 우리도 協同組合運動으로서 民族經濟의 復興을 할 수 있는 것이올시다. ○○ ○○된 끝에서는 ○○ 中央協同組合會을 ○○○ ○○와 ○○와 ○○로서 組合運動을 本格的으로 ○○하고야 할 것이올시다. 우리는 協同組合을 ○하야 經濟的 自主○를 ○○합시다. 우리는 協同組合을 ○하야 八割 以上의 農民大衆의 經濟生活를 安定시킵시다. 우리는 現實○○한 ○○도 大衆生活의 危期에서 ○○○○오르게 ○○하야 民○○울 ○합시다. 우리는 協同組合을 通하야 ○○○○○인 ○○○○○ ○○○ 하고 ○○○○ ○○를 땀도록 합시다. 일로서 時間關係로 ○○○ 이르리고서 다○○○○ 또 드리겠음니다.

《흥국시보》 1946년 7월 15일

現代 基督敎와 社會主義 思想

… 唯物史觀과 基督敎 …

一. 進化思想

現代의 社會에 關한 觀念의 基礎를 이룬 思想의 重要한 것 中에 하나는 自然科學研究의 發達에 依하야 結果된 生物의 進化論에 起因한 것이다.

콩트(Auguste Comte)나 스팬사(Herbert Spencer) 같은 學者는 社會學의 創始者들이라고 할 수 있겟는대 이들이 본시 進化에 對한 概念을 갖이고서 社會現像을 解剖하려고 하였다.

亦是 今日의 社會主義 學者들도 역시 이 進化論的 概念을 갖이고서 人間의 歷史와 文化의 모든 現像을 說明하려고 하였다.

이제 그들의 說을 본다면 人生은 環境의 變化에 應하야 無限으로 變化하여 가는 相對的인 存在로서 自然과 人生의 하나의 統一性과 連續性을 認定하고 거기에는 孤立과 分離가 時間的으로나 空間的으로나 存在치 않코 意識은 항상 環境에 對應한다고 본다.

그러나 이 進化思想은 본시 科學的 方法에 依하지는 않이하였으나 옛날 古代 히랍人의 思想 속에서도 있엇든 것이다. 그 形而上學的 進化概念은 라말크(Chevalier de Lamarck), 다윈 等이 生物進化論을 發表하기 以前에 쿼태(Johann Wolfgang von Goethe), 쇠링그(Friedrich Wilhelm Joseph von Schelling), 레싱그(Gotthold Ephraim Lessing), 핼-댈(Johann Gottfried von Herder), 휘

이대(Johann Gottlieb Fichte)와 같은 文學者와 哲學者들이 唱道한 것이였다. 그 中에도 近代 社會思想에 가장 깁흔 影響을 미치게 한 것은 해-켈(Georg Wilhelm Friedrich Hegel)의 歷史觀的 進化思想이였다.

그러나 進化論의 大成者인 찰스 다윈(Charles Robert Darwin, 一八0九~一八八二)은 生物學的 基礎를 닥거 비로소 自然淘汰의 理法을 說破하야 進化論의 大成을 한 것이다. 그의 著書『種子의 起源(The Origin of Species)』은 生物進化의 實際를 論述하였다.

其中에서 所謂 進化法則에는 두 가지 큰 事實이 있는데 하나는 生物의 '變異性'과 '遺傳性'이 있다. 生物의 變異性과 實際를 들면 한 樹木의 葉을 따서 各各 對照하여 본다면 꼭 같은 것은 하나도 없다. 또한 動物에 있어서도 卵 두 개를 간즈런이 比較해 본다면 其 形像의 大小 輕重이 多少는 반다시 달르다. 또한 生物치고는 如何한 것이라도 遺傳性을 갖이지 않은 것은 없다. 여기에서 親에서 生한 子가 있다고 하면 其 子는 其의 子의 變異性과 親으로부터 받은 遺傳性에 依하여 親과 비슷하면서도 또한 親과는 多少의 달른 것이다. 이 遺傳性을 利用하여 가지고 人爲的으로 幾多의 變種을 맨들 수 있다. 飼養動物이나 栽培植物의 變種은 다 이러한 方法의 人爲에 依해서 되어진 것이다.

한 例를 든다면 엇든 사람이 한 마리 비둘기를 길넛다. 七마리의 子가 낫다. 이 七마리는 變異性에 依해서 多少 相異하다. 其中에 飼養者의 뜻에 맛는 嗜好의 一마리를 골라서 길너서 또한 子를 나엇다.

多少의 親과 相異한 点도 있거니와 또한 親과 近似한 것이 나서 飼養者의 嗜好한 性質의 大部分을 具有하여 生한다.

이러케 하여 가지고 飼養者의 嗜好에 合한 대로 變種을 맨들 수가 있는 것이다. 이것을 所謂 人爲淘汰라고 한다. 이 人爲淘汰는 生物의 變異性과 遺傳性과에 人間의 힘을 加하여 成就하는 現像이다.

生物의 變異性+生物의 遺傳性+人間力=人爲淘汰+生物의 變異性+生物의 遺傳性+自然力=自然淘汰, 野生의 動植物의 變種은 飼養栽培의 動植物의 그것보다도 더 많다. 一例를 들면 菊科에는 一萬種의 變種이 있고, 蘭科에는 八千餘種, 아가시아(acacia)에는 五千餘種의 變種

이 있다. 산도위치 島中에 한 적은 島속에 林中에는 百七十五種의 陸上貝類가 있는대 그것은 七, 八百 變種이 있고 佛蘭西 엇든 果樹園에는 달팽이 九十種의 變種이 있는대 이 種類들은 다 周園의 自然의 影響을 바더서 되었다. 卽 生物의 遺傳性과 變異性과에 自然의 力의 働作에 依한 것이다.

自然淘汰라는 것은 生存競爭의 說이 없이는 生覺할 수가 없다. 自然淘汰에 依하여서 弱者는 淘汰되고 强者만이 生存케 된다. 여기에서 弱者라는 것은 卽 周園에 適應치 못한 것이오, 强者라는 것은 周園에 適應하여 生存力을 强하게 가진 者인 것이다. 生存競爭은 自然淘汰를 結果하고 自然淘汰는 適者生存을 結果한다. 고로 生物은 그 變異性과 遺傳性에 依支하여 適者的인 生態 習慣 其他를 變하여 간다. 거기에서 進化란 事實을 生한다.

人爲淘汰는 人間의 嗜好에 基因하고 또한 極히 外觀的에 不適하지마는 自然淘汰는 淘汰標準을 生物 그 自體의 利益에 重点을 둔다. "人間은 人間 自身의 利益을 爲하여서 淘汰하지마는 自然은 自己가 돕는 生物 그 自身의 利益 때문에 淘汰하는 것이다."라고 다윈(Darwin)은 말하였다.

그리고 다윈(Darwin)은 進化에서 있서서 三大 法則을 말하였는대

一. 器官의 用과 用에서 生起일 變異性, 이것은 前에 벌서 라말크(Chevalier de Lamarck)가 말한 것을 踏襲한 것에 不過하다.

卽 엇든 器官을 特히 많이 使用하기 爲하야 特殊하게 發達된 것과 또는 여기에 反하여 器官을 全然 쓰지 않어서 次第로 그 器官이 衰亡하여 가는 이러한 變化를 말하는 것이다.

例를 들면 麒麟, 鶴, 駄鳥 等의 頭骨, 駄馬의 四肢, 人間의 頭腦 等은 前例이요, 鯨 其他 海獸의 四肢, 타조의 翼 等은 後者의 例이다.

二. 相關變異라는 것은 諸器官 中 한 개의 生한 變異에 딸어서 他의 生하는 變異를 가라치는 것이다. 비닭기의 주동이가 짧으면 脚이 또한 짧어진다든가, 비닭기의 足에 羽毛가 난 것은 外지의 間에 膜를 가신 것 等의 例는 많이 들 수 있다.

三. 分布에서 生起인 變異는 그 分布된 土地의 狀況에 適應하기 爲

한 變異이다. 이 例를 들 必要도 없이 모든 生物은 다 이 變異를 經驗하고 있다.

以上의 述한 自然淘汰 以外에 雌雄淘汰라는 것이 있다. 性을 달니하는 生物에 對하여 檢하여 보면 雄에 比하여서 雌가 작게 生起인 것이 있다. 雄와 雌과의 사이에 雌를 어드려는 激한 競爭이 이러난다. 이 競爭에 勝한 雄의 利点이 自然에 依하여서 子孫代代로 雄에 遺傳되어 점점 顯著해 간다. 이 事實을 雌雄淘汰라고 하였다.

이 進化論 法則이 自然淘汰만으로만 되여지는 것이 않이라는 것은 다윈도 『種子의 起源』의 序文 中에 發表되였거니와 進化論도 結局은 同種 進化의 法則은 認定할 수는 있을 것이다. 特異한 다른 種物이 새로운 다른 動物로서 進化된다는 것은 없는 것이다.

그림으로 結局 進化論의 終結도 神의 攝理로서 보고 말게 되는 것이다. 科學者 왈에쓰(Alfred Russel Wallace) 氏는 『生命의 世界』란 册에 生物이 複雜한 것과 遺傳性과 變異性 狀態를 詳論하다가 進化作用으로 歸結하고 눌너 主宰하는 神이 있서서 保全하고 引導한다고 하였다.

또 톰슨(Sir William Thompson, Lord Kelvin) 氏도 '宇宙進化論' 中에 宇宙의 神奇함과 機體의 進化를 仔詳히 말하고 다시 終結하기를 만일 自然의 進化뿐이라면 萬物의 形態를 槪括할 수 없슬 것이오. 오직 意匠이 있는 進化論이 참된 것이라고 主張하였다.

科學은 萬物의 進化된 程序를 說明함에 不過하고 宗敎는 萬有의 進化된 能力을 論述한 것인 즉 우리가 進化論을 科學的으로 窮究하면 할사록 더욱 神의 智慧와 愛的 攝理를 느낄 수 있는 것이다.

《홍국시보》 1947년 1월 15일

二. 進化思想과 歷史觀

헤겔(Hegel)의 思想의 本源은 간트(Immanuel Kant)의게서 準備되어 피-데(Fichte), 쇠링그(Schelling) 等에 依하여 辨證法을 發展 完成하였고, 그것으로서 그의 絕對的 觀念論을 組織하기 위한 것의

哲學的 方法을 이루웟다.

彼는 피-데(Fichte)나 쇠링그(Schelling)의 思想 속에 오히려 對立되어 或은 分離된 精神(自我)와 自然(非我)를 所謂 絶對理念의 內面的 發展이라고 하여 한 體系內에 抱括하려고 애를 썻다. 卽 彼는 絶對觀念論的 立場에서 人間 及 自然의 世界를 絶對者에 自意識의 進化에 있서서의 한 段階라고 보앗고 人間歷史를 神의 자己實現의 모맨트(moment)라고 思考한 것에 있서서 近世歷史科學의 새로운 關心과 發展을 促하였다고 볼 수가 있다. 그런데 여기에서 해켈(Hegel)學派에서 一八三一年에 彼의 죽은 뒤에 이 思辨的 觀念論에서 所謂 해켈(Hegel)의 左翼學派가 分派되었다.

오늘날 歷史觀 及 社會思想에 가장 기픈 關係를 가진 것은 칼 맑쓰(Karl Marx), 엥겔쓰(Friedrich Engels)에게 依하여서 發展하였고, 이것을 所謂 이라기를 唯物的 辨證法 及 唯物歷史觀인 것이다.

三. 唯物史觀

여기에서 辨證法은 해켈(Hegel)에서부터 自己運動 卽 觀念은 스사로 內部에 包含한 矛盾을 原動力으로 하여 가지고 自己發展을 하고 있다. 이 唯物史觀은 또한 史的唯物論(historical materialism)이라고도 할 수가 있다. 餘剩價値觀과 맑쓰(Marx)主義의 基礎를 이룬 根本學說이다.

엥겔쓰(Engels)의 말과 같이 "唯物史觀에 依하여 비로소 社會主義는 一個의 科學이 되였다."

剩餘價値設과 唯物史觀의 二大學說의 發見은 맑쓰(Marx)의 獨創的이라』하였다. 唯物史觀을 좀 더 冷靜히 말한다면 唯物社會史觀이라 할 수 있을 것이다. 그것은 社會의 組織編成과 社會의 變革科程을 說明하려는 一個의 史觀이기 때문이다.

그러나 一個의 史觀이라 하드라도 決코 個個의 歷史的 事件을 說明하려는 것이 아니라 卽 社會의 變革은 어찌하여 이러나며 또한 其 究極

의 原因은 무엇인가를 說明하려는 것이다. 其 究極의 原因을 追求함에는 其 動機가 如何한 經路로서 由來하는가를 硏究하고 最後의 決定的 動因을 "社會적 物質的 生産力"의 變化에 追求하는 것에 依하야 社會進化의 背後에 누워 있는 客觀的 法則을 表出식힘에 있는 것이다.

또한 이 歷史觀은 單至 從來의 記述的이요. 羅列的인 歷史學의 弊를 除去한 것뿐만이 않이라 人類의 歷史的 活動의 原因과 其 根本의 究極的 原因이 어데 있는가를 探求하고 結局 이것을 社會의 物質的 生産力의 變化의 歸着케 하게 하였음으로 人類의 歷史的 活動의 動期와 社會 變化의 原因을 或 個人의 意思와 征服慾과 民族精神과 其他 觀念的의 動機에 求하려고 하는 從來의 歷史觀을 全幅的으로 顚倒식히고 말었다. 그런데 맑쓰이즘(Marxism)의 唯物史觀은 이 唯物 辨證法을 歷史에다가 適用하였다고 할 수가 있다.

卽 다시 復言하여 仔細하게 말하여 본다면 人類의 意識이 彼等의 存在를 決定하는 것이 않니고 도리혀 反對로 彼等의 社會的 存在가 彼等의 意識을 決定하는 것이라고 보는 것이 其 觀察点이다.

이제 重要한 要旨만을 指摘한다면

一. 社會의 經濟的 構造가 社會의 現實이 土臺이고 政治的 法律的 制度는 勿論이고 宗敎的 哲學的 藝術的 及 其他 觀念 形態에 이르기까지 究極에 處해 있는 經濟的 構造에 依存한다.

二. 이러한 社會의 構成에 應하여 社會의 變革도 其 究極의 動因은 生産力과 生産關係과의 矛盾에 歸着한다.

이 矛盾을 克服하는 鬪爭은 生産力과 生産關係와의 矛盾이 生産手段의 分配關係 生産關係의 가장 根本的 所有關係에 關聯하여 올 때에 이것을 中心하여 가지고 階級과 階級과의 鬪爭의 社會變革을 向하야 展開하게 되는 것이다.

그럼으로 唯物史觀은 "社會의 構成을 究明하야 其 變革의 原因을 찾고 社會의 物質的 生産力의 其 基礎이요. 其 發展이 變革의 原因이 되는 것이다"고 說明한다.

부하링은 革命을 分하야

一. 生産力과 生産關係의 矛盾을 意識하는 意識革命.

二. 이 矛盾을 克服하는 社會的 變革을 하게 하는 前提條件을 싸워 엇기 爲한 政治革命.

三. 政治革命에 依하야 獲得한 政治的 權力에 依한 經濟 秩序의 變革을 斷行하는 經濟的 革命.

四. 經濟革命을 成就할 만한 技術革命이다.

맑쓰이즘(Marxism)에서 말하는 社會革命은 意識革命, 政治革命 없이 經濟革命이 있을 수 없다고 보는 것이다.

歷史는 사람이 作成한다. 그러나 오즉 附與된 經濟的 條件下에서만이 作한다고 보는 것이 唯物史觀의 根本命題이다.

《흥국시보》 1947년 2월 1일

四. 基督敎와 唯物史觀

맑쓰(Marx)는 헤겔(Hegel)의 設 '理性이라는 것은 實際的이며 實際的인 것은 理性的인 것이다.' 라는 論題를 顔倒시켜 '人間의 存在를 決定하는 것은 人間意識이 아니요, 此의 對하야 人間의 社會的 存在가 人間의 意識을 決定한다.'라고 하였다.

唯物論的 辨證法은 現存한 事物의 肯定的 理解 속에 또한 同時에 否定의 理論을 包含하며 實在를 運動에다가 歸着시켜 가지고 暫時的인 方面에 있어서 把握하라고 하는 것이다. 그럼으로 自然이나 歷史나 다이 辨證法的 運動法則에 따라서 發展하는 것이오. 또는 必然의 發展過程을 社會 進化라고 한다.

우리들은 여기에서 唯物史觀이라고 하는 것이나 社會進化라고 하는 것이 어떠게 우리 基督敎的 歷史觀과 다르다는 것을 判然하게 考察하여 둘 必要가 있다. 웨 그런고 하니 잘못하면 하나님의 나라가 社會進化의 結果로서 오는 必然的 現象으로 보는 者가 있어서는 아니됨으로써이다.

元來 우리 基督敎의 歷史觀은 神觀과 世界觀과의 不可離의 密接한 關係를 가지고 있다. 이것은 神의 存在를 信仰하는 中心하야 오는 觀으로 이 世界가 物質的인 卽 一元的 要因에 依하야 存在하고 發展한다고 生覺하는 唯物的 觀과는 根本的으로 相違가 크게 달러 있다. 基督敎는

勿論 人間의 物的 條件과 歷史的인 生活을 否定하거나 또는 無視하지 아니하나 그러나 人間의 物質的 歷史的 生活에 根據를 둔 그것과는 달리한 精神的인 超越的인 價値의 世界에서부터 理解하려 하는 것이다.

여기에서 天國과 正義를 求하는 그것이 人間의 物質的 經濟的 生活을 解決하는 根本 要素이라고 하는 것이다. 그러나 萬若, 먼저 物的 需要와 其의 公正을 求하는 것이 必然的으로 하나님의 나라와 眞義의 結成하는 要件으로 보는 것은 아니다. 따라서 歷史는 基督教 信仰에 有하야 맑쓰(Marx)의 主張과 같이 必然的이거나 또한 絕對的인 重要性을 가졌다고는 믿지 않는다.

오직 歷史의 重要性은 神이 歷史를 超越하여 歷史를 支配하고 人間의 生命 其 文化를 攝理하시여서 人類歷史 過程의 墮落과 腐敗할 때에 贖良하고자 하는 其 대상으로서 認定하는 것이다. 그럼으로 天國은 歷史的 過程의 必然的으로 成立되는 것의 아님을 우리가 잘 아는 同時에 天國은 어대까지던지 芥種의 成長과 같이 가루 三斗속의 누룩과 같이 生長發展하는 것이오. 物的, 經濟的 條件이 必然的으로 發展하는 것은 아니다. 그래서 오직 存在를 새로 倉造하여 가는 宗教的, 倫理的 發展일 뿐인 것이다. 아니 天國은 人間의 生理的 成長으로서나 또는 優生學的으로 改造되어 간다고 하더라고 天國에 들어갈 수 있는 絕對的 條件은 못 되는 것이다. 오직 天國市民의 絕對的 條件은 十字架로서 人의 新生을 過程하고서야 될 일이다.

그럼으로 참된 文明의 基礎는 神의 聖스러운 眞理 위에 서야 할 것이다. 現代의 腐敗하고 墮落된 文明이 崩壞되고 다시 새로운 土臺 위에 再建하지 않으면 아니 되는 것 같이 無神的인 社會主義의 時代는 崩壞되여야 할 것이다.

勿論 神을 否定하는 社會理論으로부터 하야 하나님의 나라가 發展되리라고는 期待할 수 없겠지만 天國은 一定的인 場所의 所在가 主로 될 일이 아니라 오로지 內的 世界의 變化의 神創造된 社會的 價値 속에서 發見될 것이오. 마치 질그릇에 담긴 寶貨와 같이 組織과 制度의 新新한 性質의 속에 이루어저 있는 것이다. 그럼으로 天國은 啓示된 말슴의 實現이오. 社會의 聖化된 한 位의 人格의 集團 그 속에서만이 天國의 發展

이 있을 것이다. 唯物論的 歷史觀으로부터 비로소 神 中心의 歷史觀으로서 天國 完成의 人格的 集團改造의 實現은 十字架의 이루어 놓은 課業이라고 한다.

五. 階級鬪爭과 基督敎

一. 生存 競爭說

더욱 自然淘汰라는 것은 生存競爭이란 事實에서 비로소 生覺할 수 있다. 이 生存競爭의 事實의 眞摯을 알려고 하면 生物의 蕃植力을 알지 못하고는 可能치 못한다.

다윈은 모든 動物 中에 가장 蕃植이 느진 것이 쇼-라고 하는데 이 쇼-가 平均 百歲를 사는 壽命을 가진다며는 한 마리 쇼가 六四의 새끼를 生産하는 때에는 五百五十年 後에는 一千九百萬 匹에 勘定이 된다.

또한 人類가 만약 二十五歲가 되여 二倍로 增加한다고 하면 一千年 後에는 한 사람의 子孫으로서 地球의 全面을 더퍼 立錐의 餘地가 없게 되리라 한다. 콜론보스(Christopher Columbus)가 一四九三年의 第二回 航海의 때 西印度 諸島 中 산드 민고(Santo Domingo)島에다가 數匹의 黑牛를 放置하였더니 二十七年 후에는 四千 乃至 八千頭로 增加하였고 一八五七年 頃에는 三萬五千餘頭의 牛皮을 輸出하였다고 한다.

그리고 下等動物로 나려갈수록 蕃植力이 强하다고 한다. 레니어스의 말과 같이 "三羽의 蠅 죽은 馬을 먹어버리는 時間보다 빠르다."고 하였다. 이것은 結局 파리의 蕃植力을 말하는 것을 말하는 것이다. 파리 한 마리가 一回의 生産하는 幼虫의 數는 二萬을 産下하는데 그 幼蟲이 各各 生長하여 二萬의 幼蟲을 生産한다고 하면 二周日 後에는 地球의 全面은 파리 속에 埋沒되고 말 것이다. 여기에서 본다면 一般動植物은 파리의 밥이 되고 말 것이라고 볼수가 있을 것이다.

더 生殖力이 强한 것은 寸蟲이다. 이 버러지의 生殖率은 한 마리의 長은 三丈이요. 그 한 마리를 三分한다면 一千五百의 各節은 一億粒

의 卵을 內包하고 있는데 萬一 一匹의 寸蟲이 一回의 生殖의 總數는 無慮 一千五百億匹이 될 것이다. 또 한층 더내려가서 박테리아는 分裂蕃植하는 것인대 其 分裂이 한 時間에 一回식 한다며는 一時間마다 그 數를 倍加하게 되는데 一日夜後에는 一千六百七十七萬個가되고 二日 後에는 二千八百十五億마리로 勘定할 수 있다. 이 一千六百七十七億個를 一直線으로 連結시키면 地球의 赤道를 감아 十四廻를 감을 수가 있다고 한다. 이러케 蕃植力이 强한데도 不拘하고 何故로 繁殖 比例대로 生存치를 못하는가? 이것이 生存競爭의 根本研究點이였다.

生産된 모든 生物이 살기 爲하야 努力하고 鬪爭하는데 第一條는 生命을 維持할 만한 食物이 不足한 까닭으로 또는 周圍의 自然의 條件이 그 生存에 對하야 無慈悲하여 生을 繼續하기에 不適當한 까닭으로 漸漸 衰退히 여기는 것이 있는 反面에 한 部分의 것은 生命을 維持하기에 食物이 豊富하거나 또는 其 自然條件에 適當한 性質을 타고나서 自然條件 그것이 生存의 恩惠가 되는 境遇에는 生存蕃植이 盛旺하게 되는 것이다. 다시 말하면 生物의 生存은 定員으로 限定된 것처럼 無數한 生物이 生存 室內에 들어가기를 願하지마는 이 生存室內에 들어가기에 資格을 가진 生物의 數는 至極히 적은 것이다.

그럼으로 自然淘汰에 依하여 弱者는 淘汰되여 生存域外로 追落되고 말고 强者는 周圍에 適應한 力을 所有하여 生存圈內에서 살 수 있는 適者가 되어 있는 것이다.

그럼으로 生存競爭은 自然淘汰의 結果를 짓고 自然淘汰는 適者生存을 結果하는 것이다. 生存競爭에서 克服하고 生存을 全得함에는 其 敵을 滅亡시키고 其 自然에 順應하는 力을 가저야 한다. 卽 生存競爭에 不利한 點은 捨棄하고 生存競爭에 有하야 勝한 點 有利한 點만이 가장 重要하게 保存되여 子子孫孫에게로 遺傳하는 것이다. 여기에서 不利한 劣點은 버리고 利點만을 一層 强하게 蓄積하여 漸漸 資質이 向上되여 優者가 되어지는 것이다.

다윈은 "有利한 個個의 變異를 保存하고 不利한 變異를 絕滅한다. 이것을 自然淘汰라고 한다."라 하였다.

《흥국시보》 1947년 3월 15일

二. 生存競爭說(續)

여기에서 '階級鬪爭의 終結譜는 어느 때이냐?' 한다면 人類社會의 歷史가 繼續되고 또한 歷史 속에 嚴然히 兩大 階級이 存在해 있는 限에는 이 鬪爭은 終息되지 못할 것이다. 왜 그런고 하면 設或 한 階級이 完全的으로 다른 한 階級을 破碎식히고 其 支配觀을 掌握하엿고 하더라도 또한 其 敗北當한 階級이 어떠한 方法과 手段으로서든지 또는 어떠한 時代와 時期에서든지 自己階級이 勝利를 爲하여 鬪爭할 것이기 때문이다.

그러나 人間歷史를 階級鬪爭의 史觀으로만 볼 것이 않이라 相互協調 所謂 階級協調란 말이 있고 其 實例가 있다고 하는 편이 있다. 다시 말하면 二大 對立의 兩階級 사이에 平和가 維持되고 同一한 目的下에 또한 同一한 目標를 向하여 協力하고 相互의 利害가 調和되는 것이 있다. 딸아서 이런 것은 階級鬪爭의 反對이다. 그러나 階級協調는 階級對立의 存續을 前提로 하는 것이다. 왜 그런고 하면 階級的 對立이 存在치 않는다면 協調란 意味를 갖이지 않을 것이다. 階級의 對立을 維持하여 가면서 相互協力하고 調和하여 社會의 秩序를 維持하는 것을 階級協調라고 하는 것이다.

왜 그런고 하니 元來 階級이라는 것은 同一한 社會, 同一한 國民에 있어서의 區分된 것임으로 假令 互相利害의 衝突은 있다고 하더라도 社會全體, 國民全體의 利益을 擁護하기 爲하야는 目的이나 義務나 共通되어 있기 때문에 各己의 自己階級의 慾望과 利益을 爲하야 鬪爭하는 것을 停止하고 協力一致하야 產業의 發達, 社會의 福利를 圖하는 것이라고 主張한다. 그러나 맑스主義者들은 이 階級協調說을 排擊한다. 또한 이 協調說은 資本階級이거나 又는 支配階級의 自己辯護라고 보는 것이다.

그러나 이 社會의 現像은 階級鬪爭史的 一面으로만 史觀할 수도 없다. 그것은 社會史上에 協調의 事實도 얼마든지 實禮를 들 수 있기 때문이다. 가령 國家關係로 戰爭이 이러낫을 때에는 自己國民內의 鬪爭은 一濟停止하고 國內 모든 階級은 相互協力하야 一致團結하야 外敵을 막는 것을 보는 까닭이다.

三. 階級鬪爭과 基督教

그러면 上記한 바와 같이 歷史的 必然으로써 主張하는 이 階級鬪爭을 基督敎로서 如前히 生覺하는가-가 問題일 것이다. 卽 '無産階級의 利益을 위하야 經濟的 政治的으로 其 支配權을 獲得하기 위하여 鬪爭하는 手段으로서 階級鬪爭을 우리 基督敎로서 福音主義의 原理에 빛이여 보아서 肯定할 수 있느냐? 없느냐?' 이 問題이다.

本是 基督敎의 信仰上으로 보아서 社會觀念은 神을 中心으로 한 神子意識의 兄弟觀念으로서 階級意識을 否定하는 것이다. 그러나 現實社會의 制度나 階級制로서 비겨나오는 資本主義的 社會의 現像을 肯定하지 않는다. 도로혀 神의 旨의 反對되는 罪惡的 現像으로 보아서 當然排擊한다.

그리고 더욱이 資本主義 社會의 經濟組織과 其로 오는 社會的 結果엔 階級的이오. 差別的 對立은 勿論 容忍할 수 없는 罪惡的인 것이라고 究定한다.

그러나 現實의 罪惡的인 不合理를 階級鬪爭으로서 除去식히거나, 改革할 수 있다고는 보지않을 뿐만 않이라 또한 이 手段을 使用치 않는다. 왜 그런고 하면 階級鬪爭은 맑스主義의 論說대로 歷史가 存續하는 限 停止됨이 없는 연고이다. 現實 無産階級이 勝利하였다고 하드라도, 顚倒된 被支配階級이 또한 不滿을 가지는 鬪爭을 宣布하는 또한 새로운 階級이 形成되는 까닭이다.

그럼으로 基督敎는 階級을 形成하는 社會의 罪惡의 根本을 指摘하야 이를 叱責하고 根本的으로 手術하여 階級鬪爭의 發生的 原因을 없이 하려는 것이다.

그럼으로 基督敎는 現實社會의 罪惡을 攻擊하고 하날나라의 正義를 基礎로 한 兄弟的 團結에 있어서 現 搾階級의 罪惡을 叱責하여 悔改하라고 외칠 것이다.

本是 基督敎는 武裝的, 階級的 團結로서 이러나는 鬪爭을 有力하다고 믿지 않는다. 어대까지던지 社會의 單位인 一分子의 個性의 根本革命에 있는 것이다. 이 個性의 新創造로 말매암아 結果되는 社會現像

이 비로소 하나님 나라가 臨하여지는 것으로 안다.

그럼으로 여기에서 要求되는 武器는 自己와 같이 남을 사랑하는 隣人愛의 十字架의 精神으로서 社會的 生活의 構現함에 있는 것이다. 客觀的인 社會環境의 變化에서보담도 主觀的인 人間重生의 新創造로서 오는 社會的 態度의 變化를 根本으로 본다. 여기에서 우리 基督者를 空想的이라고 불너 준다. 또한 여기에서 우리 基督者를 無力無關한 것으로 보는 者도 있다.

우리는 어대까지던지 그리스도의 福音으로서 現實社會 制度와 及 밑이는 不合理한 罪惡을 指摘하고 大膽히 悔改를 외치고 利己的이요.

《흥국시보》 1947년 4월 1일

農村問題와 其 政策

우리 겨레가 農業을 天下의 大本으로 하여 살어온 것은 氣候로나 地質的으로 天惠的인 特殊性을 받은 것도 理由가 있겠지마는 하나님이 주신 國土를 가장 適合하게 價値있게 利用한 理知的 發達에 있다고 할 것이다.

原始的 農耕法에서 버서나지 못한 農業技術에다가 封建農奴制度로 變化하면서 農民의 窮相은 漸次的으로 侵入하게 되였다.

거기에서 또한 漸次로 資本主義 發達에 딸아서 農民으로 하여금 中産農의 沒落, 無産農小作農의 增加, 大地主의 增加 等의 社會的 兩大階級을 形成하게 되었다. 여기에서 相互利益問題로 發生하는 鬪爭이 起因케 되였다.

그래서 農土는 都市大財閥의 獨占所有로 도라가고 勞動大衆은 小作이라는 資本主義 社會制度의 搾取方法에 追從下에 있게 되었다. 그러므로 여기에서 農村社會問題가 自然發生的으로 이러나고야 말게 되였다.

第一章 農村問題發生의 原因

이제 農村問題가 發生된 原因을 究明하여 본다.

一. 政治的 缺乏

政治權化는 農民을 擁護하고 特히 貧農을 保護하는 法的權化로서 對하지 못하고 一部 小數階級인 地主階級 封建階級을 保護하고 細農을 搾取하는 온갖 法과 制度를 가지고서 齷齪한 手段으로서 小作農을 壓迫하였든 것이다. 여기에서 自然的으로 社會問題를 飽滿케 하였다.

二. 社會的 缺乏

社會制度 組織 等의 缺乏으로서 發生되는 原因을 말함인데 類似宗敎의 風俗 等으로 오는 被害로 農村의 乏弊를 招來하게 된다.

金融制度로서 오는 高利貸金의 制度 小作制度 여기에 또한 獎利穀食制로서 搾取하는 方法 特殊階級만의 敎育制度로서 오는 農民의 文官發生이 되어 農村은 비로소 現今과 같이 生地獄으로 化하게 되었다.

三. 個人的 原因

위에서 말한 政治的 組織과 制度와는 理想的이였다고 하드라도 個人的 自己缺乏으로 因한 沒落이란 것이다. 無知로서 오는 農業技術의 缺乏 00 浪費, 賭博, 投機, 放湯, 自己失手로서 오는 破産 等에 依하여 乏弊를 發生케 한 것이다.

第二章 土地問題

土地는 農民에게 있어서 基礎問題이다. 農土 없이 農民의 經濟的으로 生活上으로 幸福化 할 수는 없는 것이다. 그러므로 '土地는 農民에게로' 하는 것이 農村問題의 根本原理이요. 正義인 것이다. 그러나 資本主義 發達에 딸아서 農民의 土地는 漸次로 非農인 資本家에게로 獨占되고 가져야 할 農民에게는 끝없는 搾取를 當하는 對相이 되여서 文字 그대로 農奴化하고 말었든 것이다.

1938年度 土地臺帳 登錄된 것만으로 본다면 全國的 耕作地 面積은 四百四十三萬 八百二十五町步인데 全土 二割强이다. 畓은 百七十一萬 七千二百三十一町步이오. 田은 二百七十一萬 九千五百九十三町步인데 此를 所有別로 본다면 一九四0年 統計 全土耕地面積 四百九十三萬二千三百五十七町步이다.

1. 農家所有 百四十六萬七千七百二十三町步
2. 敵産 五十萬町步
3. 地主 二百九十六萬四千六百三十四町步

그러면 地主가 農家의 것보다 百五十萬町步 倍以上을 所有하게 되였으니 不合理하다는 것을 數字가 證明하고 있다. 過去의 殖民地的 農村搾取의 土地利用의 方法으로서는 産米增産을 口實로 하야 東拓 日本人 大財閥을 通하야 土地를 農民으로부터 買占하여 버리였다. 또한 小作制라는 것은 半分式으로 하되 肥料는 先貸하여 주고 肥料會社와 結托하거나 或은 東拓같은데는 自己生産한 肥料를 가지고서 肥料에다가 利潤을 農民으로부터 빼앗고 거기다가 農具 等도 自己生産된 農具를 多量入收하여 놓고서 農具에다가 또한 利潤을 加하야 作人들에게 分配하고 秋收時에 小作料 半分과 先貸한 肥料貸 農具代 農糧을 또한 先貸하여 먹은 것 等을 모조리 加算하여 받아내고 舍音를 두어서 一斗落에 小作權의 比例에 依하여 舍音稅를 내게 되고 또한 稅金은 作人의 負擔으로서 一切을 除하게 되고 본즉 秋收마당의 秋穀을 거진 터러서 바치다 싶이 하였든 것이다.

全羅道 金堤 萬頃平野 같은 곳은 全然 農奴制度의 現像이였든 것이다. 여기에서 또한 耕作面積을 階級別로서 農케 된 分割表를 보면 더욱 悲慘하다.

여기에서 農村商題는 蜂起하게 되고 農土改革問題는 自然發生的으로 이러나지 않고서는 않될 濃瘇의 自然破裂과 같은 것이다. 小作問題는 過去 나려온 農土問題를 改革치 않고서 資本主義 發達의 過程을 承認

하고 만다면은 또 必然으로 波生하는 것은 小作爭議問題일 것이다. 小作問題의 根本 解決은 土地問題에 附隨 되는 것이므로 只今 國法으로서 土地改革問題가 登壇 論議中에 있으니 小作問題는 멀지 않아서 土地法에 依하야 反應하고 말 것임으로 여기에서는 小作問題를 附言치 않기로 한다.

階級別耕地面積利用表

階級別	自作	自作兼小作	小作		農勞者	計
戶數	五五0,八七七	七一一,三七0	一,六一六,七0三	六五,九九0	一0一,六0六	三,0四六,五四六
一戶當分割	一,六一九	-	-	-	-	
總面積	八九一,八六九,八	一,一五一,七0八0	二,六一七,四四二,一	一0六,八三七,八	一六四,九00,一	四,九三二,三五七,八

第三章 敎育問題

只今 全國的으로 未就兒童의 狀況을 보면 八0% 以上의 農村兒童인 것이다. 이것은 經濟的 原因이 重要하다. 그것은 地理的 原因이 큰 것이다. 一面一校 時代라 하드라도 洞里에서 學校所在地까지 二十里 되는 곧이 흔이 많다. 七歲된 適年 兒童이라고 곧 보내지 못하는 것을 二十里 來住이면 每日 平均 四十里를 行步하게 됨으로 身體上 감당키 어려운 過勞인 것임으로 大槪 適年期를 지낸 후에 十歲경에야 入學하게 되니 都市兒童보다 年齡的으로 뒤떠러진다. 또는 學校施設이 不充分함으로써 衛生上 敎育上 底級한 것은 말할 것도 없거니와 敎材에 있어서도 標本 一個도 完全한 것이 없음으로 科學的 智能敎育에는 全然不能이오. 像想敎育에 不過하다. 또는 先生 資格問題인데 有資格者는 全部 都市學校로 밀리고 부스럭이 先生만이 深山農村에 配置되니 첫째 敎授實力이 뒤떠러지게 된다. 또는 學校所在地의 거리가 멀기 때문에 兒童의 不必要한 時間虛費가 많다. 일즉이 가야 하고 저물어서 와야 하니 自習이거나 復習할 時間을 못가진다. 또는 兒童體力 以上의 過勞가 되고 아츰 일즉 가야 하고 저녁 늦어서 오게 되니 睡眠不足으로 兒童體位底下가 오게 된다. 이러한 等等의 諸多의 不利條件으로 밎이는 것은 都市兒童보다

農村兒童들의 實力差異가 생기게 된다. 가장 問題가 當面 逢着되는 것은 中等 以上의 志願兒童의 悲慘한 事實이다. 中等校는 全部는 都市 않이면 邑府에 있다.

그러면 入學試驗 爭鬪은 都市兒童에 及치 못한다. 農村의 教育問題는 무엇보다도 當面한 큰 問題가 되어 있다.

一九三八年 教育統計를 보면 小學校數 三千二百二十校, 生徒數가 百五萬二千六百九十五名이면, 簡易學校數가 一千百四十五校에, 生徒數가 七萬六千百九十名에 不過하였으니 解放後에 或은 日本人의 小學 (중간 누락)

《흥국시보》 1949년 1월 15일

第四章 누락

第五章 衛生問題

現今 醫療機關은 都市集中으로서 亂立競爭에서 하품을 쉬고 있지마는 農村에는 何等의 施設이 없기 때문에 兒童의 死亡率이 都市에 比하여서 높고 農民의 保健問題는 實로 크다. 요사이는 無醫村 巡回班이 出動하고 있지마는 그것은 모다 一時的 慰安을 얻기에도 넘우나 微弱하다.

衛生에 對한 知識이 低級하고 거기에 對한 準備도 없기 때문에 不意의 惡疾이 蔓筵하는 날에는 모조리 쓰러저 죽게 된다.

지금 같해서는 日帝時代에 一面一醫 比例로서 公醫 配置 或은 醫生闢地 開業 等으로서 一 面一所도 못된다.

그리고 各 部落마다 衛生에 關한 施設 或 共同으로 누구나 使用할 수 있는 救急藥 配置制 一洞一人 比例로서 看護婦 程度라도 施藥 及 注射 外治 等에는 簡單히 할 수 있는 人件非常으로 두어야 할 것이다.

第六章 宗敎問題

農民은 都市人과 달리 宗敎的인 것이다. 都市人은 無信仰者, 無宗敎人이 많이 있지마는 農民에게는 全然 없다싶이 무엇에던지 信仰하고 있다. 여기에서 宗敎의 選擇이 重要한 事實이다.

類似宗敎 等으로서 人權的으로, 經濟的으로, 道德的으로 無數한 弊害를 입게 되었든 것은 過去 普天敎, 白白敎 等으로서 例證할 수가 있다. 民族의 根本 健全한 思想을 所有하랴면 生活의 根力이 되어 잇는 宗敎의 選擇에 있는 것이다. 現今 農村에는 迷信의 種類는 無慮 數萬種이다. 이제 農村에 橫行하고 있는 類似 宗敎의 別을 따져본다.

1. 東學系의 類似宗敎

天道敎, 侍天敎, 靑林敎, 上帝敎, 水雲敎, 大道敎, 人天敎, 大華敎, 東學敎, 大東敎, 平和敎, 天任敎, 白白敎, 芽窮交, 天命敎, 牙窮大道敎, 天法敎, 元宗敎(十七敎)

2. 佛敎系

普天敎, 無極大道敎, 甑山敎, 甑山大道敎, 彌勒佛敎, 太乙敎, 龍華敎, 東華敎, 元君敎, 大世敎, 仙道敎, 金剛敎, 圓覺玄元敎, 先華敎, 正道敎, 大覺敎, 佛法硏究會, 甘○法會, 賓覺敎, 佛敎極樂敎, 圓融道(二十二敎)

3. 呼다系(崇祖系)

檀君敎, 三聖敎, 大聖院, 大倧敎, 箕子敎, 七星敎, 聞聖敎, 迎神敎, 崇神組合, 皇朝敬神崇神敎, 聖化敎, 文化硏究會, 西鮮神道同志會, 矯鳳會, 神理宗敎, 知我敎, 詠歌舞敎(十六)

4. 儒教系

太極, 大聖院, 孔子教, 性道教, 大倧教, 大成教會, 慕聖院(七)

5. 崇神系

天人教, 東天教, 覺世教, 濟化教, 天化教(五)

東學系 - 男 七0,九三四 女 四六,六五一 計 一一七,五八五
佛教系 - 男 一三,一六六 女 九,八八八 計 二三0,五四0
呼미系 - 男 一五,六七0 女 四,五四六 計 二0,三一六
儒教系 - 男 六,三五九 女 三四三 計 六,七0二
崇神系 - 男 二,二一一 女 二,四九六 計 四,七0六
總計 - 男 一0八,九三三 女 六三,九二五 計 一七二,八五八

解放 以後에 迷信 또는 類似宗教로서 無識한 農民을 속이는 것이 非常히 弊害가 크게 있다. 只今 鷄龍山, 智異山은 其 巢窟이 되여 있고 相當한 人員이 集中되여 있다고 한다. 이러한 諸多의 異常스러운 宗教의 類似系로서 農民의 宗教心理를 利用하여 生活上, 道德上, 經濟上으로 弊害들 입게 하여 農村 沒落의 原因의 하나를 造成하는 것이다.

그럼으로 健全한 宗教로서 農民을 平溫하고 安睹의 生活力이 될 수 있는 宗教信仰을 注入하지 않으면 아니 된다.

그럼으로 여기에서는 가장 世界的이요 文化的이요 道德的인 文化人의 宗教인 좋은 宗教를 가지게 하는데 有利할 것이다.

《홍국시보》 1949년 2월 15일

營農融資와 農村信用組合

現下 우리 농촌에서 자본주의(資本主義) 세력 밑에 있을 때는 농노(農奴)로서 살아 왔다. 더욱 일본 제국주의적(日本帝國主義的) 침략 하에는 삼능(三菱), 척식(拓植), 불이(不二), 웅본(熊本) 등의 대재벌이 침습(侵襲)하여 우리 농촌 착취는 말할 수 없었다. 여기에서 점점 중산농(中産農)의 몰낙(沒落)으로 자본독점(資本獨占)을 이루워서 무산 농민은 농노(農奴) 이상으로 궁경(窮境)에 빠지고 말게 되었다. 그러다가 소위 일지사변(日支事變)과 대동아전쟁으로 말미암아 대한 농촌은 여지없이 착취로서 밥숫가락 한 개도 남겨 둘 수 없는 지경이었다.

그러나 우리에게 해방은 왔다. 우리는 새로운 광복의 역사를 시작하게 되었다. 그러나 원통하게도 우리에게는 아모것도 소유하지 못한 적수공권이였으니 무엇을 가지고 무슨 방법으로 다시 이루어야 하는 것이다. 여기에서 전민족적(全民族的) 실력양성(實力養成)과 민족경제재건(民族經濟再建)을 위하여서는 바야흐로 협동조합(協同組合) 운동이 최대의 급무로 요청(要請)된다.

특히 농촌에는 해방 후 쌀값이 오른 탓으로 채무(債務)는 거진 없어진 것도 사실이었다. 그러나 농민의 과중한 부담과 생산 저하 등으로서 농민의 당면한 민생문제는 지금 극한 곤경에 빠져 있다. 농민의 화폐획득(貨幣獲得)은 자기생산(自己生産)한 물품을 매출(賣出)하여서만이 있는 것인데 쌀은 공출 매상 등으로 팔 쌀이 없고 나무 한 짐이라도 긁어다가 도시에 내어 파는 것인대 산에 나무 한 포기도 없고 보니 그도 못하고, 소는 전 동리에 十호에 한 마리 비례도 못되고 보니 팔 것이 없고 특별 생산이 없고 보니 돈 한 푼을 획득할 방도가 없다. 또한 겨울동안 색기, 가마니 등을 생산하여 이것으로서 돈을 약간 구경하든 것인대 색기, 가마니는 사는 곧이 없으니 임의 생산된 수백 개가 집집마다 처재여 놓고 썩히고 있는 지경이니 농촌에는 돈이 없다는 것이 정당한 비평일 것이다.

그러면 이러한 처지에 있는 농촌에 경제융통을 식혀 농촌 경제 재건의 공작식힐 방법이 요청된다. 지금 정부에서 영농 융자만을 三十억 원을 조선은행과 금융조합연합회와를 통하야 실시한다고 하는 기쁜 소식이 있다.

그러나 三八 이남의 총 농가 호수는 二百十七萬二千여 호이다. 그 중에 자작농이 불과 三十五萬 八千戸인대 이 자작농 이상은 제외하고 보드라도 빈농(貧農)이 一百八十一萬四千戸이니 이것을 三十億 원으로서 여하히 융자식히느냐의 문제이다. 대개 전이나 지금이나 이 영농융자의 혜택을 입는 자는 거이 自作農 이상이었다. 면소 출입깨나 하거나 금융조합에 출입하는 유력한 그들에게 결국은 융자의 덕을 입게 되고 참말로 융자하지 않고서는 영농키 힘이 드는 빈농에게는 바라볼 수 없게 될 우려가 없다고 담보할 자가 누구가 있겠는가. 그러면 점점 정부의 소정하는 각 기관의 세금, 공과금, 철도운임, 우편예금, 비료가격 모든 것이 다 수백 배로 올라가고 있고 현재 비료값은 一九四五년도의 값에 七百七十七배이요. 새로 사정한 가격대로 보면 一千二百 배나 되며, 소(牛)값은 五百배로 되어 있다.

그러면 이 농민들이 무슨 돈으로 비료를 구입하며 농구를 사며, 농우를 살 수가 있는가. 지금 금융조합에서 전에 결정한 무담보대부금(無擔保貸付金)액을 一萬원으로 한 것을 요사이 여러 가지 인푸레로 빛이여 보아 一萬원 가지고는 아무 것도 할 수 없으니 五萬원으로 인상하여 달라고 청원하고 있는 중이나 一萬원이거나 五萬원이거나 이를 어떻게 실제 농민대중에서 가장 적절한 방법으로 대부할 수가 있는 것이다. 여기에서는 필연적으로 각 부락 단위로 된 경제조직체(經濟組織體)가 요청된다. 현 단계는 물론 다른 아모의 조직체가 없고 보니 임의 조직을 가진 금융조합을 이용하는 도리밖에 없겠지마는 앞으로는 반다시 부락 단위로 조직체를 가지고 이러나는 운동이 있어야만 한다. 이것은 농촌신용조합(農村信用組合) 운동인 것이다. 이 신용조합은 농민의 생산상(生產上) 혹은 생활상(生活上) 필요한 자금을 융통하기 위한 조직이다.

그렇타고 반다시 정부에서나 혹은 다른 외래(外來)의 무담보(無擔保)의 보조금으로만 의뢰해서는 안 된다. 그래서 농민 자신들이 많으나 적으나 일정한 규정에 의지하야 출자한 돈과 무슨 형식으로던지 농민 자신들이 곡식 현물(現物)로나 돈으로나 조금식이라도 푼푼 전전이 저축하는 것으로서 진합태산을 이루워 가지고 이것이 농민 자신들의 서로서로 융통하는 기관이 되어야 하는 것이다. 맨 처음에는 물론 출자금이나 저축될 것으로서는 몇 푼 되지 못하기 때문에 그것을 가지고는 상호융통할 거리가 없음으로 정부의 무담보의 대부될 보조금을 가지고 융자하는 방법이 있는 것이다.

그러면 각 부락 단위로 속히 조합을 조직하고 정부가 주는 돈으로서 조합원에게 무담보 대부하는 방식은 조합원끼리 五人조(組) 혹은 三人 조(組)로서 호상채임보증제도로 하여 가지고 대부한다.

대부기간은 봄에서 가을까지로 하던가 또는 二개년 제도로 하든가 그것은 그 동리의 농민의 경제형편에 의지하여 결정할 것이다.

지금 농민이나 도시 시민이나 앞날의 백년대계에는 여념이 없고 단번에 일확천금하는 부피러진 관렴에 지배되여 있기 때문에 신용조합이니 하는 소리는 찬성은 하면서도 잠꼬대 같이 생각한다. 그러나 아모리 발악을 하고 FCA에서 원조가 태산같이 온다고 하드라도 이 민족이 사는 길은 자신이 뭉치여 갱생하는 노력 이외는 되는 법이 없을 것이다.

《홍국시보》 1949년 6월 15일

協同組合法案에 對한 動議

一. 序

解放後 協同組合을 둘러싸고 무던이 말성이 많었다. 그것은 政治的으로 協同組合이란 크다란 組織體에 對한 헤게모니 爭奪戰 때문이였다. 그 經路를 보면 맨 처음 錢鎭漢 社會部長官 當時는 社會部에서 協同組合運動을 主掌하랴고 草安作成의 流設이 있었고, 曺奉岩 農林長部官當時는 管下에 指導局을 設置하고 協同組合課를 두고 農業協同組合案을 起草하여 國務會議에 提出되었다가 棄却되고 말었든 것이다.

또한 金融組合에서는 協同組合으로 轉換할 것을 主張하고 慶北地方은 解放直後부터 協同組合이란 看板을 걸고 있는 곳도 있거니와 全國的으로 旣成 組織網을 通하야 協同組合推進委員會를 結成하여 積極的活動을 開始하고 있으며, 朝鮮農會에서는 農會를 協同組合으로 改編코져 洪會長 當時에 農業協同組合法案을 草案하야 册子로서 發表한 것이 있다.

以上의 모든 草案을 물리치고 '企劃處에서 作成된 法案이 國務會를 것처 國會에 上程되었다는 것이 어떤 것인가?'가 우리의 注目을 끌고 있다.

二. 立法의 意義

立法은 對像體가 存在한 後에 其 對像物에 對한 取締 或은 保護, 監督, 館理에 當하기 爲한 必然的으로 社會的 要請에 依하야 立法을 要하게 되는 것이다.

그러나 우리 韓國에 있어서의 協同組合에 對한 事情은 對象體(組合組織體)가 發生되기 前에 立法을 하자는 것이다.(그렇다고 反對하는 것은 아니다) 어떤 이는 金融組合을 協同組合의 旣成 對象體로 보고서 立法을 云云하는 것이다.

이미 金融組合에 對한 法은 光武 十一年 五月 三十日(明治 四十年) 勅令 第三十二號로서 發布되여 制令 第二十二號로 改定 實施되고, 또한 一九一八年(敵治 大正 十年) 六月 二十七日 制令 第四號로서 政正되여 施行했으니 新聞紙法을 光武年 것을 쓴다고 하면 亦是 金融組合에 對한 法規도 새로운 法이 制定되기 前까지는 金融組合 法規을 쓰지 않을 수 없을 것이다. 解放 以後 左翼系列에서 우연히 協同組合을 組織하였다가 지금은 그도 蹤跡이 없이 사라지고 말았다. 右側에서는 國民會 系統에서 協同組合을 이르키려고 하였으나 軍政 當時 物價統制 及 時局 不安定 等으로 發展을 보이지 못하였을 뿐만 아니라 地方에 間或 組織이 있었다가 自然消滅되고 말었다. 그러면 現今 全國的으로 따저본다면 完全한 協同組合의 組織體를 가초인 團體는 몇 個가 못되리라고 본다. 그런데 只今 法案이 되고 보니 아이가 낳기 前에 作名과 保姆를 求하는 셈이랄가!

協同組合 運動은 産業革命 以後의 産物로서 18世紀 末에 烽起한 勤勞家 農民의 經濟的 自治團體로서 歐羅巴에서 發端한 것이다. 一八四四年에 로버트 오원(Robert Owen)의 理想을 받은 英國 롯치델 公定開拓組合(Rochdale Equitable Pioneers Society)이 비로소 世界協同組合 運動의 스타트를 한 것인데 同時에 獨逸에서는 쑬쓰에 필닛취(Hermann Shulze-Delitzsch) 氏가 都市小商工業者를 救濟하기 爲하여 設立한 都市信用組合과 一八六二年 獨逸 만호-센이란 農村에서 라이파이센(Wilhelm Raiffeisen) 氏가 創設한 農村信用組合 等의

協同組合運動은 都市 小市民과 農村無産農民을 위하여 새로운 社會運動으로서 일어난 것이다. 다음으로 佛蘭西에서는 手工業者를 救濟하기 위하여 이러낫고, 各國에서 烽火처럼 發生하고 있었다. 이 協同組合運動이 漸次的으로 壙大됨에 딸아서 社會的으로 政治的으로 有意한 運動인 것을 認識하자 國家經濟의 社會政治에의 利用價値를 認定하게 되었다. 여기에서 國家로서는 監督上法律로서 擁護하고 擴張식혀야 할 必要를 느끼게 됨으로써 各國은 協同組合法을 制定케 되였든 것이다.

協同組合運動은 어느 나라에서든지 法律의 制定보다 앞서 發生하여 發達하고 있었든 것이다.

英國의 例를 보더라도 一八九三年에 이르러『産業經濟組合法』은 롯치델組合의 創立한 후 四十九年 以後이였다. 독일에서는 一八八九年에 産業經濟組合法을 制定發表한 것도 필낫취(Delitzsch) 市에서 組織된 信用組合보다 四十年 後의 일이였다.

佛蘭西에서도 一八六七年에 社團法 中에 協同組合에 關한 規定이 發表되였으니 一八三一年 에 巴里에서 組織된 家具師들의 生産組合보다 三十六年 後에 되였다.

三. 世界 各國 協同組合法의 分類

協同組合에 關한 法制를 史的으로 考察하여 보면 一八五二年 英國에서 존 스트와트 밀(John Stuart Mill) 氏의 主張으로 協同組合 登記手續에 關한 法律이 發布된 것이 世界協同組合法의 嚆矢라고 할 수가 있다.

獨逸에는 쑬쓰에 필닛취(Hermann Shulze-Delitzsch) 氏의 努力으로 푸로사(Prussia)서 社團法 中에 協同組合에 關한 規定이 制定 發布되고, 一八八二年에는 伊太利 商法典속에 協同組合에 關한 規定이 들게 되었고, 獨逸(一八八九年), 英國(一八九三年), 白耳義(belgium, 一八七六年), 佛蘭西(France, 一八九四年), 農業信用組合法이 發布 瑞西(Swiss, 一八九五年), 휘일란드(Finland, 一九一四

年), 푸추갈(Portugal, 一九一四年) 加奈陀(Canada, 一九一六年), 에스트니아(Estonia, 一九一七年), 리도니아(Lithuania) 等으로 世界 名國 協同組合 法案이 制定發布된 것이다.

이제 協同組合법에 對한 內容을 보자.

一. 特別 單行法制를 취한 것
二. 一般 普通法 中에 特히 協同組合에 關한 規定을 設置한 것
三. 社團法에 準據하는 協同組合制를 設置한 것

여기에서 우리나라에서는 이 三大 部分으로 分類할 수가 있다. 이것을 좀더 具體的으로 檢討하면 이렇다.

一. 特別單行法

協同組合에 關하여 特別法을 制定하여 協同組合法을 가지고 獨立的 立場에서 經濟的, 社會的 立法을 認定하는 것이다. 이 法을 使用하는 나라는 英國, 獨逸, 佛領, 印度, 日本 等地이다. 協同組合을 會社나 社團과 같이 同等의 것으로 取扱치 않고 個別的 地位에서 獨立的임을 確認하고 協同組合 精神을 表現하도록 하는 法制이다.

二. 普通法規 中에 協同組合에 關한 規定 制定

普通法規 中에 含入되었다고 하더라도 協同組合은 獨立的 立場에서 規定을 置하고 協同組合의 構成, 組合員의 權利, 義務, 組合의 機關及 權能, 解散 及 請算 等에 關한 句節을 設置하였다. 第一에 特別 單行法보다는 細密部分까지 法律化를 못하였다고 하나 協同組合 自體의 活動 範圍를 自由롭게 하였다는 點이 特色이다.

解放 以後 軍政의 協同組合에 對한 沒理解와 爲政者들의 協同組合에 起因되어 組織의 苦難과 其 經營 運轉에 莫大한 障害가 있었으므로 雨後竹筍처럼 蜂起하던 協同組合 運動은 全般的으로 挫折되고 말았다.

이제 우리나라의 協同組合 運動에 對하여 積極 推進을 하랴면 國家法律로써 擁護 助長하는 行政을 하지 않으면 아니된다. 于先 日政 때부터 殘存한 旣成 團體에 對하여 檢討하여야 한다.

三. 社團法에 準據한 協同組合法

이것은 協同組合을 商業行爲로 經營하는 社團과 같이 取扱하여 株式會社나 商事를 營爲하는 社團으로 規定한 法律을 協同組合에 適用하려는 것이다.

一九0四年(光武 八年) 八月에 韓日協約이 協立되어 同年 十月에 目賀田男이가 財政 顧問으로 ○任하여 農村 搾取를 위하여 獨逸을 따라 一九0六年에 金融組合을 創設하고 同年 五月 三十日에 法令으로 地方金融組合의 規則을 制定 發布하였던 것이다.

金融組合은 目賀田男이 韓國財政 顧問으로서의 立場에서 日本 植民地的 經濟政策의 하나로서 地方農民의 窮相을 打開하기 때문에 救濟的 施設이라고 看做하나 其 內容 通○의 根本 目的은 韓國民에 對한 搾取手段의 하나의 政策이었던 것이다. 車某 氏의 著『朝鮮協同組合論』中 第一章 金融組合 沿革에 曰, 理事者는 農民 때문에의 獻身的 努力의 要求, 農事 其他 一切의 指導 社會의 儀表가 되기를 要望함과 같은 組合의 機關으로서 理事者에게 對한 組合員의 信賴는 못되고 國家가 官吏에게 對하여 忠實의 義務를 要求하는 바와 같았다. 이러한 意味에서 當時에 理事者는 組合員의 代表라고 하기보다 一層 國家의 實質的 官吏인 것이 性質을 過分하게 가졌다는 것이다. 이것을 보아서도 金融組合의 性格을 추측할 수 있을 것이다. 또한 農民을 爲한 것이라고 하면서도 小作 貧農階級의 組合員은 小數이고 小作兼 自作農 以上의 組合員이었고 其 利用者의 利用 比例를 보더라도 都市 商工業者, 自作農 以上 地主 等의 利用이 大部分이었다.

協同組合의 根本 精神上으로 보아서는 其 距離가 멀다고 하겠지만 이미 組織化로써 成功한 團體인 것만큼 此를 全幅的으로 改造하여 가지고 最初의 創始의 目的과 같이 農村 農民의 經濟 融通을 目的하는 信用

組合으로서 使明을 다하게 하고 其 中央會合은 協同組合의 銀行으로서 其 任務를 다하도록 改造하여야 할 것이다. 이제 其 改革의 大旣를 들어 본다.

1. 金融組合은 都市 小商工業者의 信用組合으로 改編할 것.
2. 農村에 있는 金融組合은 農村信用組合으로, 都市에 있는 都市信用組合은 都市에 사는 小商工業者를 組合員으로 할 것.
3. 農村 信用組合의 組合員은 農業을 하는 農民으로 할 것.
4. 組合 役員은 選擧制로 할 것.
5. 其 營業은 貸付와 貯蓄으로 限할 것.
6. 利益 分配는 組合員의 利用高와 出資高에 依하여 配當할 것.
7. 現 金融組合의 規約을 全幅的으로 改造할 것.
8. 金融組合 中央聯合會도 政府 間涉으로 하지 말고 組合員의 自治團體로 할 것.
9. 金融組合도 協同組合에 準할 것.
10. 中央聯合會는 農村 協同組合 其他 組合을 單位로 하여 中央協同組合 銀行의 役割을 하도록 할 것.

四. 我國協同組合法 制定에 對한 理由

이미 六,七十年에 가까운 긴 歷史를 가진 先進國 政策에서 國家經濟를 成功한 特例를 보더라도 英國의 今日의 産業經濟에 對한 農工業者의 經濟的 文化的으로 向上된 實蹟과 戰前 獨逸의 農民, 都市 小商業者의 經濟的 發達로써 國民經濟 安定을 보게 된 것은 이미 協同組合法 制定으로 말미아마 이 運動이 急速히 時日 內에 大盛旺을 이루었다는 것이다. 丁抹國의 經濟는 十分 以上이 組合經濟 發達에 依據하였던 것이다.

今日 우리 나라와 같이 無産 農民, 都市 小市民을 全民族 人口의 九十% 以上을 가진 特殊한 新國家로서 이 國家經濟 乃至 民族經濟 再興을 무슨 方法으로써 成功하느냐 하는 定策論에 있어서는 資本主義的 自

由主義 政策으로는 不可能하다는 것을 證言하는 바이다.

資本主義的 自由經濟에 依한 經濟發達은 一個 資本家에게 經濟를 集中케 함에 지나지 않는 것이다. 이것은 언제나 社會革命을 成長시키고 있는 것이다. 卽 外來 商品을 가지고 大衆의 돈을 끌어다가 外國人의 주머니에 넣어주고 그 代價로서 我國에 떠러진 利益이라는 것은 一個 社會에서나 資本家에게 收入되고 마는 것이다. 그러는 동안에 大衆經濟는 漸漸 沒落 過程 搾取에 利用 對象이 되고 말게 된다. 그러나 組合經濟發達은 民族 全體의 經濟가 均等 發達하게 되므로 비로소 民族經濟의 再興이 可能한 것이다.

都市 小商工業 大衆의 資金 融通과 其 生產品에 對한 共同販賣로서 브로커 又는 大資本家의 經濟的 壓迫으로 말미암은 搾取網을 벗어날 수 있고 都市 勤勞大衆의 經濟的 伸張을 爲하는 것과 農村 貧農 大衆의 金融에 關한 低利 借用과 生產物을 生產組合을 通하여 共販하는 것과 또한 日用商品을 쓰는 一切 用品을 共同 購入하여 共同消費시키는 消費組合과 大衆의 經濟上 生產上 必要한 施設을 利用하는 利益을 爲하여 組織化한 利用을 爲하여 組織된 利用組合 等으로써 無產大衆의 經濟的 自力更生을 法律로서 擁護하자는 것이다. 그러하므로 가장 短時日에 貧困한 經濟 再興과 民主問題를 解決할 方途는 이 組合運動 如何에 歸屬된다고 본다. 이 法案을 세우자는 理由는 謨利를 目的하는 會社나 公司 其他 法人과 달리 獨立的 立場에서 特選的으로 取扱하여 免稅 物質 或은 資金의 政府 補助 貸與 等의 優先으로써 保護하자는 것이다. 그러므로 國會員中 此 共鳴하는 諸同志는 一心合力하여 可及的 無類한 法 修正이 通過되어 積極的인 國家政策이 樹立되기를 期望하는 바이다.

五. 協同組合法案에 對한 批評

主로 企劃處에서 起案한 國會에 回附된 法案을 中心하여 筆者의 手中에 入手된 朝鮮農會의 協同組合 組織要綱, 過去 農林部의 農業協同組合法案, 企劃處에서 國會에 回附한 協同組合法案 三種을 가지고 全幅的

으로 批判한다면 協同組合에 對한 常識이 缺한 그들의 손으로써 起案된 것이 느껴진다.

第二章 協同組合

第一節 總則

第八條 組合은 그 名稱 中에 農業, 工業, 鑛業 其 業別을 表示하는 名稱을 使用하여야 한다.

第一章 改正 '그 名稱 中에' '職域別'로써 表示하는 名稱을 使用하여야 한다. 왜냐하면 前記는 産業別 組合에 局限되었기 때문이다. 協同組合이라고 하면 産業別로나, 識業別로나, 地域別로나, 階級別로나 自己네들의 經濟的 利益을 爲하여 團結된 共同鬪爭(組合)에 對한 全幅的 法이 되어야 하기 때문이다. 前記와 같이 産業別에다가 局限시켜 놓으면 職業別的으로 일어나는 組合 例를 들면 都市 勞動者, 鑛山 勞動者들의 組合, 日給 俸給者 組合, 寺陵 或은 敎育別로 일어나는 組合, 官公吏들의 分野組合, 都市의 自農의 消費組合의 發生, 水産業者들의 漁村協同組合 等은 또한 어떤 法律로써 監督할 것인가가 問題이다.

第二章 改正과 같이 條件的 冠稱을 削除하는 편이 더 나을 것이다.

第九條 組合의 組織 單位는 邑面으로 限定하였는데 그것은 卓上의 理想論的인 것 같다. 왜냐하면 面單位로 하면 어떤 곳 中央面이 東에서 西까지 八十里 혹은 百里되는 곳도 있다. 五十里 以上되는 距離의 部落 농민이 五十里 밖에 있는 組合을 善히 利用하리라고는 믿을 수 없다. 또한 市場日에는 距離가 멀어도 利用하지 않는냐 하는 분이 있으나 市場과는 다르다. 그러므로 部落 單位로 組織하고 重要한 業務(卽 그다지 緊急을 要치 않는 業務)만은 面聯合會에서 直接 取扱하도록 하는 것이 좋을 것 같다.

第十條 事業에 關한 條項이 十二條項이 있는데 그것은 全然 必要

없는 條項을 羅列해 놓고 앞으로 業務 進行上 法的으로 까다롭게만 만든 以外에 아무 利益이 없다. 그리고 또한 萬國 組合法에서 보지 못한 條項을 羅列해 놓았다. 其 中 一項, 三項은 法律化 시킬 必要가 없다. 왜냐하면 이런 事業은 組合의 營業 種目이 아니고 附帶事業 種目이다. 다시 말하면 組合이 營業을 善運하여 利益이 남았을 때에 其 利益 中에서 組合 規定된 利益金 處分法에 對한 割當 金額을 가지고 하는 事業이기 때문이다. 利益이라야 많다거나 組合에의 出資金을 消費하면서라도 하는 事業이 아니다. 營業과 事業을 分間 못한 條項들이다.

第二項 五條項을 同一한 條項에 處한 것인데 그것은 生産組合會에 關한 業務이다.

第四項은 購買組合(消費組合)에 關한 條項이요.

第五項은 生産組合(販賣組合)에 關한 條項이요.

第六과 第九項, 第十項은 한 條項 안에 處한 것인데 利用組合에 關係한 營業이다.

第十一項, 十二條項은 必要 없는 條이다.

修正要件은 如左하였으면,

第十條 組合은 左의 營業을 行한다.

一. 組合員의 産業에 必要한 資金은 貸付함과 貯蓄을 取扱할 수 있음.(信用組合)

二. 組合員이 生産한 物品을 加工하거나 加工치 않고 此를 賣却할 수 있음.(生産組合은 販賣組合)

三. 産業上, 經濟上, 生活上 必要한 物品을 購入하여 此를 賣却할 수 있음.(販賣組合은 消費組合)

四. 組合의 經濟上, 生活上, 産業上 必要한 物品 施設을 利用할 수 있음.(利用組合) 또 條號의 事業은 他號 事業과 兼營함을 不得함.

第三節 組合員

第十九條의 組合員의 性格을 規定하는 法規는 必要 있는 어떠한 條項의 사람, 어떠한 職業別의 사람이라도 地域的으로 보아서 該 組合에 加入하여 利用할 수 있어서 自己의 利益을 얻을 수 있다 하는 者는 다 組

合員이 될 수 있어야 한다. 위에 組合單位를 말한 것은 農村에 限하여 必要 있는 地域的 限界이지마는 한 工場을 單位로 한 數千名 職工들의 消費組合 같은 데에서는 地域的 限界를 定할 수 없는 것이다. 그러므로 組合員은 地域的으로나, 職業別로나, 産業別로나, 階級別로써 限界를 定할 必要는 없다. 組合이라는 것은 언제든지 同一한 경우에 處한 같은 程度의 大衆이 共同 利益을 위하여 共同 鬪爭을 目的하고 뭉쳐지는 것인 만큼 끼리끼리가 合致되는 것이 自然的 結果이기 때문에 法文에다가 限界를 박아 넣을 必要는 없다고 본다.

그리고 第二十條 出資 一株 以上을 가져야 한다 한 것으로써 組合員의 性格과 資格을 말한 것이기 때문에 第十九條는 必要없다고 본다. 또 組合員의 所持 株數 限度를 百株까지로 하였으니 너무 많다. 그래서 一株에서 十株까지로 함이 理想的일 것이다.

第二十二條는 必要 없는 條文같다.

第二十三條에 組合員의 資格 審査 規定을 둔다는 것은 正히 矛盾된다. 加入을 願하는 者에 限하여서는 덮어놓고 加入을 許할 수 있다. 前項에서 資格 審査를 理事會에서 한다고 하여 놓고 前條에다가 正當 理由가 없이는 加入을 拒絶할 수 없다고 한 것은 못마땅하다.

그리고 또한 二十五條에 脫退 規定, 第二十二條에 除名 規定이 있는 限 第二十二條는 必要 없는 條文으로 본다.

第四節 第三十五條에 議決權에 있어서 代理人 設定은 反對한다. 組合은 人的 心의 構造體이기 때문에 株式會社와 같이 株權에 있지 않고 人格에 單位되어 있는 것이다. 그러므로 本人이 出席치 못하면 그것이 그 人格이 不參된 것이므로 棄權한 것이다. 代理人 設定은 나중에 組合員運動 當時에 보다 돈으로써 自己의 票를 팔아먹고 自己는 出席치 않고라도 지내려는 弊害가 많은 듯하니 代理人 設定은 없이 하는 것이 좋은 것 같다. 또한 둔다면 一人이 一人은 몰라도 三人分의 代理 行使는 不可하다고 본다.

第六節 經理

第五十五條 剩餘金 配當에 關한 條項은 없고 主務長官이 이를 定한다 하였으니 그것은 안 될 말이다.

組合員 自身들이 組合을 組織하고 運營하고 其 受苦의 目的이 剩餘金 配當에 있는 것인데 그것을 主務長官이 定하는 것은 모순이 있다. 이 配當 法規는 世界的으로 共通되었다. 四分制 或은 三分制가 있는데 四分制는 四分之一 準備 規定 以外에 四分之一은 役員의 償與, 四分之一은 出資高, 四分之一은 利用高, 四分之一은 事業費, 結局은 剩餘金의 半은 組合員의 配當이오. 半을 가지고 其中 半은 償與 또 半은 事業費로 規定한다. 이 事業費라는 것이 위에서 말한바 啓蒙事業, 社會事業, 教育, 出版, 保健, 厚生 等 組合의 宣傳 等의 事業을 하는 것이다. 本節 中에 配當 規定이 加入되어야 할 것이다. 그리고 紙面關係로 더 쓸 수 없으니 다음은 第三章 聯合會法을 보기로 한다.

第八十八條의 聯合會의 名稱 中의 것은 前記 八條와 같이 修正을 要望한다. 그리고 第九十二條 聯合會의 事業條項도 前記 第十條 修正대로 함을 要望한다.

第九十四條 理事長 副理事長은 總會에서 選出한 四人 中 大統領이 任命한다.이것은 民主原則에 背馳된다. 組合이 過去 日帝時代의 農會나 金融組合과 같은 再版工作에 不過하다. 왜 民間의 自治的인 經濟團體를 官僚 隷屬의 機關化를 造作하려는가 말이다.

"總會에서 選出하고 大統領의 認准을 要함"이란 程度는 或 容納할 수 있을 것이다.

結論

上記와 같이 拙者 亦是 法律家가 아니므로 專門的인 것에는 無知할 수밖에 없다. 그러나 그 뜻에마는 正當하다고 自認하는 바다.

國會員 諸公들은 深思熟考하여 앞날에 유감이 없는 法案이 나오기를 期望하고 拙見을 드리는 바이다.

《흥국시보》 1949년 9월 1일

저축운동과 신용조합

농촌신용조합운동에는 상기한 바와 같이 금융기관(金融機關)으로서 중대한 것이라는 것은 이미 기술하였거니와 동시에 저축기관으로 가장 중요한 임무를 갖인 기관이다.

우리 나라는 세계만국 어느 나라에 비하드라도 이렇게 경제적으로 빈한한 민족과 국가는 없다는 것이다. 중국 사람은 아모리 간난하여도 길바닥에 행노병사를 하여도 호주머니를 풀치면 제 장사비용은 지니고 죽는다고 하지마는 우리는 그것도 못 갖인 가난뱅이들이다. 일본 하천(賀川) 씨가 어느 해 우리나라를 통과하였을 때 쓴 수필(隨筆) 중에 삼대관(三大觀)이 있는데 조선은 山의 나라, 역사(歷史)의 나라, 빈민의 나라라 하였다.

과연 차를 타고 부산부터 신의주까지 여행을 한다면 山의 山을 뚤고 나가는 것뿐이니 山의 나라요, 그래도 서울 장안에는 나지막한 개와집은 수백 년 묵어 역사(歷史)가 짙은 개왓장에 청대가 개여 있어 반만년(半萬年) 길게 나려온 나라이니 역사의 나라이요, 三千里 골작골작이에 모다 초가집 오막사리 쌀쌀한 뜰악에 볏집 한 단도 가진 것이 없고 보니 이보다 더 가난한 풍경은 없을 것이매 빈민의 나라라고 한 것이다. 이것이 외국인의 눈에 띠우는 풍경이다.

또한 해방 후 농촌의 경제몰락은 말할 수도 없이 참경으로 변하고 있다.

물론 정부의 경제정책이 구체적으로 수립되여 있는 여하에 달였기도 하지마는 국민자체의 갱생의 노력과 경제적 단결로서 이러나는 운동에 있다고 할진대 협동조합운동에 더욱 크나큰 의의를 찾일 수 있을 것이다.

우리는 물론 정치적으로 혁명의 토지개혁도 있어야 하고 자본독점의 경제제도를 개혁하여야만 한다. 그러나 이 외부적 조건만을 해결한다면 덮어 놓고 살게 되는 것은 아니다. 언제나 자신들의 자각과 노력으로서 이러나는 끊임없는 투쟁이 있어야 한다. 결국 그것을 생산은 많이 하고 먹고 입고 쓰는 것을 절약하여 푼푼 전전을 모아 주는데 있는 것이다. 지금 이 소리를 하는 것은 귀다마 듣는 자도 없고 읽는 자도 없을 것이다. 그러나 억천 년 사러가는 인간 역사에 생의 원리일 것이다. 일전을 비웃는 자는 나종에 일전에 울고 말 것이다.

그러나 '저축을 하고 싶지마는 저축할 여유가 없으니 무었을 갖이고 저축하느냐?'의 문제이다. 가령 도시 사람들 같으면 장사를 하기 때문에 매일같이 돈을 만지니 얼마식을 떼여 저축을 할 수가 있겠지마는 우리 농촌에는 현금이라는 것은 찾기 어려운 것이다.

그러나 농촌에는 현금이 귀한 동시에 현물을 다 갖이고 있다. 보릿때 보리로, 벼때 벼로서, 나무, 닭, 게란 더욱 특산물이 생산되는 지방에는 그 특산물로서 저축하는 것이다.

그래서 조합에서는 그 저축된 특산물(현물)을 잘 보관하여 두었다가 값이 가장 높다고 할 때에 낸다. 그 물건의 값대로 저축장부에 올려 갖이고 저금통장을 내여 주는 것이다.

또 하나는 농민들이 자기 생산품을 조합을 통하여 공동판매하는 경우에 그 판매한 금액에 대하여 몇 활식은 조합에 저축케 하는 것도 있고 또한 공동경작이나 공동적으로 작업을 하여 수입되는 돈을 각기 각인 앞으로 저축하는 방식도 있고 또는 조합원 간에 갓난아기가 순산되면 그 아이 일홈으로 얼마식 저축하는 것도 있는데 이것은 교육 저금 혹은 생일 저축이라고도 한다.

우리 나라에는 임에 고려시대부터 조직 발달한 계(契)가 있다. 그 중에는 저축을 목적한 계가 상당이 많은데 저축계, 금리계, 진합계(塵合契) 등이 있다. 진합계는 적은 저축으로서 대금(大金)을 이룬다고 해서 진합태산(塵合泰山)이란 의미에서 시작한 계이다.

우리는 일본 시대에는 강제로 채권(債券)을 샀었는대 무슨 채권, 무슨 채권하여 몸써리가 날만치 곤란을 당하였다. 예를 들면 애국저축이니, 우편저축이니, 간이보험저축이니 하였고, 애국부인회에서는 또 다시 저축이 있었고 정마다 동마다 학교에는 학생으로 관청에는 월급봉투에서 저축이 심하였다. 여기에서 실패하였기 때문에 저축 사상은 뭇혀지고 말었다. 그러나 지금 우리 민족은 모아야 한다. 그럼으로 협동조합의 저축운동은 우리의 갱생, 즉 신생의 방법이요, 국가경제나 농민경제 부흥의 근본 토대가 되는 것이다.

일전이라도 모으고 한 알갱이라도 알뜰이 모아서 진합태산으로 가계(家計)의 부(富)를 작성하는 것이 우리 동네의 부요, 이것이 우리 나라의 부가 되는 것이다.

그럼으로 농촌조합은 저축기관으로서 더욱 사명이 큰 것이다.

그런데 저축기관으로서 완전한 신용(信用)을 갖이게 하랴며는 다음의 몇 가지의 조건이 완비하지 않으면 안 된다.

제일, 기초공고(基礎鞏固) 언제던지 지불할 능력이 있어야 한다.

제이, 예금된 돈을 가장 안전한 용도(用途)에 이용하도록 하여야 한다.

제삼, 집무책임자(執務責任者)의 신용문제인데 착실온건(着實穩健)하여 신망이 있는 자로 하여야 한다.

제사, 저축자들이 오고 가는데 편리한 중앙 지대에 있어야 한다.

제오, 저축하는 수속을 간단이 되도록 할 것.

그래서 저축하는 조합원들이 무조건 신임할 수 있는 기초가 선 조합을 만드러야 한다. 조합원들이 무슨 일이 생겨서 저축을 찾으랴고 할 적에는 언제던지 곧 내여 줄 수 있도록 하여야지 만일 현금이 없어서 "며칠 기다리시오." 하는 지경이면 의심을 사게 된다.

그럼으로 저축한 그 돈을 가지고 조합이 운영할 때에는 반디시 주의해서 실패 없을 만하고 운영하는 용도가 적당한 곳에다가 운영되어야 하는 것이다.

근본적으로 말하면 제삼의 집무 책임자에 달린 것이다. 이 사람만 전 조합원이 신임되고 건실한 인격자라고 하면 문제는 적다.

그래서 저축을 하는 수속이나 찾는 수속이 까다로우면 저축하지 않는다. 적은 돈으로서는 까다라우면 귀찬어서 그만둔다. 될 수 있는 대로 간편한 방법으로 가장 적은 돈이라도 갖다가 맡길 수 있도록 되어야 한다. 이 조합 운동이 활발하면 할수록 기초운동을 잘 이르켜야 하는 것이다.

《흥국시보》 1949년 11월, 12월 합병호

부록 1 추모글

곡사(哭詞)

– 유 목사 영전에서…

석 용 도

아! 기어코 가셨습니까
가장 어지신 이 나라의 심장이
두고두고 행복되기를 기다리던 님이여 –
당신 살아 계실 때 피, 땀, 눈물로
거치른 벌로 빛나더이다.
진실로 크나큰 의로움이었기에
우리 한 오래기 광명을 찾어
기쁜 숨 쉬였더이다.
그러나 아직도
주름주름 남아 스민 농민의
흐느낌을 둔 채
님이여! 기어코 가셔야 하더이까.
어찌 못다 울고 가셨나이까. 아하!
아쉽게 불탄 당신의 고달펐던 일생을
논매고 밭 가는 우리 뼈
마디마다 사모침니다.
한줌 흙에도 지극한 그 순정 숨어 있나니
우리 어찌 허수이 매고 갈리이까.
오호라 님이여 땅에 떨어진 한 개의 밀알이여

나와 나의 겨레의
어두운 가슴에 샅샅이 벗어나는
양심의 뿌리가 되사이다. 되사이다.

명호(嗚呼) 거목 거꾸러지다

아하 거목 한 그루가 거꾸러졌다. 바야흐로 가지 뻗어 근역(槿域)을 휘덮고 뿌리 숨어 삼천만에 통하려던 위대한 거목 한 그루가 무참히도 거꾸러졌다.

세월도 유의(有意)어든 탄식하리라. 장산도 유정(有情)이어든 슬퍼울리라. 어쩐다. 이 불출세의 선봉자가 이렇듯 우연히 떠나갈 수 있느냐. 업(業)을 이루다가 마무르지 못한 채 싸움터에 달리다가 기를 채 빼앗지 못한 채 이렇듯 훌쩍 떠나실 수 있느냐.

허심(虛心)! 그는 정녕코 어두운 세월에 빛나는 한 떨기 별이었어라. 인정이 식어진 세상에 인정을 뿌리며 그는 살았고, 소망이 천해진 세상에 드높은 이상(理想)을 지니고 그는 살었고, 제 한 몸, 제 한 살림을 돌보기에도 저마다 여념이 없는 세상에 나라와 겨레를 위해 몸을 바치고 산 그였다.

겨레를 사랑하여 타는 그의 가슴에 하나님의 놀라운 말씀이 임하였으니 곧 “허물어진 조국을 살리려면 농촌이 살아야 한다. 허물어진 농촌은 예수의 마음으로 개척하고 예수의 촌을 만들어야 한다. 모름지기 기독청년은 조국 농촌 재건의 십자병이 되라!” 하는 것이었다.

허심은 이 한 마디를 외치기 위해 약관 이십으로부터 허구한 세월을 이 나라 거친 험산들을 메주처럼 밟았다.

멸시와 조롱, 굶주림과 헐벗음, 채찍과 철창이 그림자처럼 쫓는 험난한 가시밭길을 이 한 마디 외치기 위해 거침없이 걸었던 것이다.

그러기에 그의 말 한 마디 한 마디엔 피가 튀었고, 생명이 움직였고, 꿈이 노래했다.

아하 이 무슨 일이뇨. 우리는 다시 그 아름답고 영스러운 음성에 귀를 담글 수 없단 말이뇨.

그러나 허심은 끝내 그렇게 보고 싶어 하던 그의 말의 우렁찬 반향(反響)을 보지 못한 채 죽었다. 그가 피리를 불어도 이 백성은 춤추지 않는 듯했고, 슬픈 노래를 불러도 또한 가슴을 칠 줄 모르는 듯 싶었다.

아니 오히려 허심에게 얽힌 빈궁과 고난은 이 겨레가 그에게 갚아준 한 가락의 대접이 아니였던가. 정ㅇ을 팔아먹는 종교 간상배들이나 세권에 음(淫)하는 엽관배들은 오히려 다락 위에서 배를 두드리는 이 마당에 어찌하여 이 옳은 사람은 잘못 돋아난 사마귀처럼 천대를 마구 받어야 했느냐.

아하, 우리는 역시 선지자를 핍박하는 조상의 피를 씻지 못한 채 있었구나. 이제 우리의 눈물 뿌린들 어찌 하리 땅을 두드린들 어찌 하리.

옳거니, 허심의 자취하던 땅에서 꺼지매 은은히 멀리서 들려오는 소리가 있다.

'우리들도 하나 하나 밀알이라. 이제 싹트고 열매 맺히리.'

죽어 꺼진 듯 잠잠하던 그의 부르짖음이 열매가 되어 이제 우수수 일어선다.

아하 귀여운 새 허심들이여, 쟁기를 들고 일어서라! 교훈대로 달려 나가서 그대를 맛났을 제 일러 준 말은 그대에게 한 유언이었다.

《홍국시보》 1949년 7월 1일

행진 강산 삼천리 피나는 싸움터에 고달펐던 그의 생애

세상을 떠난 허심 유재기 목사는 경상북도 영주군 용상리에서 났다. 아버지는 유추렬(劉鄒烈) 씨인데 그 성격이 결백 강직한 분이었다. 어머님은 손기운(孫基雲) 씨로 아직 세상에 계신 바 인자하신 성품이 봄날 같으시다. 유재기 목사는 천성이 영민한데 이런 부모님 슬하에서 자라시어 그 어린 날부터 온 마을 어른들의 총애를 받았고, 영주공립보통학교에 재학중에도 일상 모범생으로 칭찬을 들었다.

1920년에 보통학교를 마치고 대구 사립교남학교 고등과에 입학하여 3년만에 졸업하는 동안 그는 줄곧 고학으로 어린 몸을 마구 부렸다. 더욱이 이때 고학을 하는 틈에도 교남학교 안에 무산아동을 상대한 야학을 개설하여 그의 생애가 지향하는 바를 벌써 보여 준 것이다.

1923년 그는 빈 주먹을 들고 일본으로 건너갔다. 역시 공부를 하기 위해서였다. 다시 고학을 시작했다. 일본대학 사회과에 적을 두고 밤이면 신문배달, 약장수, 호떡장수, 공사판에서 노동을 하는 등 형언할 수 없는 고생을 했다.

그는 이때 기독교사회주의에 관심을 가지게 되었고, 방학이면 돌아와서 영남 일대를 휘돌면서 농촌계몽강연을 했다. '예수촌운동'은 이때부터 부르짖기 시작한 것이다. 이때가 바로 고인의 열아홉 살 적이다.

일본 유학은 경제상 어쩔 수 없이 1년으로 마치었다. 우선 배를 탈 여비를 마련할 길이 없었다.

그후 전심으로 '예수촌운동'에 몸을 바쳐 각지를 순회하기를 3년

간 눈코 뜰 사이도 없이 분주히 했다.

스물네 살 되던 때에 경북 영일교회에 전도사로 시무하게 되었는데 교직에 대한 새로운 의의를 깨닫고 그 해에 평양신학교에 입학했다.

신학교에 재학하는 중에 그의 '예수촌운동'에 대한 구상은 점점 여물었다. 이때 『농촌소년지도론』과 『협동조합론』을 저술했다. 또한 평양부근 일대를 순회하며 과감히 예수촌운동을 추진시켰다. 일본관헌들의 무리한 간섭을 받아가며 싸워가는 그의 모습은 진실로 용사다운 기상이 흘렀다.

1931년 8월에 대동군 청용면 이천리에서 열린 기독농촌소년단연합대회는 실로 장관이었다. 그 중에도 농산가공품전람회는 자못 이채로와 세인의 이목을 놀라게 하였다.

평양에 머물러 있는 동안 유재기 목사는 경창리와 로성랑의 빈민촌을 찾아 그들과 한 누더기 속에 뒹구는 게 보통이었다. 그때 별명을 "누데기"(유재기)라고 친구들이 부르게 된 건 이 까닭이다.

스물일곱 살이 되는 1932년에 평양신학교을 졸업하고, 목사장립을 받아 칠곡읍교회를 담임하게 되고, 장로회 총회 농촌부 사업을 맡아 전 국내는 물론 만주 일대에까지 두루 돌며 마음껏 농촌운동을 계속했다.

1년 후 의성읍교회로 시무를 옮긴 후, 일본경찰에게 농촌부 사업이 미움을 받게 되어 결국 책임자로 유 목사는 8개월간 감옥생활을 했다. 그러면 유 목사로서는 이것이 네 번째 당하는 투옥이었다.

2년 후에 대구침산교회로 옮기었고, 경북노회 종교교육부 총무를 겸무하기 위해서였다.

1938년 6월 8일 다섯 번째 일본관헌에게 체포되었다. 드디어 유죄판결로 3년 징역을 치루었다.

1940년 12월 경북노회장으로 피선되었다. 그 후 약 5년 간을 1945년 8월 15까지 대구제일교회 목사로 시무했는 바 그 동안도 경찰서 유치장을 사랑방처럼 자주 출입했다. 8월 15일도 대구형무소에서 맞고, 해방 후 2일 만에 반죄수들과 함께 무조건 석방을 당했다. 그제야 유 목사는 비로소 조국해방을 알았던 것이다.

조국해방과 아울러 농촌사업도 압제나 방해치 못할 시기가 온 것을 감사하고 유 목사는 벗들을 만나는 대로 붙들고 '예수촌운동'의 동지적 규합을 설명하여 '기독교흥국단'을 결성했다. 이때 모인 동지로는 최성환 씨, 송창근 씨, 신후식 씨, 박재석 씨, 구왕삼 씨, 이태학 씨 등이었다.

그 후 1개월 만에 단세가 점점 공고해지고 동지들의 주장도 있어 본부를 중앙으로 옮기게 되어 서울시 을지로에 자리를 잡고 '기독교흥국형제단'이라고 개칭하게 되었다.

이 때에 《흥국시보》를 프린트로 창간했다.

1936년 정월에 서울서 제1회 조선농민복음학교를 개강함으로 예수촌 투사 양성에 첫 걸음을 내어 디디고 전북 신태인, 경북 상주읍, 경기 여주읍, 부산 항서교회, 원주, 부산 광복교회, 마산 통영, 전남 병영, 거제도, 경기도 뭇지리, 밀양, 황해도, 연안 등 무릇 열네 번째의 농민복음학교를 열어 438명의 십자병을 배양했다. 이들은 가리봉 뭇지리를 비롯하여 수백 동리에 예수촌운동을 추진 중에 있다.

제14회 농민복음학교를 인도키 위하여 경북 밀양을 다녀오신 후 몸이 더 쇠약해지시고 20년내 지병인 위병이 더해져서 고통이 심한 중에서도 자리에 눕지 못하시고 단(團)과 시보사(時報社) 일로 동분서주 중 드디어 지난 7월 7일 모단체에 강연을 마치고 돌아오시어 혼절하신 채로 14일 졸언 이 세상을 떠나시었다. 이 날은 마침 유 목사의 제44회 생신일이었다.

그가 두고 간 유족은 1931년 9월 22일 평양 조만식 선생의 알선으로 결혼한 미망인 장순덕(張順德) 씨와 모친 손 씨 부인 장녀 금종(錦鐘) 머리로 1녀 3남의 자식이다.

《흥국시보》 1949년 9월 1일

고 유재기목사를 哀悼하며

최악의 荊棘路를 헤치며 최선의 鬪爭을 다하고 간 虛心

하나님! 이 겨레를 시험하심이 어찌 이리 가혹하시오며 이 민족을 질책하심이 어찌 이다지도 혹독하시나이까? 유재기 목사의 시체를 앞에 놓고 울고 또 울어 보아도 아깝고도 원통함이 가시지 않을 때에 우리 입에서 터져 나오는 이 부르짖음이 하나님을 원망하는 인간의 원성일까요? 그러나 하나님은 이 형제를 보내지 않으려는 우리의 심정을 알아 주시리다.

그러나 하나님의 크신 경륜은 이 형제를 불러가심으로써 위대한 한 알의 씨를 싹트게 하시려고 하나님이 가장 아끼시고 기리시는 형제의 피눈물과 땀을 씻어 줄줄 모르는 이 땅에서 이 형제의 고생이 오래 감을 아까워하시고 슬퍼하시는 하나님의 지극하신 사랑 때문에 그리고 하나님께서 이 세대를 위하여 보낸 형제를 채찍질하고 굶기고 시기함을 끊지 아니 할 때에는 하나님은 인간사회를 경고하시려고 그 형제를 거두어 가시는 하나님의 섭리를 이제 다시 유재기 목사를 영원히 보내는 이 마당에서 우리는 뼈아프게 느끼고 있나이다. 하나님! 세상에서 누더기 입고 굶고 살던 유재기 목사를 거두어 주옵소서!

실로 뜻밖에 14일 오전 9시 반 유재기 목사의 비보(悲報)를 들은 서울 교계는 일시 아연 실색하였다. 선배 목사도 많고 교역자도 많고 사회사업가도 많건만 유재기 목사처럼 현실을 직시하고 그 현실과 싸우기에 그리고 그 현실을 예수의 세계에 직결시켜 주는 사람은 또 없을 것이다. 그 유재기 목사가 현실세계에서는 영영 떠났다는 이 사실이 교계의 슬픔이 아닐 수 없었다. 가뭄에 시달리던 삼천리 근역에 밤새도록 쏟아지는 비, 아직도 개이지 아니한 16일 오전 10시 고 유 목사의 영결식이 초동교회당에서 유 목사의 동지와 그의 주검을 아까워하는 수백의 교우의 애통 속에서 거행되었다.

박용희 목사의 사회 하에 명진보육원 아동들의 조악으로 식이 시작되어 찬송, 전인선 목사의 기도, 유지한 장로의 성경봉독, 김영춘 양의 애절한 조가독창이 있고, 이어 김영애 양이 유 목사 생전에 창작한 시 낭독이 있었다. 그 뒤에 최윤관 목사의 설교가 있었는데 고 유 목사는 삼사 개월 전 어느 날 유 목사는 그의 친구되는 ㅇ목사에게 내가 죽은 뒤의 영결식사를 맡아달라고 부탁하였고, 또 ㅇ목사도 그렇게 할 것을 약속하였었는데 이 어찌된 인연인지 넉 달이 지난 오늘 유 목사 세상 뜨고 유 목사의 영결식 설교 맡은 목사가 미국 가서 없으매 설교 맡은 목사의 친구로 내가 고 유 목사의 약속을 이행하게 되었다는 슬픈 인연의 설교에 장내는 숙연하였다.

박영출 목사는 최악의 경우에서 최선의 싸움을 싸우던 유 목사의 발자취를 더듬는 약력 보고를 했고, 이어 고 유 목사의 작사에 의하여 박태준 교수가 작곡한 "농민복음학교가"를 박태준 교수가 친히 노래 불러서 이 농민복음학교운동을 위하여 살을 여위고 뼈를 깎다가 돌아간 고인의 영을 위로하였다. 이어 이종현 농림장관의 조사 대독, 흥국형제단을 대표하여 정준 국회의원의 조사, 흥국시보사를 대표하여 김말봉 여사의 조사, 우인(友人) 총대로 박학전 목사의 조사가 있었다. 조사에 우는 이마다 눈에는 진수가 고이고 목은 메여 흐느껴 울어 말을 맺지 못하매 장내에 모인 이 차마 낯을 들지 못하고 눈물 씻고 있음도 고인을 애석해하는 형제들의 진정의 발로이리라. 친척 대표 노인순 장로의 예사에 이어 최후로 축도하는 남궁혁 박사 또한 북받치는 설움에 몇 번이고 몇 번이고 기도를 쉬었다. 이리하여 장내의 공기 더욱 비장한 가운데 11시 40분 폐식하고 영구는 시흥묘지로 향하였다.

〈16일 草洞교회당에서 永訣式 嚴修〉

불합리한 사회개혁 위해 농촌기독화운동에 진췌(殄瘁)

사회사업, 농촌운동, 민족운동, 종교사업 등에 재력을 바치고 노력을 바치고 시간을 바침이 그 얼마나 아름답고 위대한 것임을 우리는 너무나 잘 알고 또한 존경하고 있다. 그러나 겨레와 형제를 위하여 자기의 전 생활을 바치는 이 있다면 그이는 예수의 십자가를 지고 진실로 형제와 민족과 나라를 근심하고 사랑할 줄 아는 성도라고 추앙할 것이다. 우리들이 사랑하고 존경하던 유 목사야말로 그의 생활전부를 겨레의 그리스도화 운동에 바치신 우리가 세계에 자랑할 수 있는 위대한 기독교운동의 선구자며 또한 실천자였다.

유 목사는 44년 전 그가 세상을 떠나던 바로 그날 그 시각에 경북 영주군에서 출생하였다. 유 목사는 19세에 일본대학 사회과 재학시 이 겨레의 살 길이 오직 농촌의 재건에 있음을 인식하고 여름방학에 경상남북도 일대를 순회하여 계몽강연을 할 때부터 시작하여 45세를 일기로 세상 뜨시던 그날까지 농촌기독화 운동에 추울 사이 더울 사이 없이 온갖 힘과 땀을 바쳤고, 또한 그 노력과 정열로 하여 일제 경찰에 18회나 구금되어 옥중생활의 쓴 잔을 마시었다. 그의 친우인 박학전 목사는 그의 조사에서 "유재기 목사의 영결식은 초동교회에서 거행할 것이 아니고 저 논둑에서 이 땅 농민들이 모여 울어 보낼 것이었다."라고 말한 바와 같이 유 목사는 농민을 아끼고 농촌을 사랑하다가 간 사람이었다.

유 목사는 막연한 감상적인 농촌운동자가 아니었다. 그에게는 이 나라 농촌재건을 위한 투철한 설계가 있었다. 그는 평양신학교 재학 시에 『농촌소년지도론』과 『협동조합론』을 저술하여 그의 농촌사업의 설계도의 일부를 밝히었다. 또한 평양 부근 일대를 순회하면서 기독교농민소년단을 조직하고 협동조합을 조직하여 예수촌운동을 전개하였으니 대동군, 강서군, 평원군, 용천군 일대에는 동리에서 개농망대 둘러멘 소년소년들이 길에서 소똥말똥을 주워 모으며 "장하다! 억세다! 농촌소년! 우리는 조선의 농민이란다."의 경쾌한 리듬에 발맞추어 행진하는 씩씩한 모습과 부인회원들의 공동 집단 작업 등의 희망에 찬 광경이 비쳤었고, 이것이 유재기 목사의 설계도의 첫 실천이었다.

신학교를 졸업하고 교회 목사로 시무하면서도 장로회 총회의 농촌부 사업을 담당하고 나라 안에서는 물론 만주에까지 그의 농촌운동은 계속되었다. 그러나 길이 시들어 가는 이민족(移民族)의 길이매 일제의 탄압이 없을 수 없었으며 그는 8.15의 감격의 해방도 대구형무소에서 맞이하였다. 그리하여 유 목사는 해방된 조국에서 마음껏 그의 웅지(雄志)를 달성하려고 흥국형제단을 조직하고 《흥국시보》를 발간하는 등 눈부신 활약을 계속하였으나 역시 그에게서 떠날 수 없는 것은 농촌의 재건을 위한 예수촌운동이었다.

조국은 해방되었다 하여도 유 목사의 사업의 길은 탄탄대로가 아니었다. 38선으로 분열된 조국, 사상적으로 노도와 같이 침범하는 분열공작, 가혹한 농촌생활의 현실, 사업 추진의 재정적 곤란 등등 유 목사의 농촌운동은 가시길이었다. 그러나 굶어도 왕성하여지는 것은 그의 투지였다. 일제경찰의 고문으로 얻은 병과 영양부족으로 뼈만 남은 체구를 이끌고 서울을 위시하여 전국각지에 대한농민복음학교를 개설하기 무릇 14처, 조국의 초석이 되며 농촌운동의 기간이 될 438명의 십자군을 배양하여 그의 농촌 설계의 기초공사를 이룩하고 그는 그만 가셨다. 유 목사는 현실에서 도피하려고 하지 않았다. 현실을 직시하고 현실과 씨름하였다. 그 현실을 예수에게 결부시키려고 애쓰고 몸부림쳤다.

유 목사는 평양숭실전문과 신학교 재학 시 경창리(景昌里)성당에 있는 빈민굴에서 그들과 같이 살고 그들을 위하여 밥바가지 들고 다니며 밥을 빌어다가 병든 거지를 먹이었다. 언덕 하나를 넘으면 이층 삼층 양옥에서 피아노 소리의 고기기름 냄새에 섞이어 "예수 믿으면 천당간다."

고 외치는 소리는 하루 종일 일자리 찾아 헤매다가 맥없이 돌아가는 로성낭 빈민굴들을 질식케는 할지언정 그들의 시들어가는 영을 소생시키지는 못하였다. 유 목사는 그 현실을 그대로 받아들이기에는 그의 양심이 너무나 날카로웠다. 그리하여 유 목사의 이 양심의 호소를 그때의 초선교회는 공산주의라고 치부할려고 하였던 것이다. 일면 유 목사는 평양신학교 졸업 후 경북노회에서 목사장립 받고 칠곡읍교회를 위시하여 의성교회, 대구침산교회, 대구제일교회 등 목회를 담당하기 십수 년이었으며, 1940년에는 경북노회장으로 피선되는 등 교역자로서도 실로 빛나는 존재였다.

유목사는 그의 짧은 생애를 이 나라 농촌의 그리스도화를 위하여 싸우되 그의 살을 에이고 뼈를 깎으며 애태우고 울었다. 그는 어떠한…….(이하 망실)

1. 경기도 시흥시 과림동11-1 과림장로교회 (유재기 목사 기념예배당) 머릿돌

앞서 간 虛心

박학전(朴鶴田)

허심이 갔다. 인정(人情) 많은 사람, 재조(才慄) 있는 사람, 시감(詩感)에 넘치는 사람, 농촌에 선도자(先導者)로 성스러운 사람의 친구인 그는 아깝게 앞서 갔다. 나라로 보나 또 자기를 위해나 그것들보다 농촌교화를 위해서 가면 아니 될 그가 벌써 갔다는 것은 슬프지 않을 수 없다.

나와 재기(載奇), 내가 그를 알기는 스무 살 고개를 넘은 젊고 감상(感想) 많은 시절이었다. 그는 나보다 석 달을 먼저 나서 나더러 '학전아'라고 불렀고, 나는 그보다 나이 먹어 보여서 '재기야'라고 불러서 의(誼) 좋고 사이 좋아 함께 놀고 같이 먹고 몰려다니다가 떨어질 수 없었음인지 위(偉)O의 옥까지도 몰려다니었다. 그가 신학을 나오고 나중에 목사가 된 이후에도 농촌을 같이 돌아다니며 발이 부르터도 아픈 줄 모르고 순회(巡廻)하며 계몽과 전도에 심혈을 기울어 보았다.

한번은 외금강(外金剛)에 가서 많은 친구들이 모였건만 '우리 단둘이만 가 보자'고 해서 황혼(黃昏)도 모를 구룡폭포를 시원히 쳐다보며 사진을 찍힌 것이 내 첩(帖)에 남아 있다. 이것을 남기고 간 재기(載奇)를 주각(注覺)하고자 한다.

기성교회가 본 유 목사

기독사회주의자(基督社會主義者), 사회복음주의자(社會福音主義者), 무교회주의자(無教會主義者), 정통교리에 이단자 등 칭호가 유 목사 생전 과정에 붙여진 이름이었다. 그래서 그는 일시 그 심경으로 장로교세 울타리 밖에서 부끄럽게 후회하며 울기도 하였다. 그러나 그는 불굴의 정기(正氣)로 '주여, 농촌에 외로이 헤매는 나를 붙드소서!' 애도(哀禱)하며 혼자 길을 걸어 왔다. 그 후 복음의 실천자로 점차 이해가 생기면서 대구제일교회 담임 다음 경북노회장 지내기까지 조선교회는 늦게야 이런 복음의 투사(鬪史)를 기용케 되었던 것이다.

농촌이 본 예수촌 건설자

유 목사는 농촌을 보고 조선땅을 사랑하고 농민을 붓스럽게 보는 눈이 열린지 이십여 년이다. 그가 생전에 많이 다닌 곳, 느낀 곳, 일에 공(功)을 남긴 곳이 농촌이다. 그의 남긴 모든 시상(詩想)물은 밭두렁에서 마을에서 풀밭에서 주워 모은 주옥편이다. 그래서 어느 동리에 들어서나 그들의 선생이었고 동무였으며 형제였다. 그가 가매 억울한 눈들이 흘러나왔고 그가 한번 어루만지매 맺힌 가슴이 풀리고 웃음이 터졌다. 그리해서 유 목사만이 참 기독교를 전하는 분인가 하고 교회로 나와서 먼저 예수촌 회원, 농촌소년 회원, 농촌부인 회원이 먼저 되고 다음 예수를 알게 되고 믿게 되었다. 누가 이를 부인한다면 또 농촌에 복음을 들고 나갔던 것이다. 조선 농촌은 오로지 그만이 참 목사였다.

내가 본 혈루(血涙) 유 목사는 선각자이다

조선기독교가 선진문화국인 미국선교사가 와서 종교선도의 중심인 농촌을 버리고 도시집중의 폐(廢)를 통찰하고 농촌중심의 교화, 전도운동을 전개하고 그 방법으로 농촌운동, 협동조합, 예수촌건설 등 전심을 기울인 사람이다. 뿐만 아니라 그는 혁명가였다. 모든 교세(敎勢)의 공격과 오해의 소낙비는 혼자 맞으면서도 독보(獨步)로 농촌을 위해 매진하여 개척의 거보(巨步)를 걸어갔다. 그는 실지 가난한 사람으로 옷 한 벌이 변변치 않았고 약한 몸에 잘 먹는다는 것이 죽이었고 면보(麵保) 조각이었다. 그는 못 먹고, 못 입고, 헐벗고, 싫었든 불행을 조금도 원망하지 않고 오히려 쪽박을 들고 거지들에게 밥을 얻어 먹였고, 입었던 옷과 신을 벗어 걸인에게 입혀 주고 신겼던 성보(聖賢)의 생활을 달게 여겼던 빈민굴의 성자였다. 그의 몸은 약하면서 정신은 강했고, 또 극히 낮게 살면서 높은데서 일하던 잊지 못할 일꾼이었다.

마지막 서룬 말

앞서 간 것이 싫다기보다 젊은 목사로 농촌의 선구자 허심(虛心)으로 낮은 계급을 OO이 사랑하고 O어드던 혈루(血淚)로서 벌써 간 것, 가서는 아니 될 사람이 간 것 도리어 찾아도 보이지 않으니 섧다. 아깝다. 지금도 OO농민을 모아 놓고 외치고만 있는 듯하다. 아마도 깊은 밤이면 가리봉(加里峰) 그 외로운 무덤에서 못다 하고 간 남은 말을 구슬피 외치고나 있지 않은지!

1949년 8월 몹시 더운 날 밤 초강(草江)
《흥국시보》 1949년 9월 1일

유재기 목사와 그의 친구와 동지들

암산(岩山)

유 목사는 덕(德)의 사람이었다. 재(才)의 사람이었다. 정(情)의 사람이었다. 또한 꿈을 지닌 사람이었다.

그래서 그는 인간으로서 풍부한 매력을 가진 사람이었다. 그는 웃음을 웃어 온 방안 사람을 같이 웃게 하였고, 또한 눈물을 뿌려 수천의 회중이라도 가슴을 치게 하였다. 그러기에 그는 이루 꼽을 수 없을 만큼 친구들을 많이 사귀며 살았다. 그의 사사로운 생활에 접한지 불과 수년인 필자로서는 누가 그와 얼마나 친했는지 짐작해보기도 어려운, 단지 필자가 그런 면에 아주 무관심했던 탓만은 아닐 것이다.

유 목사의 생전에 쓰시던 테이블 유리판장 밑에는 그림과 사진 몇 가지가 끼어 있었는데 거기는 지금 도미중인 송창근(宋昌根) 박사와 거리를 걸어가시는 걸 누가 무심히 찍어 준 사진이 중요한 자리를 차지하고 있었다.

그래서 송 박사를 먼저 쓰자는 건 아니지만 참으로 송 박사와 그와의 우정은 실로 절절한 바 있었다. 송 박사가 신학교 일로 안타까운 일을 당했을 때는 유 목사의 손을 잡고 울었고, 유 목사 역시 흥국단 일이 자꾸 비틀어져서 기가 맥힐 때면 송 박사를 찾아가 울었다. 송 박사는 자신이 분주함에도 친구를 위하여 흥국단의 총무부장의 직을 맡아 가지고 군정청으로 관재처(管財處)로 왔다 갔다 한 일도 한두 번이 아니었다. 사업으로 인하여 당하는 고통을 진정으로 서로 동정할 수 있던 두 분이 아니었나 싶다.

신학교편으로 장공 김재준(金在俊) 목사도 또한 송 박사 못지 않게 그와 마음을 주고받은 친구이다.

"허심을 추억하며"라는 다음 면에 실린 글에서도 그 지정(至情)을 엿볼 수 있지만 김 목사는 《흥국시보》만으로도 그 창간 당시부터 주필에 임(任)을 맡은 이래 거진 호마다 김 목사의 글이 빠진 적이 없었고, 김 목사가 손수 편집까지 한 일도 있다. 이 일이 뜨거운 우정이 아니고서는 있을 수 없이 어려운 일이었다는 것은 아는 사람을 알 것이다.

그밖에 조선신학교에 관계하는 이로 대개 송 박사나 김 목사와 비슷하리만큼 가까이 지내고 또한 유 목사의 사업을 위해 애써 준 이는 여러분 있다. 현재 교장 대리로 수고하는 최윤관(崔允寬) 목사가 그 한 분이다.

흥국형제단 총재로 발단 이래 유 목사를 지도하신 함태영(咸台永) 목사는 사실상으로 흥국형제단이 유 목사의 사업이었다면 첫째에 꼽아야 할 은인이라 할 것이다. 함 목사는 높으신 춘추에 또한 신병(身病)을 겸하여 약하신 몸으로 부자유한 보행을 옮기시어 흥국형제단을 위해 늘 애써 온 것이다. 유 목사의 재세시(在世時), 늘 입버릇처럼 '그 어려우신 가사를 좀 도와 드려야 할 텐데…'하고 탄식하는 것을 필자는 늘 듣곤 했다.

여러 친구 중 숭덕학사(崇德學舍)를 경영하는 박영출(朴永出) 목사도 중요한 자리를 차지하고 있을 것이다. 본시 동향이라 서로 알게 된 것도 아주 오래된 편일 게고 또한 같이 어려운 사업을 하는 처지라 동고의 정도 통하여 늘 서로를 위로해 왔다. 이번 유 목사가 작고하시자 그 유고출판에 보태라고 십만 원을 내놓은 것도 돈이 있어 내놓은 게 아니고 역시 이런 우정의 표적이다.

유 목사의 사업을 위해 경제적으로 많이 도운 이로 지금 진생회(眞生會)를 만든 정훈(鄭薰) 장로가 으뜸이었을 것이다. 얼마 전까지도 단(團)의 일로 급하게 돈을 써야 될 경우에는 으레 정 장로에게로 갔고, 또한 다달이 얼마씩 끊임없이 대어 주었다. 정 장로는 경제적인 것만이 아니고 흥국형제단의 건물문제 등으로 시끄러운 일들을 해결키 위해 지금 부산수산협회에 있는 이원우(李元雨, 재범) 씨, 함북서 온 김창준(金昌

俊) 씨들과 더불어 일선에서 투쟁했다.

말이 났으니 말이지만 유 목사와 사업에 있어 깊이 공명하고 그 초창기부터 정열적으로 협력한 이들로 이원우 씨와 김창준 씨는 특기해야 할 그의 동지다.

흥국형제단 출발기에 적극성을 가진 유 목사의 동지로서 박학전(朴鶴田) 목사가 있다. 듣건대 그는 흥국단 일로 노심 끝에 통분할 어떤 현실로 손을 떼었다고 하지만 박 목사가 얼마나 일심이었다는 것은 그 당시 일을 아는 사람들은 누구나 아는 모양이다. 유 목사와의 관계는 이번에 추도문에서 넉넉히 엿볼 수 있지만 수년간에 걸친 대구형무소의 옥중동고는 더욱 인연을 두터이 했다 한다.

외국인으로 유 목사를 위하고 흥국단을 도와준 이로는 아마 선교사 원한경(元漢京) 박사 한 분일 것이다. 유 목사를 고의로 넘어뜨리려고 여러 가지 악질적으로 중상하는 사람들 틈에서 원 박사는 끝까지 흥국형제단 편이 되어 이 일 저 일에 많은 수고를 아낄 줄 몰랐다.

흥국형제단의 지향하는 운동이 경남지방에 최근 활발하게 된 것은 김길창(金吉昌), 김영환(金永煥) 목사와 그 밖의 몇 분의 공로가 크다. 더욱이 김영환 목사는 이상적으로 이론의 공명을 가지고 예수촌운동의 한 병졸(兵卒)로 자부한다는데 믿음직하다. 예수촌운동에 얼마마한 열의를 가졌다 하는 데는 그의 옆에 있는 사람들이 모두 감탄하는 바요. 또 경남지방의 사업의 급진전이 잘 설명하고 있다.

한기련(韓基聯) 총무로 계신 남궁혁(南宮赫) 박사는 유 목사 신학시대에 가르치셨다는 범(凡)한 사제의 사이를 넘어 진정으로 유 목사와 그 사업을 아끼신 분이다. 유 목사는 생전에 몇 번이고 남궁 박사의 정의(情意)를 고마워하는 말을 필자에게도 한 바 있다. 유 목사 작고 이후에 누구보다도 이를 슬퍼해 주고 그 사업의 귀허(歸虛)를 근심해 준 이 중(中)의 한 사람이다.

《흥국시보》 1949년 9월 1일

슬픈 글월

김말봉

이제는 완전히 유명을 달리하여 계신 유재기 목사님께 슬픈 글월을 올리옵니다. 지상에서 다시 뵈올 수 없다는 슬픔이 아니오라 땅에 계실 때 받들어 드리지 못한 과오를 사과드리는 저희들의 가슴에는 슬픔 위에 부끄러움과 후회와 그리고 커다란 자책이 한데 뭉쳐진 그러한 괴로운 슬픔으로 가득히 차 있습니다.

경애하옵는 유 목사님, 당신이 그렇게 안타까워하시고 애태우시던 그 귀한 사업에 정성껏 동정하여 드리지 못하옵고 오히려 차디찬 눈으로 때로는 목사님 앞에서 도피하려던 저희들이 오늘 목사님의 영결식장에 참예하는 일은 스스로 바리새인과 사두개교인의 동류와 같아 입이 닫히고 혀가 굳어 감히 드릴 말씀이 없나이다.

그러나 생각하면 생각할수록 기이한 일이로소이다. 목사님이 농촌을 사랑하시되 애인보다 더하셨고, 조국의 가난하고 무식한 근로자의 행복을 위하여 아내와 자녀와 그리고 춘추 높으신 어머니까지 돌보실 여가가 없었던 일은 과연 어떠한 숙명을 타고 나신 까닭이옵니까? 목사님의 재산과 인격으로 자기의 생활에만 유의하셨던들 비단옷과 고기반찬뿐이였으리요. 능히 보석과 황금으로 귀족의 몸을 장식하지 않았으리이까? 그러나 아직 실로 그러나입니다. 목사님은 굳이 돌짝밭 가시길을 택하셔서 겨레의 맨 밑바닥에서 허덕이는 농민을 위하여 희생의 산제물이 되고야 말았습니다.

목사님이여, 당신은 어찌나 민족을 사랑하는 열렬한 심정이 콩밭을 사모하는 비둘기의 순진함만 가지시고 뱀의 지혜는 지니지 못하셨습니까? 그런고로 목사님은 거룩한 사업을 도모하시는데 모든 동지들은 힘을 아끼고 돈을 아끼고 또한 재능을 아끼어 하나씩 둘씩 다 자기의 사업을 골몰할 줄만 알고 자신의 이익을 꿈꿀 동안 목사님 홀로 연약하신 몸을 채찍질하여 산으로 들로 농촌으로 오직 농촌의 행복을 위하여 마침내 옥과 같이 산산이 부서지고 말았습니다.

사람이 친구를 위하여 목숨을 버리면 이에서 더 큰 사랑이 없다는 예수님의 말씀을 그대로 실행하신 우리들의 존경하는 유 목사님이시여! 이제 메마른 농촌은 단비와 같은 목사님의 존재를 사모하여 방방곡곡에서 목말라 애태우는 이때 아-하 목사님이시여!

양떼들 뉘게 다 전하고 홀연히 가셨습니까? 당신께서는 죽기까지 충성하셨음에 응당코 하늘 나라의 상급은 클 줄로 믿습니다.

그러나 목자를 잃은 양무리를 보살필 당신의 후계자는 과연 어디 있습니까? 지금같이 인재가 필요하고 지도자의 존재가 절실히 요구되는 흐트러진 조국의 교회와 농촌을 뒤로 두고 아-하 목사님 당신은 떠나십니까? 목사님 살아 생전에 굳이 험하고 괴로운 형자의 길을 가시더니 아- 홀로 가시더니 이제 떠나심에 동지와 악수도 나누지 못하고 뜻 같은 형제들께 인사도 마치지 못한 채 의로운 기러기 중천을 날듯 이제 우리 눈앞에서 홀연히 자취를 감추시는 목사님이여, 비록 가셨으나 당신의 부드러운 미소, 따뜻한 음성은 진실로 따뜻한 음성은 지금도 우리 귀에 우리 눈에 그대로 남아 있습니다. 아! 참으로 우리 귓가에 우리 눈앞에 현저히도 남아 있습니다.

목사님이여 당신이 《흥국시보》를 경영하심에 한 호의 원고와 종이와 아! 출판비, 이것은 모리배의 한 저녁 술값이요. 실로 우리들의 힘을 합하였다면 그리 큰 부담은 아니였으련만 마음이 아픕니다. 유 목사님이여, 오직 메마르고 고달프신 당신의 주머니에서, 당신의 가족의 식량에서, 그리고 당신의 일절의 일용에서, 짜내고 짜낸 피와 기름으로 계속하고 있었던 사실을 생각하면 진실로 부끄럽고 그리고 가슴이 찢기어 후회하여도 미치지 못할 눈물마저 부끄러움뿐이올시다.

우리는 목사님처럼 열렬하지도 못하옵고, 또한 목사님 같은 기백도 없사오나 미력인 채로 한데 뭉치어 목사님 세상에 계실 때 저들을 불러 애타는 그 음성에 만만의 하나이라도 대답하고저 하오니 이제는 성의를 다하여 대답하고저 하오니 목사님, 사랑하는 목사님이시여! 하늘 위에서 우리를 굽어보소서. 밀알 하나가 땅에 떨어져 죽음으로써 천 배의 수확이 있음과 같이 오로지 우리 농촌의 행복을 위하여 최후의 피 한 방울까지 다 부으신 목사님은 한 개의 밀알처럼 땅속으로 들어가시지만 천만 배의 수확이 일을 줄 믿어 의심치 않습니다. 이제 궂은 비 내리고 갈 길 먼 가리봉 묘지로 당신의 영구는 가시나니 영광나라에서 다시 만날 동안 편히 잠드소서.

《홍국시보》 1949년 9월 1일

나와 유재기 목사

백절불용 노력하는 모습이 너무 성스러워

김창준

내가 유재기 목사의 성명 석자를 알게 된 것은 15-6년 전《기독신보》를 통해서이고, 그의 얼굴은 해방 직후 조선신학교(당시 정동) 사무실에서 처음 대하였고, 그와 독ㅇ를 열고 대화한 것은 해방 익년 가을 정훈 장로(당시 집사) 댁에서였다.

당시 나는 모든 단체에 염증을 느끼고 오직 나의 사생활을 양심적으로 해 나가는 것이 독립에로의 천국에로의 가장 빠른 길이라는 정신을 가지고 그대로 실행하는 시기였는데 유 목사와 대화하는 중 그가 열정적으로 흥국형제단의 이상과 실천을 설명하고 입단을 권고하는 바람에 나는 그만 나의 계(戒)를 깨뜨리고 흥국형제단에 가입하였다. 이래 동갑이요. 동지인 우리는 시간이 흐름을 따라 심교(心交)가 깊어 갔으나 오직 나로서 불안한 것은 그가 자기의 생명을 걸고 역투한 사업에 대하여 별로히 여하지 못했다는 사실이다. 만근 2년간 환경의 불리로 실ㅇ도절하여 일견 패군지ㅇ 같아 보이는 그가 어디서 솟는 용기인지 백절 불용의 노력으로 매진하는 그 모습은 하도 성스러워 머리를 숙이지 않고는 볼 수 없는 ㅇㅇ였다. 진실로 약한 자를 세워 강한 자를 부끄럽게 하시는 주님의 능력이 플러스 하지 않고는 있을 수 없는 일이었다.

6월 어느 날 시ㅇ 앞에서 만나 나는 그를 '한가람' 다실에 안내하여 근황을 물었더니 그는 자신만만한 태도로 이제 주님께서 길을 열어 주셨다고 기뻐하면서 오직 건강이 불여의(不如意)함을 탄(嘆)하여 말하기를 며칠 전에도 변소에서 졸도하여 전 가족을 놀라게 했다고 하였다. 그날 유 목사는 계란빛 토목양복을 입었는데 이것은 염색한 것이 아니고 경상도 어느 곳에서 천연색 면화로 나온 것으로 선전차 한 벌 지어 입었노라고 하였다. "마네킹 치고는 너무 노랐습니까?" 하는 농담을 드리고 우리는 헤어졌다. 이것이 유 목사님과 나와의 인생에서의 마지막 이별일 줄을 어찌 뜻하였으랴. 그는 골리앗을 향하여 가는 다윗 소년과도 같이 경쾌하게 희망에 찬 걸음걸이로 갔다.

유 목사님이 졸도 후 최종작별의 이 광경을 자주 회상하였더니 인제는 나의 ㅇㅇ에 조각인 양 깊이 새겨졌다.

《홍국시보》 1949년 9월 11일

나와 유재기 목사

민족의 빈궁과 싸우던 동지

정준

허심(虛心) 유재기 목사는 떠났다. 천리나 만리길을 떠난 것이 아니다. 영원히 이 땅에서 떠나고 말았다. 그 자신은 떠나고저 하지 않았고 이 땅의 벗들도 그를 떠나보내기를 원치 않았다. 그러나 그는 부득이 떠나고 말았으니 부득이 떠나는 그나 떠나보내는 이 땅에 남은 이들의 슬픔은 크고도 깊었다. 왜 그는 44세의 젊은이로서 이 땅을 뜨고 말았을까? 하나님 외에는 그 이유를 알 사람이 없다.

허심의 죽음, 허심과의 이별을 누구보다도 나는 슬퍼한다. 그가 죽었다는 소식을 들었을 때 앞이 캄캄하고 머리와 가슴이 띵했다. 온 세상의 슬픈 바람을 휘몰아서 나의 발 앞에 쌓아 놓는 듯하였다. 나는 그가 병든지 삼 일만에 소식을 듣고 뛰어 갔다. 그는 몹시도 마른 몸을 이리 뒤척 저리 뒤척거리며 괴로운 표정으로 나의 손을 붙잡고 하기 힘든 말로 거제도에서 열린 농민복음학교에 꼭 하루만 나가 달라는 부탁을 하였다. 나는 그 동안 국회일이 바빠서 그의 농촌운동을 돕지 못한 것이 늘 미안하게 생각되던 차에 병중에 하는 부탁이라 거절키 어려워 염려 말라고 말하고 돌아온 일이 있었는데 이 회견이 최후의 회견이 될 줄을 누가 알았으랴.

나는 허심을 존경한다. 그의 포부와 사상에 공명(共鳴)한다. 그의 사업에 동사(同事)한 일도 있었다. 나는 그를 현영하노라고 노력도 하여 보았다. 그는 그리스도의 사도로서 충실히 살고저 애쓰되 죽기까지 일하였다. 그는 기독교사회주의자로서 정치운동에도 관여하였었고, 기독교사회사업, 기독교농촌운동, 기독교문화운동, 기독교사회운동 등 조국을 그리스도화하는데 선구적 역할을 하였다.

나는 해방 직후에 김재준 목사를 통하여 허심을 알게 되었다. 김 목사가 허심을 소개할 때 나에게 한 말이 "유 목사의 포부와 이상과 사업적 머리가 같은 점이 있으니 악수하여 나감이 좋겠다."는 것이었다.

나는 허심을 가까이하여 흥국형제단사업을 도왔다. 그와 함께 농민복음학교를 경영하기도 하여 《흥국시보》을 위하여 걱정도 하였다. 그와 한 이불에서 밤이 새도록 이야기를 즐기기도 하고, 때로는 영화관에 가서 엉크러진 머리를 정돈하기도 하며 혹은 다방으로 혹은 설농탕집으로 정다웁게 다니었다.

허심은 빈궁과 잘 싸우는 용사이었다. 그러나 그는 남을 동정한다.

내가 해방 후 굶주려 가며 타는 가슴을 부둥켜 쥐고 이리저리 3년을 지날 때 그는 나를 동정하였다. 그러나 나는 그를 돕지 못하였다. 떠나는 그를 붙잡지를 못하였다.

《흥국시보》 1949년 9월 11일

흥국형제단은 어찌 되나?

허심 유재기 목사 별세의 소식이 창졸히 세상에 전해지자 사람마다 아쉽고 슬픈 말 다음에는 '기독교흥국형제단은 어찌 되나?' 하는 근심이 있었다.

사실 기독교흥국형제단은 유재기 목사가 창도하고, 유재기 목사가 발단하고, 또한 운영해 나온 게 사실이며. 유 목사가 곧 형제단이라고 할 만치 유 목사 없는 흥국형제단은 좀 일반으로 상상키 어려운 바가 없지 않다. 그러나 "밀알 하나가 땅에 떨어져 죽지 않으면 …"하는 주님의 말씀을 배운 우리들이다. 어찌 하나의 유재기가 땅에 떨어지는 날 백 사람, 이백 사람의 유재기가 열매 맺지 않으리라고 단념할 수 있으랴.

그렇다. 아직 "이것 보아라!" 하고 고함칠 만한 현실은 크게 나타나지 않았다. 그러나 아무도 모르는 은은한 중에 다음과 같은 놀라운 것이 백 배, 이백 배의 열매를 맺기 시작하는 징조라는 것을 굳게 믿는 터이다.

유재기 목사의 영결식날 모인 사람들이 울며 울며 슬퍼하던 끝에 어떻게든지 이 사업을 살려야 한다는 여론이 누구의 입에서인지 모르게 흐르기 시작하여 결국 7월 18일 고인의 동지들을 중심한 기독교흥국형제단 사무실에 모이기로 하였다. 18일 밤 예정대로 모였는데 그 회합은 전례에 없는 상황이었다. 고인의 동기와 친구들이 40명 가까이 모였고, 멀리 부산, 거제도, 대구 등지에서도 참석했었다.

그날 밤에는 유 목사의 사업을 계승키 위하여 총재 함태영 목사의 사회로 열렬한 토론이 있었다. 1부엔 일꾼 유 목사가 세상을 떠났으니 자연 사업도 종결을 면치 못하리라는 의견도 있었으나 대부분의 인사들은 기어이 이 사업을 살려야 한다고 힘 있게 주장했다.

그래서 그날 밤 결의로는 흥국형제단사업 특별추진위원회를 조직키로 하여 결국 농민복음학교운동에 남궁혁(南宮爀), 김영환(金永煥), 조민영(趙敏衡), 김두영(金斗英), 진명식(陳明植), 《흥국시보》에 김재준(金在俊), 김말봉(金末峰), 정준(鄭濬), 김길창(金吉昌), 주태익(朱泰益), 유고출판에 박영출(朴永出), 류지한(柳志澣), 정훈(鄭薰), 노인순(盧仁淳), 신후식(申厚植), 이렇게 분과위원회까지 조직되었다.

또한 이날 밤 특기할 것은 《흥국시보》 유 목사 추도 특집을 위하여 즉석 연보로 약 5만 원을 거출하고 그밖에 유고출판을 위해 박영출 목사의 10만 원, 농민복음학교운동을 위하여 남궁억 박사와 정훈 장로가 각기 2만 원씩을 내어 놓으시게 되어 모인 이들을 감격케 했다.

거제도 하기수양회를 예정대로 열기로 하고, 10월 초순에 유 목사의 추도회와 흥국형제단 정기총회를 개최할 것도 따라서 의논했다.

8월 19일 거제도 2회 하기수양회도 상상 밖에 성황이었다. 주로 영남지방의 흥국단원인 교계중진들과 서울서는 남궁혁 박사와 김여기 장로, 새로 본사 사장에 취임한 정준 씨, 김두영 씨 등 십수 명이 내려가서 무려 100명의 일꾼들이 모여 남쪽바다 푸른 물결에 몸을 담그면서 예수촌운동에 대한 희망과 가슴 그득한 정열들을 주고받았다고 한다.

앞으로 총재 함태영 목사를 도와 이번 특별히 남궁혁 박사께서 투신하실 것이 예측되고 상임총무로도 누가 결정될 듯한데 혹시 부산 김영환 목사가 발을 벗고 나서지 않을까 물망에 오르고 있다.

《흥국시보》 1949년 9월 11일

나와 유재기 목사

농촌운동가 형님 곁에서

노인순

유재기 목사와 내가 형제로 된 것은 그리스도의 피로 얽혀진 하나님의 섭리인 것이 물론이지만 또 한편 육적 친척에까지 이르게 된 이유를 든다면 그가 농촌운동자였고 내가 농촌의 아들이었던 연고가 그 처음이다.

지금으로부터 20여 년 전 유 목사가 배낭을 걸머지고 전 조선의 방방곡곡 농촌을 순회할 때 내 고향인 평남의 순천군 하사인장교회에서 들려 준 그의 열변, 그의 이상은 내 어린 가슴을 몹시도 흥분시켜 주었으며 저력을 기울여 부르짖는 그의 설교는 내 머리에서 좀처럼 사라지지 않았다. 당시 소학교에 재학 중이던 나는 '유 선생의 이상농촌론'이라는 작문을 지어 특찬을 받은 일이 있었는바 그 후 그 일이 인연이 되어 동서간의 연고까지 성립되었던 것이다. 그리고 본즉 내가 유 목사에게 대한 글을 쓰기는 이번이 바로 두 번째이다.

그 후 형님은 나를 자기가 좀 돌볼 수 있는 "대구로 와서 출판사업을 하라."고 다달이 편지를 보내시며 권고하여 주셨고 내 앞길을 언제나 염려하여 주셨다.

한번은 불의의 사건으로 평양검사국에 붙잡히게 되자 다짜고짜 달○○○주시었고, 정재윤 변호사를 통하여 나를 그 억울한 그물에서 풀어 놓아 주셨다.

한번은 평북의 영변군 하용원 역전에 있는 지하금강이라는 ○통굴 림승을 같이 갔었던 바 "취재기록은 군(君)이 하게. 나는 하나하나의 감상을 좀 해야겠으니." 하시고 그 기록은 그 후 시로 읊으면서까지 당시 《종교시보》에 발표하셨다.

이와 같이 형님은 간 곳마다 일이 많아서 조력자가 필요하셨으며, 또 조금이라도 도와줄 사람을 찾기에 몹시도 애쓰시어 나 같은 전연 무능한 자에게까지 조력을 청하여 왔던 것이다. 해방 이후 나는 고향에 건준 조직책임자로 정치가도 아닌 내가 정치범으로 맨 처음 붙들리어 90여 일이나 감금되었었는데 마침 형님의 친구이신 조만식 선생의 영도하에 출발된 조민당의 특별주선으로 11월 23일에야 풀려 나온 후 뚱뚱 부어 오른 다리를 이틀간도 못 쉬어가지고 "삼팔선 해결의 요절을 찾아야지" 하는 비상한 결심으로 약 일주간 예정으로 넘어왔던바 형님은 다짜고짜 붙잡고 "노군, 참 잘왔네. 나를 좀 도와주게." 하시는 것이었다.

No.4 P.1 THE HUNG KOOK PRESS 8-1 1946

興國時報

金九

八一·五記念

劉載奇

그때는 마침 기독교흥국단이 방금 서울로 와서 짐을 내리웠을 뿐이었다. 나는 형님을 도와 흥국호텔(현 애국장)과 전 본부사무실이던 성화관(왜정시의 대정관), 기타의 건물 접수하는 일이며 형님의 평생 염원이시던 출판부 사업도 착수하여 우선 『협동조합조직론』을 발간하였고, 연이어 출판계획인 『협동조합론』에 원고를 수집(전 원고는 왜정에게 압수된 관계)할 때에 겨울날의 몹시도 짧음을 새삼스러이 느낀 바도 있었다.

그리고 "우선 기관지가 있어야 할 것 아닙니까?" 제안하고 원고를 모아 시작하였던 것이 바로 오늘의 《흥국시보》이다. 그때에 기금이라고는 한 푼 있을 이유가 없었던 것도 물론이다.

형님은 때때로 "군(君)이 조금만 더 일찌기 넘어왔더라면 더 좋았을 것을 …." 하시면서 변변치 못한 조력에도 다소 위안이 되었던지 실로 지나친 기대를 가지셨다.

그러나 어찌 뜻하였으랴. 고향의 구순 넘으신 조부님께서 30여 명 식솔들을 모두 거느리시고 더 견딜 수가 있느냐 하시면서 1946년 2월, 그야말로 아이들만 남부여대 걸머지고서는 빈손으로 딸려 들였으나 벼락 전재민 1소대를 하룻밤 수용하신 형님은 말씀하셨다.

"할 수 있겠나? 군(君)의 짐도 너무 무거운데……."

농민성보가 갈라져서 나간 것을 필두로 하여 호텔을 빼앗기었으며 본부 빌딩도 먹히는 등 땀과 눈물로써 쌓아올렸던 초기공사는 태반이 무너지고 말았을 뿐만 아니라 그 위에 또 비방과 욕설까지 쏟아졌다.

하루는 "목사로서 더 이상 싸울 수야 있겠니? 이제는 전부 포기다." 하시면서 낙담 실망을 보이실 때 나는 울면서 항의까지 해 보았다.

형님은 다시 "그러나 예수촌운동의 농민복음학교와 《흥국시보》는 집을 팔고 책을 팔더라도 아니 내가 죽어서라도 살려야 하겠다!" 하시며 눈물을 닦으셨다.

그 후 형님은 과연 말씀하신 그대로 굶어서 쓰러졌다가도 농민복음학교를 위하여서는 일어서 나간 것이며, 매달매달 늘어만 가는 《흥국시보》의 근 십만 원 출판비를 꾸어대고 빌어대기에 새벽으로 밤늦게까지 고심고투하였다.

그리하여 형님은 그 오래된 위장병에도 치료도 변변히 못 해 보시고 "한 알의 밀알이 되어 떨어지자!" 하시던 그대로 이번에는 그 위급한 중태임에도 불구하고 입원도 못하였다가 까무러치고 까무러치고 주사 한 대를 맞지 못하시어 그만 세상을 떠나셨다.

"노군과 조용히 의논할 일이 있는데 한 번 시간을 내어 꼭 만나기로 하세."

이 말을 유재기 형님이 세상을 떠나시기 바로 며칠 전에 나에게 주신 최후의 말인 동시 그대로 이루지 못하니 이제는 이 세상에서 영원히 이룰 수도 없는 말이 되고 말았다.

또 지난 봄 어느 날에는 "우리 두 가족 함께 하루를 보내어 야유회나 가보세 그려!" 하시었으나 그 일도 좀처럼 이루어지지 못했고, 이제는 역시 형님과 같이는 영영 이룰 수 없는 일임이 물론이다.

이상과 같이 형님은 언제나 나에게 지나치게 기대였고, 넘치는 사랑으로 대하여 주셨지만은 나는 생각하면 너무도 냉정하였으며 무성의하였다.

지난달 14일 아침에도 "오늘이 유 목사 형님의 생신인데 무엇으로 축하함이 좋을까…" 하고 궁리하던 찰나에 "유 목사님 세상 떠났어요!" 하는 재복군의 급보에야 달려가 보니 그 일로 이제는 영영 이루어 드리지 못할 꿈으로 되고 말았다.

형님은 병상에서 "내가 죽은 후에는 누가 이 짐을 져주겠는고? … 쓸 글이 많은데 누가 좀 받어 쓸 사람이라도 있어야 말이지…" 하시며 탄식하였다는 말을 들을 제 나는 가슴이 터지는 듯 내 눈은 너무 아파서 뜰 수가 없었다.

나는 과연 형님에게 실망을 드린 자요. 기대에 배반한 자요. 또 너무어랴? 그 조용히 의논할 일이란? 무엇일까를 생각하면 생각할수록 지금 내 곁에서 똑똑히 말해 주시는 듯도 하다.

형님의 아껴 주시고 끌어 주시고 밀어 주시던 그 사랑으로 이제는 영영 가망 없는 일인가? 생각하니 새삼스러이 가슴이 아프고 쓰림을 느낀다.

오! 형님! 지금은 하나님 나라에서 영광을 받으실 유 목사 형님이여!

형님의 흘리신 그 눈물! 그 피와 땀은 이제 우리 형제동지 맥박에서 아니 이 땅의 백만 교도 속에 흐르고 뛰어 "우리도 유재기 형님의 뒤를 따라 한 알의 밀알이 되리라!" 하는 고함과 부르짖음이 높아가고만 있나이다.

《흥국시보》 1949년 9월 11일

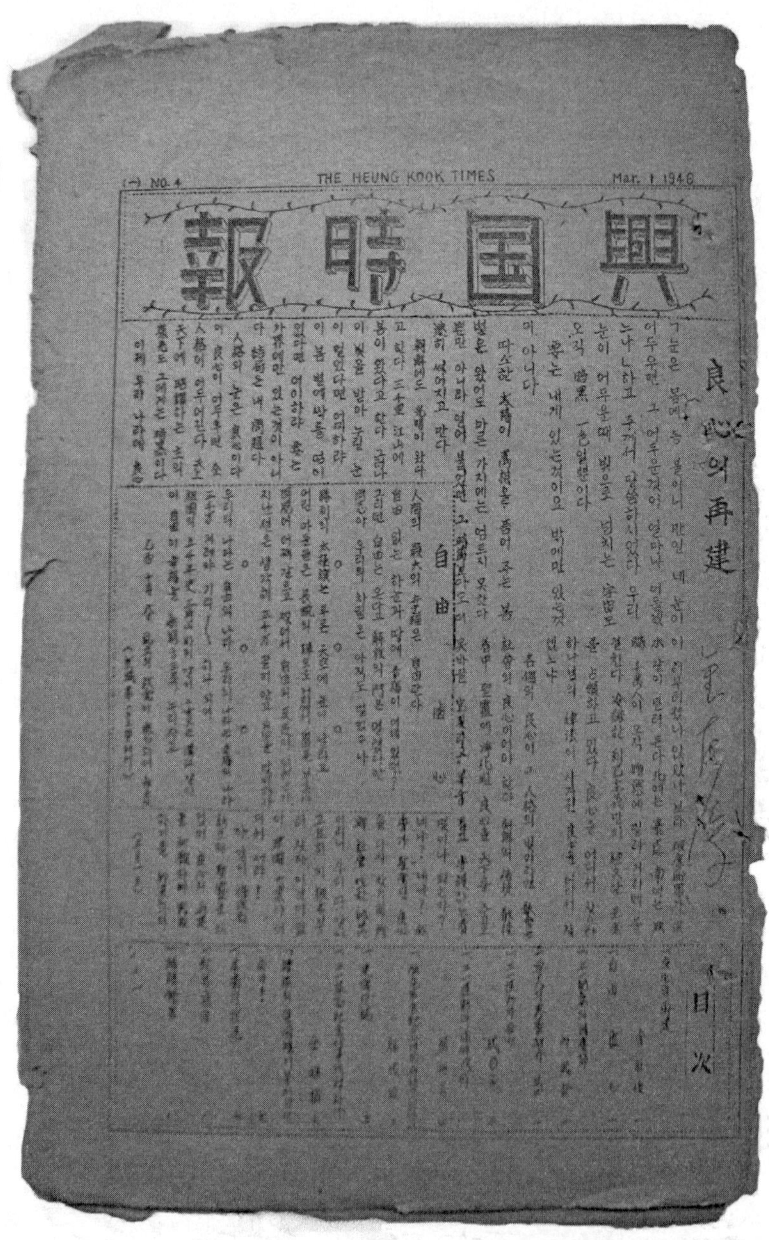

(一) NO. 4 THE HEUNG KOOK TIMES Mar. 1 1946

興國時報

良心의再建

自由

目次

《흥국시보》, 등사판, 1946. 3. 1. 제4호

THE HUNG KOOK PRESS
興國時報
大義에산자

《흥국시보》 1946. 7. 15. 제7호부터 활판

No. 4
THE HUNG KOOK PRESS
興國時報
第二卷第四號

《흥국시보》 1947. 2. 15. 제4호, 1947년 1월 1일부터 김구 제호 사용

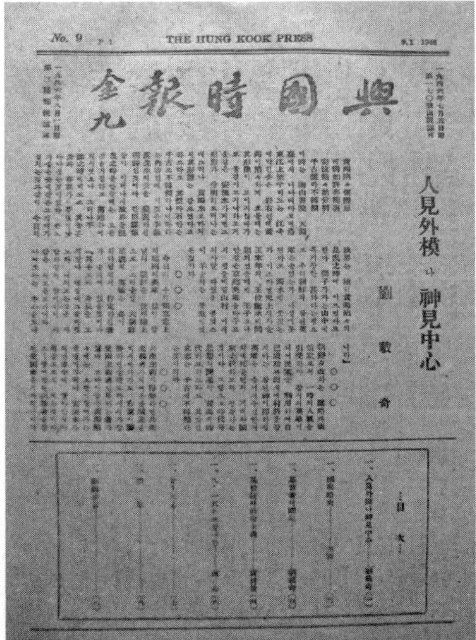
No. 9
THE HUNG KOOK PRESS
興國時報
人見外模나 神見中心

《흥국시보》 1947. 9. 1.. 제4호

THE HUNG KOOK PRESS
興國時報
年頭辭

《흥국시보》, 타블로이드판, 1949. 1. 15. 제4권

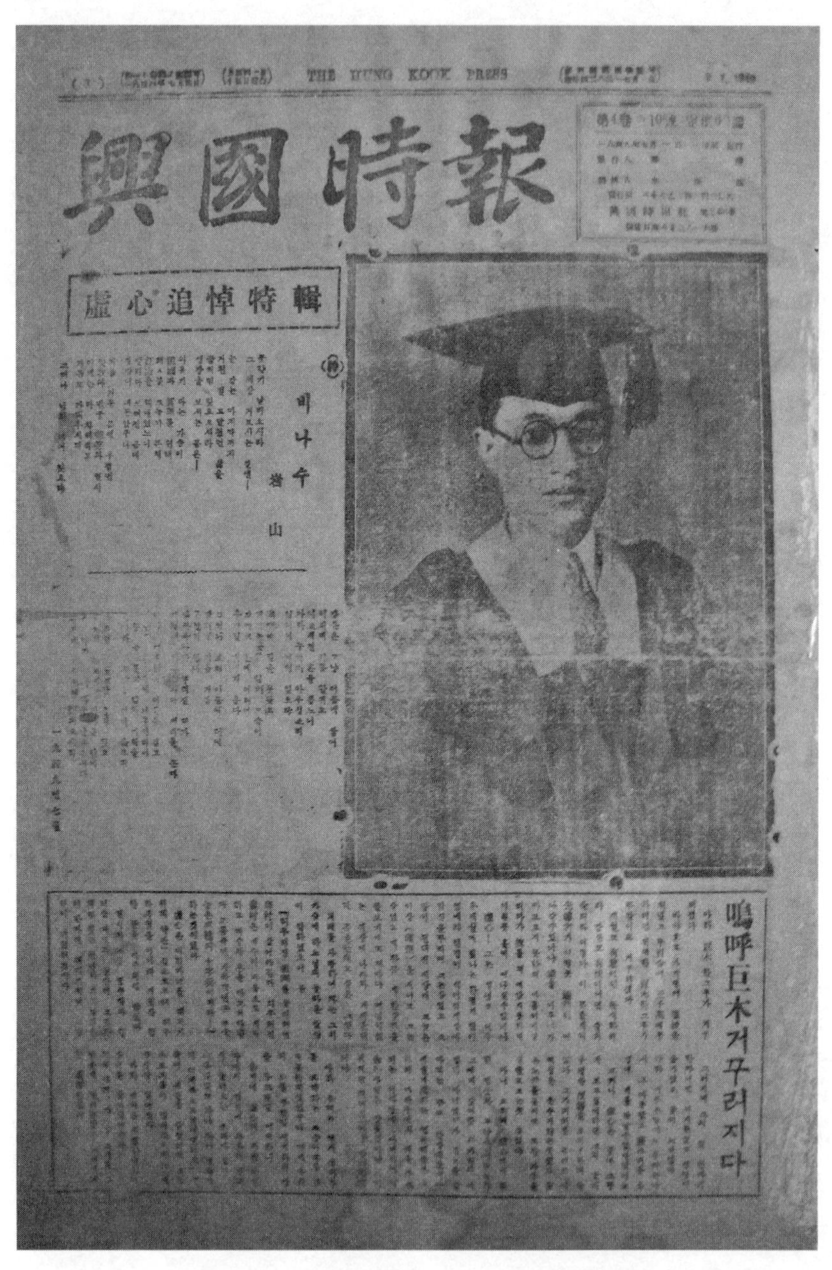

THE HUNG KOOK PRESS

興國時報

盧心追悼特輯

嗚呼巨木거꾸러지다

《흥국시보》, 타블로이드판, 1949. 7. 1. 제4권 제10호

부록 2 농민복음학교 관련 자료

흥국형제단 제1회 농민복음학교 수료생 성공사례

모범적 예수촌 4년 전 무지리(茂芝里), 4년 후 무지리

1. 위치

무지리는 일명 뭇지내라고 한다. 무지리는 경기도 부천군 소래면 무지리인데 경인선 소사역에서 십오리, 경부선 안양역에서 십오리, 수인선 군자역에서 십오리, 복판에 놓여진 교통이 불편한 산간벽지이다. 그리고 수사에서도 자동차가 통하고, 안양역에서도 자동차가 동리까지 통한다. 서울서 60리, 영등포에선 30리 서남간방에 있고, 뒤로 산이 솟고, 동리는 산밑 남편으로 나란히 깔려 있고, 앞으로는 동남켠으로 들이 벌어졌는데 큰 들은 못되고 좁고 넓은 들판이 섰다. 동서 팔방으로 크나큰 부락이 총총이 있어서 인구밀도가 심하기 때문에 경지면적은 지주(地主)가 겨우 6,800평밖에 농사를 짓지 못하고 자작은 겨우 3,800평이요 소작농은 겨우 1,700평밖에는 못된다. 이 뭇지내의 본동은 44호이요, 인구는 남자가 130명이요, 여자가 149명이요, 합계 279명이다.

2. 네 동지의 투쟁

해방이 되자 모리(募利)에 감투에 모두 허영에 날뛰어 서울로 서울로 몰려들어 혼란에 혼란을 이루었으나 오직 크리스천 이정호(李正鎬) 장로, 박근수(朴根秀) 집사, 김정덕(金正悳), 김한경(金翰經) 4명의 동지는 뒷산에 나무 한 포기도 없이 벗어지고 황폐해 가는 농촌을 어찌하면 살릴까 하여 고민하는 끝에 기독교흥국형제단 주최로 서울서 제1회 농민복음학교에 지원 입학하여 유재기 목사의 뜨거운 사상과 예수촌운동에 크게 감명되어 4동지는 두 주먹을 힘껏 쥐고 하나님께 맹세한 후 향토로 돌아와서 비로소 각각 사역을 분담하고 꾸준히 활동을 개시하였다.

이 동리의 계급면을 보면 소지주 3호밖에 없었고, 자작도 5호밖에는 없었고, 전부 36호가 소작(小作)이었다. 그러므로 빈한한 동리였다. 경제적으로 빈한한 만큼 고등교육자는 극히 적었다.

흥국형제단에서는 앞으로 더욱 적극적 지도로서 힘을 쓰는 중에 특히 이정호 장로의 노력은 반듯이 다른 동지들과 더불어 위대한 희생에 기대한다. 이 동리에 흥국단 분단을 조직하고 24명 남녀동지가 결속되어 끊임없는 투쟁을 계속하고 있다.

지식층별	1945			1949			비고
	남	여	계	남	여	계	
중등	2	1	3	9	1	10	7증가
소학	15	10	25	27	23	50	25증가
국한문	13	2	15	40	33	70	55증가
국문	19	12	31	48	84	132	101증가
문맹	29	66	95	6	8	14	81감

3. 생산개혁운동(生産改革運動)

이 동리는 경지면적이 협소할뿐 아니라 더욱 밭(田)이 적어서 밭곡식은 아주 적은 편이다. 그리고 농사의 기술을 발달시켜 동민 전체를 강습 실습을 시켜서 될 수 있는 대로 과거 인습적인 농사법을 개혁하고 새로운 개혁적 공부를 하게 한 결과는 이렇다.

가. 곡류

벼는 1945년에는 86,000평에서 350석밖에 나지 않는 것이 4년 후 1948년에는 50석을 증산하여 400석이 났으며, 보리는 15,000평에서 1945년에 30석밖에 나지 않았으나 4년 후 1948년에 비료가 없고 여러 가지 불리한 조건에도 불구하고 벼가 더 나서 60석으로 증산되었다. 밀은 3,000평밖에 갈지 못하여서 1945년에 8석밖에 못하든 것이 1948년에는 10석으로 2석을 증산시켰다.

나. 특별 작물을 보면 다음과 같다.

종목	경지면적	수확고 비교	
		1945	1948
고구마	700평	50관	10,000평/3,000관
감자	1,000평	400관	2,000평/2,800관
소채	1,200평	6,000관	1,500평/12,000관

다. 축산(畜産)

"주곡(主穀)농업(農業)에서 다각(多角)농업으로 돌아가자!"란 구호(口號)를 부르면서 쌀과 보리로 만은 살 수 없다고 하여 비로소 짐승을 치는 것을 장려하고 동리 전체에 장려하였다. 물론 소는 농우(農牛) 관계로서 전부터 있어 왔지만 도야지(豚)는 1945년 전에는 전 동리를 둘러봐도 한 마리도 없었던 것을 비로소 장려하여 1949년 3월말 현재로서는 돼지 수가 50마리에 평균 1만 원이라 쳐도 부락경제가 50만 원으로 성립되었다는 것만으로도 장한 일일 것이다. 말은 물론 4년 전에는 전부 재래종(在來種)를 놓아 먹였다. 그러다 고동리의 통계는 120마리였으나 1947년 여름에 유행병으로서 전멸되다시피 하고 1948년 12월 현재로 보면 그 수는 줄어서 90마리에 불과하다. 개량종(改良種) 30마리가 있고, 앞으로 차차 양계에 대하여 발전과 연구를 하고 있는 중임에 많은 기대를 가지고 있다. 이제 축산중에 이채스러운 것은 4년 전에는 토끼는 한 마리도 없었다. 소년단에서 아이들이 한 자웅을 구입하여 장려한 결과 지금은 타동에 종자로 판 것이 300마리요, 잡아먹은 것이 280마리요, 현재 각 가정에서 아이들에게 먹이고 있는 것이 80마리에 달하고 있다.

라. 원예(園藝)

이미 온상(溫床)을 착수하였는데 그 종류는 고구마온상이 30평이요, 고추온상이 2평이요, 도마도온상이 2평으로 되어 있어서 전 동리의 부문을 자급한다. 그리고 다른 동리에서 볼 수 없는 이채로운 현상 중에 한 가지는 온실(溫室)을 집집마다 설치하였다는 것이다. 동리에서 경험에 순전히 성공하였는데 그 중 대표적인 것이 6개소이다. 매해에 고구마 저장에 실패하였다가 작년 겨울에 완전히 성공하였다. 이 고구마에 대해서는 특히 조선농우회 김성제(金聖濟) 선생 지도로서 크게 시작되고 있는데 앞으로 큰 기대가 되고 있다.

4. 조직단체

가. 협동조합

1946년 2월 20일에 전기 4동지를 비롯하여 매 인당 1,000원씩 출자금을 합하여 지금은 25명의 조합원이 35,000원을 가지고 가장 간소한 상업이나마 부락단위로 나아가는 물자나 들어오는 물자나 전부가 조합을 통하여 거래하게 되었다. 그 사업 종목을 살펴보면,

1) 비료 기타 필수품은 공동 구입하였고,
2) 고구마, 감자 등을 공동으로 내어 팔았고,
3) 관혼상제의구(冠婚喪祭衣裘)를 겸비하여 동민에게 이용케 하였다.

나. 흥국농촌부인회(興國農村婦人會)

부인회는 生活改革(생활개혁)을 목표하는 가정단위인 주부 중심하여 농촌부인 운동을 전하는데 즉, 신생활동(新生活動)을 주부로부터 시작하여 한 가정부터 출발한다. 1946년 4월 15일에 조직하여 지금 회원이 32명이요, 총 출자금이 2만 원이다. 지금 해 온 주요 사업은 농한기마다 야학을 하여 전동리 부인들이 글 모르는 이가 없도록 한 것, 또는 휴간을 이용하여 100평을 떼어 줘서 고구마 등을 공동 경작하였으며 가마니치기, 새끼, 양잠 등 여러 가지 겨울 부업을 장려하면서 위생요리, 가사 등의 강습회를 알차게 개최하였다.

《흥국시보》 1948년 10월 1일

조선농민복음학교가

아 지 랑 이 끼 이 는 三 一 千 里 에 무 궁 화__ 엄 트 는 희 망 의 조 선
祖 國 의__ 自 然 과 찬 란 한 역 사 十 字 架 를 메 고 서 빛 을 내 려 고
조 국 에__ 피 끓 는 농 촌 의 청 춘 장 기 를__ 메 고 서__ 싸 우 려 일 어 난
이 한 몸 을 드 린 체 一 生 을 통 해 내 鄕 村 을 살 리 려 고 일____ 어__ 난__

우 리 는 조 국 에 十 字 兵 장 하 다 조 선 농 민 복 음 학 교

농촌소년가

장하다 굳세라 농촌소년
우리는 흙을 갈 농부란다.
삼천리 넓은 들을 갈고 또 맬
이천만을 먹여 줄 농부란다.
앞날의 억센 조선 꾸며 놓을
태산도 갈아엎을 농부란다.
장하다 굳세라 농촌소년
하나, 둘 억세어라[7]

---

7. 안동교회 원로목사 증경총회장 김광현 목사님이 육성으로 부르신 것을 전 성소병원장 정복득 장로께서 채보(숫자표기법)하여 주신 것을 악보화 한 것임

농촌재건가

작시 유제기
작곡 박태준

기독청년의 노래패랑(浿郞)

동포는 기다린다 금수강산에
평화와 자유의 푸른 기빨이
청공에 드높이 펄럭이기를!
아– 혼란한 조국을 보라
그리스도 예수의 십자가 앞에
몸 받치고 맺어진 우리 이
어즈러운 조국을 구하리로다

형제는 갈망한다 금수강산에
정의와 순결이 매말럿나니
어둠이 물너가고 동이 트기를!
아– 죄에 빠진 조국을 보라
그리스도 예수의 거룩한 피에
몸을 씻어 맺어진 우리 이
더러워진 조국을 구하리로다

뉘라서 않바래랴 금수강산에
사랑과 기쁨이 꽃처럼 피어
무궁한 노래로써 넘쳐나기를!
아– 도탄에든 조국을 보라
그리스도 예수의 복된 소식에
몸을 담거 맺어진 우리 이
허트러진 조국을 구하리로다

《흥국시보》 1947년 12월 15일

기독농촌 소년가

1. 지구 동쪽 금수강산 삼천리 대한
옛적부터 땅을 파서 살던 이법을
천대만대 누릴 이는 기농소년회
만세반석 굳은 터에 높이 세우세
뼈속까지 저린 정신 이 땅에 쏟아
태산도 녹으리라 골고다의 피
흘러라 이 맘에 넘쳐라 이 땅에
만세만세 불러라 기농소년회

2. 밤낮으로 쉬지 않은 동해에 물결
이 땅아 굳으라고 소리치누나
괭이 메고 달려라 이 땅의 아들
십자가의 붉은 피는 우리의 희망
쓰러지는 오막사리 가마귀 우는
낡아지는 동리라고 낙심 말아라
동쪽 하늘 햇살로 기운 주시는
하나님이 우리 뒤에 힘을 쓰신다.

우리 全校師의 畵像을 받은 것은 맞치 翁島帝王의
下書나 받은 듯이 榮光스럽고 감사오. 左右向 意
옳인 善生을 받으시면서도 날於 올다른 구석의 懷情
을 嘗情發하올 줄 아오. [illegible] 事
孫貞植君과 未亡人 女史께 [illegible] 보았소
요. 나는 · 明年 五月 十九日 [illegible] 安息
에서 弟는 上海 福音樓로 떠나 [illegible]
말구두서는 二十二日 故家 [illegible]
始發로서 哈爾濱 醫師과 四名式 드니들고 兵團

기독교농촌연구회 규약 및 회원명부

평양부내 유지청년의 발기로 농촌연구회를 조직하고 적극적으로 농촌사업을 착수하며 농촌 지도자를 양성할 목젹인데 조선 각쳐로부터 유력한 청년과 교역자들이 참가하야 장내 죠선 농촌운동계에 만흔 공헌을 낫하내리라는데 그 회 강령과 회원을 소개하면 아래와 갓흐며 그 회에서는 요새 농한기를 리용하야 특별히 유력한 연사를 청하야 농촌을 방문하고 강연회를 열기로 하엿는대 그 일자 배졍도 아래와 갓더라.

아래와 갓치 졍하엿는대 농촌에서 아모도록 만히 나와서 농촌에 대한 지식을 엇기를 바란다더라.

農村研究會規約

第一章 名稱 目的 及 位置

第一條 本會는 農村研究會라 稱함

第二條 本會目的은 如左함

1. 朝鮮農村에 對한 一般 問題를 研究하기로 함
2. 本會는 基督主義的 農村事業을 實現함
3. 本會는 會員을 養成하여 實際事業에 投身하게 함

第三條 本會는 平壤市內에 置함

第二章 會員의 資格 及 權利義務

第四條 本會會員은 基督敎信者로서 年齡 20歲 以上으로 함
第五條 本會會員은 本會規約을 遵守하고 本會會員의 2人 以上 保証이 有한 者로 하되 入會金 1圓 年捐 金 2圓을 納付함(但 6月 12月에 分納함을 得함).
第六條 本會會員은 選擧, 被選擧, 決議 及 提議權이 有함

第三章 任員 任期 及 機關

第七條 本會員은 如左히 19名 任員을 置함
執行委員長 獻議部長으로 함. 書記 2人
第八條 本會는 左記 各部 及 部員을 置함
1. 獻議部 5人
2. 財政部 3人
3. 編輯部 4人
4. 實行部 6人
第九條 本會 任員은 任期는 滿 2個年으로 함

第四章 集會

第十條 本會의 集會는 如左함
1. 定期總會: 定期總會는 1年中 2次로 하고 6月, 12月 中으로 하되 日字는 任員會에서 決議發表함
2. 臨時總會: 臨時總會는 特別事件이 有할 時에 會長이 召集함
3. 各部會: 各部會는 必要로 認할 時에 部長이 召集함

附則 實行 實踐條件

第一條 本會의 實踐條件은 右左함
1. 本會會員은 事業實際에 研究하여 1年中 2次式(前半期 後半期) 에 分하여 研究論文을 提出할 것
2. 本會會員은 每日 年前 6時前에 起寢할 事
3. 本會會員은 每日 3頁 以上 讀書할 事
4. 本會會員은 每日 正午에 1分間 黙禱할 事
5. 本會會員은 每朔 1圓 以上 貯金을 實行할 事

第十一條 以上 外에는 全部 通常 規約에 依함

受苦한 農夫가 穀食을 몬저 밧는 것이 맛당하니라. 디모데후 2:6
누구던지 일하기 슬커든 먹지도 말나. 데살노니가후 3:10

本會委員은 如左함
執行委員長 裵敏洙
書記 劉載奇, 康泰民
獻議部 裵敏洙, 盧元贊, 李運衡, 許德化, 劉載奇
財政部 盧元贊, 金鍾國
實業部 李運衡, 金三道, 崔文植
編輯部 許德化, 崔達亨

農村研究會員 住所 氏名 及 其 事業

李運衡 慶北 安東邑 新世洞 現今 平壤神學校 在學中.
盧元贊 平壤府 稿口町 29 崇專農學部 視務.
劉載奇 慶北 新寧邑敎會 助事로 視務하는 中 慶北老會 農村部 常務執行 委員으로 慶北 一帶에 靑少年 運動, 組合運動 及 農村運動에 多

大한 效果를 주고 잇습니다.

崔文植 大邱府 竪町 138 龍岡郡 龍月面 松石里에서 今年 春期부터 비로소 男女青少年會를 組織하고 消費組合에 됴흔 成績을 엇으며 當地小學校에서 丁抹 國民高等學校式 教育에 처음으로 20名 以內 學生이 現今 80餘名에 達하며 一般 面民大運動會와 其他 民衆運動에 中心이 되어 잇습니다.

裵敏洙 平壤府 景昌里 33 平壤府內 青少年의 思想運動 及 教會 傳道事業에 助力함.

徐活龍 慶北 善山郡 長川面 上林洞 崇專 文科 4學年 在學中.

康泰民 濟州道 濟州 西門外 崇專 文科 2學年 在學中.

許德化 龍川郡 北中面 元松洞 平壤神學校 3學年 在學中.

金三道 大邱府 新町 283 大邱教會 助事 視務.

崔達亨 平壤府 景昌里 京城 齒科醫學專門學校 研究科에 在學中.

趙夏益 江西郡 草里面 降仙驛 前 當地 教會와 學校를 爲하야 努力하는 中 一般組織 運動에 成績이 良好, 消費組合도 善히 進就함.

金鍾國 江西郡 草里面 松湖里 農業, 特히 菓樹에 成功하엿스며 當地 農民教育에 努力.

宋洪範 龍岡郡 月面 松石里 教會를 힘써 도우며 學校 及 農村運動에 中樞.

宋熙用 忠北 永東郡 黃澗面 新興里 29 教會 助事.

金永道 慶北 慶州邑教會 當地 教會 助事 及 學校教員.

李鳳華 平壤府 大察里 150番 醫師.

宋永吉 龍岡郡 龍月面 松石里 690 崇專 在學.

李裕澤 慶北 安東郡 禮安面 台谷洞 666 崇專 在學.

金洹昱 慶北 狹川郡 草溪里 當地 教役.

全載先 大同面 秋乙美面 梨川里 當地 教役 神學校 3學年 在學中.

朴啓鐸 龍岡郡 金谷面 担釜里 教役 神學校 在學中.

鄭應周 咸南 長津郡 新南面 下碍里 崇專 在學中.

李海榮 全南 海南郡 三山面 院津里 596 崇專 在學中.

玄聖元 南滿洲 長春 哈爾賓間 宣教事業 住所 驪州邑內倉里 68.

黃元模 黃海道 谷山郡 花村面 桃李里 當地 學校 教員으로 잇서 農村運動에 努力.

盧德淳 會寧郡 會寧面 1洞 35番 商業에 從事.

趙澤洙 平壤 綾羅島 小學校 教員.

金俊星 元山府基督青年會 當地 基督青年會 總務 及 學校 教員.

金聲宇 咸北 城津 旭町 當地 病院 醫師.

朴慶浩 平壤府 景昌里 米國 씬씬애틔(Cincinnati) 音樂大學校 在學하는 中 成績이 良好하여 賞給까지 得하엿습니다.

李東先 慶南 居昌郡 加祚面 馬上里 教役 平壤神學校 在學中.

李彰宰 忠北 沃川郡 青山面 白雲里 傳道師.

曹晩植 平壤府 館後里 27 平壤基督青年會 總務, 新幹會 幹事.

徐有珍 咸北 城津 旭町 學校 教員에 從事.

유재기 판결문

소화(昭和) 14년 형공(刑公) 제299호

판결

본적 대구부 신정(新町) 180번지
주거 동부 침산정(砧山町) 1574번지
목사 유재기(劉載奇) 당 35세

위 사람에 대한 치안유지법 위반 피고 사건에 대하여 당 원은 조선 총독부 검사 大町和左吉 관여로 심리를 거쳐 다음과 같이 판결한다.

주문

피고를 징역 1년에 처한다.

이유

피고인은 대정(大正) 5년 4월 경상북도 영주군(榮州郡) 영주공립 보통학교 입학, 동 9년 3월 동교 졸업, 동 10년 7월 기독교의 세례를 받고, 동 11년 4월 대구 교남(橋南)학교 입학, 동 12년 2월 동교 1학년 중퇴 직후 일본으로 건너가 동년 4월부터 동 13년 3월까지 동경 일진고등학교(東京日進高等學校)에서 면학, 동년 4월 일본대학 전문부 사회과 입학, 14년 6월 동교 중퇴, 동월 말경 귀국, 그후 평양으로 가서 동 15년 4월부터 소화(昭和) 2년 4월까지 평양 숭실(崇實)전문학교 청강생이 되어 동년 11월부터 동 3년 11월까지 평안남도 강서군(江西郡) 초리면(草里面) 요촌교회(腰村敎會) 전도사로, 동년 12월경부터 동 3월까지 경상북도 하양(河陽)교회에서 조기철(曺基哲)의 조수로서 각기 기독교 전도에 봉사, 동년 4월 평양신학교에 입학 동교 재학 중 경상북도 신령(新寧)교회의 전도사로서, 동 9년 3월 동 신학교를 졸업하고 목사가 되어 동년 4월부터 동년 12월까지 경상북도 칠곡(漆谷)교회, 동년 10년 1월부터 동 11년 12월까지 경상북도 의성(義城)교회의 목사로 근무, 동 12년 1월부터 동 13년 1월 중순까지 대구 침산(砧山)교회의 목사로서 경상북도 기독교장로회의 종교교육부 총무를 겸임하여 현재에 이르고 있는 바 기미 대정(大正) 8년에 폭발한 만세소요사건에 자극을 받아 민족의식을 각성하여 전기와 같이 각지를 전전하여 연학(硏學)하는 동안 점차 민족주의를 포용하기에 이르러 소화 2년 초 민족주의자인 배민수(裵敏洙) · 정인과(鄭仁果) · 조만식(曺晩植)과 깊이 사귀며 그들의 식견에 감동하고 그 주의에 공명하기에 이르러 조선인을 민족적으로 해방하고 이로써 조선의 독립을 성취해야 함이 피고인 등의 사명이라 확신하게 되어 위의 배민수 등으로부터 이 운동에 관한 지도를 받는 한편 이 계통의 문헌을 섭렵하여 더욱 실제운동의 방향으로 달음질치며 기독교 전도의 그늘에서 그 목적달성을 위해 노력해 오던 바 소화 10년 1월 경상북도 의성군 의성면(義城面) 의성교회의 목사직을 배명동 교회에 근무 중 조선의 독립을 목적으로 범의를 계속하여

(1) 소화 10년 1월 초순경 경상북도 의성군 의성면 내에 있어서 당시 피고인 거택에서 같은 기독교 신자이며 미리 의사소통이 있는 오진문(吳進文) · 이재인(李在寅) · 이동수(李東洙)에 대하여 현하 조선민족의 비참한 처지를 설명한 후 이 경우를 탈피하기 위하여는 조선 민족은 일치단결하여 조선의 독립을 성취하는 길밖에 없고, 이는 우리네 젊은 청년들의 사명으로서 이 목적을 달성하기 위하여 먼저 청년면려회(靑

年勉勵會)의 각 부문에 개혁을 가하여 청년의 민족의식을 강화치 않으면 안 된다는 뜻을 역설하고, 따라서 전기 농촌부 · 체육부 · 조사부 등의 활동방침에 대한 설명을 가하여 동인들을 선동한 자이다.

증거로서 판시 사실 중 범의계속(犯意繼續)의 점을 제한 여타의 사실은 피고인의 당 공판정에서의 그가 영주공립보통학교에 통학하고 있을 때 예의 만세 소요사건이 일어났고 그때 년장인 학생이 조선민족은 자신의 힘으로 조선을 통치함을 이념으로 한다는 문귀를 인정할 수 있는 문서를 살포하고 있는 것을 보고 그도 같은 민족인 관계상 조선이 독립되면 좋겠다는 것은 생각하고 있던 바요, 또 소화 10년 1월경 판시 오진문(吳進文) · 이재인(李在寅)과 회합하여 의성 기독청년면려회를 판시와 같이 개혁코자 상의한 사실, 그리고 동월 말경 위의 이재인 · 오진문 외 수명과 함께 동회 역원회를 개최한 일도 있다라고 취지의 공술 사법경찰관 사무취급의 피의자 유재기에 대한 제1, 제2의 심문 조서 중 그는 판시문과 같은 학력과 경력을 가진 바 대정 8년의 만세 소요사건의 자극을 받아 민족의식을 각성하고 판시문과 같이 일본대학 전문학교 사회과 재학 중 장래에는 사회운동에 투신할 것을 결심하게 되었으며, 다시 평양 숭실전문학교 재학 중 민족주의자 배민수를 알게 되어 그로부터 사상적 감화를 받아 소화 2년 초경 동인으로부터 민족주의자 정인과를 소개받았으며, 그로부터 그의 시찰과 관계되는 '예루살렘'에 있어서의 세계종교대회의 모습과 '덴마크'국의 국가 형편 등 여러 가지 설명을 듣고 민족주의 운동을 암시받았으며 그때 배민수로부터 소개받았던 민족주의자 조만식으로부터 조선민족의 해방을 위해 궐기해야 한다는 격려를 받은 후 이미 포용한 민족주의 사상에 박차를 가하여 점차 이의 실제 운동에 흥미를 가지게 되었으나 당시 일본과 조선의 세정으로 추산컨대 먼저 기독교의 복음사업의 가면 하에 농민운동을 펴고 이를 통하여 조선 민족해방운동을 전개할 것에 착안하여 그후 杉山元治郎 저『농민운동의 실제와 이론』, 賀川豊彦 저『구름의 기둥(雲の柱)』, 기타 수십 종의 서책을 탐독하여 이 운동방법에 대한 자료로 삼은 바 이로써 조선이 있어서 동 민족에 경제적 실력을 부식하고 단결력을 배양하여 민족의식을 각성케 한 연후 시기가 왔을 때 일제히 운동을 일으키는 것이 가장 실현성 있는 방법이라고 결론하고 이로부터 이 신조에 입각하여 위 배민수 외 2명과 밀접한 연락을 가지며 위의 목적달성을 위하여 판시와 같이 기독교 전도를 위한 여러 기회를 이용하여 농민계급자의 의식적 지도를 하여 상당한 효과를 거두어 오던 중 소화 10년 1월 초순경 경상북도 의성교회의 목사를 배명하고 그 착임 벽두부터 이미 조선독립을 위해 민족의식 각성에 기여할 방법으로서 그가 제창한 소위 3대 규약에 의한 조직 또는 협동조합에 의한 세포조직을 당 지방에 시험코자 기도하였으나 그 시기에 이미 주의적 공명이 있는 오진문을 통하여 그 지방은 소화 8년의 사상사건 검거 이래로 경계가 엄중하여 단체조직이 곤란함을 예지함으로써 먼저 동교회 내에 있는 청년면려회를 내부적으로 지도키로 착상하고 의식분자의 물색을 해오던 중 이재인을 알게 되어 먼저 위의 오진문, 이재인 양인에 대하여 하양(河陽) 신령(新寧) 비방과 북선 각지에 있어서 위 3대 규약에 의한 조직급 의식 지도의 상황을 설명하여 의식 테스트를 하고 이를 선동한 후 동년 1월 10일 전후 오후 7시경 나와 오진문, 이재인이 회합한 동석상에서 전시 목적 달성을 위해 판시 (1)의 사항과 같은 협의를 하고, 동월 22-23일 경의 기독교청년면려회 총회에서 이재인이 상기 개혁안을 제안하고 내가 이에 대한 설명으로 동안을 통과케 했다는 취지의 공술기록 검사의 피의자 오지문에 대한 심문 조서 중 나는 같은 기독교 신자인 관계상 소화 4-5년경부터 유재기를 알고 있는 바 소화 10년 1월경 동인과 회합한 때 동인의 질문에 답하여 당 의성교회에는 2백 명의 신도가 있으나 청년면려회는 현재 아무런 활동도 없어 유명무실하다고 전했던 바 동인은 그에게 대하여 "근자 조선은 점점 일본화되어가 동족의 민족의식이 희박해지는 비운에 빠지고 있어 이를 민족적으로 각성시켜 조선을 조선인의 손으로 되돌려 받도록 노력하지 않으면 아니되는데 자신은 하양 신령지방과 북선 각지에 있어서 기독교 농촌소년회 동 부인회와 신우회라는 것을 조직하여 조선민족의 의식주입에 노력하여 상당한 성과를 올리고 있는 바 당교회에서도 이같은 단체를 조직하고 동족을 위하여 진력해 달라."는 제안을 받고 나도 이에 찬성하여 동년 동월 11일 밤 동인 지시에 의하여 이재인을 동반하여 유재기 댁을 방문한 바 그때 동인으로부터 조선민족은 약소민족인 까닭에 학대받고 있다는 사실을 농민이나 청소년에게 설득 인식케 하여 민족의식을 각성케 하고 굳게 단결하도록 계몽해야 된다는 뜻을 설득받아 그 목적을 달성하기 위한 수단으로서 당 청년면려회를 판시 (1)에 기재와 같이 개혁할 것에 대하여 우리들의 찬성을 받고 위의 기재와 같은 협의를 거쳐 동월 22-23일 경 동회 정기총회를 개최하고 이어서 동월 말경 의성교회당에서 위 총회에서 선임된 역원으로 구성하는 역원회를 개최하여 그 석상에서 유재기는 출석자 이재인 · 정해룡(정海龍) · 박인수(朴仁洙) · 백치문(白致文) · 이동수(李東洙), 그리고 본인에 대하여 판시 (2)와 같은 언사를 통하여 본인 등을 감동케 한 뜻을 공술기재, 동상의 증인 정해룡에 대한 심문조서 중 그는 소화 10년 20일 경의 의성 기독교청년면려회의 총회에서 동회 부회장에 선임된 바 동월 말경 동교회당에서 역원회를 개최했을 때 유재기는 이재인 · 오진문 · 백치문, 그리고 본인 등 출석자에 대하여 "조선민족은 현재의 이경을 탈피하기 위해서는 조선을 일본의 손에서 되돌려 찾아내는 일 외에는 없으며 이같은 대업은 우리들 청년으로 하여금 성취할 수 있으므로 소년들에게 이같은 뜻을 설명해 주고 그의 민족의식을 자각시키지 않으면 안 되는데 이를 위하여 먼저 청년면려회를 개혁해야 하며 따라서 농촌부는 농민의 공동경작 농사강습회 등 사업을 추진하고 기회 있을 때마다 농민에 대한 의식적 훈련을 시행하고, 종교부는 매월 제일주일에 특별 기도를 갖어 신께 우리들의 목적 성취를 기원하도록 하고, 조사부는 회원의 동정과 경찰의 시찰 상황을 탐사보고하고, 체육부는 스포츠를 통하여 정신적이며 구체적인 의식적 훈련을 실시하여 의지를 굳게 다질 것"등을 설득하여 본인 등을 감명케 하고 이를 실행할 결심을 하게 했다라는 취지의 공술기재를 종합하여 이를 인정, 범의계속의 점은 단기간 내에 동종의 소위를 반복 수행한 사실에 입각하여 명료함므로 인하여 이로서 판시 범죄는 모두 그 증명이 되는 것으로 한다.

법에 준하여 피고인 판시소위 중 (1)의 점은 치안유지법 제2조에, (2)의 점은 동법 제3조에 각각 해당하며, 이상 각 소위는 범의계속과 관계되므로 형법 제55조, 제10조에 해당 연속죄로서 범정이 무거운 (1)의 죄에 형에 따르고 그 소정 형기 중 유기징역형을 선택하여 그의 소정

형기범위 내에서 피고인을 징역 1년에 처한 것으로 한다.

고로 주문과 같이 판시한다.

소화 14년 4월 14일

대구지방법원 형사부

재판장 조선총독부 판사 白戊一

조선총독부 판사 谷口義弘

조선총독부 판사 稿本

가신 이의 생각

미망인 장순덕

'하루가 천 년 같고 천 년이 하루 같다'는 말씀은 인간 세상에서 오히려 적절치 않은 줄로만 알고 그대와 같이 천 년이나 만 년이나 같이 살을 것만 같았더니 그대 먼저 가시다니 이것이 꿈이 아니오니까?

그대와 나 젊은 날의 화려한 이상을 영낙한 조국재건에 붙혀 3천리 농촌을 향하여 스스로 굶고 헐벗음을 영광으로 맹약하고 보따리 하나씩을 지고 이고 떠났던 그대여.

역풍의 가시밭길 결혼 생활 18년 그어간 비록 진리의 띠를 띠고 거친 들에 외치는 몸이기는 하나 열일곱 번씩이나 되는 감방살이, 한 달이면 20일은 농촌으로, 농촌으로 해매이며 그나마 한 해에 너댓 번은 위탈로 신음하며 당신의 걸으신 길은 진실로 험난한 골고다의 길이었습니다.

이제 창졸히 그 무거운 짐을 연약한 이 몸에 맡겨 놓고 영원히 떠나시다니 무정한듯 서글픈 마음 금할 길이 없나이다.

그대의 발길 창밖에 거니는 듯 그대의 음성 귀가에 들리는듯 허무한 인생살이의 무상을 새삼 느낄 따름입니다.

그러나 또 다시 생각하오면 당신이야말로 승리자이었고 옳은 일을 위하여 싸우다가 빛나게 죽은 순교자이외다. 지금쯤 거친 세파의 일들은 꿈인듯 잊으시고 하나님 보좌 앞에 영원한 노래 부르고 계실 줄 믿습니다.

가슴에 벅차오르는 눈물과 한숨을 그즈너기 무릎 꿇고 소망의 그

나라를 우러러 삼가 위로로 받고 있습니다.

주께서 당신을 불러 가심에 반드시 감추이신 뜻이 있었을 것이고 당신이 세상에서 맡으셨던 과업도 선히 이룬 줄로 깨달았습니다. 이제 삼천리 방방곡곡에 널려 있는 당신의 세상 동지들도 당신 잃음으로 사뭇 슬퍼하실 것이오나, 한 가지 주님의 깊으신 경륜은 우리들로 찬송을 금치 못하게 할 줄로 압니다.

당신이 두고 간 금종이, 승종이, 의종이, 만종이 네 남매는 아직도 철부지 어린 것들이지만 힘 모두어 고이 길러서 병으로 고생하시며 애써 싸우시던 당신의 싸움을 더욱 힘차게 싸울 용사들을 만들겠나이다.

《흥국시보》 1949년 9월 1일

회갑연을 마치고
뒤: 만종, 의신, 앞: 사위 고 신동혁, 장권사, 딸 금종

우리 金牧師의 書信을 받은것은 맛치 [illegible] 王의
下書나 받은듯 榮光스럽고 감사오. 左右 向 意
엔 善生을 받으신대서도 또한 을 다른 주님의 憐味
를 審慎 할 줄 아오. [illegible] 弟
務 없 職으로 末 [illegible] 女史 께 [illegible]
보나는. 마오 그 [illegible] 十九日 [illegible]
에서 弟 去回 福音 機로 떠나 [illegible]
앞 두고서는 二十三日 [illegible] 家 [illegible]
始 [illegible]로서 [illegible] 医師 과 四 名 [illegible] 드나들고 [illegible]

아내 장확실(張確實, 순덕) 권사 약력

1906.6.22　평양 염점리 52번지 아버지 장진국, 어머니 김진성의 장녀로 출생.
1913.2.　평양 산정현교회 부설 유치원 1회 졸업.
1913.3~1924.2　송현초등학교, 송현중학교, 송현고등학교 졸업.
1924.3~1925.2　황해도 흑교 초등학교 교사로 봉직.
1925.3~1928.2　평양신학대 여신학교 입학 제4회 졸업.
1928.2.　경북 상주군 선산읍교회 부흥집회 인도.
1928.3.　평안남도 순천읍 장로교회 유치원 설립 및 교사 봉직.
1931.9.22.　경북 영천 신령교회 유재기 전도사와 연화동교회에서 윤여현 목사 주례와 조만식 장로 축사로 결혼.
1934.12.　평양신학을 졸업, 남편 경북 칠곡교회 위임목사로 부임.
1936.　경북의성읍교회 부임.
1936.　대구 침산교회 부임 이후 남편의 항일 사상을 의심받아 수차례 구치소로 수감되어 8개월간 조사받고 난 후 1년 실형을 받고 대구형무소에서 수형생활을 하는 동안 대구 애양원 내의 초등학교 원생들을 위한 보육교사로 생활을 유지하였음.
1941.1.5.　출옥 후 대구 제일교회로 이사.
1945.12.　해방 서울 을지로 3가로 이전 남편의 농촌운동을 내조.
1949.6.19.　남편 44세 하나님의 부르심을 받음.

당시 장녀 금종 15세, 장남 승신 9세, 차남 의신 6세, 삼남 만종 3세.

1950.6.25. 전쟁으로 서울 을지로2가 적산가옥 전소 후 피난 길.

1950.12.24. 장남 승신 대구제일교회 압사 사건으로 하나님 앞으로 감.

1955.8.15. 이사벨고아원 설립자 황성택 부처와 함께 동역시작, 큰어머니로 불리우며 새벽기도 인도, 금요성경공부 인도, 피난민촌 심방전도. 양정복음교회 설립(현, 양정중앙교회)에 참여 전도사역을 감당함.

1956.2. 서울 정릉복음교회로 이동.

1957. 여름 미아리 철거민 정착촌으로 이전, 송천교회 개척.

1959. 장녀의 귀국으로 보문동으로 이사한 후 사위 신동혁 목사(8사단 군목)를 맞음.

1967.7. 부산 양지원에서 회갑잔치를 함(사진).

1970.5. 경기도 시흥군 소래면 과림리 과림리교회 신축을 위한 헌금 및 대지 500평 기증(사진).

1987. 80세 잔치 서면 어부의 집.

1997. 90세 잔치 크리스탈 뷔페(사진).

2004.5.24. 경남 혜성원 입사.

2005.7.24. 99세 생신감사예배에서 답사하다가 쓰러져 입원가료 중.

2005.8.14. 소천하시어 사랑하는 남편 곁으로 안장됨(과림장로교회).

장확실 여사 구순연. 1997. 7. 25.

지나온 세월 속의 상념들

아내 장확실

저의 남편 유재기 목사는 애초부터 애국사상이 농후한 분이었습니다.

"우리나라가 잘 살려면 농촌이 잘 살아야 된다. 잘 살려면, 첫째 예수를 믿고 영육 간에 구원을 받는 길이다."

이와 같은 자신의 분명한 목표 아래 한 교회만 담임하지 않고 농촌에서 농촌으로 방방곡곡을 찾아갔습니다. 그때는 버스도 없고 걸어서 다니면서 전도사업과 농업장려 등 여러 가지 사업을 권장했습니다.

그러던 중 경북 의성교회를 사면하고 대구 침산교회로 오게 되었습니다. 그 어느 해 12월경, 저는 성탄준비하며 교회에서 유년부 학생들을 가르치던 중인이었는데 어떤 여 집사님이 와서 말했습니다.

"사모님 빨리 사택으로 가보세요."

그래서 서둘러 가 보니사택 앞에 택시가 서 있고 사택 서재에는 형사들과 유 목사가 있었습니다. 형사들은 책을 흩어놓고 무엇을 찾는 모양이었습니다. 그때 마루천장 위에 『협동조합론』이라는 책이 놓여 있었습니다. 저는 그것을 재빨리 안고 부엌으로 가서 아궁이에 불을 질렀습니다. 그때 종이 타는 냄새가 나니 형사가 부엌으로 쫒아 와서 아궁이를 들여다 보았습니다. 때는 늦었지요. 다 타버렸으니……. 그들은 다른 책들을 택시에 가득 싣고 유 목사를 데리고 가서 의성 유치장에 감금했지요.

저는 딸애(6살)를 데리고 뒤따라 교회로 가서 여전도사실에 있었습니다. 그런데 하루는 사찰로 있는 젊은이가 숨차게 뛰어와서 소식을 전해 주었습니다.

“목사님께서 고문을 받다가 기절했습니다. 고춧가루를 탄 물을 펌프로 먹인 후 배가 불러오면 엎어놓고 구두발로 질근질근 밟으면 코와 입으로 토하다가 그만 질식합니다.”

그렇게 알려 주었습니다. 그밖에도 비행기 고문, 불 젓가락 고문 등을 하면서 그들이 원하는 답은 딱 한 가지였습니다.

“너는 목사가 아니라 독립운동가지? 농우회는 무슨 뜻으로 조직했노?”

똑같은 말로 밤 12시나 1시면 끌어내서 문초하기를 매일매일 약 8개월 간 했으니 세상에 그렇게 오래 독방에 두고 문초하는 법은 없었답니다. 그러던 중 유 목사는 12월경 대구형무소로 넘어왔습니다. 드디어 재판날이 왔습니다. 대구시내 교회 여러분들이 법정에 와서 지켜보는 가운데 재판장이 판결을 했습니다.

“너 유재기는 마땅히 사형감이다. 그러나 백보를 양보해서 1년 징역이다.”

그때 시어머니는 판결을 듣고 기절을 했습니다. 그날 저는 집에 와서 침산교회에 사직서를 쓰고 사택을 나왔습니다.

그런데 엎친 데 덮친다는 말처럼 딸애가 열이 올라서 병원에 가 보니 장질부사(typhoid bacillus)로 판명이 났습니다. 그래서 즉시 입원했지요. 유 목사에게 면회를 가면 아이들을 찾았습니다.

“금종이는 왜 안 데리고 왔소?”

저는 유 목사를 안심시키기 위해 거짓말을 해야 했습니다.

“장로님 집에서 놀고 있어요.”

그러기를 한 달만에 퇴원해도 된다고 해서 병원 사무실에서 수속하고 있는데 딸애가 말했습니다.

“저기 아버지 온다. 자전거 타고.”

내가 어이가 없어하며 말했습니다.

“아니다. 다른 사람이야.”

그분이 다가와서 말했습니다.

“저는 애양원(나병환자)에서 시무하고 있는 이상업 목사인데 사모님을 부흥강사로 모시기로 미리 기도하고 모시러 왔습니다."

"저는 애 때문에 성경도 제대로 보지 못하고 준비가 전혀 없었는데요. 교인이 몇 명인데요?"

"약 800명입니다. 부흥회를 위하여 새벽기도를 매일 했습니다. 함께 가시지요."

저는 이 모든 것을 하나님의 뜻에 맡기고 순종하는 마음으로 목사님을 따라 갔습니다. 숙소는 새로 지은 기와집인데 따듯한 방에서 이부자리며, 벽장에는 여러 가지 과일과 과자와 간식이 가득 준비되어 있었어요.

'아! 하나님 여호와 이레 감사합니다.' 기도로 일주일간 새벽 기도, 낮 성경공부, 저녁 설교를 마치고 짐을 챙기는데 목사님이 들어오셔서 말씀하셨습니다.

"우리 애락원 원생들은 성한 애들인데 초등학교가 있습니다. 그런데 선생님 한 분이 없어서 구하던 중입니다. 사모님께서 좀 수고해 주시면 어떻겠습니까?"

사실 가 있을 곳도 없었던 처지였는데 '하나님, 참 감사합니다.' 정말 감사한 마음을 금할 수 없었습니다. 그 후로 유 목사가 일 년 형을 마칠 때까지 선생으로 월급을 받아서 시어른께도 드리고 생활을 잘했습니다. "아-멘 할렐루야!!"

일 년이 차서 유 목사의 출옥날이 다가왔습니다. 유 목사가 출옥한다는 소문이 대구 시내에 퍼져서 성도들이 구름떼처럼 감옥정문으로 모였습니다. 그런데 아무리 기다려도 나오질 않았습니다. 오후 2시경 어떤 사람이 와서 말했습니다.

"유 목사님은 아까 오전에 뒷문으로 나갔습니다."

많은 분들이 섭섭해 하며 발길을 돌렸습니다.

그 후 유 목사는 대구제일교회 목사로 위임했습니다. 당시는 대동아 전쟁 말기였는데 일제는 놋숟가락, 놋밥그릇과 쇠붙이, 교회 종까지 강제로 헌납하게 했습니다. 학교 학생들은 산에 가서 솔방울과 송진을 따고, 성까지 일본인 성으로 변경하게 했으며, 또 방공호를 파기 위해 매일 산에 올라갔습니다. 일제는 각 도마다 세 사람씩 사상가를 검색하여 죽이기로 했는데 경상북도 대구지역에서 세 사람 중에 유 목사가 꼽혀 검거되어서 유치장에 감금되어 있었습니다. 그런데 일본천황이 이틀 전에 항복함으로써 유 목사는 죽음을 면하고 유치장에서 해방을 맞이했습니다.

해방이 된지 얼마 후에 또 급박한 소식이 들어왔습니다.

"공산당들이 유 목사를 죽이려고 하니 빨리 피하시오."

우리 가족은 즉시 서울 을지로 적산가옥으로 이사했습니다. 그때 농촌으로 나가 농민복음학교와 여러 가지 부업도 장려했으며 흥국형제단을 시작하여 신문을 발행하여 농촌에 배부하기도 했습니다. 그러던 중에 뜻하지 않은 위염이 나서 45세 자기 난 날 산시(음 6월 19일)에 돌아가셨습니다.

그 다음해 6.25가 나서 공산당들이 쫓겨 가면서 을지로의 집집마다 석유를 뿌리고 불을 지르는 바람에 우리 집도 몽땅 다 타고 몸만 남았습니다. 우리 가족은 길가에서 밤을 새고 그 다음날 여동생 집으로 가서 묵고 있었습니다. 그런데 9월 28일 라디오에서 임시 뉴스가 나왔습니다.

"연합군이 인천상륙작전을 감행하여 곧 시가전이 있을 터이니 모두 피신하시오."

그때 마침 연동교회에서 선교사들과 신자 피난민을 모집한다는 소식을 듣고 곧 바로 찾아가 안두화 선교사를 만나 도움을 청했습니다. 안두화 선교사는 반갑게 저를 맞으며 말했습니다.

"목사 유족들도 함께 피난 갈 수 있습니다. 서둘러 수속하십시오."

저는 딸 금종이(16살), 의신(6살), 만종(3살)을 데리고 엘에스티(LST)라는 큰 배를 타고 수백 명이 24시간 만에 제주도 성산포에 도착했습니다.

저는 애들이 잘 때마다 머리맡에 엎드려 매일 기도했습니다.

"하나님! 아버지가 못다한 일을 아이들이 이루게 해 주셔요."

저는 피난 생활 중에 걸어다니며 전도하기도 하고, 평일에는 한국보육원 재봉실에 가서 일도 했습니다. 그런데 한 가정, 한 가정씩 육지로 떠나게 되었습니다. 저도 애들을 데리고 부산 여동생 집으로 왔습니다. 하꼬방을 하나 사고 취직을 했습니다. 군경유가족회 사감으로 성경도 가르치고, 예배도 보고, 아이들 유치원 교육도, 배급 타다 분배해 주고…, 그러던 중에 딸은 이화대학에 입학이 됐어요.

어떤 날 낯선 분이 찾아와서 말을 전했습니다.

"부산 철도호텔 16호에 묵고 있는 황성택 목사님이 미국에서 와서 유 목사님 가족을 찾고 있습니다. 속히 가서 만나보세요."

이튿날 딸과 함께 호텔로 찾아 갔습니다. 그분은 그전 6. 25 당시 한국에 오셨다가 공산당 때문에 한국을 떠났다가 다시 오셨습니다.

"우리 부부는 전쟁고아들을 돌보기 위해 고아원을 세우려고 왔습니다. 그런데 그 사업을 유 목사님 가족과 함께 하라는 요청을 받았습니다. 저희와 함께 할 수 있으신지요?"

우리는 한 가족처럼 지내기로 약속했습니다. 우리는 부산 양정동에 양정복음교회(현, 양정중앙교회)와 고아원을 짓고, 저는 고아원 총무와 교회 전도사로 일하게 되었습니다. 우리 애들은 황 목사님이 공부를 시켜주었습니다. 어느 해 내외분께서 미국 갔다 오시더니 좋은 소식을 전해주셨습니다.

"금종이가 미국에 가서 공부를 할 수 있게 되었습니다. 곧 떠나야 합니다."

저는 마음속으로 섭섭했지만 감사하다고 말했습니다. 금종이는 그때 미국에 가서 6년간 공부를 하고 와서 이사벨학교 초대교장으로 30년간 봉직하고 지금은 이사장으로 있습니다. 아들 의신이도 미국에 가게 되어 그곳에서 공부하고 목사 안수를 받고 와서 현재 믿음찬교회의 담임목사로 있습니다. 막내아들 만종이는 서울시립농대(수의과)를 졸업하고 미국에 가서 또 대학을 나온 후 수의사로 있으면서 푸리스노 장로교 초대장로로 시무하고 있습니다.

아! 우주 하나님께서는 어제나 오늘이나 영원부터 영원까지 살아계셔서 작고 큰 일을 인도하시고 주관해 주심을 너무 너무 감사합니다. 할렐루야! 아-멘.

믿음찬교회 성탄이브 노인반 발표
1998년 2월 10일 친필로 남겨주신 글

장순덕 권사 공적비

장순덕 권사는 1907년 평양시 염점리에서 출생하여 개화기의 여성교육기관인 숭의여고를 졸업하고 당시 유일의 목회자를 양성하던 평양신학교 여자부의 1회로 졸업하시다.

젊어서는 유치원 교육에 전념하고 결혼 후에는 목사의 사모로 교회를 위해 헌신하며, 그리고 6.25 동란 후에는 보육원 총무로 수많은 전쟁고아들의 어머니로 봉사하였다. 더욱이 장 권사는 일본 제국주의 치하에서 한국교회는 민족구국운동의 주도적 역할을 담당하게 되니 당시 애국지사이신 부군 고 유재기 목사의 사모로 많은 고난을 감수하여야 했다. 농우회 사건을 비롯 신사참배 항거로 인하여 당한 남편의 모진 옥중생활에서도 의성 침산 대구제일교회의 담임 목사의 사모로 굳굳이 교회를 지킨 신앙의 장부로서 모든 교인의 존경을 받으셨다. 조국이 광복되자 고 유재기 목사는 농촌이 되어야 신생한국이 부강할 수 있다는 일념으로 흥국형제단을 창설하였으며 예수촌 건설, 농촌 계몽사업, 《흥국시보》 간행 등 농민을 위한 사역에도 일익을 담당하였다.

이런 부군의 거룩한 뜻을 기리고서 이곳 과림리 교회를 위해 부지 421평 기부하였으며 여러 성도들의 정성스러운 헌금과 함께 본 교회를 설립하였다.

자녀로는 장남 유의신 목사는 늘노래 선교단 단장으로 전국 복음화 운동에 헌신하고 있으며, 차남 유만종 집사는 미국 켈리포니아주 후레즈 시에서 수의사로 개업하고 있고, 장녀 유금종은 부산 이사벨여자중

고등학교 교장이며, 부군 신동혁 목사는 본 교회 설립하신 신동건 목사의 동생으로 동래중앙교회 담임목사로 시무하고 있다.

장순덕 권사 공적비: 경기도 시흥시 과림동 과림장로교회 내

나의 사랑하는 아버지, 그가 물려준 자랑스러운 유산

유금종(딸)

일본 유학을 중도에 접고 귀국한 아버지는 대구 근처 신령이란 농촌의 작은 교회에서 조사일을 보시면서 목회자의 길을 준비하셨다.

평양신학교(그 당시에는 한국땅에 유일한 신학교)에 기차로 주중에 가셔서 공부하고 주말에는 교회를 위해 귀가하는 생활을 하시면서 공부를 하셨다고 들었다. 신학교 시절부터 몸소 가난을 경험한 관계로, 가난하여 학교라고는 근처에도 못 가 본 거지 소년들이 무리를 지어 후진 곳에서 살아가는 이들을 주기적으로 찾아가서 가난을 이길 힘은 신앙심에서 생겨진다고 설득하며 한글을 깨우치는 일을 하셨다. 이 소년들 사이에는 아버지 별명을 앵이선생(거지 선생)이라고 불렀다고 한다. 신학교를 졸업할 즘에 조만식 장로님의 중매로 제 어머니(유치원 교사)를 알게 되셨고, 그런대로 부유한 가정의 외딸이 거지 선생과 조 장로님의 주례로 결혼하게 되셨다.

나는 이때 첫딸로서 두 분의 사랑의 결실로서 평양 장별리를 출생지로 물려받았다. 아버지께서는 제 이름을 한반도의 별명인 금수강산 이름에 '錦(비단금)'을 따고 새벽교회 종소리가 들리는 때에 이 땅에 왔다고 '鐘'으로 '劉錦鐘'이라고 이름을 주셨다. 이런 이름을 주신 아버지의 딸에 대한 소망이 무엇인가 알려 주신 적은 없었으나 자라면서 충분히 아버지의 뜻을 가늠할 수가 있었다.

이런 뜻을 확인한 날이 있었다. 대구제일교회에서 목회하실 때 교회 사택에서였다. 그러니까 제가 12살쯤이었고 아버지는 서재의 책들을 새롭게 정리를 하셨는데 도움이 되는 기회가 되니 마냥 즐겁게 이것저것 시키시는 대로 부지런히 한 몫을 하고 있었다. 이렇게 즐거운 시간이 흘러가는 중에 아버지께서 이상하게 생긴 책같지 않은 책을 펼치고 나를 가까이 부르셨다. 책을 몇 페이지 펼치시고는 말씀하셨다.

"이것은 가계를 기록한 족보이다. 이 줄에는 너의 증조부 4형제, 다음 칸에는 할아버지의 4형제, 그리고는 그 다음칸에 아버지의 3형제이다."

아버지 이름 밑에 있는 내 이름을 가리키시면서 말씀하셨다.

"얘야! 이것이 네 이름이다. 보통 다른 가정은 아들만 기제하는데 나는 너를 항렬을 따라 지은 네 이름을 이곳에 기록하였단다."

그 책을 받아쥐고 나의 이름 석자를 응시하면서 잠깐 깊은 생각 속에 빠졌다.

'아버지께서는 비록 딸인 저이지만 나의 미래에 큰 기대를 가지고 계시구나.'

이렇게 생각하는 순간, 자부심이 어린 가슴속에 가득 차 오르는 것을 느낄 수 있었다. '나는 아버지의 기대에 부족함이 없는 인물이 될 수 있겠구나.' 하는 굳은 각오 같은 결단이 생기게 된 기회였다고 믿는다.

그 후 삼사 년이 지난 날, 서울 집에서 비슷한 기회가 있었다. 나라가 자주독립이 되니 아버지는 일제의 감시 감독 없이 농촌운동을 자유롭게 하실 때였다. 농촌이 잘 살아야 이 나라가 부국이 된다는 신념으로 기독교 농민들에게 신앙적 농민의식을 깨우치며 부지런히 땅을 일구어 현대적 방법으로 부국을 이루고자 강조하셨다. 아버지께서는 이 학교에 주강사로, 교장으로 농촌복음학교를(단기적으로) 경남, 경북, 경기, 광주지역으로 넓혀가시며 활동하시게 되니 집을 자주 비우셨다.

어느 날 아버지께서는 경주 지역을 다녀오시면서 수천 년의 역사를 증명이라도 하듯 울창한 하늘로 뻗어 있는 소나무 사이에서 떠오른 둥근 달을 보시면서 혹시나 사춘기를 의미 없이 보내고 있는 딸을 생각하셨단다. 나는 저녁식사를 끝내자 아버지의 부름에 서재로 가 다소곳이 앉아 무슨 이야기를 하실지 머리속으로 생각하며 기다렸다. 그때 아버지는 딸을 위해 시를 썼으니 잘 들으라고 하시면서 읽으셨다. 지금 내 기억

속에서는 희미하지만 그 시가 나에게 주는 의미는 확실하게 남겨져 있다. 이 시의 내용은 오늘을 허송세월하면 후회하는 날이 있으니, 값있게 시간을 보내야 한다는 뜻이었다. 세 단락으로 되어 있었는데 세 번째 단락에 들어가려 할 때 저는 아버지께 버릇없이 읽지 않아도 알겠으니 그만하시라고 말해 버렸다. 그러나 아버지께서는 "야! 까불지 말고 끝까지 들어봐." 하시는 엄한 어조에 나는 조용히 끝까지 들었다. 그리고는 나는 아무 말도 하지 못하였고 왜 아버지께서는 이런 시로 나를 일깨워 주시려 하는지 깨닫게 되었다. 그 당시 나는 교회 중고등부 일로 바빴고, 학교에서는 공부보다 특별활동, 합창부, 문예부, 위문공연 등으로 분주하게 보내고 있을 때였으니 아버지께서 걱정하실만 하다는 것을 알았다. 그리고 나의 마음 한가운데서는 짠한 아버지의 사랑의 교훈이 마음에 스며들기 시작했고 깨달음이 마음 밭에 씨앗으로 뿌려졌다.

이때 제가 좀 더 성숙한 지혜가 있었다면 "아버지, 이 시를 저에게

장녀 유금종 복음학원 이사장

주세요"라고 했으면 얼마나 좋았을까? 아버지 또한 얼마나 흡족하셨을까?

그렇게 빨리 아버지께서 44세로 생을 마감하시고 저희 곁을 떠나실 줄은 몰랐던 딸이였음을 한탄해 본다. 그리고 1년 후에 주무시다가 심장마비로 가족들도 모르게 숨을 거두셨다. 그때 고등학교 1학년이었던 저와 초등학교 5학년, 2학년 그리고 3세 된 남동생 셋을 아버지는 어머니에게 위임하시고 하늘나라로 가셨다.

아버지 장례식에 오셨던 무학여고 교장선생님이신 차시백 선생님이 저에게 격려의 말씀을 주셨다.

"네 아버지께서 너무나 유명하신 분이셨기에 그분이 안 계신 것이 네게 도리어 큰 인물이 될 수 있을 것으로 믿는다."

그 당시에는 참으로 이치에 맞지 않는 말로 들렸다. 그러나 이 말이 나의 생애에 맞아 떨어져 온 것을 크게 놀라워할 뿐이다. 아버지 없는 사람으로서 하나님 아버지만을 의지하고 그분만이 나의 배경으로, 인도자로, 보호자로 모시고 살 수 있었기 때문이다. 만약 아버지께서 살아 계셨다면 눈에 보이지 않는 하나님 아버지를 이렇게 전적으로 의지할 수 있었을까?

진실로 하나님 아버지께서는 이 땅의 혈육을 나누어 가진 아버지보다 더 크고 놀라운 사랑으로 저희 가족을 돌보셨다. 그렇기에 이 믿음의 유산은 아버지, 어머니의 '삶과 일치된 신앙인'으로서 본을 보이셨고, 믿음의 유산을 확실하게 물려 주셨기 때문이라고 단언할 수 있다. 이 믿음의 유산은 이 세상의 것으로는 대신할 수 없는 값지고 위대한 것이라고 고백한다.

지금부터 30년 전만해도 가는 곳마다 아버지를 기억하시는 분들이 살아 계셨다.

"아, 유재기 목사님의 따님이시네요."

"훌륭한 목사님이셨습니다."

"좋은 아버지를 두셨습니다."

제 남편되시는 신동혁 목사, 동생 유의신 목사도 집회인도를 하러 가는 곳마다, 아버지를 기억하는 분들로 인해 아버지의 삶을 기릴 수 있

유재기 목사와 장녀 유금종의 단란한 모습

는 행운을 후손들에게 주셨으니 비단 옷을 입히고 키우지는 못하셨어도 믿음의 유산은 진정으로 값을 매길 수 없음을 아버지께 감사를 드린다.

저희 형제에게 물려 주신 또 다른 유산을 말한다면 아버지의 나라 사랑이라 할 수 있다. 농촌 복음화 운동을 실천하시며 강사료 없이 방방 곡곡에 가방 하나 들고 다니셨던 그 분은 이런 시를 남기셨다.

행진 강산 삼천리를
괭이 메고 떠난 길
님께 바친 이 몸이다
고생을 탓하랴
산모퉁이 밭두렁이

죽는 한을 않으리
십자가 지고 떠난
삼천리 길이 오매
발길 닿는 동네마다
발길 닿는 동네마다
임의 제단 쌓아 놓고
피눈물 제물삼아
지성을 드리오리
할렐루야

(“십자가 지고 떠난 삼천리”, 허심 유재기)

일제강점기에 조선총독부는 아버지를 눈에 박힌 가시처럼 여겼으며 농촌운동을 애국운동으로 몰아 요주의 인물이 되어 항상 감시를 받으며 사셨다.

한번은 어머니를 따라 대구형무소로 간 적이 있었는데 6살 어린 나이였으나 면회소로 나오신 아버지의 모습은 붉은 죄수복에 머리는 깎기웠고 얼굴은 물고문을 받으셨는지 온통 부어 있으셨다. 아버지라고 불러보지도 못하고 나는 그만 울음을 터트리고 말았다. 그 순간 나는 간수의 손에 이끌리어 밖으로 쫓겨났다. 이런 일이 있은 이후에는 아버지 면회는 어머니 혼자 가셨고 나는 이 경험으로 인하여 아버지께서 억울한 옥살이를 할 수밖에 없는 힘없는 식민지 백성임을 어린 마음속에 각인되었다. 이렇게 해를 거듭하면서 일제치하 때 수감생활은 17번이나 하셨다. 짧게는 몇 주, 길게는 3년의 기간이다. 아버지의 옥살이가 무엇 때문인가를 알게 됨에 따라 나라사랑의 정신은 어느 가정보다 확실하게 심겨져 있었다. 나는 지금도 학교행사 때마다 애국가를 부를 때면 가슴이 뭉클해져 눈시울이 뜨거워지는 감정을 털어버리지 못한다.

다른 경험을 소개한다면, 6.25 다음날 우리 가족도 피난민 대열에 섞여 남쪽을 향하여 걷기 시작했다. 어머니는 딱히 목적지 없이 그냥 아버지 묘소가 있는 가리봉교회 근처 장로님 댁을 목표로 삼으셨다. 그 당시 4살, 6살, 9살 남동생 셋을 이끌고 우리는 어린이들의 걸음에 맞추어 걷다 보니 밤이 어슥할 쯤에 장로님댁 마당에 도착되었다. 이곳에서 1박을 한 후에 다른 지점으로 옮겨 남으로 가야 했는데 이미 인민군(이북군인)이 행진하여 국도를 점령하게 되니 우리 가족은 남의 집 신세를 지고 있어도 이들의 점령 지역이니 차라리 서울집으로 가는 것이 좋겠다고 결정을 내렸다. 끊어진 한강다리 근처 나룻배를 타려고 밀려든 사람들 사이에서 차례를 기다려 가까스로 배를 타게 되었다. 그런데 아군인지 적군인지 모르는 군인 시체들이 며칠 사이에 퉁퉁 부어 옷이 풍선처럼 부풀어져 있고, 모래사장 위에 누워져 있었다. 시체 냄새는 손으로 코를 막아보지만 구역질이 저절로 나니 달음질쳐서라도 빨리 빠져 나가는 것이 최상책이었으나 어린동생들로 인해 쉽지가 않았다.

힘든 행군으로 걸어서 걸어서 우리집 앞 을지로 3가에 왔을 때 대문에 걸려 있는 인공기를 바라보는 순간 이제 이곳은 내 나라가 아닌 것이 분명하게 느껴져 순간 눈물이 왈칵 솟구쳤다. 이북공산국가가 이렇게도 낯설고 두렵게 느껴질 수가 없었다. 기를 죽이고 집으로 들어 갔으나 새로운 주인들이 방을 차지하고 있었다. 나라를 빼앗긴 서러움이 이런 것이었구나. 내 가슴속에 뿌려진 애국적 감정의 씨, 아버지로부터 물려받은 또 다른 유산이라는 것을 발견하는 계기가 되었다.

나는 또 다른 어릴 적 경험(13세 때)이 있다. 대동아전쟁 막바지, 아버지는 대구제일교회에서 목회를 하셨는데 대구형무소로 다시 붙들려 들어 가셨다. 어느 날 교회 장로님들이 급히 집으로 오시며 기쁜 소식을 전해 주셨다. 일본천황이 무조건 항복에 서명하였다는 방송이 있었다고 하면서 유 목사님도 곧 감옥에서 나오실 것이라는 것이었다. 어머니는 신중한 성품이시어서 그냥 집에서 기다리시겠다고 하셨으나 나는 입던 옷채로 장로님들을 따라 뛰었다. 형무소 앞에 도착하니 이미 대문을 향하여 걸어나오는 사람들이 보였고, 아버지의 모습도 보였다. 아버지는 개선장군처럼 씩씩한 발걸음과 웃음이 얼굴에 가득 차 계셨다. 물론 제가 제일 먼저 아버지 품으로 뛰어 안겼고 아버지도 온 힘을 다해 포옹해 주셨다.

나의 조국을 찾은 날, 이 날은 나의 아버지도 찾은 날이다. 후에 들려온 이야기는 전쟁이 불리하게 기울어져 갈 때 일본정부는 한국전역

가족사진. 뒷줄 왼쪽으로부터 신상민, 신기형, 한정옥, 이지수, 신기영, 신상인
앞줄; 왼쪽으로부터 신상원, 유금종, 신상지

에서 요시찰 대상과 중요인물을 가두어 함경북도 어느 곳으로 이송하여 총살을 모의했었다는 것이었다. 하나님의 기적 같은 도우심으로 이들은 이렇게 그날 살아 나오셨다. 나에게는 이 경험이 내 나라를 사랑할 수밖에 없는 영원한 나의 조국, 대한민국이 되었다고 생각된다.

아버지의 이름 劉載奇, 그의 인생은 너무나도 짧게 이 땅에 계셨으나 저에게 남겨 주신 신앙적 유산과 애국애족의 정신을 확실하게 물려주신 것은 어느 부유한 아버지에게 재물을 물려 주신 것보다 값으로 매김할 수 없는 보물을 주셨다고 자랑하고 싶고 세상을 향해 외치고 싶다. 그 뿐만 아니라 아버지께서는 여자이지만 배워야 하고, 준비된 인물이 되어야만 사회와 국가에 공헌할 수 있다는 것을 일찍 깨우칠 수 있게 도와주셨다. 오늘 내가 나 된 것은 하나님의 은혜임을 고백하고 감사드린다. 하나님께서는 훌륭하신 아버지와 어머니를 주셨기에 내가 존재하며 내가 지금의 내가 된 것에는 두 분의 삶 덕분이었다고 말하고 싶다.

나는 종종 생각해 본다. 살아 계셨다면 아버지를 모시고, 맛있는 커피집, 분위기 좋은 곳으로 모셨을 텐데. 그렇게도 좋아하셨던 음악회도, 영화관에도 모시고 갔을 것인데, 부녀간의 다정한 대화도 나눌 수 있었을 것인데, 그러나 생각일 뿐이다. 그렇게도 사랑하셨던 딸이 드리는 손길, 대접하고자 하는 사랑의 표현을 한 번도 받아보시지 못하신 아버지, 이 딸을 용서하소서.

현재/학교법인 복음학원(이사벨중 · 고, 지구촌고등학교) 이사장,
부산 생명의 전화 이사장, 한국YWCA 후원회 이사,
한국 생명의 전화 연맹 이사장

아들의 변

유의신(아들)

저는 1944년생으로서 대구 제일교회당 사택에서 출생하였습니다. 그리고 선친님이 서울에서 1949년에 소천하시었다고 하니 내 나이 만 6살이었습니다. 그 이듬해 6.25전쟁이 발발했고 피난길에 오르면서 지금까지 고향이 없는 객지생활을 하고 있습니다. 물론 저는 선친님의 얼굴이나 다정하신 품에 안겨 본 기억도 없을 뿐 아니라 아버지라고 불러 본 대상이 제가 믿는 하나님 외에는 없었습니다.

제가 아는 선친님에 대해서는 99세로 소천하신 어머님과 가끔은 누님으로부터, 그리고 친인척들을 통하여 들었습니다. 선친님의 얼굴 모습은 상상만 하다가 서울 수복 후 이모님 댁에서 사진으로 볼 수 있었습니다. 그 이유는 전쟁 중에 집이 전소되는 바람에 모든 사진이 소실되었기 때문입니다.

물론 전쟁의 아픔은 우리 유족들에게도 피해 가지 않았습니다. 세 살 위인 형님(승신)이 제가 태어난 대구제일교회 예배당에서 56명과 함께 압사하였습니다. 선친님의 제2의 고향이다시피 한 대구! 남편은 옥살이로, 작은 딸(혜종)은 홍역을 치르다가 사망하고, 큰아들은 압사하게 된 대구, 다시는 돌아가고 싶지 않은 곳이 되었던 것이지요. 모친은 제주도에 이어 부산으로 오면서 남은 3남매를 양육하기 위하여 전쟁미망인 보호시설인 한국모자원에서 일을 하셨고, 선친께서 소천하신 직후 흥국형제단 총재를 잠시 담당하였던 황성택(재미사업가) 부처가 전쟁고아를 돌보는 이사벨고아원 직원으로 어머님이 봉사하면서 초등학교 졸업할 때까지 어머니를 큰어머니로 다른 고아들처럼 부르며 살았습니다.

그러나 어머님은 그 어려운 피난 시절에도 한식 때와 추석이 되면 두 형제를 대리고 12시간 완행열차를 타고 영등포역에서 내려 인천 가는 시외버스를 타고 구로동에서 내려 근 10리가 넘는 길을 걸어서 가리봉교회 뒷산에 있는 비석도 없는 아버님 묘소에 데려 가셨습니다. 지금 생각하면 선친님의 나라사랑 정신과 신앙을 유산으로 대물림하시고자 하는 어머니의 기도와 열정이었습니다.

우여곡절 가운에 서울로 이사하면서 선친님의 친구들의 도움으로 대광중학교에 들어가게 되었습니다. 차츰 나의 정체성에 대하여 고민하기 시작했습니다. 아버지가 훌륭하신 분이라는데 왜 나는 이렇게 가난하고 아무 유산도 없으며 모친이 고생만 하시는가? 미아리 공동묘지를 파헤친 자리에 판자촌이 형성되는 시기에 지인을 통하여 지분을 얻어 송천동 판자촌에서 대광고등학교에 다니기 시작했습니다. 그런 가운데 저는 아버지에 대하여 부정적이고 비판적인 생각을 가지고 있었습니다.

그런데 제가 확실하게 아버지에 대하여 새롭게 인식하게 된 계기가 있었습니다. 그것은 극작가 주태익 선생님께서 저술하신『이 목숨 다 바쳐서』라는 책을 읽으면서였습니다. 추상적으로 알고 있던 선친님에 대한 자료와 파란 만장한 인생이야기가 제 마음을 움직였습니다. 작고하신지 28년이 지난 후에 선친님과 함께《흥국시보》를 제작하던 분이 유작으로 자진해서 쓰고자 하여 그때까지 살아 계시던 분들의 증언과 이야기들을 집대성하여 소설식으로 재구성한 작품이었습니다. 저는 그때서야 자신의 정체성을 서서히 회복하고 선친님처럼 하나님께 온전히 헌신하게 되었습니다.

그 후 목견(牧犬)운동으로 대학생들을 위한 예수제자훈련과정을 하게 되었고, 늘노래 음악전도단을 창단하고, 아버님이 다니시던 한반도를 종횡무진하며 순회전도사역을 했었습니다. 그러면서 전국, 특히 경북지역을 순회할 때마다 선친님을 기억하시는 어르신들을 만나게 되는 일이 많아 졌습니다. 그 당시 교통도 미디어도 변변치 않은 시절이었는데 농촌 구석구석마다 선친님을 기억하는 사람들이 있다니 실로 놀라지 않을 수 없었습니다.

정춘애, 유의신

실례로 경북 안동군 길안면에서 농촌운동을 하시던 천성훈 장로님을 만났을 때 저는 또 다른 감동을 받았습니다. 천 장로님께서는 모친을 생명의 은인이신 유 목사님의 사모님이시라고 하셨습니다. 그래서 그런지 모친의 생신을 정확하게 음력으로 계산하시어 무공해 농산물(풋고추 참기름 등)을 소포로 보내시며 생신을 축하 하시곤 했던 분이셨습니다. 갑자기 혈압으로 쓰러지셨다가 회복하는 중이라는 소식을 접하면서 마침 근처에 집회가 있어서 인사차 들렸었는데 선친님을 반겨 맞이하시듯 저의 방문을 반겨 주셨습니다. 자신의 자택에 선친의 시를 써서 도배하다시피하고 계셨습니다.

"보세요, 나는 당신 아버지 허심 목사님 글을 성경 다음으로 평생 기리며 살고 있어요. 여기 내가 귀하게 보관 하고 있는 《흥국시보》를 드리니 아드님이 보관하는 것이 좋겠어요."

감동 가운데 그것을 받아 들고 아버님을 뵌 것처럼 해방 후 왜 목회를 하지 않으시고 순회전도자로 농촌운동을 하셨는가를 어렴풋이 알아가기 시작했습니다. 《흥국시보》를 통하여 선친께서 지식인들의 의식

개혁을 호소하고, 농촌에서는 청소년들의 의식개혁을 위해 기독농촌소년단으로 순회하여 14회에 걸쳐 438명을 배출하였다고 했습니다. 제가 만난 지도자들 가운데는 그때 소년단 출신으로서 그 정신을 이어가려고 농촌을 지키셨던 분들이 많이 계셨던 것을 알았습니다.

그로부터 저도 선친님을 따라 목사의 길을 가야겠다는 소명을 가지게 되어 목사안수를 받게 되었습니다. 그 후 믿음찬교회를 개척하여 지금까지 시무하고 있으며, 후학들을 위하여 동서대학교에서 교목으로 섬기고 있습니다. 하나님의 은혜가 아닐 수 없습니다.'

금년으로 선친님이 작고하신지 62년이 됩니다. 근대 한국사 연구가들에 의하여 지금까지 계속하여 연구 대상이 되고 있다는데, 우리 유족들은 놀라지 않을 수 없습니다.

저는 이제 고희를 바라보는 나이에 다 달았습니다. 해방 후 선친님은 자신의 부끄러운 과거를 숨기거나 위장하는 분이 아니라 오직 가난하고 못배운 나라여서 이웃 나라에 없이 여김을 받아 부끄러운 역사를 가지게 된 것을 뼈저리게 체감하셨다는 것을 유고를 통하여 체감하게 되었습니다.

그러셨기에 일제의 옥고에서 얻은 지병을 가지고 있었음에도 불구하고 빗 진 자로서 한 알의 밀이되어 죽기를 작정하시고 몸으로 맨 땅을 갈아 내셨음을 이제야 알게 되었습니다. 이렇게 더디 배우며 늦게 철드는 불효를 유고집을 펴내면서 만방에 알리고 고인의 정신인 예수님 사랑, 나라 사랑, 이웃 사랑을 주님 오시는 날까지 실현해 낼 것을 주님의 이름과 부모님 이름 앞에 선언합니다.

하나님 감사합니다. 놀라우십니다. 위대하십니다. 영원히 찬송 받으시기에 합당하십니다.

마지막으로 모든 독자들이 하나님께서 우리 나라와 민족 그리고 각자의 가문을 통하여 이루시고자 하시는 놀라운 일을 이루어드리는 후손들이 되기를 기원드립니다.

현재: 늘노래문화연구소 대표, 믿음찬교회 담임목사, 동서대학교 교목실장

아버지의 유산

유만종(아들)

삼남매의 막내로 아버지가 돌아가실 때에 대한 기억은 없고 모습만 희미하게 남아 있을 뿐입니다. 이런 저에게 어머님은 늘 아버지 이야기를 해 주셨습니다. 그 중 가장 기억에 남는 것은 누님은 유학 중이고 형과 저를 데리고 60년대에는 먼 시골 마을 가리봉리 아버지 묘소에 간다고 흙길을 걸어가며 쉴 때마다 아버지가 작시한 "농촌소년단 체조가", "농촌복음학교 교가", 그리고 묘비에 새겨져 있는 "농촌재건가" 등을 가르치셨고, 아버지 묘소 앞에서는 두 형제가 노래를 어머니와 같이 불렀습니다.

저는 아버지 친구 덕분에 대광중학교에 입학하게 되었고, 고등학생이 되면서는 아버지같이 농촌지도자가 되어야 한다는 목적의식으로 부지런한 학창시절을 시작할 수 있었습니다. 대학을 농과를 지망하면서 자격증을 가지고 일할 수 있는 수의과를 택했습니다. 군복무 후에는 지도자가 되려면 학위가 있어야 할 것 같아 28세에 미국 정규 유학생으로 오게 되었습니다. 이제 제가 64살의 나이로 그동안 살아온 제 과거를 돌이켜 보면 일찍 아버지를 잃었지만 어머니를 통해서 아버지의 영향을 크게 받고 살아 왔음을 실감하게 됩니다.

어머니는 아버지의 훌륭한 면만 말씀해 주신 것만은 아닙니다. 아버지의 부족한 것까지도 말씀하시곤 했습니다. 그 중 기억나는 것은 아버님은 섬세하셔서 잔소리가 많으셨다고 하면서 저도 많이 닮았다고 꾸짖으셨습니다. 또한 아버지는 경제관념이 없으셔서 생계가 힘들었었는데 정말 힘들 때에는 아버님이 안 계셨으면 가정을 혼자서 더 잘 꾸려 갈 텐데 하며 혼자 푸념도 하셨다는 말씀을 하셨습니다.

그중 저를 힘들게 한 말씀은 아버지가 일본 형무소에 감금되셨을 때에 순교할 수도 있었을 텐데 살아 나와서 더 큰 고생을 겪으셨다고 말씀하셨습니다.

저는 그때 젊은 나이에 아버님이 순교하지 못하셨다는 것에 크게 실망했었습니다. 저는 미국에서 신학과 사회사업학과를 공부하면서 아버님보다 더 강한 신앙의 소유자가 될 것을 다짐했습니다. 그런데 그런 마음은 잠시 제 나이 32살이 넘으면서 유학생활의 어려움으로 건강을 잃게 되고 혼자 힘으로 지탱하기 힘들어 결혼하여 아내의 도움을 받게 되었습니다. 첫아이를 갖게 되니 가정의 생계를 위해 생활전선에 뛰어다니었고 학위를 포기하고 다행히 미국에서 인기 있는 수의사 자격증을 따서 수의사로 종사하며 이제 은퇴나이를 바라보게 되었습니다. 제 가정과 자신의 평안을 위해 쉽게 제 뜻을 포기한 저는 이제 아버지 생애 앞

앞줄 왼쪽부터 최은숙, 유제인, 뒷줄 왼쪽부터 유대진, 유만종, 엔디(사위), 유유진, .

에 겸허하게 서게 되었습니다.

아버지는 그 시대에 이름을 남긴 순교자가 되지는 못하셨지만 이조 말에도 그러했고, 일본통치하에서 더욱 찌들어지고 가난한 농민들에게 복음으로 새 희망을 주시려던 열정은 일본의 억압 아래서도, 그 후 해방된 자유사회에서도 끊이지 않으셨고 결국은 죽기까지 헌신하신 아버지는 강한 신앙의 소유자가 아니셨으면 할 수 없는 생을 사셨음을 깨닫게 되었습니다.

이상만 가지고 실천과 희생이 없는 삶을 살았던 저는 우리 아이들에게 신앙의 본을 보여 주지는 못하였어도 기회 있을 때마다 아이들에게 아버지의 삶을 말해 주곤 하였습니다. 그래서 우리 자녀들은 할아버지를 존경하고 할아버지의 정신을 받아 살아 보려고 자신들의 계획을 이야기하는 것을 들을 때 아버지의 정신적 유산이 손자들에게까지도 이어지고 있음에 감사할 따름입니다.

현재 미국 프레즈노 한인장로교회 장로, 쉴드스톤 수의병원 원장

내 안에 발견하는 그분의 자취에 감격하며

신기영(외손자)

언제부터였는지 정확히 기억하지 못하지만 언젠가부터 저는 외할머니와 같은 살았습니다. 같은 방을 썼던 적도 있습니다.(할머니는 매일 새벽 세 시에 저를 깨워 주시는 임무를 잘 감당하셨습니다.) 그래서 외할아버지에 대한 할머니의 추억을 자주 듣고는 했습니다.

일본에서 유학하실 때 고생하셨던 이야기. 병이 나서 귀국하셨던 이야기. 일본에서 공부하셨던 것이 사회학이라는 사실은 사회학을 전공하게 된 저에게는 왠지 관심의 동질감을 느끼게 했습니다. 평양신학교에서 신혼살림했던 이야기, 일제시대에 목회하시면서 겪었던 갖가지 어려움들, 17년의 목회 기간 동안 17번의 옥살이, 『협동조합론』 원고로 인해 당하신 어려움, 증거를 없애기 위해 할머니는 그 원고를 아궁이에 넣어 태워버릴 수밖에 없었다고 합니다.

그 후에 제가 박사논문의 방향을 잡기 위해 방지일 목사님을 뵈었을 때에, 외할아버지에 대한 방 목사님의 추억을 듣기도 했지요. 최근까지 만나 뵐 때마다 할아버지에 대한 얘기를 – 비록 반복된 동일한 이야기지만 – 해 주셨습니다. 성품이 곧으시고, 설교나 강의가 사람의 심령에 큰 감동을 끼치는 분이라고 했습니다. 그래서 가끔 제 설교나 특강 가운데 그런 경험이 일어날 때마다, 이 달란트가 할아버지로부터 받은 것은 아닐까 하며 스스로 그 어른과 자신을 이어보며 한 번도 보지 못한 분의 유산을 받은 듯한 기쁨도 갖습니다. 결국 박사논문으로 한국 기독교 민족운동을 정하고 연구하면서 장로교회 총회록과 교회사에서 할아버지의 이름을 발견하며 그분의 정신을 이어가야 한다는 후손의 책임감도 느꼈습니다.

돌아가신 제 아버지는 외할아버지를 존경하셨습니다. 젊은 목사 시절에 교계 어른들을 만나시면 꼭 외할아버지의 함자를 올려 관계를 맺었다고 하셨습니다. 그리고 1960년도에 시작하신 농촌복음학교의 모태가 외할아버지의 농촌운동에 있다고 강조하셨습니다. 그리고 어머니는 특별히 외할아버지에 대한 아름다운 추억을 갖고 계십니다. 가장 자주 들었던 말은, 어머니를 "이 계집애가"라고 불렀다는 것과, 여자 아이였지만 그 세대의 돌림자를 주셨다는 것, 음악과 영화, 시 등 참 예술적 감각이 뛰어나셨다는 것, 열악한 시대였지만 어머니를 데리고 그런 것들을 경험할 수 있게 해 주셨다는 것 등입니다. 또 다시 제가 가끔 예술적 감각을 발휘할 때마다, 아버지로부터 온 것은 분명 아니기에, 외할아버지로부터 받은 것으로 추측하기도 했습니다.

지금도 제가 외할아버지에 대해 가장 자랑스럽게 주변 사람들과 나누는 것은 그분이 핍박을 받으면서도 민족교회를 위해 혼신을 다하시어 결국 44세에 소천하셨다는 점입니다. 이미 그 나이를 넘어선 저로서 더욱 그 짧은 삶이 고귀하게 여겨집니다. 그래서 오래 사는 것보다 하나님 앞에서 신실한 삶을 살고픈 소원이 제 마음에 자리 잡게 되었습니다. 사진으로만 뵈었지만 제 안에서 그분의 자취를 발견하니, 참으로 하나님은 아브라함의 하나님, 이삭의 하나님, 야곱의 하나님으로, 산 자의 하나님이심을 묵상하게 됩니다.

현재: 지구촌고등학교 교장, 복음학원장

외할아버지로부터 받은 것

신기형(외손자)

어려서부터 외할아버지에 대한 말씀은 많이 들었습니다. 어머니로부터, 그리고 외할머니와 외할아버지 형제들로부터 흠모와 자랑과 기쁨 가운데 외할아버지에 대한 말씀을 들을 수 있었습니다. 어머니를 데리고 바닷가로 가신 일, 어머니에게 양식을 사 주신 일, 그리고 일본으로 가서 유학하시며 노동하시다가 그 손바닥에 피가 흐르는 것을 보셨다는 일. 시대를 앞서가며, 문화를 즐기며, 말씀의 통찰력으로 사회와 성도들을 이끄셨던 분이 외할아버지임을 들어왔습니다.

이렇게 듣던 외할아버지를 제가 닮았다는 것을 알게 된 사건이 있었습니다. 대구제일교회에서 저의 선친이신 고 신동혁 목사님이 집회를 인도하고 계실 때였습니다. 당시 이상근 목사님에게 인사도 드릴 겸 집회에 참석했는데 집회 이후 목양실로 들어갔습니다. 벽에 걸린 역대 담임 목사님들의 사진을 보는 순간, 외할아버지 사진 앞에서 저는 제 모습을 보는 것 같아 놀랐습니다. 외할아버지를 보는 것이 아니라 바로 저를 본다는 생각이 들 정도였습니다. 이상근 목사님께서도 회중석에 앉아 있는 저를 보고, 고 유재기 목사님의 외손자일 것이라고 느끼셨다고 하셨습니다. 이렇게 외할아버지로부터 저는 외모를 받은 것 같습니다.

그러나 이런 외모보다 더 소중한 유산이 있다면 영적인 유산입니다. 이 유산은 어머니를 통해 온 것으로 영적인 예민함과 당당함, 그리고 하나님을 위해 내려놓는 것에 대한 주저함이 없는 것일 것입니다. 성경을 읽을 때 하나님께서 보여 주시는 깨달음, 그리고 이를 잘 전달할 수 있는 의사소통의 은사, 이는 분명 외할아버지의 유산입니다.

비록 아직도 미숙하고 부족한 것 투성이지만, 저에게 이런 유산이 있다는 것이 얼마나 감사하고 또한 사랑스러운지 모르겠습니다. 솔로몬이 다윗의 유산을 갖고 출발한 것처럼 저에게는 이런 귀한 유산이 주어져 있고, 그래서 이 유산이 더욱 하나님 나라와 교회를 위해 열매 맺도록 감당해야 할 책임이 저에게 있는 것 같습니다.

이런 축복과 부담 가운데 태어나게 하시고 자라게 하신 하나님께 감사드리며 외할아버님의 기념 유고집이 나오게 되어 큰 영광으로 여깁니다.

현재: 꿈이 있는 이한교회 담임목사, 한국복음선교회 회장

할아버지께

유한짐(손자)

그간 안녕하셨습니까? 손자 유한짐, 손부 김은정 문안드립니다. 벌써 여름이라 증손자 가온, 나온은 방학 때 놀 채비를 하는군요. 서울 날씨는 무척 후덥지근합니다. 다행히 여기는 관악산 바로 아래라 저녁 때는 시원합니다.

중학생 가온이는 엊그제부터 루빅스 큐브라는 장난감을 몇 초까지에 풀 수 있는지 연습 중이고, 초등학생 나온이는 날도 더운데 팔짝팔짝 잘도 뛰어 놉니다.

오늘은 예배를 마치고, 영등포와 마포를 잇는 양화대교. 그 중간에 있는 선유도 공원에 놀러갔습니다. 정원이 잘 가꿔져 있는데, 숲과 나무와 언덕과 물이 참 아름답습니다. 물론 한강도 보입니다. 요즘엔 유람선이 뜨지 않는군요. 여기저기 수양버들은 바람에 휘날리고, 여기저기 연인들과 아이들과 가족들이 편히 쉬며 즐겁게 놀고 있습니다. 과일나무와 딸기 밭도 있더군요. 한참을 즐겁게 놀았습니다.

차를 몰고 집으로 돌아오면서 주변을 보았습니다. 여의도에는 무수한 빌딩들이 서 있고, 노량진에는 거대한 수산물 시장이 있고, 영등포 제물포에는 옛 청과물 시장과 새로 지은 아파트가 널려 있습니다. 구로는 공장들이 없어지고, 엄청난 사무실들이 즐비합니다. 서울은 그야말로 근대화와 자동차의 천국이라고 해도 되겠습니다.

집으로 들어 와서 더운 몸을 식히고 과일도 먹고 아이들과 떠들고 놀았습니다. 그리고 편지를 쓰려고 앉았습니다. 할아버지께서 보시던 해방 후 당시 사회를 생각해 봅니다. 좌파니 우파니 나뉘어 싸우면서, 시민의 살림은 해결책이 없었던 시절. 해방은 되었으되, 남북으로 갈리게 되던 시절, 할아버지의 한탄 소리와 기도 소리가 들려옵니다.

저는 지금의 사회를 봅니다. 돈 잘 벌면 훌륭한 국가가 되는 줄 알고 열심히만 살던 사람들, 예수님의 사랑 대신, 예수님의 은혜만 갈망하던 사람들이 만들어 놓은 망가진 사회가 보입니다. 농촌에는 노인들만이 살고 계시면서 돌아가셔도 시신마저 챙길 이들이 없고, 도시의 빈부격차는 너무 벌어져서 배를 굶고, 일자리도 없는 사람들이 많은가 하면, 희망을 잃어버린 사람들이 부동산에 투기하여 또 전 재산을 잃는 일. 예수님의 사랑을 배우지 못하여 어린이를 성적 대상으로 삼은 사람들, 선생님이라는 중차대한 직업을 얻었음에도 오히려 학생들을 어그러뜨리는 학교. 요즘 사회는 할아버지가 뚜렷하게 지적하셨던 문제들이 다시 일

좌로부터 유한짐, 유가온, 유나온, 김은정.

어나고 있는 셈입니다.

지금도 농촌에는 예수촌이 필요합니다. 교회가 제대로 있고, 조합을 이루어 농업을 일으켜야 하고, 자급자족과 현지 생산물을 취하여 이산화탄소 발생량을 줄여 살아야 하고, 공예를 일으켜 살림과 세간을 마을에서 해결해 주어야 하며, 축제와 놀이를 통해서 공동체를 일으켜야 하고, 아이들에게는 다시 자연의 품속을 가르쳐야 하고, 신용조합을 만들어 공동체의 사업과 개인의 금전 문제를 저리로 해결해 주어야 하며, 도시나 농촌에서 걱정하며 사는 사람들에게 참 살이를 할 터전을 만들어 줘야 합니다.

저는 이러한 시대에 할아버지로부터 물려받은 유산을 유용하게 사용하려 합니다. 검소하게 살면서 더 생태적인 삶을 추구하며, 도시와 농촌에 도움이 될 만한 건축 사업들을 일으켜 내고, 예수님의 사랑을 주변 사람에게 나누어 주면서 사회에 실질적인 도움이 되는 일들을 구상하고 있습니다.

세상이 복잡하고, 사람들이 영악하여 시간이 상당히 걸릴 수도 있겠습니다만, 당신의 증손자들도 있으니, 저는 제 삶이 다할 때까지 할아버지처럼 살아야 하겠습니다.

이 더운 여름에 무거운 편지를 올리어 혹 걱정하실까 염려됩니다. 샬롬.

유한짐 (김은정, 유가온, 유나온) 올림
현재: 건축, 예술가

마흔넷의 내 할아버지

유한샘(손자)

"지금까지 나에게 할아버지는 나로부터 '비교불가' 판정을 받으신 분이었다. 그러나 이 책 속 할아버지의 글들은 나를 당신 바로 옆에 불러내었다."

내 기억 속엔 할머니로부터 간간히 말씀으로만 들었던 할아버지의 모습은 당신의 색 바랜 오래된 사진처럼 흐릿한 기억뿐이다. 내가 귀담아 듣지 않기도 했지만 할머니가 들려 주신 이야기 속 할아버지는 어린 나에게 헌신적인 할머니의 남편이었으며 따뜻한 분이시며 잘생기고 키가 크신 분이셨다. 그때 할머니의 말씀은 처음 할아버지를 만나게 된 이야기, 설교하시던 이야기, 투옥되셨던 이야기, 할아버지의 별세 후 가정을 꾸리신 일, 전쟁을 치르신 이야기들이었다. 그 후 나이가 들면서 난 할아버지에 대해 무감각해졌고 아버지의 종용에도 별 반응을 하지 않았었다. 그리고 더 많은 시간이 흐르면서 나는 내가 자라면서 본 것들, 소년기, 청년기에 겪은 일들, 대학생활, 연애와 결혼, 그리고 캐나다까지 와서 공부하고 많은 일을 겪으며 아내와 함께 일하고, 자식들을 낳고, 키워 나가며 여태까지 일구거나 버티어 온 무용담을 심심치 않게 사람들에게 말해 주며 이 모든 일들이 하나님께서 계획하시고 허락하셨음을 간증처럼 해 왔다. 아버지, 어머니께도 이런 무용담을 들려 드리며 난 이렇게 잘살고 있으니 걱정하지 말라고 할 정도였다. 내 삶에만 집중하고 그 중심으로만 살고 있었다.

그리고 얼마 전 아버지로부터 300쪽에 달하는 문서파일을 받고는

왼쪽부터 김미현, 유진, 유리, 유한샘

난감했다. 처음엔 열어볼 생각조차 하지 못했다. 아니 안 한 게 맞다. 그런데 늘 다른 분들의 글이나 이야기로만 들었었지, 직접 쓰신 글들은 몇 가지 읽은 기억이 없다는 생각이 들어 파일을 열어 읽어 내려갔다.

그런데 읽는 동안 나는 할아버지의 글 속에 있는 '내 할아버지'를 보게 되었다. 마치 내가 할아버지와 같이 길을 걸으며 마을 뒤 동산에 올라 마을을 내려다보며 시를 읊으시는 모습을 보는 듯 했다. 그 시에서 나는 할아버지의 생각, 아픔들을 봤으며, 무릎 꿇고 기도하시는 할아버지 모습을 보았고, 하나님께 호소하는 그 기도를 들었고, 시대에 대한 애통함과 충고들을 들었으며, 그리고 다른 동역자들을 위하여 애통해하시는 따뜻한 마음과 할아버지의 사랑도 보게 되었다. 읽어내려 갈수록 마흔넷의 내 할아버지는 나에게 그렇게 마음을 여셨다. 그리고 내 삶의 중심도 열어 보셨다.

1949년 7월 14일. 내 아버지는 그의 나이 만 다섯에 마흔넷의 아버지를 잃었다. 오늘 난 하나님으로부터 마흔넷의 할아버지를 다시 얻었다. 지금 만 예순여섯의 내 아버지는 마흔넷의 아버지를 계속해서 만나고 계신다.

재 캐나다 사업가

劉載奇 年譜

1905. 6. 19.	경상북도 영주군 영주읍 용상리(어으실-터밭골)에서 농부 유추열 씨와 손기운 씨의 4남매 중 장남으로 출생
1920. 3.	영주공립보통학교 졸업
1922. 3.	대구교남학교 입학(사진)
1923. 2.	대구교남학교 중퇴
1923.	영일 포항지방 순회 전도인
1923. 4.	일본 동경 일진고등학교 입학
1924. 3.	일본 동경 일진고등학교 중퇴
1924. 4.	일본대학 전문부 사회과 입학
1925. 6.	일본대학 중퇴
1926. 4.	평양숭실전문학교 농과 청강생(『협동조합론』 저술)
1927. 4	요천교회 전도사 시무(평안남도 강서군 요촌면)
1929. 3.	평양신학교 입학
1929.	경북 하양, 신녕교회 전도사
1929.	기독교농촌연구회 서기, 헌의부위원
1931. 9. 22.	장순덕(확실)과 연화동교회에서 윤여현 목사 주례와 조만식 장로 축사로 결혼
1934. 3.	평양신학교 졸업 제29회
1934. 3.	칠곡교회 시무 중 및 목사안수
1934.	경북노회 농촌부 부장

1934. 12. 칠곡교회 사임
1935. 1. 의성읍교회 부임
1935. 경북노회 기록서기. 경북노회 농촌부 부장
1936. 장로교 총회 농촌부 서기
1936. 12. 의성읍교회 사임. 경북노회 부서기. 농촌부 회계
1937. 침산교회 부임
1937. 경북노회 종교교육부 유급 총무
1937. 12. 경북노회 기록서기
1938. 1. 25. 대구 지방법원 구류
1938. 4. 14. 징역 1년 기독교도의 조선독립 음모. 치안유지법위반
1939. 재수감
1940. 4. 12. 출감(사진)
1940. 12. 10. 경북 노회장 피선
1941. 1. 대구제일교회 부임
1945. 건국준비위원회 경북지부 연락부장
1945. 11. 31. 대구제일교회 사임
1945. 12 기독신민회 조직국장
1945. 12. 기독교 흥국형제단 창단
1946. 2. 21 대한독립촉성국민회 산업부장
1946. 3. 1. 경성부 중구 을지로3가 《흥국시보》(순간) 창간 (사진)
1946. 7 .5 《흥국시보》 관허 제170호 출판 허가
1947. 1. 21. 제1회 조선농민복음학교 개강
1947. 4. 제2회 조선농민복음학교 개강
1947. 4. 25. 제3회 조선농민복음학교 개강
1947. 9. 5. 제4회 조선농민복음학교 개강
1948. 1. 15. 제5회 조선농민복음학교 개강
1948. 3. 1. 제6회 조선농민복음학교 개강
1948. 3. 7. 제7회 조선농민복음학교 개강
1948. 3. 29. 제8회 조선농민복음학교 개강
1948. 제9회 조선농민복음학교 개강

1948. 12. 15. 제10회 조선농민복음학교 개강

1949. 1. 5-12. 제11회 조선농민복음학교 개강(사진)

1949. 제12회 조선농민복음학교 개강

1949. 3. 19. 제13회 조선농민복음학교 개강

1049. 6. 제14회 조선농민복음학교 개강

1949. 7. 14. 오전 9시 30분 자택에서 지병으로 별세

1949. 7. 16 경기도 가리봉교회 뒷 언덕에 안장

1949.8.13 경남 거제도 아주에서 제 3회 기독교흥국형제단 수양회(참석 못함)

1949. 10.14 서울 초동교회에서 추모 예배

1955. 전 함태영 흥국형제단 총재 주관으로 동지들의 도움으로 묘비세움(사진)

1960. 6. 7 경기도 시흥군 과림동 기념예배당 건립과 동시에 묘소 이장

1977. 10. 10. 자서전『이 목숨 다 바쳐서』주태익저서 선린출판사에서 출판(사진)

2005. 8.16 사랑하는 아내 장확실 소천으로 과림리묘소에 합장(사진)

2010. 8. 20 고향 교회 영주 용상교회당에서 저작집 출판감사예배 드림(김병희 편, 예영커뮤니케이션)

2011.7.14 62주년 추모 유고집『세대를 뛰어 넘는 경계인』출판(예영커뮤니케이션)

부록 5 유재기 목사 약전(略傳)

유재기 목사 약전(略傳)

虛心 劉載奇(1905~1949) 목사는 일제 강점기와 해방 이후 기독교계의 농촌운동과 한국근현대사의 전개과정에서 기독교계의 흐름을 잘 보여 준 인물이었다. 그의 삶은 근현대 한국사회의 주·객관적 조건에서 자신의 방향성을 모색하는 과정이었다. 또한 한국 근현대사의 변동에 직접적으로 참여한 대표적인 인물이었다. 당시 유재기 목사는 예수촌운동을 통해 새로운 사회를 모색하고자 했다.

그의 행적은 크게 일제 강점기와 해방 이후로 구분할 수 있다. 우선 일제 강점기에 유재기 목사는 대구·경북 지역을 중심으로 활동하였다. 특히 1910년대에는 기독교를 수용하면서 민족주의 흐름을 이해하고, 1920년대 교남학교, 일본 유학 등을 거치면서 농촌을 바탕으로 하는 온건기독교 사회주의자가 된다. 유학에서 돌아온 이후 그는 농촌교회 조사로 농촌순회전도활동과 계몽활동을 주로 하였다. 1930년대 그는 그의 삶의 가장 중심이 된 예수촌운동을 펼치면서 농촌운동가의 모습으로 변신했다.

해방 이후, 유재기 목사는 활동공간을 대구·경북에서 중앙으로 옮겼다. 이때부터 그는 교파를 초월하여 당면한 조선 농촌문제를 해결하기 위하여 체계적인 운동을 전개했다. 이 시기에 그가 가장 중점을 둔 활동은 흥국형제단을 통한 예수촌운동이었다. 이같이 유재기 목사는 각 시기마다 농촌운동이론을 만들고, 운동을 실천한 목회자·농촌이론가 · 농촌운동가였다. 그의 생애와 사상 그리고 운동을 간략하게 약전(略傳)하고자 한다.

1. 해방 전 활동

1) 성장환경과 기독교 수용

유재기 목사는 1905년 6월 19일, 경상북도 영주군 이산면 용상리(어우실-터밭골)에서 농부인 유추열과 손기운 사이의 3남 1녀 중 장남으로 태어났다. 당시 유추열은 주자학을 고수한 채 농사를 지으며 살았는데 그는 비록 농사를 짓고 있었지만 당시 영주지역에서 확산되고 있던 민족운동에도 큰 관심을 가지고 있었다. 그는 용상리에서 서당을 운영하며 은거하고 있는 구한말 혜민원 주사였던 훈장 유재범에게 유재기 목사를 맡겼다. 유재범은 한일합방 후 혜민원 주사직을 버리고 영주에 내려와 의병결집을 호소하는 통고문을 작성하여 돌린 인물이다. 유재범을 통해 유재기 목사는 고전학문에 대한 기초적인 소양을 쌓고, 상당량의 문집을 섭렵하였다. 이는 이후 그의 학문연구에 있어서 중요한 밑거름이 되었다.

유재기 목사의 사상적 배경은 1880년 조선책략을 비판하는 영남만인소 운동과 1890년 위정척사사상을 기반으로 한 의병운동, 그리고 1913년 풍기에서 결성된 비밀결사단체인 광복단 등 영주지역에서 형성되었던 항일 정신이라고 할 수 있다. 이러한 유생들의 민족운동은 유추열에게 영향을 주었다.

특히 영주지역 계몽운동의 산실인 사립강명학교는 1903~1909년경 향서당에 설립된 근대학교였다. 설립자는 향내 문중이었고 향서당을 교사로 사용하였다. 학생수는 20~30명 정도였는데 1911년 조선총독부 교육령으로 공립으로 전환되어 영주공립보통학교로 교명을 변경하였다. 초대교장으로 일본인 마에바라 운사쿠(前原運作)가 부임했다. 그리고 한국인 교사는 박제선 외 2명이었다. 박제선은 독립운동에 가담하였으며 나중에 만주로 망명하였다.

이러한 환경 속에서 유추열은 자녀교육에 특별한 노력을 기울여 민족주의 신학문을 받아들였다. 이를 위해 더 나아가서 유추열은 영주로 이사하여 유재기 목사를 민족주의 성향의 영주공립보통학교(이하 영주보통학교)에 입학시켜 근대교육을 받을 수 있게 하였다. 그 덕분에 유재기 목사는 영주보통학교에서 3 · 1운동을 경험하게 되었다.

2) 영주지역 3 · 1운동의 영향

영주지역 3 · 1운동은 1919년 3월 21일 영주시장에서 전개되었는데, 이것을 직접 목격한 유재기 목사에게 정신적으로 큰 영향을 주었다. 이후 농우회 사건으로 취조 받을 때 그는 '영주지역 만세운동에 자극을 받아 민족의식을 각성하여 미래 민족주의를 포회되는 역사적인 계기'(대구복심법원, 1939 《판결원본》)가 되었다. 또한 해방 후에도 그때의 감격을 다음과 같이 회상하였다.

> "일본의 갖은 학대에 십 년 간 시달린 우리 겨레는 참다가 참다가 더 참을 수가 없어서 1919년에 삼천리 근역의 방방곡곡에서는 드디어 애국심의 폭발이 되었던 것이다. 삼척 동자 엄트는 어린 아기로부터 백발 늙은이까지 모두 인파는 …… (중략: 인용자) 눈물과 함께 천지에 사무쳤던 것이다. 삼천방 동포의 천심(天心)에서 북받쳐 울리는 이 성스러운 민족 운동을 무엇으로 막을 것이냐? 왜놈의 포학한 야수의 창으로 칼로도 못 막았구나."
>
> 《흥국시보》 1946. 3. 1.

또한 당시 영주 3 · 1운동으로 민족주의 인식이 성장하던 유재기 목사의 정신세계 형성에 영향을 미친 것이 기독교였다. 유재기 목사에게 가장 큰 영향을 주었던 유추열이 기독교를 접하게 된 계기는 계성학교 전도단이었다. 영주 지역에 처음으로 교회를 설립했던 강재원은 류노열 · 류중열 · 류희열 · 류재만 · 류재원 · 류재명 등에게 1920년 8월 중순 내매교회에서 열린 대구 계성학교 전도단 전도강연회에 참석을 권유했다. 그 자리에서 유추열 형제들은 복음을 듣고, 마음에 큰 감동을 받아 기독교에 입교했다. 유추열 형제들은 용상리에 기도처를 정하고, 내매교회로 왕래하며 예배를 드리다가 1921년 9월 15일 용상교회를 설립하였다.

당시 유추열 형제에게 큰 영향을 준 대구 계성학교 전도단은 대구 3 · 1운동을 주도한 세력에 의해 조직된 모임으로 민족주의적인 성향을 가지고 있었다. 이들의 전도활동은 대구지역 뿐만 아니라 경북 전 지역에서 환영을 받았다.

대구 계성학교 전도단의 활동은 영주지역 교회부흥에 큰 영향을 주었고, 일반 민중들이 기독교를 이해하는 계기가 되었다. 이들 전도단의 전도를 받는 유추열 형제들은 기독교로의 개종을 비난하는 문중 경고에도 불구하고 기독교를 수용하였다. 이들은 유교적 공동체의 기능이 파괴된 향촌사회의 정신적 · 도덕적 공백 상태를 기독교회와 새로운 학교 환경의 개선을 통해 이루려는 의지를 갖고 있었다. 이러한 노력은 용상교회 설립과 함께 근대교육기관인 용상학술강습회을 설립하게 된다.

특히 유추열은 3 · 1운동 이후, 자신이 안고 있는 현실문제와 민족문제를 해결할 수 있는 방안을 기독교에서 찾았다. 그는 "신학문에 당해낼 재주가 없겠어. 야소교란 종교가 유교나 불교와 달리 그것이 사람을 다시 나게 한다는군."[8]라고 생각했다. 그는 기존의 불교나 유교로는 현실문제를 해결할 수 없다는 자각에서 유재기 목사를 기독교 학교인 계성학교에 입학시켜 신학문을 가르치기를 원하였다. 이처럼 유추열의 자

8 주태익, 『이 목숨 다 바쳐서-한국의 그룬트비어 虛心 유재기 목사전』, 선경도서출판사, 1977, 서울.

식에 대한 교육열은 유재기 목사에게 큰 영향을 주었다. 유재기 목사는 아버지 죽음 앞에서 "아버지 당신만이 유일의 동지였고. 내 사상 내 주의를 높이여 주신이도 내 사업 성공하라 빌어 주신이도 당신이었소."[9]라고 고백할 정도였다.

유재기 목사는 1920년에 영주보통학교를 졸업하고, 당시 17살로 영주군청 소사로 근무했다. 얼마 후 유추열의 사업실패로 유재기 목사 가족은 대구로 이사했다. 유재기 목사는 어려운 가정 형편으로 중학교에 진학하지 못하고, 청도 백곡 모계 가문 김참봉의 집에서 훈장 생활을 하였다. 이 시기에 유재기 목사는 아이들에게 한국의 역사와 조선 민족이 처해 있는 상태에 대해서 설명하곤 했다.

1922년 유재기 목사는 학업을 계속하기 위해 청도 훈장을 그만두고, 대구로 와서 교남학교에 입학하였다. 교남학교는 대구지역 3 · 1운동으로 복역 후 출옥한 홍주일 · 김영서 · 정운기 등이 중심이 되어 설립한 민족계열의 학교였다. 설립 목적은 교육을 통한 민족정신 · 민족의식을 바탕으로 애국인재 양성이었다.

유재기 목사는 어려운 가정형편 때문에 신문배달과 막노동을 하며 학업을 유지했다. 또한 여자야학원을 설립하여 40여 명에게 배움의 기회를 제공하는 등 교남학교의 민족주의적 영향을 받아 실천적 사회운동을 시작하는 계기가 되었다.

3) 농촌순회 전도활동과 농촌문제인식

그러나 1923년 2월 유재기 목사는 결국 어려운 가정형편으로 인해 교남학교를 1년 다닌 후 중퇴하게 되었다. 학교를 그만두고 낙심한 그에게 대구에 와 있던 Edward Frost Mc Farland(孟義窩) 선교사로부터 대구 선교지부로 와서 일해 줄 것을 부탁받았다. 대구 맹의와 선

9 주태익, 『이 목숨 다 바쳐서-한국의 그룬트비어 虛心 유재기 목사전』, 선경도서출판사, 1977, 서울.

교사는 유재기 목사에게 조사로 일해 줄 것을 부탁했다. 이후 맹의와 선교사의 조사가 되어 신령 · 연일 · 포항 등 경북 동해안 중심으로 농촌지방의 순회농촌전도활동을 시작하였다. 그는 농촌지방 순회전도여행을 통해 “전 인구의 8할이나 된다는 조선농촌을 이대로 내버려져 있다가는 큰일”[10]이라는 절박감을 느꼈다. 이 시기의 그의 경험은 그의 전 생애를 통해 농촌운동에 헌신하는 계기가 되었다.

신령 · 연일지역 순회전도여행을 통해 농촌 현실을 경험한 유재기 목사는 이러한 농촌현실 문제를 해결할 수 있는 방법으로 생활개선과 진보적인 영농 방법을 통한 생산증대로 보았다. 당시 그는 농촌운동이 바로 애국운동이며 겨레를 위한 최상의 가르침이라고 생각하였다. 그는 교회 주일학교를 중심으로 소년군 운동도 전개하였다. 그는 주일학교 소년들에게 부역과 마을 환경개선을 역설했다. 소년뿐만 아니라 농촌성인을 대상으로도 계몽운동을 전개하였다. 당시 농촌에서는 식민지 상황에 절망한 많은 젊은이들이 술에 젖어 지내는 경우가 많았다. 그를 극복하기 위한 방법으로 첫째, 금주단연 운동을 시행하였다. 왜냐하면 당시에 술과 담배는 농촌 경제에 가장 많은 피해를 주고 있었다. 둘째, 노동력을 절감한다는 차원의 생활개선운동으로 옷을 염색해 입자고 주장하였다. 셋째, 수확량을 늘릴 수 있는 영농방법 개선을 위해 소년단조직을 활용하여 퇴비증산운동을 전개했다.

당시 유재기 목사가 진행하고 있던 농촌운동은 상당부분 선교사들의 선교정책과 배치되었다. 특히 맹의와 후임 선교사 마르타 스위처(Martha Switzer, 성마르다)는 유재기 목사에게 농촌계몽운동보다 순회전도여행를 통해 영혼구원에만 매진하기를 원했다. 그러나 유재기 목사는 조선의 현실을 외면할 수 없었다. 그 결과 유재기 목사는 聖마르다 선교사와 결별하였다. 이후 그는 본격적인 농촌계몽운동에 투신하였다.

---

10 주태익, 『이 목숨 다 바쳐서-한국의 그룬트비어 虛心 유재기 목사전』, 선경도서출판사, 1977, 서울.

유재기 목사가 경북 영천 · 연일 · 포항지방 순회농촌전도활동을 하던 1920년대 일제 식민지 농촌지배정책으로 농민층의 몰락이 더욱 심화되던 시기였다. 일제는 1910년 한국 강점과 함께 농업경제를 장악하기 시작하였다. 다른 한편으로는 수해, 한재와 병충해로 인하여 막대한 피해를 보았다. 그 결과 당시 한국 농민들은 대부분 절대 빈곤의 상태에 빠져 있었다. 농민들은 수해와 한재로 인한 농촌피폐, 일제시기의 경제 · 정치적 · 종교적인 탄압, 가혹한 식민지 수탈정책 때문에 수많은 농민 · 빈민층이 생활 터전을 빼앗기고 대거 압록강을 건너 만주로 이주하는 상황이 벌어졌다. 이로 인해 조선에서 농촌교회가 처한 현실은 매우 심각한 수준이었다.

유재기 목사는 이러한 조선 농촌의 쓰라린 현실을 직면하며 농민의 생활난에 깊은 우려와 동정심을 갖게 되었고, 농촌운동에 눈을 뜨게 되었다. 이러한 과정에서 그는 조선의 장래가 농촌문제의 해결에 달려 있다는 실천적 문제의식을 갖게 되었다. 이에 조선 농촌에 대한 학문적 탐구가 필요하다는 것을 자각하고 일본 유학을 결심하였다.

4) 기독교 민족운동과 예수촌 사상의 형성

유재기 목사는 처음에 동경일진고등학교에 진학했다. 하지만 중퇴하고, 일본대학 사회학과에 입학하였다. 그가 사회학을 전공으로 선택한 것은 앞으로 조선사회를 위해 일하자면 사회가 무엇인지를 먼저 이해해야 한다는 생각에서였다. 일본대학 사회학과에서 유재기 목사는 사회를 바라볼 수 있는 많은 지식을 얻을 수 있었다.

당시 유재기 목사는 학교 교육뿐 아니라 많은 독서를 통해 배움을 얻기도 했다. 특히 일본 내에서도 기독교 사회주의 입장인 가가와 도요히코(賀川豊彦) · 스기야마 모토지로(杉山元治郎)의 책을 통해 한국 사회가 안고 있는 계급문제를 이해하고, 기독교 관점에서 조선사회 문제를 해결하는 방안을 얻게 되었다.

유재기 목사는 일본 유학에서 필요한 학비와 생활비를 해결하기 위해 약장수, 낫또(納豆)장수, 풀빵장수, 신문배달을 비롯하여 시바우라(芝浦) 포구에서 노동도 하였다. 일본에서의 최하층 생활은 그가 계급에서 파생되는 사회의 많은 문제와 그것을 해결하는 방안을 찾는데 큰 영향을 주었을 것으로 보인다. 또한 그는 가가와의 자서전적 소설『사선을 넘어서』를 읽고 큰 감화를 받아 그 소설의 모델이 된 신천(新川)에 있는 빈민촌을 자주 찾았다. 신천빈민굴은 가가와가 이곳에 들어가서 5년 동안 가난한 자와 생활하면서 그들을 구하기 위해 봉사와 함께 여러 가지 방안을 모색한 곳이었다.

유재기 목사는 사회주의와 기독교 사회주의에 대해서 구분하고 있었다. 유재기 목사는 사회주의를 배격하였다. 그는 현실의 불합리한 계급투쟁은 죄악으로 인식하였다. 계급투쟁은 마르크스주의의 논설대로, '역사가 존속하는 한 정지됨이 없다.'고 보았다. 현실 무산계급이 승리하였다고는 하지만 전도된 피지배계급에게 또한 불만이 형성되기 때문이다. 사회주의에 대한 이러한 인식은 유재기 목사가 기독교 사회주의자인 가가와 도요히코 · 스기야마 모토지로(杉山元治郎)의 영향을 받은 데서 비롯되었다. 그는 가가와의 주장처럼 폭력적 계급투쟁, 자본주의 사회의 경제조직, 그로 인한 사회적 결과로 오는 계급적이며 차별적인 대립을 반대하고 어디까지나 그리스도의 애적(愛的) 방법에 의한 개량주의를 취하였다. 그는 복음주의적 성경에 입각한 불합리한 현대사회주의를 비판하고 기독교의 근본정신으로 개량하여 하나님의 나라가 지상에 이루어지도록 싸워야 한다고 하였다.

또한 유재기 목사는 가가와의 농민복음학교 근본정신을 바탕으로 1920년대에는 예수촌운동을 시작하였으며, 해방 후에는 흥국형제단을 결성하여 농민복음학교와 협동조합을 중심으로 예수촌운동을 전개하였다.

유재기 목사는 1924년 일본 유학 중 일본 협동조합운동의 아버지라 불리는 스기야마 모토지로(杉山元治郎)의《협동조합의 이해와 실제》

를 읽고, 협동조합을 통해 일본 농촌문제를 해결하고자 한 스기야마에 대해 깊은 관심을 가졌다. 스기야마가 만든 협동조합의 목적은 농촌을 풍요롭게 하는 것이다. 즉, 농촌으로부터 가난을 없애고, 노동력 착취로부터 해방되어 인간답게 살며, 보람된 생활을 할 수 있도록 하는 것이었다. 스기야마는 협동조합운동을 통해 경제력 · 정치력으로 농촌을 지배한 지주층은 약화시키고, 기독사상을 바탕으로 궁핍한 농민층의 입장에서 지주의 착취와 압박으로부터 농민생활을 보호하고자 하였다.

유재기 목사는 협동조합의 목적을 중간착취인 이윤제도의 철폐, 애(愛)의 운동, 자력갱생, 신사회실현에 두었다. 농촌문제를 해결하는 방안으로 이윤제도 철폐를 통해 농촌을 개선하고, 애(愛)의 운동으로 애(愛)의 도덕을 근본으로 하여 상부상조하여 공영을 이루고, 자력 갱신하여 협동을 이루고 농민들의 이익을 주장하였다. 자본주의 경제구조의 산물인 빈궁, 범죄, 질병, 자살, 잡혼, 불평등, 계급 등 사회문제를 협동조합으로 신사회실현를 구현할 수 있다고 보았다. 그의 협동조합운동은 바로 사회개량운동이었다. 유재기 목사는 조선사회가 안고 있는 계급문제를 기독교 정신에 기초한 협동조합운동을 통해 해결하려 하였다.

유재기 목사는 사회개량운동의 일환으로 방학 때는 한국에서 과거 농촌교회 순회사업에서 순회한 교회를 방문하여 설교를 하였다. 그는 설교를 통해 우리 민족이 살 수 있는 길은 농촌 갱생에 달려 있다고 주장하였다. 또한 그는 이 지역을 중심으로 농촌계몽강연회를 개최하여 예수촌운동을 전개하였다.

21살이 된 유재기 목사는 일본 유학에서 돌아온 후 1926년에 농촌운동을 체계적으로 전개하기 위해 숭실전문학교에 입학하여 농과강습소에서 기본적인 농촌기술에 전문적인 지식을 습득하였다. 그는 숭실전문학교에서 학생전도대 활동을 통해 계몽운동을 전개했다. 이 과정에서 조만식 · 배민수 · 최문식 · 박학전 · 김성원 등을 만나 기독교농촌연구회를 조직하여 농촌운동을 실천했다.

유재기 목사는 숭실전문학교 농과강습소 입학 후 가가와의 신천빈민굴을 모델로 하여 평양 빈민굴 토성낭에서 생활하며 야학을 실시하였다. 그는 숭실전문학교 경제학 교수로 평양YMCA 총무였던 조만식(曺晩植)을 만나게 된다. 조만식과의 만남은 유재기 목사에게 기독교 정신에 기초하여 민족문제를 해결하고, 농촌운동을 실현하는 새로운 전환점이 되었다. 유재기 목사는 1920년 후반 조만식의 민족운동에 적극적으로 참여하였다. 그는 평양에서 조만식이 주관하는 강연회에 연사로 참석하였다. 또한 조만식은 유재기 목사에게 장순덕을 중매하고 결혼식에 참석하여 장순덕의 결혼식 중매인으로 축사와 인사를 하였다. 축사에서 "오늘 유재기 목사 선생의 결혼식은 어느 누구의 결혼식보다도 진심으로 기쁘고 축하하지 않을 수 없습니다. 유선생은 아시다시피 조선의 끄룬드비히로서 장차 이 땅 이 민족의 농촌을 위하여 일할 청년이며 그 사업은 이미 시작했습니다."라고 하였다. 이같이 유재기 목사에게 있어서 조만식은 정신적인 지주와 같은 존재였다. 그가 농촌운동을 전개하는 가운데 크고 작은 어려움에 봉착할 때면 조만식의 지도를 받았다. 유재기 목사는 조만식의 기독교 민족주의 사상에서 그 동안 고민해왔던 민족문제에 대한 방안을 찾았다.

유재기 목사의 신앙은 평양신학교 입학으로 철저한 기독론(기독교 정신)에 기초를 두었다. 그는 평양신학교 재학 중 《농촌소년지도론》, 《협동조합론》을 저술하여 예수촌운동을 구상하였으며, 평양 일대를 순회하며 예수촌운동을 전개하여 평양을 중심으로 30여 교회에 기독농촌소년단을 조직하고 협동조합운동을 전개할 지도자를 양성하였다. 그 성과로 1931년 8월에는 대동 청용면 이천리에서 기독교농촌소년단연합회를 주최하여 소년 계몽운동을 주도하였고 농산가공품전람회를 열어 큰 호응을 받았다. 그리고 경창리 · 토성랑 빈민촌에서 생활하며 빈민선교를 전개하였다. 그의 평양신학교 입학은 기존 교회조직을 통한 효과적인 예수촌운동을 전개할 수 있었다.

이와 같이 유재기 목사의 농촌문제 · 민족문제에 대한 고민은 평양에서 이루어졌다. 그는 숭실전문학교에서 농촌계몽운동을 통해 기독교 민족주의 이해와 조만식의 기독교 민족주의 운동에 영향을 받았다. 그는 평양신학교를 통해 기독교 민족주의 운동에 대한 사상이 체계화되었다.

5) 장로회 농촌운동 참여와 농우회 사건

한국교회는 1920년대에 들어서면서 농촌운동에 적극 참여하게 되었다. 당시 한국의 현실을 보면, 인구의 80%가 농민이며, 그 가운데 80%가 소작인이었다. 이러한 농민 · 농촌문제는 1920년대 한국교회의 최대 현안으로 떠오르게 되었다. 이러한 농촌 실정에 대해 장로교는 더 이상 외면할 수 없었다.

장로교가 농촌운동을 시작하게 된 몇 가지 이유는 첫째, 장로교회는 3 · 1운동으로 극심한 피해를 당하여 교인의 수가 급격하게 감소했다. 둘째, 장로교회는 교인의 수 감소와 교회 성장 동력 상실 그리고 농촌문제로 인한 교인 이주로 교회 내 재정이 감소하였다. 셋째, 장로교회 교인의 수 감소와 교회재정 감소 현상은 농촌교회의 경제적인 침체에서 발생하였다고 볼 수 있다. 넷째, 1920년대 들어서면서 조직을 갖추기 시작한 사회주의자들의 반기독교운동에 대한 대응이다. 다섯째, 조선의 현실을 농촌운동을 통해 해결하고자 한 국제선교사들의 합의 때문이다.

이와 같은 이유로 장로교 총회는 1928년 농촌부를 설치하고 장로교 농촌운동(1928-33)을 전개하였다. 이러한 사정은 평양을 중심으로 농촌운동을 전개한 유재기 목사 그룹이 기독교농촌연구회를 결성하는 계기가 되었다. 기독교농촌연구회(이하 농촌연구회)는 1928년 평양 YMCA 총무였던 조만식의 집에서 유재기 목사 · 배민수 · 최문식 등 숭실전문 학생출신의 YMCA 회원이 중심이 되어 창립되었다.

농촌연구회 활동 목표는 조선농촌에 대한 일반문제 연구, 기독주의적 농촌사업을 실현, 회원을 양성하여 실제사업에의 투신 등 크게 세

가지였다. 이는 '기독주의적 농촌사업과 귀농운동, 실천운동'을 표방하며, 장로교 농촌운동과 관련을 맺고 농촌교회 단위로 기독농우회와 협동조합을 조직하는 등 현장중심의 사업방식을 전개하였다.

유재기 목사는 농촌연구회의 사업성과를 토대로 농촌운동을 기독교사상으로 무장하고 농촌운동을 '정신적 물질운동'으로 규정하였다. 1931년 유재기 목사는 한국의 계급문제와 민족문제를 기독교 정신에 기초한 예수촌 건설운동으로 해결방안을 정립하고 농촌연구회를 중심으로 예수촌 건설운동을 전개하였다.

유재기 목사가 표방하는 예수촌은 예수의 사상을 중심으로 살아가는 자립적 기독교 농촌공동체인 지상천국으로서의 유토피아인 '이상촌'이었다. 그는 조선의 농촌현실을 종말론적 시각에서 '지옥'으로 파악하고, 빈민구제와 빈민복음을 목표로 삼았다.

유재기 목사의 예수촌 건설운동은 예수의 사명과 행적을 농촌에 실천하는 것으로, '한 손에는 복음을 들고, 한 손에는 쟁기를 들고' 영적 생활과 물질생활을 동시에 책임지는 예수촌을 건설하여, 이 땅에 기독교왕국을 세우고 영원한 천국복음을 누리게 하는 예수촌 건설에 목표를 두었다. 이것은 기독교 보수주의자와 다르고 일제 농촌진흥운동과도 다른 특성을 지니고 있다. 유재기 목사의 예수촌운동은 농민을 자영농으로 만들어 상부상조하여 자본주의 수탈로부터 스스로를 보호하는 것이었다.

유재기 목사는 자본주의 이윤제도와 중간수탈을 극복하고 신앙을 현실 속에서 생활화하는 "유기적 조직체"이자 "천국운동의 유일한 애(愛)의 실현"이라 강조하였다. 유재기 목사와 농촌연구회는 예수촌 건설 실천 방안으로 기독교농우회 조직하여 기독교 협동조합운동을 실시하였다. 이 기독교농우회는 철저한 협동조합 형식과 기능을 갖춘 기독농민조직 · 기독교복음조직이었다. 또한 농우회는 예수촌 건설의 기반조직이었다.

이러한 농촌연구회의 농촌운동은 농우회조직, 협동조합운동, 소비조합 3단계로 진행되었다. 농촌연구회의 농촌운동은 기독주의 이념에 입각하여 농촌 마을 단위의 기독교 신앙공동체의 예수촌을 건설한다는 목표 아래 지방 농촌교회와 연계된 농우회를 조직하고 농민 신자들의 경제자립과 복음화를 동시에 추진하는 기독교 협동조합운동이다. 이러한 이념과 방법론에 입각한 농우회는 결성한지 3년이 지난 1931년에는 전국적으로 30여 곳에 이르게 되었다.

유재기 목사는 지금까지 축적한 협동조합 이론과 지역적인 농촌운동을 전국직으로 실현하는 계기가 된 것은 장로회 농촌운동에 참여하면서 시작이 되었다. 그는 1934년 5월 4일 경북노회에서 목사안수를 받고 장로교 총회 농촌부 서기로 임명이 되었다. 이는 그 동안 농촌활동과 농촌운동의 전문가로서 그의 역량이 평가되었음을 알 수 있다.

유재기 목사가 중심이 된 후기 장로교 농촌운동은 예수촌 건설의 대강목을 중심에 두고 그것을 현실화하기 위한 제반 기초 사업을 추진하는 데 주안점을 두었다. 그것은 ①협동조합운동, ②농촌지도자 양성, ③농촌수양회 활동, ④농촌계몽운동 등 크게 네 방향으로 전개되었다.

유재기 목사의 농촌운동은 기독교적인 정신을 기초한 협동조합운동으로 민족문제와 농촌문제를 해결하려 하였다. 그의 농촌운동은 자립적인 민족경제건설을 목적으로 하였고, 적극적인 정치적 반일투쟁이 아니었지만 사회경제적 차원에서 민족운동의 성격을 지닌 운동이었다. 또한 그의 농촌운동은 '우리 농촌의 그리스도교도화'로서 농촌복음화를 일차적 목적으로 하며, 농업의 문제 인식과 농촌재건론도 그 선상에서 제기되었다.

그러나 유재기 목사를 중심으로 전개된 장로회 농촌운동은 당시 정치정세와 함께 농촌부 운동도 그 한계를 지니고 있었다. 내부적으로 첫째, 농촌부의 기반과 조직역량의 구조적 취약성 문제가 있었다. 둘째, 배타적 복음주의 의식과 실천관은 장로교의 내부역량을 결집시키기보다는 운동의 분립을 초래하였다. 셋째, 교단 내부의 뿌리 깊은 보수주의자들의 농촌운동에 대한 비판은 농촌부활동의 주요한 장애요인이 되었다. 이러한 가운데 파시즘체제의 강화에 따른 일제의 탄압과 정세 악화는 기독교 농촌운동의 존립을 어렵게 만들었다. 장로교 농촌부의 공식활동 역시 1936년 하반기에 접어들어 농촌수양회 활동을 제외한 각종 사업은 사실상 중단되었다.

6) 농우회 사건과 구속

여기에 1936년의 군부내각 성립, 1937년의 중일전쟁 발발 등 일제 군부 파시즘의 확립과 함께 본격화되기 시작한 기독교 세력에 대한 탄압과 민족말살정책은 기독교 농촌운동이 해체되는 배경이 되었다. 1938년에 접어들어 일제의 탄압이 더욱 노골화되면서 장로교 교단은 황민화정책에 순응하였고, 유재기 목사는 '기독교농우회' 사건으로 인하여 검거되어 혹독한 고문과 탄압을 받았다.

유재기 목사는 장로회 총회 농촌부의 폐지로 농촌운동을 청년면려회운동을 통해 농촌 문제와 민족 문제를 해결할 방안을 모색하였다. 그는 1935년 1월 초순 32세의 젊은 나이로 경상북도 의성군 의성교회 목사로 부임을 시작으로 청년면려회운동을 중심으로 농촌운동을 전개하였다. 의성교회 부임은 1929~30년경 대구에서 기독교 활동 중 친분을 가진 오진문이 유재기 목사를 의성교회 목사로 추천한 것이 배경이 되었다.

유재기 목사는 의성교회에서 청년면려회 중심으로 운동을 전개하기 위해 내부 개혁을 할 수 있도록 3대 규약에 근거한 조직 또는 협동조합에 의한 세포조직을 시도하였는데 의성교회의 오하수 · 김정욱 장로 등이 이러한 단체를 조직하면 교회가 경찰의 사찰 대상이 됨을 이유로 격렬히 반대하였다. 또한 하양교회 전도사 시절부터 알고 지낸 오진문 역시 의성지방은 1930년 두 번의 민족독립운동사건으로 검거된 이래 특히 경찰의 감시가 엄중하여 단체를 조직하는 것은 절대불가한 곳이라고 하였다.

유재기 목사는 의성교회 이재인과 오진문에게 하양 · 신령 및 북조선에 있어서의 3대 규약에 근거한 활동 상황을 설명하고 자택에서 오진문 · 이재인과 함께 협의를 마친 결과 청년면려회 부문을 개혁하고 청년회원들을 중심으로 민족의식을 자각시키고 조선독립의 소지를 양성하기로 하였다.

먼저 종교부는 매월 첫째 주에 특별기도회를 가져 조선독립성취를 기원하고, 조사부는 회원의 동정 및 경찰관의 시찰상황을 탐사 · 보고를 담당하였다. 농촌부는 공동경작 · 농사강습 등의 사업을 실시하고 또한 농민을 상대로 민족의식을 고취시켰다. 체육부는 스포츠 활동을 통해서 정신적 · 육체적으로 항일의식을 고취시키는 등 활동을 전개하여 민족적 단결로 독립을 성취하려고 하였다.

의성 경찰서는 교회를 평소 내사하고 교인들의 동태를 감시하였고, 1938년 5월 28일 의성경찰서 배만수 형사가 이동수를 먼저 연행하였고, 교회를 수색하여 교회일지, 당회록, 제직회의록 및 각 자치기관의 회의록과 기타 장부 등 각종 서류와 서적을 압수해 갔다. 그 중 청년면려회의 회의록에 기록된 총회시 유재기 목사의 "청년들이여 소금이 되라"라는 설교를 문제삼아 청년회장 이재인를 비롯하여 박대환 · 정해룡 · 구학수 · 박인수 · 백치문 · 이동수 · 천성훈 등 청년회 임원들과 정일영 목사와 오진문를 의성경찰서 유치장에 체포 구금하였다. 의성유치장이 비좁아 박대환 · 이재인 · 정해룡 · 천성훈 · 백치문은 안동경찰서 유치장에, 정일영 목사, 구학수는 군위경찰서 유치장에, 오진문 장로는 청송경찰서 유치장에 각각 분산 구금하였다.

그 후 1938년 6월 8일, 대구 침산동교회에서 시무 중인 유재기 목사를 의성경찰서 배민수 형사와 다른 형사가 가택수사를 하여 책 등 기타 서류를 압수하여 택시에 싣고 유재기 목사를 대동하여 의성으로 갔다. 장순덕 씨의 증언에 의하면 "『농촌협동조합론』이란 책을 그들 모르게 부엌으로 가지고 가서 태웠는데 종이 타는 냄새가 나는 것을 형사들이 알고 무엇을 태우는가 하면서 조사를 했으나 발각은 되지 않았다."

고 하였다. 유재기 목사는 의성으로 압송되어 취조 후 압수한 회의록 및 문서 및 청년면려회원들의 진술 등을 종합 조사한 결과 조선독립을 달성할 수 있도록 농촌연구회를 조직함과 동시에 전국 각지에 협동조합, 소비조합 등의 단체를 조직하고 이들을 통하여 농민 각 계층에 투쟁의식을 주입하였음을 인정하고, 농촌연구회의 취조 대상자 중 경성 박학전 목사, 평양 최달형(치과의사), 평양 송영길 목사, 도미 배민수 목사, 평양 노원찬(회사원), 평양 이유택 등과 평양 주기철 목사 그리고 신령교회의 박재두 장로 등이 의성경찰서에 압송 수감되어 고문을 당하였다.

1939년 1월 25일 유재기 목사, 이재인, 오진문은 치안유지법위반죄로 대구지방법원 검사국에 송치된 후 오진문과 이재인은 각각 기소유예 처분으로 석방되었다. 유재기 목사는 징역 1년형을 선고 받고, 복역하였다. 그 후 농우회 사건으로 일제당국은 매년 3월 1일이나 무슨 사상문제로 사건이 있을 때면 유재기 목사를 며칠씩 구금시켰다. 그는 일제에 의해 18번이나 검속을 당하였다.

그 후 농우회는 그 동안 농촌운동을 전개하여 전국 각지에 80여 협동조합을 조직했으나 농우회 사건으로 모두 해체되었다. 또한 의성교회도 1940년 12월 23일에 의성 경찰서의 탄압으로 예배당이 폐쇄되었다.

농우회 사건은 일제가 1931년 만주사변이 발발한 이후부터 특히 1937년 중일전쟁을 계기로 한국민에 대한 황민화정책을 본격적으로 실시한 것과 시기를 같이 하여 일어난 사건으로 조선민족해방운동의 성격을 가지고 있다. 이와 같이 유재기 목사의 농촌운동은 장로교 농촌부 폐지와 농우회 사건으로 좌절되었다.

2. 일제강점기 친일문제

유재기 목사는 1939년 1월 25일 농우회 사건으로 구속되었다. 다음해 봄 잠시 풀려났다가 재수감되어 2년을 감옥에서 보냈다. 이후 대구제일교회에서 1941년 1월 5일부터 1945년 11월 31일까지 약 4년간 목회를 하였다. 그는 대구 · 경북 기독교계를 대표하는 대구제일교회의 담임목사로 시무였다. 한편 유재기 목사는 1940년 12월에 제39회 경북노회 노회장으로 선임되었다. 유재기 목사는 경북노회 노회장으로 있으면서 대구지역 친일어용단체에 직 · 간접적으로 참여하였다.

유재기 목사의 대구지역 친일어용단체 활동은 대구 · 경북 기독교계를 대표하는 대구제일교회에 담임목사로 시무하고 경북노회 노회장으로 선임되면서 시작이 되었다. 당시 교회 관행은 노회장에 당선되면 자동적으로 경북노회 상무위원이 되고, 국민총력 경북노회 연맹 이사장이 되었다. 상무위원장은 노회가 휴회 중이거나 비상시에 노회의 권한을 대행하는 기구이다. 이 당시 공천 위원장 유진성에 의해 지명된 상무위원장은 8명이었다. 유재기 목사는 노회장에 당선됨으로써 자동적으로 국민총력 경북노회 연맹 이사장이 되었다. 회칙에 의하면, 이 이사회는 경북노회 총대로 구성하고 이사장은 노회장이 당연직으로 갖게 되는 자리였다(국민총력 경북노회연맹 규약). 또한 유재기 목사는 기독교대구연합회 평위원으로 선임, 일본기독교 조선장로교단 경북교구회의 별선직에 선임, '조선전시종교보국회' 이사로 선임되었다.

유재기 목사가 이렇게 친일어용단체 활동하게 된 배경은 일제의 종교정책과 관련이 있다. 당시 일제는 조선의 기존 기독교 조직과 새로운 관변 종교단체를 만들어 황민화를 위한 교화 정책과 전시동원체제에 기독교계 참여를 적극적으로 유도하려 했다. 이런 상황에서 종교정치의 특성상 '대구제일교회'라는 상징성 때문에 유재기 목사는 모든 단체에 자동적으로 참석할 수밖에 없었다. 또한 이 단체에서 활동을 거부할 경우 교회가 폐쇄되고 목회를 할 수 없었다. 다른 한편으로 유재기 목사는 농우회 사건 때문에 일제의 위협에 자유롭지 못했다. 일제는 송창근과 친분관계를 알고 송창근을 통해 시국강연에 참여할 것을 위협하였다. 유재기 목사는 농우회 사건으로 형을 마친지 불과 몇 개월밖에 되지 않았고 그 후에도 일제의 의해 18번의 검속을 당하였다.

유재기 목사의 시국강연 연설문인 “고난 극복의 신앙력”을 《종교시보》에 개제하였다. 그런데 이 “고난 극복의 신앙력”은 이미 1938년 2월 1일 《교회보》에 게재된 내용을 일부 내용을 의도적으로 수정하여 수록하였다. 《교회보》는 경북노회에서 발행하는 신문으로 대구 · 경북 지역교회에 배부하였다. 증인에 의하면, 유재기 목사의 시국강연을 들은 성도 가운데 대부분은 친일적인 시국강연으로 인식하지 않고 종교적인 내면의 의미를 이해하였다고 하였다.

또한 유재기 목사는 해방 후 건국준비위원회 경북지부 결성준비회를 위해 서상일로부터 함께 동참하길 권유받았다. 그러나 얼마 되지 않아 건국준비위원회는 좌익계열이 주도권을 장악하게 된다. 유재기 목사는 이들로 인해 서울로 이사하였다. 그때의 심경을 다음과 같이 말하였다.

> “송박사, 난 쫓겨 올라 왔어. 최문식이, 이재복이가 날 쫓아내더군. 기차에 올라 자리를 정하고 차장 밖을 내다보니 기적 소리와 함께 대구 시내가 뒤로 물러서고 있었다. 새삼 가슴에 치밀어 오르는 감개를 누를 수가 없었다. 일제시대, 그 일본 사람들의 모진 핍박을 받을 때에, 에라 다 버리고 누구들처럼 국외로 망명이나 해버릴까 하는 생각을 몇 번이나 해 보았다. 그럴 때마다 초췌한 행색으로 일인들의 눈을 피하여 차를 타고 국경을 넘을 것을 상상해 보기도 했었다. 그런데 이제는 그 일본 사람들이 망하고 우리 세상이 된 마당에서 친구들에게 쫓겨 고향이라 할 수 있는 대구를 탈출해야 하는 처지가 되었으니 서글픈 일이었다.”[11]

11 주태익, 위의 책, 254~255, 1977.

그러나 그가 해방 이후에 운동과 제헌국회에 대해 "나라를 위하여 죽어야 하는 일에는 한 사람도 볼 수가 없고 희생을 요구할 적에는 모두 개인향락에 돌아서서 국가 흥망에는 염두에도 생각지 않던 자들이 이제야 모두 한몫 볼 생각으로 제각기 애국자요 사상가인 척하여 혹은 권력으로 혹은 금력으로 온갖 짓으로서 선량한 민중을 매수하여 신성한 표를 사서 일장등거에 감투의 쟁탈전에 탄루하고 있으니 이 무슨 한심한 일들이냐?"[12]라는 글에서 그의 전시체제하 행적에 대한 실마리를 찾을 수 있다.

3. 해방 후 활동

1) 홍국형제단의 농촌운동 전개

유재기 목사는 해방과 함께 일제지배시기에 전개했던 농촌운동을 그대로 전개하였다. 그는 경제적인 면에서는 협동조합운동을 기초로 한 예수촌운동을 통해 국가건설운동을 전개하였다. 또한 경제적인 해결방안으로는 토지개혁의 기본 골격인 경자유전의 원리에 따라 개혁이 추진되기를 기대하였다. 그의 토지문제에 관한 인식에서도 나타나고 있다.

> 토지는 농민에게 있어서 기초문제이다. 농토 없이 농민이 경제적으로 생활상으로 행복할 수 없는 것이다. 그러므로 '토지는 농민에게로' 하는 것이 농촌문제의 근본원리이요, 정의인 것이다.[13]

그는 해방 이후 피폐한 농촌을 재건하는 것과 조국을 재건하는 유일한 길을 예수촌운동에서 모색하였다. 그것을 실현하기 위해 기독교

12 《홍국시보》, 1948. 5. 1 '똑똑한 매국노보다는 우순한 량심가가 낫지 않을가'.
13 《홍국시보》, 1949. 1. 15, '농촌문제와 그 정책'.

흥국형제단을 결성하여 예수촌운동을 전개하였다.

1945년 12월, 서울에 도착한 유재기 목사는 농촌운동이 하나님이 자신에게 부여한 소명으로 재인식하고 재기를 다짐하는 의미로 자신의 이름을 '載寄'에서 '再起'로 개명하였다. 그는 해방 이후 잠시 우익에도 참여하였다. 그것은 농촌에서 농민위원회를 조직하여 농촌교회를 위협하던 사회주의 세력으로부터 농촌을 보호하기 위한 일면도 있었다. 또한 독립촉성국민회 사업부장직도 좌익에 대한 비판적인 인식으로 인해 참여하였다.

유재기 목사는 국가건설운동의 일환으로 기독교흥국형제단(이하 흥국형제단)을 창단하였다. 유재기 목사는 흥국형제단을 통해 국가적인 운명을 책임질 수 있다는 큰 사명감을 가졌다. 흥국형제단은 1946년 10월 16일 서울시 황금정(현 을지로)에 있는 흥국호텔에서 첫 창립총회를 개최하였다.

흥국형제단 조직을 보면, 총재 함태영, 부총재 유재기 목사, 회계 정훈 · 박위준, 감사 이명하 · 이원우 등을 선출하였다. 흥국형제단 하부조직으로 총무부 · 재단부 · 전도부 · 사회사업부 · 농촌부 · 상담부 · 흥국시보 · 흥국산원 등을 설치하였다. 첫 흥국형제단 창립총회에서 예수촌으로 지정된 촌에 직접 전도사를 파송하기로 결의했다. 이를 위해 1946년 겨울 농한기를 이용하여 이동 농민복음학교를 개설하여 농촌지도자를 양성하기로 했다.

그 결과 농민복음학교는 14회에 걸쳐 수료생 448명과 청강생 수천 명에 예수촌 십자군으로 양성시켰다. 또한 농민복음학교 출신의 농촌지도자를 중심으로 300여 곳에 협동조합을 결성하는 성과를 거두었다.

1949년 11월 15일, 제3회 흥국형제단총회에서는 흥국소학교와 농민복음학교를 개설하기로 결의했다. 소년뿐만 아니라 여성의 역할에 주목하여 흥국부인부도 개설했다. 부인부 초대부장에는 김말봉이 선출되었다. 한편 일반대중을 이끌 수 있는 젊은 문화인에 관심을 기울였다. 흥국형제단 본부 안에 있는 원예술좌방에서 특별히 종교예술과 문화부분에 활약하는 젊은 기독인들 간담회를 개최하였다. 흥국형제단의 설립취지는 강령에 잘 나타나 있다.

① 우리는 조국을 기독의 정신으로 무장토록 흥륭케 함.
② 우리는 기독의 형제애로써 단결을 성고(磬固)히 함.

흥국형제단 강령에서는 기독교 정신으로 조국의 독립을 기원하였다. 특히 단순한 종교 모임이 아니라 민족운동의 실천임을 알 수 있다.

흥국형제단의 주요활동은 두 가지였다. 하나는 예수촌건설운동을 위한 흥국호텔 · 흥국시보 · 성화관 · 흥국인쇄소 · 흥국산원 사업이었다. 두 번째는 기독교예술운동을 진행하는 것이었다. 흥국형제단은 효율적 운동을 전개하기 위해 흥국형제단 지부를 결성했다.

흥국형제단은 하기양수회를 개최하여 영성적인 각성을 촉구하였다. 하기수양회에 참석한 사람은 주로 형제단원 및 농민복음학교 졸업생들이었다. 수양회 기간은 1주일간 진행되었다. 수양회 과목과 강사를 보면, 성경강해(최윤관), 신학강좌(송창근), 기독교와 사상문제(김재준), 농업협동조합의 실제(유재기 목사), 예수촌론(유재기 목사), 농촌위생강좌(김영춘), 농촌문제연구(조민형), 丁抹농촌소개(정준) 등이다. 이와 같이 흥국형제단은 수양회를 통해 그동안의 운동을 반성하고 새로운 재기의 결의를 진작하였다. 또한 농민복음학교 졸업자의 연장교육 기간으로 활용하였다.

2) 《흥국시보》의 농촌계몽운동 전개

유재기 목사는 1946년 1월 15일 흥국형제단 활동과 더불어 예수촌운동을 홍보하기 위하여 《흥국시보》를 창간했다. 당시 김구 선생이 《흥국시보》의 제호를 직접 쓰기도 했다. 《흥국시보》의 사장은 함태영 목사, 주필은 김재준 박사, 편집은 유재기 목사가 맡았다. 처음에는 프린트로 시작했으나 곧 타블로이드판 8면의 활판 인쇄물로, 월 2회 발행했다. 그러나 극심한 재정난으로 신문을 정기적으로 간행하지 못했다. 월 1회만 발행되기도 했다. 《흥국시보》는 월 2회로 5,000부 이상을 발행하였다. 이 같은 부수는 당시로서도 매우 많은 발행부수였다. 그것은 농민들로부터 큰 호응을 받았음을 알 수 있다.

3) 예수촌 건설과 조선농민복음학교

유재기 목사의 농촌운동 재건의 정신은 일제하 운동이념의 연장에서 사랑과 희생정신으로 수렴되는 기독주의 이념이었다. 그 목표는 농촌자립을 통한 농촌복음화였다. 따라서 농촌운동 재건론은 일제하의 운동경험과 방안을 토대로 구상한 이상촌 관념에 입각한 예수촌 건설운동이었다.

해방 후 농촌운동 재건에 가장 시급하고 중요한 당면과제는 예수촌 건설과 협동조합운동을 주도할 기독교 농촌지도자를 양성하는 문제로 설정되었다. 곧 조선농민복음학교(이하 농민복음학교) 설립안이었다. 그들은 농민을 교화 대상으로 파악하고 농민자립을 농촌복음의 필요조건으로 생각하였다. 여기서 우리는 기독교 농촌운동의 성패를 기독주의 지도자 양성에 두었던 일제하의 복음주의 농촌운동관을 볼 수 있다. 이를 위해 유재기 목사는 농민복음학교를 설치하여 농촌지도자 양성에 힘을 기울였다. 당시 농민복음학교는 덴마크 국민고등학교(민중고등학교)를 모델로 하였다. 이러한 운동은 일본에서도 賀川·杉山을 중심으로 이미 진행되고 있었다. 한국에서는 1930년대 농촌지도자를 양성할 필요성이 대두되었으나 정치적·경제적 어려움으로 진행되지 못했다.

유재기 목사가 추진한 농민복음학교운동은 농촌건설운동에 많은 영향을 주었다. 그의 농민복음학교의 목표는 경제적 혼란과 농촌 피폐로부터 농촌을 개혁하고 새로운 조국을 건설하는 데 있었다. 또한 농민복음학교의 근본적인 운동은 정신 및 농사개량실천에 있다고 보고, 이 운동이 성공되면 농촌은 구원을 받게 된다고 믿었다.

따라서 유재기 목사는 기독교 농촌운동의 가장 시급한 과제를 농촌지도자 양성으로 보았다. 이를 위해 유재기 목사는 1947년 1월 제1회 조선농민복음학교를 설립 · 개최하였다. 농민복음학교 개강 요지를 보면, 청년지도자 양성을 통한 조국재건의 의지가 잘 나타나 있다.

> "조선이 사는 길은 조선농촌이 사는 길에 있다. 농촌을 살리는 길은 그리스도의 십자가에 있을 뿐이다. 십자가를 지고 농촌을 개척할 젊은이들은 이 학교로 오라 우리의 불같은 리론과 하나님의 뜨거운 능력으로 연마하여 우리는 각기 한 촌락으로 드려가자."[14]

이와 같이 유재기 목사에게 있어서, 농민복음학교 목적은 한국의 농촌문제를 농촌청년들의 힘으로 해결함으로써 농민 스스로 농촌운동을 주도하고, 더 나아가 예수촌 건설을 통해 국가건설운동이 실현될 수 있다고 보았다. 따라서 농촌청년들을 '예수촌 십자군으로 양성'하는 데 주력했다. 그래서 유재기 목사를 덴마크 전후 농촌을 재건한 '끄른드비히'와 같은 목사라고 부르기도 했다. 농민복음학교는 덴마크의 국민고등학교와 비슷한 점이 많았다.

농민복음학교 수료자는 대구 · 경북지역 출신이 경기도 다음으로 가장 많았다. 이것은 유재기 목사가 해방 이전부터 이 지역에서 농촌운동을 전개한 영향이라고 생각된다. 제1회 농민복음학교 이후부터는 제주도를 제외하고 전국에서 지역별로 개강을 하였다. 특히 제6회 농민복음학교가 강원도 원주에서 열렸다. 강원도는 당시 기독교 불모지였다. 그런데 농민복음학교에 비기독청년들도 참석하였으며 지역 군수가 농

---

14 《흥국시보》, 1947. 1. 15, '조선농민복음학교 개강'.

민복음학교 행사를 주관하기도 했다. 경상남도에서는 흥국형제단 주최로 학무국 사회과와 경남노회 사회사업부의 후원으로 3백촌(三百村)을 목표로 진주 · 마산 · 부산지역을 나누어서 제8회, 제9회, 제10회 농민복음학교가 열렸다.

제12회 농민복음학교(1949년 2월 15일)의 경우에는 유재기 목사가 직접 황해도에 가서 강연을 했다. 유재기 목사는 연백금융조합과 국제신문사 연백지사가 주최한 농민복음학교 행사를 주관하기도 했다. "국민경제재건과 협동조합"이란 제목으로 강연하였다. 그는 휴전선 주변 황해도에서 농민복음학교를 개강한 것에 큰 의미를 두었다.

유재기 목사는 1949년 3월 19일 경남 밀양에서 김학응 목사와 정성용 장로의 요청으로 제14회 농민복음학교를 열었다. 면의 후원을 받아 초등학교 강당에서 면민과 무안중학교 학생들 수천 명이 애국적이고, 복음적인 강연을 들었다. 면장의 천거로 청강생도 많았다. 1949년 8월, 경남 거제도에서 열린 제14회 조선농민복음학교는 경남 3개노회 연합과 흥국형제단 제3회 수양회을 연합하여 개최하였고, 경기도 지방의 경우 남궁혁 박사가 주도하여 3곳에 농민복음학교를 개강하였다.

농민복음학교에서 일정한 교육을 받은 수료생에게는 수료식을 통해 다시 한 번 '십자병으로 자신의 향촌에서 밀알이 되어 농촌을 재건하겠다'는 다짐을 받았다. 이와 같이 유재기 목사는 농민복음학교를 통해 신앙과 영농 기술을 겸비한 농촌 지도자를 길러내어 궁극적으로 그 마을을 '복음화'하는 것을 예수촌운동의 최종단계로 보았다. 이렇게 배출된 농민복음학교 수료생들을 농복학우회라는 조직원으로 세워 관계를 맺었다.

농민복음학교을 졸업한 학생들은 현지에서 어떠한 활동을 벌였으며, 얼마만큼의 성과를 거두었을까. 이들은 졸업 뒤 교회 청년들을 중심으로 협동조합운동 · 부인운동 · 농촌소년운동 · 기술운동 · 공동경작 · 문맹퇴치 · 사회봉사 등을 하면서 한국농촌에 큰 영향을 주었다. 그리고 졸업생들은 그들이 배운 새로운 농법인 공동경작을 통해 나름대로 성과를 거두기도 했다.

이러한 성과들은 각 수료생들의 생각에서도 알 수 있다. 특히 제5회 농민복음학교를 참석한 이범수는 "나는 나 자신 한 새로운 인간으로 중생한 듯한 감을 금할 수 없다. 나는 생각한다. 이 열흘 동안의 훈련은 분명히 내 생애의 아주 중대한 분기점으로 나로 하여금 한 알의 밀이 되어 내 고향 땅속에 무침으로써 직분을 삼으련다."라 하였다. 또한 제8회 농민복음학교를 수료한 박윤섭은 "유재기 목사의 농민복음학교를 통해 받은 영향은 70년 내 인생에 신앙적으로나 삶의 근본적이 철학에 이르기까지 청년시절에 나를 사로잡았다. 일생을 검약과 절제하는 생활이 제 몸에 배었다. 그리고 과수원을 경영하였다. 따지고 보면 유재기 목사의 농민복음학교를 통해서 생활적인 면과 농업 경제적인 면에 많은 영향을 주었다."고 하였다.

1947년 1월에 제1회 농민복음학교가 시작한 이래 1949년 8월 14회에 걸쳐 이루어진 조선농민복음학교 학생들은 모두 총 448명이었으며 수천 명의 청강생이 참석하는 큰 성과를 보였다. 이들 수료생들은 예수촌 십자군으로 양성되었다. 농민복음학교는 자기 지역 출신의 농촌지도자를 배출하였다는 점에 큰 의미가 있었다. 그리고 전국적인 예수촌 건설을 전개하였다는 점에서 성과를 거두었다.

이상에서 해방 후 유재기 목사의 농촌운동은 농민복음학교 같은 학교를 통한 농촌지도자 양성이 중심이었다. 지역적으로도 전국을 대상으로 하였다. 농촌 운동도 기독교 흥국형제단이라는 초교파적 전국적인 농민단체를 중심으로 하였다. 또 《흥국시보》를 통한 활발한 언론 활동을 병행하여 기독교 농촌운동을 진행한 것이 특징이었다. 기독교 흥국형제단 총재인 함태영이 하와이 교포들에게 재정 협조를 구하는 편지에서 '이남에 이 운동을 시작하여 성과를 거두는 마을이 약 350동리가 되었다'고 하였다.[15] 이것은 유재기 목사가 "우리는 조국을 기독교의 정신으로 무궁(無窮)하도록 하게 함"이라는 슬로건으로 기독자의 애국운동,

15 《흥국시보》, 1949. 1. 11.

평화, 자유와 행복한 민족겨레를 건국한다는 사명의 결과였다.

유재기 목사는 1949년 7월에 예정된 경남 3노회가 연합으로 개최할 제14회 거제도 농민복음학교 개강을 앞두고 농민복음학교와 《흥국시보》를 걱정하며 1949년 7월 13일 저녁 44세의 짧은 나이로 파란만장한 생을 마감하였다.

정준은 "유재기 목사는 현대 조선기독교회가 낳은 위대한 기독교 사회사업가이며 애국자이다. 그는 진실한 크리스찬인 동시에 조국을 사랑하는 분이다. 일본의 우치무라 간조(內村鑑三) 씨의 '예수와 일본을 같이 사랑한다.'라는 말이 유재기 목사에게도 적응되는 말이 된다.'[16]고 하였다. 그는 또 "해방 후 저서로는『협동조합론』,『협동조합조직법』이 있다. 이 책은 전국으로 퍼지자 협동조합운동이 우후죽순과 같이 일어나 삼백여 처 조합에서 유재기 목사에게 연락하고 있다는 말을 듣고 나는 감탄하였다. 그는 현 신학학원 강사 외 여러 단체에 공직을 가지고 있다. 그의 존재가 종교계 · 정치계 · 사회 각 방면에 중보적 역할을 하시는 분이라고 단언코 주저치 않는다."[17]고 유재기 목사를 평가하였다.

유재기 목사의 장례식 설교를 맡은 최윤관 목사는 "최악의 시기에 최선의 싸움을 싸운 사람이 허심 유재기 목사"라고 하였다. 그와 함께 농우회 사건으로 옥고를 같이 치룬 평생의 동지 박학전 목사는 "오늘 유목사의 장례는 이 예배당에서 할 것이 아니고 저 농촌 어느 밭두렁에서 호미와 낫을 쥔 농민들과 더불어 올려야 했을 것이라"고 하였다. 이러한 주변인들의 평가는 그가 1930년대 이후 해방에 이르기까지 우리나라 농촌운동의 중심에 있었음을 보여 준다.

16 《흥국시보》, 1946. 11. 1 '흥국형제단총회 참관기'.

17 《興國時報》, 1946. 11. 1, 위 글.

2010년 유재기 목사의 고향에서 출판기념회를 열어준 대한예수교장로회 용상교회 (담임 목사 김대영). 경상북도 영주시 이산면 용상리 752번지

2010년 유재기 목사 유고집 출판감사예배 (용상교회)

2010년 유재기 목사 유고집 출판감사예배 유가족 인사 (용상교회)

2010년 유재기 목사 유고집 출판감사예배 기념 사진(용상교회)

1922년에 신축된 용상교회, 1972년에 멸실되고 새로 건립되었다.